Matthias Goeken

Entwicklung von Data-Warehouse-Systemen

WIRTSCHAFTSINFORMATIK

Matthias Goeken

Entwicklung von Data-Warehouse-Systemen

Anforderungsmanagement,
Modellierung, Implementierung

Mit einem Geleitwort von Prof. Dr. Ulrich Hasenkamp

Deutscher Universitäts-Verlag

Bibliografische Information Der Deutschen Nationalbibliothek
Die Deutsche Nationalbibliothek verzeichnet diese Publikation in der
Deutschen Nationalbibliografie; detaillierte bibliografische Daten sind im Internet über
<http://dnb.d-nb.de> abrufbar.

Dissertation Philipps-Universität Marburg, 2005

1. Auflage November 2006

Alle Rechte vorbehalten
© Deutscher Universitäts-Verlag | GWV Fachverlage GmbH, Wiesbaden 2006

Lektorat: Brigitte Siegel / Britta Göhrisch-Radmacher

Der Deutsche Universitäts-Verlag ist ein Unternehmen von Springer Science+Business Media.
www.duv.de

Das Werk einschließlich aller seiner Teile ist urheberrechtlich geschützt.
Jede Verwertung außerhalb der engen Grenzen des Urheberrechtsgesetzes
ist ohne Zustimmung des Verlags unzulässig und strafbar. Das gilt insbesondere für Vervielfältigungen, Übersetzungen, Mikroverfilmungen und die
Einspeicherung und Verarbeitung in elektronischen Systemen.

Die Wiedergabe von Gebrauchsnamen, Handelsnamen, Warenbezeichnungen usw. in diesem
Werk berechtigt auch ohne besondere Kennzeichnung nicht zu der Annahme, dass solche
Namen im Sinne der Warenzeichen- und Markenschutz-Gesetzgebung als frei zu betrachten
wären und daher von jedermann benutzt werden dürften.

Umschlaggestaltung: Regine Zimmer, Dipl.-Designerin, Frankfurt/Main
Druck und Buchbinder: Rosch-Buch, Scheßlitz
Gedruckt auf säurefreiem und chlorfrei gebleichtem Papier
Printed in Germany

ISBN-10 3-8350-0325-9
ISBN-13 978-3-8350-0325-5

Geleitwort

Das Data-Warehouse-Konzept stellt die Basis für die nächste Stufe der Nutzung von Informationstechnik in den Unternehmen (nach Datenverarbeitung und Informationsverarbeitung) dar. Die zentralen Fragen der vorliegenden Arbeit lauten: „Wie können diejenigen Informationen erlangt werden, die nötig sind, um ein Data-Warehouse-System so zu entwickeln, dass die Erwartungen und Anforderungen der Benutzer und Anwender erfüllt werden, und wie können die Informationen, wenn sie vorliegen, im Entwicklungsprozess behandelt werden, sodass sie eine zweckmäßige Grundlage für die technische Realisierung eines Data-Warehouse-Systems darstellen?"

Data-Warehouse-Systeme sind als Instrumente zur Versorgung von Managern mit Information weit verbreitet und bewährt. Zwar fassen sie Information aus verschiedenen Quellen zusammen, doch liegt der Schwerpunkt der Forschung, soweit er aus der Literatur ersichtlich ist, und auch der Praxis auf dem Teil der Information, der aus den (operativen) Datenbanken der Unternehmen gewonnen wird. Dabei stehen häufig technische Fragestellungen der Transformation und der informationstechnischen Optimierung des Data-Warehouse im Vordergrund.

Aus Sicht der Anwender interessieren aber vielmehr die Fragestellungen im Zusammenhang mit dem Nutzenpotenzial, das nur durch eine betriebswirtschaftliche Betrachtung unter besonderer Berücksichtigung des Informationsbedarfs und der sonstigen Anforderungen der Entscheidungsträger erschlossen werden kann. Es ist zu beobachten, dass Data-Warehouse-Projekte, wenn sie scheitern, vorwiegend an Akzeptanz- oder Nutzungsdefiziten scheitern, in der Regel nicht an informationstechnischen Problemen. Die Erfolgsfaktoren in diesem Sinne können aber nicht nachträglich gesichert werden, sondern müssen bereits in den frühen Phasen der Systementwicklung angegangen werden, insbesondere im Rahmen der Anforderungsanalyse.

In der Vorgehensweise unterscheidet der Verfasser klar zwischen der Analyse und dem Design. Der Schwerpunkt der Arbeit liegt auf der Analyse. Dabei bleibt es aber nicht, sondern durch eine angemessene Behandlung auch der Designprobleme wird eine gestaltungs- und konstruktionsorientierte Sichtweise verfolgt. Das Rad wird aber nicht neu erfunden, sondern der Verfasser orientiert sich an den vorliegenden Gestaltungsansätzen und -erfahrungen, die zahlreich insbesondere aus dem Bereich der Informatik vorliegen. Wegen der damit verbundenen Gefahren der Beliebigkeit infolge der Verwendung untereinander nicht kompatibler Teillösungen legt der Verfasser stets die Prämissen offen, die er der Konstruktion seiner letztlich entstehenden eigenen Methode für die Data-Warehouse-Entwicklung zugrunde legt.

Bemerkenswert ist die durchgängig tief greifende theoriebasierte Durchdringung des Gegenstandsbereichs, die in einem sinnvollen Umfang von konstruierten Beispielen begleitet wird. Syntax, Semantik, Sprache, Metasprache, Modelle, Schemata, Metamodelle und eine Mesoebene werden sauber begrifflich beschrieben und als Konstrukte zweckmäßig eingesetzt. Sehr anspruchsvoll und gut gelungen ist die Entwicklung einer abstrakten Syntax, auf die später immer wieder zurückgegriffen wird. Im Ergebnis ist es sehr überzeugend, wie der Verfasser die aus der allgemeinen Softwareentwicklung bekannte Viewpointanalyse zweckmäßig auf den Gegenstandsbereich der Data-Warehouse-Entwicklung überträgt.

Das wichtige und für die Wettbewerbsfähigkeit der Unternehmen einflussreiche Gebiet der Managementunterstützung durch Informationstechnik wird durch die Ergebnisse der vorliegenden Arbeit merklich voran gebracht. Zugleich leistet der Verfasser durch die konsequente theoretische Orientierung der Arbeit auch einen Beitrag zum besseren Verständnis von in der Vergangenheit erzielten praktischen Fortschritten. Außerdem ist besonders hervorzuheben, dass im Forschungsbereich Software-Engineering zwar gebetsmühlenartig die Benutzerbeteiligung im Entwicklungsprozess abstrakt gefordert, aber selten substanziell behandelt wird, während der Verfasser dieser Arbeit die Benutzerbeteiligung operationalisiert und in den Mittelpunkt rückt. Damit wird ein Beitrag zur besseren Akzeptanz der Informationstechnik erbracht.

Prof. Dr. Ulrich Hasenkamp

Danksagung

Meinem Doktorvater, Herrn Professor Ulrich Hasenkamp, möchte ich für die akademische Betreuung, sein Interesse am Thema und die große wissenschaftliche Freiheit danken, die er einräumt und die ich leider erst spät sinnvoll zu nutzen gelernt habe. Die Zeit am Institut für Wirtschaftsinformatik wird mir als sehr angenehm und lehrreich in vielerlei Hinsicht in Erinnerung bleiben!

Bedanken möchte ich mich außerdem bei Herrn Professor Paul Alpar für umfassende Hinweise zur Verbesserung der Arbeit und für die Übernahme des Zweitgutachtens. Herrn Professor Joachim Krag danke ich für den Vorsitz im Prüfungsausschuss sowie Herrn Professor Wolfgang Kerber für seine Mitwirkung im Prüfungsausschuss.

Meine Freunde und Kollegen Dipl.-Kfm. Lars Burmester, Dr. Oliver Kutsch und Dipl.-Kfm. Alexander Schwartz haben mir sehr geholfen durch das Lesen von zum Teil unfertigen Fragmenten. Ihnen danke ich für gute inhaltliche Diskussionen und Anregungen sowie für viele gefundene Schreib- und Kommafehler.

Da eine Dissertation zeitweilig zu einer großen Belastung für die Menschen, die einem nahe stehen, werden kann, danke ich ganz besonders meiner Familie! Meinen Eltern besonders dafür, dass Sie mich bei meinen beruflichen Plänen immer unterstützt haben! Meine Frau Sandra hat während der Dissertation mehr Geduld mit mir aufgebracht, als ich hoffen konnte und mich in vielerlei Hinsicht unterstützt. Dafür danke ich ihr ganz besonders! Meiner Familie möchte ich diese Arbeit widmen.

Matthias Goeken

Inhaltsübersicht

Inhaltsverzeichnis	XI
Abbildungsverzeichnis	XVII
Tabellenverzeichnis	XXIII
Abkürzungsverzeichnis	XXV

Teil I:	**Problemstellung, Terminologie und Grundlagen**	**1**
1	Einführung	3
2	Data-Warehouse-Systeme	11
Teil II:	**Anwendungssystementwicklung und Modellierung**	**49**
3	Methode und Vorgehensmodell	51
4	Modelle als Entwicklungsergebnisse	69
5	Anwendungssystementwicklung und Anforderungsmanagement	95
Teil III:	**Modellierung und Entwicklung von Data-Warehouse-Systemen**	**141**
6	Die abstrakte Syntax multidimensionaler Datenmodelle	143
7	Entwicklung von Data-Warehouse-Systemen und multidimensionale Modellierung	191
Teil IV:	**VODWE - Viewpointorientierte Data-Warehouse-Entwicklung**	**251**
8	Merkmale von VODWE	253
9	Aktivitäten, Techniken und Entwicklungsergebnisse in VODWE	287
10	Fazit und Ausblick	395
Literatur		**397**

Inhaltsverzeichnis

Teil I: Problemstellung, Terminologie und Grundlagen	**1**
1 Einführung	**3**
1.1 Motivation und Problemstellung	3
1.2 Forschungsstrategie und Vorgehen	5
1.3 Grundlegende Begriffe	8
1.3.1 Der Informationsbegriff	8
1.3.2 Stakeholder	10
2 Data-Warehouse-Systeme	**11**
2.1 Einordnung: Anwendungssysteme zur Unterstützung von Entscheidungsträgern	11
2.2 Data-Warehouse-Konzept	15
2.2.1 Technisch-integrative Perspektive	16
2.2.2 Betriebswirtschaftlich-fachliche Perspektive	22
2.2.3 Zusammenfassung und Schlussfolgerungen	25
2.3 Architektur von Data-Warehouse-Systemen	26
2.3.1 Datenquellen	28
2.3.2 Datenerfassungsebene	29
2.3.3 Datenhaltungsebene	31
2.3.4 Datenbereitstellungsebene	34
2.3.5 Präsentationsebene	42
2.4 Erweiterte Architekturkonzepte	44
Teil II: Anwendungssystementwicklung und Modellierung	**49**
3 Methode und Vorgehensmodell	**51**
3.1 Methoden, Phasen- und Vorgehensmodelle	51
3.2 Methoden-Engineering	55

	3.2.1	Der St. Gallener Ansatz des Methoden-Engineerings	55
	3.2.2	Weitere Ansätze des Methoden-Engineerings	57
	3.2.3	Schlussfolgerungen	60
		3.2.3.1 Vergleich und Bewertung	61
		3.2.3.2 Methodenverständnis dieser Arbeit	64

4 Modelle als Entwicklungsergebnisse — **69**

4.1 Sprache, Modelle und Metamodelle — 70
    4.1.1 Definition — 70
    4.1.2 Typologie und Funktionen von Sprache — 72
        4.1.2.1 Typologie — 72
        4.1.2.2 Syntaktische Funktion von Sprache und Metamodelle — 74
        4.1.2.3 Semantische Funktion von Sprache und konzeptionelle Modellierung — 77
        4.1.2.4 Pragmatische Funktion von Sprache — 81
    4.1.3 Zusammenfassung und Schlussfolgerungen — 82

4.2 Modellbegriff und -definition — 85
    4.2.1 Abbildungsorientiertes Modellverständnis — 86
    4.2.2 Konstruktivistisches Modellverständnis — 88
    4.2.3 Modellverständnis dieser Arbeit und Schlussfolgerungen — 92

5 Anwendungssystementwicklung und Anforderungsmanagement — **95**

5.1 Phasenmodelle in der Systementwicklung — 96
    5.1.1 Traditionelle Phasenmodelle — 97
    5.1.2 Inkrementelle und evolutionäre Phasenmodelle — 100
    5.1.3 Schlussfolgerungen — 104

5.2 Anforderungsmanagement — 105
    5.2.1 Grundlagen und Grundbegriffe — 106
        5.2.1.1 Anforderungen — 106
        5.2.1.2 Ebenen von Anforderungen — 107
        5.2.1.3 Arten von Anforderungen — 108
        5.2.1.4 Der Begriff des Anforderungsmanagements — 110

5.2.2	Phasenmodelle des Anforderungsmanagements	111
	5.2.2.1 Überblick	111
	5.2.2.2 Anforderungserhebung (Requirements Elicitation)	113
	5.2.2.3 Anforderungsanalyse	119
	5.2.2.4 Dokumentation und Spezifikation	120
	5.2.2.5 Verifikation und Validierung	124
5.2.3	Techniken	126
	5.2.3.1 Übersicht	126
	5.2.3.2 Klassifikation, Auswahl und Kombination von Techniken	129
5.2.4	Zusammenfassung und Schlussfolgerungen	138

Teil III: Modellierung und Entwicklung von Data-Warehouse-Systemen   **141**

6 Die abstrakte Syntax multidimensionaler Datenmodelle   **143**

6.1 Besonderheiten der multidimensionalen Modellierung - ein einführendes Beispiel   143

6.2 Abstrakte Syntax qualifizierender Informationen in multidimensionalen Datenmodellen   149

    6.2.1 Abstraktionskonzepte als Basis der konzeptionellen multidimensionalen Modellierung   151

        6.2.1.1 Klassifizierende Abstraktion und Instanziierung   154

        6.2.1.2 Assoziation und Gruppierung als Abstraktion   157

        6.2.1.3 Generalisierende und spezialisierende Abstraktion   163

    6.2.2 Strukturbesonderheiten in Dimensionen (Anomalien)   167

        6.2.2.1 Heterarchien   169

        6.2.2.2 Unterschiedliche Pfadlängen   170

        6.2.2.3 Parallele Hierarchie   173

        6.2.2.4 Weitere Strukturbesonderheiten   175

            6.2.2.4.1 Mehrere Wurzeln   175

            6.2.2.4.2 Dimensionale Attribute   175

        6.2.2.5 Fazit zu Strukturbesonderheiten   176

6.3 Abstrakte Syntax quantifizierender Informationen in multidimensionalen Datenmodellen   176

6.4	Metamodell zur Beschreibung der abstrakten Syntax multidimensionaler Datenmodelle	180
6.5	Zusammenfassung und Schlussfolgerungen	187

7 Entwicklung von Data-Warehouse-Systemen und multidimensionale Modellierung   **191**

7.1	Modellierung multidimensionaler Strukturen mit dem ERM und dem EERM	192
	7.1.1 Der Ansatz von Holthuis	192
	7.1.2 Der Ansatz von Gabriel/Gluchowski	195
	7.1.3 Der Ansatz von Totok	197
	7.1.4 Beurteilung der ERM-basierten Ansätze	201
7.2	Multidimensionales ERM (ME/RM)	202
	7.2.1 Notation	203
	7.2.2 Phasenmodell	208
	7.2.3 Beurteilung	210
7.3	Dimensional-Fact-Model (DFM)	212
	7.3.1 Notation	213
	7.3.2 Phasenmodell zur Herleitung des DFMs	218
	7.3.3 Beurteilung	227
7.4	Relationale Modellierung multidimensionaler Datenstrukturen	231
	7.4.1 Notation: Aufbau eines Starschemas	232
	7.4.2 Phasenmodell und Beurteilung	236
7.5	Informationsbedarfsanalyse für Data-Warehouse-Systeme nach Strauch/Winter	238
	7.5.1 Vorgehen	238
	7.5.2 Beurteilung	242
7.6	Zusammenfassende Beurteilung	245

Teil IV: VODWE - Viewpointorientierte Data-Warehouse-Entwicklung   **251**

8 Merkmale von VODWE   **253**

8.1 Anforderungen an die Methode   254

Inhaltsverzeichnis XV

8.1.1	Systemzerlegung	254
8.1.2	Empfängerorientierung und Benutzerpartizipation	260
8.1.3	Erweiterter Anforderungs- und Empfängerbegriff	265
8.1.4	Terminologiemanagement	270
8.1.5	Traceability	272
8.2 Prinzipien der Methode		273
8.2.1	Separation of Concerns	273
8.2.2	Das Prinzip der geringsten Verwunderung	276
8.3 Grundidee viewpointorientierter Ansätze		277

9 Aktivitäten, Techniken und Entwicklungsergebnisse in VODWE — 287

9.1 Übersicht — 287

9.2 Anforderungsmanagement und konzeptionelle Modellierung — 289

    9.2.1 Identifikation von Stakeholdern — 291

    9.2.2 Erhebung von Stakeholderanforderungen (Elicitation) — 293

    9.2.3 Analyse der Stakeholderanforderungen — 296

        9.2.3.1 Überblick — 296

        9.2.3.2 Vorgehen — 298

    9.2.4 Definition von Fachbegriffen und Spezifikation von Viewpoint-Anforderungen — 306

        9.2.4.1 Überblick — 306

        9.2.4.2 Definition von Fachbegriffen — 310

        9.2.4.3 Spezifikation inhaltlich informatorischer Viewpoint-Anforderungen — 312

        9.2.4.4 Spezifikation weiterer Anforderungen — 321

    9.2.5 Beispiel und Zwischenfazit — 326

        9.2.5.1 Beispielhafte Darstellung der Aktivitäten Analyse der Stakeholderanforderungen und Spezifikation von Viewpoint-Anforderungen — 326

        9.2.5.2 Zusammenfassung und Zwischenfazit — 334

    9.2.6 Konsolidierung der Viewpoint-Anforderungen — 336

        9.2.6.1 Überblick — 336

9.2.6.2	Konsolidierung der inhaltlich informatorischen Anforderungen	342
	9.2.6.2.1 Übersicht und Vorgehen	342
	9.2.6.2.2 Viewpoint Resolution durch zusicherungsbasierte Integration	348
	9.2.6.2.3 Beispielhafte Anwendung	354
	9.2.6.2.3.1 Konsolidierung der Modellfragmente der Vertriebsdimension	354
	9.2.6.2.3.2 Konsolidierung der Modellfragmente der Produktdimension	364
	9.2.6.2.3.3 Konsolidierung der Modellfragmente der Kundendimension	369
	9.2.6.2.3.4 Konstruktion eines konzeptionellen multidimensionalen Datenmodells	371
9.2.6.3	Konsolidierung weiterer Anforderungen	372
9.2.6.4	Zusammenfassung und Zwischenfazit	377
9.2.7	Verifikation und Validierung	379
9.2.8	Fazit und Bewertung	384
9.3	Entwurf und Implementierung	386

10 Fazit und Ausblick   **395**

Literatur   **397**

Abbildungsverzeichnis

Abbildung 1	Anwendungssystempyramide	12
Abbildung 2	Klassifikationen von Anwendungssystemen für das Management	13
Abbildung 3	Architektur eines Data-Warehouse-Systems	27
Abbildung 4	Drill Down	38
Abbildung 5	Slice	38
Abbildung 6	Rotate	39
Abbildung 7	Nest-Operation	39
Abbildung 8	Metadaten-Framework des DWQ-Projektes	45
Abbildung 9	LST program implementation paradigm	52
Abbildung 10	Zusammenhang zwischen Vorgehensmodell und Methode	54
Abbildung 11	Methoden-Engineering (St. Gallener Ansatz)	56
Abbildung 12	Metamodell des Methoden-Engineerings nach Karlsson	59
Abbildung 13	Methoden-Metamodell	66
Abbildung 14	Phasen der Systementwicklung	96
Abbildung 15	Wasserfallmodell	98
Abbildung 16	Schematische Darstellung eines inkrementellen Phasenmodells	102
Abbildung 17	Anforderungsmanagement als iterativ-evolutionäre Aktivität	113
Abbildung 18	Aktivitäten des Anforderungsmanagements	114
Abbildung 19	Requirements Elicitation Task Model	117
Abbildung 20	Volere Template	120
Abbildung 21	Alternative Vorgehensweisen zur formalen Spezifizierung im Entwicklungsprozess	123
Abbildung 22	Kontingenzmodell zur Technikauswahl im Anforderungsmanagement	132
Abbildung 23	Relevante Wissensbereiche im Entwicklungsprozess	134

Abbildung 24	Zuordnung von Techniken zu Wissensbereichen und Hindernissen	135
Abbildung 25	Würfel (aus Fallbeispiel)	147
Abbildung 26	Klassifizierende Abstraktion in einer Vertriebsstruktur	155
Abbildung 27	Gruppierung und Assoziation in Hierarchien	159
Abbildung 28	Ausschnitt des Metamodells (Ausprägungsebene)	163
Abbildung 29	Generalisierende Abstraktion	164
Abbildung 30	Metamodell der (qualifizierenden) Konstrukte der multidimensionalen Modellierung	167
Abbildung 31	Heterarchien	170
Abbildung 32	Unterschiedliche Pfadlängen	171
Abbildung 33	Fallunterscheidung bei unterschiedlichen Pfadlängen	173
Abbildung 34	Parallele Hierarchie	174
Abbildung 35	Kennzahlen im Multidimensionalen Metamodell	179
Abbildung 36	Abstrakter und konkreter Würfel	181
Abbildung 37	Mögliche Dimensionsknotenkombinationen als Lattice	183
Abbildung 38	Metamodell der abstrakten Syntax multidimensionaler Datenmodelle	186
Abbildung 39	Modellierung multidimensionaler Strukturen mit dem ERM nach Holthuis	193
Abbildung 40	Multidimensionale Modellierung mittels des ERMs nach Gabriel und Gluchowski	195
Abbildung 41	Multidimensionale Modellierung mit dem ERM bzw. dem EERM	198
Abbildung 42	ME/RM-Metamodell als Erweiterung eines einfachen ER-Metamodells	203
Abbildung 43	Multidimensionales Datenmodell in ME/RM Notation	205
Abbildung 44	Erweiterung des ME/RMs	207
Abbildung 45	Multi-Cube Model (ME/RM)	208
Abbildung 46	Phasenmodell nach Sapia et al	209
Abbildung 47	DFM - Fakt-Schema.	214
Abbildung 48	Semi- und Nichtadditivität im DFM	217
Abbildung 49	Phasen der „DW design methodology" nach Golfarelli et al.	219

Abbildung 50	ER-Schema als Ausgangspunkt zur Herleitung eines DFMs	221
Abbildung 51	Attributbaum	222
Abbildung 52	Pruning and Grafting	223
Abbildung 53	DFM Fakt-Schema als Ergebnis des Ableitungsprozesses	224
Abbildung 54	Starschema für den Finanzdienstleister Fidl	233
Abbildung 55	Starschema (verkürzte Notation)	234
Abbildung 56	Normalisierte bzw. partitionierte Produktdimension	234
Abbildung 57	Ausschnitt aus einem Snowflakeschema	235
Abbildung 58	Phasenmodell zur Data-Warehouse-Entwicklung nach Kimball	237
Abbildung 59	Phasenmodell der Informationsbedarfsanalyse nach Strauch	239
Abbildung 60	Ergebnisdokument : Konsolidierung der Geschäftsfragen	241
Abbildung 61	Systematisierung von Entwicklungsansätzen im Data Warehousing	246
Abbildung 62	Entwicklungsobjekte eines Data-Warehouse-Systems (Makroperspektive)	255
Abbildung 63	Ausbaustufenplanung bei der inkrementellen Data-Warehouse-Entwicklung	256
Abbildung 64	Erweiterte Data-Warehouse-Architektur (Mesoebene)	258
Abbildung 65	Zusammenspiel der Makro- und der Mesoebene	260
Abbildung 66	Ausdifferenzierung und Konsolidierung von Bedarfen und Anforderungen	264
Abbildung 67	Datenqualitätskategorien und -dimensionen nach Wang/Strong	267
Abbildung 68	Anforderungen an Data-Warehouse-Systeme	268
Abbildung 69	Separation of Concerns in VODWE	275
Abbildung 70	Graphische Darstellung des Viewpoint-Verständnisses dieser Arbeit	283
Abbildung 71	VODWE-Phasenmodell (Gesamtübersicht)	288
Abbildung 72	Anforderungsmanagement in VODWE	289
Abbildung 73	Anforderungsmanagement in VODWE als EPK	290
Abbildung 74	Abstrakte Viewpoint-Klassen	291

Abbildung 75	Identifikation von Stakeholdern	292
Abbildung 76	Ausgangs-Competency-Questions verschiedener Stakeholder	295
Abbildung 77	Analyse der Stakeholderanforderungen	299
Abbildung 78	Technik zur Reformulierung der Competency Questions	301
Abbildung 79	Formularstruktur zur Erfassung und Reformulierung einer CQ	302
Abbildung 80	Tabellarische Ansichten zum Vergleich von Competency Questions	303
Abbildung 81	Instanziierung von Viewpoints	305
Abbildung 82	Beispiel für einen Eintrag im LEL („Language Extended Lexicon")	307
Abbildung 83	Struktur des Glossars und Struktur eines Viewpoints	309
Abbildung 84	Begriffsdefinition und Spezifikation der Viewpoint-Anforderungen	310
Abbildung 85	Begriffsdefinition im Glossar	311
Abbildung 86	Eintrag im Glossar für quantifizierende Informationen (Kennzahlen)	314
Abbildung 87	Darstellung der Beziehungen im Glossar (qualifizierende Informationen)	315
Abbildung 88	Eintrag im Glossar/Viewpoint-Formular für qualifizierende Informationen	316
Abbildung 89	Viewpoint „Produktmanager Sachversicherungen.Benutzer"	320
Abbildung 90	Traceability Links	322
Abbildung 91	Merkmalmodelle für die Viewpoints des Filialleiters	324
Abbildung 92	Merkmalmodell für den Viewpoint Teamleiter.Benutzer	325
Abbildung 93	Competency Questions des Viewpoints Filialleiter Münster.Benutzer	326
Abbildung 94	Einträge des Viewpoints Filialleiter Münster.Benutzer	327
Abbildung 95	Aus den Begriffen des Viewpoints resultierende Modellfragmente	328
Abbildung 96	Competency Questions des Viewpoints Teamleiter, Team 1, Filiale Münster.Benutzer	329

Abbildungsverzeichnis XXI

Abbildung 97	Einträge des Viewpoints Teamleiter Team 1 Filiale Münster.Benutzer	329
Abbildung 98	Modellfragmente des Viewpoints Teamleiter.Benutzer	330
Abbildung 99	CQs des Viewpoints Produktmanager Lebensversicherungen.Benutzer	331
Abbildung 100	Einträge des Viewpoints Produktmanager Lebensversicherung.Benutzer	332
Abbildung 101	Competency Questions (Produktmanager Sachversicherungen.Benutzer)	333
Abbildung 102	Glossareinträge des Produktmanagers Sachversicherungen.Benutzer	334
Abbildung 103	Klassifikation von Beziehungen zwischen Viewpoints	339
Abbildung 104	Konsolidierung der Viewpoint-Anforderungen	342
Abbildung 105	Aktivitäten für die Konsolidierung der Modellfragmente	344
Abbildung 106	Integrationsstrategien	345
Abbildung 107	Alternative Sichten auf die Zeitdimension	351
Abbildung 108	Integrierte Zeitdimension nach (i) und (ii)	352
Abbildung 109	Alternativen zur Integration der Zeitdimension nach (ii) und (iii)	353
Abbildung 110	Integration der Zeitdimensionen (iv) und (v)	353
Abbildung 111	Integrierte Zeitdimension als Ergebnis der Konsolidierung	354
Abbildung 112	Vorgehen zur Konsolidierung der Modellfragmente (Vertriebsstruktur)	355
Abbildung 113	Modellfragmente des Viewpoints Filialleiter.Benutzer (Vertriebsstruktur)	356
Abbildung 114	Zwischenergebnis nach Schritt 1 (Vertriebsstruktur)	358
Abbildung 115	Modellfragmente des Viewpoints Teamleiter.Benutzer (Vertriebsstruktur)	359
Abbildung 116	Zwischenergebnis nach Schritt 2 (Vertriebsstruktur)	360
Abbildung 117	Zwischenergebnis der Integration nach Schritt 3 (Vertriebsstruktur)	362
Abbildung 118	Modellfragment des Viewpoints Produktmanager Sachversicherungen.Benutzer	363

Abbildung 119	Ergebnis der Integration nach Schritt 4 (Vertriebsstruktur)	364
Abbildung 120	Modellfragmente der Produktdimension	365
Abbildung 121	Zwischenergebnis Schritte 1 und 2 (Produktdimension)	366
Abbildung 122	Zwischenergebnis Schritt 3 (Produktdimension)	367
Abbildung 123	Integration des Produktmanagers Lebensversicherung (Produkte)	369
Abbildung 124	Modellfragmente der Kundendimension	370
Abbildung 125	Ergebnis der Konsolidierung der Kundendimension	371
Abbildung 126	Konzeptionelles multidimensionales Datenmodell von Fidl	372
Abbildung 127	Konsolidierung der Merkmalmodelle des Filialleiters	374
Abbildung 128	Konsolidiertes Merkmalmodell (Teamleiter und Filialleiter)	375
Abbildung 129	Konsolidiertes Merkmalmodell	376
Abbildung 130	Verifikation und Validierung in VODWE	379
Abbildung 131	Validierung und Verifikation von Anforderungen mittels eines Prototyps	383
Abbildung 132	Zuordnung der Konstrukte des Metamodells auf das Relationenmetamodell (1)	387
Abbildung 133	Zuordnung der Konstrukte des Metamodells auf das Relationenmetamodell (2)	388
Abbildung 134	Darstellung der Transformation eines konzeptionellen in ein logisches MDDM	389
Abbildung 135	Mapping von Hierarchieknoten auf die Zellen der Dimensionstabellen	390
Abbildung 136	Transformation einer Hierarchie in eine Dimensionstabelle eines logischen MDDM	391

Tabellenverzeichnis

Tabelle 1	Charakteristika operativer und informativer Datenbanken (Data Warehouse)	21
Tabelle 2	Operationale vs. informatorische Daten	24
Tabelle 3	Aufgaben und Funktionen im ETL-Prozess	31
Tabelle 4	Gegenüberstellung von ROLAP und MOLAP	42
Tabelle 5	Vergleich der Komponenten in verschiedenen Ansätzen des Methoden-Engineerings	61
Tabelle 6	Begrifflichkeiten des Methoden-Metamodells	65
Tabelle 7	Grundlegende Begriffe der Systementwicklung nach IEEE	97
Tabelle 8	Definitionen des Begriffs „Requirements Engineering"	110
Tabelle 9	Phasen des Anforderungsmanagements	111
Tabelle 10	Übersicht über Techniken im Rahmen des Anforderungsmanagements	127
Tabelle 11	Fragetechniken zur Überwindung der Within-Obstacles	137
Tabelle 12	Stückumsatz eines Produktes (einer Produktgruppe) nach Vertriebsregionen	144
Tabelle 13	Stückumsatz einer Produktgruppe im Jahr 2003 nach Vertriebsregionen und Quartalen	145
Tabelle 14	Mehrere Produktgruppen, Vertriebsregionen und Zeit	146
Tabelle 15	Mehrere Kennzahlen (Volumen und Deckungsbeitrag)	148
Tabelle 16	Abstraktionskonzepte und ihre Eigenschaften	153
Tabelle 17	Mitgliedschaftsbedingungen und Elementassoziationen zum Beispiel oben	172
Tabelle 18	Vergleich der Konstrukte des Metamodells mit den Konstrukten des ER-Ansatzes von Holthuis	194
Tabelle 19	Vergleich der Konstrukte des Metamodells mit den Konstrukten des ER-Ansatzes von Gabriel/Gluchowski	196
Tabelle 20	Vergleich der Konstrukte des Metamodells mit den Konstrukten des ER-Ansatzes von Totok	199

Tabelle 21	Vergleich der Konstrukte des Metamodells mit den Konstrukten des ME/RM	210
Tabelle 22	Vergleich der Konstrukte des Metamodells mit den Konstrukten des DFMs	227
Tabelle 23	Informationsbedarfsdefinitionen	266
Tabelle 24	Alternative Definitionen des Begriffs „Viewpoint"	280
Tabelle 25	Beispiele für Viewpoints	283
Tabelle 26	Techniken zur Strukturierung von Fachbegriffen gemäß der Gegenstandseinteilung des Metamodells	318
Tabelle 27	Korrespondenzen und Zusicherungen zwischen Dimensionsknoten	349
Tabelle 28	Korrespondenzen und Zusicherungen zwischen Dimensionspfaden	350
Tabelle 29	Implementierung von nichtinformatorischen Anforderungen	393

Abkürzungsverzeichnis

ACM	Association for Computing Machinery
ADAPT	Application Design for Analytical Processing Technologies
ATRS	Aktivitäts-Technik-Rolle-Sprache (Notation)
Bez.	Bezeichner
bspw.	beispielsweise
bzgl.	bezüglich
bzw.	beziehungsweise
CACM	Communications of the ACM
CQ	Competency Question
CSCW	Computer Supported Cooperative Work
Def.	Definition
DFM	Dimensional Fact Model (Golfarelli et al.)
d. h.	das heißt
Dim.	Dimension
DK	Dimensionsknoten
DSS	Decision Support Systems
DV	Datenverarbeitung
EERM	Erweitertes ERM
EIS	Executive Information System
eo	element-of
ERM	Entity Relationship Modell
ERP-Systeme	Enterprise Resource Planning
ETL	Extraktion, Transformation, Laden
EUS	Entscheidungsunterstützungssystem
FIS	Führungsinformationssystem
gem.	gemäß
hi	has-instance

hk	Hierarchieknoten
HOLAP	Hybrides OLAP
hsc	has-subclass
hss	has-subset
hst	has-subtype
i. d. R.	in der Regel
iIA	inhaltlich informatorische Anforderung (Informationsbedarf)
io	instance-of
i. S. e.	im Sinne einer / eines
i. S. v.	im Sinne von
IT	Informationstechnik
i. V. m.	in Verbindung mit
lt.	Laut
MDDM	Multidimensionales Datenmodell
m. E.	meines Erachtens
ME/RM	Multidimensionales ERM (Sapia et al.)
MIS	Managementinformationssystem
MOLAP	Multidimensionales OLAP
MSS	Management Support System
NIA	Nichtinformatorische Anforderung
o. ä.	oder ähnliches
o. g.	oben genannten
o. J.	ohne Jahr
OLAP	Online Analytical Processing
OLTP	Online Transaction Processing
o. V.	ohne Verfasser
qIA	qualitätsbezogene informatorische Anforderung
ROLAP	Relationales OLAP
sco	subclass-of
s. o.	siehe oben
sso	subset-of

Abkürzungsverzeichnis

sto	subtype-of
s. u.	siehe unten
u.	und
UML	Unified Modeling Language
u. U.	unter Umständen
v. a.	vor allem
vIA	visualisierungsbezogene informatorische Anforderung
VODWE	Viewpoint-orientierte Data-Warehouse-Entwicklung
YAM²	Yet Another Multidimensional Model
z. B.	zum Beispiel
z. T.	zum Teil

Teil I: Problemstellung, Terminologie und Grundlagen

1 Einführung

1.1 Motivation und Problemstellung

Im Bereich der Anwendungssysteme zur Informationsversorgung von Entscheidungsträgern haben sich Data-Warehouse-Systeme in den letzten Jahren etabliert. Sie sammeln Daten aus verschiedenen Quellen und bereiten sie so auf, dass Entscheidungsträger problemadäquat und zeitnah über das Unternehmensgeschehen und die Unternehmensumwelt informiert werden.

Schon diese grobe Charakterisierung macht deutlich, dass Data-Warehouse-Systeme im Spannungsfeld zwischen betriebswirtschaftlichen und technischen Anforderungen stehen. Dabei kann bei den im Rahmen von Data-Warehouse-Systemen eingesetzten Technologien ein gewisser Reifegrad festgestellt werden. Die grundsätzlichen Fragen hinsichtlich ihrer Architektur scheinen im Wesentlichen geklärt.[1] Aufgrund von Fortschritten in der Datenbanktechnologie können Datenvolumina im mehrstelligen Terabytebereich verwaltet werden.[2] Darüber hinaus gibt es seit einiger Zeit umfassende Standardisierungsbemühungen, die ebenfalls auf eine gewisse Konsolidierung schließen lassen.[3]

Aufseiten der betriebswirtschaftlichen Fachbereiche sind z. T. große Erwartungen mit der Einführung von Data-Warehouse-Systemen verbunden. Sie sollen eine bessere Informationsversorgung sicherstellen, bessere Entscheidungsfindung ermöglichen und somit Planung und Steuerung sowie strategische Ziele unterstützen.[4] Häufig werden jedoch gerade die Erwartungen auf der fachlichen Seite durch Data-Warehouse-Systeme nicht erfüllt. Laut einer Studie der Meta Group liegt darin der Grund, dass Projekte zur Einführung von Data-Warehouse-Systemen als nicht erfolgreich bewertet werden.[5] Generell ist festzustellen, dass

---

[1] Vgl. Jung, Winter: Data Warehousing, 2000, S. 12.
[2] Vgl. Winter: Large Scale, 2002.
[3] Vgl. OMG: CWM, o. J.; CWM-Forum, o. J.
[4] Bspw. Tschandl, Hergolitsch: Erfolgsfaktoren, 2002; Watson et al.: Data Warehousing, 2001, S. 51.
[5] Vgl. hierzu Hinrichs: Datenqualitätsmanagement, 2002, S. 5 f.

die Misserfolgsquote von Projekten zur Data-Warehouse-Entwicklung außerordentlich hoch ist.[6] In diesem Zusammenhang ist ein Blick in die Geschichte der Computerunterstützung des Managements interessant: MIS (Managementinformationssysteme) und EIS („Executive Information Systems"), die als Vorläufer von Data-Warehouse-Systemen betrachtet werden können, scheiterten häufig schon aufgrund technischer Probleme.[7] Viele der technischen Probleme können heute als gelöst betrachtet werden (bspw. die Verwaltung großer Datenvolumina und die graphische Informationspräsentation). Dagegen sind die Erfolgs- bzw. Misserfolgsfaktoren auf der nichttechnischen Seite relativ stabil und ähneln sich bei MIS/EIS und Data-Warehouse-Systemen. Regelmäßig werden hier mangelnde Fachbereichs-, Management- und Mitarbeiterorientierung genannt.[8] Watson stellt ebenfalls in mehreren Studien fest, dass die Gründe für gescheiterte Projekte im Wesentlichen organisatorischer Natur sind.[9]

Bei der Entwicklung von Data-Warehouse-Systemen spiegelt sich die mangelnde Mitarbeiter- und Fachbereichsorientierung in einer unzureichenden Benutzerbeteiligung wider.[10] Daraus resultiert, dass die Wünsche, Bedarfe und Anforderungen der Benutzer nicht systematisch in den Entwicklungsprozess eingehen und ihnen daher nicht in ausreichendem Maße Beachtung geschenkt wird. Die Nichtbeachtung der Anforderungen wirkt sich jedoch direkt auf die Erfüllung der fachlichen Erwartungen aus und damit indirekt auf den Erfolg des entwickelten Data-Warehouse-Systems.[11]

---

[6] Wixom/Watson schätzen sie auf deutlich über 50 % (Wixom, Watson: Data Warehousing Success, 2001, S. 18); in der erwähnte Studie der Meta Group wird eine Erfolgsquote von 23 % genannt (Hinrichs: Datenqualitaetsmanagement, 2002, S. 5 f.); Hinrichs nennt weitere Studien, die eine noch deutlich geringere Erfolgsquote feststellen.

[7] Vgl. Stahlknecht, Hasenkamp: Wirtschaftsinformatik, 2005, S. 382 f.

[8] Vgl. Wetherbe: Information Requirements, 1991; Crockett: EIS, 1992, S. 42; Tschandl, Hergolitsch: Erfolgsfaktoren, 2002; Poon, Wagner: Critical success factors, 2001, S. 398; Weir et al.: Best practice, 2003, S. 2 ff.

[9] Watson untersucht mit einer gewissen Regelmäßigkeit seit Ende der 70er Jahre Erfolg und Misserfolg von EIS bzw. seit jüngerer Zeit von Data-Warehouse-Systemen: Vgl. bspw.: Watson et al.: Data warehouse governance, 2004, S. 436; Watson et al.: Data Warehousing, 2001; Wixom, Watson: Data Warehousing Success, 2001; Watson, Frolick: Information Requirements, 1993; Watson et al.: Executive Information Systems, 1991; Houdeshel, Watson: MIDS, 1987.

[10] Vgl. Mukherjee, D'Souza: Implementation, 2003; Wixom, Watson: Data Warehousing Success, 2001, S. 20.

[11] Poon, Wagner: Critical success factors, 2001, 398; Weir et al.: Best practice, 2003, S. 2 ff.

Mit den erwähnten Erfolgsfaktoren sind die zentralen Fragen dieser Arbeit benannt:

- Wie können diejenigen Informationen erlangt werden, die nötig sind, um ein Data-Warehouse-System so zu entwickeln, dass die Erwartungen und Anforderungen der Benutzer und Anwender erfüllt werden?

Und:

- Wie können die Informationen, wenn sie vorliegen, im Entwicklungsprozess behandelt werden, sodass sie eine zweckmäßige Grundlage für die technische Realisierung eines Data-Warehouse-Systems darstellen?

1.2 Forschungsstrategie und Vorgehen

Nach Klärung der zentralen Forschungsfrage wird im Folgenden dargestellt, welche Forschungsstrategie im Rahmen dieser Arbeit zum Einsatz kommt und welches konkrete Vorgehen sich daraus ergibt.

Die Überlegungen folgen einem gestaltungs- und konstruktionsorientierten Paradigma.[12] Bei dem Versuch, eine Methode zur Entwicklung von Data-Warehouse-Systemen zu erarbeiten, müssen zwei Probleme gelöst werden: das Analyseproblem und das Designproblem.[13]

Ersteres bedeutet, dass die relevanten Determinanten für die Erklärung praxisrelevanter Probleme zu identifizieren sind. In diese Richtung zielten die Ausführungen im vorangegangenen Abschnitt. Die dort identifizierten Probleme der Data-Warehouse-Entwicklung werden im Laufe der Arbeit konkretisiert und operationalisiert.

Das Designproblem stellt darauf ab, „geeignete Werkzeuge für die Lösung praktischer Probleme zur Verfügung zu stellen und den Problemlösungsprozess kri-

---

12 Hevner et al. unterscheiden zwischen dem „behavioral-science paradigm" und dem „design-science paradigm": *„The behavioral-science paradigm seeks to develop and verify theories that explain or predict human or organizational behavior. The design-science paradigm seeks to extend the boundaries of human and organizational capabilities by creating new and innovative artifacts. Both paradigms are foundational to the IS discipline ..."*. (Hevner et al.: Design Science, 2004, S. 76). Ersteres hat seine Wurzeln in den Naturwissenschaften, letzteres orientiert sich an den Ingenieurwissenschaften und ist im Wesentlichen ein Problemlösungsparadigma.

13 Vgl. Osterloh, Grand: Praxis der Theorie, 1999, S. 354.

tisch zu reflektieren."[14] Zur Erarbeitung von Lösungsvorschlägen im Bereich der Systementwicklung gibt es nach Herzwurm drei grundsätzliche Alternativen:

- Orientierung an Gestaltungsvorschlägen von Spezialisten (z. B. Forschern und Unternehmensberatern),
- Lernen aus eigenen Erfahrungen und
- Übernahme von Praktiken erfolgreicher Unternehmen.[15]

In dieser Arbeit wird davon ausgegangen, dass sowohl in der Informatik als auch in der Wirtschaftsinformatik Lösungs- und Gestaltungsvorschläge vorliegen, die sich nutzbringend für die Data-Warehouse-Entwicklung heranziehen lassen. Es erfolgt also eine Orientierung an Gestaltungsvorschlägen von Spezialisten.

Im Vergleich zu einem behavioristischen (vgl. Fußnote 12) bzw. kritisch-rationalistischen Ansatz ist das gewählte Vorgehen damit durch eine gewisse Beliebigkeit gekennzeichnet. Die Entwicklung von Gestaltungsvorschlägen in diesem Sinne „relies on existing *kernel theories* that are applied, tested, modified, and extended through the experience, creativity, intuition, and problem solving capabilities of the researcher ... ."[16]

Szyperski fordert daher für eine praxisorientierte Forschung:

> „Da, wo praxeologische Aussagensysteme geschaffen werden, sollten wir uns daher sehr berechtigt mit methodischen und bestenfalls verfahrenstechnischen Zweckmäßigkeitsüberlegungen begnügen und nicht einen realwissenschaftlichen Anschein erwecken wollen."[17]

In dieser Arbeit werden die sich im Entwicklungsprozess ergebenden Probleme analysiert und so rekonstruiert, dass erkennbar wird, auf welcher Grundlage die Wahl eines Lösungs- bzw. Gestaltungsvorschlags erfolgt. D. h. es wird versucht, die Prämissen offen zu legen, die der Konstruktion der eigenen Methode für die Data-Warehouse-Entwicklung zugrunde liegen.

---

[14] Osterloh, Grand: Praxis der Theorie, 1999, S. 354 f.; Osterloh/Grand bezeichnen dies als die Doppel-Aufgabe der Betriebswirtschaftslehre als problemorientierte Forschung und stellen keinen Bezug zur Systementwicklung her. Nach Ansicht des Verfassers stellen sich die genannten Probleme jedoch analog sowohl bei der Entwicklung von Anwendungssystemen als auch bei der Entwicklung von Methoden, die die Anwendungssystementwicklung unterstützen sollen.
[15] Vgl. Herzwurm: Softwareproduktentwicklung, 2000, S. 199.
[16] Hevner et al.: Design Science, 2004, S. 76.
[17] Szyperski: Betriebswirtschaftslehre, 1971, S. 278.

Forschungsstrategie und Vorgehen

Aus der Problemstellung und der verfolgten Forschungsstrategie ergibt sich der folgende Aufbau: Die Arbeit gliedert sich in 4 Teile, die jeweils mehrere Abschnitte enthalten. Das Ziel der Arbeit ist die Konstruktion einer Entwicklungsmethode für Data-Warehouse-Systeme, die in Teil IV vorgestellt wird. In den Teilen II und III werden zum einen Anforderungen erarbeitet, die die Methode erfüllen muss; zum anderen werden bereits grundlegende Komponenten der Methode beschrieben.

- Der *Abschnitt 1.3* dieses Teils (**Teil I**) enthält *Definitionen* einiger wichtiger Begriffe, die Verwendung finden. Im Anschluss daran werden in *Abschnitt 2 Data-Warehouse-Systeme* beschrieben. Im Vordergrund steht dabei eine technische Sichtweise, und es werden die relevanten Architekturkomponenten erläutert. Die betriebswirtschaftliche Perspektive wird in den Abschnitten 2.2.2 und 2.4 in die Betrachtung einbezogen. Abschnitt 2.4 stellt eine *erweiterte Data-Warehouse-Architektur* vor, die modifiziert in der Entwicklungsmethode Anwendung findet.

- **Teil II** stellt Methoden und Vorgehensmodelle als grundlegende Lösungsverfahren der Anwendungssystementwicklung dar. In *Abschnitt 3* wird das Methodenverständnis dieser Arbeit erläutert. Da bei der Entwicklung von Anwendungssystemen Modelle eine wichtige Rolle spielen, werden in *Abschnitt 4* zum einen die *Funktionen von Sprache bei der Modellierung* betrachtet; zum anderen wird der in dieser Arbeit verwendete *Modellbegriff* definiert. *Abschnitt 5* widmet sich der *Systementwicklung* und dem *Anforderungsmanagement*. Hierbei werden grundsätzliche Fragen diskutiert, die für die Entwicklung von Anwendungssystemen relevant sind. Den Schwerpunkt der Betrachtung bilden solche Aspekte, die im Data Warehousing nach Ansicht des Verfassers bislang keine ausreichende Beachtung finden. Ein wesentliches Ergebnis ist ein Modell zur situativen Auswahl von Techniken im Rahmen des Anforderungsmanagements. Dieses stellt eine Komponente der in Teil IV entwickelten Methode dar.

- Den Schwerpunkt von **Teil III** stellt die Modellierung im Rahmen der Data-Warehouse-Entwicklung dar. In *Abschnitt 6* wird ein *Metamodell* entworfen, welches die Syntax multidimensionaler Modelle beschreibt. Dieses stellt eine weitere Komponente der Methode aus Teil IV dar. Der folgende *Abschnitt 7* betrachtet *Entwicklungsansätze*, die in der Literatur diskutiert werden und die sowohl die Modellierung als auch das Vorgehen betreffen. Aus der Betrachtung und Gegenüberstellung verschiedener Ansätze lassen sich Aspekte identifizieren, die nach Ansicht des Verfassers bislang nur unzureichend betrachtet werden.

- Die in **Teil IV** vorgestellte Methode zur Data-Warehouse-Entwicklung zielt darauf ab, die in den vorangegangenen Abschnitten aufgezeigten Probleme zu lösen. Der Teil beginnt mit einer *Beschreibung der Merkmale* der Methode und zeigt auf, wie die zuvor identifizierten Anforderungen durch die Methode erfüllt werden. *Abschnitt 9* beinhaltet die detaillierte Beschreibung der Methode für das Anforderungsmanagement und die konzeptionelle Modellierung. Darüber hinausgehende Aspekte wie Entwurf und Implementierung werden in diesem Abschnitt nur kursorisch betrachtet.

  Die Arbeit schließt mit einem kurzen Fazit.

1.3 Grundlegende Begriffe

1.3.1 Der Informationsbegriff

In den vorangegangenen Abschnitten wurde der Informationsbegriff verwendet, ohne dass er ausdrücklich definiert wurde. Tatsächlich reicht oft ein eher intuitives Verständnis von Information als „Kenntnis über Sachverhalte und Vorgänge."[18]

In der Betriebswirtschaftslehre und auch in der Wirtschaftsinformatik finden sich viele verschiedene Definitionsversuche. Z. T. werden Informationen über den Begriff der Daten definiert; zum anderen wird – häufig in Anlehnung an Wittmann – der Informationsbegriff über den Wissensbegriff definiert („Information als zweckorientiertes Wissen"[19]).

Die Definition über Daten spiegelt wider, dass in betrieblichen Anwendungssystemen (bspw. in Data-Warehouse-Systemen) Daten als Zeichenfolgen gespeichert werden, aus denen durch „Anwendung einer Interpretationsvorschrift ... eine Information abgeleitet [wird]."[20] Nach Ferstl/Sinz müssen Sender und Empfänger demnach über dieselbe Interpretationsvorschrift verfügen. Neben der Interpretationsvorschrift spielt der Kontext der Daten eine wichtige Rolle, denn erst in einem gegebenen Kontext werden aus Daten Informationen.[21]

Nach der Definition von Wittmann muss es sich hier noch nicht um Information handeln. Seine Definition von Information als zweckorientiertes Wissen verdeut-

---

[18] Stahlknecht, Hasenkamp: Wirtschaftsinformatik, 2005, S. 9 f.
[19] Wittmann: Wissen, 1979, Sp. 2263;
[20] Vgl. Ferstl, Sinz: Wirtschaftsinformatik, 1998, S. 126 f.
[21] Vgl. Alpar et al.: Wirtschaftsinformatik 2002, S. 10.

Grundlegende Begriffe 9

licht, dass alleine aufseiten des Empfängers entschieden wird, ob etwas eine Information darstellt. Dient es keinem Zweck, bspw. der Vorbereitung von Handlungen bzw. Entscheidungen, so handelt es sich nicht um Information.[22]

Häufig wird Wittmanns Definition kritisiert, weil sie den Wissensbegriff voraussetze, ohne dass dieser selbst eingegrenzt bzw. spezifiziert werde.[23] Tatsächlich aber findet sich – zumindest in einer späteren Arbeit Wittmanns – eine Definition.[24]

Enger gefasst wird die Definition von Alpar et al. Dort wird „zusätzliches zweckorientiertes Wissen"[25] als Information aufgefasst. Dieser Definition soll hier gefolgt werden. Nach dem Verständnis des Verfassers stellt dabei auch eine Bestätigung inhaltlich bereits vorhandenen Wissens eine Information dar, bspw. wenn vorhandenes Wissen verifiziert und validiert wird. Durch das zusätzliche Wissen im Zuge der Verifikation und Validierung gewinnt das vorhandene Wissen an Zuverlässigkeit und Gewissheit.

Information im Sinne dieser Definition kommt im Rahmen dieser Arbeit in zweierlei Hinsicht eine besondere Bedeutung zu:

Zum einen soll ein Data-Warehouse-System Informationen bereitstellen. Es soll Daten aufbereiten und auf eine Art und Weise über Tatsachen berichten, dass daraus Informationen werden, d. h. dass den Daten und den Tatsachen aus Empfängersicht das Merkmal der Zweckorientierung zukommt. Im ungünstigsten Falle stellen Data-Warehouse-Systeme nur Daten bereit, die kein zusätzliches zweckorientiertes Wissen enthalten.

Zum anderen benötigen die Entwickler und Analysten im Entwicklungsprozess Informationen, die es ihnen erlauben, ein System zu entwickeln, das den Erwartungen und Anforderungen der Benutzer entspricht. Fehlen ihnen diese Informationen, so können sie den Zweck, Handlungen vorzunehmen, die zu diesem Ziel führen, nicht verfolgen.

Im Folgenden soll generell vom nichtungünstigsten Fall ausgegangen werden, d. h. es wird angenommen, dass Data-Warehouse-Systeme (auch) Informationen bereitstellen und dass Entwickler und Analysten (auch) Informationen erhalten.

---

[22] Vgl. Wittmann: Wissen, 1979, Sp. 2263.
[23] So bspw. Lehner et al.: Wirtschaftsinformatik, 1995, S. 171 f.
[24] Er definiert Wissen als „Vorstellungsinhalte, ... die Überzeugungen über die Wahrheit von Feststellungen (Aussagen, Sätzen, Behauptungen) zu Inhalt haben. Ihre Grundlage sind einmal Tatsachen, die sich durch die Mittel der Wahrnehmung ergeben, und zum anderen die Ergebnisse der Anwendung von bekannten Regeln des Schließens aus solchen Tatsachen" (Wittmann: Wissen, 1979, Sp. 2263).
[25] Alpar et al.: Wirtschaftsinformatik 2002, S. 9.

1.3.2 Stakeholder

Im Rahmen dieser Arbeit wird ausdrücklich zwischen Anwendern und Benutzern getrennt. Anwender sind Organisationen oder Personen, die über Auswahl, Einsatz, Entwicklung und Gestaltung von Anwendungssystemen entscheiden. Als Benutzer werden Endbenutzer bezeichnet, die in den Fachabteilungen (bspw. Controlling, Vertrieb) mit dem Anwendungssystem umgehen, es jedoch nicht selbständig verändern und die ggf. ohne Entscheidungsbefugnis an der Entwicklung beteiligt werden.[26] Sie werden durch das System in ihrer Aufgabenerfüllung unterstützt.

Analysten und Entwickler sind Personen, deren Aufgabe die Entwicklung und Planung von Anwendungssystemen ist. Darüber hinaus kann es weitere Personen und Personengruppen geben, die in irgendeiner Art und Weise Interessen bzgl. eines zu erstellenden oder eines vorhandenen Anwendungssystems haben, bspw. Datenschutzbeauftragte.

Zusammen werden diese Personen, d. h. die vier genannten Gruppen, als Stakeholder des Systems bezeichnet: Ein weites Stakeholderverständnis bringt Macaulay zum Ausdruck:

> „Stakeholders are defined here ... as all those who have a stake in the change being considered, those who stand to gain from it, and those who stand to loose."[27]

In der Literatur wird üblicherweise dieses breite Verständnis zugrunde gelegt. In diesem Sinne wird es zunächst so auch in dieser Arbeit genutzt. Bei der Darstellung des Viewpointansatzes und für die Methode VODWE in Teil IV wird eine engere Begriffsauffassung hergeleitet und verwendet.

---

[26] Vgl. Stahlknecht, Hasenkamp: Wirtschaftsinformatik, 2005, S. 12.
[27] Macaulay: Requirements Engineering, 1996, S. 32; Sie unterscheidet vier Kategorien: Entwickler/Analysten, Stakeholder mit wirtschaftlichen Interessen am System, solche, die für die Implementierung und den Betrieb verantwortlich sind, sowie Anwender und Benutzer.; lt. Sommerville/Sawyer ist ein Stakeholder „...a human, role, or organisation with an interest in the system. This can include both the customer's and the developer's organisations." (Sommerville, Sawyer: Requirements Engineering, 1997, S. 365).

2 Data-Warehouse-Systeme

2.1 Einordnung: Anwendungssysteme zur Unterstützung von Entscheidungsträgern

Für die verschiedenen operativen Aufgaben existieren in einer Organisation i. d. R. Anwendungssysteme, die die Abwicklung dieser Aufgaben unterstützen. Unter diese als operative Systeme bezeichnete Anwendungssysteme fallen im betrieblichen Umfeld branchenneutrale Systeme bspw. für den Vertrieb und das Finanz- bzw. Rechnungswesen sowie branchenspezifische Systeme für die Industrie, den Handel etc.[28] Diesen operativen Systemen gleichsam übergeordnet sind Anwendungssysteme, die der Planung und Steuerung eines Unternehmens dienen und Entscheidungsträger mit bedarfsgerechten Informationen versorgen sollen.[29] Sie sind ein wichtiger Baustein für die vertikale Integration von Daten und Anwendungssystemen im Sinne der Anwendungssystempyramide (Abbildung 1).

Auf der unteren Ebene dieser Pyramide finden sich die erwähnten operativen Anwendungssysteme. Die Systeme der darüber liegenden Ebene greifen konsequenterweise auf die vorhandenen Daten der operativen Systeme zurück.[30] Zusätzlich zu diesen internen Daten werden häufig externe Daten, bspw. Daten statistischer Ämter, in die Systeme integriert.[31]

---

[28] Vgl. Stahlknecht, Hasenkamp: Wirtschaftsinformatik, 2005, S. 326 ff.; Alpar et al.: Wirtschaftsinformatik, 2002, S. 162 ff.
[29] Vgl. Mertens, Griese: Planungs- und Kontrollsysteme, 2000, S. 1; Jung, Winter: Data Warehousing, 2000, S. 4; Scheer: Wirtschaftsinformatik, 1995, S. 5 f.
[30] Vgl. Mertens, Griese: Planungs- und Kontrollsysteme, 2000, S. 1 ff.; Gluchowski et al.: MSS, 1997, S. 150 f.; Behme, Schimmelpfeng: Führungsinformationssysteme, 1993, S. 3 ff.
[31] Vgl. Stahlknecht, Hasenkamp: Wirtschaftsinformatik, 2005, S. 331 u. 382 ff.; Zur Anwendungssystempyramide: Mertens, Griese: Planungs- und Kontrollsysteme, 2000, S. 1 f.

Abbildung 1 Anwendungssystempyramide

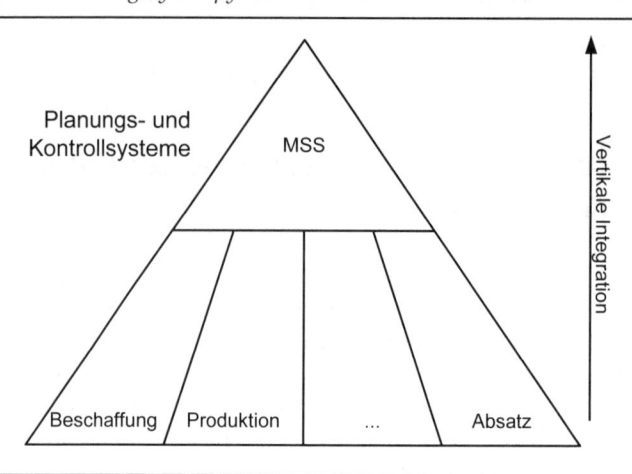

```
            Planungs- und    /\
            Kontrollsysteme  / MSS \          Vertikale Integration ↑
                            /------\
                           /        \
                          /          \
                         /Beschaffung/Produktion  ...  \Absatz\
```

Für die Systeme dieser Ebene findet sich eine verwirrende Vielzahl von Begriffen und Abkürzungen[32], wie z. B. „Chefinformationssysteme", „Managementinformationssysteme" (MIS), „Decision Support Systeme" (DSS), „Executive Information Systeme" (EIS) und „Planungs- und Kontrollsysteme" etc. Häufig werden diese unter dem Oberbegriff Management Support Systeme (MSS) subsumiert.[33] Darüber hinaus werden verschiedene Klassifikationen und Systematisierungen dieser Systeme vorgeschlagen, die sich z. T. ähneln und ergänzen, z. T. aber auch widersprechen. Abbildung 2 stellt verschiedene Klassifikationen gegenüber.

Die Klassifikation nach Stahlknecht/Hasenkamp (a) ordnet die vorhandenen Begriffe und stellt den englischen Begriffen (EIS/DSS) jeweils ihr deutschsprachiges Pendant gegenüber. Ehrenberg et al. (b) klassifizieren streng nach der Unterstützungsart der Systeme. Gluchowski et al. (c) dagegen unterscheiden neben der Systemkategorie (Ebenen 1 & 2) die Unterstützungsart (Ebene 3) sowie die durch das System bereitgestellte Funktionalität. Mertens/Griese (d) vernachlässigen die Bürowerkzeuge bzw. die Kommunikationsunterstützung, unterscheiden in ihrer Klassifikation jedoch zusätzlich zwischen Managementebenen.

---

[32] Vgl. Stahlknecht, Hasenkamp: Wirtschaftsinformatik, 2005, S. 383.
[33] Vgl. die vorgestellten Klassifikationen sowie Behme, Schimmelpfeng: Führungsinformationssysteme, 1993, S. 4.; Swiontek, Realität und Versprechungen, 1996, S. 55 ff.

Einordnung: Anwendungssysteme zur Unterstützung von Entscheidungsträgern 13

Abbildung 2 Klassifikationen von Anwendungssystemen für das Management

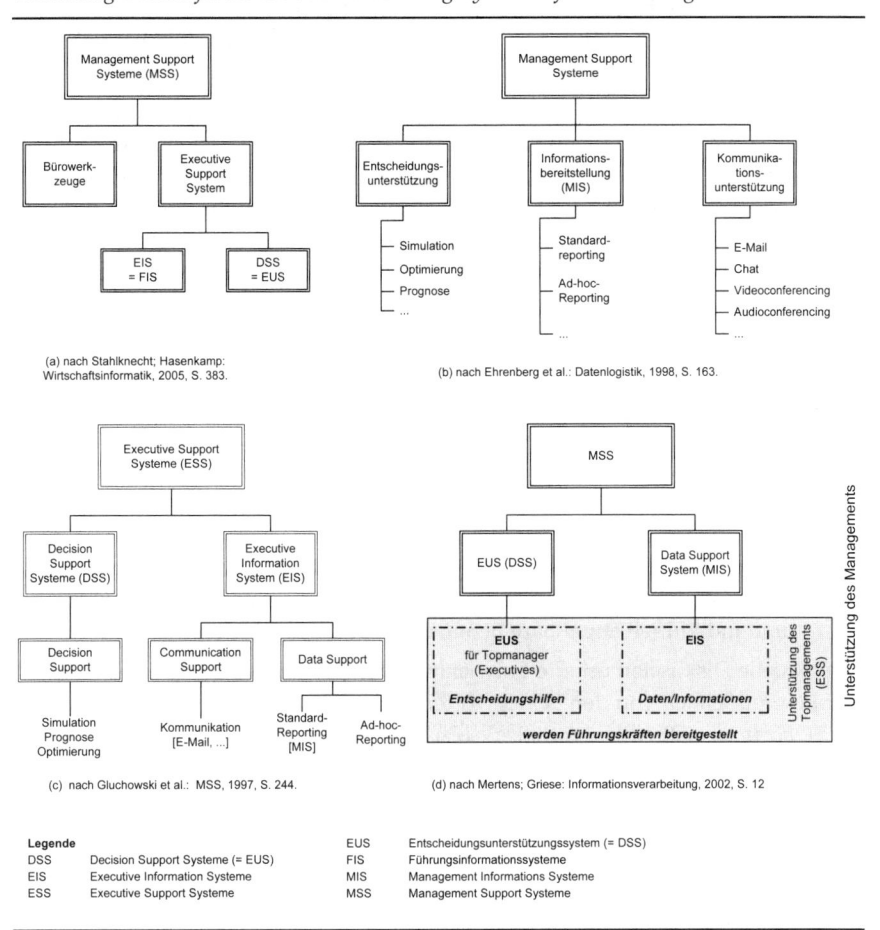

```
                    Management Support                          Management Support
                      Systeme (MSS)                                  Systeme
        ┌──────────────────┴──────────────────┐          ┌───────────────┼───────────────┐
   Bürowerk-         Executive                    Entscheidungs-   Informations-    Kommunika-
    zeuge             Support                     unterstützung    bereitstellung   tions-
                      System                                           (MIS)        unterstützung
              ┌──────────┴──────────┐              — Simulation      — Standard-      — E-Mail
              EIS                  DSS             — Optimierung       reporting      — Chat
             = FIS                = EUS            — Prognose        — Ad-hoc-        — Videoconferencing
                                                   …                   Reporting      — Audioconferencing
                                                                     …                …

(a) nach Stahlknecht; Hasenkamp:                   (b) nach Ehrenberg et al.: Datenlogistik, 1998, S. 163.
    Wirtschaftsinformatik, 2005, S. 383.
```

```
          Executive Support                                    MSS
            Systeme (ESS)
     ┌──────────┴──────────┐                         ┌──────────┴──────────┐
   Decision            Executive                  EUS (DSS)            Data Support
   Support            Information                                      System (MIS)
  Systeme (DSS)      System (EIS)                 ┌──────────────────────────────┐
     │           ┌──────┴──────┐                  │    EUS              EIS      │
  Decision   Communication   Data Support         │ für Topmanager               │
  Support      Support                            │  (Executives)                │
     │           │              │                 │                              │
  Simulation  Kommunikation  Standard-  Ad-hoc-   │ Entscheidungshilfen  Daten/Informationen │
  Prognose    [E-Mail, …]    Reporting  Reporting └──────────────────────────────┘
  Optimierung                [MIS]                   werden Führungskräften bereitgestellt

(c) nach Gluchowski et al.: MSS, 1997, S. 244.    (d) nach Mertens; Griese: Informationsverarbeitung, 2002, S. 12
```

Legende
DSS   Decision Support Systeme (= EUS)   EUS   Entscheidungsunterstützungssystem (= DSS)
EIS   Executive Information Systeme   FIS   Führungsinformationssysteme
ESS   Executive Support Systeme   MIS   Management Informations Systeme
                                           MSS   Management Support Systeme

Auch wenn sich die Klassifikationen auf den ersten Blick deutlich zu unterscheiden scheinen, so herrscht doch dahingehend Übereinstimmung, dass zwischen Informationsbereitstellung auf der einen Seite und Unterstützung durch die Bereitstellung von Methoden und Modellen zur Planung, Entscheidung und Kontrolle auf der anderen Seite zu trennen ist.[34] Die Systeme zur Informationsbereit-

---

34 Ebenso Alpar et al.: Wirtschaftsinformatik, 2002, S. 229.

stellung werden dabei unterschiedlich bezeichnet: (a) FIS bzw. EIS; (b) MIS; (c) Data Support, der Begriff MIS bezeichnet hier nur das Standardreporting; (d) Data Support System (MIS). Die Systeme zur Unterstützung durch Methoden und Modelle werden durchgängig als DSS bzw. EUS gekennzeichnet.

Bullinger/Koll stellen fest, dass der Nutzwert der verschiedenen Definitionen und Klassifikationen für die Planung und Gestaltung konkreter Systeme „meist marginal" ist.[35] Dem ist insoweit zuzustimmen, als dass im Folgenden die konkrete Managementebene (Top- vs. Mittleres Management) keinen Einfluss auf die Entwicklung hat. Die Unterscheidung zwischen Entscheidungsunterstützung und Informationsbereitstellung ist jedoch für die folgenden Ausführungen sehr wohl von Relevanz, da in dieser Arbeit im Wesentlichen auf die Unterstützung von Entscheidungsträgern durch die Bereitstellung bedarfsgerechter Informationen abgestellt wird und somit auf die Systemkategorie Führungsinformationssysteme bzw. Executive Information Systems.[36] Diese werden - in Anlehnung an Gluchowski et al. - folgendermaßen definiert:

> „ ... rechnergestützte, dialog- und datenorientierte Informationssysteme für das Management (...), die einzelnen Entscheidungsträgern (oder Gruppen von Entscheidungsträgern) aktuelle entscheidungsrelevante interne oder externe Informationen ohne Entscheidungsmodell zur Selektion und Analyse über intuitiv benutzbare und individuell anpaßbare Benutzeroberflächen anbieten."[37]

Die aktuelle Diskussion um die Entwicklung von Führungsinformationssystemen wird hauptsächlich von den Schlagwörtern *Data Warehousing* und *Online Analytical Processing* (OLAP) geprägt[38]. Nach moderner Auffassung sind Data-Warehouse-Systeme grundlegender Bestandteil von Controlling- bzw. Führungs-

---

35 Bullinger, Koll: CIS, 1992, S. 50.
36 EUS bzw. DSS werden demnach nur am Rande betrachtet. Diese sind im Gegensatz zu FIS mit einer ausgeprägten Entscheidungsmodellkomponente ausgestattet, die bei schlecht strukturierten Problemstellungen die Entscheidungsqualität verbessern soll. Vgl. Holten: Führungsinformationssysteme, 1999, S. 37; Jahnke: Entscheidungsunterstützung, 1993, S. 2; Stahlknecht, Hasenkamp: Wirtschaftsinformatik, 2005, S. 384.
37 Gluchowski et al.: MSS, 1997, S. 203; einen Überblick über alternative Definitionen bietet bspw. Holten: Führungsinformationssysteme, 1999, S. 33 f.
In der ursprünglichen Definition von Gluchowski et al. findet sich ein Verweis darauf, dass FIS Systeme „mit ausgeprägten Kommunikationselementen" ausgestattet sind. Dieser Aspekt wird im Folgenden jedoch nicht näher betrachtet.
38 Vgl. Alpar et al.: Wirtschaftsinformatik, 2002, S. 232 f.; Klein, Zell: Design, 1999, S. 18; Mucksch et al.: Data Warehouse-Konzept, 1996, S. 421.

informationssystemen.[39] Mit den genannten Konzepten stehen seit etwa Mitte der 90er Jahre Technologien zur Verfügung, die eine effiziente und leistungsfähige Computerunterstützung von Führungskräften und Entscheidungsträgern technisch möglich werden lassen.[40]

In FIS fungiert das Data Warehouse als zentraler Datenpool, in dem aus operativen Datenquellen extrahierte oder von externen Datenlieferanten beschaffte Informationen vorgehalten werden.[41] Aufbauend auf diesem Datenpool lassen sich flexibel verschiedene Auswertungen erstellen und so bedarfsgerechte Informationen zur Entscheidungsunterstützung generieren.

Im Folgenden wird das Data-Warehouse-Konzept näher erläutert.

2.2 Data-Warehouse-Konzept

In vielen Veröffentlichungen wird Bill Inmon als der Vater des Data-Warehouse-Konzepts genannt. Jedoch wurde die Idee bereits Ende der 70er Jahre von IBM geprägt und mit dem Ausdruck „Information Warehouse" belegt.[42] Der Begriff „Business Data Warehouse (BDW)" findet sich das erste Mal in einer Veröffentlichung von Devlin/Murphy aus dem Jahre 1988.[43]

---

[39] Vgl. Stahlknecht, Hasenkamp: Wirtschaftsinformatik, 2002, S. 336; Holten: Führungsinformationssysteme, 1999, S. 29 u. 39; Pfläging: Controlling-Systeme, 2002.
[40] Vgl. Klein, Zell: Design, 1999, S. 18.; Vgl. zur Geschichte der Computerunterstützung des Managements seit den 60er Jahren bspw. Oppelt: Computerunterstützung, 1995, S. 101 ff., Behme, Schimmelpfeng: Führungsinformationssysteme, 1993; Dittmar: Erfolgsfaktoren, 1999, S. 5ff.
[41] Vgl. Bold et al.: Datenmodellierung, 1997, S. 15.; Mucksch et al.: Data Warehouse-Konzept, 1996, S. 421.
[42] Vgl. Zeh: Data Warehousing, 2003, S. 32; Stahlknecht, Hasenkamp: Wirtschaftsinformatik, 2005, S. 387.
[43] „ ... access to company information on a large scale by an end user for reporting and data analysis is relatively new. Within IBM, the computerization of informational systems is progressing, driven by business needs and by the availability of improved tools for accessing the company data. It is now apparent that an architecture is needed to draw together the various strands of informational system activity within the company. IBM Europe, Middle East, and Africa (E/ME/A) has adopted an architecture called the E/ME/A Business Information System (EBIS) architecture as the strategic direction for informational systems. EBIS proposes an integrated warehouse of company data based firmly in the relational database environment." Devlin, Murphy: Architecture, 1988, S. 62. Vgl. auch: Devlin: Data Warehouse, 1996, S. 8.

Dem Data-Warehouse-Konzept kann man sich aus verschiedenen Perspektiven nähern. Devlin nennt als mögliche Sichtweisen Bedürfnisse, die Auslöser für eine Data-Warehouse-Entwicklung sein können:

- „the business requirements for a company-wide view of information
- the need of information systems (IS) department to manage company data in a better way"[44].

Angelehnt an diese Auslöser soll im Folgenden zwischen der betriebswirtschaftlich-fachlichen Perspektive und der technisch-integrativen Perspektive unterschieden werden.[45]

Grundsätzlich wird in dieser Arbeit wie bei der Definition von Datenbanken und Datenbanksystemen[46] zwischen dem Data Warehouse und dem Data-Warehouse-System unterschieden. Das *Data Warehouse* umfasst einen gegenüber operativen Systemen redundant gehaltenen integrierten Datenpool in Form einer oder mehrerer Datenbanken. Das *Data-Warehouse-System* beinhaltet darüber hinaus Werkzeuge und Programme zur Erzeugung, Aktualisierung und Nutzung des Data Warehouse.[47] Es unterstützt die Integration der Datenbestände aus unterschiedlichen Quellen sowie deren flexible, interaktive Analyse. Entwicklung, Betrieb und Nutzung von Data-Warehouse-Systemen werden mit dem Begriff Data-Warehousing zusammengefasst.[48]

2.2.1 Technisch-integrative Perspektive

Aus der technisch-integrativen Perspektive stellt ein Data Warehouse eine eigenständige, von den operativen Systemen losgelöste Datenbank dar, die als Plattform für systemübergreifende Auswertungen dient und für analytische Aufgaben optimiert ist. Diesen stark technisch orientierten Ansatzpunkten folgt auch Scheer in seiner Definition. Er betrachtet das Data Warehouse hauptsächlich als ein Produkt und fokussiert in seiner Betrachtung auf die umfassende Datenbank. Er bezeichnet ein Data Warehouse als

---

[44] Devlin: Data Warehouse, 1996, S. 7 f.
[45] Vgl. Lehner betrachtet weiter eine statistische Perspektive und sieht den Ursprung des Data Warehouse u. a. in statistischen Datenbanken. Vgl. dazu Lehner: Data-Warehouse-Systeme, S. 2 ff.
[46] Vgl. Stahlknecht, Hasenkamp: Wirtschaftsinformatik, 2005, S. 159.; Pernul, Unland: Datenbanken, 2003, S. 11.
[47] Vgl. Böhnlein, Ulbrich-vom Ende: Data Warehousing, 2000; diese Begriffskonvention wird häufig verwendet; bisweilen wird auch zwischen Data Warehouse i. e. S. und Data Warehouse i. w. S. unterschieden.
[48] Chamoni, Sinz: Data Warehousing, 2003.

Data-Warehouse-Konzept 17

„ ... eine informative Datenbank, in der unternehmensspezifische, historische und damit unveränderliche Daten unterschiedlichster Quellen gesammelt werden. Im Data Warehouse werden die Daten integriert, nach Sachzusammenhängen geordnet und zeitpunktbezogen abgespeichert."[49]

Diese Definition von Scheer weist eine große Ähnlichkeit zu der wohl am häufigsten zitierten Data-Warehouse-Definition von Inmon auf. Diese soll im Folgenden genauer erläutert werden:

„A data warehouse is a subject-oriented, integrated, nonvolatile, and time-variant collection of data in support of management's decisions. The data warehouse contains granular corporate data."[50]

Ein Data Warehouse ist demnach durch die vier Merkmale Themenorientierung, Integration, Zeitliche Varianz und Nicht-Volatilität gekennzeichnet. Diese werden im Folgenden erläutert.[51]

■ **Themenorientierung (subject-oriented)**

Die Datenstrukturen (Datenmodelle/-schemata) eines Data Warehouse orientieren sich an wichtigen Sachverhalten eines Unternehmens bzw. einer Organisation („major subject areas of the corporation"[52]). Anders als die operativen Systeme, die in der Regel an Funktionen und Geschäftsprozessen ausgerichtet sind, ist ein Data Warehouse themenorientiert nach betriebswirtschaftlich relevanten Objek-

---

[49] Scheer: Data Warehouse, 1996, S. 74.
 Eine ähnliche Definition findet sich bei Mucksch et al.: Data Warehouse-Konzept, 1996: „Unter einem Data Warehouse wird eine von den operativen DV-Systemen losgelöste Datenbank verstanden, die einen effizienten Zugriff auf integrierte Informationen von verschiedenen, im Allgemeinen heterogenen Informationsquellen erlaubt und als unternehmensweite Datenbasis für Managementunterstützungssysteme dient.".
[50] Inmon: Data Warehouse, 2002, S. 31. Zu einer betont kritischen Auseinandersetzung mit dieser Definition: Vgl. Zeh: Data Warehousing, 2003. Zeh diskutiert die vier genannten Kriterien sowie die Fragestellung, ob sich ein Data Warehouse unbedingt und ausschließlich auf Managemententscheidungen beziehen muss. Insgesamt hält er die Definition von Inmon für zu restriktiv, da viele Anwendungs- und Einsatzszenarien denkbar sind, bei denen die Kriterien der Definition nicht erfüllt sind, die sich aber dennoch sinnvoll mit Data-Warehouse-Systemen unterstützen lassen. Bei strenger Auslegung der Kriterien von Inmon wären diese dann aber nicht als Data-Warehouse-Systeme zu bezeichnen.
[51] Vgl. Inmon: Data Warehouse, 2002, S. 31 ff.; Inmon: Data Warehouse, 2000; Holten: Führungsinformationssysteme, 1999, S. 39 ff.; Böhnlein, Ulbrich-vom Ende: Data Warehousing, 2000, S. 16; Totok: OLAP, 2000, S. 43.
[52] Inmon: Data Warehouse, 2002, S. 36.

ten aufgebaut.⁵³ Beispiele hierfür sind die Aufbauorganisation, Produkte, Vertriebswege, Absatzgebiete, Kunden etc. Es bietet somit eine aggregierte Sicht auf das Geschehen.

Zeh kritisiert das von Inmon genannte Kriterium der Themenorientierung als „willkürlich und [..] kaum nachvollziehbar, denn das Kriterium für die Abgrenzung bleibt im Verborgenen." In diesem Kriterium sieht er eine Beschränkung der Inhalte des Data Warehouse im vorhinein. Jedoch ist bei Inmon kein Hinweis darauf zu finden, dass sich aus der Themenorientierung eine Beschränkung der Inhalte ergibt. Darüber hinaus ist das Kriterium für die Abgrenzung keinesfalls willkürlich. Nach Inmon werden die Inhalte durch ein Unternehmensdatenmodell definiert: „The data warehouse is oriented to the major subject areas of the corporation that have been defined in the high-level corporate data model."⁵⁴ Dieses „corporate data model" stellt lt. Inmon den Ausgangspunkt der Data-Warehouse-Entwicklung dar.⁵⁵

In diesem Zusammenhang stellt sich jedoch die Frage, ob der Blick auf das die operativen Systeme beschreibende Datenmodell tatsächlich eine Themenorientierung des Data Warehouse gewährleisten kann; bzw. ob nicht vielmehr der Informationsbedarf und die Anforderungen der Adressaten des Data Warehouse vorgeben sollten, was die relevanten Themen sind, und infolgedessen die aus den operativen Anwendungssystemen extrahierten Grunddaten aus der Sicht von Führungsentscheidungen aufbereitet werden. Dieser Aspekt wird unten vertieft und an verschiedenen Stellen dieser Arbeit aufgegriffen.

- **Integration (integrated)**

Durch ein Data Warehouse wird eine unternehmensweite Integration von Daten in einem einheitlich gestalteten System angestrebt.⁵⁶ Zu diesem Zweck werden Grunddaten aus unterschiedlichen operativen Datenquellen zusammengeführt und konsolidiert (vertikale Integration in der Systempyramide, Abbildung 1). Häufig existieren in unterschiedlichen Bereichen einer Organisation historisch und technisch bedingt Insellösungen. Das Data-Warehouse-Konzept geht dabei durch die Extraktion und Integration von Daten in eine physische Datenbank einen praktikablen Weg, um eine konsistente und systemübergreifende Lösung zu realisieren.⁵⁷ Hierzu werden in regelmäßigen Abständen Daten aus den opera-

---

⁵³ Vgl. dazu auch die Ausführungen zur multidimensionalen Datenmodellierung in 2.3.4
⁵⁴ Inmon: Data Warehouse, 2002, S. 36.
⁵⁵ Vgl. Inmon: Data Warehouse, 2002, S. 301.
⁵⁶ Vgl. Holthuis: Data Warehouse-System, 1999, S. 74.
⁵⁷ Vgl. Lehner: Data-Warehouse-Systeme, S. 7; „Praktikabel" bezieht sich hier auf den Vergleich mit föderativen Datenbanken. Diese verfolgen einen ähnlichen Zweck, haben

Data-Warehouse-Konzept 19

tiven Systemen in das Data Warehouse übernommen. Im Zuge dieser Übernahme werden die Daten homogenisiert, transformiert, semantisch harmonisiert und ggf. bereinigt (Korrektur fehlerhafter und inkonsistenter Daten). Ergebnis ist eine unternehmensspezifische, integrierte und historische Sammlung von Daten.[58] Vergleiche hierzu ausführlicher Abschnitt 2.3.2.

- **Beständigkeit (nonvolatile)**

Im Verlauf von Geschäftsprozessen bzw. -vorgängen werden die Datensätze operativer Systeme geändert und aktualisiert bzw. es werden einzelne Datensätze neu angelegt. Im Gegensatz dazu werden die Daten eines Data Warehouse aus operativen Systemen geladen. Nach dem Ladevorgang werden diese nicht mehr geändert, es sei denn, um Fehler zu beseitigen.[59] Lesezugriffe und Anfragen stellen die häufigsten Operationen auf den Datenbeständen dar.[60] Folglich spielen Maßnahmen zur Transaktionssicherheit, die Update- oder Löschanomalien[61] verhindern sollen, im Gegensatz zu den operativen Anwendungssystemen nur eine untergeordnete Rolle.[62]

- **Zeitliche Varianz (time-variant)**

Jede Dateneinheit im Data Warehouse ist exakt auf einen Zeitpunkt bezogen. Daher werden, wenn in den operativen Systemen für die Grunddaten kein Zeitpunkt angegeben ist, diese zum Zeitpunkt der Übernahme in das Data Warehouse mit einem Zeitstempel versehen. Da die im Data Warehouse vorhandenen Daten im Zuge der Übernahme nicht überschrieben oder aktualisiert, sondern ergänzt werden (vgl. das Kriterium „Beständigkeit"), ergeben sich so Momentaufnahmen („snapshots") des Unternehmensgeschehens. Im Data Warehouse ist damit eine Serie solcher Momentaufnahmen vorhanden. Hierdurch lassen sich Trends im Unternehmensgeschehen abbilden, denn die Aneinanderreihung von Momentaufnahmen ermöglicht die Analyse von dynamischen Entwicklungen und damit die Fundierung von Führungsentscheidungen.[63]

---

sich jedoch, da sie ein unternehmensweites, semantisch einheitliches Datenschema voraussetzen, als z. T. unpraktikabel erwiesen.
[58] Vgl. Inmon: Data Warehouse, 2002, S. 31 ff.; Jung, Winter: Data Warehousing, 2000, S. 5; Holthuis: Data Warehouse-System, 1999, S. 74; Prosser, Ossimitz: Data Warehouse, 2001, S. 25 f. für einige Beispiele der definitorischen und inhaltlichen Datenkonsolidierung.
[59] Vgl. Zeh: Data Warehousing, 2003, S. 34; Jung, Winter: Data Warehousing, 2000, S. 5.
[60] Vgl. Holten: Führungsinformationssysteme, 1999, S. 42.
[61] Vgl. zu Anomalien in Datenbanken Pernul, Unland: Datenbanken, 2003, S. 142.
[62] Vgl. Holten: Führungsinformationssysteme, 1999, S. 42.
[63] Vgl. Alpar et.al.: Wirtschaftsinformatik, 2003, S. 167.

Infolgedessen hat ein Data Warehouse einen deutlich größeren Zeithorizont als operative Systeme. Die „Schnappschüsse" werden häufig über einen Zeitraum von mehreren Jahren vorgehalten. Inmon gibt den Zeithorizont mit 5-10 Jahren an.[64]

Tabelle 1 veranschaulicht zusammenfassend die grundlegenden Charakteristika eines Data Warehouse aus technisch-integrativer Perspektive und stellt diese den Eigenschaften operativer Datenbanken gegenüber.

Über die genannten Aspekte hinaus ergeben sich weitere Vorteile durch den Einsatz eines Data Warehouse als eigenständige Datenbank, die die vorhandenen operativen Systeme ergänzt.

Durch den Einsatz eines Data Warehouse werden die operativen Anwendungssysteme entlastet: Einerseits dadurch, dass sie von historischen Datenbeständen befreit werden können, wodurch sich ihre Performance steigern lässt;[65] andererseits dadurch, dass die - oftmals sehr hardware- und rechenintensiven – analytischen Auswertungen nicht die operativen Systeme belasten.[66]

Des Weiteren ist häufig der direkte, regelmäßige Zugriff auf die operativen Systeme nicht dauerhaft möglich, sodass ein Zugriff nur zu bestimmten, definierten Zeitpunkten durchführbar ist. Auch aus diesem Grunde ist dann eine getrennte Datenhaltung nötig.

Ein weiterer Vorteil besteht in der Möglichkeit, unternehmensexterne Daten in das Data Warehouse zu integrieren, die dann in einheitlichen Datenformaten beispielsweise für Benchmarking-Analysen zur Verfügung stehen und den internen, aus den operativen Systemen gewonnenen Daten gegenübergestellt werden können.[67]

---

[64] Vgl. Inmon: Data Warehouse, 2002, S. 34.
[65] Vgl. Scheer: Data Warehouse, 1996, S. 75.
[66] Vgl. Hildebrand: Informationsmanagement, 1995, S. 117. Voß, Gutenschwager: Informationsmanagement, 2001, 264.
[67] Vgl. Mucksch et al.: Data Warehouse-Konzept, 1996, S. 425.

Tabelle 1 Charakteristika operativer und informativer Datenbanken (Data Warehouse)

Charakteristika	Operative Datenbanken	Informative Datenbanken Data Warehouse
Funktion	Tägliche Transaktionsverarbeitung, Abwicklung von Geschäftsvorfällen	Entscheidungsunterstützung, Analytische Operationen
Zugriff	Lesend, schreibend, einfache Transaktionen, betrifft wenige Tabellen	Lesend, komplexe Abfragen
Benutzer	Sachbearbeiter, „Data Entry Clerk"	Entscheidungsträger, Manager
Nutzung	Repetierend, vorhersehbar	Ad-hoc, analytisch
Betrachtungsperiode	Aktuelle Periode	Vergangenheit bis Zukunft
Daten	Detailliert, aktuell, isoliert, relationale (normalisierte) Struktur	Aggregiert, historisch, integriert, multidimensionale Struktur
Datenbankstruktur	Anwendungsorientiert	Orientierung an fachlichen Objekten
Datenvolumen je Transaktion	Geringes Datenvolumen bei schreibendem und lesendem Zugriff	Häufig hohes Datenvolumen bei schreibendem und lesendem Zugriff
Verarbeitungseinheit	Datensatz, eindimensional	Matrizen, multidimensional
Update	Hohe Frequenz, permanent,	Niedrige Frequenz, zu festgelegten Zeitpunkten,
Abfragen	Vorhersehbar, vorgegeben, periodisch	Nicht vorhersehbar, benutzerdefiniert, Ad-hoc
Aktivitäten	Operativ, detailliert	Analytisch, taktisch
Anforderungen	Hoher Durchsatz bei Transaktionen, Datenkonsistenz	Hoher Durchsatz bei Anfragen, Genauigkeit der Daten
Hardwarenutzung bzw. - auslastung	Gleichmäßig und gleich bleibend	Schwankend: bei komplexen Anfragen sehr hoch, sonst sehr gering

(nach Alpar et al.: Wirtschaftsinformatik, 2002, S. 232; Scheer: Data Warehouse, 1996, S. 75; Wu, Buchman: Data Warehousing, 1997; Holthuis: Data Warehouse-System, 1999, S. 41 u. S. 51; Böhnlein, Ulbrich-vom Ende: Data Warehousing, 2000, S. 2 f.)

2.2.2 Betriebswirtschaftlich-fachliche Perspektive

Eine andere, betriebswirtschaftlich orientierte Sichtweise, ein Data Warehouse bzw. ein Data-Warehouse-System zu betrachten, besteht darin, es nicht als ein Produkt, sondern als einen Prozess anzusehen. Diese Auffassung vertritt Gardner; er definiert Data Warehousing folgendermaßen:

> „Data Warehousing is a process, not a product, for assembling and managing data from various sources for the purpose of gaining a single, detailed view of part or all of a business."[68]

Die betriebswirtschaftliche Sichtweise betrachtet damit die zur Verfügung gestellte Information.[69] Häufig wird ein Data Warehouse auch als „Single Point of truth" für ein Unternehmen oder für einen Unternehmensbereich bezeichnet.[70] Diesen Aspekt bringen Devlin/Murphy bereits in ihrer Veröffentlichung aus dem Jahre 1988 zum Ausdruck:

> „ ... there is a single support structure responsible for delivering business information to users, and a single contact point is responsible for its quality and accuracy. Users can now focus on the use of the information rather than on how to obtain it."[71]

Der Zweck des Data Warehousing besteht demnach in der bedarfsgerechten Informationsversorgung von Entscheidungsträgern, also darin, entscheidungsrelevante Daten in aufbereiteter Form kompakt, konsistent und leicht zugänglich zur Verfügung zu stellen.[72] Die Datenbank, die bei der technisch-integrativen Perspektive im Mittelpunkt steht, wird folglich eher als Mittel zum Zweck angesehen. Sie dient dazu, eine einheitliche Datenbasis bspw. für die Berechnung und Herleitung betriebswirtschaftlich relevanter Kennzahlen bereitzustellen und somit das Problem der Datenbeschaffung zu lösen.

Dutta et al. charakterisieren Data-Warehouse-Systeme anhand verschiedener Modi der Unterstützung mit den Begriffen „automate", „informate" und „stimulate". Das Kunstwort „informate" kennzeichnet dabei die Fähigkeit von Technologien, Informationen über eine Organisation zu erfassen und zu liefern. Der Benutzer wird im Entscheidungsprozess dadurch unterstützt, dass ihm flexible

---

[68] Gardner: Data Warehouse, 1998, S. 54.
[69] Vgl. Tschandl, Hergolitsch: Erfolgsfaktoren, 2002, S. 83.
[70] Vgl. Winter, Strauch: Requirements Engineering, 2004; Hackney: Architectures, 1998; Barbusinski et al.: Data Marts, 2002.
[71] Devlin, Murphy: Architecture, 1988, S. 61.
[72] Vgl. Tschandl, Hergolitsch: Erfolgsfaktoren, 2002, S. 83; Mertens, Griese: Planungs- und Kontrollsysteme, 2000, S. 1; Stahlknecht, Hasenkamp: Wirtschaftsinformatik, 2005, S. 331.

Data-Warehouse-Konzept 23

Navigationsräume und somit Alternativen für die Analyse des Entscheidungsraums zur Verfügung gestellt werden.[73] Die zentrale Herausforderung besteht aus dieser Perspektive nun darin, ausgehend von „informationellen Anforderungen"[74] die aus unterschiedlichen operativen Systemen und externen Quellen gewonnenen Daten inhaltlich zusammenzuführen und die so gewonnenen konsolidierten Daten für die Optimierung von Geschäftsprozessen und Entscheidungen zur Verfügung zu stellen.[75] Diese Idee findet sich bereits in der Literatur zu den Vorläufern von Data-Warehouse-Systemen:

> „Usually, the EIS links data from diverse sources to provide information in a new perspective. A successful EIS creates quality reports and charts that eliminate the need of combining information from various systems and inputting it into another system to produce a separate report."[76]

Während sich die Daten operativer Systeme auf einzelne Funktionen, Funktionsbereiche oder Abteilungen beziehen, sollen durch ein Data Warehouse gerade funktionsbereichsübergreifende Daten und Informationen zur Verfügung gestellt werden. Werden Entscheidungen auf der Grundlage nichtintegrierter (d. h. funktionsbereichsbezogener) Daten getroffen, so sind diese häufig nicht angemessen oder eben nur angemessen in Bezug auf eine einzelne Funktion bzw. Abteilung.

Gardner betont diesen Aspekt besonders und streicht heraus, dass es mithilfe von Data-Warehouse-Systemen möglich ist, funktionsbereichsübergreifende Fragestellungen zu analysieren. Somit beziehen sich dann auch Entscheidungen und Maßnahmen nicht nur auf einzelne Funktionsbereiche und Abteilungen, sondern auf das Unternehmen als Ganzes. Solche übergreifenden Analysen erlauben nicht nur die Betrachtung, *was* passiert ist, sondern ermöglichen darüber hinaus auch das *Warum* zu ergründen.[77] Gardner sieht darin die Quelle von Wettbewerbsvorteilen, die sich durch ein Data Warehouse realisieren lassen.[78] Vgl. dazu Tabelle 2.

---

[73] Vgl. Dutta et al.: Management Support, 1997, 72 ff.
[74] Frie, Strauch: Informationsbedarfsanalyse, 2001, S. 245.
[75] Vgl. Lehner: Data-Warehouse-Systeme, S. 4.
[76] Barrow: Seven Steps, 1990.
[77] Vgl. dazu Gardner: Data Warehouse, 1998, S. 54 f.
"... information from across functional departments or business units [...] allows corporate users to drill down into the heart of their business operations, not only to find answers to specific questions but to then show how and why they got each answer. Functionally oriented "stovepipe" systems do not allow this type of analysis."
[78] Gardner: Data Warehouse, 1998, S. 60.

Tabelle 2 Operationale vs. informatorische Daten

Operationale Daten	Informatorische Daten
Nach funktionalen Gesichtspunkten und abteilungsbezogen gegliedert (Bspw. Daten einer betrieblichen Funktion: Produktionsdaten, Finanzdaten oder Vertriebsdaten)	Funktionsbereichs- bzw. abteilungsübergreifende Daten, die ein Unternehmen als Ganzes betreffen.
Befriedigen funktionale Anforderungen, die bei der Abwicklung von Geschäftsprozessen und Vorgängen entstehen.	Befriedigen informatorische Anforderungen, die bei betriebswirtschaftlichen Entscheidungsproblemen entstehen.
Daten werden als isoliertes Betriebsmittel zur Abwicklung betriebswirtschaftlicher Vorgänge angesehen.	Daten sind eine zentralisierte Ressource zur Fundierung betriebswirtschaftlicher Entscheidungen.

(In Anlehnung an Gardner: Data Warehouse, 1998; vgl. dazu auch Inmon: Data Warehouse, 2002, S. 15)

Aus der betriebswirtschaftlich-fachlichen Sicht resultiert, dass – anders als bei Inmon - die Anforderungen und Bedarfe der Benutzer des Data Warehouse Ausgangspunkt und wichtiger Erfolgsfaktor bei der Entwicklung von Data-Warehouse-Systemen sind.[79] Die durch das Data Warehouse bereitzustellenden Informationen bzw. Daten werden anhand der Anforderungen der Fachabteilungen festgelegt und je nach Verfügbarkeit integriert.[80] Gardner sieht ebenfalls die Bedarfe der Benutzer als Ausgangspunkt:

> "The first question the project manager has to answer about data warehousing and informational systems is: Who needs what data?"[81]

Er empfiehlt, sich an möglichen Fragestellungen von Benutzern des zu erstellenden Data Warehouse zu orientieren und dabei v. a. solche Fragen zu beachten, die mit Daten der operativen Systeme allein nicht zu beantworten sind. Denn das

---

[79] Vgl. Poon, Wagner: Critical success factors, 2001, S. 396.; Frie, Strauch: Informationsbedarfsanalyse, 2001; Schirp: Anforderungsanalyse, 2001, S. 81 f.
[80] Vgl. Tschandl, Hergolitsch: Erfolgsfaktoren, 2002, S. 84.
[81] Gardner: Data Warehouse, 1998, S. 54; ebenso: Schirp: Anforderungsanalyse, 2001, S. 82.

Data-Warehouse-Konzept 25

Data Warehouse soll gerade diese Fragen beantworten können. Darüber hinaus muss es einen klaren Bezug zu betriebswirtschaftlichen und fachlichen Zielen aufweisen.[82] Susallek bezeichnet diese Leistung von Data-Warehouse-Systemen als „Datenveredelung"[83].

2.2.3 Zusammenfassung und Schlussfolgerungen

Vereinfachend und zusammenfassend lässt sich festhalten, dass die technisch-integrative Perspektive den Weg der Daten von den operativen Systemen in das Data Warehouse beschreibt, während die betriebswirtschaftlich-fachliche Perspektive auf den betriebswirtschaftlichen Verwendungszusammenhang abstellt und darauf fokussiert, wie aus den im Data Warehouse enthaltenen Daten Informationen gewonnnen werden können, die für betriebliche Entscheidungen von Nutzen sind. Hiermit korrespondieren unterschiedliche Herangehensweisen bei der Entwicklung von Data-Warehouse-Systemen.

Bei Vertretern der technisch-integrativen Perspektive bilden häufig die Datenmodelle der operativen Systeme oder umfassende Unternehmensdatenmodelle den Ausgangspunkt.[84] Die Bedarfe der Benutzer haben im Entwicklungsprozess dagegen eine eher untergeordnete Bedeutung.[85] Nach Ansicht des Verfassers ist bei diesem Bottom-up-Vorgehen nicht unbedingt sichergestellt, dass die im Data Warehouse enthaltenen Daten auch tatsächlich auf einen Bedarf treffen, d. h. aus Benutzersicht relevant sind.

Wird dagegen die betriebswirtschaftlich-fachliche Bedeutung des Data-Warehouse-Systems in den Mittelpunkt gestellt, so sind die Anforderungen und Informationsbedarfe der Benutzer Grundlage und Ausgangspunkt der Entwicklung. Vertreter dieser Auffassung sehen in der Erhebung und Analyse des Informationsbedarfs das Kernproblem und den neuralgischen Punkt der Entwicklung von Data-Warehouse-Systemen. Die Entwicklung der Data-Warehouse-Datenbank würde nachlaufend erfolgen, sodass diese Art des Vorgehens auch als Top-Down-Vorgehen bezeichnet werden kann. Geht man alleine von den Benutzerbedarfen aus, so ist immer auch kritisch zu prüfen, ob sie überhaupt durch die zur Verfügung stehenden Daten der operativen Systeme befriedigt werden können.

---

82 Vgl. Poon, Wagner: Critical success factors, 2001, S. 396.
83 Susallek: Management Informationssysteme, 1998, S. 40.
84 Vgl. Golfarelli, Rizzi: Framework, 1998; Golfarelli et al.: Conceptual Design, 1998; Inmon: Data Warehouse, 2002.
85 Vgl. Luján-Mora, Trujillo: Method, 2003.

Eine umfassende Methode zur Entwicklung und zum Betrieb von Data-Warehouse-Systemen sollte versuchen, beide Aspekte gleichgewichtig zu berücksichtigen und beide Perspektiven zu verbinden.

Die folgende Betrachtung der Architektur von Data-Warehouse-Systemen erläutert die technischen Komponenten eines solchen Systems und konkretisiert die Terminologie.

2.3 Architektur von Data-Warehouse-Systemen

Die Architektur eines Data-Warehouse-Systems beschreibt die Struktur und die Verbindungen zwischen den Komponenten in dem System.[86] Bei der Architektur von Data-Warehouse-Systemen werden mehrere Ebenen abgegrenzt, auf denen sich jeweils verschiedene Komponenten finden. In der Literatur existieren unterschiedliche Ebeneneinteilungen.[87] Diese beschreiben die Funktionen und Dienste der jeweiligen Ebenen (*was* geschieht im Data-Warehouse-System bzw. auf der jeweiligen Ebene). Betrachtet man hingegen die technischen Komponenten der Ebenen, so wird darauf abgestellt, *womit* etwas getan wird.[88] Hier und im Folgenden wird die Ebeneneinteilung von Sinz et al. herangezogen, da diese die vollständigste Abdeckung bietet (vgl. Abbildung 3).

---

[86] Vgl. zum Architekturbegriff: Alpar et al.: Wirtschaftsinformatik, 2002, S. 341 f.; Lehner et al.: Wirtschaftsinformatik, 1995, S. 58 ff.

[87] Vgl. Sinz et al.: Architekturkonzept, 2001, S. 65 ff.; Böhnlein: Data-Warehouse-Schemata, 2001, 41 ff.; Holten: Führungsinformationssysteme, 1999, S. 39 ff.; Kimball, Ross: Toolkit, 2002, S. 7 ff.; Lehner: Data-Warehouse-Systeme, S. 22 ff.; Eicker: Data-Warehouse-Konzept, 2001, S. 65.

[88] Zu den unterschiedlichen technischen Komponenten: Devlin: Information Integration, 2003; Kimball, Ross: Toolkit, 2002, S. 7 ff.; Jung, Winter: Data Warehousing, 2000, S. 11.

Architektur von Data-Warehouse-Systemen

Abbildung 3 Architektur eines Data-Warehouse-Systems

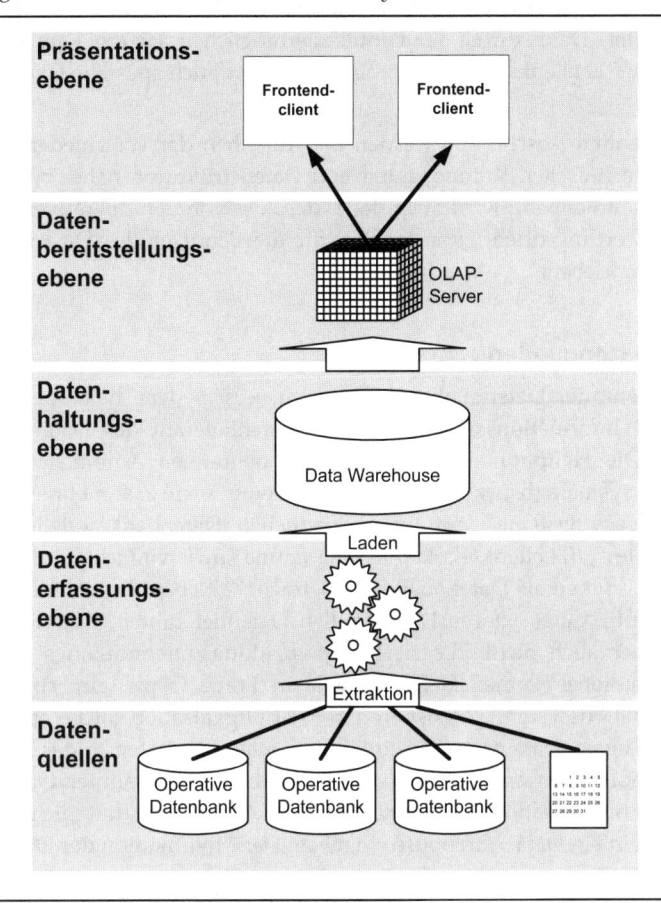

Präsentationsebene: Frontend-client, Frontend-client

Datenbereitstellungsebene: OLAP-Server

Datenhaltungsebene: Data Warehouse

Datenerfassungsebene: Laden, Extraktion

Datenquellen: Operative Datenbank, Operative Datenbank, Operative Datenbank

Die Basis der Architektur bilden interne und externe *Datenquellen,* aus denen relevante Daten extrahiert werden. Dieser Vorgang findet auf der *Datenerfassungsebene* statt, wobei neben der Extraktion auch die Aufbereitung und Konvertierung der Daten sowie das Laden in die zentrale Datenbasis stattfinden. Den Kern der Architektur bildet das Data Warehouse auf der *Datenhaltungsebene,* das einen Pool für alle aus internen und externen Quellen übertragene Daten darstellt. Ggf. kommen auf dieser Ebene auch sog. Data Marts zum Einsatz (s. u.). Auf der *Datenbereitstellungsebene* werden die im Data Warehouse befindlichen Daten für multidimensionale Analysen aufbereitet. Auf der obersten Ebene, der *Präsentationsebene*, finden sich Anwendungsprogramme, die den Zugriff auf die für Analysen aufbereitete Daten durch den Benutzer ermöglichen. Hierbei kann es sich um Webbrowser, Tabellenkalkulationsprogramme oder auch spezielle Clientsoftware handeln.

In den folgenden Abschnitten werden die Aufgaben der verschiedenen Ebenen sowie ihre technischen Komponenten und Datenstrukturen näher betrachtet. In diesem Zusammenhang wird auch der Datenfluss von den operativen Systemen hin zu auswertungsorientierten Sichten für die Benutzer des Data-Warehouse-Systems beschrieben.

2.3.1 Datenquellen

Auf der Ebene der Datenquellen finden sich verschiedene heterogene Anwendungs- und Informationssysteme, die als Datenlieferant des Data Warehouse fungieren. Die Hauptdatenquelle bilden die operativen Administrations- und Dispositionssysteme (bspw. moderne ERP-Systeme sowie z. T. mehrere Jahrzehnte alte „Legacy-Systeme" mit unterschiedlichen Datenbankmodellen[89]). Aber auch „flat files", Tabellenkalkulationsprogramme sowie einfache und kleine Datenbanken kommen als Datenquellen in Betracht.[90] Neben diesen internen Quellen sind häufig auch externe Datenquellen Datenlieferanten.[91] Darüber hinaus kommen aber auch nicht integrierte Entscheidungsunterstützungs- bzw. Führungsinformationssysteme als Datenquelle in Frage (bspw. ein isoliertes Vertriebsinformationssystem).[92] Existieren in einer Organisation solche partiellen FIS oder sog. „Legacy Data Marts"[93], so können auch ihre Daten in das Data Warehouse übernommen werden. Da die Datenbestände der genannten Quellen nicht auf analytische Operationen ausgerichtet sind, können sie i. d. R. nicht ohne Modifikationen in ein Data Warehouse eingehen. Der Modifikation der Daten dienen die weiteren Ebenen des Data-Warehouse-Systems.

---

[89] Zu Legacy-Systemen bzw. ERP-Systemen: Stahlknecht, Hasenkamp: Wirtschaftsinformatik, 2005, S. 321 u. 327 f.
[90] Vgl. Mertens, Griese: Planungs- und Kontrollsysteme, 2000. Ähnlich: Luján-Mora, Trujillo: Method, 2003.
[91] Vgl. Von Maur et al.: Informationslogistik, 2003, S. 10; Böhnlein, Ulbrich-vom Ende: Data Warehousing, 2000, S. 17 ff.; Mertens, Griese: Planungs- und Kontrollsysteme, 2000, S.22; Holthuis: Data Warehouse-System, 1999, S. 90 ff.
[92] Vgl. Strauch: Informationsbedarfsanalyse, 2002, S. 28.
[93] Jung, Winter: Data Warehousing, 2000, S. 11.

2.3.2 Datenerfassungsebene

Ziel der Datenerfassungsebene ist die Versorgung des Data Warehouse mit Daten aus den verschiedenen Quellsystemen. Auf dieser Ebene werden Daten der Quellsysteme physisch in den Bereich des Data-Warehouse-Systems gebracht, gesäubert und zusammengefasst.[94] Der Unterstützung der Erfassungsprozesse dienen sog. ETL-Werkzeuge (Extraktion, Transformation, Laden).

Bei der *Datenextraktion* werden die Daten aus den Quellsystemen auf die Zielplattform übertragen. Hierbei erfolgt die Übernahme der Quelldaten in einen temporären Zwischenspeicher, die sog. Staging Area.[95] Bereits im Zuge der Extraktion werden häufig einige fundamentale Fehlerbeseitigungen durchgeführt. Die Daten stehen so für weitere Modifikationen zur Verfügung.[96]

Die *Transformation* der Daten erfolgt, um eine hohe Qualität der Daten zu gewährleisten, denn bei der Überführung der Daten in das Data-Warehouse-System werden oftmals Datenqualitätsprobleme sichtbar, bspw. inhaltliche Fehler, Dateninkonsistenzen oder ungültige Datenformate.[97] Im Transformationsschritt werden die extrahierten Daten bereinigt, harmonisiert und zusammengeführt.[98] Neben der Beseitigung von Fehlern ist eine Harmonisierung der Daten nötig, um semantische Inkonsistenzen zu beseitigen. Diese können bspw. daher rühren, dass in verschiedenen Quellsystemen gleiche Sachverhalte unterschiedlich benannt werden.[99] Auch die unterschiedlichen Datenstrukturen der Quellsysteme machen eine Harmonisierung durch Transformationsschritte nötig.

---

[94] Vgl. Lehner: Data-Warehouse-Systeme, S. 22.
[95] Vgl. Kimball, Ross: Toolkit, 2002, S. 7 f.: „The data staging area [...] is both a storage area and a set of processes commonly referred to as extract-transformation-load (ETL).".
[96] Vgl. Schinzer: Transformationswerkzeuge, 1999; Stopka et al.: ETL Tools, 2001, S. 7.; Kimball, Ross: Toolkit, 2002, S. 8.
[97] Vgl. Luján-Mora, Trujillo: Method, 2003, S. 309; Stopka et al.: ETL Tools, 2001, S. 8; Böhnlein: Data-Warehouse-Schemata, 2001, S. 49 ff. zu einer umfassenden Fehlerklassifikation sowie Verfahren und Werkzeugen zur Fehlerbeseitigung.
[98] Vgl. Kimball, Ross: Toolkit, 2002, S. 8.; Chaudhuri, Dayal: Data Warehousing, 1997, S. 67.
[99] Einfache Beispiele für solche Transformationsoperationen sind die Vereinheitlichung von Datumsformaten oder die „Codierung des Geschlechts". Häufig finden sich hierfür in verschiedenen Systemen unterschiedliche Bezeichner (m/w; y/x; 0/1 ...). Komplexere Transformationen beinhalten z. B. Datentypentransformationen und die Bildung von Schlüsseln.
Die wesentlich aufwendigeren Probleme liegen aber zumeist in der semantischen Integration der Datenfelder (vgl. Schinzer: Transformationswerkzeuge, 1999).

Die Zusammenführung der Daten beinhaltet darüber hinaus, dass die Daten der unterschiedlichen Quellsysteme in das Zielsystem überführt werden.[100] Maßgeblich ist hier das Datenmodell bzw. -schema der nächst höheren Ebene, der Datenhaltungsebene.

Zusätzlich werden im Rahmen des Transformationsschritts künstliche Schlüssel - sog. Surrogate Keys - angelegt, da nicht sichergestellt ist, ob die Schlüssel der Quellsysteme Verwendung finden können.[101]

Die *Ladephase* schließt den ETL-Prozess letztlich ab. Hierbei werden die Daten physisch in die Zieltabellen auf der Datenhaltungsebene überführt. Dabei greift der Ladevorgang auf den temporären Zwischenspeicher, die Data Staging Area, zu, in der die transformierten Daten zur Verfügung stehen. Man kann unterscheiden zwischen dem ersten Ladevorgang (Data Loading), im Zuge der Data-Warehouse-Entwicklung, und den permanenten bzw. zyklischen Aktualisierungsvorgängen während der Data-Warehouse-Nutzung (Data Refreshment).[102]

Tabelle 3 stellt die Aufgaben der Datenerfassungsebene, die i. d. R. durch ETL-Werkzeuge erfüllt werden, dar.

Der Aufwand für die Modellierung und Programmierung von ETL-Prozessen kann nach Schätzung verschiedener Autoren bis zu 80 % des Gesamtaufwands bei der Data-Warehouse-Entwicklung betragen. Jedoch finden sich erst in jüngerer Zeit Arbeiten, die sich dieses Problems konkret annehmen und bspw. Methoden zur Modellierung von ETL-Prozessen vorschlagen.[103]

---

[100] Vgl. Bouzeghoub et al.: Modeling the Data Warehouse, 1999, S. 6-3.
[101] Vgl. Kimball, Ross: Toolkit, 2002, S. 8.
[102] Vgl. dazu ausführlich: Chaudhuri, Dayal: Data Warehousing, 1997, S. 67 f. sowie Bouzeghoub et al.: Modeling the Data Warehouse, 1999 und Böhnlein: Data-Warehouse-Schemata, 2001, S. 46 f. Dort findet sich eine detaillierte Beschreibung und Abgrenzung verschiedener Aktualisierungsverfahren. Eine Diskussion der Probleme von Aktualisierungsverfahren findet sich ebenfalls bei Inmon: Data Warehouse, 2002, S. 118 ff. und bei Holthuis: Data Warehouse-System, 1999, S. 92.
[103] Vgl. Bouzeghoub et al.: Modeling the Data Warehouse, 1999; Vassiliadis et al.: ETL Processes, 2002; Trujillo, Luján-Mora: ETL, 2003; Bartel et al.: ETL-Prozess, 2000; Gluchowski: Informationssysteme, 2002, S. 81 ff.

Architektur von Data-Warehouse-Systemen

Tabelle 3 Aufgaben und Funktionen im ETL-Prozess

Vassiliadis et al.[104]	Trujillo; Luján-Mora[105]
• Identification of relevant information at the source side • Extraction of this information • Customization and integration of the information coming from multiple sources into a common format • Cleaning of the resulting data set, on the basis of database and business rules • Propagation of the data to the data warehouse and/or data marts.	• Select the sources for extraction • Transform the sources • Join the sources • Select the target to load • Map source attributes to target attributes
Stopka et al.[106]	**Helfert[107]**
• Datenextraktion • Data Cleaning • Datentransformation • Bildung von Surrogatschlüsseln • Historisierung • Laden der Zieltabellen • Metadaten Repository	• Übernahme der relevanten Datenbestände aus den Vorsystemen • Beseitigung syntaktischer Heterogenitäten • Beseitigung semantischer Heterogenitäten • Verteilung der Quelldaten auf die Modellobjekte des Zielsystems (Mapping) • Aggregation, Konsolidierung und Umwandlung der Datenbestände in die für die Zwecke des Data-Warehouse-Systems geeignete Form

2.3.3 Datenhaltungsebene

Nachdem auf der Datenerfassungsebene die Daten bereinigt und harmonisiert worden sind, gehen sie in die Datenhaltungsebene über. Diese besteht im Wesentlichen aus einer zentralen Data-Warehouse-Datenbasis, die technisch durch eine Datenbank realisiert wird. Ihre Aufgabe ist die Speicherung der Daten im Data-Warehouse-System. Häufig finden sich neben dieser zentralen Datenbank auch so

---

[104] Vgl.Vassiliadis et al.: ETL Processes, 2002.
[105] Vgl. Trujillo, Luján-Mora: ETL, 2003, S. 308; Vassiliadis et al.: ETL Processes, 2002.
[106] Vgl. Stopka et al.: ETL Tools, 2001.
[107] Vgl. Helfer: Datenqualitätsmanagement, 2002.

genannte Data Marts. Hierbei handelt es sich um „ein kleines, im Datenvolumen beschränktes, Data Warehouse."[108] Es stellt einen Ausschnitt eines Data Warehouse dar, der auf die Bedürfnisse einer Abteilung zugeschnitten ist oder funktionsbereichsspezifisch gebildet wird.[109] Die oben erwähnte Legacy-Data-Marts dagegen sind nicht aus einem Data Warehouse abgeleitet, sondern ergeben sich dadurch, dass für einzelne Abteilungen isolierte und abteilungsbezogene Systeme aufgebaut worden sind.

Fragen, die auf der Datenhaltungsebene relevant sind, betreffen zum einen die Datenmodelle und -schemata, zum anderen die auf dieser Ebene zum Einsatz kommenden technischen Komponenten. Da in dieser Arbeit Modellierungsaspekte im Vordergrund stehen, werden die technischen Komponenten und Alternativen ihrer Anordnung im Folgenden nicht näher betrachtet. Hierzu sei auf die entsprechende Literatur verwiesen.[110] Hinsichtlich der Datenmodelle wird kontrovers diskutiert, ob auf der Datenhaltungsebene eine Schicht aufgebaut werden soll, in der die Daten normalisiert und redundanzfrei vorliegen.[111]

Lehner bspw. empfiehlt, die Daten im Ladeprozess in einen sog. „Bereich zur Datenkonsolidierung" zu überführen, der „den klassischen Regeln des Datenbankentwurfs [folgt], wobei weder eine explizite Denormalisierung auf Schemaebene noch das Vorhalten expliziter Redundanz stattfindet."[112] Hieraus wird der „Bereich zur Datenbereitstellung" abgeleitet. Ergebnis dieses Schrittes ist eine dispositive Datenbasis, die an möglichen Auswertungsszenarien orientiert ist. Modelliert wird sie unter Zuhilfenahme logischer multidimensionaler Konzepte (bspw. des Snowflakeschemas (s. u.)).[113]

Kimball dagegen sieht eine solche Aufteilung der Datenhaltungsebene als nicht notwendig an:

> „After you validate your data for conformance with the defined one-to-one and many-to-one business rules, it may be pointless to

---

[108] Böhnlein: Data-Warehouse-Schemata, 2001, S. 61.
[109] Vgl. Kennel: Dimensionen, 1999, S. 3 f.
[110] Vgl. Chaudhuri, Dayal: Data Warehousing, 1997, S. 66; Böhnlein: Data-Warehouse-Schemata, 2001; Böhnlein, Ulbrich-vom Ende: Data Warehousing, 2000, S. 24 ff.; Firestone: Architectural Evolution, 1998; Hackney: Architectures, 1998; Böhnlein: Data-Warehouse-Schemata, 2001, S. 60; Eicker: Data-Warehouse-Konzept, 2001; Ong: Data Warehouse Architecture, 1999; Sinz et al.: Konzeption, 1999; Sinz et al.: Architekturkonzept, 2001.
[111] Vgl. Firestone: Architectural Evolution, 1998.
[112] Lehner: Data-Warehouse-Systeme, S. 23; ebenso: Jung, Winter: Data Warehousing, 2000; Bouzeghoub et al.: Modeling the Data Warehouse, 1999.
[113] Lehner: Data-Warehouse-Systeme, S. 23.

Architektur von Data-Warehouse-Systemen 33

take the final step of building a full-blown third-normal-form physical database."[114]

Er sieht eher einen unnötigen Aufwand darin, sowohl normalisierte Strukturen für die Speicherung als auch dimensionale Strukturen für die anschließende Bereitstellung der Daten zu entwerfen. Die dadurch notwendigen Data-Warehouse-internen Transformations- und Ladeprozesse hält Kimball für entbehrlich, wenn nicht gar für überflüssig, da sie wiederum Zeit und Ressourcen verbrauchen. Darüber hinaus lenke dies von der eigentlichen Aufgabe, der Bereitstellung multidimensionaler Strukturen für betriebswirtschaftliche Analysen, ab.

„Unfortunately, some data warehouse project teams have failed miserably because they focused all their energy and resources on constructing the normalized structures rather than allocating time to development of a presentation area that supports improved business decision making. While we believe that enterprise-wide data consistency is a fundamental goal of the data warehouse environment, there are equally effective and less costly approaches than physically creating a normalized set of tables in your staging area if these structures don't already exist." [115]

Einen ähnlichen Weg beschreiben Böhnlein/Ulbrich-vom Ende.[116] Sie sehen eine Aufteilung der Datenhaltungsebene in eine Basis- und eine Aggregationsschicht vor. Erstere beinhaltet Tabellen, die unmittelbar aus den Relationen der Quellsysteme übernommen werden. In der Aggregationsschicht werden die Daten in Tabellen gehalten, die bereits für die Anfragebearbeitung durch die im folgenden Abschnitt vorgestellten OLAP-Werkzeuge optimiert sind.[117] Werden innerhalb der Aggregationsschicht mehrere aufeinander aufbauende Relationen definiert, so entstehen Aggregationshierarchien, die auf häufig gestellte Anfragen von Benutzern hin optimiert werden können. Diese physisch vorgehaltenen Aggregate werden auch als „materialisierte Sichten" bezeichnet.[118]

In gewisser Weise korrespondieren die aufgezeigten konkurrierenden Auffassungen mit der oben getroffenen Unterscheidung zwischen der technisch-integrativen und der betriebswirtschaftlich-fachlichen Perspektive. Erstere mag die aus Sicht der traditionellen Datenbankenentwicklung „korrektere" sein. Je-

---

[114] Kimball, Ross: Toolkit, 2002, S. 9.
[115] Kimball, Ross: Toolkit, 2002, S. 9; Kimball: Dimensional Modeling, 1997.
[116] Böhnlein, Ulbrich-vom Ende: Data Warehousing, 2000, S. 22 f.
[117] Dies gilt im Wesentlichen für das im folgenden Abschnitt vorgestellte Relationale OLAP.
[118] Vgl. Bauer, Günzel: Data-Warehouse-Systeme, 2004, S. 286 ff.

doch kann die Befolgung der Regeln des Datenbankenwurfs nicht sicherstellen, dass die bereitgestellten Daten und Informationen auch aus der Sicht der Benutzer nützlich sind.

Neben dem Einsatz von Aggregationshierarchien bzw. verschiedenen materialisierten Sichten können weitere Verfahren und Techniken zur Verbesserung und Optimierung der Performance der Data-Warehouse-Datenbank auf der Datenhaltungsebene eingesetzt werden.

Dies sind zum einen Indexstrukturen, durch die ein vollständiger Suchvorgang in einer ganzen Tabelle („full table scan") ersetzt werden kann. Ein Index ermöglicht es, direkt auf die gewünschten Daten zuzugreifen, sodass die Antwortzeit erheblich reduziert werden kann.[119]

Zum anderen werden Fragmentierungs- bzw. Partitionierungsverfahren (horizontale und vertikale) zur Optimierung der Datenstrukturen auf der Datenhaltungsebene diskutiert. Hierdurch können – ähnlich wie bei Aggregationshierarchien – die Relationen verkleinert werden, was sich wiederum positiv auf die Antwortzeiten auswirkt. Bei der horizontalen Partitionierung werden die Tupelmengen einer Relation auf verschiedene, paarweise disjunkte Teiltabellen aufgeteilt. Diese enthalten dieselben Attribute wie die Ursprungsrelation. Durch die Verkleinerung der Tabelle können jedoch Suchvorgänge beschleunigt werden. Die horizontale Partitionierung kommt zum Einsatz, wenn bspw. auf veraltete Detaildaten nicht mehr regelmäßig zugegriffen wird. Diese Detaildaten werden dann aus der Haupt- bzw. Ursprungstabelle ausgelagert. Bei der vertikalen Partitionierung werden einzelne Spalten (Attribute) von der Haupttabelle getrennt.[120]

2.3.4 Datenbereitstellungsebene

Auf der Datenbereitstellungsebene geht es um die zweckmäßige Aufbereitung der für einen Entscheidungsträger relevanten Informationen. Die wesentliche technische Komponente, die auf dieser Ebene zum Einsatz kommt, ist ein sog. OLAP-Server. Er nimmt wiederum eine Aufbereitung der Daten der Vorgängerebene vor und stellt sie für die Werkzeuge auf der nächsten Ebene, der Präsenta-

---

[119] Vgl. Böhnlein, Ulbrich-vom Ende: Data Warehousing, 2000, S. 22 f.; Bei Bauer/Günzel findet sich eine ausführliche Diskussion verschiedener Indexstrukturen; Bauer, Günzel: Data-Warehouse-Systeme, 2004, S. 255 ff.; Wu, Buchmann: Data Warehousing, 1997.

[120] Vgl. Peralta et al.: Data Warehouse Design, 2003; Peralta, Ruggia: Design Guidelines, 2003 zu einem Entscheidungsmodell für die Wahl der Fragmentierungsstrategie; grundsätzlich und ausführlich zur Partitionierung: Bauer, Günzel: Data-Warehouse-Systeme, 2004, S. 277 ff.

Architektur von Data-Warehouse-Systemen 35

tionsebene, zur Verfügung.[121] Die Abkürzung OLAP steht für „Online Analytical Processing" - drei Begriffe, die das Konzept anschaulich gegenüber anderen DV-Konzepten, insbesondere dem OLTP (Online Transactional Processing) der operativen Anwendungssysteme abgrenzen (vgl. dazu Abschnitt 2.2.1, Tabelle 1):

- *Online* kennzeichnet den direkten Zugriff auf den Datenbestand in einer zentralen Datenbank für die Betrachtung der Daten und Manipulation der Datensichten.

- *Analytical* – im Gegensatz zu „transactional" – impliziert, dass nicht die operative Abwicklung einer großen Menge von Geschäftsvorfällen im Vordergrund steht, sondern „die Bereitstellung unterschiedlicher Sichten auf das Unternehmensgeschehen, die für Entscheidungsträger von Bedeutung sind."[122]

- *Processing* – im Gegensatz zu Methoden der Datenhaltung oder -speicherung (z. B. in einem Data Warehouse) – ein Konzept, dessen Stärken in schnellen Berechnungen und Datenmanipulation jeder Art liegen.

Der große Nutzen des OLAP-Konzepts wird vor dem Hintergrund der Besonderheiten der Arbeit von Führungskräften deutlich. Für Problemlösungsprozesse werden oftmals Betrachtungen bestimmter Tatbestände aus unterschiedlichen Perspektiven notwendig.[123] Als grundlegendes Charakteristikum von OLAP-Funktionalitäten gelten deshalb „dynamische, multidimensionale Analysen auf konsolidierten, [vom Data Warehouse bereitgestellten] Unternehmensdatenbeständen"[124].

Codd et al. entwickeln zwölf Regeln zur Evaluation von OLAP-Werkzeugen.[125] Jedoch wird bei diesen Regeln nicht immer deutlich zwischen Anforderungen, Fachkonzept und technischer Realisierung unterschieden, und letztlich sind die Regeln im Wesentlichen auf Datenbankprobleme bezogen.[126] Daher werden zur näheren Erläuterung des OLAP-Konzepts die *FASMI-Kriterien* nach Pendse/Creeth herangezogen,[127] da diese eine große Resonanz in der Diskussion um

---

[121] Vgl. Inmon: Data Warehouse, 2002, S. 185.
[122] Holten: Führungsinformationssysteme, 1999, S. 49.
[123] Vgl. Gluchowski et al.: MSS, 1997, S. 276.
[124] Gluchowski et al.: MSS, 1997, S. 282.
[125] Vgl. Codd et al.: OLAP, 1993, S. 12 ff.; vgl. auch: Totok: OLAP, 2000, S. 58-61; Holthuis: Data Warehouse-System, 1999, S. 51-54; Schelp: Modellierung, 2000, S. 130-132.
[126] Vgl. Holten: Führungsinformationssysteme, 1999, S. 50; Böhnlein: Data-Warehouse-Schemata, 2001, S. 76.
[127] Vgl. Pendse, Creeth: What is OLAP?, o. J.

das OLAP gefunden haben.[128] Die technische Realisierung wird im Anschluss diskutiert.

Pendse/Creeth beklagen, dass es zu viele Kriterienkataloge gebe. Sie wollen daher eine eingängige und einfache Definition ohne Bezug zur Implementierung und zu speziellen Anwendungen liefern:

„Our definition is designed to be short and easy to remember - 12 rules or 18 features are far too many for most people to carry in their heads; we are pleased that we were able to summarize the OLAP definition in just five key words: Fast Analysis of Shared Multidimensional Information - or, FASMI for short."[129]

Die Kriterien werden kurz erläutert:

- *Fast:* Benutzerabfragen sollen je nach Komplexität in fünf bis 20 Sekunden beantwortet sein. Dieses Kriterium dient der Sicherung der Benutzerakzeptanz, da diese längere Antwortzeiten häufig nicht akzeptieren.

- *Analysis:* Das System soll mit Geschäftslogik und statistischer Analyse umgehen können (bspw. What-If-Analysen, Zeitreihenvergleiche oder Ad-Hoc-Abfragen). Der Anwender soll Kalkulationen durchführen und verschiedene Präsentationsformen nutzen können, ohne spezielle Abfragesprachen erlernen zu müssen. Hierbei soll eine intuitive Bedienung des Systems möglich sein.

- *Shared:* Mehrbenutzerbetrieb muss sicher gewährleistet sein, da häufig eine Vielzahl von Benutzern auf das System zugreift. Gleichzeitig sind dafür Sicherheitsmechanismen erforderlich. Darüber hinaus müssen, wenn schreibender Zugriff erfolgen soll, Locking-Mechanismen die Konsistenz des Datenbestandes sicherstellen. Zum Beispiel müssen Zellen, die gerade bearbeitet werden, für andere Nutzer gesperrt sein.

- *Multidimensional:* Multidimensionalität ist, wie auch bei den OLAP-Regeln von Codd et al., das Schlüsselkriterium. Dem Benutzer muss eine multidimensionale Sicht auf den Datenbestand bereitgestellt werden. In diesem muss er flexibel navigieren können. Üblicherweise verwendet man zur Beschreibung der multidimensionalen Datensicht mit einem OLAP-System die Metapher von einem Datenwürfel, den man aus allen Richtungen betrachten und in einzelne Scheiben bzw. Teilwürfel zerlegen kann (s. u. zu den sog. OLAP-Operationen). Zu beachten ist, dass sowohl Pendse/Creeth als auch Codd et

---

[128] Vgl. Böhnlein, Ulbrich-vom Ende: Data Warehousing, 2000, S. 3; Totok: OLAP, 2000, S. 61 f.; Holthuis: Data Warehouse-System, 1999, S. 54 f.; Schelp, Modellierung, 2000, S. 132 f.; Stahlknecht, Hasenkamp: Wirtschaftsinformatik, 2005, S. 390.

[129] Pendse, Creeth: What is OLAP?, o. J.

Architektur von Data-Warehouse-Systemen

al. von Datensicht bzw. einem „Multidimensional Conceptual View" sprechen. Es geht bei Multidimensionalität demnach „nur" um die Benutzersicht, nicht um die technische Implementierung: „Again, we do not specify what underlying database technology should be used providing that the user gets a truly multidimensional conceptual view."[130]

- *Information:* Ein OLAP-System muss auch sehr große Datenbestände mit stabilen Antwortzeiten verarbeiten können. Diese Forderung bezieht sich auf eine umfassende Informationsbereitstellung aus allen relevanten Datenquellen. Ihr wird mit dem i. d. R. kombinierten Einsatz eines Data Warehouse mit OLAP-Servern entsprochen.

Da letztlich multidimensionale Daten und Analysen i. d. R. doch in Tabellen dargestellt werden, sollen im Folgenden die sog. OLAP-Operationen kurz anhand von Beispielen veranschaulicht werden. Dabei wird aufgezeigt, wie eine multidimensionale Sicht i. V. m. flexiblen Auswertungen im OLAP-Konzept realisiert wird. Im Hinblick auf die Datenbereitstellung nehmen insbesondere Abfrageoperationen eine wichtige Stellung ein. Als die grundlegenden multidimensionalen Operatoren finden sich *Drill Down, Roll Up, Selection, Slice, Dice, Rotate, OLAP Join* und *Nest*.[131]

Die Operationen *Roll Up* und *Drill Down* bewegen sich in den einzelnen Verdichtungsebenen einer Dimensionshierarchie. Mit einem Drill Down springt man zu einer tieferen und detaillierteren Ebene. In Abbildung 4 wird ein Drill Down innerhalb einer Produkthierarchie durchgeführt. So lässt sich bspw. der Jahresumsatz im gesamten Absatzgebiet aus dem Umsatz der einzelnen Produkte erklären. Umgekehrt bedeutet eine *Roll-Up-Operation* den Wechsel zu einer höheren Verdichtungsstufe.

---

[130] Pendse, Creeth: What is OLAP?, o. J.
[131] Vgl. Böhnlein, Ulbrich-vom Ende: Data Warehousing, 2000, S. 5-7.; Böhnlein: Data-Warehouse-Schemata, 2001, S. 143 ff.; Schelp, Modellierung, 2000, S. 137-140; Holthuis: Data Warehouse-System, 1999, S. 41-47; Totok: OLAP, 2000, S. 62 f.; Dittmar: Erfolgsfaktoren, 1999, S. 18 f.; Gluchowski: Informationssysteme, 2002, S. 32.

Abbildung 4 Drill Down

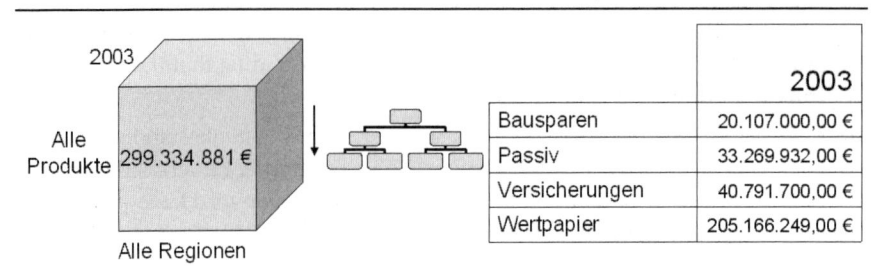

	2003
Bausparen	20.107.000,00 €
Passiv	33.269.932,00 €
Versicherungen	40.791.700,00 €
Wertpapier	205.166.249,00 €

Alle Produkte 299.334.881 € / Alle Regionen

Der Operator *Selection* beinhaltet eine Filterfunktion und wählt einzelne Würfeldaten aus. So könnten zum Beispiel die Absatzregionen ausgewählt werden, in denen der höchste Deckungsbeitrag erzielt wird. Spezialfälle der Selection sind die Operatoren *Slice* und *Dice*. In dem Würfel schneidet eine *Slice*-Operation eine Scheibe aus dem Würfel (vgl. Abbildung 5).

Abbildung 5 Slice (jeweils in Tausend €)

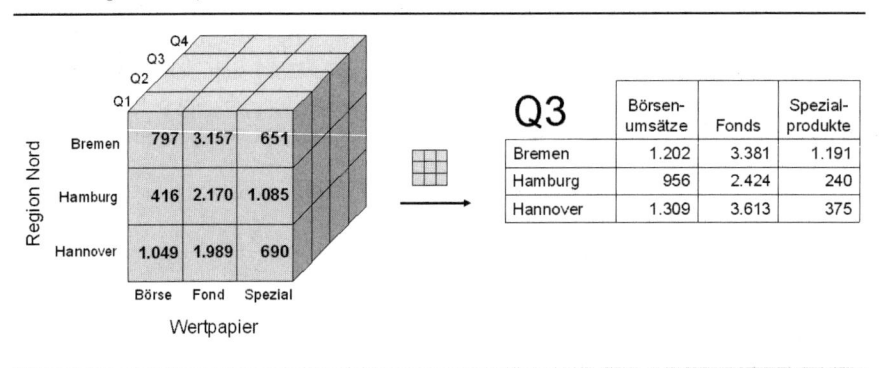

Region Nord:
	Q1	Q2	Q3
Bremen	797	3.157	651
Hamburg	416	2.170	1.085
Hannover	1.049	1.989	690

Börse Fond Spezial — Wertpapier

Q3	Börsen-umsätze	Fonds	Spezial-produkte
Bremen	1.202	3.381	1.191
Hamburg	956	2.424	240
Hannover	1.309	3.613	375

Eine *Dice*-Operation bildet einen Teilwürfel des gesamten Würfels. So könnten etwa bestimmte Filialen abgewählt werden. Dadurch entsteht ein kleinerer Würfel.

Der Operator *Rotate* dreht den Hypercube um eine seiner Achsen (vgl. Abbildung 6).

Architektur von Data-Warehouse-Systemen 39

Abbildung 6 Rotate (jeweils in Tausend €)

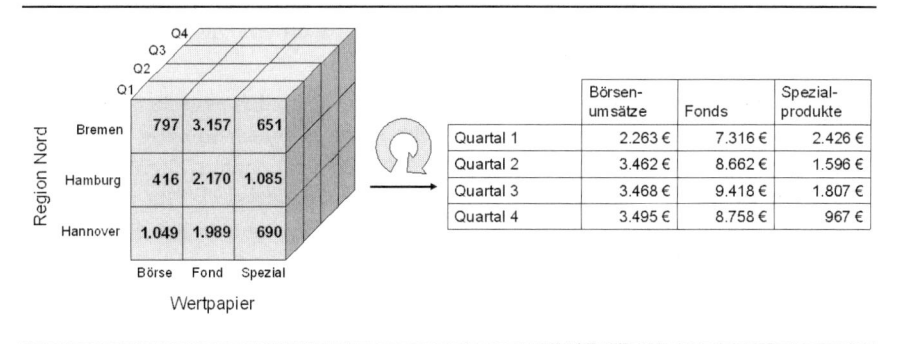

	Börsen-umsätze	Fonds	Spezial-produkte
Quartal 1	2.263 €	7.316 €	2.426 €
Quartal 2	3.462 €	8.662 €	1.596 €
Quartal 3	3.468 €	9.418 €	1.807 €
Quartal 4	3.495 €	8.758 €	967 €

Region Nord:
- Bremen: Börse 797, Fond 3.157, Spezial 651
- Hamburg: Börse 416, Fond 2.170, Spezial 1.085
- Hannover: Börse 1.049, Fond 1.989, Spezial 690

Wertpapier

Das Ergebnis einer *Nest-Operation* (vgl. Abbildung 7) stellt physisch eine zweidimensionale Matrix dar. Erweitert wird sie durch die Darstellung verschiedener Hierarchiestufen einer oder mehrerer Dimensionen auf einer Achse (Spalte oder Zeile) in geschachtelter Form. So könnten die Umsätze in den verschiedenen Filialen nach Produkten für die verschiedenen Quartale visualisiert werden. Logisch werden somit drei Dimensionen dargestellt.

Abbildung 7 Nest-Operation

		Börsenumsätze	Fonds	Spezialprodukte
Quartal 1	Bremen	797.333,00 €	3.156.877,00 €	651.632,00 €
	Hamburg	416.667,00 €	2.170.447,00 €	1.084.830,00 €
	Hannover	1.049.554,00 €	1.989.270,00 €	690.063,00 €
Quartal 2	Bremen	1.247.842,00 €	2.637.938,00 €	876.858,00 €
	Hamburg	1.715.691,00 €	2.290.565,00 €	570.000,00 €
	Hannover	499.035,00 €	3.734.221,00 €	150.000,00 €
Quartal 3	Bremen	1.202.687,00 €	3.381.156,00 €	1.191.746,00 €
	Hamburg	956.418,00 €	2.424.443,00 €	240.000,00 €
	Hannover	1.309.496,00 €	3.613.152,00 €	375.262,00 €
Quartal 4	Bremen	1.380.819,00 €	4.344.167,00 €	141.476,00 €
	Hamburg	941.269,00 €	2.402.950,00 €	143.907,00 €
	Hannover	1.173.161,00 €	2.011.029,00 €	681.657,00 €

Die angesprochenen Aufgaben der Datenbereitstellungsebene erfordern Client-Server-Architekturen, bei denen Rechenoperationen nicht auf dem Client, sondern auf einem leistungsstarken Server ausgeführt werden. Diese Funktionalität bieten OLAP-Server.

Bei der physischen Implementierung lässt sich grundsätzlich zwischen relationaler und multidimensionaler Datenbanktechnologie unterscheiden.[132] Die Möglichkeit, mehrdimensionale Sichten mittels Tabellen relationaler Datenbanken zu erzeugen, wird unter dem Begriff ROLAP zusammengefasst.[133] Die Erzeugung multidimensionaler Sichten unter Nutzung zweidimensionaler Tabellen erfolgt hierbei durch entsprechende logische Datenmodellierung, wobei hauptsächlich das Stern- und das Schneeflockenschema Anwendung finden.[134] ROLAP-Server bzw. ROLAP-Engines bilden dann multidimensionale Anfragen auf diesen relationalen Strukturen ab. Hierbei handelt es sich um eine „virtuelle Multidimensionalität", da multidimensionale Sichten nicht physisch gespeichert sind, sondern infolge einer Anfrage dynamisch erzeugt werden.

Im Gegensatz zum ROLAP werden die Daten beim multidimensionalen OLAP (MOLAP) physisch in mehrdimensionalen Datenbanken gespeichert. Kommerziell verfügbare Produkte, die diese Technologie umsetzen, existieren seit etwa 15 Jahren. Da die Daten in multidimensionalen Zellstrukturen gehalten werden, liegt demnach auch physisch Mehrdimensionalität vor.[135] Dies ermöglicht eine direkte Adressierung der Zellen, und Abfragen erfordern keine umfangreichen Berechnungen.

Ein wichtiger Vorteil des MOLAP wird daher in den besseren Antwortzeiten dieser Systeme gesehen. Da beim ROLAP häufig eine Vielzahl von Verbundoperationen ausgeführt werden muss, wird i. d. R. von einer geringeren Performance dieser Technologie ausgegangen.

Dagegen wird als Nachteil des MOLAP häufig auf das im Vergleich deutlich höhere Datenvolumen hingewiesen.[136] Es steigt polynominal mit der Anzahl der Dimensionen und der Tiefe der Hierarchie. Eine weitere Schwäche des MOLAP

---

[132] Vgl. Eicker: Data-Warehouse-Konzept, 2001, S. 70 f.; Böhnlein: Data-Warehouse-Schemata, 2001, S. 80 ff.; Totok: OLAP, 2000 S. 65 ff.
[133] Vgl. Schinzer et. al.: Vergleich, 1999.
[134] Vgl. Gluchowski et al.: MSS, 1997, S. 283.
[135] Vgl. zu Verfahren der Speicherorganisation multidimensionaler Datenbanken: Böhnlein: Data-Warehouse-Schemata, 2001, S. 85; Gluchowski: Informationssysteme, 2002, S. 28 ff.
[136] Vgl. Kennel: Dimensionen, 1999, S. 6; Bauer, Winterkamp: OLAP, 1996, S. 52.

Architektur von Data-Warehouse-Systemen

besteht in der geringeren Flexibilität einer multidimensionalen Datenbank.[137] Diese ist darin begründet, dass nur eine begrenzte Anzahl von Dimensionen dargestellt und ausgewertet werden kann. Darüber hinaus liegt eingeschränkte Skalierbarkeit multidimensionaler Datenbanken auch hinsichtlich des speicherbaren Datenvolumens vor.[138] Darüber hinaus werden mit MOLAP alle möglichen Verdichtungen über die Dimensionen und Hierarchien vorausberechnet. Dies garantiert die bessere Performance. Bei sehr umfangreichen Datenvolumina und einer großen Anzahl von Dimensionen kann es daher sein, dass die Vorberechnungen zu lange dauern, sodass sie nicht bspw. im Laufe einer Nacht durchgeführt werden können. In diesem Fall liegen dann keine wirklich aktuellen Zahlen vor, oder das System ist lange Zeit nicht für Abfragen verfügbar.

Beim ROLAP fallen im Gegensatz dazu keine Vorausberechnungen an, da die ROLAP-Engine auf die vorhandenen relationalen Tabellen zugreift. Die Sichten und Verdichtungen werden infolge einer Anfrage erzeugt. Da relationale Datenbanken als sehr ausgereift gelten, stellen auch große Datenvolumina und eine hohe Anzahl von Dimensionen kein Problem dar. Der Nachteil liegt – wie oben erwähnt – in den höheren Antwortzeiten.

Häufig führt die Tatsache, dass in vielen Unternehmen ausgereifte, stabile relationale Datenbanken im Einsatz sind und in der Regel entsprechend qualifiziertes Personal vorhanden ist, zu einer Bevorzugung des ROLAP gegenüber den meist proprietären multidimensionalen Systemen.[139] Tabelle 4 stellt die Vor- und Nachteile der verschiedenen Technologien einander gegenüber.

Unter der Bezeichnung Hybrides OLAP (HOLAP) finden sich Ansätze, die die Vorteile der beiden Varianten miteinander kombinieren. Dadurch verschwimmen die Grenzen zwischen ROLAP und MOLAP zunehmend. Beim HOLAP werden häufig verwendete Verdichtungen wie beim MOLAP vorausberechnet und multidimensional gespeichert. Die nichtaggregierten Detaildaten dagegen werden weiterhin in einer relationalen Datenbank gehalten. Je nach Anfrage werden die Daten der multidimensionalen oder der relationalen Datenbank entnommen.

---

[137] Vgl. Eicker: Data-Warehouse-Konzept, 2001, S. 70; Kennel: Dimensionen, 1999, S. 6.
[138] Böhnlein erwähnt, dass multidimensionale Datenbanksysteme im dreistelligen Gigabytebereich nicht wirksam eingesetzt werden können. Eicker dagegen erwähnt, dass mit dieser Technologie bis zu 16 Terabyte verwaltet werden können: Böhnlein: Data-Warehouse-Schemata, 2001, S. 84; Eicker: Data-Warehouse-Konzept, 2001, S. 70.
[139] Vgl. Holten: Führungsinformationssysteme, 1999, S. 53.

Tabelle 4 Gegenüberstellung von ROLAP und MOLAP

ROLAP	MOLAP
Vorteile	**Vorteile**
- Keine Vorberechnungen notwendig - Große Datenvolumina können verwaltet werden - Flexible Anzahl von Dimensionen - Beruht auf ausgereifter, robuster Technologie, die in den meisten Unternehmen verfügbar ist - Know-how bzgl. dieser Technologie ist in den meisten Unternehmen/Organisationen vorhanden - Mit SQL liegt standardisierte Anfragesprache vor	- Performancevorteile bei Abfragen - Explizite Unterstützung der Multidimensionalität
Nachteile	**Nachteile**

- Performancenachteile und höhere Antwortzeiten
- Keine explizite Unterstützung der Multidimensionalität
	- Umfangreiche Vorausberechnungen, daher ggf. Probleme mit der Aktualität der Daten
	- Eingeschränkte Skalierbarkeit:
	  - Datenvolumen kann beschränkt sein
	  - Anzahl Dimensionen kann beschränkt sein
	- Fehlende Robustheit der Technologie, da relativ neu
	- Know-how zur Verwaltung multidimensionaler Datenbanken ist ggf. nicht vorhanden
	- Unzureichende Standardisierung und Offenheit, da im Wesentlichen proprietäre Technologie

2.3.5 Präsentationsebene

Aufgabe der Komponenten und Systeme auf der Präsentationsebene ist es, die Daten des Data-Warehouse-Systems adäquat aufzubereiten und zu präsentieren. Die oben beschriebenen OLAP-Operationen stellen die grundsätzlichen Analysemöglichkeiten auf multidimensionalen Datenbeständen dar. Welche Werkzeuge und Programme tatsächlich gewählt werden, ist damit noch nicht entschieden.

Für den interaktiven Zugriff auf OLAP-Server bzw. das Data Warehouse stehen Tabellenkalkulationsprogramme (bspw. Microsoft Excel, Lotus 1-2-3), Webbrowser oder spezielle Analysefrontends (OLAP-Clients) zur Verfügung. Darüber hinaus ist auch das papierbasierte Berichtswesen mit Standardberichten in gedruckter Form noch häufig anzutreffen.[140]

Zur Kontrolle und Überwachung kritischer Erfolgsgrößen bieten moderne Führungsinformationssysteme die Möglichkeit des „Exception Reporting", welches Entscheidungsträger bei Überschreitung kritischer Schwellenwerte benachrichtigt.[141] Unterstützt wird diese Ausnahmeberichterstattung durch eine entsprechende farbliche Kennzeichnung („colour coding") relevanter Abweichungen, welche meist in Ampelfarben („traffic lighting") erfolgt. Vor allem in Systemen, die auf das obere Management abzielen, wird versucht, eine einfache Bedienbarkeit mit mächtigen Abfrage- und Visualisierungstechniken zu verbinden. So bieten viele Benutzerschnittstellen der Anwendungsprogramme die Möglichkeit, in Diagrammen mittels Mausklick Drill-Down-Operationen durchzuführen.

Eine geeignete Visualisierungsform kann dazu beitragen, dass ein Mehr an Information wahrgenommen wird, dass die Komplexität für den Benutzer bei der Wahrnehmung von Informationen reduziert und somit die informationelle Fundierung von Entscheidungen verbessert wird.[142]

Eine erweiterte Technik der Datenanalyse in Data-Warehouse-Systemen stellt das Data Mining (Datenmustererkennung) dar.[143] Hierbei wird versucht, softwaregestützt und auf der Grundlage von Algorithmen bislang unbekannte Zusammenhänge, Muster und Trends in Datenbeständen zu ermitteln.[144] Das Konzept des Data Mining findet in vielen Bereichen Anwendung, wobei im betriebswirtschaftlichen Anwendungsfeld der Einsatz im Bereich der Absatzforschung dominiert.[145]

---

[140] Vgl. Stahlknecht, Hasenkamp: Wirtschaftsinformatik, 2005, S. 388.
[141] Vgl. Gluchowski et al.: MSS, 1997, S. 216.
[142] Zu einem umfassenden Katalog von Zielen der Visualisierung vgl. Meyer: Visualisierung, 1999, S. 81.
[143] Vgl. Alpar et al.: Wirtschaftsinformatik, 2002, S. 37 f.; Alpar, Niedereichholz: Data Mining, 2000.
[144] Vgl. Dittmar: Erfolgsfaktoren, 1999, S. 21.
[145] Vgl. Hagedorn et al.: Data Mining, 1997.

2.4 Erweiterte Architekturkonzepte

Es findet sich eine Reihe von Arbeiten, die Data-Warehouse-Systeme aus einer übergreifenden Perspektive charakterisieren und somit über die Definition und Architekturbeschreibung, die im vorherigen Abschnitt vorgenommen wurde, hinausgehen.[146] An dieser Stelle soll mit dem Metadaten-Framework des DWQ-Projekts ein Bezugsrahmen vorgestellt werden, der eine solche umfassendere Betrachtung vornimmt.[147] Es wird deshalb das Metadaten-Framework gewählt, weil dieses konsequent zwischen verschiedenen Modellierungsebenen unterscheidet, die Benutzer- bzw. Geschäftsperspektive einbezieht und darüber hinaus explizit auf Metadaten und ihre Rolle im Data Warehousing eingeht.

Ausgangspunkt des Frameworks ist lt. Vassiliou et al.[148], dass die oben dargestellte im Wesentlichen technische Architektur nur Teile der Aufgaben des Data Warehousing abdeckt. Diese traditionelle Architektur ist sowohl in der Praxis als auch in der Forschung vorherrschend. Sie betrachtet jedoch nur den schrittweisen Informationsfluss von den Datenquellen hin zu analyseorientierten Anwendungen: „Almost all current research and practice understand a data warehouse architecture as a stepwise information flow from information sources through materialized views towards analyst clients"[149].

Die Autoren des DWQ-Projekts argumentieren, dass nach dieser Sichtweise ein Data Warehouse zwar für den Datenfluss optimiert ist, jedoch nicht für die Informationsversorgung der Benutzer und Anwender. Die traditionelle Architektur, die sich auf die *physische Betrachtung* des Data-Warehouse-Systems beschränkt, erweist sich als „insufficient to capture in particular the business role of data warehousing."[150] Diese physische Betrachtungsweise ist weit entfernt von der Sprache, in der Benutzer ihre Anforderungen formulieren, und vernachlässigt sowohl Struktur als auch Bedeutung der Komponenten.[151] Durch die Einführung einer *konzeptionellen Perspektive* wird neben dem (Bottom-up-)Datenfluss der Prozess der Erstellung und Nutzung von Informationen mit in die Betrachtung integriert (linke Seite in Abbildung 8).

---

[146] Bspw. Holten: Development Processes, 1999; Mukherjee, D'Souza: Implementation, 2003; Wieken: Data Warehouse, 1999; Wieken: Meta-Daten, 1996; Luján-Mora, Trujillo: Method, 2003; Wu, Buchmann: Data Warehousing, 1997.
[147] Umfassende Informationen zu diesem Projekt finden sich unter http://www.dbnet.ece.ntua.gr/~dwq/.
[148] Vgl. Vassiliou et al.: Data Warehouse Research, 2000, S. 21 ff.
[149] Jarke et al.: Data Warehouses, 1999, S. 231.
[150] Jarke et al.: Data Warehouses, 1999, S. 230; ebenso: Sapia et al.: Extending, 1998.
[151] Vgl. Jeusfeld et al.: Qualitätsanalyse, 1999, S. 9.

Erweiterte Architekturkonzepte

Während die physische Perspektive das real existierende Data-Warehouse-System sowie die operativen Datenquellen beschreibt, stellt die konzeptionelle Geschäftsperspektive Objekte der realen Welt dar. Verbunden werden diese beiden Sichten durch die *logische* (datenmodellierungsorientierte) *Perspektive*. Sie beschreibt, wie die Objekte der realen Welt jeweils in physischen Komponenten abgebildet werden.

Abbildung 8 Metadaten-Framework des DWQ-Projektes

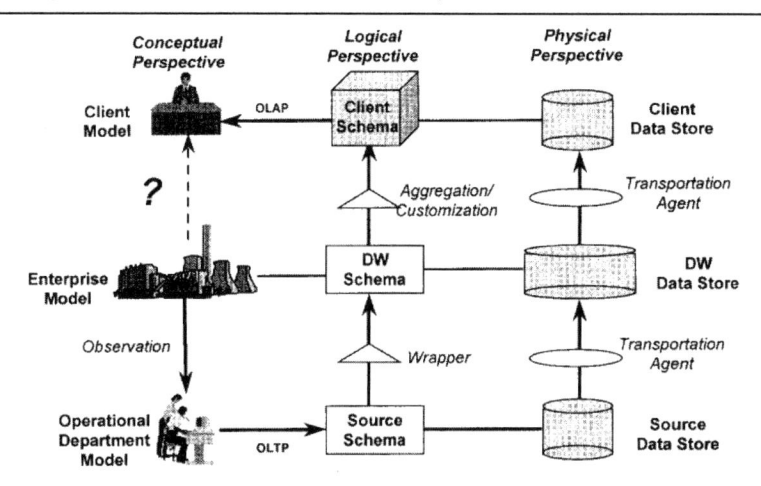

(Jarke et al.: Data Warehouses, 1999)

Zusätzlich zu den Perspektiven werden drei *Ebenen* unterschieden. Es sind die Datenquellen, die eigentliche Data-Warehouse-Ebene und die Benutzerebene (Client Level). Um die Datenbestände der operativen Systeme nicht nur physisch (rechte Seite von Abbildung 8), sondern auch in fachlicher Hinsicht für die Entscheidungsunterstützung nutzbar zu machen (angedeutet durch das Fragezeichen), müssen die drei Ebenen jeweils in einem eigenen konzeptionellen Modell beschrieben werden.[152]

Die *Ebene der Benutzer*, und dort v. a. das „Client Model", stellt die Informationsinteressen der Benutzer dar. Die Herausforderung besteht darin, die dort erfass-

---

[152] Vgl. Jarke et al.: Data Warehouses, 1999, S. 231 ff.

ten Sichten mit den Sichten der Quellensysteme in Beziehung zu setzen: „ ... we have the problem of mapping conceptual client views on conceptual source views – a theorem proving problem, where the proofs correspond to the queries to be asked by client views to information sources."[153] Gelöst wird diese Herausforderung durch eine Zwischenebene zwischen der Client- und der Quellebene: „A set of intermediate conceptual views on the enterprise model is therefore often constructed – the conceptual schema of the DW. This set must have the formal property that it allows all expected client views to get answers to their queries, preferably the same they would get if they would access the source views directly."[154]

Die *konzeptionelle Perspektive* bietet eine geschäftsorientierte und damit betriebswirtschaftliche Sicht auf die Informationsquellen und analytischen Aufgaben. Sie repräsentiert Konzepte auf der operativen Ebene, der Unternehmensebene und der Anwenderebene. Modelle auf Anwenderebene beschreiben diejenigen Konzepte, die für einen Anwender relevant sind. Auf der operativen Ebene finden sich Konzepte, die die Daten der operativen Anwendungssysteme beschreiben. Dies können bspw. Entity-Relationship-Modelle sein. Eine zentrale Rolle spielt auf der konzeptionellen Ebene wie auch im gesamten Metadata-Framework das Unternehmensmodell (Enterprise Model). Es gibt einen integrierten Überblick über die fachlichen Objekte (Konzepte) des gesamten Unternehmens und definiert eine „theory of the organization"[155]. Ziel des Unternehmensmodells ist es, unabhängig von der physischen Speicherung und der logischen Struktur ein Modell der Information bereitzustellen.[156] Die anderen Modelle (das „Client Model" und das „Source Model") werden als Sichten auf das Enterprise Model angesehen.[157]

> „We therefore do not just introduce the enterprise model as a minor part of the environment, but demand that all other models are defined as views on the enterprise model"[158]

> „In line with our basic philosophy concerning the central role of the enterprise model, the DWQ approach considers the (relational) schema of an information source to be integrated as a view on the

---

[153] Jarke, Vassiliou: DWQ Project, 1997, S. 7.
[154] Jarke, Vassiliou: DWQ Project, 1997, S. 7.
[155] Jarke, Vassiliou: DWQ Project, 1997, S. 7.
[156] Vgl. Jeusfeld et al.: Qualitätsanalyse, 1999, S. 9.
[157] Vgl. Vassiliou et al.: Data Warehouse Research, 2000, S. 23; Jarke et al.: Data Warehouses, 1999, S. 232.
[158] Jarke et al.: Data Warehouses, 1999, S. 232.

conceptual enterprise model. As the DW schema itself consists of (possibly cleaned and merged) views over the sources, it naturally becomes also an (indirect) view over the enterprise model."[159]

In der *logischen Perspektive* erfolgt der Übergang von der Datenquellebene auf die Data-Warehouse-Ebene dadurch, dass die Quellschemata in ein integriertes Data-Warehouse-Schema überführt werden (Schemaintegration). Für die Benutzerebene werden aus dem Data-Warehouse-Schema durch Aggregation und Anpassung benutzerindividuelle Schemata erzeugt. In der physischen Perspektive werden die dazu benötigten Daten physisch in das Endbenutzersystem überführt.

In der *physischen Perspektive* handelt es sich hier um die realen Datenbanken und Dateien, die in den Abteilungen existieren. Deren Daten werden durch einen entsprechenden Agenten in die Data-Warehouse-Datenbank überführt. Dies entspricht dem Datenfluss, der in Abschnitt 2.3 beschrieben wurde.

Das Metadaten-Framework des DWQ stellt einen umfassenden, aber auch sehr abstrakten Bezugsrahmen zur Beschreibung verschiedener Ebenen und Perspektiven dar. Die Unterteilung in verschiedene Ebenen und Perspektiven scheint grundsätzlich zweckmäßig, um neben der physischen Betrachtung auch die betriebswirtschaftlich-fachliche Perspektive mit in die Betrachtung zu integrieren (s. o. 2.2.2). Da das Framework jedoch der Identifikation von Datenqualitätsproblemen dient, ist es auf die Entwicklung von Data-Warehouse-Systemen nicht ohne Anpassungen anwendbar, denn es lässt einige entscheidende Fragen für diese Anwendung offen. Darüber hinaus verwenden die Autoren Notationen, die im Data Warehousing keine oder nur eine sehr geringe Verbreitung gefunden haben (Beschreibungslogiken und Telos).

Als problematisch wird für den hier verfolgten Zweck die zentrale Rolle des „Enterprise Model" angesehen. Wie dieses erstellt wird, bleibt unklar, und es finden sich in den genannten Veröffentlichungen keine konkreten Beispiele. Vielmehr wird davon ausgegangen, dass ein solches Unternehmensdatenmodell bereits existiert. Jedoch sind Unternehmensdatenmodelle in der Praxis oftmals nicht vorhanden.[160] Darüber hinaus werden sie in der Wirtschaftsinformatik häufig als problematisch und unhandlich eingeschätzt, da der mit ihrer Erstellung verbundene Aufwand als zu hoch angesehen wird und sie eine zu hohe Komplexität aufweisen.[161]

---

[159] Jarke et al.: Data Warehouses, 1999, S. 237.
[160] Vgl. Zeh: Data Warehousing, 2003, S. 36.
[161] Vgl. Stahlknecht, Hasenkamp: Wirtschaftsinformatik, 2005, S. 329; Schirp: Anforderungsanalyse, 2001, S. 82; Spitta: Unternehmensdaten, 1996, S. 79 f.

In der in Teil IV entwickelten Methode sollen daher gemäß der betriebswirtschaftlich-fachlichen Perspektive die Anforderungen der Benutzer und Anwender den Ausgangspunkt bilden. Aus diesen wird ein Modell erstellt, welches die betriebswirtschaftlich-fachliche Sicht repräsentiert.

Darüber hinaus wird in der Methode ein anderer Integrationsansatz verfolgt. Im DWQ-Projekt wird der sog. Local-as-View-Ansatz zugrunde gelegt, bei dem die Schemata der Quellen als Sichten auf das globale Unternehmensdatenmodell angesehen werden.[162] Im Gegensatz dazu werden hier die Inhalte des Data Warehouse, die sich aus den Bedarfen und Anforderungen der Benutzer ergeben, als Sichten auf die Datenquellen beschrieben. Dieser Global-as-View-Ansatz entspricht einem prozeduralen Vorgehen. Mit diesem lässt sich besser beschreiben, wie die Daten aus den Datenquellen extrahiert und in das Data Warehouse geladen werden.

---

[162] Vgl. Quix: Metadatenverwaltung, 2003, S. 16 f. u. 45 f.

Teil II: Anwendungssystementwicklung und Modellierung

In diesem Teil werden grundlegende Fragestellungen der Anwendungssystementwicklung diskutiert, soweit sie für die Entwicklung von Data-Warehouse-Systemen relevant sind.

Zunächst erläutert Abschnitt 3 die Begriffe *Methoden* und *Vorgehensmodell* sowie verwandte Begriffe aus dem Gebiet der Systementwicklung. Aufbauend auf dem Konzept des Methoden-Engineerings wird das Methodenverständnis dieser Arbeit begründet und dargestellt (3.2).

In der Anwendungssystementwicklung – und damit auch im Data Warehousing – kommt *Modellen* eine besondere Bedeutung zu. Sie dienen dazu, die Ergebnisse der verschiedenen Entwicklungsaktivitäten zu dokumentieren und darzustellen. Da man sich bei der Modellierung einer oder mehrerer Sprachen bedient, werden in 4.1 die Funktionen von Sprache im Rahmen der Modellierung diskutiert. In diesem Zusammenhang wird der Begriff „Metamodell" definiert und es werden konzeptionelle und logische Modelle als zwei wichtige Modellarten der Anwendungsentwicklung unterschieden.

Abschnitt 5 beleuchtet grundsätzliche Aspekte der *Systementwicklung* und des *Anforderungsmanagements* im Rahmen der Anwendungssystementwicklung. Aus dieser Betrachtung lassen sich grundlegende Herausforderungen dieser Aufgabe identifizieren, welche als Anforderungen an eine Entwicklungsmethode im Data Warehousing aufgefasst werden.

In diesem Teil werden die genannten Aspekte unabhängig von spezifischen Fragestellungen des Data Warehousing diskutiert. Die Diskussion dient dazu, Erkenntnisse allgemeiner Art für eine Entwicklungsmethode und das Anforderungsmanagement im Data Warehousing zu gewinnen.

3 Methode und Vorgehensmodell

3.1 Methoden, Phasen- und Vorgehensmodelle

Ziel der Systementwicklung ist es, von einer (betriebswirtschaftlichen) Problemstellung zu einem Anwendungssystem als einem Beitrag zu dessen Lösung zu gelangen.[163] Der Entwicklungsprozess kann daher auch verstanden werden als sukzessive Transformation oder sukzessive Verfeinerung („successive refinement"), „that transforms the original application concept into its operational implementation"[164]. Dabei wird der Gesamtprozess i. d. R. in einzelne Phasen, Prozesse und Aktivitäten zerlegt und mittels Phasen-, Prozess- oder Vorgehensmodellen beschrieben.[165]

Phasen- und *Prozessmodelle* nehmen eine Gliederung der Entwicklungsaufgabe nach zeitlichen, begrifflichen, technischen und/oder organisatorischen Kriterien vor. Hickey/Davis definieren ein Prozessmodell (Process Model) als „A representation showing the processes to be performed in order to achieve some well-defined goal."[166] Typische Phasen in der Systementwicklung sind Analyse, Entwurf, Realisierung und Einführung (Implementierung).[167] Der Schwerpunkt liegt auf der Zielerreichung durch den Gesamtprozess, Zwischenergebnisse dagegen finden keinen Eingang in die Definition.

Jedoch findet nicht nur durch den Gesamtprozess eine Transformation statt, sondern auch jede einzelne Phase lässt sich als Transformationsprozess verstehen, da jeweils ein Input aus der vorhergehenden Phase in ein Zwischenergebnis transformiert wird. Lehman et al. bezeichnen dies als das „LST (Lehman, Stenning, Turski)"-Paradigma (vgl Abbildung 9): „The LST paradigm identifies each step in

---

[163] Vgl. Jablonski et al.: Workflow-Management, 1997, S. 142; Lehman, Ramil: Software Evolution 2002, S. 284 ff.
[164] Lehman, Ramil: Software Evolution 2002, S. 284.
[165] Vgl. Lehner et al.: Wirtschaftsinformatik, 1995, S. 87.
[166] Hickey, Davis: Requirements Elicitation, 2003.
[167] Vgl. Stahlknecht, Hasenkamp: Wirtschaftsinformatik, 2005, S. 209 f.

the implementation process as the transformation of a specification into a model of that specification"[168].

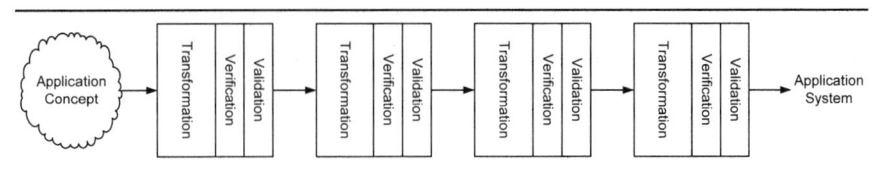

Abbildung 9 LST program implementation paradigm

```
┌─────────────┐     ┌───┬───┬───┐     ┌───┬───┬───┐     ┌───┬───┬───┐     ┌───┬───┬───┐     ┌─────────────┐
│ Application │ ──▶ │ T │ V │ V │ ──▶ │ T │ V │ V │ ──▶ │ T │ V │ V │ ──▶ │ T │ V │ V │ ──▶ │ Application │
│   Concept   │     │   │ e │ a │     │   │ e │ a │     │   │ e │ a │     │   │ e │ a │     │   System    │
│             │     │   │ r │ l │     │   │ r │ l │     │   │ r │ l │     │   │ r │ l │     │             │
└─────────────┘     └───┴───┴───┘     └───┴───┴───┘     └───┴───┴───┘     └───┴───┴───┘     └─────────────┘
```

(nach Lehman, Ramil: Software Evolution, 2002, S. 285)

Vorgehensmodelle gehen in ihrem Gestaltungscharakter über Phasenmodelle hinaus.[169] Nach Stahlknecht/Hasenkamp beschreiben *Vorgehensmodelle* „die Folge aller Aktivitäten, die zur Durchführung eines Projekts erforderlich sind."[170] Sie geben an, wie Prinzipien, Methoden, Verfahren und Werkzeuge der Software- bzw. Systementwicklung einzusetzen sind. *Prinzipien* beschreiben grundsätzliche Vorgehensweisen im Sinne von Handlungsgrundsätzen oder Strategien. *Methoden* sind Vorschriften, wie planmäßig und mit Orientierung an den Prinzipien (oder einer Kombination von Prinzipien) zur Erreichung festgelegter Ziele vorzugehen ist. Sie dienen also der Umsetzung der Prinzipien. Sie können sich auf eine oder mehrere Phasen eines Vorgehensmodells beziehen. *Verfahren* stellen Anweisungen dar, die den gezielten Einsatz von Methoden beschreiben. Eine Methode wird also wiederum durch den Einsatz eines oder mehrerer Verfahren konkretisiert.[171]

---

[168] Lehman, Ramil: Software Evolution 2002, S. 285; in diesem Sinne formulieren Becker et al.: Konstruktion von Methodiken, 2001, S. 8: „Im Rahmen der Informationssystementwicklung stellt die Modellbildung ein konstitutives Merkmal dar. Die Informationssystementwicklung lässt sich als kreativen Prozess der Transformation von Modellen auffassen."
[169] Vgl. Alpar et al.: Wirtschaftsinformatik, 2002, S. 268.
[170] Vgl. Stahlknecht, Hasenkamp: Wirtschaftsinformatik, 2005, S. 215.
[171] Vgl. Stahlknecht, Hasenkamp: Wirtschaftsinformatik, 2005, S. 212 f.; Balzert: Software-Technik, 1996, S. 37; Tolvanen bspw. definiert Methoden als „systematic and predefined guidelines for carrying out at least one complete task of ISD effort". Tolvanen: Method Engineering, 1998, S. 12.

Häufig findet sich auch die Bezeichnung Techniken anstelle von Verfahren.[172] Methoden und Verfahren bzw. Techniken sind oft eng miteinander gekoppelt und werden daher häufig nicht konsequent unterschieden. Unter *Werkzeugen* versteht man Computerprogramme, die die Entwicklung von Anwendungssystemen unterstützen und sich dabei auf eine oder mehrere Phasen beziehen.[173]

Prinzipien, Methoden, Verfahren (bzw. Techniken) und Werkzeuge stehen demnach im engen Zusammenhang mit Vorgehensmodellen. Jedoch wird bei verschiedenen Autoren das Verhältnis zwischen Prozess-, Phasen- und Vorgehensmodellen auf der einen Seite und Prinzipien, Methoden, Verfahren und Techniken auf der anderen Seite unterschiedlich gefasst.

Nach der oben genannten Definition von Hickey/Davis beschreibt ein Prozessmodell lediglich die (Teil-)Prozesse der Entwicklung. Eine Methode ist die Weiterentwicklung eines Prozessmodells und wird von ihnen definiert als: „A process model, along with documented techniques and/or tools to support each process in the model."[174] Eine Technik wiederum fassen sie auf als „A documented series of steps along with rules for their performance and criteria for verifying completion. A technique usually applies to a single process in a process model."[175] Nach ihrer Auffassung besteht also eine Methode aus einem Phasen- bzw. Prozessmodell sowie Techniken und Werkzeugen.

Jablonski et al. verstehen Vorgehensmodelle und Methoden als zwei unterschiedliche Sichten auf denselben Gegenstand, den Entwicklungsprozess (Abbildung 10). Sie definieren Vorgehensmodelle als Netze von Aktivitäts- und Resultatstypen sowie Bedingungen für die Übergänge zwischen diesen. Damit verweisen sie darauf, dass sich Vorgehensmodelle nicht nur aktivitätsorientiert definieren lassen, sondern die Ergebnisse der Aktivitäten, d. h. festgelegte Entwicklungsresultate, gleichgewichtig neben festgelegten Handlungen stehen.

---

[172] So bspw. in dem in 3.2.1 präsentierten Ansatz des Methoden-Engineering sowie bei Becker et al.: Konstruktion von Methodiken, 2001; Holten: Modellierungstechnik, 2000.
[173] Vgl. Stahlknecht, Hasenkamp: Wirtschaftsinformatik, 2005, S. 212; ähnlich Balzert: Software-Technik, 1996, S. 37.
[174] Hickey, Davis: Requirements Elicitation, 2003, S. 1. Hickey/Davis sprechen von „Methodology". Dieser Begriff wird jedoch im Folgenden vermieden, da man unter Methodologie im Deutschen lt. Duden die Lehre und den Vergleich von Methoden versteht. Ebenfalls kritisch zur Verwendung des Begriffs „methodology": Brinkkemper: Method Engineering, 1996, S. 276.
[175] Hickey, Davis: Requirements Elicitation, 2003.

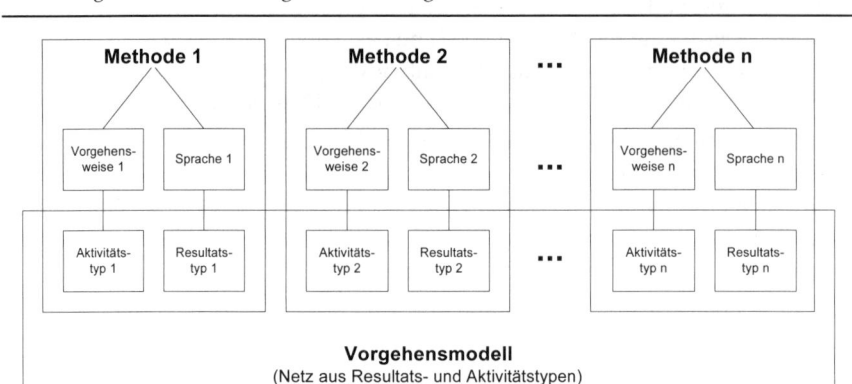

Abbildung 10 Zusammenhang zwischen Vorgehensmodell und Methode

```
         Methode 1              Methode 2        ...      Methode n
        /        \             /        \               /        \
  Vorgehens-   Sprache 1   Vorgehens-   Sprache 2   Vorgehens-   Sprache n
   weise 1                  weise 2                  weise n

  Aktivitäts- Resultats-  Aktivitäts- Resultats-  ...  Aktivitäts- Resultats-
   typ 1       typ 1       typ 2       typ 2           typ n       typ n

                              Vorgehensmodell
                    (Netz aus Resultats- und Aktivitätstypen)
```

(Jablonski et al.: Workflow-Management, 1997, S. 140)

Vorgehensmodelle bilden nach Jablonski et al. einen Rahmen, innerhalb dessen festgelegt wird, „in welchen Entwicklungsschritten was, womit, nach welchen Methoden, wann, unter welchen Bedingungen, von welchen Anforderungen ausgehend und zu welchen Ergebnissen führend, von wem (Qualifikation) ausgeführt wird."[176] In Bezug auf Vorgehensmodelle wird also besonders die Bedeutung von Aktivitäten und resultierenden Ergebnissen hervorgehoben.

Methoden definieren sie dagegen als Verfahren zur Lösung von (Teil-)Aufgaben. Im Rahmen der Systementwicklung sollte eine Methode sowohl eine Sprache (Notation) als auch eine Vorgehensweise umfassen.[177] Strahringer betont besonders diesen Aspekt und spricht von der „Sprach/Prozess-Dualität bei Betrachtung einer Methode"[178]. Im Vergleich zu Vorgehensmodellen stehen bei einer Methode i. d. R. der Weg und die Mittel zur Lösung einer Aufgabe im Vordergrund.[179]

Vorgehensmodelle sind nach diesem Verständnis umfassender, während Methoden ein Baustein sind, um in einem Entwicklungsschritt ein Ergebnis zu erzielen.

---

[176] Jablonski et al.: Workflow-Management, 1997, S. 490.
[177] Vgl. Jablonski et al.: Workflow-Management, 1997, S. 139 ff.
[178] Strahringer: Metamodellbegriff, 1998; ähnlich: Karlsson: Meta-Method, 2002. Zur Rolle der Sprache im Rahmen der Modellierung und Anwendungssystementwicklung vgl. ausführlich Abschnitt 4.
[179] Vgl. Jablonski et al.: Workflow-Management, 1997, S. 139 ff.

3.2 Methoden-Engineering

Anders als bei Vorgehensmodellen bildet im Methoden-Engineering die *Methode* das umfassendere Konzept. Der Begriff ist weiter gefasst als in den Definitionen des vorangegangenen Abschnitts. Die Methode strukturiert nach diesem Verständnis den gesamten Entwicklungsprozess und bezieht sich nicht nur auf eine oder mehrere Phasen.

Das Methoden-Engineering beschäftigt sich mit der ingenieurmäßigen Entwicklung von Methoden, die die Entwicklung von Anwendungssystemen unterstützen und anleiten, d. h. Methoden selbst sind hier Gegenstand der Entwicklung.[180] Es werden Strukturen zur Beschreibung von Methoden erarbeitet, die zum einen Hilfestellung für die Entwicklung von Methoden bieten, zum anderen den systematischen Vergleich vorhandener Methoden erlauben.

Im Folgenden wird der Ansatz des Instituts für Wirtschaftsinformatik der Universität St. Gallen skizziert, der im deutschsprachigen Raum die weiteste Verbreitung gefunden hat. Im Anschluss daran werden weitere, alternative Ansätze des Methoden-Engineerings diskutiert, die geeignet sind, ersteren zu erweitern und zu ergänzen.[181] Im Anschluss daran wird in Abschnitt 3.2.3 nach einem Vergleich und einer Bewertung ein eigener Ansatz erarbeitet, der in dieser Arbeit Verwendung findet. Dieser baut auf den dargestellten Ansätzen auf und bezieht Methodenkomponenten mit ein, die die Modellierung und dabei insbesondere die Modellierung von Anforderungen betreffen.

3.2.1 Der St. Gallener Ansatz des Methoden-Engineerings[182]

Eine *Methode* ist die Anleitung des gesamten Entwicklungsprozesses von den Anforderungen bis zum implementierten Entwurfsergebnis. *Methoden-Engineering* wird verstanden als der

„systematische und strukturierte Prozess zur Entwicklung, Modifikation und Anpassung von Softwareentwicklungsmethoden durch

---

[180] Vgl. Saeki: Method Engineering, 1994; Brinkkemper: Method Engineering, 1996, S. 276.
[181] Weitere alternative Ansätze des Methoden-Engineering, die an dieser Stelle nicht behandelt werden, finden sich bspw. bei Becker et al.: Konstruktion von Methodiken, 2001; Saeki: Method Engineering, 1994; Tolvanen: Method Engineering, 1998.
[182] Die Ausführungen zum St. Gallener Ansatz des Methoden-Engineering basieren auf: Gutzwiller: Referenzmodell, 1994; Heym: Methoden-Engineering, 1993; Becker: Prozesse, 1998; Kaier: Intranet, 2000; Strauch: Informationsbedarfsanalyse, 2002, S. 2 ff. u. 131 f.

die Beschreibung der Methodenkomponenten und ihrer Beziehungen [..]."[183]

Als Grundlage für die Methodenbeschreibung und -entwicklung gilt ein einheitliches Beschreibungsmodell.[184] Dieses besteht aus fünf Komponenten (alternative Bezeichnungen: Teilmodelle, Elemente, Konzepte), die in Abbildung 11 dargestellt sind und im Folgenden erläutert werden.

Abbildung 11 Methoden-Engineering (St. Gallener Ansatz)

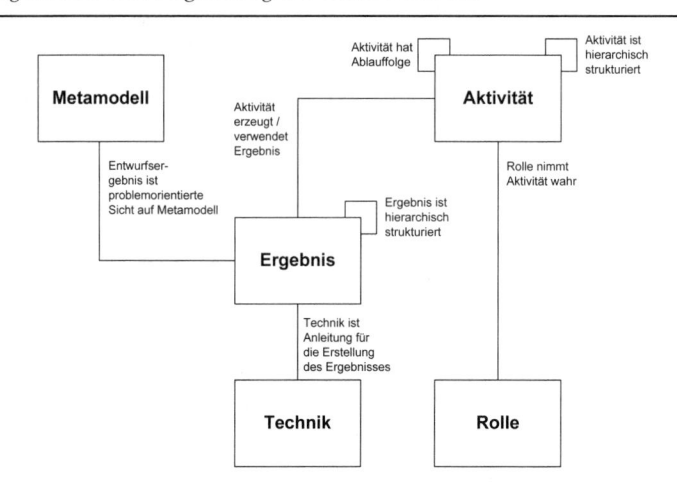

```
                            Aktivität hat              Aktivität ist
                            Ablauffolge                hierarchisch
                                                       strukturiert
   Metamodell      Aktivität                 Aktivität
                   erzeugt /
                   verwendet
                   Ergebnis
      Entwurfser-                                       Rolle nimmt
      gebnis ist                                        Aktivität wahr
      problemorientierte           Ergebnis ist
      Sicht auf Metamodell         hierarchisch
                                   strukturiert
                        Ergebnis


                   Technik ist
                   Anleitung für
                   die Erstellung
                   des Ergebnisses
                     Technik                  Rolle
```

(Gutzwiller: Referenzmodell, 1994, S. 13)

Eine *Aktivität* ist eine Verrichtungseinheit, die ein definiertes Ergebnis erzeugt. Aktivitäten werden zerlegt in Teilaktivitäten, d. h. sie bestehen wiederum aus Aktivitäten. Somit ergibt sich eine hierarchische Struktur (Aktivitätshierarchie bzw. -dekomposition). Zusätzlich stehen Aktivitäten in einer Ablauffolge. Aus dieser Ablauffolge resultiert bei Gesamtschau aller Aktivitäten ein Phasen- bzw. Vorgehensmodell.[185]

---

[183] Heym: Methoden-Engineering, 1993, S. 5.
[184] Vgl. Heym: Methoden-Engineering, 1993, S. 111 ff.
[185] Oben wurden in Anlehnung an Stahlknecht/Hasenkamp und Jablonski et al. Vorgehensmodelle im Vergleich zu Phasenmodellen als umfassender definiert. Im Methoden-

Ausgeführt werden Aktivitäten von Personen, Organisationseinheiten oder auch von Maschinen (bspw. Computern), wenn die Aufgabe automatisierbar ist. Die Zusammenfassung von Aktivitäten aus Sicht des Ausführenden (Aufgabenträgers) wird als *Rolle* bezeichnet.

Wie bei Jablonski et al. sind Ergebnisse von zentraler Bedeutung. Zum einen resultiert – wie erwähnt – aus einer Aktivität ein *Ergebnis* als Output. Zum anderen sind Ergebnisse aber auch Input für Aktivitäten, was bedeutet, dass eine Aktivität ein vorhandenes Ergebnis in ein neues Ergebnis transformiert. Ergebnisse können, im Falle ihrer schrittweisen Verfeinerung, hierarchisch strukturiert sein. Die Summe aller Ergebnisse wird als Dokumentationsmodell bezeichnet.

Eine *Technik* beschreibt, wie in einer Aktivität ein Ergebnis zu erstellen ist. Techniken sind detaillierte Anleitungen für das Vorgehen im Kleinen und beschreiben die Erzeugung von Ergebnissen. Im Vorgehensmodell dagegen wird festgelegt, wann und in welcher logischen und zeitlichen Reihenfolge die Ergebnisse erzeugt werden.

Das *Metamodell* einer Methode ist das konzeptionelle Datenmodell der Ergebnisse und wird häufig als ERM dargestellt. Es strukturiert die im Rahmen des Methoden-Engineerings erzielten Ergebnisse problemorientiert und gibt einen Überblick, indem es Ergebnisse und Teilergebnisse im Zusammenhang zeigt. Im Metamodell werden die in den verschiedenen Aktivitäten erstellten Ergebnisbestandteile als Entitätstypen beschrieben. Ihr Zusammenhang wird aktivitätsübergreifend durch Beziehungen dargestellt.

3.2.2 Weitere Ansätze des Methoden-Engineerings

Brinkkemper entwirft einen Bezugsrahmen zur Strukturierung der Terminologie und des seiner Ansicht nach fragmentierten Wissens über die Anwendungsentwicklung, den er als *Methoden-Engineering* bezeichnet[186]:

> „Method engineering is the engineering discipline to design, construct and adapt methods, techniques and tools for the development of information systems."[187]

Engineering wird in der Regel von Vorgehensmodellen gesprochen. Gemäß der obigen Unterscheidung handelt es sich aber um Phasenmodelle, da lediglich Aktivitäten in eine zeitliche Reihenfolge gebracht werden, nicht aber zugehörige Techniken, Verfahren oder Methoden (in der oben beschriebenen engeren Fassung) definiert werden.

[186] Vgl. Brinkkemper: Method Engineering, 1996, S. 275.
[187] Brinkkemper: Method Engineering, 1996, S. 276; eine ähnliche Definition findet sich in Brinkkemper et al.: Meta-modelling, 1999.

Nach seinem Verständnis umfasst „*Technik*" sowohl Handlungsanweisungen (procedure) als auch eine Notation.[188] Der Begriff Technik ist damit weiter definiert als im St. Gallener Ansatz, bei dem Techniken lediglich Handlungsanweisungen darstellen. Ein „*Tool*" ist eine automatisierte Unterstützung eines Teils des Entwicklungsprozesses. Eine *Methode* betrachtet Brinkkemper als

> „ ... an approach to perform a systems development project, based on a specific way of thinking, consisting of directions and rules, structured in a systematic way in development activities with corresponding development products."[189]

Sie besteht damit im Wesentlichen aus Prinzipien, Aktivitäten und definierten Ergebnissen. Brinkkemper sieht weder ein *Metamodell* vor noch ordnet er *Aktivitäten* bestimmten *Rollen* zu. Ebenfalls fehlt bei ihm eine explizite Darstellung der Beziehungen zwischen Methodenkomponenten. Anders als der St. Gallener Ansatz ist bei ihm jedoch die Notation von besonderer Bedeutung. Mit dem „way of thinking" finden darüber hinaus *Prinzipien* Eingang in das Methoden-Engineering.

Die Adaption von Methoden bezieht sich bei ihm, wie auch bei dem im Folgenden vorgestellten Verständnis von Karlsson, auf die Anpassung von Methoden an situationsspezifische Anforderungen.[190]

Karlsson[191] präsentiert ein Metamodell, welches in der UML verfasst ist und gewisse Ähnlichkeiten zu dem oben dargestellten Metamodell in Abbildung 11 aufweist. Dieses wird im Folgenden dargestellt, wobei Abbildung 12 einen Überblick bietet. In den Fußnoten wird, wo dies sinnvoll erscheint, die originale Begriffsdefinition angegeben.

---

[188] „A technique is a procedure, possibly with a prescribed notation, to perform a development activity. ... We therefore claim that a technique should not only embody the representational aspects of development, but also the procedural aspects." Brinkkemper: Method Engineering, 1996, S. 276.
[189] Brinkkemper: Method Engineering, 1996, S. 275 f.
[190] Ebenfalls zur projektspezifischen Anpassung von Methoden („situational method engineering") vgl. Hofstede; Verhoef: Situational Method Engineering, 1997; zu einem Überblick über Ansätze zur unternehmensindividuellen Anpassung vom Methoden („local method development") auch Tolvanen: Method Engineering, 1998, 18 ff.
[191] Vgl. Karlsson: Meta-Method, 2002, S. 5.

Methoden-Engineering 59

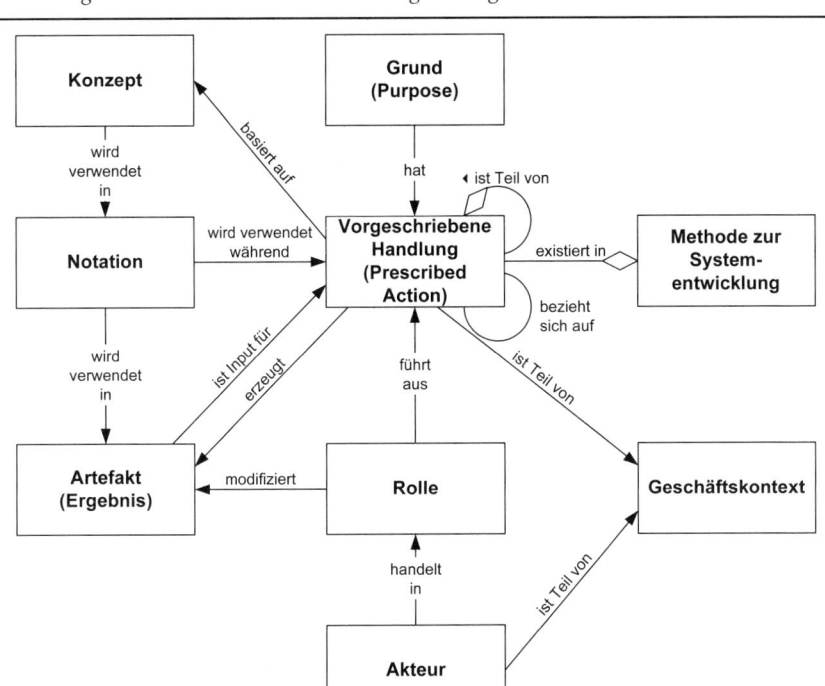

Abbildung 12 Metamodell des Methoden-Engineerings nach Karlsson

[Diagram: Metamodell mit Elementen Konzept, Grund (Purpose), Notation, Vorgeschriebene Handlung (Prescribed Action), Methode zur Systementwicklung, Artefakt (Ergebnis), Rolle, Geschäftskontext, Akteur und deren Beziehungen (wird verwendet in, basiert auf, hat, ist Teil von, wird verwendet während, existiert in, bezieht sich auf, ist Input für, erzeugt, führt aus, ist Teil von, modifiziert, handelt in, ist Teil von).]

(Karlsson: Meta-Method, 2002, S. 5; im Original werden die Beziehungen durch Kardinalitäten näher gekennzeichnet)

Wie auch im St. Gallener Ansatz ist die Aktivität, hier als „*vorgeschriebene Handlung*"[192] bezeichnet, von zentraler Bedeutung. Handlungen können, wenn sie zerlegt werden, ebenfalls in einer hierarchischen Beziehung stehen und werden in einer zeitlichen bzw. logischen Abfolge angeordnet.

---

[192] Allerdings scheint diese breiter definiert zu sein als „Aktivität" im St. Gallener Ansatz: „A prescribed action is a description of how to achieve a purpose." (Karlsson: Meta-Method, 2002, S. 4). Aus den darauf folgenden Ausführungen erschließt sich, dass nach seinem Verständnis Handlungen ebenfalls Techniken i. S. v. Stahlknecht/Hasenkamp beinhalten (Stahlknecht, Hasenkamp: Wirtschaftsinformatik, 2005, S. 12).

Die *Rolle*[193] kommt ähnlich wie im o. g. Ansatz vor, wobei hier in Bezug auf den konkreten *Akteur* und die Handlung der *Kontext*[194] miteinbezogen wird. Dies wegen des erwähnten Aspekts, dass Methoden situationsspezifisch angepasst werden sollen.

Das Metamodell von Karlsson bringt zum Ausdruck, dass Entwicklungsergebnisse (*Artefakte*[195]) mittels Handlungen unter Verwendung einer *Notation*[196] erstellt werden. In das Ergebnis gehen darüber hinaus *Konzepte*[197] des Anwendungsbereichs ein, die diesen beschreiben. Mittels der Notation wird die Darstellung der Konzepte standardisiert.

Darüber hinaus sieht das Modell vor, dass ein *Grund* für eine bestimmte Handlung (Purpose[198]) angegeben wird. Dies wiederum deshalb, weil eine situationsspezifische Anpassung von Methoden beabsichtigt ist.

3.2.3 Schlussfolgerungen

Im Folgenden sollen aus der Bewertung und dem Vergleich der beiden vorgestellten Metamodelle des Methoden-Engineerings Schlussfolgerungen für die zu entwickelnde Methode gezogen werden. Der Ansatz von Brinkkemper wird nur z. T. in den Vergleich einbezogen, da dieser die Beziehungen zwischen den Methodenkomponenten nicht expliziert.

Die Überlegungen münden in ein eigenes Metamodell zur Beschreibung von Methoden, ihrer Komponenten und deren Beziehungen. Dieses Metamodell wird in Teil II detailliert und in Teil III in Bezug auf vorhandenes Wissen im Bereich des Data Warehousing konkretisiert. Für Teil IV stellt es das Fundament für eine eigene Methode zur Entwicklung von Data-Warehouse-Systemen dar. Es hat demnach verschiedene Funktionen im Rahmen dieser Arbeit:

- Es dient der Schaffung einer terminologischen Grundlage und einer einheitlichen Struktur für die Methodenbeschreibung.
- Es ist Grundlage für die Einordnung und den Vergleich vorhandener Ansätze der Data-Warehouse-Entwicklung.

---

[193] A role is a function played by an actor in a project.
[194] A business context is a demarcated environment where the system engineering method or its resulting artifacts are used.
[195] An artifact is either a final or intermediate work product that is produced and used by actors during a system engineering project.
[196] Notation is the rules for producing and interpreting a description.
[197] A concept is an abstraction of a phenomenon.
[198] A purpose states why a prescribed action is to be performed and what is to be achieved.

Methoden-Engineering

- Es soll die Vollständigkeit der im Rahmen dieser Arbeit entwickelten Methode sicherstellen.
- Es ist ein Bezugsrahmen für die Integration und Kombination von Methodenkomponenten, die verschiedenen Gebieten der Wirtschaftsinformatik und der Informatik entnommen werden.

3.2.3.1 Vergleich und Bewertung

Eine Vielzahl der Methodenkomponenten kommt in beiden Ansätzen vor, und die verwendeten Begrifflichkeiten entsprechen sich in weiten Teilen (vgl. Tabelle 5).

Tabelle 5 Vergleich der Komponenten in verschiedenen Ansätzen des Methoden-Engineerings

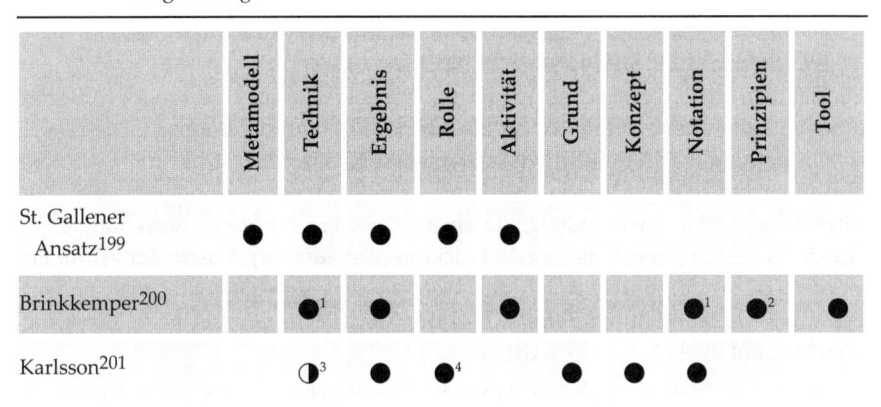

	Metamodell	Technik	Ergebnis	Rolle	Aktivität	Grund	Konzept	Notation	Prinzipien	Tool
St. Gallener Ansatz[199]	●	●	●	●	●					
Brinkkemper[200]		●[1]	●		●			●[1]	●[2]	●
Karlsson[201]	◐[3]	●	●[4]				●	●	●	

[1] Notationen und das Vorgehen werden bei Brinkkemper unter dem Begriff „Technik" zusammengefasst.
[2] Als „way of thinking" bezeichnet.
[3] Implizit als Teil der Aktivität vorhanden (vgl. Fußnote 192).
[4] Weites Konzept, welches neben der Rolle auch Akteure und den betrieblichen Kontext umfasst.

---

[199] Vgl. die Literaturangaben in Fußnote 182.
[200] Vgl. Brinkkemper: Method Engineering, 1996; Brinkkemper et al.: Meta-modelling, 1999.
[201] Vgl. Karlsson: Meta-Method, 2002.

Karlsson sieht einige Bestandteile vor, die in dem St. Gallener Ansatz nicht explizit enthalten sind (Kontext, Akteur Grund, Notation, Konzept). Dagegen unterscheidet er nicht explizit zwischen Aktivität und Technik. Techniken subsumiert er jedoch unter die Komponente „vorgeschriebene Handlung" (vgl. auch Fußnote 192).

Beide Konzepte sehen zwei rekursive Assoziationen (Beziehungen) zwischen *Aktivitäten* bzw. Handlungen vor.

- In beiden bringt die Assoziation „ist Teil von" eine hierarchische Strukturierung zum Ausdruck. Karlsson konkretisiert sie insoweit, als er eine schwache Aggregation vorsieht.[202]
- Bzgl. der zweiten Assoziation unterscheiden sich die beiden Ansätze dagegen nicht unerheblich. „Bezieht sich auf" (im Original „Relate to") ist semantisch umfassender als „vorangehen". In dem St. Gallener Ansatz scheint vor allem eine zeitlich sequenzielle Abfolge gemeint zu sein.[203] Durch eine Relate-to-Assoziation zwischen Aktivitäten lassen sich dagegen auch Nebenläufigkeiten und iteratives Vorgehen besser erfassen.

Hinsichtlich der *Ergebnisse* ist nur im St. Gallener Ansatz eine rekursive Beziehung enthalten. Eine vergleichbare Strukturierung fehlt bei Karlsson. Die rekursive Beziehung macht deutlich, dass Ergebnisse hierarchisch strukturiert werden, also unterschiedliche Abstraktions- bzw. Aggregationsebenen möglich sind. Zusätzlich scheint es zweckmäßig, durch eine weitere rekursive Beziehung zum Ausdruck zu bringen, dass im Entwicklungsprozess Ergebnisse transformiert werden. Dies erfolgt nicht durch den Wechsel der Aggregationssebene, sondern bspw. bei Modellen durch den Wechsel des Modelltyps (so z. B. beim Übergang vom konzeptionellen zum logischen Modell).

Zwar wird in beiden Modellen dadurch, dass Ergebnisse sowohl Input für als auch Output von Aktivitäten sind, deutlich, dass diese verfeinert und/oder transformiert werden. Dieser Aspekt sollte jedoch durch eine entsprechende rekursive

---

[202] Karlsson macht jedoch nicht deutlich, warum er eine schwache Aggregation vorsieht. Man könnte dagegen argumentieren, dass eine starke Form der Aggregation, eine Komposition, zweckmäßiger wäre. Bei der Komposition entfallen die Objekte der untergeordneten Klassen, wenn das übergeordnete Objekt gelöscht wird (Existenzabhängigkeit). Dies würde hier bedeuten, dass die Teilaktivitäten entfallen, wenn eine Aktivität entfällt. Dass ein Teilobjekt (eine Teilaktivität) erhalten bleibt, indem es vorher einem anderen Aggregatobjekt (einer anderen Aktivität) zugeordnet wird, sieht die Komposition vor. Für den Fall, dass ein Objekt verschoben wird, werden gem. UML auch die Teilobjekte verschoben (propagation semantic).

[203] Vgl. Gutzwiller: Referenzmodell, 1994, S. 13.

Beziehung an der Methodenkomponente *Ergebnis* kenntlich gemacht werden, da denkbar ist, dass Modelle automatisiert, d. h. ohne eine konkrete Aktivität transformiert werden.

Deutliche Unterschiede weisen die vorgestellten Ansätze des Methoden-Engineerings hinsichtlich der Beziehungen zwischen den Methodenkomponenten auf.

Im St. Gallener Ansatz sind *Techniken* und *Aktivitäten* als unverbunden dargestellt und scheinen unabhängig voneinander. Eine Technik wird dem Ergebnis zugeordnet und leitet seine Erzeugung an, scheint aber unbeeinflusst von der Aktivität (vgl. Abbildung 11, S. 56). Nach Ansicht des Verfassers ist es jedoch nicht zweckmäßig, eine Technik unmittelbar dem Ergebnis zuzuordnen. Ebenso wenig kann sie jedoch direkt und v. a. binär mit der Aktivität in Beziehung gesetzt werden. Denn die Eignung einer Technik kann vielmehr nur im Zusammenhang mit einer Aktivität bei der Erzeugung eines Ergebnisses beurteilt werden, d. h. es ist ein „Technik-Aktivität-Fit" nötig, um ein bestimmtes Ergebnis zu erzielen.[204]

Karlsson dagegen betont Assoziationen zwischen den Komponenten *Handlung (Aktivität), Notation* und *Artefakt* und diskutiert Bezüge zwischen *Konzept*, Notation, und Handlungen („way of working").[205] Er hebt damit die Bedeutung der Sprache für die Erzeugung eines Ergebnisses hervor, d. h. den „Fit" zwischen Aktivität und Notation.[206] Es fehlt jedoch eine explizite Behandlung von Techniken als Handlungsanleitung. Notationen fehlen hingegen im St. Gallener Ansatz.

---

[204] So kommen bspw. im Rahmen einer *Aktivität* „Analyse" unterschiedliche Techniken zur Erhebung des Ist- und des Sollzustands zum Einsatz – für die Istanalyse eher Dokumentenstudium und Interviews; bei der Sollanalyse eher Workshops, Szenarien und Kreativitätstechniken. Gleichfalls kommen bei der Aktivität Sollanalyse unterschiedliche Techniken zum Einsatz, bspw. in Abhängigkeit davon, ob neue Anforderungen erhoben werden sollen oder ob Übereinstimmung hinsichtlich bereits erhobener Anforderungen erzielt werden soll.

[205] Vgl. Karlsson: Meta-Method, 2002, S. 4 ff. u. S. 49 ff.

[206] Eine Notation bietet bestimmte Modellierungskonstrukte (Syntax) und definiert Regeln für deren Verwendung. Diese müssen von Aktivitäten und Techniken reflektiert werden, bspw. weil in einer bestimmten Aktivität ggf. nur bestimmte Konstrukte den Gegenstand der Betrachtung bilden. Eine Technik muss wegen des diskutierten Zusammenhangs zwischen Aktivitäten und Techniken ebenfalls mit der Notation abgestimmt sein.
Die Bedeutung von Sprachen bzw. Notationen bei der Erstellung des Ergebnisses einer bestimmten Aktivität wird unten in Abschnitt 4.1 diskutiert.

Brinkkemper wiederum definiert eine schwache Beziehung zwischen Technik (procedure) und Notation, klärt jedoch deren Beziehungen zu Aktivitäten nicht.[207]

3.2.3.2 Methodenverständnis dieser Arbeit

Durch den Vergleich wird offensichtlich, dass die dargestellten Ansätze sich sowohl hinsichtlich der vorgesehenen Methodenkomponenten als auch hinsichtlich der Beziehungen zwischen diesen z. T. erheblich unterscheiden. Es scheint daher zweckmäßig und notwendig, die Bedeutung der einzelnen Komponenten sowie deren Zusammenspiel explizit und eindeutig zu modellieren im Hinblick auf eine Methodendefinition, die der Entwicklung einer konkreten Methode für das Data Warehousing zugrunde gelegt werden kann.

Für die Definition der relevanten Begrifflichkeiten des Metamodells wird das Zirkularitätsprinzip („circularity principle") herangezogen, das ebenfalls bei der Entwicklung eines Glossars im Rahmen der hier entworfenen Methode für das Data Warehousing Anwendung findet. Es besagt, dass für die Definition von Glossareinträgen (Begriffen) jeweils andere Glossareinträge herangezogen werden sollen, um die Verwendung des Begriffs im Anwendungsgebiet zu verdeutlichen. Die relevanten Begrifflichkeiten des Metamodells werden in Tabelle 6 definiert. Zur Veranschaulichung sind jeweils Beispiele aufgeführt. Im Anschluss an die Definition finden sich weitere Anmerkungen als nähere Erläuterungen der genannten Definitionen.

Folgende Anmerkungen erläutern die genannten Definitionen:

- Aktivitäten werden kanonisch definiert, d. h. Teilaktivitäten sind auch wieder Aktivitäten. Hieraus folgt, dass der gesamte Entwicklungsprozess als Aktivität bezeichnet werden kann, ebenso wie auch eine Phase oder Teilphase. Dies erlaubt, für jeweils unterschiedliche Hierarchie- bzw. Detaillierungsstufen jeweils denselben Begriff zu verwenden.

- Dass Aktivitäten, Techniken und Notationen bestimmten Rollen zugeordnet werden, ist jeweils nicht explizit in den Definitionen aufgeführt. Da die Zuordnung von Aktivitäten, Techniken etc. zu Rollen und deren Zuordnung zu konkreten Personen im hohen Maße projektspezifisch ist, werden im Folgenden Rollen im Entwicklungsprozess nur am Rande thematisiert.

---

[207] Vgl. seine Definition des Begriffs „Methode", Seite 58.

Tabelle 6 Begrifflichkeiten des Methoden-Metamodells

	Definition	Beispiele
Aktivität	Verrichtungseinheit, die sich einer oder mehrerer Techniken und Notationen bedient, um ein Ergebnis zu erzeugen.	<ul><li>Anforderungsanalyse</li><li>Erstellung des Fachkonzepts</li><li>Entwurf</li><li>Implementierung</li></ul>
Rolle	Zusammenfassung von Aktivitäten aus Sicht eines Ausführenden, der durch die Verwendung von Techniken und Methoden ein Ergebnis erzeugt.	Bestimmte Aktivitäten werden Stakeholdern (Benutzern, Anwendern, Analysten, Entwicklern oder „Maschinen") zugeordnet, die bestimmte Aktivitäten im Entwicklungsprozess ausführen.
Ergebnis/Modell	Artefakt (End- oder Teilprodukt der Entwicklung), das im Rahmen einer Aktivität unter Verwendung einer Sprache sowie einer oder mehrerer Techniken erzeugt wird.	<ul><li>Natürlichsprachliche Formulierung eines Ergebnisses (natürlichsprachliche Anforderungsspezifikation, Testfälle etc.)</li><li>Semiformale, diagrammsprachliche Modelle</li><li>Formale Modelle</li></ul>
Technik	Handlungsanweisung, die im Rahmen einer Aktivität und bezogen auf eine Notation/Sprache das Vorgehen detailliert anleitet und die Erzeugung eines Ergebnisses unterstützt.	<ul><li>Dokumentenanalyse</li><li>Interviewtechniken</li><li>Workshops</li><li>Prototyping</li></ul>
Notation/Sprache	System von Zeichen und Regeln für ihre Ver-wendung, das / die in einer Aktivität Verwen-dung findet und der Formulierung eines Ergebnisses dient.	<ul><li>ERM</li><li>SADT, Petrinetze</li><li>Relationenmodell</li><li>DFM, ME/RM, ADAPT …</li><li>Starschemata</li><li>Modellierungstechniken für ETL-Prozesse</li></ul>

- Als Ergebnis werden alle Teilprodukte der Entwicklung (man spricht auch von Artefakten) bezeichnet, bspw. Anforderungsbeschreibungen und -spezifikationen, Modelle, Architekturen, Testfälle etc.[208] In Tabelle 6 werden Ergebnisse und Modelle „in einem Atemzug" genannt, weil bei der Entwicklung von Anwendungssystemen und damit auch von Data-Warehouse-Systemen Ergebnisse häufig als Modelle formuliert werden (vgl. dazu ausführlich Abschnitt 4).
- Ebenfalls wird der allgemeinere Begriff Sprache neben den Begriff Notation gestellt. Die Gemeinsamkeiten und Unterschiede beider Begriffe werden unten in Abschnitt 4.1 näher erläutert.

Abbildung 13 Methoden-Metamodell

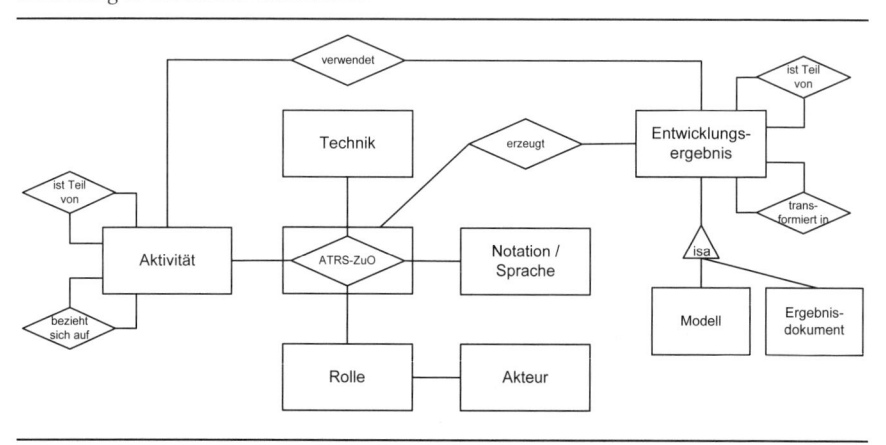

Abbildung 13 zeigt das aus den Definitionen und bisherigen Ausführungen resultierende Metamodell. Den Kern bildet die ATRS-Zuordnung, die das Zusammenspiel von *Aktivitäten*, *Techniken*, *Rollen* und *Sprachen/Notation* im Rahmen einer Methode verdeutlicht. Diese vierstellige Relation wird uminterpretiert zu einem Entitytyp, sodass sie selbst Ausgangspunkt für eine Beziehung werden kann, nämlich die Beziehung „erzeugt" zur Methodenkomponente Entwicklungsergebnis.[209] Somit wird deutlich, dass die Erzeugung von Ergebnissen im

---

[208] Vgl. Bühne et al.: Variabilitätsmodellierung, 2004, S. 43.
[209] Zur Uminterpretation von Relationen zu Entitäten vgl. Scheer: Wirtschaftsinformatik, 1995, S. 38.

Entwicklungsprozess durch eine Aktivität unter Verwendung einer Sprache erfolgt. Dies geschieht durch einen Akteur, der eine Rolle einnimmt, und wird unterstützt durch eine oder mehrere Techniken. Die Beziehung „Aktivität verwendet Entwicklungsergebnis" bleibt von der ATRS-Zuordnung unberührt.

Prinzipien werden nicht als Komponente einer Methode angesehen. Sie prägen die Methode und das Zusammenspiel ihrer Komponenten und werden daher als exogen betrachtet, d. h. die gesamte Methode basiert auf einem spezifischen „way of thinking".[210] Aus Prinzipien lässt sich dann auch der Grund („purpose" bei Karlsson, vgl. Fußnote 198) ableiten, der ebenfalls als exogen angesehen wird.

Konzepte („concepts" bei Karlsson, vgl. Fußnote 197) werden ebenfalls nicht in das Modell aufgenommen. Sie benennen außersprachliche Phänomene und stellen somit einen Bezug zur Realwelt bzw. zu im Rahmen der Entwicklung interessierenden Sachverhalten her. Insofern kommt Konzepten – insbesondere bei der konzeptionellen Modellierung – eine wichtige Bedeutung zu. Sie stellen den „Input" für die Entwicklung von Anwendungssystemen dar, sollen aber selbst nicht als Komponente einer Methode betrachtet werden (vgl. dazu ebenfalls Abschnitt 4.1.2.3).

Bereits mehrfach wurde auf die folgenden Abschnitte verwiesen. Anhand des Methoden-Metamodells lässt sich das weitere Vorgehen dieser Arbeit konkretisieren:

- Abschnitt 4 widmet sich *Modellen als Entwicklungsergebnissen* in Methoden und diskutiert die Rolle der Sprache im Rahmen der Modellierung. Im Vordergrund steht damit die Sprach-Ergebnis-Relation, die aus der Beziehung zwischen der ATRS-Relation und dem zu erzeugenden Ergebnis resultiert.

- Abschnitt 5 diskutiert *Phasen- bzw. Aktivitätsmodelle* sowie *Techniken* im Rahmen der Anwendungssystementwicklung mit einem Schwerpunkt auf dem Anforderungsmanagement. Er behandelt also vornehmlich die Aktivitäts-Technik-Relation der vierstelligen ATRS-Relation. Konkrete Phasenmodelle und Techniken, die im Data Warehousing diskutiert werden, sind Gegenstand von Abschnitt 7.

Die in Teil IV vorgestellte Methode verwendet die genannten Komponenten und kann als Instanziierung des Methoden-Metamodells für den Anwendungsfall Data Warehousing betrachtet werden.

---

[210] Brinkkemper: Method Engineering, 1996, S. 275; ebenso: Becker et al.: Konstruktion von Methodiken, 2001, S. 6.

4 Modelle als Entwicklungsergebnisse

Die im Rahmen von Methoden erstellten Entwicklungsergebnisse werden häufig als Modelle bzw. Schemata bezeichnet und formuliert. Daneben findet sich jedoch auch eine andere Verwendung des Begriffs „Modell", bei der das sprachliche Mittel gemeint ist, nicht das Entwicklungsergebnis; oft wird infolgedessen die Beschreibung eines realen Sachverhalts als Schema bezeichnet. In dieser Arbeit sollen jedoch konkret erzielte Entwicklungsergebnisse als Modelle oder Schemata bezeichnet werden; ist dagegen das Modell gemeint, welches die sprachlichen Mittel wiedergibt, so wird dies explizit als Metamodell gekennzeichnet (genauer zum Begriff Metamodell s. u. S. 75).[211]

Die Formulierung und Darstellung erfolgt unter Verwendung von (Modellierungs-)Sprachen, sodass Modelle bzw. Schemata eine „sprachliche Konstruktion"[212] darstellen und als „Sprachprodukte"[213] anzusehen sind. Insofern kommt Sprache eine besondere Bedeutung im Hinblick auf Modelle und Modellierung zu. Daher wird im folgenden Abschnitt zunächst der sprachliche Aspekt von Modellen genauer untersucht, bevor darauf aufbauend das in dieser Arbeit verwendete Modellverständnis dargelegt wird.

---

[211] Insbesondere in der englischsprachigen Literatur ist die Bezeichnung „Schema" die gebräuchlichere Variante. Diese Trennung wird jedoch nicht immer, bspw. im Bereich des Data Warehousing, durchgehalten. Würde man diese Terminologie wählen, dann wäre darüber hinaus die Verwendung der Worte „modellieren", „Modellierer" und „Modellnutzer" problematisch, da dann durch einen Modellierer ein Schema modelliert werden würde.
Aus diesem Grund wird hier die Entscheidung getroffen, die Begriffe „Modell" und „Schema" synonym zu verwenden, um die übliche Terminologie nicht zu missachten.

[212] Frank, van Laak: Anforderungen an Sprachen, 2003, S. 20.

[213] Jablonski et al.: Workflow-Management, 1997, S. 25; Ähnlich Holten, der Modellierung als „sprachliche Handlung (als „Spezifizieren")" versteht. Holten: Modellierungstechnik, 2000.

4.1 Sprache, Modelle und Metamodelle

Sprache kann generell und in Bezug auf die Modellierung nach verschiedenen Kriterien typisiert und definiert werden.[214] Hier erfolgt – nach der Definition – eine Systematisierung anhand der Kriterien Entstehung, Formalisierung und Funktion von Sprache.

4.1.1 Definition

Eine einfache Definition von Sprache findet sich bei Petöfi, der Sprache im semiotischen Sinne als „System von Zeichen" definiert.[215] Vom Brocke definiert in Anlehnung an Carnap eine *Sprache* als System von Zeichen (Symbolen oder Sprachkonstrukten) und Regeln zu ihrer Verwendung (Sprachregeln).[216] Zeichen und Symbole können gemäß diesen Regeln zu neuen (zusammengesetzten) Zeichen und Symbolen verbunden werden, sodass Ausdrücke oder Sätze entstehen.[217]

Nach DIN 44 300 ist ein *Zeichen* ein „Element aus einer zur Darstellung von Information vereinbarten endlichen Menge von verschiedenen Elementen. Die Menge wird Zeichenvorrat (...) genannt."[218] Problematisch an dieser Definition ist, dass sie auf den Begriff der Information zurückgreift und diesen somit voraussetzt. Daher versteht Zschocke unter *Zeichen* (den Begriff *Symbol* verwendet er synonym) „eine räumlich und zeitlich abgegrenzte Menge an Materie und Energie [...], der eine Bedeutung zugeordnet ist." Die Menge an Energie und Materie bezeichnete er als *Zeichenträger*, die Bedeutung als *Nachricht*.[219] An dieser Stelle bleibt jedoch dann das Problem, dass nun die Begriffe Nachricht und Bedeutung ungeklärt sind. Petöfi löst diese Probleme dadurch, dass er Zeichen extensional definiert als Symbole, ikonische Zeichen, Signale sowie lautsprachliche Zeichen

---

[214] Vgl. vom Brocke: Referenzmodellierung, 2003, S. 64 ff.
[215] Petöfi: Sprache, 1980, S. 599.
[216] Vgl. vom Brocke: Referenzmodellierung, 2003, S. 64.
[217] Vgl. Zschocke: Modellbildung, 1995, S. 92; dort auch zu einer Gegenüberstellung verschiedener Definitionen. Zschocke selbst leitet eine Definition von Sprache ab, die auch Sprachprodukte umfasst, d. h. Sprache beinhaltet demnach auch die Ergebnisse der Anwendung von Zeichen und Regeln. Hier soll jedoch zwischen Sprache und Sprachprodukten explizit getrennt werden.
[218] DIN 44 300, zitiert nach Zschocke: Modellbildung, 1995, S. 66.
[219] Vgl. Zschocke: Modellbildung, 1995, S. 67.

der menschlichen Kommunikation, aus denen sich ihre schriftsprachliche Entsprechung entwickelt hat.[220]

Weiter als Petöfi und vom Brocke definieren Frank/van Laak eine *Modellierungssprache* als eine Menge von Symbolen sowie eine Syntax, die deren zulässige Anordnung beschreibt, und eine Semantik.[221] *Syntax* ist ein formaler Regelsatz[222], d. h. ein Satz von grammatischen Regeln, die die formale Richtigkeit der Zeichen beschreiben[223]. *Syntaktische Regeln* legen fest, wie Zeichen bzw. Elemente verknüpft werden dürfen; sie definieren, dass Zeichen - unabhängig von ihrer Bedeutung - nur nach bestimmten Bedingungen angeordnet werden können. Syntaktische Regeln werden daher auch Formations- oder Bildungsregeln genannt und i. d. R. formal angegeben.[224] *Semantik* umfasst bei Frank/van Laak zweierlei: Zum einen beschreibt sie die Bedeutung der verfügbaren Symbole (z. B. durch extensionale Festlegung der durch sie repräsentierten Mengen), zum anderen ergänzt sie die Syntax „indem sie syntaktisch korrekte Konstruktionen als semantisch unzulässig kennzeichnet."[225] Die Kennzeichnung syntaktisch korrekter Ausdrücke als unzulässig kann nach Ansicht des Verfassers jedoch nicht im Hinblick auf die Sprache an sich, sondern nur im Hinblick auf Sprachprodukte vorgenommen werden, durch die ein Gegenstandsbereich bzw. ein Sachverhalt dargestellt und abgebildet werden soll. Im Folgenden fallen Sprachprodukte als Ergebnisse der Sprachanwendung nicht unter den Begriff „Sprache" (vgl. auch Fußnote 217). Die Semantik dagegen, die die Bedeutung der Symbole, Elemente und deren Beziehungen kennzeichnet, soll als Bestandteil von Sprache aufgefasst werden.

Wie in der Literatur üblich, wird im Folgenden ein weites Verständnis von Sprache zugrunde gelegt, sodass auch Graphen und Diagramme zu einer Sprache gehören.[226]

---

[220] Vgl. Petöfi: Sprache, 1980, S. 599.
[221] Vgl. Frank, van Laak: Anforderungen an Sprachen, 2003, S. 20.
[222] Vgl. Frank, Schauer: Wissensmanagement, 2001, S. 718.
[223] Vgl. Stahlknecht, Hasenkamp: Wirtschaftsinformatik, 2005, S. 284.
[224] Vgl. Zschocke: Modellbildung, 1995, S. 239.
[225] Frank, van Laake: Anforderungen an Sprachen, 2003, S. 20.
[226] Vgl. Nagl: Softwaretechnik, 1990, S. 28.

4.1.2 Typologie und Funktionen von Sprache

4.1.2.1 Typologie

Nach ihrer *Entstehung* lässt sich zwischen natürlichen und künstlichen Sprachen unterscheiden.[227] Darüber hinaus wird zwischen Umgangs-, Fach- und Wissenschaftssprachen unterschieden.[228] Künstliche Sprachen sowie Fach- und Wissenschaftssprachen zielen darauf, die Irreführungen und Mehrdeutigkeiten natürlicher Sprachen und der Umgangssprache zu vermeiden.[229]

Für die (Informations-)Modellierung im Rahmen der Anwendungssystementwicklung werden zweckmäßigerweise künstliche Sprachen verwendet, die einen gewissen *Formalisierungsgrad* aufweisen. D. h. der Sprachvorrat wird begrenzt, normiert und geregelt. Man spricht daher von formalisierten oder teilweise formalisierten bzw. von formalen oder semiformalen Sprachen. Solche Sprachen werden auch als Notationen, Notationsformen oder Darstellungstechniken bezeichnet.[230]

Eine *formale Sprache* ist ein durch einen Kalkül explizit erzeugtes System von Zeichen- bzw. Symbolfolgen. Sie beruht auf einem festgelegten Alphabet von Zeichen und einer eindeutigen Syntax. Durch das Hinzufügen einer eindeutigen Interpretation ergibt sich die (eindeutige) Semantik der Aussagen einer formalen Sprache.[231] Bei formalen Sprachen sind demnach die Symbolmenge und die Semantik festgelegt. Darüber hinaus wird die Symbolverwendung durch eine eindeutige Syntax (Sprach- bzw. Formations- und Bildungsregeln) sowie durch eindeutige semantische Integritätsregeln geregelt.

Semiformale Beschreibungen bzw. *semiformale Sprachen* unterscheiden sich von formalen dadurch, dass sie Spielräume der Interpretation lassen, da sie nur über eine rudimentäre Semantik verfügen. Sie verfügen jedoch wie diese über eine festgelegte Symbolmenge sowie über eine partiell eindeutig festgelegte Syntax. Bei informalen Sprachen ist lediglich eine Menge von Symbolen definiert.[232]

---

[227] Vgl. Lehmann: Normsprache, 1998, S. 366; Strahringer: Metamodellbegriff, 1998; Frank, Prasse: Modellierungssprachen, 1997, S. 15.
[228] Vgl. Petöfi: Sprache, 1980, S. 599.
[229] Vgl. Frank, Prasse: Modellierungssprachen, 1997, S. 16; Lehner et al.: Wirtschaftsinformatik, 1995, S. 81 f.
[230] Vgl. Lehner et al.: Wirtschaftsinformatik, 1995, S. 81 f.; vom Brocke: Referenzmodellierung, 2003, S. 64 ff.
[231] Vgl. Frank, Schauer: Wissensmanagement, 2001, S. 719.
[232] Vgl. Frank, van Laak: Anforderungen an Sprachen, 2003, S. 20 f. Tatsächlich ist der Grad der Formalisierung eher als ein Kontinuum zu sehen. Dies lässt sich an den Weiterent-

Sprache, Modelle und Metamodelle

Mit Blick auf die *Funktion* von Zeichen, Sprache und Sprachprodukten kann man zwischen Darstellungsfunktion, Kommunikationsfunktion und Ausdrucksfunktion unterscheiden.[233] Bei der Modellierung im Rahmen der Systementwicklung dominieren mit der Darstellungs- und der Kommunikationsfunktion die Repräsentation sowie die Vermittlung von Informationen anhand einer standardisierten Vorschrift.[234]

Die Rolle von Sprache im Rahmen der Modellierung soll im Folgenden anhand der sog. semiotischen Hauptfunktionen charakterisiert werden. Gemäß diesen hat Sprache

(1) eine syntaktische Funktion, die die Relation der Zeichen untereinander,

(2) eine semantische Funktion, die die Relation der Zeichen zum Bezeichneten, und

(3) eine pragmatische Funktion, die die Relation zwischen den Zeichen, dem Bezeichneten und den Verwendern der Zeichen (dem Kontext der Zeichenverwendung) zum Ausdruck bringt.[235]

Für die weiteren Ausführungen in diesem Abschnitt 4.1 wird auf eine Modelldefinition von Strahringer als Arbeitsdefinition zurückgegriffen:

„Auf der Darstellungsfunktion von Sprachen aufbauend, kann eine sprachliche Beschreibung eines Gegenstandsbereiches als eine Abbildung dieses Bereiches auf ein Zeichensystem verstanden wer-

---

wicklungen des klassischen Entity-Relationship-(Meta-)Modells zum EERM (Extended Entity Relationship Model) zeigen. Durch die Erweiterung der ursprünglichen Variante um zusätzliche domänenunabhängige (syntaktische) (Sprach-)Symbole bzw. Konstrukte mit definierter Semantik werden das Modell an sich und die mit ihm erzeugten Schemata formaler, da ein „Mehr" an Bedeutung alleine mit den Symbolen ausgedrückt werden kann.
Vergleicht man bspw. SADT mit OOA-Sprachen, so ist ersteres weniger formal hinsichtlich der verwendeten Sprache, da es mit seinen Konstrukten (Kästen für Systemfunktionen und vier Arten von Datenflüssen) lediglich eine minimale Syntax ohne eigenständige Semantik besitzt (ggf. ließe sich die Top-Down-Vorgehensweise als Spezialisierung interpretieren, syntaktische Konstrukte zu deren Darstellung existieren jedoch nicht).
[233] Vgl. Strahringer: Metamodellbegriff, 1998; sie greift an dieser Stelle auf das „Organonmodell der Sprache" von Bühler zurück. Vgl. dazu ausführlicher: o. V.: Organon-Modell, o. J.
Nach Karl Bühler ist Sprache gleichzeitig Darstellung, Ausdruck und Appell. Er geht jedoch davon aus, dass diese drei Funktionen nicht in jeder sprachlichen Äußerung qualitativ gleichrangig sind.
[234] Vgl. vom Brocke: Referenzmodellierung, 2003, S. 64; Petöfi: Sprache, 1980, S. 599.
[235] Vgl. Nagl: Softwaretechnik, 1990, S. 28 f.; Petöfi: Sprache, 1980, S. 599; Zschocke: Modellbildung, 1995, S. 94 ff.

den. Sind Abbildung und Gegenstandsbereich strukturgleich oder strukturähnlich, so spricht man von einer isomorphen bzw. homomorphen Abbildung, die auch als Modell bezeichnet wird."[236] In Abschnitt 4.2 werden verschiedene Modellbegriffe diskutiert und das Modellverständnis dieser Arbeit begründet.

4.1.2.2 Syntaktische Funktion von Sprache und Metamodelle

Hinsichtlich des Zeichensystems, also der sprachlichen Mittel, existiert – wie oben dargelegt – eine Sprachdefinition, welche die Zeichen bzw. Symbole sowie die Syntax und Semantik definiert. In diesem Zusammenhang wird zwischen dem konzeptionellen und repräsentationellen Aspekt[237] bzw. der abstrakten und konkreten Syntax[238] einer Sprache unterschieden.

„A clear distinction should be made between the *modelling concepts* and their *external notation*. ... some methods allow alternative equivalent notations for one and the same modelling concept, but that on the other hand similar graphical and textual topologies can represent different types of modelling concepts."[239]

Der *konzeptionelle Aspekt* bzw. die abstrakte Syntax einer Sprache definiert die zur Verfügung stehenden Sprachelemente, ihre Beziehungen und legt die Bedeutung der Elemente und Beziehungen sowie Anordnungsregeln fest. Mit der abstrakten Syntax werden die Konzepte, d. h. das Wesen und die logische Bedeutung der Sprachelemente, und somit die Ausdrucksmächtigkeit der Sprache definiert. Dies erfolgt unabhängig von der konkreten Darstellung mit Symbolen und Zeichen. Mit der abstrakten Syntax wird die Gegenstandseinteilung[240] festgelegt, d. h. es wird definiert, wie der Gegenstandsbereich strukturiert wird. Das einfache ERM bspw. unterteilt den abzubildenden Gegenstandsbereich in Entitäten, Beziehun-

---

[236] Strahringer: Metamodellbegriff, 1998; zu Isomorphie und Homomorphie bzw. Struktur- und Verhaltenstreue bei der Abbildung vgl. auch Lehner et al.: Wirtschaftsinformatik, 1995, S. 79; Ferstl, Sinz: Wirtschaftsinformatik, 1998, S. 18 f.; Rautenstrauch, Schulze: Informatik, 2003, S. 226.
[237] Vgl. Hofstede, Verhoef: Situational Method Engineering, 1997, S. 405; Becker et al.: Konstruktion von Methodiken, 2001, S. 8 ff.; Holten: Modellierungstechnik, 2000, S. 5.
[238] Vgl. Frank, Prasse: Modellierungssprachen, 1997, S. 19 f.; Frank, van Laak: Anforderungen an Sprachen, 2003, S. 20.
[239] Hofstede, Verhoef: Situational Method Engineering, 1997, S. 405; hierzu sei angemerkt, dass die Autoren den Begriff „Methode" anders definieren, als er in dieser Arbeit verwendet wird (vgl. 3.2.3.2).
[240] Vgl. Ortner: Konstruktionssprache, 1995, S. 152.

gen und Attribute, EPKs unterteilen nach Ereignissen, Funktionen, Datenelementen und Informationsobjekten.[241]

Die Darstellung ist Gegenstand der *konkreten Syntax*. Der repräsentationelle Aspekt bzw. die konkrete Syntax bestimmt die Zuordnung von Repräsentationsformen zu Sprachelementen und Beziehungen und legt fest, wie syntaktisch korrekt mit den Repräsentationselementen modelliert wird. Die Repräsentation, d. h. das Aussehen der Symbole bzw. Elemente, wird häufig auch als Notation bezeichnet.[242]

Eine Modellierungssprache hat zumeist eine konkrete Syntax, kann aber mehrer Notationen haben. Dies wird bspw. deutlich an den Varianten des ERMs, aber auch an den verschiedenen Notationen der multidimensionalen Modellierung im Data Warehousing.[243]

Die Definition bzw. Dokumentation der beiden genannten Aspekte einer Sprache erfolgt mithilfe einer *Metasprache*. Eine Metasprache dient dazu, über die Termini der Wissenschaft zu sprechen. Sie ist zu unterscheiden von der Objektsprache, in der über die Objekte der Wissenschaft gesprochen wird. Wird also eine Sprache nicht nur dazu genutzt, über außersprachliche Gegenstände und Sachverhalte Untersuchungen anzustellen und Aussagen zu machen, sondern wird die Sprache selbst Gegenstand von Untersuchungen, so ist diejenige Sprache, die den Gegenstand der Untersuchung darstellt, die Objektsprache, diejenige, in der die Untersuchung erfolgt, wird als Metasprache bezeichnet.[244]

Wird diese Metasprache zur Modellierung verwendet, so entsteht ein *Metamodell* als Sprachprodukt, welches die Sprachdefinition als Modell darstellt.[245] Ein Metamodell ist ein Modell, welches ein Modell beschreibt. In diesem Sinne ist ein Metamodell also ein Modell eines Modells, wobei es sich bei dem übergeordneten Modell um ein sprachliches Beschreibungsmodell handelt, welches die Sprache, in der das untergeordnete Modell formuliert ist, darstellt.[246]

Zusammenfassend kann daher festgelegt werden:

---

[241] Vgl. Mylopoulos et al.: Requirements Analysis, 1999, S. 33; zu EPKs: Scheer: Wirtschaftsinformatik, 1995, S. 47 ff.
[242] Vgl. Nagl: Softwaretechnik, 1990, S. 28.
[243] Zu den Varianten des ERMs bspw. Scheer: Wirtschaftsinformatik, 1995, S. 43 f.; Holthuis: Data Warehouse-Systeme, 1999, S. 145 ff.; zu unterschiedlichen Notationen der multidimensionalen Modellierung Abschnitt 7.
[244] Vgl. dazu Petöfi: Sprache, 1980, S. 600; Strahringer: Metamodellbegriff, 1998.
[245] Vgl. Frank, Prasse: Modellierungssprachen, 1997.
[246] Vgl. Strahringer: Metamodellbegriff, 1998; Jeckle: Metamodellierung, 1998.

Ein *Metamodell* definiert die Zeichen, Symbole und Sprachelemente, die Arten von Beziehungen zwischen diesen, die syntaktischen Regeln für ihre Verknüpfung sowie ihre Bedeutung (Semantik). Das Metamodell legt damit das zur Modellierung verfügbare Begriffssystem fest und definiert hierfür eine Notation.[247]

Die Sprachdefinition gemeinsam mit einer Handlungsanleitung wird Modellierungstechnik genannt. Eine Handlungsanleitung zeigt auf, wie syntaktisch korrekt mit den Repräsentationselementen modelliert wird und definiert Regeln, wie die Sprache im Rahmen der Modellierung zu verwenden ist.[248]

Die genannten Elemente einer Modellierungstechnik sollen anhand von zwei Beispielen erläutert werden: Ein Relationenmodell besteht aus Relationen, Tupeln, Attributen, Primärschlüsseln etc. (dies entspricht dem konzeptionellen Aspekt der Sprache). Repräsentiert werden Attribute i. d. R. als Spalten und Tupel als Zeilen von Tabellen; alternativ werden auch Kurzformen zur Darstellung von Relationen verwendet, die lediglich die Attribute in Kästen auflisten. Die grundlegenden Integritätsregeln können als Handlungsanleitungen aufgefasst werden.

Beim einfachen ERM finden sich Sprachelemente Entitätstyp, Relationstyp und Attribut (konzeptioneller Aspekt), die mit festgelegten Symbolen dargestellt werden (unterschiedliche Notationen sind bspw. die Krähenfuß-, die Pfeil- oder die Bachmannnotation). Handlungsanleitungen für die Modellierung beschreiben die Reihenfolge bei der Modellierung (erst Entitätstypen und dann Beziehungs-

---

[247] In Anlehnung an Ferstl, Sinz: Wirtschaftsinformatik, 1998, S. 120.
Codd und Mylopoulos definieren Metamodelle ähnlich. Hierbei ist zu beachten, dass sie mit „data model" bzw. „information model" jeweils Metamodelle kennzeichnen, nicht konkrete Objektmodelle. „A data model is a combination of at least three components: (1) A collection of data structure types (the database building blocks); (2) A collection of operators or rules of inference, which can be applied to any valid instances of the data types listed in (1), to retrieve, derive, or modify data from any parts of those structures in any combinations desired; (3) A collection of general integrity rules, which implicitly or explicitly define the set of consistent database states or changes of state or both - these rules are general in the sense that they apply to any database using this model (incidentally, they may sometimes be expressed as insert-update-delete rules)."
Codd: Relational Database, 1982, S. 111.
„An information model consists of a collection of symbol structure types, whose instances are used to describe an application, a collection of operations which can be applied to any valid symbol structure, and a collection of general integrity rules which define the set of consistent symbol structure states, or changes of states." Mylopoulos: Information Modeling, 1998, S. 129.

[248] Vgl. Becker et al.: Konstruktion von Methodiken, 2001, S. 9; Holten: Modellierungstechnik, 2000, S. 2 f.

Sprache, Modelle und Metamodelle 77

typen festlegen) und Restriktionen bei der Kombination der Sprachelemente (Entitätstypen dürfen nur mit Beziehungstypen in Verbindung treten). Diese Restriktionen sind gleichzeitig auch als syntaktische Regeln zu sehen.

Die Trennung zwischen dem konzeptionellen und dem repräsentationellen Aspekt einer Sprachdefinition, d. h. die Entkopplung der abstrakten Grundbegriffe von ihrer konkreten Darstellung, erweist sich aus zwei Gründen als günstig: Zum einen wird hierdurch deutlich, dass zur Repräsentation eines Ergebnisses unterschiedliche Darstellungsformen (Notationen) herangezogen oder – gemäß einem verfolgten Zweck – entwickelt werden können. Zum anderen können so Sprachen, die auf einem gemeinsamen Paradigma beruhen (z. B. dem objektorientierten oder dem multidimensionalen), sich aber unterschiedlicher Notationen bedienen, anhand ihrer Konzepte verglichen werden. Die Konzepte des gemeinsamen Paradigmas können dabei gleichsam als das gemeinsame abstrakte Grundgerüst der Sprachen aufgefasst werden.

4.1.2.3 Semantische Funktion von Sprache und konzeptionelle Modellierung

Bei der Darstellung und Beschreibung eines Gegenstandsbereichs durch ein Zeichensystem (vgl. die Arbeitsdefinition S. 73) kommt nun zu dem syntaktischen Aspekt die *semantische Funktion* von Sprache hinzu. Sie betrachtet, dass Sprache nicht nur aus Symbolen und syntaktischen Regeln besteht, sondern dass mittels Sprache Bedeutung vermittelt wird, indem ein Bezug zu einem interessierenden Gegenstandsbereich hergestellt wird.[249] So wird deutlich, dass das Bereitstellen einer Sprache durch die Definition von Metamodellen, d. h. von Zeichen bzw. Symbolen und Regeln für ihre Verwendung nicht ausreicht.

> „Recently, several software researchers and research groups have been proposing meta conceptual models. Although important results have been achieved, not much attention has been directed to the problem of filling the models, that is, instantiating the model with knowledge. Very little work has attacked the problem of

---

[249] „Information modeling is concerned with the construction of computer-based symbol structures which model some part of the real world." Mylopoulos: Information Modelling, 1998, S. 130; Zschocke: Modellbildung, 1995, S. 94 f.; Vgl. hierzu auch S. 71, wo der Realweltbezug, der durch die Sprachverwendung entsteht, von der Sprachdefinition explizit ausgenommen wurde. Es handelt sich demnach an dieser Stelle nicht mehr um die Semantik der Sprachelemente, sondern um Semantik, die durch den Realweltbezug entsteht.

bridging the gap from the real world to the conceptual model."[250] (Angemerkt sei, dass Leite/Franco hier Modell und Metamodell synonym verwenden).

Die aus Zeichen und Symbolen gebildeten Worte, Ausdrücke und Sprachprodukte beziehen sich zum einen auf außersprachliche Sachverhalte, den sog. Denotat (das Benannte). Der zu beschreibende Gegenstandsbereich wird auch als *Diskurswelt*, *Miniwelt* oder „*Universe of discourse*" bezeichnet.[251]

Zum anderen bringen Worte und Symbole einen Bedeutungsinhalt bzw. -gehalt (Konnotat) mit sich. Konnotat bzw. Konnotation bezeichnet die mit einem Wort oder einem Symbol verbundene assoziative Vorstellung, die durch Interpretation entsteht. Symbole und Zeichen sowie aus diesen gebildete Ausdrücke sind nicht in jedem Falle konnotativ. Sie werden erst dadurch konnotativ, dass sie außer einen Gegenstand zu benennen auch mindestens eine seiner Eigenschaften angeben. Die Konnotation kann – und wird i. d. R. – zwischen Personen variieren, da diese unterschiedliche Intentionen und Perspektiven bezüglich eines außersprachlichen Gegenstands haben.[252]

Hinsichtlich der Konnotation und des Denotats klar definierte und konsistente Begriffe sind zwingende Voraussetzung für die adäquate Darstellung und Beschreibung des interessierenden Gegenstandsbereichs und damit auch für die Modellierung bei der Entwicklung von Anwendungssystemen.[253]

Im Bereich der Informatik und der Wirtschaftsinformatik wird dieser Aspekt besonders von Ortner betont. Im Unterschied zur klassischen Systementwicklung, bei der im Wesentlichen Fachwissen in eine andere Darstellungsform übertragen wird, gleichsam ein Wechsel der Repräsentationsform vollzogen wird,

---

[250] Leite, Franco: Conceptual Model, 1993, S. 243.
[251] Vgl. Ferstl, Sinz: Wirtschaftsinformatik, 1998, S. 4; Rautenstrauch, Schulze: Informatik, 2003, S. 225 ff.; die Diskurswelt ist abzugrenzen von der Umwelt. Letztere ist der Teil der Realität, der nicht betrachtet wird. In der angloamerikanischen Literatur findet sich häufig das Pendant „Universe of discourse" (UoD): „Universe of discourse is the overall context in which the software will be developed. The universe of discourse includes all the sources of information and all the people related to the software. These people are referred to as the actors in this universe of discourse." Leite: Viewpoint Analysis, 1989, S. 111; Elmasri, Navathe: Database Systems, 1994, S. 2.
Mylopoulos dagegen verwendet den Begriff „*Application*" um das Anwendungsgebiet zu beschreiben: „we shall refer to the part of a real world being modeled ... as its application." Mylopoulos: Information Modelling, 1998, S. 130.
[252] Vgl. hierzu López: Linguistik, o. J.; Wolf: Grundlagen, 2001, S. 53 ff.; Frank, Schauer: Wissensmanagement, 2001, S. 719.
[253] Vgl. Mylopoulos: Information Modeling, 1998, S. 128.

Sprache, Modelle und Metamodelle   79

empfiehlt er, eine umfassende „Rekonstruktion relevanter Fachbegriffe des Anwendungsgebiets"[254] vorzunehmen.

Im Bereich der Datenmodellierung besteht das Ziel in einem ersten Schritt darin, einen umfassenden redundanzfreien Rahmen zur Beschreibung fachlicher Begriffe, die den Gegenstandsbereich kennzeichnen, und deren Beziehungen zu schaffen.[255] Sie bedient sich hierzu der von der Modellierungssprache (bspw. dem ERM) vorgesehenen Ausdrucksmittel. Die fachlichen Begriffe werden im ERM als Entitäts- und Beziehungstypen konzeptualisiert und mittels einer Notation repräsentiert (bspw. werden die fachlichen Begriffe 'Kunde' und 'Auftrag' als Entitätstypen modelliert, die mit dem Beziehungstyp 'erteilt' verbunden werden). Im multidimensionalen Datenmodell werden fachliche Begriffe als Dimensionen und Dimensionsebenen konzeptualisiert und in hierarchischen Strukturen angeordnet (siehe dazu Teil III dieser Arbeit).

Im Zuge der konzeptionellen Datenmodellierung wird demnach ein Begriffssystem für den betrachteten Gegenstandsbereich (die Diskurswelt) geschaffen. Die Nähe von Begriffen und konzeptioneller Datenmodellierung wird deutlich, „wenn man die Englische Terminologie wörtlich übersetzt, da das Wort „conceptual" korrekt mit „begrifflich" übersetzt wird."[256]

---

[254] Ortner: Konstruktionssprache, 1995, S. 149; vgl. ebenfalls: Ortner, Schienmann: Normsprachlicher Entwurf, 1996, S. 116; Hellmuth: Terminologiemanagement, 1997, S. 101 ff.
[255] Vgl. Rautenstrauch, Schulze: Informatik, 2003, S. 233 f.
[256] Rautenstrauch, Schulze: Informatik, 2003, S. 233 f.; Hellmuth: Terminologiemanagement, 1997, S. 85 f.; Rautenstrauch und Schulze verweisen hiermit jedoch nur auf *eine mögliche* Übersetzung des englischen Wortes „concept"; Lt. englischen Wörterbüchern können noch weitere Übersetzungen ihre Berechtigung haben: Bei Britannica.com (Dictionary) und Merriam-Webster Online Dictionary (http://www.m-w.com) hat „concept" folgende Bedeutungen: „1: something conceived in the mind ...; 2: an abstract or generic idea generalized from particular instances". Somit kann man einerseits „begrifflich" in dem hier diskutierten breiten Sinne (d. h. einschließlich Konnotation) als Übersetzung wählen. Andererseits scheint aber auch ein anderes Verständnis gerechtfertigt, wie es in dem deutschen Begriff „Konzept", bspw. bei Fachkonzept zum Ausdruck kommt: In diesem Sinne werden Konzepte eher als induktiv aus Alltagserfahrungen abgeleitete Interpretation von Erfahrungen verstanden, die explizit formuliertes Handlungswissen darstellen. Sie haben damit ähnliche Funktionen wie Modelle, sind aber eher nicht theoretisch fundiert.
Die unterschiedlichen Verwendungen resultieren wohl daher, dass sich aus dem lateinischen Wort „concipere" (bestehend aus con (zusammen) capere (fassen)) zwei lateinische Worte abgeleitet haben, nämlich conceptum (das (geistig) Zusammengefasste) sowie conceptus (= das Fassen, das Begreifen). Der deutsche Begriff „Konzept" hat sich eher aus „conceptum" entwickelt, meint damit eher Handlungswissen/Plan, während „concept" auf conceptus zurückgeht, mithin eher Begriff und Vorstellung gemeint ist.

Begriffe oder eben „Konzepte" repräsentieren nach diesem Verständnis außersprachliche Gegenstände und Sachverhalte. D. h. es werden bestimmte Merkmale betrachtet, von anderen wird hingegen abstrahiert. Dies bedeutet, dass im Rahmen der konzeptionellen Datenmodellierung bzgl. der Konnotation von Konzepten Übereinstimmung erzielt werden muss. Ohne diese sind die erstellten Modelle nicht konsistent hinsichtlich der unterschiedlichen Interpretationen der Beteiligten.

Ebenso wie Handlungsanleitungen als Techniken bei der syntaktischen Funktion von Sprache eine bedeutsame Rolle spielen (vgl. S. 76), sind in Bezug auf die semantische Funktion der Sprache Techniken von Relevanz, die helfen, die „Lücke" zwischen der Realwelt und einem Modell zu schließen.

Hinsichtlich der semantischen Funktion ist es günstig, neben der Modellierungssprache den Aspekt „Prozess der Modellbildung" in einem übergeordneten Modell zu betrachten.[257] Für eine gleichgewichtige Beachtung beider Aspekte bei der Modellierung plädieren Verhoef et al. und Strahringer, die von der Sprach/Prozess-Dualität spricht (s. S. 54). Verhoef et al. bemängeln, dass die für den Modellierungsprozess gegebenen Hilfestellungen und Vorgaben i. d. R. zu global sind:

> „... one can say that emphasis is on the *way of modelling* instead of on the *way of working*. The way of modelling deals with the type of models to be used, while the way of working describes how the modelling process is structured and carried out."[258]

Sie gehen davon aus, dass eine ausgewogene Berücksichtigung beider Aspekte letztlich zu besseren Entwicklungsresultaten und damit auch zu besseren Systemen führt:

> „Knowing where to start, how to continue, what to look for, in other words a clear strategy, will contribute to the quality of the ultimate system." [259]

Becker et al. sprechen in diesem Zusammenhang von „Problemlösungstechniken"[260]. Bei diesen handelt es sich um Regeln zur systematischen Analyse der

---

Jedoch wird im Deutschen der Begriff „Konzept" zunehmend auch i. S. d. englischen Begriffs verwendet. Vgl. ausführlich: Oberle: Informatik, o. J.
[257] Vgl. Strahringer: Metamodellbegriff, 1998.
[258] Verhoef et al.: Modelling, 1991, S. 503; ähnlich: Hofstede, Verhoef: Situational Method Engineering, 1997, S. 404: Der „way of modelling" beschreibt, was im Entwicklungsprozess erstellt wird (das Produkt), während der „way of working" beschreibt, wie die Erstellung des Produkts vonstatten geht (den Prozess).
[259] Verhoef et al.: Modelling, 1991, S. 503.

Realwelt oder zur Erarbeitung sowie Weiterverarbeitung von Entwicklungsresultaten. Sie formulieren Transformationsvorschriften zur Umformung von Entwicklungsergebnissen sowie Techniken und Heuristiken zur Analyse und Beschreibung der Diskurswelt.

4.1.2.4 Pragmatische Funktion von Sprache

Der dritte Aspekt der Sprache, der *pragmatische Aspekt*, bezieht nun die Zeichenverwender neben Bedeutung und Zeichen mit in die Betrachtung ein und kennzeichnet den Verwendungszweck und die Bedingungen der Anwendung von Sprache sowie die Wirkung auf die Zeichenverwender. Dieser Aspekt betrifft damit die Beziehung zwischen Zeichen und Interpret.[261] Zeichenverwender sind sowohl Modellierer und Entwickler als auch Benutzer und Anwender, soweit sie in den Prozess der Modellierung involviert sind.[262]

In pragmatischer Hinsicht hat Sprache eine Kommunikationsfunktion und wird als Interaktionsmedium verstanden. An dieser Stelle ist relevant, ob eine gewählte Sprache die an sie gestellten Anforderungen erfüllt, ob sie bspw. eine dem Zweck entsprechende Kommunikation erlaubt.

Die pragmatische Funktion „Verständlichkeit" und der Formalisierungsgrad einer Sprache stehen dabei ggf. in einem konfligierenden Verhältnis, da eine Sprache, die einen hohen Formalisierungsgrad aufweist, zwar die Darstellungsfunktion besser zu erfüllen vermag, indem sie mehr Semantik, Syntax und eine größere Anzahl von Symbolen aufweist und daher weniger Spielraum für unterschiedliche Interpretationen und Missverständnisse lässt. Modellnutzer haben jedoch u. U. größere Verständnisprobleme bei diesen Modellen, da mit dem Formalisierungsgrad auch die Sprach- und somit die Modellkomplexität steigt. Zur Erfüllung der Kommunikationsfunktion sind daher häufig Modelle mit einem geringeren Formalisierungsgrad angemessener. Im Allgemeinen werden daher Spra-

---

[260] Becker et al.: Konstruktion von Methodiken, 2001, S. 8 u. 10.
[261] Vgl. Zschocke: Modellbildung, 1995, S. 97; Petöfi: Sprache, 1980, S. 599.
[262] Anwender sind diejenigen Unternehmen, Organisationseinheiten oder Personen, die für Auswahl, Gestaltung, Entwicklung und Einsatz von Anwendungssystemen verantwortlich sind und die Entwicklung und Einführung veranlassen. Benutzer sind Personen, die aktiv mit diesen Systemen umgehen. Gelegentlich werden auch die Entwickler als Benutzer angesehen, hier soll jedoch zwischen diesen Personen(-gruppen) getrennt werden. Vgl. dazu Stahlknecht, Hasenkamp: Wirtschaftsinformatik, 2005, S. 12.

chen mit graphischen Zeichen und Symbolen verwendet.[263]

Gemäß der pragmatischen Funktion muss eine gewählte Sprache jedoch auch geeignet sein, einen Input für die weiteren Aktivitäten der Systementwicklung leisten zu können. Vor dem Hintergrund dieses Zwecks ist eine gewisse Formalisierung notwendig, damit die Sprachprodukte der einen Aktivität (bspw. der Anforderungsermittlung) in nachfolgenden Aktivitäten (bspw. dem Entwurf und der Implementierung) Verwendung finden können.

4.1.3 Zusammenfassung und Schlussfolgerungen

Aus den bisherigen Ausführungen lassen sich folgende Funktionen von Sprache im Modellierungsprozess ableiten:

- Modellbildung: Hiermit ist die sprachliche Beschreibung der Eigenschaften des Gegenstandsbereichs mit Zeichen und Symbolen gemeint.
- Modelldarstellung: Hier liegt der Schwerpunkt auf der Darstellung der Ergebnisse der Modellbildung mit den repräsentationellen Mitteln einer Sprache (der Notation).
- Kommunikation anhand des Modells: In diesem Zusammenhang dient das Ergebnis der Modellbildung der Übertragung von Informationen über außersprachliche Gegenstände und Sachverhalte zwischen den am Modellierungsprozess beteiligten Akteuren.

Die Aufgabe der Modellierung besteht darin, semantisch und syntaktisch korrekte Modelle zu erstellen, die für den verfolgten Zweck eine pragmatische Bedeutung haben.[264] Auch wenn Syntax, Semantik und Pragmatik oben einzeln diskutiert wurden, stehen sie dennoch in einem engen Zusammenhang: „Keine Semantik ohne Syntaktik und keine Pragmatik ohne Semantik"[265]. Bspw. ist denkbar, dass eine Sprache zwar geeignete Konzepte und Zeichen für die Beschreibung und Darstellung bietet, sie aber für den pragmatischen Zweck der Kommunikation mit Benutzern ungeeignet ist (dies mag bspw. für eine Darstellung multidimensionaler Datenstrukturen in XML gelten).

Dem wird dadurch begegnet, dass – je nach Nähe zum Benutzer – unterschiedliche Modelle mit unterschiedlichen Sprachdefinitionen bereitgestellt werden. Die

---

[263] Vgl. Petre: Graphical Programming, 1995; Wand, Weber: Conceptual Modeling, 2002, S. 363 f.; Nordbotten, Crosby: Data Model Interpretation, 1999; dort auch zu einer Klassifikation graphischer Stile.
[264] Vgl. Holten: Modellierungstechnik, 2000, S. 7.
[265] Zschocke: Modellbildung, 1995, S. 96.

sog. *konzeptionellen Modelle* (vgl. oben S. 79 f.) werden unter Verwendung von Sprachdefinitionen erstellt, die eine angemessene und zweckgerichtete Kommunikation mit Benutzern und Anwendern ermöglichen sollen. Sie verwenden im Wesentlichen graphische Notationen, deren Symbole und Konstrukte die Wahrnehmung der Benutzer widerspiegeln, und die aufgrund ihres Formalisierungsgrades für diese verständlich sein sollen. Gleichzeitig sind sie jedoch so formalisiert, dass sie im Prozess der Anwendungsentwicklung schrittweise weiterverwendet und verfeinert werden können.

Als Ziele konzeptioneller Modelle bzw. der konzeptionellen Modellierung nennen Wand/Weber:

„(1) supporting communication between developers and users,

(2) helping analysts understand a domain,

(3) providing input for the design process, and

(4) documenting the original requirements for future reference."[266]

Bei konzeptionellen Modellen handelt es sich um systemunabhängige Modelle, bei denen der Schwerpunkt auf der Darstellung und Beschreibung der Sicht bzw. des Bedarfs der Benutzer liegt. Die Herausforderung besteht darin, mittels einer Modellierungssprache und den aus ihrer Verwendung resultierenden Sprachprodukten den genannten Zielen gerecht zu werden. Hieraus leiten sich Anforderungen wie Ausdruckstärke, Einfachheit, Minimalität und Formalität ab.[267]

Bei der Datenbank- und Data-Warehouse-Entwicklung werden in einem nächsten Schritt die konzeptionellen Modelle in ein logisches Modell transformiert. „Transformation" bedeutet in diesem Zusammenhang, dass die Sprache gewechselt wird, da mit logischen Modellen ein anderer Zweck verfolgt wird. Dieser besteht nun darin, die Datenstrukturen in einer für das Datenbankmanagementsystem verarbeitbaren Form darzustellen. Es wird also derselbe Sachverhalt unter Verwendung einer anderen Sprache beschrieben. Die Herausforderung besteht darin, diese Transformation ohne einen Verlust an Semantik zu erreichen.[268]

---

[266] Wand, Weber: Conceptual Modeling, 2002, S. 363; ähnlich: Jablonski et al.: Workflow-Management, 1997, S. 65; Frank: Modelle als Evaluationsobjekt, 2000, S. 3.
[267] Vgl. Batini et al.: Database, 1992, S. 6 f. u. 26 ff.; vgl. ebenfalls Elmasri, Navathe: Database Systems, 1994, S. 455 f.
[268] Eine Herausforderung ist dies deshalb, weil verschiedenen Sprachen verschiedene Gegenstandseinteilungen vornehmen. Das häufig auf logischer Ebene eingesetzte Relationenmodell stellt sämtliche Datenstrukturen als Tabellen dar. Das ERM ist insofern reicher an Semantik.

Abschließend können aus den diskutierten Gesichtspunkten weitere Schlussfolgerungen gezogen werden, die als Herausforderungen für eine Sprache und die Entwicklung einer Methode zu verstehen sind. Im Wesentlichen wird dabei auf die konzeptionelle Modellierung abgestellt:

- Problemlösungstechniken sollen neben der eigentlichen Modellierungstechnik eine angemessene Berücksichtigung finden. Oben wurde dies anhand der zwei Aspekte „way of modelling" und „way of working" beschrieben (S. 80). Der zweite Aspekt, der „way of working", wird häufig in solchen Ansätzen vernachlässigt, die im Wesentlichen eine Sprachdefinition bereitstellen.[269] Dies gilt für die System- und Datenbankentwicklung ebenso wie für die hier im Vordergrund stehende multidimensionale Modellierung. Konkrete Problemlösungstechniken werden in dieser Arbeit unter den Stichworten Informationsbedarfs- und Anforderungsanalyse behandelt.

- Die im Rahmen der syntaktischen Funktion von Sprache diskutierte Trennung zwischen dem repräsentationellen und dem konzeptionellen Aspekt der Sprache (bzw. zwischen abstrakter und der konkreter Syntax) ist aus zwei Gründen von Bedeutung:
  - Zum einen erlaubt sie, im Rahmen der konzeptionellen multidimensionalen Modellierung die Repräsentation der Konzepte von den abstrakten Grundbegriffen zu entkoppeln und verschiedene, dem verfolgten Zweck angemessene Darstellungsformen zu wählen, die aufeinander aufbauen und sich voneinander ableiten. Die Darstellungsformen können sich bspw. hinsichtlich Formalisierungsgrad und Komplexität unterscheiden.
  - Zum anderen dient ein in Teil III erstelltes Metamodell zunächst dazu, die abstrakten Grundbegriffe und -konzepte der multidimensionalen Modellierung zu erarbeiten. Vor diesem Hintergrund werden in der Literatur diskutierte Sprachdefinitionen und Notationen dargestellt und verglichen.

- Aus der semantischen Funktion von Sprache folgt, dass im Rahmen der Systementwicklung bzw. der Modellierung Übereinstimmung erzielt werden muss hinsichtlich des konnotativen Aspekts von Begriffen und Konzepten. D. h. sollen in ein multidimensionales Datenmodell Konzepte wie „Umsatz", „Artikel", „Artikelgruppe", „Deckungsbeitrag" etc. aufgenommen werden, so muss zwischen den Benutzern und Anwendern terminologische Übereinstimmung hergestellt werden können. Eine Methode muss hierzu Techniken

---

[269] Vgl. Melchisedech: Spezifikationen, 2000, S. 31; Pohl: Requirements Engineering, 1993; Verhoef et al.: Modelling, 1991.

vorsehen, die die Herstellung eines einheitlichen Begriffsverständnisses unterstützt und abweichende Auffassungen konsolidiert.

- Aus der pragmatischen Funktion von Sprache folgt, dass diese geeignet sein muss für die Kommunikation zwischen den an der Entwicklung beteiligten Personen und Personengruppen (Benutzer, Analysten, Entwickler, Datenbankadministratoren etc.). Diese Verständlichkeit für die verschiedenen Benutzergruppen ist nach Ansicht des Autors nicht bei sämtlichen gängigen Modellierungssprachen im Bereich des Data Warehousing gegeben. V. a. haben Benutzer z. T. erhebliche Schwierigkeiten, die mittels multidimensionaler Datenmodelle erstellten Schemata zu verstehen. Somit bedarf es einer Anpassung der Sprachen, um sie für die Kommunikation mit den Benutzern heranzuziehen (vgl. dazu auch unten 5.2.2.4).

- Darüber hinaus muss man sich bei der Auswahl oder Konstruktion einer Modellierungssprache für eine Methode der Tatsache bewusst sein, dass Aspekte (bspw. Bedarfe oder Anforderungen), für die in der gewählten Sprache keine Ausdrucksmittel vorhanden sind, nicht systematisch in den Entwicklungsprozess Eingang finden können. D. h. alles, was nicht mit der Sprache ausdrückbar ist, kann nicht dokumentiert, nicht dargestellt, nicht analysiert und nicht kommuniziert werden. Dieser eigentlich triviale Umstand hat z. T. gravierende Auswirkungen: Häufig sind gerade die Aspekte, die in der üblichen Modellierungssprache nicht berücksichtigt werden können, für Instabilitäten, mangelnde Akzeptanz oder gar das Scheitern von Anwendungssystemen verantwortlich (bspw. Sicherheit, Skalierbarkeit, Performance, Benutzerfreundlichkeit).[270]

Falls also Aspekte für die Entwicklung von Bedeutung sind, für die die herkömmlichen Sprachen keine entsprechenden Ausdrucksmittel vorsehen, gilt es, diese Sprachen zu erweitern und zu ergänzen. Ggf. müssen neue Sprachen konstruiert oder aus anderen Anwendungsgebieten adaptiert werden.

4.2 Modellbegriff und -definition

Modelle dienen sowohl in der Wissenschaft als auch bei der Systementwicklung der Komplexitätsreduktion, da viele Sachverhalte und Objekte der Realität nicht

---

[270] Vgl. Mylopoulos et al.: Requirements Analysis, 1999, S. 33; Lehner et al.: Wirtschaftsinformatik, 1995, S. 79.

ohne Hilfsmittel durchdrungen werden können.[271] „Man schafft vereinfachte Modelle ..., um mit ihnen etwas zu machen, was mit dem Original zu tun (jetzt oder überhaupt) unmöglich, verboten, zu aufwendig oder unzweckmäßig ist"[272]. Sie bestimmen zum einen die Sichtweise des Gegenstandsbereichs und sind somit „Fenster zur Wirklichkeit" im Sinne von Perspektiven der Wahrnehmung. Hinsichtlich ihres Einsatzes im Rahmen der Systementwicklung „ist allerdings eher die Metapher „Handgriff zur Wirklichkeit" angemessen, die sich darauf bezieht, wie Informatik-Modelle entwickelt und verwendet werden."[273]

In der Wirtschaftsinformatik herrscht über den Modellbegriff keine Einigkeit. Vielmehr findet sich eine große Bandbreite unterschiedlichster Definitionen, die auf verschiedenen ontologischen und erkenntnistheoretischen Grundannahmen fußen, ohne dass diese jedoch immer explizit gemacht werden. Vorherrschend ist ein abbildungsorientiertes Modellverständnis, welches im folgenden Abschnitt skizziert wird. Im Anschluss daran wird der konstruktivistische Modellbegriff beleuchtet um auf dieser Grundlage das Modellverständnis dieser Arbeit zu klären.

4.2.1 Abbildungsorientiertes Modellverständnis

In der Wirtschaftinformatik wie auch in der Informatik dominiert ein abbildungsorientiertes Modellverständnis. Folgende Definitionen bringen, wie auch die Arbeitsdefinition aus Abschnitt 4.1, dieses Verständnis zum Ausdruck:

- „Traditionellerweise versteht man unter einem Modell die Abbildung der Realität oder eines Realitätsausschnitts."[274]

- Ein Modell ist „jede vereinfachende Abbildung eines Ausschnitts der Wirklichkeit oder eines Vorbilds für die Wirklichkeit ..."[275]

- „Unter dem Begriff Modell wird allgemein die vereinfachte, zweckorientierte Abbildung eines Sachverhalts verstanden."[276]

Mit der zweiten Definition kommt zum Ausdruck, dass Modelle nicht nur einen Zustand bzw. Ausschnitt der Realität beschreiben können (hierbei handelt es sich

---

[271] Vgl. Wolf: Grundlagen, 2001, S. 43 f.; Szidzek: Datenmodellierung, 1992, S. 11; Holten: Führungsinformationssysteme, 1999, S. 10.
[272] Steinmüller: Informationstechnologie, 1993, S. 178.
[273] Floyd, Klischewski: Modellierung, 1998, S. 21.
[274] Lehner et al.: Wirtschaftsinformatik, 1995, S. 26.
[275] Heinrich, Roithmayr: Wirtschaftsinformatik-Lexikon, 1998, S. 359; ähnlich Wyssusek et al.: Modellierung, 2002.
[276] Wyssusek et al.: Modellierung, 2002.

dann um Beschreibungsmodelle bzw. deskriptive Modelle), sondern dass ihre Aufgabe auch darin bestehen kann, Vorbild für die Wirklichkeit zu sein. In diesem Fall handelt es sich um präskriptive Modelle. Sie verfolgen ein Gestaltungsziel und geben Handlungsempfehlungen. Vorgehensmodelle und Methoden sind als präskriptive Modelle zu verstehen. Gleichsam zwischen diesen beiden Arten von Modellen angesiedelt sind Erklärungs- und Prognosemodelle. Diese verfolgen das Ziel, reale Sachverhalte nicht nur zu beschreiben, sondern durch die Identifikation von Wirkungszusammenhängen und Gesetzmäßigkeiten zu erklären.[277]

Eine einfache und recht unproblematische Erweiterung erfährt der abbildungsorientierte Modellbegriff in der dritten Definition. Hier wird nicht die Abbildung „der Realität" oder „der Wirklichkeit" als konstituierendes Merkmal angesehen, sondern es geht allgemeingültiger um „Sachverhalte". Es erfolgt also eine Ausdehnung möglicher Modellinhalte auf ideelle Modellobjekte, sodass nicht nur materielle Gegenstände Modellgegenstand sein können.[278] Diese Erweiterung erweist sich als zweckmäßig, da viele im Hinblick auf den Modellierungszweck interessierende Sachverhalte nicht unbedingt in der Wirklichkeit vorliegen müssen. Bspw. ist eine Artikelgruppenhierarchie nicht unbedingt in der Wirklichkeit vorhanden, sondern eine Konzeptualisierung i. S. e. geistigen Auf- bzw. Zusammenfassung (vgl. auch Fußnote 256 sowie S. 79).

Generell geht das abbildungorientierte Modellverständnis von der Annahme aus, dass Modelle als sprachliche Aussagen und Darstellungen die Abbilder von Gegenständen, Beziehungen und Sachverhalten sind, die unabhängig vom Beobachter existieren (Abbildungsmerkmal in der allgemeinen Modelltheorie nach Stachowiak).[279] Nach diesem Verständnis wird die Realität durch Modelle vereinfacht und in übersichtlicher Form abgebildet und veranschaulicht.[280] Modelle haben somit eine Stellvertreterfunktion und verkürzen durch Abstraktion, indem sie nur solche Attribute und Merkmale der Realität erfassen, die dem Modellersteller relevant erscheinen (Verkürzungsmerkmal in der allgemeinen Modelltheorie nach Stachowiak).[281]

Das abbildungsorientierte Modellverständnis ist eng mit dem Wissenschaftsverständnis des *Positivismus* verbunden. Positivismus bezeichnet eine Grundhaltung,

---

[277] Vgl. Lehner et al.: Wirtschaftsinformatik, 1995, S. 37 ff.; Rautenstrauch, Schulze: Informatik, 2003, S. 226.
[278] Vgl. Wolf: Grundlagen, 2001, S. 48 f.
[279] Vgl. Wyssusek et al.: Modellierung, 2002; Wolf: Grundlagen, 2001, S. 46 f.
[280] Vgl. Goorhuis: Modellbildung, 1994, S. 14 ff.
[281] Vgl. Wyssusek et al.: Modellierung, 2002.

die die Beobachtung der Realität als Quelle aller Erkenntnis auszeichnet und dabei von einer objektiv gegebenen Realität ausgeht (z. B. Realismus, Empirismus, klassischer Pragmatismus).[282] Es wird eine vom Denken unabhängige Wirklichkeit als existent angenommen (ontologische Position[283]). Diese Wirklichkeit kann „so wie sie wirklich ist" erkannt werden, d. h. der Betrachter hat direkten Zugang zur Realität und entdeckt wirkliche Zusammenhänge in der Realität (erkenntnistheoretische bzw. epistemologische Position[284]).[285] Modellierung stellt somit eine Repräsentation von in der Realität objektiv vorhandenen und intersubjektiv erkennbaren Phänomenen dar. Nach diesem Verständnis sind Modelle dann korrekt, „wenn die „wirklichen Dinge" mit ihren Merkmalen im Modell mit den gleichen Merkmalen abgebildet sind. Es wird eine direkte Beziehung zwischen Modell und modelliertem Sachverhalt unterstellt."[286]

4.2.2 Konstruktivistisches Modellverständnis

Das skizzierte abbildungsorientierte Modellverständnis sowie seine ontologischen und erkenntnistheoretischen Grundannahmen sind in der Wirtschaftsinformatik in jüngerer Zeit kritisiert worden.[287] Diese Kritik soll hier nicht im Detail nachvollzogen werden; stattdessen werden die Konsequenzen dieses Verständ-

---

[282] Vgl. Steinmann, Scherer: Wissenschaftstheorie, 2000, S. 1059 f.; Wolf: Grundlagen, 2001, S. 46.
[283] *Ontologie* ist die Wissenschaft vom Seienden. Wyssusek et al. kennzeichnen Ontologie anhand typischer Fragen dieser Wissenschaft bzw. dieses Zweigs der Philosophie: „Was ist das Wesen der Realität? Ist Realität extern zum Individuum und präsentiert sich dem Bewusstsein des Individuums oder ist es ein Produkt der individuellen Kognition?" Wyssusek et al.: Modellierung, 2002.
[284] Die *Erkenntnistheorie (Epistemologie)* beschäftigt sich mit der Frage, was, wie, inwieweit, warum und wie sicher erkannt und begründet werden kann. Vgl. Schütte: Basispositionen, 1999, S. 219 f.; Wyssusek et al. nennen wiederum typische Fragestellungen der Erkenntnistheorie: „Welcher Art ist die Beziehung zwischen Erkennendem und Erkenntnisobjekt? Was sind die Grundlagen des Wissens? Was ist Wahrheit?" Wyssusek et al.: Modellierung, 2002.
[285] Vgl. Wolf: Grundlagen, 2001, S. 70; Steinmann, Scherer: Wissenschaftstheorie, 2000, S. 1058. Wyssusek et al.: Modellierung, 2002.
[286] Wyssusek et al.: Modellierung, 2002.
[287] Vgl. bspw. Schütte: Referenzmodellierung, 1998, S. 16 ff. u. S. 56 ff.; Schütte: Basispositionen, 1999, S. 224 ff.; Wolf: Grundlagen, 2001, S. 57 ff. u. 89 ff. Goorhuis: Modellbildung, 1994, S. 18; Becker et al.: Konstruktion von Methodiken, 2001. Dresbach: Epistemologische Überlegungen, 1999, S. 74 ff.; Dresbach: Construction, 1995; S. 1 f.; Holten: Modellierungstechnik, 2000, S. 3 f.; Holten: Führungsinformationssysteme, 1999, S. 9 f.

nisses für die Modellierung betrachtet. Diese veranschaulicht das folgende Zitat von Dresbach:

„Setzt man Modellierung mit Abbildung der Realität gleich, so würde nicht nur der Modellerstellungsvorgang trivialisiert – man bräuchte nur noch ein geschultes Auge und eine gewisse Auffassungsgabe für die Realität –, sondern man ginge von der impliziten Annahme aus, daß die Realität objektiv erkennbare Strukturen aufweisen würde."[288]

Der Modellersteller ist im abbildungsorientierten Verständnis somit v. a. der „Abzeichner" eines Realitätsausschnitts. Nach dem konstruktivistischen Verständnis besteht die eigentliche Leistung im Modellerstellungsprozess darin, ausgehend von einer fachlichen Problemstellung einen Sachverhalt zu strukturieren und in einer formalisierten Sprache darzustellen. Hierbei spielen die Erfahrungen und Deutungsmuster des Modellierers eine wichtige Rolle. Sie führen dazu, dass „dieser Strukturen konstruiert, die den Ausgangspunkt der Modellierung darstellen."[289]

Modelle entstehen daher nicht passiv-rezeptiv durch Beobachtung der Realität und ihre Abbildung. Sie sind keine Abbilder, sondern – wie Steinmüller es nennt – „Umbilder", d. h. „Resultate von Verarbeitungsprozessen, „Repräsentationen", bei denen es auf augenscheinliche Ähnlichkeit ... nicht anzukommen braucht."[290] Die Beziehung zwischen einem Sachverhalt und dem zu erstellenden Modell ist somit nicht eine einfache Abbildungsbeziehung im Sinne einer Weltverdopplung. Modellierung ist vielmehr eine aktive und „konstruktive Erkenntnisleistung".[291] Sie zerfällt in zwei Prozesse: Die Wahrnehmung eines Sachverhalts in der realen oder gedachten Welt und die Konstruktion eines Modells auf der Grundlage dieser Wahrnehmung.[292]

Modellierung ist daher als *Konstruktion* anzusehen: Mit der Erstellung eines Modells werden einer fachlichen Problemstellung Eigenschaften hinzugefügt, die sie bislang nicht hatte, nämlich Strukturiertheit und Analysierbarkeit. Sie ist dem-

---

[288] Dresbach: Epistemologische Überlegungen, 1999, S. 74.
[289] Schütte: Referenzmodellierung, 1998, S. 58. Dresbach formuliert sinngemäß: „The building of a structure — not its mapping — is what modeling has to do. Consequently, it is not sufficient to take a picture of reality. You have to paint a drawing yourself and interpret reality at the same time. This is meant when saying modeling has to be done by *construction* (not by mapping)."
[290] Steinmüller: Informationstechnologie, 1993, S. 183; Frank: Modelle als Evaluationsobjekt, 2000, S. 5.
[291] Becker et al.: Konstruktion von Methodiken, 2001, S. 8.
[292] Vgl. Holten: Führungsinformationssysteme, 1999, S. 9.

nach eine erschaffende Tätigkeit.[293] In diesem Sinne definiert Schütte folgendermaßen:

„Ein Modell ist das Ergebnis einer *Konstruktion eines Modellierers*, der für *Modellnutzer* eine Repräsentation eines Originals zu einer *Zeit* als relevant mithilfe einer *Sprache* deklariert. Ein Modell setzt sich somit aus der Konstruktion des Modellierers, dem Modellnutzer, einem Original, der Zeit und einer Sprache zusammen."[294]

Diese Modelldefinition folgt einem konstruktivistischen Wissenschaftsverständnis.[295] Im Folgenden sollen zwei Aspekte betrachtet werden: Zum einen, dass Schütte Modelle als die „Repräsentation eines Originals" kennzeichnet; zum anderen das Verhältnis zwischen Modellierer und Modellnutzern.

Zum ersten Aspekt: Schütte vermeidet die Begriffe „Realität", „Wirklichkeit", „Objekt" u. ä. in seiner Modelldefinition und verwendet stattdessen „Original", da so „keine Aussagen über die Eigenarten des Modellierungsobjekts getroffen werden müssen. Auf diese Weise kann der Modellbegriff für sämtliche Modellierungsprobleme genutzt werden."[296]

---

[293] Vgl. Goorhuis: Modellbildung, 1994, S. 82 ff.; Schütte: Referenzmodellierung, 1998, S. 49 ff.; Jablonski et al.: Workflow-Management, 1997, S. 65.
[294] Schütte: Referenzmodellierung, 1998, S. 59.
[295] Gemäß dem Konstruktivismus ist Realität vom menschlichen Bewusstsein abhängig (ontologische Position). Erkenntnis kommt durch Konstruktion zustande und beruht auf der Wahrnehmung. Diese wird interpretiert, sodass in einem kognitiven Prozess ein internes Konstrukt der Gegenstände und Sachverhalte der Realität entsteht (epistemologische Annahme). Modelle werden auf der Basis dieser internen Konstrukte erstellt.
Als Gütekriterium rückt im Konstruktivismus nun anstelle der Beweisbarkeit bzw. Falsifizierbarkeit, wie sie bei einer positivistischen Auffassung gängig ist, das Kriterium der Nützlichkeit bzw. Anwendbarkeit. In der Sprache des Konstruktivismus wird die Nützlichkeit in diesem Sinne als „Viabilität" ("Weg-barkeit" bzw. „Gangbarkeit") bezeichnet. Modelle erfüllen ihren Zweck, wenn sie „viabel", d. h. passend und zweckmäßig sind und das Handeln unterstützen (Picot et al.: Unternehmung, 1996, S. 83; Wyssusek et al.: Modellierung, 2002; Weber: Simulationen, 2003; Schütte: Referenzmodellierung, 1998, S. 26 ff.; Lehner: Wirtschaftsinformatik, 1995, S. 25).
Frank weist ebenfalls darauf hin, dass die Evaluation von konzeptionellen Modellen nicht durch die Betrachtung ihres Verhältnisses zu einem Realitätsausschnitt erfolgen kann. Angemessenere Kriterien sind vielmehr der Modellzweck und ob sie eine anschauliche Abstraktion darstellen, d. h. ob sie Abstraktionen verwenden, die den Wahrnehmungs- und Konzeptualisierungsmustern der Betrachter entsprechen (Frank: Modelle als Evaluationsobjekt, 2000, S. 4.).
[296] Schütte: Referenzmodellierung, 1998, S. 59; ähnlich auch bei Goorhuis: Modellbildung, 1994, S. 18.

Es stellt sich jedoch die Frage, ob Modellierung immer und zwingend ein „Original" als Ausgangspunkt voraussetzt. So ist es denkbar, dass ein Original in der Wahrnehmung und Vorstellung der Modellnutzer oder des Modellierers gar nicht existiert, weder objektiv noch subjektiv, somit die Modellierung auch nicht ein Original als Ausgangspunkt wählen kann.[297] Z. B. sollen gerade konzeptionelle Modelle häufig neue Formen der Organisation von Arbeit und neue Begrifflichkeiten reflektieren, für die es weder eine faktische Wirklichkeit noch ein subjektives Original gibt.[298] Im Rahmen der Systementwicklung werden konzeptionelle Modelle aufgrund von allgemein formulierten Zielen sowie erhobenen Bedarfe und Anforderungen erstellt. Auch in diesem Fall sind Strukturen zu konstruieren, für die es kein Original als Pendant gibt.

Im Folgenden soll daher allgemeingültiger von „Sachverhalten" und dem „Gegenstandsbereich" gesprochen werden, wie oben beim abbildungsorientierten Modellbegriff. Anders als im abbildungsorientierten Modellverständnis werden „Sachverhalte" und der „Gegenstandsbereich" jedoch als nicht unbedingt objektiv in der Realität vorhanden oder direkt erkennbar angesehen. Modellierung ist somit nicht nur Konstruktion eines Modells durch die Repräsentation eines Originals oder eines Sachverhalts. Für den Fall, dass ein Original nicht vorliegt, scheint es gerechtfertigt von Modellierung als „Realitätskonstruktion" zu sprechen, da ein erstelltes Modell eine Realität an sich darstellt.[299]

Zum Verhältnis zwischen Modellnutzer und Modellerstellen: Schütte scheint eine wenig komplizierte Interaktion zwischen Modellierer(n) und Modellnutzern (Benutzern/Anwendern) sowie zwischen Modellnutzern untereinander anzunehmen. Ein Problem sieht er nur, wenn mehrere Modellierer an der Modellkonstruktion beteiligt sind. Er betont „die subjektive Deutung des Problems durch den/die Modellierer."[300] Dieser expliziert *sein* internes (mentales) Modell. Die Rolle des Modellnutzers beschränkt sich hingegen darauf, bei dieser Explikation mitzuwirken und einen Modellzweck vorzugeben.

Damit unterstellt Schütte implizit stabile Anforderungen, die leicht zu erfragen sind und deren Validierung bzw. Verifikation in Bezug auf das zu erstellende Modell vorgenommen werden kann.[301] In der Literatur zum Anforderungsmana-

---

[297] Vgl. vom Brocke: Referenzmodellierung, 2003, S. 14.
[298] Vgl. Frank: Modelle als Evaluationsobjekt, 2000, S. 5.
[299] Vgl. Floyd, Klischewski: Modellierung, 1998.
[300] Schütte: Referenzmodellierung, 1998, S. 60.
[301] Ähnlich kritisiert vom Brocke die Definition von Schütte, da diese für die Gestaltung des Modellierungsprozesses nur bedingt geeignet sei. Vom Brocke: Referenzmodellierung, 2003, S. 13.

gement (Requirements Engineering, s. unten Abschnitt 5.2) wird mittlerweile vielfach davon ausgegangen, dass eine solche Sichtweise der Problemlage in den frühen Phasen der Systementwicklung nicht gerecht wird: „... , the central role of system analysts is taken over by a consortium of stakeholders who bring their specific view points on what the system should do."[302] Eine vergleichbare Auffassung vertreten Darke/Shanks: „Requirements emerge from interaction between development participants and are refined during the requirements definition process ..."[303]

Floyd/Klischewski gehen ebenfalls davon aus, dass die unterschiedlichen Perspektiven verschiedener Stakeholder konstituierend für die Modellbildung sind. Perspektiven sind dabei als individuelle oder kollektive Sichten von Benutzern und Anwendern über den Gegenstandsbereich zu verstehen. Indem eine Vielfalt individueller Perspektiven erfasst und so ein multiperspektivisches Modell aus Anwender- bzw. Benutzersicht konstruiert wird, verbessert sich die Modellqualität. Sie sehen demnach „als Ausgangspunkt der Modellierung nicht die ‚objektive Welt' [...], sondern die Perspektivität der beteiligten Akteure."[304] Die Modellbildung betrachten sie – zumindest bei der anwendernahen Modellierung – als diskursiven und dialogischen Prozess – mithin als „soziale Konstruktion".[305]

4.2.3 Modellverständnis dieser Arbeit und Schlussfolgerungen

Nach der vorangegangenen Betrachtung soll das Modellverständnis dieser Arbeit folgendermaßen definiert werden:

> Ein Modell ist die Beschreibung und Darstellung eines Sachverhalts oder eines Gegenstandsbereichs mithilfe einer Sprache.

Der *Sachverhalt* kann materiell oder immateriell sein. Darüber hinaus muss er zu Beginn des Modellierungsprozesses noch gar nicht existieren, sondern er kann erst dadurch entstehen, dass die fachliche Problemstellung strukturiert wird.

Die *Sprache* bestimmt durch ihre abstrakte Syntax die Beschreibung und Darstellung im Modell, indem sie eine Gegenstandseinteilung vorgibt. Somit ist vor dem Hintergrund ihrer pragmatischen und semantischen Funktion eine der Aufgabenstellung zweckentsprechende Sprache zu wählen.

---

[302] Rolland, Prakash: Conceptual Modelling, 2000, S. 152.
[303] Darke, Shanks: Viewpoint Modelling, 1997, S. 214.
[304] Floyd, Klischewski: Modellierung, 1998, S. 23 ff.
[305] Floyd, Klischewski: Modellierung, 1998, S. 24.; ähnlich Steinmüller: Informationstechnologie, 1993, S. 183; Darke, Shanks: Viewpoint Modelling, 1997, S. 214; Leite: Viewpoints on Viewpoints, 1996, S. 285; Andelfinger: Anforderungsanalyse, 1997.

Die *Modellerstellung* (Modellierung) ist eine Konstruktion, der eine konstruktive Erkenntnisleistung zugrunde liegt, bei der ein Sachverhalt strukturiert und konzeptualisiert wird. Da dies i. d. R. nicht durch den Modellierer alleine geschieht, entsteht ein Modell in einem dialogischen und diskursiven Prozess (soziale Konstruktion).

Anders als in der Definition von Schütte kommt die Relevanz des Modells dadurch zustande, dass es die Perspektivität der Modellnutzer (Benutzer/Anwender) wiedergibt. Als Ausgangspunkt der Modellierung soll im Folgenden die *Perspektivität* der beteiligten Akteure angesehen werden. Die zu entwickelnde Methode für die Data-Warehouse-Entwicklung muss diesem Umstand Rechung tragen. D. h. sie muss die aus der Perspektivität resultierenden Bedarfe und Anforderungen systematisch erfassen, verwalten und in einem weiteren Schritt konsolidieren, sodass ein Modell entsteht, das diese widerspiegelt.

Der Interaktionsprozess, der hierfür nötig ist, wird als nicht trivial angesehen. Aus diesem Grund soll im folgenden Abschnitt das Anforderungsmanagement näher betrachtet werden. Das Anforderungsmanagement ist diejenige Aktivität im Entwicklungsprozess, die für die Erhebung, Analyse und Verwaltung der Bedarfe und Anforderungen verantwortlich ist. Im Anforderungsmanagement werden damit die Informationen erhoben, die für die Modellierung erforderlich sind.

5 Anwendungssystementwicklung und Anforderungsmanagement

Nachdem in 3.2 das Methoden-Engineering mit seinen Bestandteilen und in 4 Modelle als Ergebnisse der Anwendungssystementwicklung beschrieben wurden, geht es in diesem Abschnitt um konkrete Aktivitäten der Systementwicklung i. V. m. Techniken. Phasen- und Vorgehensmodelle sowie Techniken dienen dazu, die Aufgaben, die sich im Rahmen der Systementwicklung stellen, konkret zu unterstützen. Diese Unterstützung muss umfassender sein als die im Zusammenhang mit der Modellierung beschriebenen Techniken, da diese, wie in 4.1.2.3 herausgearbeitet wurde, v. a. den „way of modelling" fokussieren und wenig Hilfestellung für den „way of working" geben.

Der Schwerpunkt wird in diesem Teil auf die frühen Phasen der Systementwicklung gelegt, speziell auf das Anforderungsmanagement und die Anforderungsermittlung (Requirements Engineering). Im Rahmen der Anwendungssystementwicklung stellt das Anforderungsmanagement einen kritischen Schritt dar, dem in der Wissenschaft jedoch erst seit einigen Jahren verstärkt Aufmerksamkeit geschenkt wird.[306] Bei der Entwicklung von Data-Warehouse-Systemen wird die Anforderungsanalyse, häufig mit Schwerpunkt auf den Informationsbedarf, ebenfalls erst seit kurzer Zeit vertiefend diskutiert.[307]

Im Folgenden sollen die klassischen Phasenmodelle, die sich im Software-Engineering herausgebildet haben, dargestellt werden, um Schlussfolgerungen für die Entwicklung von Data-Warehouse-Systemen zu ziehen. Im Anschluss daran wird näher auf die Anforderungsanalyse eingegangen.

---

[306] Vgl. Rolland, Prakash: Conceptual Modelling, 2000, S. 151 f.; Hickey, Davis: Requirements Elicitation, 2004, S. 67; Hickey, Davis: Requirements Elicitation, 2003; Dean et al.: Involvement, 1997-98, S. 181; Rupp: Requirements-Engineering, 2002, S. 18 f.; Andelfinger: Anforderungsanalyse, 1997, S. 74 f.; Brooks: Silver Bullet, 1987; Browne, Rogich: Requirements Elicitation, 2001, S. 224; Flynn, Davarpanah: User Requirements, 1998, S. 53; El Louadi et al.: Contingency Model, 1998, S. 31; Darke, Shanks: Requirements Definition, 1996, S. 88; McDavid: Business Language Analysis, 1996, S. 129.

[307] Vgl. Holten: Führungsinformationssysteme, 1999; Strauch: Informationsbedarfsanalyse, 2002.

5.1 Phasenmodelle in der Systementwicklung

Software und Anwendungssysteme haben einen Lebenszyklus und durchlaufen grundsätzlich die Stadien Initiierung, Entwicklung und Nutzung.[308] Das Stadium Entwicklung, das hier im Vordergrund steht, besteht aus verschiedenen Tätigkeiten, die durch Phasenmodelle in eine zweckmäßige Reihenfolge gebracht werden. Die von verschiedenen Autoren vorgenommenen Phaseneinteilungen unterscheiden sich zwar im Detail, prinzipiell beinhalten sie jedoch die Phasen Anforderungsanalyse, Design (Entwurf), Implementierung bzw. Realisierung und Einführung (vgl. Abbildung 14). Zur Definition der Phasen Analyse, Entwurf und Realisierung siehe Tabelle 7, die die Definitionen lt. IEEE aufführt.

Abbildung 14 Phasen der Systementwicklung

Phasenbezeichnung	Phaseninhalt
Vorphase	Projektbegründung
Analyse	Istanalyse - Erhebung des Istzustands - Bewertung des Istzustands Sollkonzept - fachliche Anforderungen - technische Anforderungen - Wirtschaftlichkeitsvergleiche
Entwurf	Systementwurf Programmspezifikation Programmentwurf
Realisierung	Programmierung Test
Einführung	Systemfreigabe Systemeinführung

(Stahlknecht, Hasenkamp: Wirtschaftsinformatik, 2005, S. 210)

---

[308] Vgl. Lehman, Ramil: Software Evolution 2002, S. 281 ff.; Alpar et al.: Wirtschaftsinformatik, 2002, S. 268 f.; Software und Systementwicklung können hier quasi „in einem Atemzug" genannt werden, weil Anwendungssysteme immer auch Software enthalten. Somit sind die Probleme der Softwareentwicklung auch immer Probleme der Anwendungssystementwicklung.

Tabelle 7 Grundlegende Begriffe der Systementwicklung nach IEEE

Requirements Analysis (Anforderungsanalyse)	„ (1) The process of studying user needs to arrive at a definition of system, hardware, or software requirements. (2) The process of studying and refining system, hardware, or software requirements. [IEEE Std 610.12-1990]"
Design (Entwurf)	„ (1) The process of defining the architecture, components, interfaces, and other characteristics of a system or component. (2) The result of the process in (1). [ANSI/IEEE Std 610.12 1990]"
Implementation (Realisierung)	„ (1) The process of translating a design into hardware components, software components, or both. (2) The result of the process in (1). [IEEE Std 610.12-1990]"

Auch wenn über die vorkommenden Phasen weitestgehend Einigkeit herrscht, lassen sich deutliche Unterschiede bei ihrer Anordnung und z. T. bzgl. der Reihenfolge der Phasen ausmachen. Einige Modelle sehen einen sequenziellen Phasenverlauf vor, während andere mehr oder weniger viele bzw. weite Rückschritte in frühere Phasen vorsehen.

5.1.1 Traditionelle Phasenmodelle

Reine *Stufenmodelle*, deren Aufkommen Boehm auf das Jahr 1956 und eine Arbeit von Benington zurückführt, können als die ältesten Phasenmodelle angesehen werden.[309] In Stufenmodellen werden die Phasen sequenziell durchlaufen.[310] Der Übergang zur nächsten Phase erfolgt dann, wenn eine Phase als vollständig abgeschlossen angesehen wird, sodass am Ende des Prozesses ein fertiges Produkt steht. Rückschritte sind nicht vorgesehen, getestet wird erst das fertige Produkt.[311]

---

[309] Vgl. Boehm: Spiral Model, 1988, S. 63; Benington: Production, 1956.
[310] Benington sieht folgende Phasen vor: operational plan, machine specification operational specifications, program specification coding specifications, coding, parameter testing, assembly testing, shakedown, system evaluation.
[311] Vgl. Benington: Production, 1956.

Das *Wasserfallmodell*, das im Allgemeinen Royce zugeschrieben wird[312], erweitert das Stufenmodell (Abbildung 15). Es sieht zum einen am Ende jeder Phase einen Prüfschritt vor, der sicherstellen soll, dass erst dann zur nächsten Phase übergegangen wird, wenn die erzielten Ergebnisse geprüft und akzeptiert sind. Zum anderen werden Rückkopplungen (feedback loops) zwischen benachbarten Phasen eingeführt (lokale Iterationen), da Probleme und Mängel der Ergebnisse der vorangegangenen Phase häufig erst bei deren Weiterverarbeitung erkannt werden. Somit ergibt sich eine sequenzielle, kaskadische Grundstruktur.[313] Seit seiner Veröffentlichung durch Royce im Jahre 1970 hat sich das Wasserfallmodell etabliert und gilt in vielen Unternehmen bzw. Organisationen bis heute als Quasi-Standard.

Abbildung 15 Wasserfallmodell

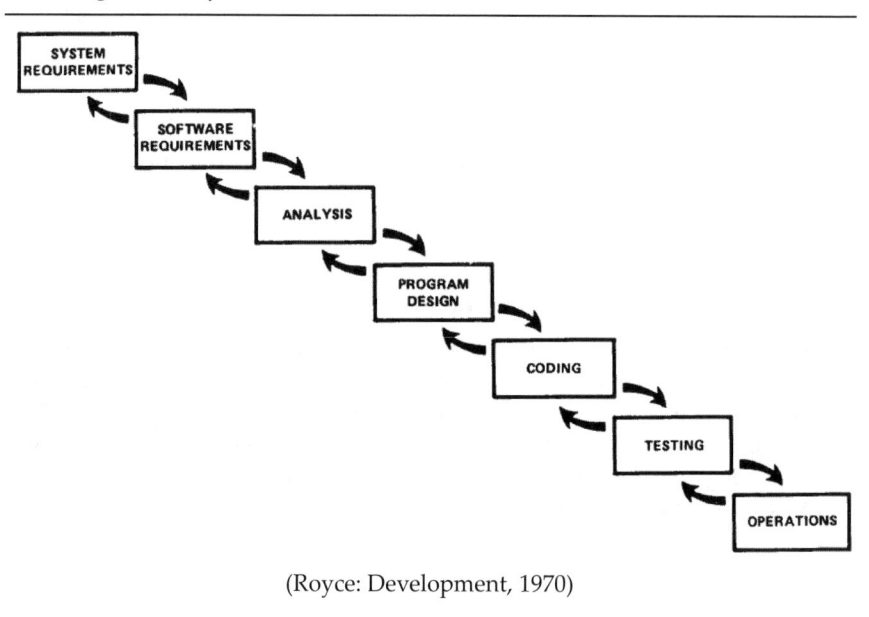

(Royce: Development, 1970)

---

[312] Vgl. Royce: Development, 1970; Lehman, Ramil: Software-Evolution, 2003, S. 284; Boehm: Spiral Model, 1988.
[313] Vgl. Boehm: Spiral Model, 1988.

Phasenmodelle in der Systementwicklung 99

Problematisch ist ein lineares Vorgehen deshalb, weil Fehler und Unvollständigkeiten in frühen Phasen nie ausgeschlossen werden können. Vielmehr ist es typisch, dass im Projektverlauf selbst die Analysephase nie ganz abgeschlossen werden kann, da Fehler und Unvollständigkeiten erst beim Entwurf oder während der Realisierung offensichtlich werden.[314]

Eine Grundannahme des Wasserfallmodells ist, dass die Anforderungen im Sollkonzept vollständig spezifiziert werden können, was sich in der Praxis häufig als nicht realisierbar darstellt und lt. Brooks bereits von der Annahme her falsch ist:

„Much of present-day software acquisition procedure rests upon the assumption that one can specify a satisfactory system in advance, get bids for its construction, have it built, and install it. I think this assumption is fundamentally wrong, and that many software acquisition problems spring from that fallacy."[315]

Parnas/Clements argumentieren, dass Kunden, Anwender und Benutzer i. d. R. nicht exakt wüssten, was sie wünschen und ihre Wünsche nicht adäquat artikulieren könnten. Aber selbst wenn dies möglich sei, blieben zumeist viele Details unklar und könnten erst dann im richtigen Detailliertheitsgrad erhoben werden, wenn mit der Implementierung begonnen wird. Darüber hinaus führen oft externe Gründe zu einer Veränderung der Wünsche und Anforderungen. Aus diesen Gründen sind sie davon überzeugt, dass das Wasserfallmodell an sich nicht praktikabel ist.[316]

Eine weitere Grundannahme, dass die Anforderungen im Zeitablauf stabil sind, kann demnach häufig ebenfalls als nicht erfüllt angesehen werden. Die beiden genannten unerfüllten Annahmen des Wasserfallmodells führen oft zu umfangreichen Änderungen nach der Auslieferung eines Anwendungssystems.[317]

Swartout/Balzer argumentieren daher abweichend von der herrschenden Meinung, dass die Spezifikation nicht als abgeschlossen angesehen werden kann, bevor mit der Implementierung begonnen wird. Zum einen kann die im Rahmen der Implementierung eingesetzte Technologie die Wünsche und Anforderungen einschränken, zum anderen können aufgrund technischer Möglichkeiten zusätz-

---

314 Vgl. Alpar et al.: Wirtschaftsinformatik, 2002, S. 272.
315 Brooks: Silver Bullet, 1987; ähnlich: Flynn, Davarpanah: User Requirements, 1998, S. 54.
316 Vgl. Parnas, Clements: Design Process, 1986; ähnlich: Lehman, Ramil: Software Evolution 2002, S. 282.
317 Vgl. Dean et al.: Involvement, 1997-98, S. 182; Malotaux: Methods, 2001.

liche Funktionen realisierbar werden, was ebenfalls eine Änderung des Sollkonzepts (der Spezifikation) nach sich zieht.[318]

Neben den genannten Argumenten – bekannte sowie stabile Anforderungen und Wünsche der Kunden und Benutzer – wird weiter gegen das Wasserfallmodell vorgebracht, dass die Auslieferung den Charakter eines „Big-Bang-Delivery" hat.[319] D. h. dass erst zum Ende des Entwicklungsprozesses vorzeigbare Ergebnisse vorliegen. Die Meinung und ein Feedback der Benutzer werden im Laufe des Entwicklungsprozesses nicht eingeholt, da die Phasen idealtypisch nur einmal durchlaufen werden. Fehler und Mängel lassen sich daher erst nach der Implementierung entdecken.[320]

Die Standish Group stellt daher regelmäßig nach der Analyse von Entwicklungsprojekten fest, dass unvollständig erhobene und sich wandelnde Anforderungen sowie mangelhafte Benutzerinvolvierung die Hauptgründe für deren häufiges Scheitern sind.[321] Larman/Basili machen hierfür im Wesentlichen die Anwendung des Wasserfallmodells verantwortlich.[322]

5.1.2 Inkrementelle und evolutionäre Phasenmodelle

Als Alternativen zum linearen Stufenmodell und Wasserfallmodell werden iterative, inkrementelle und evolutionäre Phasenmodelle diskutiert, deren Ursprung

---

[318] „Contrary to recent claims that specification should be completed before implementation begins, this paper presents two arguments that the two processes must be intertwined. First, limitations of available implementation technology may force a specification change. For example, deciding to implement a stack as an array (rather than as a linked list) may impose a fixed limit on the depth of the stack. Second, implementation choices may suggest augmentations to the original specification. For example, deciding to use an existing pattern-match routine to implement the search command in an editor may lead to incorporating some of the routine's features into the specification, such as the ability to include wild cards in the search key."
Swartout, Balzer: Specification, 1982.
[319] Vgl. Gilb: Principles, 1988, S. 86.
[320] Vgl. Dean et al.: Involvement, 1997-98, S. 182.
[321] Vgl. Standish Group: Chaos, 1995, S. 5; Standish Group: Chaos, 1999; ebenso Browne, Rogich: Requirements Elicitation, 2001, S. 224.
[322] Vgl. Larman, Basili: Development, 2003, S. 54; in diesem Artikel findet sich ein sehr interessanter Überblick über die Geschichte inkrementeller und iterativer Entwicklungsmethoden.

Phasenmodelle in der Systementwicklung 101

Larman/Basili bereits in der ersten Hälfte des 20ten Jahrhunderts sehen.[323] Die verbindende Klammer der Ansätze in diesem Bereich beschreiben sie als: „to avoid a single-pass sequential, document-driven, gated-step approach."[324] Empirische Studien zeigen, dass eine Abkehr vom linearen Phasenmodell und dem Wasserfallmodell die Erfolgswahrscheinlichkeit in komplexen Entwicklungsprojekten steigern kann. MacCormack bspw. streicht u. a. folgende Merkmale erfolgreicher Softwareentwicklung heraus: „An early release of the evolving product design to customers; Daily incorporation of new Software code and rapid feedback on design changes ... ."[325]

Als *inkrementell* kann eine Vorgehensweise dann bezeichnet werden, wenn sie sich an einem festen Ziel, das durch die schrittweise Erweiterung von zunächst unvollständigen Teillösungen verfolgt wird, orientiert.[326] Bei der inkrementellen Entwicklung werden statt der Auslieferung eines monolithischen Systems am Ende des Entwicklungsprozesses kleinere Teilprodukte sequenziell implementiert.[327]

Konkret bedeutet dies, dass ein Grobentwurf erstellt wird, bei dem das zu entwickelnde System in seiner Gesamtheit betrachtet wird. Dieses wird dann in Teilsysteme zerlegt, die jeweils nach dem Phasenmodell entwickelt werden. Insofern handelt es sich um eine komponentenweise Entwicklung; durch eine ganzheitliche Planung zu Beginn werden Inkonsistenzen vermieden.[328] Dabei ist entschei-

---

[323] Vgl. Larman, Basili: Development, 2003, S. 47; Dean et al.: Involvement, 1997-98, S. 186; Hesse: Analysemethoden, 1997, S. 21 ff.; Floyd et al.: Evolution, 1997, S. 14 f.; Dahme, Hesse: Software-Entwicklung, 1997, S. 3; Lehman, Ramil: Software Evolution 2002, S. 295.

[324] Larman, Basili: Development, 2003, S. 47. Unterschiede machen sie zwischen den verschiedenen Ansätzen hinsichtlich folgender Aspekte aus: „The methods varied in such aspects as iteration length and the use of time boxing. Some attempted significant upfront specification work followed by incremental time-boxed development, while others were more classically evolutionary and feedback driven."

[325] MacCormack: Product-Development, 2001, S. 76; Lehman, Ramil: Software Evolution 2002, S. 296. Für Executive Information Systems, die als Vorläufer von Data-Warehouse-Systemen angesehen werden können: Jirachiefpattana et al.: EIS, 1996.

[326] Vgl. Dahme, Hesse: Software-Entwicklung, 1997, S. 3 f.; Floyd et al.: Evolution, 1997, S. 13 f.

[327] Vgl. Greer, Ruhe: Release Planning, 2004, S. 244 (dort auch zu einem formalen Modell zur Verteilung von Anforderungen auf verschiedene Releases); Pohl: Requirements Engineering, 1993; Pohl: Requirements Engineering, 1997; Nissen: Separierung, 1997, S. 1; Darke, Shanks: Requirements Definition, 1996, S. 92; Sommerville, Sawyer: Viewpoints, 1997, S. 109.

[328] Vgl. Alpar et al.: Wirtschaftsinformatik, 2002, S. 273; Gilb: Principles, 1988, S. 89 f.

dend, dass das Gesamtsystem nach zweckmäßigen Kriterien zerlegbar ist.[329] Ist dies gegeben, so können Teillieferungen, sog. Builds oder Releases, vereinbart werden. Die Reihenfolge ihrer Erstellung wird in einem Ausbaustufenplan festgelegt.[330]

Abbildung 16 Schematische Darstellung eines inkrementellen Phasenmodells

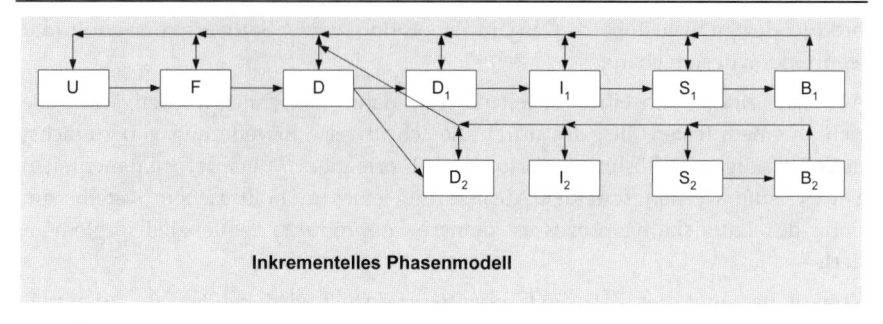

```
U → F → D → D₁ → I₁ → S₁ → B₁
            D₂   I₂   S₂   B₂
```

Inkrementelles Phasenmodell

Legende:
U = Unternehmensmodellierung / Vorstudie; F = Fachkonzept; D = DV-Konzept;
I = Implementierung / Realisierung; S = Systemtest; B = Betrieb

(Alpar et al.: Wirtschaftsinformatik, 2002, S. 273)

Ein solches Vorgehen erlaubt eine bessere Priorisierung der Anforderungen, wobei ein Inkrement jeweils nur einen definierten Teil der Anforderungen realisiert. Die Kunden bekommen bereits früh Teile des Systems geliefert, sodass sie schon während der Entwicklungszeit in der Lage sind, (Teil-)Produkte einzuschätzen. Eine entsprechende Einschätzung ist mehrfach d. h. nach jedem Build möglich, sodass flexibel auf externe Einflüsse sowie sich ändernde und neue Anforderungen oder Wünsche reagiert werden kann. Darüber hinaus ermöglicht es eine feingranulare Termin- und Kostenplanung sowie -überwachung. Insgesamt erlaubt ein inkrementelles Vorgehen somit einen flexibleren Umgang mit der Dynamik des Umfeldes. Missverständnisse können frühzeitig beseitigt wer-

---

[329] Vgl. Lehman, Ramil: Software-Evolution, 2003, S. 289 f.
[330] Vgl. Floyd et al.: Evolution, 1997, S. 13 f. u. 18.

Phasenmodelle in der Systementwicklung 103

den, und die Erprobung liefert Hinweise, ob das zur Verfügung gestellte System tatsächlichen den Anforderungen entspricht.[331]

Evolutionär ist eine Vorgehensweise dann, wenn sie „etwas Neues hervorbringt, dabei auf schon Bekanntem aufbaut, Modifikationen vornimmt und wenn sich das entstandene Neue in seiner vorhandenen Umgebung bewähren muss, woraus ggf. neue Modifikationen und Anpassungen resultieren."[332]

Malotoux und Gilb unterscheiden zwischen inkrementellem und evolutionärem Vorgehen. Inkrementell bedeutet lediglich, dass mehrere Zyklen durchlaufen werden. Am Ende eines Zyklus, bei dem ein Phasenmodell vollständig durchlaufen wird, steht jeweils ein Build. Evolutionäres Vorgehen ist dagegen durch folgende Merkmale gekennzeichnet: [333]

- Es löst die sog. Anforderungsparadoxe (s. u.);
- schnelles, frühes und häufiges Feedback durch Benutzer bzgl. erzielter Entwicklungsergebnisse;
- experimentelles Vorgehen zur Klärung von Anforderungen vor der weiteren Analyse;
- jedes Inkrement liefert ein nützliches, vollständiges und lauffähiges Produkt sowie
- „At the fatal end day of a project we should rather have 80 % of the (most important) features 100 % done, than 100 % of all features 80 % done."

Paradox 1 besteht darin, dass Anforderungen stabil seien müssen, damit man verlässliche Resultate im Entwicklungsprozess erzielen kann, sie es aber niemals sind; Paradox 2 besagt, dass die Änderung von Anforderungen zwar unerwünscht jedoch unausweichlich ist und man daher frühzeitig versuchen sollte, Anforderungsänderungen zu provozieren. Als wichtig wird – wie auch beim inkrementellen Vorgehen – die umfassende Vorabplanung des Gesamtsystems angesehen, die zu Beginn einer jeden Phase dafür sorgen muss, dass die einzelnen entwickelten Inkremente zueinander kompatibel sind. [334]

Häufig wird i. V. m. inkrementellen und evolutionären Ansätzen ein prototypenorientiertes Vorgehen empfohlen. Dabei werden lauffähige Prototypen eingesetzt, die bestimmte Aspekte des zu realisierenden Systems veranschaulichen, andere

---

[331] Vgl. Floyd et al.: Evolution, 1997, S. 14; Greer, Ruhe: Release Planning, 2004, S. 243 f.; Lehman, Ramil: Software Evolution 2002, S. 295 f.
[332] Dahme, Hesse: Softwareentwicklung, 1997, S. 3.
[333] Vgl. Gilb: Principles, 1988, S. 89 ff.; Malotaux: Methods, 2001, S. 142.
[334] Vgl. Malotaux: Methods, 2001, S. 142.

Aspekte dabei aber vernachlässigen. Dies ermöglicht, Systemeigenschaften frühzeitig zu erproben und sie dem Benutzer zu präsentieren sowie eine effizientere und einfachere Kommunikation. Prototyping unterstützt demnach auch die Auflösung der beiden Paradoxe.[335] Das Prototyping wird hier als Technik angesehen, die im Rahmen von Methoden die Entwicklung unterstützen kann.

5.1.3 Schlussfolgerungen

Aus den Ausführungen zu Phasenmodellen in diesem Abschnitt ergeben sich Konsequenzen für den weiteren Verlauf der Arbeit und für die in Teil IV zu entwickelnde Methode.

Es ist zu prüfen, ob ein inkrementelles und evolutionäres Vorgehen bei der Entwicklung von Data-Warehouse-Systemen sinnvoll und zweckmäßig ist. Gemäß der Argumentation in diesem Abschnitt wird ein inkrementelles und evolutionäres Vorgehen dann empfohlen, wenn im Entwicklungsprozess mit instabilen Anforderungen zu rechnen ist, was mit einschließt, dass zu Beginn die Anforderungen nicht vollständig bekannt sind.

Wenn dies der Fall ist, so muss zum einen eine Technik erarbeitet werden, die eine sinnvolle und zweckmäßige Zerlegung des Data-Warehouse-Systems in Teilsysteme erlaubt, da die Möglichkeit zur Systemzerlegung eine entscheidende Anwendungsvoraussetzung für ein inkrementelles und evolutionäres Vorgehen ist. In Verbindung damit steht die Verteilung von Anforderungen auf verschiedene Inkremente sowie die Möglichkeit, Prototyping als unterstützende Technik einzusetzen.

Zum anderen müssen die Methode und ihre Komponenten sicherstellen, dass eine ausreichende Benutzerinvolvierung möglich ist. Techniken und Notationen sowie die erstellten Entwicklungsergebnisse müssen eine zweckmäßige Beteiligung der Benutzer sowie weiterer Stakeholder sicherstellen. Dies ermöglicht es, frühzeitig die Meinung und das Feedback der am Data-Warehouse-System interessierten Benutzer und Anwender einzuholen. Somit lassen sich Mängel der Spezifikation und Fehler im System aufgrund von falsch verstandenen und fehlenden Anforderungen in einem frühen Stadium vermeiden.

---

[335] Vgl. Hesse: Analysemethoden, 1997, S. 22 f.; Guimaraes, Saraph: Prototyping, 1991, S. 257.

5.2 Anforderungsmanagement

Im Folgenden soll das Anforderungsmanagement (Requirements Engineering) als ein wesentlicher und kritischer Aspekt der Entwicklung von Anwendungssystemen näher betrachtet werden. Für die bisherigen Ausführungen zu Phasen- und Vorgehensmodellen sowie zum Methoden-Engineering reichte ein intuitives Verständnis. Da im weiteren Verlauf der Arbeit u. a. ein Vorschlag für das Anforderungsmanagement für Data-Warehouse-Systeme gemacht werden soll, erfolgt an dieser Stelle eine vertiefende Auseinandersetzung mit grundlegenden Aspekten.

Den Gegenstandsbereich des Anforderungsmanagements und seine Rolle im Rahmen der Systementwicklung beschreibt Zave folgendermaßen:

> „The subject of requirements engineering is inherently broad, interdisciplinary, and open-ended. It concerns translation from informal observations of the real world to mathematical specification languages. For these reasons, it can seem chaotic in comparison to other areas in which computer scientists do research".[336]

Hiermit ist wohl auch einer der Gründe genannt, warum das Anforderungsmanagement in der Informatik und mehr noch in der Wirtschaftsinformatik ein relativ wenig bearbeitetes Feld darstellt.[337] Zwar taucht der Begriff „Requirements Engineering" in der Literatur bereits in den 70er Jahren auf, zu einer eigenständigen Disziplin hat sich das Anforderungsmanagement jedoch erst seit 1993 entwickelt.[338]

---

[336] Zave: Requirements Engineering, 1997, S. 315.
[337] Der Verfasser begründet dieses Urteil zum einen damit, dass dem Anforderungsmanagement in den einschlägigen Lehrbüchern des Faches Wirtschaftsinformatik i. d. R. nur wenig Raum geschenkt wird, zum anderen, dass eine Suche des Begriffs „Anforderungsmanagement" auf der Internetseite der Zeitschrift Wirtschaftsinformatik lediglich acht Treffer ergibt. Die Treffer beziehen sich darüber hinaus im Wesentlichen auf „kleinere" Rubriken.
[338] Vgl. Jarke, Mayr: Mediengestütztes Anforderungsmanagement, 2002, S. 452; Die Autoren machen dies daran fest, dass erst seit 1993 sowohl eine wissenschaftliche Zeitschrift (das Requirements Engineering Journal) als auch eine IEEE-Konferenz existieren, die sich diesem Thema ausschließlich widmen; ebenso: Leite: Viewpoints on Viewpoints, 1996, S. 285: „The first international requirements engineering symposium held in 1993 (RE93) ... is a clear sign that the softer side of producing software finally started to get into the mainstream of computer science/software engineering research." Vgl. auch Melchisedech: Einführung, o. J.

Es findet sich ein große Begriffsvielfalt und eine große Uneinheitlichkeit in der Terminologie in diesem noch recht jungen Forschungsgebiet. Diese, aber auch die zentrale Frage bringt das folgende Zitat von Holtzblatt/Beyer zum Ausdruck:

„Requirements definition/requirements gathering/requirements elicitation/requirements engineering - all phrases for "figuring out what to build." If we build a product for sale that meets few customer needs, we will not be competitive in the marketplace. If we build an internal system that does not streamline the business process, we will not be competitive in the business world. Designing from deep knowledge of the customer is central to any effective requirements definition process, and companies are introducing customer-centered approaches in an effort to chart a clear path from customer to deliverable."[339]

Insgesamt lassen sich folgende Ziele für das Anforderungsmanagement nennen:[340]

- Die Vermeidung fehlerhafter Entwicklungen aufgrund von nicht verstandenen Problemstellungen.
- Erlangung von Wissen über das zukünftige System.
- Vorbereitung der Implementierung.
- Definition von Anforderungen für Pflichtenhefte und/oder Verträge.
- Dokumentation des Systems aus Benutzersicht.

5.2.1 Grundlagen und Grundbegriffe

5.2.1.1 Anforderungen

Eine Anforderung ist die Darstellung eines Bedarfs eines Individuums, einer Gruppe oder einer Organisation. Ein Bedarf wird hervorgerufen durch einen Mangel bzw. eine Diskrepanz zwischen einem tatsächlichen und einem gewünschten Zustand. Insofern basiert ein Bedarf in aller Regel auf einem wahrgenommenen Problem. Eine Anforderung formuliert damit einen angestrebten Zustand.[341]

---

[339] Holtzblatt, Beyer: Requirements Gathering, 1995, S. 31.
[340] Vgl. Andelfinger: Anforderungsanalyse, 1997, S. 76; Mullery: CORE, 1979; Vgl. ebenfalls Abschnitt 5.1, die Kritik zum Stufen- und Wasserfallmodell.
[341] Vgl. Valusek, Fryback: Information requirements, 1985, S. 104.

Anforderungsmanagement

Nach IEEE (siehe auch oben Tabelle 7) ist eine Anforderung („Requirement")

(1.) eine Bedingung oder Fähigkeit, die ein *Benutzer benötigt*, um ein Problem zu lösen,

(2.) eine Bedingung oder Fähigkeit, die ein *System besitzen oder erfüllen muss*, um einen Vertrag, einen Standard oder eine Spezifikation zu erfüllen.

(3.) Eine Dokumentation der in (1.) und (2.) genannten Bedingungen oder Fähigkeiten.

Insofern bestehen verschiedene *Ebenen* von Anforderungen gemäß ihrer Nähe zum Benutzer. Während (1.) eine benutzernahe Sicht zum Ausdruck bringt, spiegelt (2.) die Sicht eines Entwicklers wider. Man spricht auch von Benutzer- und Systemanforderungen. Darüber hinaus lassen sich verschiedene *Arten* von Anforderungen unterscheiden (siehe 5.2.1.3).

5.2.1.2 Ebenen von Anforderungen

Benutzeranforderungen beschreiben problemorientiert, „Was" das zu erstellende System aus Sicht der direkt mit ihm arbeitenden Benutzer leisten soll. Beurteilungskriterium für die Anforderungsgerechtigkeit sind daher die Benutzererwartungen und -bedarfe:

„A requirement is a statement of need, something that some class of user or other stakeholder wants."[342]

Systemanforderungen hingegen beschreiben die Anforderungen bereits spezifikationsorientiert in Form von Lösungen. Sie bringen nicht nur zum Ausdruck, „Was" das zu erstellende System leisten soll, sondern deuten bereits Merkmale und Eigenschaften des zu erstellenden Systems an. Im Vergleich zu den Benutzeranforderungen operationalisieren und konkretisieren sie das „Wie". Diese Eigenschaften sind jedoch zu unterscheiden von der technischen Lösung im Rahmen der Implementierung. Es handelt sich lediglich um eine lösungsorientierte Formulierung von Anforderungen, meist aus Entwicklersicht.[343]

„Requirements are ... a specification of what should be implemented. They are descriptions of how the system should behave, or

---

[342] Alexander, Stevens: Requirements, 2002.
[343] Vgl. Savolainen et al. : Requirements Structuring, 2002; Kang et al.: FODA, 1990 ; Herzwurm: Softwareproduktentwicklung, 2000, S. 198.

of a system property or attribute. They may be a constraint on the development process of the system."[344]

In RUP wird von „Needs" und „Features" gesprochen. Im Wesentlichen entspricht dies der Unterscheidung zwischen Benutzer- und Systemanforderungen. Ähnlich unterscheidet Herzwurm zwischen Kundenwünschen als Anforderungen auf der einen Seite und Produkt- sowie Qualitätsmerkmalen als Lösungen auf der anderen Seite.[345]

Eine genaue Abgrenzung zwischen „Needs", die das „Was" beschreiben, und „Features", die das „Wie" beschreiben, ist nicht immer möglich. Ob eine Anforderung das „Was" oder das „Wie" beschreibt, ist vielmehr von der Rolle des Betrachters abhängig. Der Bedarf eines Benutzers wird als Anforderung formuliert, aus Benutzersicht beschreibt sie das „Was". Wird die Anforderung formalisiert und bspw. mittels eines Datenmodells spezifiziert, so stellt diese Spezifikation aus Benutzersicht das „Wie" dar. Für einen Entwickler beschreibt das Datenmodell jedoch das „Was". Transformiert er dieses in einen logischen Entwurf, so beschreibt der Entwurf das „Wie" aus seiner Sicht. Für den Datenbankadministrator ist der logische Entwurf das, „was" er implementieren soll, die geplante Implementierung beschreibt das „Wie".

Dieser Aspekt wird auch als „What-versus-how-Dilemma" bezeichnet („one person's how is another person's what"). Ein Dilemma besteht insoweit, als Anforderungsdokumentation, Spezifikation, Entwurf etc. nicht immer klar abgrenzbar sind.[346]

5.2.1.3 Arten von Anforderungen

Neben den genannten Ebenen werden verschiedene Arten von Anforderungen unterschieden. Eine wesentliche Unterscheidung betrifft die Trennung zwischen

---

[344] Sommerville, Sawyer: Requirements Engineering, 1997, S. 4.; ebenso Kotonya, Sommerville: Requirements Engineering, 1998, S. 6.
[345] Vgl. Herzwurm: Softwareproduktentwicklung, 2000, S. 198.
[346] Vgl. Melchisedech: Spezifikationen, 2000, S. 21;
Wiegers führt als weitere Kategorie Geschäftsanforderungen („Business Requirements") an. Diese sind Ziele auf abstrakter Ebene aus Sicht eines Kunden oder einer Organisation, stellen eine Vision des Systems dar und legen den Gegenstandsbereich fest (vgl. Wiegers: Software Requirements, 1999, S. 7 f.). Geschäftsanforderungen definieren damit Ziele für ein System und beschreiben das „Warum". Hierdurch wird eine Art Vision für das zu erstellende System vorgegeben. Pohl betrachtet demnach Anforderungsmanagement als die Transformation einer Vision in eine Spezifikation (vgl. Pohl: Requirements Engineering, 1993,).

Anforderungsmanagement

funktionalen und nichtfunktionalen Anforderungen.[347] Erstere beschreiben das Verhalten eines zu erstellenden Systems wie geforderte Eingaben, Funktionen und Ausgaben. Mit der Definition funktionaler Anforderungen wird festgelegt, was das System tun bzw. aufgrund der Aufgabenstellung können soll.[348] Nichtfunktionale Anforderungen (Nonfunctional Requirements, NFR) kennzeichnen dagegen umfassende Charakteristika und Qualitätseigenschaften eines Anwendungssystems sowie Restriktionen (bspw. Flexibilität und Wartbarkeit, Usability, Performance, Sicherheit, Verfügbarkeit).[349] Anders als funktionale Anforderungen können diese häufig nicht adäquat getestet werden. Sie werden daher nicht „erfüllt", sondern es wird ein Satisfaktionsniveau festgelegt.[350] Häufig werden nichtfunktionale Anforderungen im Entwicklungsprozess gar nicht oder nur informal erfasst. Infolgedessen werden sie erst in der Entwurfsphase, wenn überhaupt, in die Betrachtung mit einbezogen. Übereinstimmend weisen viele Autoren darauf hin, dass die Beachtung nichtfunktionaler Anforderungen wichtiger Bestandteil jeder Anforderungsdefinition ist, sie aber in der Praxis gegenüber den funktionalen Anforderungen häufig vernachlässigt werden. Schwierigkeiten bzgl. ihrer Verwaltung bei der Systementwicklung ergeben sich dadurch, dass sie oft nur schlecht definierbar und widersprüchlich sind.[351] [352]

---

[347] Vgl. Kotonya, Sommerville: Requirements Engineering, 1998, S. 189 f.; Sommerville, Sawyer: Requirements Engineering, 1997, S.7 u. 158; Schienmann: Anforderungsmanagement, 2002, S. 132 f.; Pohl: Requirements Engineering, 1997.
[348] Vgl. Andelfinger: Anforderungsanalyse, 1997, S. 77.
[349] Vgl. Cysneiros et al.: Conceptual Models, 2001, S. 97 f.; Wiegers: Software Requirements, 1999, S. 8.
[350] Vgl. Wiegers, Software Requirements, 1999, S. 8 f.; Chung, Nixon: Non-Functional Requirements, 1995, S. 27, Mylopoulos: Information Modeling, 1998, S. 139.
[351] Vgl. Mylopoulos et al.: Requirements Analysis, 1999, S. 34 f.; Cysneiros, Leite: Non-Functional Requirements, 2001; Chung, Nixon: Non-Functional Requirements, 1995, S. 26 f.
Bei dem System zur Erfassung des Arbeitslosengeld II, welches Anfang 2005 bei der Bundesagentur für Arbeit eingeführt worden ist, war bspw. bis 2,5 Monate vor der Inbetriebnahme nicht klar, ob es die zu erwartende Anzahl Benutzer (40.000) wird verkraften können (Schulz: Software, o. J.); diese zentrale Anforderung wurde erst in der (recht kurzen) Testphase in die Betrachtung einbezogen.
[352] Pohl führt zwei weitere Kriterien zur Systematisierung von Anforderungen ein, nämlich notwendige (vital) und wünschenswerte Anforderungen sowie Kosten- und Zeitanforderungen (Pohl: Requirements Engineering, 1997, S. 22); Schienmann betrachtet darüber hinaus noch einer Reihe weiterer Kriterien, die zur Unterscheidung und Systematisierung von verschiedenen Anforderungsarten herangezogen werden können (Schienmann: Anforderungsmanagement, 2002, S. 122 ff.).

5.2.1.4 Der Begriff des Anforderungsmanagements

Aufgrund des relativen Neuigkeitsgrades existiert kein einheitliches Verständnis der Begriffe „Requirements Engineering" und „Requirements Management", die häufig beide mit „Anforderungsmanagement" übersetzt werden. Tabelle 8 stellt verschiedene Definitionen des Begriffs gegenüber.

Tabelle 8 Definitionen des Begriffs „Requirements Engineering"

IEEE Glossar[353]	„ 1. a method of obtaining a precise formal specification from the informal and often vague requirements with a customer. 2. In system engineering, the science and discipline concerned with analyzing and documenting requirements."
Loucopoulos / Karakostas[354]	„ ... a systematic process of developing requirements through an iterative co-operative process of analyzing the problem, documenting the resulting observations in a variety of representation formats, and checking the accuracy of the understanding gained."
Gause / Weinberg[355]	„ ... the part of development in which people attempt to discover what is desired."
van Lamsweerde[356]	„ careful assessment of the needs that a system is to fulfill. It must say why a system is needed, based on current or foreseen conditions, which may be internal operations or an external market. It must say what system features will serve and satisfy this context."

Die verschiedenen aufgelisteten Definitionen haben eine gemeinsame Schnittmenge, unterscheiden sich jedoch im Detail. Konsens herrscht dahingehend, dass in dieser frühen Phase der Systementwicklung definiert wird, „was" das System leisten können soll und noch nicht im Fokus steht, „wie" das System dies erreicht. Ziel soll es sein, eine formale Spezifikation, eine Definition oder „nur" eine Dokumentation der Anforderungen zu erarbeiten. Hinsichtlich des Formalisierungsgrades der Entwicklungsergebnisse des Anforderungsmanagements herrschen demnach unterschiedliche Auffassungen. Sie werden aus informal und häufig vage formulierten Anforderungen entwickelt, die in einigen Definitionen

---

[353] IEEE-Glossar, 1990.
[354] Loucopoulos, Karakostas: Requirements Engineering, 1995, S. 13, zitiert nach Pohl: Requirements Engineering, 1997, S. 2.
[355] Zitiert nach Pohl: Requirements Engineering, 1997.
[356] van Lamsweerde: Requirements Engineering, 2000.

Anforderungsmanagement

auch als „Needs" bezeichnet werden. Loucopoulos und Karakostas betonen die iterative und kooperative Natur der Entwicklung von Anforderungen. Anforderungsmanagement wird gesehen als Prozess oder als Methode, in weiteren Definitionen auch als Aktivität oder eine spezielle Phase. Im Folgenden wird das Anforderungsmanagement als eine Aktivität betrachtet, die, da ein iteratives Vorgehen bevorzugt wird, kontinuierlich bzw. wiederholt im Entwicklungsprozess abläuft.

5.2.2 Phasenmodelle des Anforderungsmanagements

5.2.2.1 Überblick

Im Folgenden soll die Phase des Anforderungsmanagements näher betrachtet werden. Tabelle 9 stellt verschiedene in der Literatur vorgeschlagene Phaseneinteilungen dar und einander gegenüber.

Tabelle 9 Phasen des Anforderungsmanagements

Autor	Phaseneinteilung für den Requirements-Enginerring-Prozess				
Zave[357]	Elicitation	Validation	Specification		
Sommerville, Sawyer[358]	Elicitation	Analysis & Negotiation	Validation		
Sommerville, Kotonya[359]	Elicitation	Analysis & Negotiation	Documentation	Validation	
Pohl[360]	Elicitation	Negotiation	Specification & Documentation	Validation & Verification	
Hickey; Davis[361]	Elicitation	Modeling	Triage	Specification	Verification
Wiegers[362]	Eicitation	Analysis	Specification	Verification	Management

---

[357] Zave: Requirements Engineering, 1997.
[358] Sommerville, Sawyer: Requirements Engineering, 1997, S. 11.
[359] Kotonya, Sommerville: Requirements Engineering, 1998, S. 32.
[360] Pohl: Requirements Engineering, 1997.
[361] Hickey, Davis: Requirements Elicitation, 2003, S. 3.
[362] Wiegers: Software Requirements, 1999, S. 19 f.

In jeder der Einteilungen findet sich eine Aktivität bzw. Teilphase, die sich mit der Erfragung und Erhebung (Elicitation) von Bedarfen/Anforderungen befasst. Leider gibt es keine befriedigende Übersetzung für den englischen Begriff „Requirements Elicitation". „Elicit" wird mit „entlocken" und „herauskitzeln" übersetzt. Gelegentlich werden ähnliche Gesichtspunkte in der Wirtschaftsinformatik unter dem Stichwort „Wissensakquisition" diskutiert, dann aber eher bezogen auf Expertensysteme.[363] „Erheben" und „Erfragen" spiegeln nach Ansicht des Verfassers jedoch nicht adäquat wider, dass es eben auch darum geht, den Benutzern und Anwendern vages Wissen „zu entlocken".

Darüber hinaus sehen die meisten Phaseneinteilungen eine formale Spezifikation vor. Diese kann Grundlage für einen Vertrag, ein Pflichten- bzw. Lastenheft oder eine Ausschreibung sein.[364] Ebenfalls sehen viele Modelle eine Phase vor, die die Überprüfung oder den Test der Spezifikation zum Gegenstand haben (Validierung bzw. Verifikation). Deutlich unterschiedliche Bezeichnungen finden sich für die Phase, der sog. „Elicitation" folgt. Zwar werden durch die unterschiedlichen Benennungen jeweils unterschiedliche Schwerpunkte gelegt, letztlich beinhalten die Teilphasen „Negotiation", „Modelling" bzw. „Analysis" jedoch mehrheitlich die Erstellung und Analyse von Modellen, die Herstellung eines gemeinsamen Verständnisses zwischen den Beteiligten sowie eine Analyse hinsichtlich Vollständigkeit und Eindeutigkeit der erhobenen Anforderungen. Die Phase „Triage" findet sich nur bei Hickey/Davis. Sie beinhaltet die Aufteilung von Anforderungen auf Releases bzw. Builds, die im Entwicklungsprozess erstellt werden, ist damit also wesentlich für eine inkrementelle Entwicklungsmethode, in der unterschiedliche Teilprodukte erstellt werden.

Die iterativ-evolutionäre Natur des Anforderungsmanagement, die durch die Phaseneinteilungen alleine nicht ganz deutlich wird, veranschaulicht Abbildung 17. Sie beinhaltet darüber hinaus eine Schätzung des jeweiligen Aufwands der jeweiligen Teilphase im Zeitablauf (als Anteil, den sie am Gesamtaufwand einnehmen). Auffällig ist, dass die Teilphase „Elicitation" nach Ansicht von Hickey/Davis über 50 Prozent der Gesamtzeit ausmacht.

---

[363] Voß, Gutenschwager verwenden „Wissensakquisition" auch im Bereich der Informationsbedarfsanalyse. Vgl. Voß, Gutenschwager: Informationsmanagement, 2001.
[364] Vgl. Schienmann: Anforderungsmanagement, 2002, S. 141 ff.

Anforderungsmanagement 113

Abbildung 17 Anforderungsmanagement als iterativ-evolutionäre Aktivität

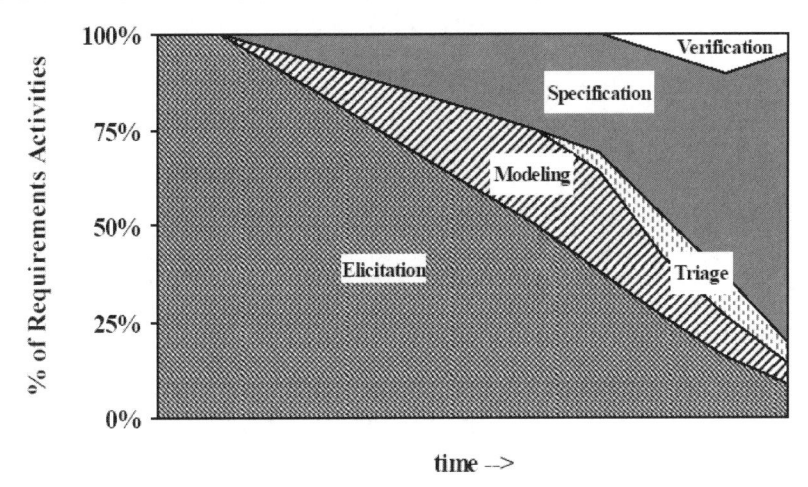

(Hickey, Davis: Requirements Elicitation, 2004, S. 67)

Im Folgenden werden die einzelnen Teilphasen problemorientiert dargestellt. Hierbei sollen Herausforderungen der einzelnen Phasen herausgearbeitet werden, von denen man annehmen kann, dass sie im Data Warehousing besonders relevant sind. Die Darstellung legt die in Abbildung 18 dargestellte Phaseneinteilung zugrunde.

5.2.2.2 Anforderungserhebung (Requirements Elicitation)

Das Anforderungsmanagement beginnt mit der Akquisition und Erfragung von Bedarfen und Anforderungen. Damit ist diese Aktivität von zentraler Bedeutung, jedoch gibt es relativ wenig Forschung auf diesem Gebiet und dementsprechend wenig Unterstützung für diese Aufgabe.[365] Dies ist bedauerlich, denn – wie Yourdon es ausdrückt – „If you don't understand the user's requirements, it doesn't matter how you code it."[366]

---

[365] Vgl. Browne, Rogich: Requirements Elicitation, 2001, S. 223 u. 224.
[366] Yourdon: Programmer, 1992, S. 35.

Abbildung 18 Aktivitäten des Anforderungsmanagements

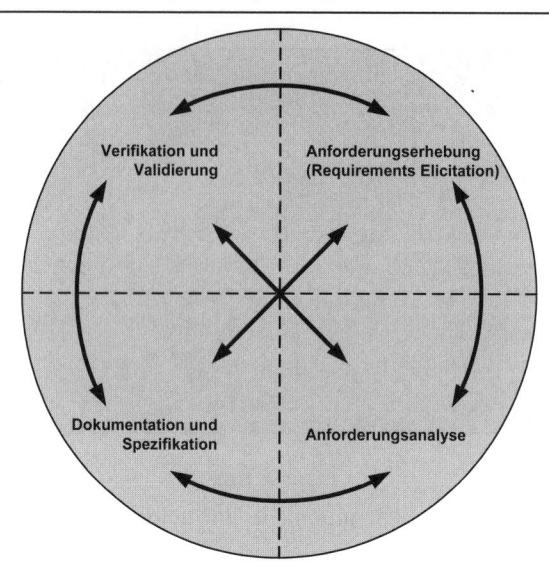

[Diagramm: Kreis mit vier Quadranten – Verifikation und Validierung, Anforderungserhebung (Requirements Elicitation), Dokumentation und Spezifikation, Anforderungsanalyse]

(In Anlehnung an Sommerville, Sawyer: Requirements Engineering, 1997, S. 11 und Pohl: Requirements Engineering, 1997)

Requirements Elicitation beschreibt die Teilphase des Anforderungsmanagements, die für das Auffinden, das Verstehen und das Sammeln von Informationen über Bedarfe und Anforderungen verantwortlich ist.[367] Nach IEEE wird Requirements Elicitation definiert als:

„The process through which the customers (buyers and/or users) and developer (contractor) of a software system discover, review, articulate, and understand the requirements of the system."[368]

Zunächst sind, bevor mit der eigentlichen Erhebung von Anforderungen begonnen werden kann, Quellen und Kanäle zu bestimmen. Relevantes Wissen bzgl. Anforderungen liegt in vielen verschiedenen Quellen vor. Unter Quellen ist dem-

---

[367] Vgl. Leite: Viewpoint Analysis, 1989, S.111; Hickey, Davis: Requirements Elicitation, 2004, S. 67.
[368] IEEE-Glossar, 1990.

Anforderungsmanagement

nach die eigentliche Herkunft der Anforderungen zu verstehen.[369] Potenzielle Quellen sind alle Stakeholder, d. h. alle Personen, die von dem Zielsystem positiv oder negativ betroffen sein können und alle Personen und Dokumente, die relevante Informationen für die Entwicklung des zu erstellenden Anwendungssystems liefern können.

Bei den verschiedenen Stakeholdern sollte zwischen Personen und Rollen unterschieden werden, da nur so eine eindeutige Zuordnung von Anforderungen zu ihren Quellen gewährleistet ist. Unter einem „Kanal" wird der Anlass oder Weg verstanden, durch den eine Anforderung zu den für die Entwicklung verantwortlichen Personen gelangt. Der Kanal ist von Relevanz, da er die Rückverfolgbarkeit (Requirements Traceability) einer Anforderung hin zu ihrer Quelle gewährleistet.

Die Hindernisse, die bei dieser Aktivität auftreten, beschreiben Valusek/Fryback als „obstacles which can be categorized as WITHIN an individual user, AMONG users, and BETWEEN the individual user and those responsible for system development"[370].

„Within-Obstacles" beschreiben das Problem, dass der zukünftige Anwender oder Benutzer sich über seine Anforderungen und seinen Bedarf selbst nicht im Klaren ist. Der Grund hierfür kann darin liegen, dass er nicht in der Lage ist, sein implizites Wissen zu explizieren und er nicht einschätzen kann, was technisch realisierbar ist. Die Folge sind Artikulationsprobleme.[371]

„Among-Obstacles" entstehen, weil verschiedene Benutzer und Anwender abweichende und möglicherweise gegensätzliche Anforderungen und Bedarfe haben. Hieraus die Schnitt- bzw. die Vereinigungsmenge zu bilden und die Anforderungen zu priorisieren, stellt häufig eine schwierige Aufgabe dar.[372]

Die „Between-Obstacles" ergeben sich dadurch, dass Entwickler und Benutzer unterschiedliche Sprachen sprechen. Während der Anwender in der gewachsenen, natürlichen Sprache kommuniziert, werden von Entwicklern künstliche, konstruierte Sprachen (z. B. Diagrammsprache) wegen ihrer formalen Eindeutigkeit bevorzugt. Hieraus resultiert eine „Sprachlücke", die zu Kommunikationsproblemen im Entwicklungsprozess führen kann.[373]

---

[369] Vgl. Deifel: Requirements Engineering, 2001, S. 31 f.
[370] Valusek, Fryback: Information requirements, 1985, S. 103.
[371] Vgl. Sommerville, Sawyer: Viewpoints, 1997, S. 122; Strauch: Informationsbedarfsanalyse, 2002, S. 46; Wetherbe: Information Requirements, 1991, S. 52.
[372] Vgl. Valusek, Fryback: Information requirements, 1985, S. 106.
[373] Vgl. Ortner: Konstruktionssprache, 1995; Lehmann: Normsprache, 1998, S. 366; Hellmuth: Terminologiemanagement, 1997, S. 88 ff.; McDavid: Business Language Analysis,

Browne/Rogich stellen fest, dass bei üblichen Entwicklungsprojekten kein Idealzustand herrscht, bei dem „requirements .. flow plainly and clearly from users to systems analysts." Vielmehr sind eine Reihe kognitiver, kommunikativer und motivationaler Gründe ausschlaggebend dafür, dass ein solcher Zustand nicht erreicht wird. Die Autoren erstellen ein „Requirements Elicitation Task Model", das den kommunikativen Aspekt der Interaktion zwischen Analysten und Benutzern veranschaulicht und kognitive Probleme der Benutzer, aber auch der Entwickler deutlich macht[374] (vgl. Abbildung 19).

Die Vorteile und Ziele des Modells beschreiben die Autoren folgendermaßen:

> „A model of the elicitation task will allow the analyst to understand what requirements are and how they might be captured, in addition to giving him a clearer understanding of what his goals should be. Further, the proposed model will help the analyst see requirements not merely as the documentation of data elements in a business process, but rather as the identification of goals, assumptions, opinions, and desires of users… ."[375]

Ausgangspunkt des Modells ist, dass ein Entwicklungsprojekt in der Regel seinen Auslöser in organisatorischen Problemen oder wahrgenommenen Chancen hat. Sowohl die Entwickler als auch die Benutzer machen sich ein Bild des Aufgabenumfelds, welches die Autoren als „Problem Space" bezeichnen (Istzustand). Darüber hinaus benötigen sie eine Vorstellung des zukünftigen Aufgabenumfelds, um Anforderungen zur Erreichung des Sollzustands beschreiben zu können (Istzustand).

Bei der Erhebung von Anforderungen durch den oder die Analysten müssen Benutzer Informationen aus ihrem Langzeitgedächtnis abrufen. Bereits hierbei kann es zu erheblichen Schwierigkeiten kommen (vgl. den „Problemraum des Benutzers" in Abbildung 19; die genannten Aspekte konkretisieren die o. g. „Within-Obstacles"):

- Probleme beim Abruf von Informationen und Wissen aus dem Langzeitgedächtnis (Recall Problems),

---

1996, S. 145 f.; Dreckmann: Hilfe, 2003, S. 40 f.; Flynn/Davarpanah sprechen sinngemäß vom „user-developer cultural gap": Flynn, Davarpanah: User Requirements, 1998, S. 53.

[374] Vgl. Browne, Rogich: Requirements Elicitation, 2001; Richards: Requirements Elicitation, 2000, S. 2; zu einer Diskussion alternativer Kommunikationsmodelle im Rahmen der Systementwicklung vgl. Kensing, Munk-Madsen: PD, 1995, S. 79 ff.

[375] Browne, Rogich: Requirements Elicitation, 2001, S. 225 f.

Anforderungsmanagement

- Kognitive Verzerrungen beim Abruf aus dem Langzeitgedächtnis (Cognitive Bias),
- Unfähigkeit, routiniertes Verhalten und implizites Wissen explizit zu formulieren („Automated Knowledge").

Auf der Grundlage der erhobenen Informationen macht sich der Analyst ein Bild vom Ist- sowie vom Sollzustand. Dieses Bild wird durch ihn schrittweise detailliert und ergänzt. Zur Erhebung nutzen Analysten bestimmte Techniken, die Browne/Rogich als „Prompts" bezeichnen. Die erhobenen Informationen werden durch die Analysten erfasst und als Spezifikation („Requirements Document") dokumentiert. Dieses bildet das Ergebnis der Aktivität Requirements Elicitation.

Abbildung 19 Requirements Elicitation Task Model

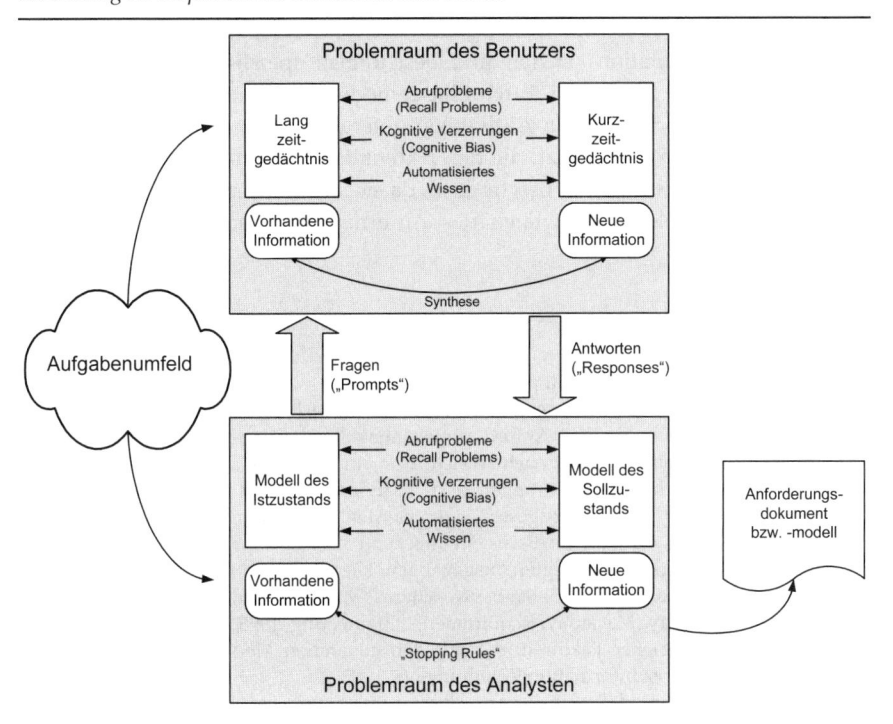

```
                    Problemraum des Benutzers
              ┌──────────────────────────────────────┐
              │  Lang      Abrufprobleme    Kurz-    │
              │  zeit-     Kognitive Verzerrungen zeit- │
              │  gedächtnis Automatisiertes gedächtnis │
              │                Wissen                │
              │                                      │
              │  Vorhandene              Neue        │
              │  Information             Information │
              │           Synthese                   │
              └──────────────────────────────────────┘
                    
  Aufgabenumfeld      Fragen         Antworten
                     („Prompts")    („Responses")
              
              ┌──────────────────────────────────────┐
              │              Abrufprobleme           │
              │  Modell des  Kognitive Verzerrungen  Modell des │
              │  Istzustands Automatisiertes Sollzu- │
              │                Wissen         stands │   Anforderungs-
              │                                      │   dokument
              │  Vorhandene              Neue        │   bzw. -modell
              │  Information             Information │
              │           „Stopping Rules"           │
              │        Problemraum des Analysten     │
              └──────────────────────────────────────┘
```

(vereinfacht nach Browne, Rogich: Requirements Elicitation, 2001, S. 227)

Probleme in diesem Zusammenhang betreffen zum einen die Kommunikation zwischen Analysten bzw. Entwicklern und Benutzern, die aus Fragen und Antworten besteht (vgl. Abbildung 19). Dieser Aspekt ist bereits oben als „Between-Obstacle" kurz diskutiert worden (Kommunikationsprobleme und Sprachlücke). Von Bedeutung in diesem Zusammenhang ist, wie Anforderungen in dieser Phase dokumentiert werden; betroffen ist damit auch der pragmatische Aspekt der Sprache (4.1.2.4).

Für den Analysten bzw. Entwickler ergeben sich Schwierigkeiten bei der Problemstrukturierung und der Entscheidung, wann ausreichend viele und detaillierte Informationen vorhanden sind („Problemraum des Analysten"). Dieser letztgenannte Aspekt wird in der Literatur auch unter dem Stichwort „stopping rules" diskutiert.[376][377]

Sowohl das Modell von Browne/Rogich als auch die Systematisierung nach Valusek/Fryback[378] verdeutlichen die Aufgaben, die sich im Zusammenhang mit der „Requirements Elicitation" stellen und beschreiben spezifische Probleme. Die Aktivitäten werden zum einen durch Phasenmodelle strukturiert, die die Anforderungserhebung wiederum in Aktivitäten untergliedern, zum anderen werden sie durch Techniken unterstützt, die den Aktivitäten zugeordnet sind.[379] Techniken werden in Abschnitt 5.2.3 beschrieben, da sie sich nur tendenziell, nicht aber exklusiv den einzelnen Aktivitäten des Anforderungsmanagements zuordnen lassen.[380]

---

[376] Vgl. Browne, Rogich: Requirements Elicitation, 2001, S. 226 f. u. 233 ff.; Ebenfalls und ausführlicher: Pitts, Browne: Stopping Behavior, 2004.

[377] Nicht beachtet werden an dieser Stelle Probleme, die sich durch Verhaltens- und Verhandlungsstrategien beim Anforderungsmanagement ergeben. Die Benutzer-Entwickler-Konstellation stellt nach Ansicht des Autors generell ein interessantes Feld für spieltheoretische Untersuchungen und Analysen aus Sicht der Neuen Institutionenökonomie dar. Derartige Fragestellungen werden hier und im Folgenden jedoch außer Acht gelassen. Es wird insofern vereinfachend von einer prinzipiellen Gleichrichtung der Interessen der Beteiligten ausgegangen. Die Interessen und Motivationen verschiedener Stakeholder diskutieren bspw. Scharer (Melchisedech: Spezifikationen, 2000, S. 32) und Macaulay (Macaulay: Requirements Engineering, 1996, S. 33 ff.).

[378] Eine Betonung weicher Faktoren, die mit den genannten Modellen vergleichbar ist, findet sich bei Davis: Information Requirements, 1982.

[379] Detaillierte Phasenmodelle für die Anforderungserhebung sowie die Beschreibung von Techniken finden sich u. a. bei Christel/Kang (Christel, Kang: Requirements Elicitation, 1992), bei Sommerville/Sawyer (Sommerville, Sawyer: Requirements Engineering, 1997, S. 371 ff. u. 63 ff.), bei Dean et al. (Dean et al.: Involvement, 1997-1998, S. 191 ff.) sowie bei Hickey/Davis (Hickey, Davis: Requirements Elicitation, 2003).

[380] Vgl. Maiden, Rugg: ACRE, 1996, S. 184.

5.2.2.3 Anforderungsanalyse

Nachdem bei der Anforderungserhebung aus verschiedenen Quellen zum Teil nebulös und vage artikulierte Wünsche erhoben wurden, die häufig in unterschiedlichen Repräsentationen (Grafiken, natürlichsprachig) dargestellt sind, werden diese nun analysiert. Die Analyse bezieht sich auf Gemeinsamkeiten, Konflikte, Inkonsistenzen und Lücken. Aufbauend auf dieser Analyse werden in Verhandlungsprozessen konkrete Systemanforderungen bestimmt. In diesem Zusammenhang erfolgt sowohl eine Auflösung von Konflikten als auch eine Priorisierung von Anforderungen. Das Ziel besteht darin, eine vollständige und konsistente Menge von Anforderungen festzulegen, die die Zustimmung der wesentlichen Stakeholder findet.[381]

Die Vollständigkeit bezieht sich auf die einzubeziehenden Personen sowie auf die Breite des Anwendungsgebietes. Bspw. ist darauf zu achten, dass neben funktionalen auch nichtfunktionale Anforderungen erhoben werden. Mit der Priorisierung werden Entscheidungen hinsichtlich zu realisierender Anforderungen getroffen. Dies kann bspw. bereits an dieser Stelle in eine Planung von Build und Inkrementen münden.

Die Auflösung von Konflikten und Inkonsistenzen und die Erhebung fehlender Anforderungen machen häufig Rückschritte in die vorangegangene Phase notwendig, sodass sich ein iterativ-evolutionärer Ablauf ergibt. Auch wenn hierbei Benutzer erneut einbezogen werden, erfolgt keine formale Validierung der Anforderungen. Diese ist Gegenstand der letzten Teilphase des Anforderungsmanagements und bezieht sich auf die Spezifikation. Jedoch kann auch die Validierung Rückschritte in frühere Phasen notwendig machen oder gar einen neuen Anforderungsmanagementzyklus anstoßen (s. o. Abbildung 18).

Ebenfalls ist bei der Formalisierung von Anforderungen mit Modellen in späteren Phasen davon auszugehen, dass Konflikte, Inkonsistenzen und Lücken offenbar werden. Somit sind auch dort wiederum Rückschritte üblich und notwendig.

Zur strukturierten Dokumentation von erhobenen Anforderungen werden von vielen Methoden des Anforderungsmanagements Fomulare (Templates) vorgeschlagen (bspw. Use-Case-Templates, RUP-Templates oder Volere Templates).[382]

---

[381] Vgl. Sommerville, Sawyer: Requirements Engineering, 1997, S. 11 und 111; Kotonya, Sommerville: Requirements Engineering, 1998, S. 53 ff.; Pohl: Requirements Engineering, 1997, S. 11; Darke, Shanks: Requirements Definition, 1996, S. 88; Hickey, Davis: Requirements Elicitation, 2004, S. 67.
[382] Vgl. Schienmann: Anforderungsmanagement, 2002, S. 37 u. 229.

Im Allgemeinen wird von den genannten Methoden davon ausgegangen, dass Anforderungen als Use Cases erhoben und dokumentiert werden.

Abbildung 20 Volere Template

| Requirement #: | Requirement Type: | Event/use case #: |

Description:

Rationale:

Source:
Fit Criterion:

Customer Satisfaction: Customer Dissatisfaction:
Dependencies: Conflicts:
Supporting Materials:
History:

Volere
Copyright © Atlantic Systems Guild

(Quelle: http://www.volere.co.uk/template.htm)

Die Teilphase Analyse kann wiederum in detailliertere Teilphasen und Aktivitäten untergliedert werden, denen unterstützende Techniken zugeordnet werden. Spezifische Analysetechniken unterstützen die Konsistenzsicherung sowie das Herausarbeiten von Gemeinsamkeiten und Unterschieden in den formulierten Anforderungen; Verhandlungstechniken kommen zum Einsatz, um zwischen den Stakeholdern Konsens herbeizuführen.[383]

5.2.2.4 Dokumentation und Spezifikation

In dieser Aktivität werden Anforderungen als Systemanforderungen formal beschrieben. IEEE definiert eine „Software-Requirements-Specification" als:

„1. A document that specifies the requirements for a system or component. ... [IEEE Std 610.12-1990]

---

[383] Vgl. Herzwurm: Softwareproduktentwicklung, 2000, S. 210 ff.

2. A document that clearly and precisely records each of the requirements of the software system."[384]

Sie sollte folgende Eigenschaften besitzen: „A requirements specification should be complete, consistent, modifiable, traceable, unambiguous, verifiable, and usable during development, operation, and maintenance of the system."[385]

Die Herausforderung besteht in dieser Aktivität darin, die informalen Beschreibungen der vorangegangenen Phasen in eine formale Darstellung zu transformieren. Die Spezifikation stellt den entscheidenden Input für die folgenden Phasen der Systementwicklung (Entwurf und Implementierung) dar. Gleichzeitig ist sie auch Grundlage für die Teilphase Validierung und Verifikation.[386]

Aus einer Modellierungsperspektive handelt es sich bei der Spezifikation um ein konzeptionelles Modell, welches die oben genannten Ziele – Dokumentation, Grundlage für die Diskussion mit Benutzern und Input für die weiteren Entwicklungsschritte – zu erfüllen hat (vgl. S. 44). Im Anforderungsmanagement ist es trotz der Vorteile formaler Repräsentationen dennoch nicht unüblich, beliebig gegliederten Prosatext zu verwenden, auch wenn natürlichsprachliche Formulierungen deutliche Schwächen aufweisen:

„… natural language requirements are difficult to understand. Natural language requirements can be ambiguous, surprisingly opaque and is often misunderstood." Dieselben Autoren räumen dennoch ein: „Natural language is the only notation that we have which is generally understandable by all potential readers of the requriements for a system."[387]

Andere Autoren hingegen gelangen zu einer deutlich kritischeren Einschätzung informaler Beschreibungen:

„Informal specifications are often nearly incomprehensible because of their size, ambiguity, incompleteness, and lack of structure. It is also extremely difficult to teach how to write a good specification in English, or to evaluate the result."[388]

---

[384] IEEE-Glossar, 1990.
[385] IEEE-830 , zitiert nach Pohl: Requirements Engineering, 1997.
[386] Vgl. Pohl: Requirements Engineering, 1997, S. 11 f.; Deifel: Requirements Engineering, 1998, S. 16.
[387] Beide Vollzitate aus: Kotonya, Sommerville: Requirements Engineering, 1998, S. 19; ähnlich: Sommerville, Sawyer: Requirements Engineering, 1997, S. 142.
[388] Zave, zitiert nach Melchisedech: Spezifikationen, 2000, S. 41; jedoch gibt es immer mehr Hilfestellungen für das schreiben „guter" natürlichsprachlicher Anforderungen, bspw.: Alexander, Stevens: Requirements, 2002.

Man steht also prinzipiell vor dem Dilemma, mit fachkonzeptionellen Modellen gleichzeitig fachliche als auch implementierungsbedingte Anforderungen erfüllen zu müssen. Um den Kommunikationszweck zu erfüllen, sollten benutzerverständliche Repräsentationen gewählt werden. Ebenso müssen die Verfahrensweisen des Anforderungsmanagements mit nachgelagerten Entwicklungsaspekten synchronisiert werden.

„Erfahrungsgemäß eignen sich, zumindest für den nichttechnischen Bedarfssteller, umfangreiche natürlich-sprachliche Textdokumente für diesen Zweck genau so wenig wie die heute weit verbreiteten konzeptuellen Modelle (z. B. ER-Derivate und UML-Diagramme). Erstere sind zu wenig strukturiert, um die zwischen den einzelnen Anforderungen bestehenden expliziten und impliziten Abhängigkeiten transparent zu machen. Letztere sind auf die Bedürfnisse der anschließenden Entwicklung zugeschnitten, d. h., sie bieten eine gute und widerspruchsfreie Grundlage für den Designer/Entwickler. ... Abgesehen davon, dass der typische Anwender den damit verbundenen Abstraktionsgrad [...] nicht nachvollziehen kann, behindert der Zwang zu frühzeitigen und aufgrund von Einschränkungen artifiziellen Entwurfsentscheidungen die Konzentration auf das Wesentliche, nämlich die Fachkonzepte."[389]

Unabhängig davon, welche Grundhaltung eingenommen wird, ist es unzweifelhaft, dass im Entwicklungsprozess „irgendwann" ein Übergang vom Informalen zum Formalen stattzufinden hat.[390] Die Frage ist nur, wann dieser Übergang vollzogen wird, und durch welche bzw. wie viele Zwischenschritte dieser Übergang (diese Transformation) gestaltet wird. Hier sind grundsätzlich verschiedene Varianten denkbar, von denen Abbildung 21 zwei graphisch veranschaulicht. Links ist eine Variante dargestellt, bei der ein formales Modell des Zielsystems direkt aus der Problembeschreibung erstellt wird. Bei der zweiten Variante werden mehrere Zwischenschritte durchlaufen, und das Zielsystem wird durch eine schrittweise Transformation der Problembeschreibung mit steigendem Formalisierungsgrad erstellt. Zusätzlich sind auf jeder Ebene Iterationen vorgesehen, die ein hohes Maß an Benutzerbeteiligung sicherstellen, da regelmäßig die Teilergebnisse des Entwicklungsprozesses geprüft werden.

---

[389] Jarke, Mayr: Mediengestütztes Anforderungsmanagement, 2002, S. 454.
[390] Vgl. Byrd et al.: Requirements Analysis, 1992, S. 122.

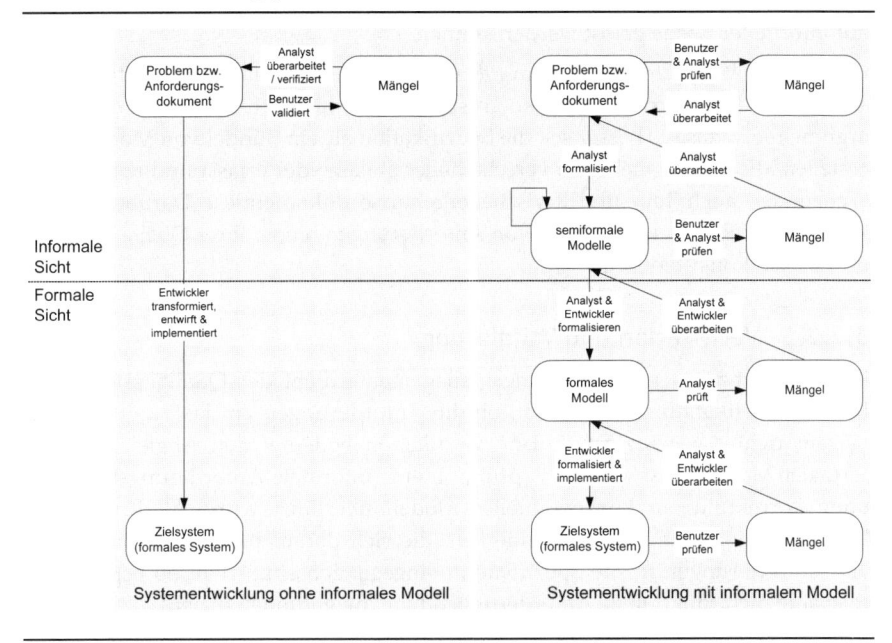

Anforderungsmanagement

Abbildung 21 Alternative Vorgehensweisen zur formalen Spezifizierung im Entwicklungsprozess

Die zweite Variante trägt dem Umstand Rechnung, dass zur Beschreibung unstrukturierter Probleme die natürliche Sprache am besten geeignet und die Formalisierung informaler Aspekte sehr schwer ist. Formale Notationen lassen sich erst dann sinnvoll einsetzen, wenn das Problem- und Anwendungsgebiet vollständig verstanden ist, sodass in den allermeisten Fällen nicht direkt mit diesen begonnen werden kann. Insofern sind informale Notationen für das Requirements Engineering von großer Bedeutung und für die Kommunikation mit den Benutzern und Anwendern unerlässlich.[391]

Es scheint zweckmäßig, bereits auf informaler Ebene verschiedene Notationen einzusetzen, die schrittweise formalisiert werden. Hierdurch können das Zusammenspiel verschiedener, möglicherweise konfligierender Anforderungen und die Konsequenzen ihrer Umsetzung betrachtet und analysiert werden. Neben einer natürlichsprachlichen Darstellung sind daher formalere Repräsentationen

---

[391] Vgl. Melchisedech: Spezifikationen, 2000, S. 41 f.

von Relevanz, die die Analyse der Anforderungen unterstützen. Die Behebung von Mängeln der Dokumentation macht häufig Rückschritte notwendig, da Konflikte, die oft erst bei der schrittweisen Formalisierung offensichtlich werden, nur auf informaler Ebene gelöst werden können.

Die Spezifikation erfolgt i. d. R. in *Pflichtenheften*, für die Standards und Normen existieren.[392] Pohl kritisiert die so entstehenden „monolithischen Modelle" und argumentiert, dass es besser sei, die Spezifikation als ein Bündel von Modellen zu erstellen, die die Perspektiven verschiedener Stakeholder erfasst und neben Endergebnissen auch Teil- und Zwischenergebnisse dokumentiert. Darüber hinaus sollte sie die Rückverfolgbarkeit von Anforderungen hin zu ihrer Quelle erlauben und in sich konsistent sein.[393]

5.2.2.5 Verifikation und Validierung

Die letzte Phase des Anforderungsmanagements dient der Qualitätssicherung. Bei der Verifikation wird geprüft, ob die Anforderungen an das zu erstellende System richtig spezifiziert sind.[394] Verifikation bedeutet den Abgleich zweier formaler Modelle. Bspw. wird geprüft, ob eine informale Anforderungsbeschreibung korrekt in ein konzeptionelles Modell überführt wurde.[395] Korrektheit beinhaltet hier auch die Vollständigkeit, die sich darauf bezieht, ob tatsächlich alle Anforderungen in die Spezifikation eingegangen sind (d. h. ob bspw. auch relevante nichtfunktionale Anforderungen Eingang gefunden haben).

Bei der Validierung wird danach gefragt, ob die richtigen Anforderungen spezifiziert wurden, d. h. ob die spezifizierten Anforderungen mit den ursprünglichen und relevanten Benutzeranforderungen und -bedürfnissen übereinstimmten bzw. ob diese noch aktuell sind oder sich im Laufe der Zeit geändert haben.[396] Validie-

---

[392] Vgl. Normierungen und Standardisierungen finden sich bspw. in IEEE Std. 830-1998 (vgl. Melchisedech: Spezifikationen, 2000, S. 20 ff.; v. a. 22 f.) und in DIN 69901 (vgl. Stahlknecht, Hasenkamp: Wirtschaftsinformatik, 2005, S. 247); vgl. ebenfalls Schienmann: Anforderungsmanagement, 2002, S. 145 ff.

[393] Vgl. Pohl: Requirements Engineering, 1997, S. 13; ebenso: Nuseibeh et al.: ViewPoints, 2003, S. 677.

[394] Vgl. Schienmann: Anforderungsmanagement, 2002, S. 45.

[395] Vgl. Leite: Viewpoints on Viewpoints, 1996, S. 286 f.; Hickey, Davis: Requirements Elicitation, 2004, S. 67.

[396] Vgl. Schienmann: Anforderungsmanagement, 2002, S. 45.

rung bedeutet demnach die Überprüfung der Ergebnisse des Anforderungsmanagements (Modelle bzw. Spezifikation) an der Realität.[397]

In Anlehnung an die Unterscheidung zwischen Effizienz und Effektivität wird häufig die Verifikation als „doing the thing right" und die Validierung als „doing the right thing" umschrieben.[398]

Während bei der Verifikation im Vordergrund steht, ob die Transformation zwischen Modellen mit unterschiedlichem Formalisierungsgrad korrekt ausgeführt wurde, erfordert die Validierung eine intensive Interaktion und Kommunikation zwischen Stakeholdern und Analysten. Voraussetzung hierfür ist, dass die zu validierende Spezifikation in einer für die Benutzer und Anwender verständlichen Sprache verfasst ist. Somit ergeben sich dieselben Probleme, wie sie im vorangegangenen Abschnitt diskutiert wurden (Sprachlücke). Häufig werden graphische Repräsentationen (Modelle) zur Unterstützung der Kommunikation herangezogen.[399] Jedoch ist durchaus fraglich, ob sie diese Unterstützung bieten können:

„Ein weiteres Problem liegt nach wie vor in der Abstraktionsdistanz zwischen natürlichsprachigen Anforderungsspezifikationen und konzeptuellen Entwürfen. Zwar hat noch fast jeder Erfinder einer konzeptuellen Modellierungsmethode, und insbesondere natürlich die Verfechter von OOA-Methoden, behauptet, sein bzw. ihr Ansatz biete eine geeignete Verständigungsbasis zwischen Bedarfsstellern (Anwendern) und Systemanalytikern/Entwicklern. Die Praxis zeigt jedoch, daß konzeptuelle Modelle für die Anwender oft

---

[397] Vgl. Pohl: Requirements Engineering, 1997, S. 13. Das IEEE definiert Verifikation und Validierung nicht mit Bezug auf die Spezifikation, sondern mit Bezug auf das fertige System:
„Validation – 1. The process of evaluating a system or component during or at the end of the development process to determine whether it satisfies specified requirements. ... [IEEE Std 610.12-1990] 2. The process is a process for determining whether the requirements and the final, as-built system or software product fulfills its specific intended use [IEEE/EIA Std 12207.2, Para 6.5]."
„verification -- 1. The process of evaluating a system or component to determine whether the products of a given development phase satisfy the conditions imposed at the start of that phase. Contrast with validation. [IEEE Std 610.12-1990] 2. The verification process is a process for determining whether the software products of an activity fulfill the requirements or conditions imposed on them in the previous activities [IEEE/EIA Std12207.2, Para 6.4]" (IEEE-Glossar, 1990).

[398] Bspw. bei Wiegers: Software Requirements, 1999, S. 235.

[399] Vgl. Nordbotten, Crosby: Data Model Interpretation, 1999, S. 140 u. 151.

intransparent sind und damit von diesen nicht hinreichend validiert werden können."[400]

Diese Einschätzung wird von einer Reihe von Autoren[401] geteilt und lässt sich durch verschiedene Studien[402] belegen.

Eine Untersuchung von Nordbotten/Crosby bspw. zeigt, dass es i. d. R. nicht möglich ist, die an graphischer Syntax reichen Modellierungssprachen ohne vorherige Trainingsmaßnahmen zu verwenden, und die Autoren machen deutliche Unterschiede bei verschiedenen Notationen aus.[403] Petre weist zum einen auf deutliche Unterschiede zwischen erfahrenen und unerfahrenen Anwendern bei der Nutzung und beim Verständnis graphischer Notationen hin, zum anderen betont er wie auch Nordbotten/Crosby die Notwendigkeit von Lernprozessen bzgl. Wahrnehmungs- und Interpretationsfähigkeit, bevor eine Notation verstanden wird.[404]

5.2.3 Techniken

5.2.3.1 Übersicht

Techniken wurden oben (3.2.3.3) definiert als Handlungsanweisung, die im Rahmen einer Aktivität und bezogen auf eine Notation das Vorgehen detailliert anleiten und so die Erzeugung eines Ergebnisses unterstützen. Im Anforderungsmanagement dienen Techniken dazu, die Erhebung von Anforderungen (Elicitation) zu unterstützen und anschließend in den Aktivitäten Analyse und Dokumentation/Spezifikation die vagen und meist natürlichsprachlichen Beschreibungen zu formalisieren, d. h. sie in eine Dokumentation und später in eine Spezifikation zu transformieren. Letztere stellt die Grundlage für das Design und die Implemen-

---

[400] Mayr: Entwicklungsmethodologie, 1998, S. 2.
[401] Vgl. Herzwurm: Softwareproduktentwicklung, 2000, S. 201 ff.; Seibt: Informationssystem-Architekturen, 1991, S. 266 f.; Shanks, Darke: Corporate Data Models, 1999, S. 19 ff.; Darke, Shanks: Viewpoint Modelling, 1997, S. 214; Melchisedech: Spezifikationen, 2000, S. 41 ff.
Vgl. ebenfalls die Beiträg in dem Schwerpunktheft des Journal of Systems and Software 40 (1998) 3 zum Thema „Formal Methods Technology Transfer".
[402] Vgl. Petre: Graphical Programming, 1995; Flynn, Davarpanah: User Requirements, 1998, S. 54 f.; Nordbotten, Crosby: Data Model Interpretation, 1999.
[403] Vgl. Nordbotten, Crosby: Data Model Interpretation, 1999, S. 144 ff. u. 153 f. Die Studie von Nordbotten/Crosby bezieht sich auf Sprachen zur Datenmodellierung (NIAM, SSM, OODM, IDEF1X).
[404] Vgl. Petre: Graphical Programming, 1995, S. 42 ff.

tierung dar. Im Rahmen der Validierung und Verifikation müssen geeignete Techniken herangezogen werden, um sicherzustellen, dass die erstellten Entwicklungsergebnisse den Benutzeranforderungen entsprechen und fehlerfrei transformiert wurden.

Techniken adressieren i. d. R. nur Teilaktivitäten des Anforderungsmanagements, d. h. sie sind häufig lediglich für isolierte Aufgaben- und Problemstellungen anwendbar. Eine aktivitätsübergreifende Unterstützung durch eine Technik ist daher nicht zu erwarten. Daraus ergibt sich die Notwendigkeit, Techniken für verschiedene Aktivitäten vor dem Hintergrund der jeweiligen Aufgabe und Projektsituation auszuwählen und ggf. mehrere zu kombinieren.[405]

Betrachtet man die einschlägige Literatur, so zeigt sich eine immense Anzahl unterschiedlichster Techniken: Beiersdorf bspw. diskutiert knapp 30 Techniken im Detail; Watson zieht für eine Studie ca. 20 Techniken heran; Sommerville/Sawyer besprechen über 20 Techniken alleine für die Erhebung und Analyse von Anforderungen. Eine Zusammenstellung von in der Literatur diskutierten Techniken mit spezifischen Vor- und Nachteilen findet sich in Tabelle 10.[406]

Tabelle 10 Übersicht über Techniken im Rahmen des Anforderungsmanagements

Technik	Merkmale	Vorteile/Eignung	Nachteile/Einschränkungen
Fragebogen	Schriftliche Erhebung aufgrund eines strukturierten Fragebogens *Arten:* – Offene Fragen oder vorgegebene Antwortmöglichkeiten.	– Kostengünstig, da in kurzer Zeit viele Stakeholder befragt werden können, – Leichte Auswertung	– Ggf. geringere Rücklaufquote, da mangelnde Motivation der Benutzer/Anwender – Spiegelt nicht die Individualität der Anforderungen/ Bedarfe wider

---

[405] Vgl. Hickey, Davis: Requirements Elicitation, 2003.
[406] Vgl. Beiersdorf: Informationsbedarf, 1995, S. 71 ff.; Watson, Frolick: Information Requirements, 1993; Sommerville, Sawyer: Requirements Engineering, 1997, S. 63 ff.; Alexander, Stevens: Requirements, 2002, Schienmann: Anforderungsmanagement, 2002, S. 195 ff.; Herzwurm: Softwareproduktentwicklung, 2000, S. 205 ff.; Stahlknecht, Hasenkamp: Wirtschaftsinformatik, 2005, S. 232 ff.

Anwendungssystementwicklung und Anforderungsmanagement

Interview	Mündliche Befragungen einer oder mehrerer Personen *Arten:* - Einzel- oder Mehrpersoneninterviews - Standardisierte, teilstandardisierte oder nichtstandardisierte Interviews. *Erweiterte Interviewtechniken:* - Kritische Erfolgsfaktoren (CSF) - Prototyp als Stimulus - Rich Pictures/Mental Imagery - Laddering Fragen - Szenarien - Card Sorting/Card Games - „Prompting Techniques" (s. u.)	- Missverständnisse können direkt geklärt werden, - Flexibilität und Spontaneität des persönlichen Gesprächs	- Kostenintensiv, - Großer Aufwand - Ergebnisse hängen stark ab von den Fähigkeiten und der Eignung des Interviews - Auswertung
Gruppensitzungen/ Workshops	Befragung einer Personengruppe und Gruppendiskussion *Moderations- und Kreativitätstechniken:* - Brainstorming - Cognitive Mapping - Metaplantechniken - Mediation (bei Konflikten) - (weitere wie beim Interview) - Prototyp als Stimulus	- Gedankenaustausch zwischen verschiedenen Benutzern - Geeignet für - Diskussion globaler Ziele und Anforderungen - Definition (Verabschiedung) von Anforderungen - Generierung neuer Ideen (Brainstorming)	- Dem individuellen/subjektiven Informationsbedarf kann kaum Rechung getragen werden - Detaillierte Diskussion der Anforderungen häufig nicht möglich - Ergebnisse hängen stark von den Fähigkeiten und der Eignung des Moderators ab
Berichtsmethode/ Selbstaufschreibung	Benutzer/Anwender führt Protokoll über benötigte Informationen	Individuelle Erfassung des Informationsbedarfs und der Anforderungen	- Ggf. mangelnde Motivation der Benutzer - Keine Unterstützung bei der Überwindung der Within-Obstacles
Beobachtung	Aufgabenerfüllung und genutztes Informationsangebot werden durch Analysten beobachtet *Erweiterungen:* Teilnahme an Sitzungen und Besprechungen	- Relativ objektive Ergebnisse - Einfach in der Durchführung	- Sehr deutungsbedürftige Ergebnisse - Hohe Kosten - Hoher Zeitaufwand - Schwer praktikabel - Keine Unterstützung bei der Überwindung der Within-Obstacles
Dokumentenanalyse/ -studium	Vorhandene Dokumente (bspw. strategische Pläne) und aktuell verfügbare Berichte werden analysiert.	- Kein Zeitaufwand für Benutzer - Ermittlung des Informationsangebots	- Lediglich Erhebung des Istzustandes - Tatsächlicher Informationsbedarf und tatsächliche Anforderungen werden nicht erfasst

Aufgaben-analyse	Analyse der Informationsverarbeitungs- und Entscheidungsprozesse		Wegen der Struktur der Führungsaufgaben kaum durchführbar
Analogie-schluss	Bereits an einem anderen Ort erhobene Anforderungen/Bedarfe werden übernommen	Geringe Kosten	Spiegelt nicht die Individualität der Anforderungen wieder
Spiegel-bild-methode	Analyse der gelieferten Berichte und Information, d. h. Herleitung der Anforderungen und des Informationsbedarfs aus dem Informationsangebot	Geringe Kosten	Informationsangebot wird festgeschrieben

(nach Struckmeier: Führungsinformationssysteme, 1996, S. 29 ff.; Holten: Führungsinformationssysteme, 1999, S. 120; Beiersdorf: Informationsbedarf, 1995, S. 71 ff.; Klimek: Führungsleitstand, 1998; Maiden, Rugg: ACRE, 1996)

5.2.3.2 Klassifikation, Auswahl und Kombination von Techniken

In der Literatur finden sich verschiedene Vorschläge zur Systematisierung und Klassifizierung von Techniken. Küpper und Holten bspw. unterscheiden zwischen induktiven und deduktiven Techniken. Erstere zielen auf die Erhebung von benutzerindividuellen und subjektiven Anforderungen bzw. Informationsbedarfen. Deduktive Techniken dagegen versuchen, aufgabenbezogene und somit objektive Anforderungen und Bedarfe zu erheben. Ebenfalls findet sich die Unterscheidung zwischen isolierten und zusammengesetzten Techniken, wobei letztere mehrere isolierte Techniken kombinieren und daher auch als „Methoden" bezeichnet werden.[407]

Klimek unterscheidet auf einer ersten Ebene informationsversorgungsorientierte Techniken von aufgaben-/prozessorientierten.[408] Bei den informationsversorgungsorientierten Techniken trennt er weiter zwischen induktiven und deduktiven. Da gemäß den Ausführungen zur betriebswirtschaftlich-fachlichen Perspektive im Data Warehousing (vgl. Abschnitt 2.2.2) in dieser Arbeit die Informationsversorgung von Führungskräften im Vordergrund steht, sollen im Folgenden lediglich solche Techniken betrachtet werden, die den Aufbau einer adäquaten Informationsunterstützung zum Ziel haben. Eine prozessorientierte Unterstützung wird dagegen nicht angestrebt (vgl. dazu auch 2.1). Detailliertere Klassifika-

---

[407] Vgl. Küpper: Controlling, 1995, S. 140 ff.; Struckmeier: Führungsinformationssysteme, 1996, S. 29 ff.; Holten: Führungsinformationssysteme, 1999, S. 120.

[408] Vgl. Klimek: Führungsleitstand, 1998.

tionen finden sich in der Literatur, bspw. bei Byrd et al., Darke/Shanks und Herzwurm.[409]

Die Auflistungen und auch die Klassifikationen sind zwar hilfreich, um eine Übersicht über vorhandene Techniken zu gewinnen, sie bieten jedoch keine Unterstützung für die Technikauswahl und -kombination bei der Systementwicklung. Um zu entscheiden, welche Technik in welcher Aktivität und Projektsituation Anwendung finden soll, sind detaillierte Analysen notwendig. Die Analyse kann sich auf spezifische Vor- und Nachteile der verschiedenen Techniken beziehen (wie Tabelle 10) oder aber einen Katalog an Gütekriterien zugrunde legen, der den Vergleich von Techniken unterstützt und somit die relative Vorteilhaftigkeit einer bestimmten Technik für eine bestimmte Situation begründen kann. Eine dritte Möglichkeit besteht darin, mittels einer empirischen Studie Anwendung und Nutzen verschiedener Techniken zu erheben und zu vergleichen. Des Weiteren können sog. Kontingenzmodelle herangezogen werden, die für bestimmte Aktivitäten in Abhängigkeit von der Projektsituation jeweils geeignete Techniken vorschlagen.

Umfangreiche Untersuchungen der Vor- und Nachteile verschiedener Techniken finden sich bei Struckmeier, Holten, Beiersdorf, Klimek sowie Maiden/Rugg.[410]

Watson/Frolick beschreiben den dritten Weg und analysieren in einer breit angelegten Studie verschiedene Techniken hinsichtlich ihrer Nutzung zur Bestimmung des Informationsbedarfs und hinsichtlich des empfundenen Nutzens. Die aus dieser Studie resultierenden Ergebnisse sind jedoch sehr allgemein und geben kaum Hilfestellung für die Auswahl oder die Kombination von Techniken:

> „The global reasons for why the methods are useful reaffirm what is already known: they work well. They include the following. First, nearly all of the methods provide access to people who can identify information requirements (such as discussions with executives). Second, many of them support the development of good working relationships between the sources of information requirements and the EIS support staff (such as discussions with support personnel). Third, some methods provide helpful insights into how executives work (such as discussions with the executives' support

---

[409] Vgl. Byrd et al.: Requirements Analysis, 1992, S. 126; Darke, Shanks: Viewpoint Modelling, 1997, S. 224; Herzwurm: Softwareproduktentwicklung, 2000, S. 198 ff.
[410] Vgl. Struckmeier: Führungsinformationssysteme, 1996, S. 29 ff.; Holten: Führungsinformationssysteme, 1999, S. 120; Beiersdorf: Informationsbedarf, 1995, S. 71 ff.; Klimek: Führungsleitstand, 1998; Maiden, Rugg: ACRE, 1996, S. 184 ff.

staff). Finally, all of the methods help determine the information contents of the system and how it is presented."[411]

Dagegen sind die Gründe, warum eine Technik nicht als nutzbringend eingeschätzt wird, deutlich aufschlussreicher. Hier nennen Watson/Frolik:

- Politische Widerstände,
- Zeitrestriktionen,
- schwierige Identifizierbarkeit und Nichtverfügbarkeit von Informationsquellen,
- Artikulationsprobleme aufseiten der Führungskräfte bzw. Verständigungsprobleme zwischen zukünftigen Benutzern und Analysten (Sprachlücke) sowie
- schnelle und häufige Veränderung des Informationsbedarfs während der Projektlaufzeit.[412]

Watson/Frolik betonen die Notwendigkeit, verschiedene Techniken situativ zu kombinieren, geben jedoch keine Hilfestellung zur Technikkombination. Darüber hinaus heben sie mehrfach die Bedeutung „angemessener" Interviewtechniken hervor: „Simply asking „what information do you want" usually is inappropriate with executives because of the unstructured nature of their jobs."[413]

Nach Ansicht des Verfassers sind sog. Kontingenzmodelle Erfolg versprechender, da diese eine Unterstützung für die Technikauswahl bieten können, im Gegensatz zur Analyse von Vor- und Nachteilen der Techniken, aus der sich allenfalls eine indirekte Unterstützung ergibt. Kontingenzmodelle sind bereits Ende der 70er Jahre entwickelt worden.[414] Obwohl sie sich im Detail unterscheiden, sind sie strukturell und bzgl. ihrer Grundaussagen recht ähnlich.

Die in der Literatur diskutierten Modelle gehen davon aus, dass Kontingenzfaktoren als unabhängige Variablen bestimmte Unsicherheitsfaktoren bzw. das Ausmaß der Komplexität eines Entwicklungsprozesses bestimmen.[415] Aus diesen Unsicherheitsfaktoren ergibt sich ein Gesamtmaß für die Unsicherheit. Bei gerin-

---

[411] Watson, Frolick: Information Requirements, 1993, S. 266.
[412] Vgl. Watson, Frolick: Information Requirements, 1993, S. 266 f.
[413] Watson, Frolick: Information Requirements, 1993, S. 266; Wetherbe: Information Requirements, 1991, S. 52 u. 57 f.
[414] Vgl. Davis: Requirements Determination, 1982; Sethi, Teng: Requirements Analysis, 1988; El Louadi et al.: Contingency Model, 1998; zu Übersichten über verschiedene Kontingenzmodelle im Bereich der MIS-Forschung Barki et al.: Contingency Model, 2001, S. 41; 1998; Weill, Olson: Contingency Theory, 1989, S. 68 - 76.
[415] Vgl. Xia, Lee: Complexity, 2004, S. 70 f.; Slooten, Shoonhoven: Development, 1996.

ger Unsicherheit und Komplexität, d. h. bei einer Situation, in der die Anforderungen klar, stabil und vollständig sind, reichen Techniken aus, die ein geringes Maß an Interaktion mit sich bringen. Bei hoher Unsicherheit dagegen sollten Techniken eingesetzt werden, die die experimentelle und interaktive Entdeckung von Anforderungen unterstützen.[416]

Eine Grundannahme der Kontingenzmodelle ist, dass bei einem besseren „Fit" zwischen dem Grad der Unsicherheit und der gewählten Technik eine Verbesserung sowohl des Entwicklungsergebnisses als auch des Entwicklungsprozesses erzielt wird. Es wird davon ausgegangen, dass bei einer größeren Unsicherheit experimentelle Techniken, die ein hohes Maß an Benutzerinteraktion erlauben, die Erfolgswahrscheinlichkeit sowie die Benutzerzufriedenheit steigern. El Louadi et al. empfehlen daher – gestützt auf die empirische Validierung eines Kontingenzmodells – bei einem höheren Maß an Unsicherheit eine Erhöhung der Benutzer-Analysten-Interaktion (Abbildung 22).[417]

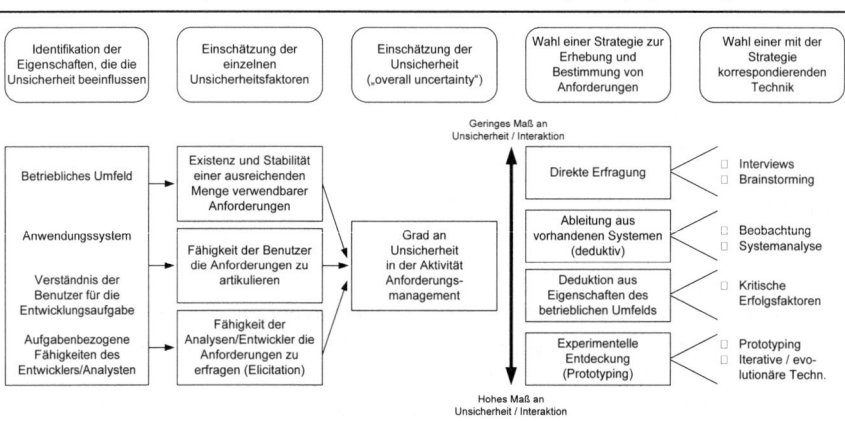

Abbildung 22 Kontingenzmodell zur Technikauswahl im Anforderungsmanagement

Identifikation der Eigenschaften, die die Unsicherheit beeinflussen	Einschätzung der einzelnen Unsicherheitsfaktoren	Einschätzung der Unsicherheit („overall uncertainty")	Wahl einer Strategie zur Erhebung und Bestimmung von Anforderungen	Wahl einer mit der Strategie korrespondierenden Technik

Geringes Maß an Unsicherheit / Interaktion

Betriebliches Umfeld	Existenz und Stabilität einer ausreichenden Menge verwendbarer Anforderungen		Direkte Erfragung	☐ Interviews ☐ Brainstorming
Anwendungssystem	Fähigkeit der Benutzer die Anforderungen zu artikulieren	Grad an Unsicherheit in der Aktivität Anforderungsmanagement	Ableitung aus vorhandenen Systemen (deduktiv)	☐ Beobachtung ☐ Systemanalyse
Verständnis der Benutzer für die Entwicklungsaufgabe			Deduktion aus Eigenschaften des betrieblichen Umfelds	☐ Kritische Erfolgsfaktoren
Aufgabenbezogene Fähigkeiten des Entwicklers/Analysten	Fähigkeit der Analysen/Entwickler die Anforderungen zu erfragen (Elicitation)		Experimentelle Entdeckung (Prototyping)	☐ Prototyping ☐ Iterative / evolutionäre Techn.

Hohes Maß an Unsicherheit / Interaktion

(nach Davis: Requirements Determination, 1982, S. 11 u. 20)

Zu diesem Zweck und auch um das experimentelle Erheben von Anforderungen zu unterstützen, werden vielfach Prototypen empfohlen. Hardgrave et al. kom-

---

[416] Vgl. El Louadi et al.: Contingency Model, 1998, S. 42 ff.
[417] Vgl. El Louadi et al.: Contingency Model, 1998, S. 42 ff.

Anforderungsmanagement

men in einer Studie zu dem Ergebnis, dass bei innovativen Projekten ein prototypingorientiertes Vorgehen den Erfolg des Systems steigern kann. Darüber hinaus gehen sie davon aus, dass Prototyping bei instabilen sowie unklaren Anforderungen nutzbringend eingesetzt werden kann und dass es die Qualität der Benutzerpartizipation verbessert.[418]

Einen Ansatz zur Auswahl von Techniken, der nicht die Unsicherheit oder die Komplexität in den Mittelpunkt stellt, sondern anhand von Wissen, welches im Entwicklungsprozess benötigt wird, spezifische Situationen unterscheidet, stellen Kensing/Munk-Madsen vor.[419] Spezifischen Situationen ordnen sie bestimmte Techniken zu.

Die Autoren unterscheiden sechs relevante Wissensbereiche im Entwicklungsprozess, die sich aufgrund von zwei Dimensionen ergeben (vgl. Abbildung 23). Zum einen unterscheiden sie zwischen konkretem und abstraktem Wissen, wobei ersteres den konkreten Erfahrungen der Benutzer und Analysten entspricht und letzteres die Beschreibung und Darstellung mittels Modellen und Spezifikationen beinhaltet. Zum anderen legen sie drei entwicklungsrelevante Wissensgebiete zugrunde. Hierbei wird das Wissen über die aktuellen Tätigkeiten des Benutzers, über die technologischen Möglichkeiten sowie über das zu erstellende System unterschieden. Das Wissen über das zu erstellende System ergibt sich aus den beiden anderen Wissensgebieten durch den Entwicklungsprozess.

Aufseiten der Benutzer ist Wissen in Gebiet I vorhanden, während Analysten über Wissen in den Gebieten III und IV verfügen. Infolgedessen muss Wissen zwischen den Beteiligten übertragen werden (bspw. bzgl. Gebiet I vom Benutzer zum Analysten und bzgl. Gebiet III vom Analysten zum Benutzer). Darüber hinaus muss Wissen in den Gebieten II, V, und VI gemeinsam entwickelt werden. Abstraktes Wissen über die aktuelle Arbeitssituation liegt häufig nicht vor, ebenfalls fehlen auf beiden Seiten konkrete Erfahrungen und abstraktes Wissen über das zu erstellende System.

Der Analyst muss daher geeignete Techniken heranziehen, die sowohl die Übertragung als auch die Entwicklung von Wissen in den genannten Bereichen unterstützen.

---

[418] Vgl. Hardgrave et al.: Contingency Model, 1999, S. 132 f.; Sethi, Teng: Requirements Analysis, 1988, S. 10; Davis: Requirements Determination, 1982, S. 19.
[419] Vgl. Kensing, Munk-Madsen: PD, 1995; vgl. ebenfalls Macaulay: Requirements Engineering, 1996, S. 35 ff.

Abbildung 23 Relevante Wissensbereiche im Entwicklungsprozess

		Wissensgebiete		
		Aktuelle Tätigkeiten und Aufgaben des Benutzers	Neues, zu erstellendes Anwendungssystem	Technologische Möglichkeiten
Wissensebenen	Abstraktes Wissen	II Relevante Strukturen der aktuellen Arbeitssituation des Benutzers - Modell des Istzustands -	V Visionen und Modelle - Modell des Sollzustands -	IV Überblick über technologischen Möglichkeiten (vorhanden beim Analysten)
	Konkrete Erfahrung	I Konkrete Erfahrungen mit der aktuellen Tätigkeit des Benutzers (vorhanden beim Benutzer, benötigt vom Analysten)	VI konkrete Erfahrungen mit den zu erstellenden System	III konkrete Erfahrungen mit den technologischen Möglichkeiten (vorhanden beim Analysten)

Bei der Übertragung von Wissen über die aktuellen Tätigkeiten der Benutzer treten gegebenenfalls die oben diskutierten Within-Obstacles (Artikulationsprobleme) auf. Die gemäß der Arbeit von Kensing/ Munk-Madsen für diese Aufgabe geeigneten Techniken ergeben sich aus Abbildung 24. Ebenfalls finden sich dort für die übrigen Wissensbereiche Techniken, die die skizzierten Aufgaben bei der Entwicklung von Wissen unterstützen. Von besonderer Bedeutung ist im Entwicklungsprozess das Sollkonzept (Gebiet V), welches aufgrund der identifizierten Schwächen in II und der technologischen Möglichkeiten (III & IV) erstellt wird. Hierbei können sich die ebenfalls oben dargestellten Kommunikationsprobleme, die aus der sog. Sprachlücke resultieren, sowie die skizzierten Probleme bei der Formalisierung von Anforderungen (vgl. 5.2.2.4) ergeben.

Anforderungsmanagement

Abbildung 24 Zuordnung von Techniken zu Wissensbereichen und Hindernissen

	Relevante Wissensbereiche						Obstacles
	I Erfahrungen mit der Tätigkeit des Benutzers	II Strukturen der aktuellen Arbeitssituation	III Erfahrung mit technologischen Möglichkeiten	IV Überblick über technologische Möglichkeiten	V Visionen und Modelle	VI Erfahrungen mit dem zu erstellenden System	Überwindung spezifischer Hindernisse
Fragebogen	•						k.I.
Interview	•						B
Kritische Erfolgsfaktoren	•	•			•		W, A*, B
Prototyping			•	•	•	•	W, B
Rich pictres/ Mental Imagery	•	•					W, A*, B
Ladderingfragen	•	•					W, B
Szenarien	•				•		W, B
Card games/ sorting	•				•		W, A*, B
Gruppendiskussion	•				•		A
Brainstorming	•				•		W, A
Cognitive Mapping	•	•					W, B
Mediation	•						A
Selbstaufschreibung	•						B
Beobachtung	•						W
Dokumentenanalyse	•	•					k.I.
Zukunftsworkshops	•				•		W, A
Sprachanalyse	•				•		W

•: Unterstützt; k.I.: keine Interaktion; W: Within-Obstacle; A: Among-Obstacle, B: Between-Obstacle.
*: wenn Technik in Gruppe angewendet wird

Zusätzlich sind in Abbildung 24 die oben identifizierten Hindernisse im Rahmen der Anforderungserhebung den vorgeschlagenen Techniken zugeordnet.[420] Mit-

---

[420] Vgl. hierzu Byrd et al.: Requirements Analysis, 1992, S. 122 ff.; Darke, Shanks: Viewpoint Modelling, 1997, S. 224 ff. v. a. 228.

hilfe der dargestellten Zusammenhänge lässt sich in einem zweistufigen Vorgehen eine Technik vor dem Hintergrund der aktuellen Projektsituation bestimmen:

- Die Systematisierung nach Wissensbereichen erlaubt in einem ersten Schritt eine Eingrenzung der relevanten Techniken vor dem Hintergrund der aktuell anstehenden Aufgabe im Entwicklungsprozess.
- In einem nächsten Schritt können spezifische Hindernisse identifiziert werden (Within-Obstacles/Artikulationsprobleme (vgl. dazu detaillierter S. 116), Among-Obstacles sowie Between-Obstacles).

Auf diesem Wege können darüber hinaus Technikkombinationen begründet werden. So lässt sich bspw. ablesen, dass in Interviews der Einsatz von Prototypen als Stimulus die Erhebung von Anforderungen für ein zu erstellendes System unterstützt (Wissensbereich V) und ebenfalls die Überwindung von Artikulationsproblemen ermöglichen kann (Within-Obstacles).

Eine detailliertere Analyse – insbesondere der Within-obstacles – findet sich bei Browne/Rogich. Sie diskutieren aufbauend auf dem oben vorgestellten „Requirements Elicitation Task Model" (S. 117) Fragetechniken, die es in einem Interview erlauben, konkreter auf vorkommende Hindernisse einzugehen. Tabelle 11 veranschaulicht die Zuordnung von Fragetechniken zu den Within-Obstacles.

Das vorgestellte Modell (Abbildung 24) und seine Erweiterung hinsichtlich der Within-Obstacles (Tabelle 11) soll im Rahmen der in Teil IV entwickelten Methode zur Auswahl und Kombination von Techniken herangezogen werden. In der Literatur findet sich eine Reihe von Arbeiten, die eine weitere Verfeinerung des Modells erlauben.[421]

---

[421] Hickey/Davis bspw. stellen einen Ansatz vor, bei dem sie weitere Selektionskriterien heranziehen: Das Potenzial einer Technik, Zweideutigkeiten und Konflikte zu beseitigen, sowie die individuellen Präferenzen des Analysten (Hickey, Davis: Requirements Elicitation, 2003.). Slooten/Shoonhoven diskutieren ein Kontingenzmodell, welches zusätzlich zur Technikauswahl und -kombination die situative Anpassung von Vorgehensmodellen erlaubt (Slooten, Shoonhoven: Development, 1996.); vgl. ebenfalls Maiden, Rugg: ACRE, 1996.

Anforderungsmanagement

Tabelle 11 Fragetechniken zur Überwindung der Within-Obstacles

Hindernis	Fragetechnik zur Überwindung	Beispiele
Kurzzeitgedächnis: Benutzer kann nur eine bestimmte Menge an Informationen fokussieren.	Zusammenfassung des bisher Gesagten	
Recall Problems: Probleme beim Abruf von Informationen und Wissen aus dem Langzeitgedächnis.	Konstruktion von Szenarien	Aufforderung, sich eine spezifische Situation vorzustellen: *„Beschreiben Sie, welche Information Sie bei Ihrer letzten Strategiesitzung zur Hand hatten und welche Sie gerne zur Hand gehabt hätten."* *„Warum war dies in der Situation xy wichtig?"*
	Beispielhafte Erläuterungen	Aufforderung, das Gesagte mittels Beispielen zu erläutern: *„Nennen Sie Beispiele!"*
	Laddering-Fragen	Generalisierungen sowie Spezialisierungen der genannten Begriffe benennen (*„Woraus besteht x?"*; *„Wovon ist x ein Teil?"*; *„Von welchem Typ ist x?"*)
Automatisiertes Wissen: Unfähigkeit, routiniertes Verhalten/implizites Wissen explizit zu formulieren	Gegenargumente	*„Welche Gegenargumente könnten gegen den von Ihnen geschilderten Zusammenhang eingebracht werden?"*
Kognitive Verzerrungen beim Abruf aus dem Langzeitgedächnis (Cognitive Bias),	Konstruktion von Szenarien, Gegenargumente	s. o.

(nach Browne, Rogich: Requirements Elicitation, 2001, S. 229 f.)

5.2.4 Zusammenfassung und Schlussfolgerungen

Mit dem Anforderungsmanagement ist diejenige Aktivität der Systementwicklung angesprochen, welche die Informationen erhebt, die nötig sind, um (konzeptionelle) Modelle überhaupt erst erstellen zu können. Typischerweise liegt das zur Modellierung notwendige Wissen aufseiten der Benutzer und Anwender, d. h., es muss von diesen erst erfragt werden.

Auf den Umstand, dass die Erhebung (Elicitation) von Anforderungen keine einfach zu lösende Aufgabe darstellt, ist in Abschnitt 5.2.2.2 eingegangen worden. Die dort präsentierten Modelle von Browne/Rogich und Valusek/Fryback verweisen darauf, dass es sich dabei um einen dialogischen und diskursiven Prozess handelt. Aus diesem Grunde wurde in Abschnitt 4.2.3 auch die Modellierung als ein dialogischer und diskursiver Konstruktionsprozess gekennzeichnet.

In Modellierungsansätzen und Entwicklungsmethoden findet sich häufig eine Konzentration auf die Syntax und auf formale Aspekte der Modellierung. Die Aktivitäten und Problemlösungstechniken, die nötig sind, um die Metamodelle mit dem Wissen des Anwendungsgebietes zu instanziieren, d. h. der „way of working" im Zusammenhang der Modellierung, werden oft nicht thematisiert.

Diesen Konstruktionsprozess durch geeignete Techniken und Aktivitäten zu systematisieren und eine geeignete Form der Ergebnisdokumentation zu unterstützen, ist eines der Anliegen der im Teil IV dieser Arbeit vorgestellten Methode. Es werden verschiedene Techniken vorgeschlagen, die geeignet scheinen, die Artikulations- und Kommunikationsprobleme zwischen Stakeholdern und Analysten/Entwicklern zu überwinden. Hierbei wird auf die in Abschnitt 5.2.3.2 dargestellten Kontingenzmodelle zurückgegriffen. Die Aktivitäten und Techniken sollen den „dialogischen Prozess" strukturieren und damit die Anforderungserhebung strukturieren.

Aufgrund der immensen Anzahl verschiedenster Techniken erfolgt hier eine - z. T. nur subjektiv begründete - Konzentration auf eine reduzierte Anzahl. Der in Abbildung 24 dargestellte Bezugsrahmen scheint jedoch grundsätzlich geeignet für die Integration weiterer Techniken, die auch anderen Wissenschaften und Wissensgebieten entliehen werden können (bspw. Marktforschung, Gesprächstherapie etc.).

Eine weitere zentrale Aufgabe des Anforderungsmanagements, die mit den genannten Aspekten zusammenhängt, besteht darin, die Abstraktionsdistanz zwischen Benutzern/Anwendern und Analysten/Entwicklern zu überbrücken. Die Abstraktionsdistanz – oder auch Sprachlücke – ergibt sich dadurch, dass beide Personengruppen unterschiedliche Sprachen sprechen. In Abschnitt 5.2.2.5 wur-

Anforderungsmanagement

den verschiedene empirische Studien diskutiert, die sich mit der Eignung formaler bzw. semiformaler Modellierungssprachen für die Benutzerinteraktion v. a. bei der Validierung beschäftigen. Die sich aus der Sprachlücke ergebenden Probleme sind jedoch auch in anderen Aktivitäten des Anforderungsmanagements relevant. Dem Verfasser sind keine Studien bekannt, die diese oder ähnlich gelagerte Fragestellungen für Modelle zur Modellierung von Datenstrukturen im Data Warehousing untersuchen. Die Ergebnisse der genannten Studien – insbesondere die von Nordbotten/Crosby – scheinen jedoch grundsätzlich auf diese Modelle übertragbar zu sein.

In dieser Arbeit wird die Skepsis hinsichtlich der Eignung formaler und semiformaler Modelle zur Anforderungserhebung und -validierung z. T. geteilt. Um für diese Aktivitäten eine adäquate Kommunikationsunterstützung zu erzielen, sollten daher auch andere, alternative Ausdrucksmittel und Formen der Dokumentation herangezogen werden. Für die Analyse und Dokumentation von Anforderungen sowie für deren Weiterverarbeitung in den folgenden Aktivitäten der Systementwicklung sind formale und semiformale Modelle jedoch unverzichtbar. Die in Abschnitt 5.2.1.2 getroffene Unterscheidung zwischen verschiedenen Ebenen von Anforderungen (Benutzer- vs. Systemanforderungen) ist nach Ansicht des Verfassers auch für das Data Warehousing von Relevanz. Bei der Entwicklung von Data-Warehouse-Systemen wird – wie auch bei der traditionellen Systementwicklung – im Wesentlichen die Entwicklersicht modelliert, d. h. Anforderungen werden in „lösungsorientierten Modellen"[422] dokumentiert, die bereits Systemanforderungen beschreiben. Die Sprachlücke bei der Benutzer-Analysten-Interaktion und das mangelnde Verständnis der Benuter/Anwender führen lt. Darke/Shanks dazu, dass häufig nicht wirklich die Benutzersicht modelliert wird:

> „Users often do not understand or are not sympathetic towards the notations used by developers to construct requirements models (…). This may result in decisions concerning requirements being made by the developers using *their* models, so that the final models embedded in a system will reflect the developers' perspectives rather than the users'."[423]

Die Unterscheidung nach Ebenen von Anforderungen dagegen wirft ein Licht darauf, dass es notwendig ist, systematisch die Sicht der Benutzer und weiterer

---

[422] Bühne et al.: Variabilitätsmodellierung, 2004, S. 48. Unter lösungsorientierten Modellen verstehen die Autoren formale oder semiformale Modelle, die intendierte Systemlösungen festlegen und im Wesentlichen die Entwicklersicht unterstützen (bspw. ERMs, UML-Diagramme etc.). Im Gegensatz dazu stehen ziel- und szenariobasierte Modelle.
[423] Darke, Shanks: Viewpoint Modelling, 1997, S. 214.

Stakeholder sowie eine Geschäftssicht bei der Systementwicklung mit einzubeziehen und entsprechend Anforderungen benutzerorientiert darzustellen und zu dokumentieren. Die Systemanforderungen bzw. die konzeptionellen und lösungsorientierten Modelle können dann schrittweise aus den Benutzeranforderungen abgeleitet werden.

Mit den nichtfunktionalen Anforderungen ist eine wichtige Art von Anforderungen genannt, deren Bedeutung in der Systementwicklung zunehmend anerkannt wird. In Ansätzen zur Entwicklung von Data-Warehouse-Systemen werden diese jedoch i. d. R. nicht systematisch in die Betrachtung einbezogen. Zwar existieren viele Arbeiten, die bspw. die Performance-Optimierung oder die Datensicherheit in Data-Warehouse-Systemen behandeln.[424] Diese Aspekte werden jedoch in der Regel jeweils isoliert betrachtet (bspw. bei Performanceaspekten aus einer Datenbankperspektive), und es fehlt ihre Einbettung in ein umfassendes Anforderungsmanagement.

Dies ist aus Sicht des Verfassers aus zwei Gründen problematisch. Zum einen sind nichtfunktionale Anforderungen häufig widersprüchlich und stehen miteinander oder mit funktionalen Anforderungen im Konflikt. Insofern ist ihre isolierte Betrachtung nicht angemessen und sie sollten wie auch die anderen Anforderungen kontrolliert und verwaltet werden. Zum anderen scheint es sinnvoll, bestimmte nichtfunktionale Anforderungen nicht erst im Nachhinein in das bereits fertig gestellte System zu integrieren (bspw. Usability und Datensicherheit), da diese schon von Beginn an für die Akzeptanz des Systems von großer Bedeutung sind.

In Teil IV dieser Arbeit wird daher ein umfassender Anforderungsbegriff für das Anwendungsgebiet des Data Warehousing entworfen. Darüber hinaus werden Techniken und Notationen dargestellt, die die Verwaltung dieser Anforderungen und die Entwicklung einer entsprechenden Spezifikation unterstützen.

---

[424] Vgl. hierzu bspw. Abschnitt 2.3.3 und die dort angegebene Literatur sowie Priebe, Pernul: Sicherheit, 2004.

Teil III: Modellierung und Entwicklung von Data-Warehouse-Systemen

Teil III beginnt mit einem einführenden Beispiel, welches die Besonderheiten der multidimensionalen Modellierung veranschaulicht. Hierbei dient der Finanzdienstleister Fidl als Anwendungsfall. Mit dem Beispiel werden die grundlegenden Konstrukte der multidimensionalen Modellierung informal eingeführt. In Abschnitt 6.2 wird ein Metamodell erarbeitet, das die abstrakte Syntax multidimensionaler Datenmodelle eindeutig beschreibt. Dieses wird in Abschnitt 7 herangezogen, um in der Literatur vorhandene Modellierungsansätze zu bewerten. Darüber hinaus stellt das Metamodell eine wesentliche Komponente der in Teil IV vorgestellten Methode dar.

Abschnitt 7 geht auf Ansätze zur Entwicklung von Data-Warehouse-Systemen ein. Hierbei wird nicht versucht, einen vollständigen und umfassenden Überblick zu geben. Vielmehr sollen solche Ansätze vorgestellt werden, die das Spektrum möglicher Herangehensweisen bei der Data-Warehouse-Entwicklung deutlich machen. Hierdurch lassen sich solche Aspekte identifizieren, die bislang in nicht ausreichendem Maße berücksichtigt sind und die somit von der in Teil IV entwickelten Methode adressiert werden müssen.

6 Die abstrakte Syntax multidimensionaler Datenmodelle

6.1 Besonderheiten der multidimensionalen Modellierung — ein einführendes Beispiel

Im Folgenden sollen zunächst die Besonderheiten der multidimensionalen Modellierung anhand eines Beispiels erläutert werden. Hierbei werden die zentralen Begriffe und Konstrukte allgemeingültig beschrieben, d. h. ohne Bezug zu einer in der Literatur vorhandenen Sprache und Notation. Die Darstellung verschiedener Notationen findet sich in Abschnitt 7.

Zur Erläuterung dienen typische Fragestellungen, wie sie von Benutzern eines Data-Warehouse-Systems gestellt werden. Eine einfache Ausgangsfrage wird fortlaufend detaillierter und komplexer, sodass sich Zug um Zug die Konstrukte multidimensionaler Modellierungssprachen verdeutlichen lassen. Die Informationen für Entscheidungsprozesse sind i. d. R. multidimensional. So muss für eine Kennzahl (bspw. den Stückumsatz) angegeben werden, auf welchen Zeitraum und auf welches Produkt bzw. welche Produktgruppe sie sich bezieht.[425] Bei der multidimensionalen Modellierung unterscheidet man daher zwischen quantifizierenden und qualifizierenden (kategorisierenden) Informationen. Häufig wird die Würfelmetapher verwendet, um die Multidimensionalität zum Ausdruck zu bringen. Hierbei stellen die Kanten des Würfels die qualifizierenden Informationen dar, während in den Zellen die quantifizierenden Informationen angesiedelt sind.[426]

- Qualifizierende Informationen stellen sachliche Kriterien zur Charakterisierung von Kennzahlen dar. Sie stellen Navigationsräume zur Verfügung. D. h. es werden mit qualifizierenden Informationen Auswertungsstrukturen (Aufgliederungen bzw. Aufgliederungsrichtungen[427]) als Begriffshierarchien modelliert.

---

[425] Vgl. Totok: OLAP, 2000, S. 75 f.
[426] Vgl. Sapia et al.: Extending, 1998, S. 3; Lehner: Data-Warehouse-Systeme, 2003, S. 55; Gabriel, Gluchowski: Notationen, 1998, S. 494.
[427] Vgl. Gabriel, Gluchowski: Modellierungstechniken, 1997, S. 24.

- Quantifizierende Informationen spiegeln den Gegenstand der Auswertung wider, zumeist betriebswirtschaftliche Kennzahlen. Das hier verwendete Beispiel ist eine Fragestellung aus dem Vertriebsbereich eines Finanzdienstleisters (Fidl). Sie lautet folgendermaßen: *Wie hoch ist der Stückumsatz (Volumen) von Sachversicherungen im Jahr 2003 in den verschiedenen Vertriebsregionen?* Tabelle 12 zeigt das Ergebnis dieser zunächst noch sehr einfachen Fragestellung als Tabelle.

„Stückumsatz" stellt hierbei die quantifizierende Information, die Kennzahl, dar; „Vertriebsregionen", „Jahr", aber auch „Sachversicherungen" sind qualifizierende Informationen, die Bezugsgrößen der Kennzahl angeben. Die Aggregation zum Gesamtergebnis erfolgt durch Summierung, welche das am häufigsten verwendete Aggregationsverfahren darstellt.[428]

Tabelle 12 Stückumsatz eines Produktes (einer Produktgruppe) nach Vertriebsregionen

Volumen (Sachversicherungen)	Jahr
Vertriebsregion	2003
Nord	99.500
Ost	92.700
Süd	133.900
West	105.600
Gesamtergebnis	431.700

Um eine detailliertere Analyse des Stückumsatzes zu ermöglichen, ist eine Aufgliederung des Jahres möglich. Hierdurch lässt sich genauer zeigen, wie der Stückumsatz sich im zeitlichen Verlauf entwickelt hat. Tabelle 13 zeigt eine Aufgliederung der Zeitdimension, die jetzt neben dem Jahresergebnis auch noch den in den einzelnen Quartalen erzielten Stückumsatz angibt. Sie ist das Ergebnis einer Drilldown-Operation in der Zeitdimension (s. o. zu den OLAP-Operationen, 2.3.4). Die Ausgangsfrage wird demnach folgendermaßen erweitert: *Wie hat sich der Stückumsatz (Volumen) von Sachversicherungen in den Quartalen des Jahres 2003 und im Gesamtjahr in den verschiedenen Vertriebsregionen entwickelt?*

---

[428] Vgl. Lehner: Data-Warehouse-Systeme, 2003, S. 55 u. 69 f.

Tabelle 13 *Stückumsatz einer Produktgruppe im Jahr 2003 nach Vertriebsregionen und Quartalen*

Volumen Sachversicherungen Vertriebsregion	Jahr	Quartal				2003 Summe
		2003				
		Quartal 1	Quartal 2	Quartal 3	Quartal 4	
Nord		20.500	28.500	20.400	30.100	99.500
Ost		26.700	18.600	21.400	26.000	92.700
Süd		27.600	36.700	52.900	16.700	133.900
West		36.400	18.300	26.300	24.600	105.600
Gesamtergebnis		111.200	102.100	121.000	97.400	431.700

In der Sprache der multidimensionalen Modellierung bedeutet dies, dass die Zeitdimension entlang eines Verdichtungspfades detailliert wird. Entlang eines solchen Pfades bestehen demnach hierarchische Beziehungen (die Quartale Q1, Q2 etc. sind Teile eines Jahres (hier 2003)). Bereits in Tabelle 12 stellten streng genommen „Gesamtmarkt" (ausgedrückt durch Gesamtergebnis) und „Vertriebsregion" zwei Punkte auf einem Verdichtungspfad innerhalb der Dimension Vertriebsstruktur dar.

Weiterhin wäre in der Darstellung in Tabelle 13 eine Detaillierung der Dimension Vertriebsregion möglich, indem nicht nur der Gesamtmarkt und die Vertriebsregionen, sondern darüber hinaus einzelne Filialen oder Vertriebsmitarbeiter betrachtet werden. Hierbei handelt es sich ebenfalls um eine Drilldown-Operation.

Wie bereits erwähnt, ist das Produkt bzw. die Produktgruppe eine *dritte Dimension*, die in dem Beispiel bislang jedoch konstant gehalten wurde. Sie wurde daher nicht in Spalten oder Zeilen notiert, sondern im Tabellenkopf aufgeführt. Jedoch kann es von Interesse sein, den Sachversicherungen bspw. Personenversicherungen gegenüberzustellen. Die zugrunde liegende Frage verändert sich somit zu: *Wie hat sich der Stückumsatz (Volumen) von Sachversicherungen im Vergleich zu Personenversicherungen in den Quartalen des Jahres 2003 und im Gesamtjahr in den verschiedenen Vertriebsregionen entwickelt?*

In einer zweidimensionalen tabellarischen Darstellung ist die Integration einer dritten Dimension nicht mehr ohne Kompromisse möglich. Hier muss die Entscheidung getroffen werden, ob die dritte Dimension in Spalten oder in Zeilen dargestellt wird (vgl. hierzu Tabelle 14, in der die Darstellung der Produktdimension in den Zeilen erfolgt). Hierdurch wird es möglich, drei Dimensionen in einer zweidimensionalen Tabelle darzustellen. Allerdings ist die so entstehende Ordnung „Vertriebsregion → Produktbereich → Produktgruppe" keine Hierarchie im logischen Sinne. Vielmehr werden zwei Dimensionen kombiniert. Dies ist für einen Bericht, wie er in Tabelle 14 dargestellt ist, gerechtfertigt. Zur konsistenten und widerspruchsfreien Modellierung müssen jedoch eindeutigere Notationsformen herangezogen werden. Des Weiteren ist in Tabelle 14 – im Gegensatz zu Tabelle 13 – die Summe des Volumens einer Versicherungsart nicht mehr aus der Gesamtdarstellung ablesbar.

Tabelle 14 Mehrere Produktgruppen, Vertriebsregionen und Zeit

Volumen			Jahr	Quartal			
Sach- und Lebensversicherungen			2003				2003 Summe
Vertriebsregion	Produktbereich	Produktgruppe	Quartal 1	Quartal 2	Quartal 3	Quartal 4	
Nord	Versicherungen	Personenversicherungen	1.280.000	280.000	2.630.000	3.100.000	7.290.000
		Sachversicherungen	20.500	28.500	20.400	30.100	99.500
	Versicherungen Summe		1.300.500	308.500	2.650.400	3.130.100	7.389.500
Nord Summe			1.300.500	308.500	2.650.400	3.130.100	7.389.500
Ost	Versicherungen	Personenversicherungen	2.630.000	3.600.000	2.750.000	3.380.000	12.360.000
		Sachversicherungen	26.700	18.600	21.400	26.000	92.700
	Versicherungen Summe		2.656.700	3.618.600	2.771.400	3.406.000	12.452.700
Ost Summe			2.656.700	3.618.600	2.771.400	3.406.000	12.452.700
Süd	Versicherungen	Personenversicherungen	3.570.000	1.850.000	2.040.000	2.550.000	10.010.000
		Sachversicherungen	27.600	36.700	52.900	16.700	133.900
	Versicherungen Summe		3.597.600	1.886.700	2.092.900	2.566.700	10.143.900
Süd Summe			3.597.600	1.886.700	2.092.900	2.566.700	10.143.900
West	Versicherungen	Personenversicherungen	2.310.000	2.810.000	2.370.000	3.210.000	10.700.000
		Sachversicherungen	36.400	18.300	26.300	24.600	105.600
	Versicherungen Summe		2.346.400	2.828.300	2.396.300	3.234.600	10.805.600
West Summe			2.346.400	2.828.300	2.396.300	3.234.600	10.805.600
Gesamtergebnis			9.901.200	8.642.100	9.911.000	12.337.400	40.791.700

Die Veranschaulichung von drei Dimensionen erfolgt häufig mittels eines Würfels, an dessen Kanten gleichgeordnete Objekte notiert werden (vgl. Abbildung 25). In den so entstehenden Teilwürfeln (Würfelzellen) sind die Kennzahlen angesiedelt. Mit der Betrachtung als Würfel geht jedoch der geschilderte hierarchische Zusammenhang zwischen Punkten auf Verdichtungswegen, die Dimensionssemantik, verloren, da pro Würfelkante immer nur gleichgeordnete Objekte dargestellt werden können (Man beachte, dass „Produktgruppe" nicht einen übergeordneten Punkt auf einem Verdichtungsweg darstellt, wie Tabelle 14 deutlich macht).

Besonderheiten der multidimensionalen Modellierung — ein einführendes Beispiel

Abbildung 25 Würfel (aus Fallbeispiel)

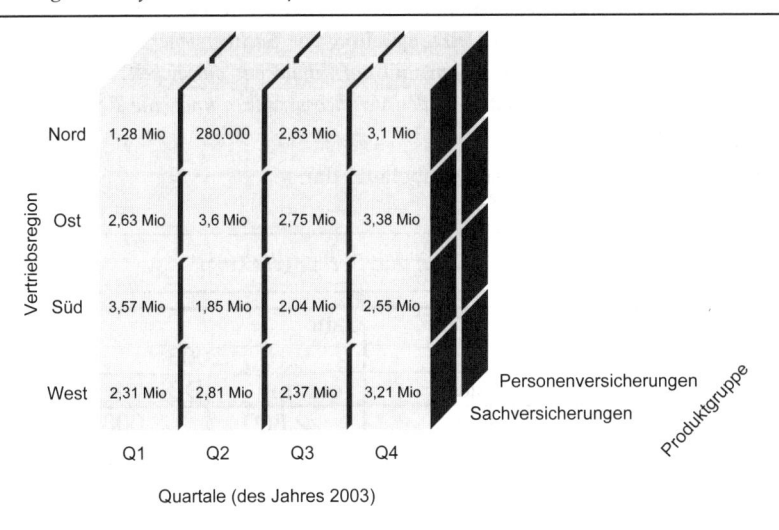

Vertriebsregion	Q1	Q2	Q3	Q4
Nord	1,28 Mio	280.000	2,63 Mio	3,1 Mio
Ost	2,63 Mio	3,6 Mio	2,75 Mio	3,38 Mio
Süd	3,57 Mio	1,85 Mio	2,04 Mio	2,55 Mio
West	2,31 Mio	2,81 Mio	2,37 Mio	3,21 Mio

Personenversicherungen / Sachversicherungen (Produktgruppe)

Quartale (des Jahres 2003)

An dieser Stelle lässt sich folgendes festhalten: Qualifizierende Informationen beruhen auf Geschäftsobjekten wie Produkten und regionalen Vertriebsstrukturen in dem Beispiel. Weitere denkbare Geschäftsobjekte sind Kundengruppen, die Organisationsstruktur nach Verantwortungsbereichen, Bilanzpositionen (Kontenrahmen) etc. Daneben findet sich in aller Regel eine Zeitdimension. Ebenfalls können Datenarten (Ist/Soll/Forecast (Hochrechnung)) als qualifizierende Informationen herangezogen werden, um eine Kennzahl zu charakterisieren.[429]

Da sich Geschäftsobjekte und die Zeit in hierarchischen Strukturen modellieren lassen, können Verdichtungswege für Kennzahlen festgelegt werden; als mathematische Operationen entlang eines solchen Verdichtungsweges wird häufig die Addition verwendet und ergänzend Durchschnittsbildung (Mittelwerte), Streuungen u. ä.

Neben einer Variation der Dimensionen einer Analyse können auch *unterschiedliche Kennzahlen* in die Betrachtung einbezogen werden. So kann neben der Stück-

---

[429] Totok nennt eine Liste betriebswirtschaftlicher Strukturtypen, die häufig in multidimensionale Modelle Eingang finden (Totok: OLAP, 2000, S. 87): Zeit, Ausprägung, Unternehmen, Artikel, Vertrieb, Geographie, Kunden, Kontenrahmen, Maßgrößen, Währung, Kennzahl. Ähnlich Gabriel, Gluchowski: Notationen, 1998, S. 496.

zahl (Volumen) auch der Deckungsbeitrag, der mit den abgesetzten Produkten erzielt worden ist, von Interesse sein. Die Frage verändert sich also zu: *Wie haben sich Stückumsatz (Volumen) und Deckungsbeitrag von Sachversicherungen im Jahr 2003 in den verschiedenen Vertriebsregionen und auf Filialebene entwickelt?* (Es finden sich also zusätzlich noch ein Drilldown in der Vertriebsstruktur und eine Reduzierung auf nur ein Produkt).

Das Ergebnis auf diese Frage stellt Tabelle 15 dar.

Tabelle 15 Mehrere Kennzahlen (Volumen und Deckungsbeitrag)

Sachversicherungen		Jahr	
		2003	
Vertriebsregion	Filiale	Volumen	DB
Nord	Bremen	22.800	2.008,00 €
	Hamburg	49.900	4.510,00 €
	Hannover	26.800	2.418,00 €
Nord Summe		99.500	8.936,00 €
Ost	Berlin	37.300	3.386,00 €
	Cottbus	32.800	3.144,00 €
	Rostock	22.600	2.022,00 €
Ost Summe		92.700	8.552,00 €
Süd	Freiburg	41.500	3.694,00 €
	München	48.100	4.252,00 €
	Stuttgart	44.300	4.026,00 €
Süd Summe		133.900	11.972,00 €
West	Bochum	35.000	3.022,00 €
	Dortmund	43.100	3.890,00 €
	Frankfurt	27.500	2.506,00 €
West Summe		105.600	9.418,00 €
Gesamtergebnis		431.700	38.878,00 €

In der Zeilenüberschrift wird in dieser Darstellung jedoch nicht explizit zwischen quantifizierenden und qualifizierenden Informationen getrennt. Bislang betraf die Kennzahl die gesamte Tabelle und konnte demnach in den Tabellenkopf gezogen werden. Bei zwei oder mehr Kennzahlen müssen sie zu einer Spaltenbezeichnung werden und sind somit nicht mehr klar unterscheidbar von anderen Spalten- bzw. Zeilenbezeichnungen, die qualifizierende Informationen darstellen. Werden wie hier weitere Kennzahlen in die Betrachtung einbezogen, bspw. der Deckungsbeitrag, die ihn verursachenden Umsätze und Kosten sowie Durchschnittspreise und die tatsächlich erzielten Preise, so bietet es sich an, für die verschiedenen Kennzahlen einen gemeinsamen Oberbegriff einzuführen. Dieser soll den betrachteten betrieblichen Interessensbereich bzw. Sachverhalt eindeutig bezeichnen. Bei der multidimensionalen Modellierung wird der interessierende Sachverhalt als „Fakt" bezeichnet.[430] Der hier betrachtete Bereich ist somit der „Fakt Vertrieb". Aus der tabellarischen Darstellung geht der Fakt jedoch nicht explizit hervor.

Mit dem Beispiel sind die zentralen Konstrukte der multidimensionalen Modellierung angesprochen und eingeführt. Jedoch wurden die Begriffe (Dimension, Kennzahl, Fakt, Verdichtungsweg etc.) weitestgehend undefiniert verwendet. Sie werden in den nächsten Abschnitten genauer definiert und formalisiert, und es werden weitere Konstrukte, die zur Modellierung multidimensionaler Strukturen geeignet sind, ergänzt.

Darüber hinaus wurde auf einige Schwächen bei der Darstellung multidimensionaler Strukturen mittels Würfeln und Tabellen hingewiesen. Die im Folgenden diskutierten Darstellungs- und Modellierungsmethoden versuchen diese Schwächen auszugleichen und somit Eindeutigkeit herbeizuführen.

6.2 Abstrakte Syntax qualifizierender Informationen in multidimensionalen Datenmodellen

In der Literatur existiert eine Vielzahl an Notationen für die multidimensionale Modellierung.[431] Sie basieren z. T. auf dem ERM bzw. erweitern dieses um multidimensionale Konstrukte. Andere Notationen bauen auf dem objektorientierten Paradigma auf. Wiederum andere weisen keine oder kaum Bezüge zu vorhandenen Modellierungssprachen und -paradigmen auf (siehe dazu Abschnitt 7).

---

[430] Vgl. Gabriel, Gluchowski: Notationen, 1998, S. 498.
[431] Vgl. dazu Abschnitt 7 dieser Arbeit sowie eine Reihe vergleichender Übersichten: Pedersen, Jensen: Data Modeling, 1999; Pedersen: Multidimensional Data, 2000, S. 37 ff.; Bauer, Günzel: Data-Warehouse-Systeme, 2004, S. 157 ff.; Abelló: YAM², 2002; 113 ff.; Schelp: Modellierung, 1998, S. 158 ff.; Tsois et al.: MAC, 2001; Herden: Entwurfsmethodik, 2001, S. 19 ff.; Sapia et al.: Multidimensional Data Models, 1999.

Nur in wenigen Ansätzen findet sich die Formulierung eines Metamodells, sodass zwar eine konkrete Syntax vorliegt, der konzeptionelle Aspekt der Sprache (die abstrakte Syntax) jedoch weitestgehend undefiniert bleibt. Dies erweist sich bspw. für den Vergleich von Modellierungsansätzen und Notationen als nicht förderlich.

Im Folgenden wird die abstrakte Syntax multidimensionaler Modelle unabhängig von konkreten Notationen diskutiert und ein *Metamodell* entwickelt, das diese beschreibt. Hierzu werden Abstraktionskonzepte der Datenmodellierung herangezogen und auf die multidimensionale Modellierung übertragen.[432]

Unabhängig von der konkreten Syntax besteht das Ziel der multidimensionalen Modellierung in der widerspruchsfreien und sachlogischen Anordnung quantitativer Größen und ihrer Beschreibung durch sachliche Kriterien (qualifizierende Informationen).[433] In multidimensionalen Datenmodellen werden „komplexe Begriffswelten"[434] modelliert, die im System hinterlegt und dem Benutzer zur Exploration numerischer Kennzahlen zur Verfügung gestellt werden. Mittels der Modellierung qualifizierender Informationen werden die Auswertungsmöglichkeiten für Kennzahlen definiert. Hierdurch ergibt sich ein grundsätzlicher Unterschied zur Modellierung operativer Datenbanken. Bei diesen spielen Auswertungsmöglichkeiten eine eher untergeordnete Rolle und entscheidendes Entwurfskriterium ist die redundanzfreie Strukturierung und Ablage der Daten.[435]

Von Bedeutung ist in diesem Zusammenhang, dass bei der multidimensionalen Modellierung nicht alleine – wie beim klassischen Datenbankdesign – auf abstrakter Typ- oder Schemaebene modelliert werden kann. Vielmehr müssen Objekte der Ausprägungsebene, soweit sie qualifizierende Informationen darstellen, im Entwicklungsprozess explizit behandelt werden.

> „Auch wenn im klassischen Datenbankdesign bewusst nur diese Schemaebene betrachtet wird, so ist es in OLAP-Systemen durchaus angebracht, die Instanzen weitestgehend statischer Dimensi-

---

[432] Vgl. zu den Abstraktionskonzepten McLeod, Smith: Abstraction, 1981, S. 20; Teorey et al.: ER Model, 1989; Elmasri, Navathe: Database Systems, 1994; Hughes: Datenbanken, 1992; Batini et al.: Database, 1992; Mattos, Michels: KRISYS, 1989; Mattos: Abstraction Concepts, 1989; Winter: Abstraktionshierarchien, 1991, S. 19-31; Mylopoulos: Information Modeling, 1998, S. 130;
Teorey et al. bezeichnen diese Mechanismen und Konzepte als „Abstraction Grouping" (Teorey et al.: ER Model, 1989, S. 978); Scheer bezeichnet sie als „Konstruktionsoperatoren" (Scheer: Wirtschaftsinformatik, 1995, S. 35 ff.).
[433] Vgl. Gabriel, Gluchowski: Notationen 1998, S. 494.
[434] Lehner: Data-Warehouse-Systeme, 2003, S. 54.
[435] Vgl. Sapia et al.: Extending, 1998; Lehner: Data-Warehouse-Systeme, 2003, S. 54 f.

onen (sog. „slow changing dimensions") schon zum Designzeitpunkt in Augenschein zu nehmen, um die Verdichtungs- bzw. Aggregationspfade zu dokumentieren."[436]

Qualifizierende Information auf Ausprägungsebene (wie bspw. „Nord", „Quartal 1 – 2003", „2003", „Versicherungen" etc. im obigen Beispiel) und Beziehungen zwischen diesen Objekten finden somit Eingang in die Modellierung von Auswertungsstrukturen und sollten im Modell bereits fest verankert werden. Daher wird im Folgenden – anders als dies bei der klassischen Datenmodellierung üblich ist – explizit auch auf die Ausprägungsebene eingegangen.

Ein weiterer Grund für die Erfassung der Ausprägungsebene in den Datenmodellen ist, dass sich der Informationsbedarf verschiedener Stakeholder nicht nur hinsichtlich der abstrakten Objekte, sondern ebenfalls hinsichtlich der konkreten Ausprägungen unterscheidet. Konzeptionelle Datenmodelle, die den Informationsbedarf darstellen und beschreiben, müssen dies berücksichtigen.

6.2.1 Abstraktionskonzepte als Basis der konzeptionellen multidimensionalen Modellierung

Bei der Modellierung kommt der *Abstraktion* eine wichtige Bedeutung zu.[437] Abstraktion entsteht durch die Hervorhebung von Eigenschaften, die für die betrachtete Problemstellung von Relevanz sind bei gleichzeitiger Vernachlässigung irrelevanter Eigenschaften. Dadurch lassen sich Ähnlichkeiten zwischen Objekten und Sachverhalten entdecken und die Komplexität der Realität reduzieren.[438]

---

[436] Priebe, Pernul: ADAPTed UML, 2001, S. 11; Bauer, Günzel: Data-Warehouse-Systeme, 2004, S. 179.; Gabriel/Gluchowski weisen ebenfalls auf die Notwendigkeit hin, dass „semantische multidimensionale Datenmodelle nicht nur die relevanten Objektklassen und ihre Beziehungen, sondern auch einzelne Objekte der Diskurswelt abbilden können [müssen]." Gabriel, Gluchowski: Notationen, 1998, S. 495 u. 497.

[437] Vgl. Mattos, Michels: KRISYS, 1989, S. 159; Mattos: Abstraction Concepts, 1989; Nach Lehner ist Abstraktion eines der allgemeinen Prinzipien bei der Systementwicklung neben Strukturierung, Hierarchisierung, Modularisierung, Lokalität, Wiederverwendung und Standardisierung. Vgl. Lehner et al.: Wirtschaftsinformatik, 1995, S. 293.

[438] Vgl. Batini et al.: Database, 1992, S. 15; Mattos, Michels: KRISYS, 1989; Mattos: Abstraction Concepts, 1989, S. 473; Winter: Abstraktionshierarchien, 1991, S. 19 ff.; Lehner et al.: Wirtschaftsinformatik, 1995, S. 293 f.; Nissen: Separierung, 1997, S. 23. McLeod/Smith betonen dagegen einen anderen Aspekt: „Abstraction is a knowledge manipulation technique, the essential purpose of which is to substitute a description of the essence of a concept for the concept itself. As such, the process of abstraction maps a detailed, spe-

Bezieht man sich auf Abstraktion im Bereich der Datenmodellierung bzw. Datenbankmodellierung, so spricht man auch von „Database Abstraction"[439]. Hiermit sind generische Abstraktionen gemeint, die zusätzlich zu den domänenspezifischen Beziehungen zwischen Entitäten und Entitätstypen (bzw. Objekten und Klassen)[440] domänenunabhängige Beziehungen erfassen. Ihr Ziel ist die Erfassung zusätzlicher Semantik in Datenmodellen und somit die standardisierte Organisation von Information im Datenmodell.

Die wesentlichen Abstraktionskonzepte sind: Klassifizierung/Instanziierung, Generalisierung/Spezialisierung sowie Aggregation bzw. Assoziation (Gruppierung).[441] Hinzu kommt die sprachliche Abstraktion, die dazu dient, ein Metamodell zu formulieren (vgl. dazu auch 4.1). Die genannten Abstraktionskonzepte werden in der Literatur z. T. äußerst unterschiedlich interpretiert.[442]

Grundlegend für das Verständnis der Abstraktionskonzepte ist zum einen die Unterscheidung zwischen Ausprägungs- und Typebene. Auf der Ausprägungsebene steht einem Objekt der Modellierung (alternative Bezeichnungen: Entität, Instanz) ein realweltliches Objekt gegenüber. Auf der Typebene wird von den realen Erscheinungen und deren Darstellung in einem Informationssystem abgesehen, indem diese zu (Objekt-)Typen, Klassen oder Entitätstypen abstrahiert werden.[443] Im Folgenden werden im Wesentlichen die Begriffe „Typ" bzw. „Objekttyp" verwendet, um die hier verwendete Terminologie von der Terminologie der Objektorientierung unterscheidbar zu machen.[444] Eine weitere grundlegende Unterscheidung betrifft die Trennung zwischen Elementen als nicht weiter zerlegbaren atomistischen Objekten und zusammengesetzten Mengenobjekten. Werden Elemente zu zusammengesetzten Mengenobjekten abstrahiert, so wird eine 1-Ebenen-Beziehung aufgebaut (Typ 1). Werden Mengenobjekte hingegen

---

cific model of a concept into a higher-level, less detailed one." McLeod, Smith: Abstraction, 1981, S. 20.

[439] McLeod, Smith: Abstraction, 1981, S. 20; Smith, Smith: Aggregation, 1977; Smith, Smith: Database Abstraction, 1977.
[440] Ein Beispiel für eine domänenspezifische Beziehung („mietet") zwischen zwei Entitätstypen bzw. Klassen wäre „Kunde mietet Auto".
[441] Vgl. Teorey et al.: ER Model, 1989, S. 978; Mattos: Abstraction Concepts, 1989; Schütte: Referenzmodellierung, 1998, S. 96.
[442] Vgl. Winter: Abstraktionshierarchien, 1991, S. 19.
[443] Vgl. Rautenstrauch, Schulze: Informatik, 2003, S. 230.
[444] Es sei jedoch darauf hingewiesen, dass der Begriff „Klasse" keineswegs erst bei objektorientierten Ansätzen aufgekommen ist. Er findet sich bspw. schon bei Smith, Smith: Aggregation, 1977; Smith, Smith: Database Abstraction, 1977; Teorey et al.: ER Model, 1989.

Abstrakte Syntax qualifizierender Informationen in multidimensionalen Datenmodellen 153

zueinander in Beziehung gesetzt, so können n-Ebenen-Beziehungen entstehen, da sich rekursive Beziehungen zwischen Mengenobjekten bilden lassen (Typ 2). Zu einer Übersicht über die Abstraktionskonzepte vgl. Tabelle 16. Im Folgenden werden diese erläutert und auf die multidimensionale Modellierung übertragen. In Tabelle 16 sind noch die in den verschiedenen Abstraktionskonzepten verwendeten Synonyme aufgeführt.

Tabelle 16 Abstraktionskonzepte und ihre Eigenschaften

Abstraktionskonzept		Semantik der Beziehung	Charakterisierung
Klassifizierende Abstraktion/ Instanziierung	Klassifikation	Instance-of-(io-)Beziehung zwischen Instanzen (bzw. Objekten) und Typen (bzw. Klassen)	1-Ebenen-Beziehung
	Instanziierung	Has-instance-Beziehung zwischen Typen (bzw. Klassen) und Instanzen (bzw. Objekten)	1-Ebenen-Beziehung
Generalisierende/spezialisierende Abstraktion	Generalisierung	Subclass-of-(sco-) / Subtype-of-(sto-)Beziehung zwischen Klassen bzw. Typen (Typebene)	n-Ebenen-Beziehung
	Spezialisierung	Has-subtype-(subclass-)Beziehung zwischen Klassen bzw. Typen.	n-Ebenen-Beziehung
Assoziation/Gruppierung	Typ 1: Element-Assoziation	Element-of-(eo-)Beziehung zwischen Elementen (atomistischen Objekten) und Mengenobjekten (Ausprägungsebene)	1-Ebenen-Beziehung
	Typ 2: Mengen-Assoziation	Subset-of-(so-)Beziehung zwischen Mengenobjekten (Ausprägungsebene)	n-Ebenen-Beziehung
Aggregation	Typ 1: Element-Aggregation	Part-of-(po-)Beziehung zwischen Elementen und Mengenobjekten (Ausprägungsebene)	1-Ebenen-Beziehung
	Typ 2: Komponenten-Aggregation	Part-of-(po-)Beziehung zwischen Mengenobjekten (Ausprägungsebene)	n-Ebenen-Beziehung

Im Folgenden wird nicht zwischen Assoziation und Aggregation unterschieden (Fußnote Nr. 459)

6.2.1.1 Klassifizierende Abstraktion und Instanziierung

Auf die Notwendigkeit, auch der Ausprägungsebene bei der multidimensionalen Modellierung gleichgewichtig Beachtung zu schenken, ist bereits hingewiesen worden (S. 150). In diesem Unterabschnitt werden daher die Beziehungen zwischen Objekten auf Ausprägungs- und Typebene näher beschrieben. Schelp fasst dieses Verhältnis als Generalisierungsbeziehung auf („Knotentypen ergeben sich [..] durch die Generalisierung der einzelnen Knoten ..."[445]). Im Folgenden soll davon abweichend das Abstraktionskonzept der Klassifizierung herangezogen werden, da dies nach Ansicht des Verfassers die Beziehungen semantisch treffender erfasst.

Klassifizierende Abstraktion (synonym auch Klassifizierung und Typisierung) bedeutet, dass gleiche Entitäten (Objekte) mit gemeinsamen Eigenschaften zu Objekttypen zusammengefasst werden. Dem so entstehenden neuen Objekttyp wird ein (Gattungs-)Begriff zugeordnet, und er wird durch eine Klassendefinition beschrieben. Eine Gleichheit der Objekte ergibt sich dadurch, dass sie dieselben Eigenschaften (Attribute) aufweisen.[446] Zwischen Ausprägungen und Objekttypen besteht eine Instance-of-(io-)Beziehung als 1-Ebenen-Beziehung.[447]

Die Umkehrung der Beziehung, d. h. die Ableitung von konkreten Entitäten und Objekten aus Typen, wird als *Instanziierung* (Instantiation) bezeichnet. Sie konstruiert eine Has-instance-Beziehung zwischen Typen und Objekten und bewirkt, dass einem Objekt Werte hinzugefügt werden.[448] Bei der Klassifizierung wird hingegen von diesen Werten abstrahiert. Objekte haben demnach die gleichen Attribute wie ihr Typ, jedoch jeweils unterschiedliche Attributwerte.[449]

Klassifikation ist ein Abstraktionsmechanismus, der es erlaubt, für Objekte Typen als generische Konzepte zu bilden, mit denen gemeinsame Eigenschaften repräsentiert werden können. Sie dient somit der Erkennung von Objekten, die zu einem Typ gehören.

In dem Beispiel aus Abschnitt 6.1 findet sich eine klassifizierende Abstraktion zwischen „Sachversicherungen" und „Personenversicherungen", die als Ausprägungen von „Produktgruppe" angesehen werden (vgl. Tabelle 14 (S. 146)). „Produktgruppe" ist dabei ein abstraktes und typisiertes Konzept (d. h. ein Objekt-

---

[445] Schelp: Modellierung, 2000, S. 242 f.
[446] Vgl. Winter: Abstraktionshierarchien, 1991, S. 21 f.; Scheer: Wirtschaftsinformatik, 1995, S. 36.
[447] Vgl. Hughes: Datenbanken, 1992, S. 81 ff.; Mattos, Michels: KRISYS, 1989, S. 161; Batini et al.: Database, 1992, S. 16 f.
[448] Vgl. McLeod, Smith: Abstraction, 1981, S. 20.
[449] Vgl. Mattos: Abstraction Concepts, 1989, S. 479.

Abstrakte Syntax qualifizierender Informationen in multidimensionalen Datenmodellen 155

typ). Die Werte, von denen an dieser Stelle abstrahiert wird, können der Produktgruppenname oder ein Identifikator, bspw. eine Produktgruppennummer, sein. Als Ausprägungen (Instanzen) des Typs „Jahr" ist in derselben Tabelle „2003" enthalten.

Abbildung 26 (oberer Teil) veranschaulicht die klassifizierende Abstraktion anhand einer (regional organisierten) Vertriebsstruktur: „Norddeutschland", „Süddeutschland" etc. sind dabei Instanzen von „Vertriebsregion"; „Filiale" hat die Instanzen „Bremen", etc.

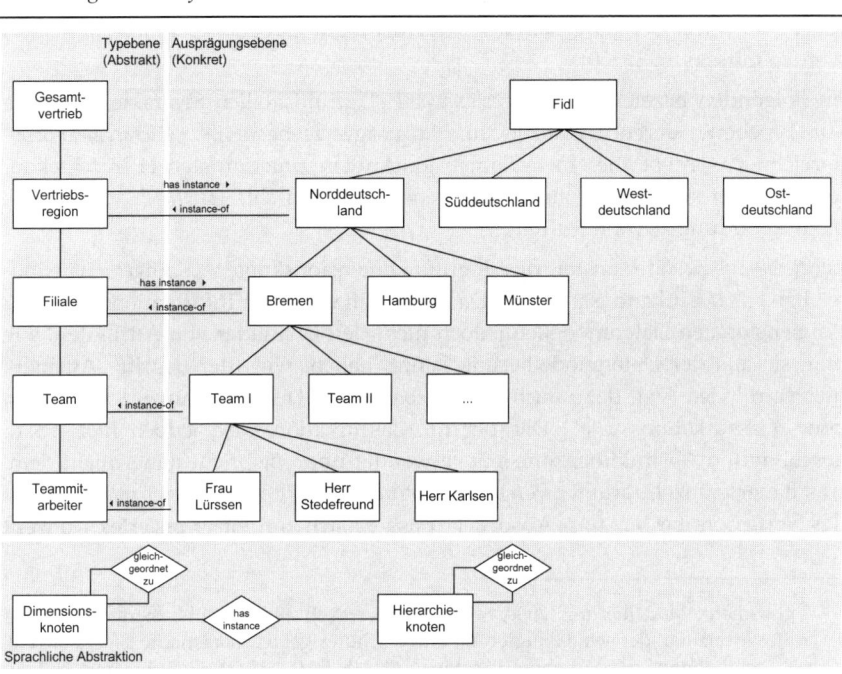

Abbildung 26 Klassifizierende Abstraktion in einer Vertriebsstruktur

In der Abbildung werden den Objekten der Ausprägungsebene horizontal Typen zugeordnet, die durch Klassifikation entstehen. Diese Form der Darstellung, die sich an Schelp anlehnt, wird im Folgenden u. a. auch zur Erläuterung des Metamodells verwendet.[450] Häufig wird die klassifizierende Abstraktion als ein Baum mit der Wurzel als Typ und den Blättern als Objekten dargestellt.[451] Abweichend davon wird sie hier als horizontale Beziehung dargestellt, da sich bei der multidimensionalen Modellierung Has-instance-Beziehungen auf verschiedenen Ebenen ergeben (vgl. Abbildung 26). Bei Mattos werden dagegen mittels Klassifikation lediglich Elemente zu einem zusammengesetzten Objekt (composite object) abstrahiert, d. h. er würde lediglich eine Has-instance-Beziehung zwischen Teammitarbeitern und ihren Ausprägungen zulassen.[452] Für die multidimensionale Modellierung empfiehlt es sich jedoch, auch nichtelementare Objekte als Instanzen eines Typs anzusehen, da – wie bereits erwähnt – die Ausprägungsebene ebenfalls modelliert werden muss (s. o. S. 150)

Im Folgenden bezeichnet *„Dimensionsknoten"* grundsätzlich abstrakte Konzepte auf Typebene, deren Instanzen auf Ausprägungsebene als *„Hierarchieknoten"* bezeichnet werden. Die einem Dimensionsknoten zugeordneten Hierarchieknoten befinden sich jeweils auf einer Ebene der Hierarchie *(Hierarchieebene)*. Vgl. dazu Abbildung 26 (unterer Teil).

Lehner[453] verwendet anstatt des Begriffs Dimensionsknoten „Kategorienattribute" bzw. „Klassifikationsattribut". Da die qualifizierenden Informationen in multidimensionalen Datenmodellen jedoch nicht den Charakter von Attributen, wie man sie aus der Datenmodellierung kennt, haben, wird der Begriff „Attribut" hier vermieden (vgl. dazu auch unten Abschnitt 7.1). Bauer/Günzel[454] sprechen von „Klassifikationsstufe". Der Begriff Klassifikation wird jedoch hier i. S. d. geschilderten Abstraktionskonzepts verwendet und entspricht daher nicht dem, was Bauer/Günzel darunter verstehen. „Dimensionsknoten" bringt nach Ansicht des Verfassers besser zum Ausdruck, dass es sich um ein typisiertes Konzept

---

[450] Vgl. Schelp: Modellierung, 2000, S. 241; Lehner stellt einen graphbasierten Modellierungsansatz dar, der seine Fundierung im Forschungsgebiet „statistische Datenbanken" hat (vgl. Lehner: Data-Warehouse-Systeme, 2003, S. 59 ff.). Hierbei werden innerhalb einer Hierarchie Knoten mit unterschiedlicher Semantik modelliert, neben den Ausprägungen auch sog. Kategorienknoten. Anders als in diesem Ansatz werden hier die Ausprägungs- und die Typebene getrennt und nicht innerhalb einer Hierarchie dargestellt.
[451] Vgl. Batini et al.: Database, 1992, S. 16 f.; Elmasri, Navathe: Database Systems, 1994, S. 634 f.; Hughes: Datenbanken, 1992, S. 81 ff.
[452] Vgl. Mattos: Abstraction Concepts, 1989.
[453] Vgl. Lehner: Data-Warehouse-Systeme, 2003, S. 65 ff.
[454] Vgl. Bauer, Günzel: Data-Warehouse-Systeme, 2004, S. 177 ff.

handelt. Die Verwendung von „Dimension" verweist hier und im Folgenden darauf, dass ein Konzept der Typebene vorliegt. Ein vorangestelltes „Hierarchie" dagegen kennzeichnet Konzepte auf Ausprägungsebene (bspw. in Hierarchieknoten).

Bei dieser terminologischen Festlegung handelt es sich um eine sprachliche Abstraktion, die der Erstellung eines Metamodells dient (vgl. dazu in Abbildung 26 den unteren Teil).

Für das Metamodell lässt sich nach diesen Ausführungen festlegen, dass zwischen einem Dimensionsknoten und den Hierarchieknoten einer Hierarchieebene eine Has-instance- bzw. eine Instance-of-Beziehung besteht. Sowohl Hierarchie- als auch Dimensionsknoten können untereinander in einer Gleichordnungsbeziehung stehen. Dies wird durch die rekursive Beziehung ausgedrückt.

Bereits hier sei darauf hingewiesen, dass gleichgeordnete Hierarchie- und Dimensionsknoten auf einer Hierarchie- bzw. Dimensionsebene angesiedelt sind. Für den Fall, dass auf einer Dimensionsebene nur ein Dimensionsknoten existiert, entsprechen sich beide (daher konnte im einführenden Beispiel auch statt von „Dimensionsknoten" von „Dimensionsebene" gesprochen werden).

In den folgenden Abschnitten werden schrittweise weitere Elemente des Metamodells eingeführt und erläutert, sodass dieses komplettiert wird.

6.2.1.2 Assoziation und Gruppierung als Abstraktion

Mit der Assoziation, oder auch Gruppierung[455], werden auf Ausprägungsebene Abstraktionsbeziehungen zwischen Elementen und Mengenobjekten aufgebaut (zur Unterscheidung zwischen diesen vgl. S. 152). In der Literatur zur multidimensionalen Modellierung wird das Verhältnis zwischen Elementen und Objekten auf Ausprägungsebene häufig nicht explizit beschrieben. Zwar wird darauf hingewiesen, dass durch die hierarchische Modellierung von Objekten eine Aggregationshierarchie für eine Kennzahl konstruiert wird. Zwischen den Elementen und Objekten der Ausprägungsebene selbst liegen jedoch Gruppierungen als Mengenbeziehungen vor, die nicht sinnvoll als Aggregation gekennzeichnet werden können. Im Folgenden werden Elemente und Mengenobjekte der Ausprägungsebene kurz als „Objekte" bezeichnet, wenn die ausdrückliche Unterscheidung zwischen beiden nicht von Relevanz ist.

---

[455] Gruppierung (Grouping) und Assoziation werden häufig synonym verwendet, bspw. bei Hull, King: Database Modelling, 1987; Peckham, Maryanski: Data Models, 1988.

Die *Gruppierung* beruht nicht darauf, dass Elemente dieselben Eigenschaften und Attribute mit jeweils unterschiedlichen Werten besitzen, sondern sie resultiert daher, dass die Eigenschaften einer Gruppe von Objekten als Ganzes beschrieben werden sollen.[456]

Bei der Gruppierung werden aus Objekten Gruppen bzw. Teilmengen gebildet[457], wobei bestimmte Eigenschaften der untergeordneten Elemente oder Objekte unterdrückt und Details, die die Gruppe charakterisieren, hervorgehoben werden. Diese Mengeneigenschaften werden über die Objekteigenschaften abgeleitet und definieren eine Mitgliedschaftsbedingung für die Gruppenbildung („membership stipulation").[458]

Das Abstraktionskonzept der Assoziation weist gewisse Ähnlichkeiten zur Aggregation auf. Letztere kann im Hinblick auf die multidimensionale Modellierung selbst vernachlässigt werden. Anwendung findet das Konzept der Aggregation, durch das Part-of-Beziehungen aufgebaut werden, dagegen im Rahmen des Metamodells.[459]

Da mit der Assoziation/Gruppierung Objekte auf Ausprägungsebene beschrieben werden, soll dieses Abstraktionskonzept im Folgenden bei der Definition von Hierarchien zur Beschreibung der Beziehungen zwischen Hierarchieknoten verschiedener Ebenen herangezogen werden.

Man unterscheidet bei der Assoziation danach, ob atomistische Objekte (Elemente) oder bereits zusammengesetzte Objekte gruppiert werden. Die Elementassozi-

---

[456] Vgl. Mattos: Abstraction Concepts, 1989, S. 479; Winter: Abstraktionshierarchien, 1991, S. 22 f.

[457] Vgl. Scheer: Wirtschaftsinformatik, 1995, S. 40; Mattos: Abstraction Concepts, 1989, S. 497; Mattos, Michels: KRISYS, 1989, S. 162.

[458] Mattos: Abstraction Concepts, 1989, S. 480 f.; Winter: Abstraktionshierarchien, 1991, S. 21 f.; Winter spricht von „Assoziationskriterium" anstatt von Mitgliedschaftsbedingung.

[459] Mattos unterscheidet explizit zwischen Aggregation und Assoziation. Sie sind semantisch relativ ähnlich mit dem Unterschied, dass die Aggregation Existenzabhängigkeit voraussetzt, d. h. ein Objekt der höheren Ebene nicht ohne die Teile aus denen es besteht existieren kann. Diese Differenzierung wird hier nicht weiter verfolgt, da im Bereich der multidimensionalen Modellierung die Existenzabhängigkeit in der geschilderten Form keine Rolle spielt.
Zu beachten ist, dass bei der Datenmodellierung mit ERMs häufig eine andere Form der Aggregation zum Einsatz kommt. Bei dieser werden Entitätstypen und die Beziehungen zwischen ihnen zu globalen Entitätstypen zusammengefasst (vgl. Stahlknecht, Hasenkamp: Wirtschaftsinformatik, 2005, S. 169 f.; Teorey et al.: ER Model, 1989).

Abstrakte Syntax qualifizierender Informationen in multidimensionalen Datenmodellen 159

ation beschreibt Gruppierungen von Elementen zu Objekten, während die Mengenassoziation die Gruppierung von Objekten kennzeichnet.[460]
Bei der *Elementassoziation* werden unterschiedliche Elemente als Ganzes beschrieben. So entsteht ein Mengenobjekt auf einer höheren semantischen Ebene, das jedoch keinen Typ darstellt. Die Beziehung zwischen Element und Mengenobjekt ist vom Typ ‚element-of' (‚eo'). Die Elementassoziation ist eine 1-Ebenen-Beziehung. Die entgegengesetzte Beziehung wird mit ‚has-element' bezeichnet.

In der Hierarchie der Vertriebsstruktur in Abbildung 27 findet sich eine Elementassoziation, bei der die Elemente „Frau Lürssen", „Herr Stedefreund" etc. zu „Team I" gruppiert werden. Elemente sind die Knoten feinster Granularität der Hierarchie, die nicht weiter zerlegbar sind. Die aus den einzelnen Mitarbeitern abgeleitete Menge wird durch eigene Attribute (bspw. einen Namen, eine Nummer (Kostenstellennummer) für „Team" etc.) beschrieben.

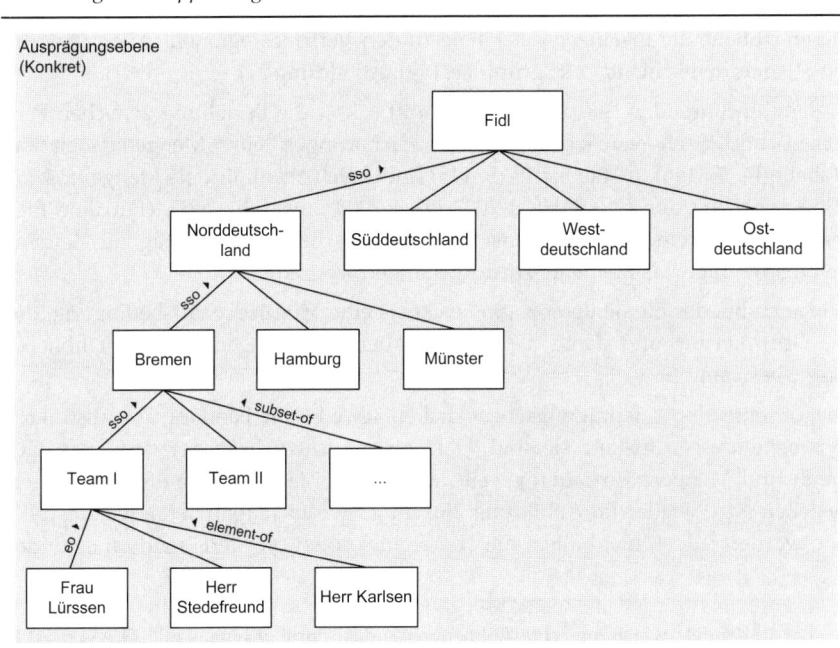

Abbildung 27 Gruppierung und Assoziation in Hierarchien

[460] Vgl. Mattos: Abstraction Concepts, 1989, S. 479 ff.

Mengentheoretisch entsteht durch die Gruppierung bzw. Assoziation eine endliche Menge:

Mitarbeiter$_i$ ∈ Team$_j$, und Team = {Mitarbeiter : Mitarbeiter ist dem Team zugeordnet}, wobei die im Klammerausdruck formulierte Eigenschaft die Mitgliedschaftsbedingung angibt. Team ist dann eine organisatorische Zusammenfassung von Mitarbeitern.

Die *Mengenassoziation* baut Beziehungen zwischen zusammengesetzten Mengen von Objekten auf, indem Mengenobjekte zu Mengenobjekten höherer Ebene gruppiert werden. Da es sich um eine rekursive Beziehung handelt, entsteht i. V. m. der Elementassoziation eine Hierarchie (n-Ebenen-Beziehung). Die Mengenassoziation ist vom Typ ‚subset-of' (‚sso') (Teilmenge von).

Zwischen den Hierarchieknoten der verschiedenen Hierarchieebenen werden so Teilmengenbeziehungen definiert. Als Weiterführung des Beispiels lässt sich daher formulieren: Team I ⊆ Filiale Bremen [461] (Team I ist Teilmenge von (subset-of) Filiale Bremen). Da zwischen Mengenobjekten eine rekursive Beziehung aufgebaut werden kann, ergibt sich eine mehrstufige Hierarchie. So werden auf höherer Ebene die Instanzen der Filiale zu den Vertriebsregionen „Norddeutschland", „Süddeutschland" etc. gruppiert (vgl. Abbildung 27).

In dem einführenden Beispiel aus Abschnitt 6.1 ist die Beziehung zwischen Personen- und Sachversicherungen zu Versicherungen eine Mengenassoziation (Tabelle 14 , S. 146). In Tabelle 13 (S. 145) findet sich ebenfalls eine Mengenassoziation zwischen den Quartalen 1-2003 bis 4-2003 zum Jahr 2003. (Für eine Elementassoziation in der Zeitdimension müsste auf die kleinste verfügbare Zeiteinheit (bspw. Tage) als Elemente zurückgegangen werden).

Wie auch bei der Elementassoziation existiert eine Mitgliedschaftsbedingung, die die Gruppierung und damit die Eigenschaften des Mengenobjekts auf höherer Ebene bestimmt.

Die Objekte der Ausprägungsebene haben jeweils ein Pendant auf abstrakter Typebene, dessen Instanz sie sind. D. h., dass zusätzlich zu der vertikalen Element- und Mengenassoziation jeweils auch horizontale Instance-of-Beziehungen bestehen (vgl. wiederum Abbildung 26). Im Zuge der klassifizierenden Abstraktion werden jedoch nicht allein die Hierarchieknoten typisiert, sondern es findet

---

[461] I. d. R. handelt es sich um echte Teilmengen, sodass darüber hinaus gilt: TEAM ⊂ FILIALE ⇔ TEAM ⊆ FILIALE ∧ TEAM ≠ FILIALE. Diese Bedingung gibt an, dass FILIALE mehrere Teilmengen besitzt. Gilt lediglich TEAM ⊆ FILIALE, dann ist nicht ausgeschlossen, dass sich die Teilmengen beider Ebenen entsprechen. (Die Großbuchstaben geben an, dass es sich jeweils um Mengen handelt).

gleichzeitig auch eine Typisierung der Beziehungen zwischen Hierarchieknoten statt, indem die Mitgliedschaftsbedingungen abstrahiert werden.

Auf den Ausführungen zur Assoziation aufbauend lassen sich die Konzepte des *Metamodells* für die Ausprägungsebene konkreter fassen. Hierarchieknoten wurden oben als Ausprägungen (Instanzen) des abstrakten Konzepts „Dimensionsknoten" definiert. Zusätzlich sollen sie auch in Bezug auf ihre Funktion innerhalb einer Hierarchie definiert werden:

Ein *Hierarchieknoten* ist als Knoten innerhalb einer Baumstruktur eine Verdichtungsstufe innerhalb einer Hierarchie. Er kann (1.) eine Teilmenge eines übergeordneten Hierarchieknotens darstellen und (2.) selbst eine Gruppierung untergeordneter Teilmengen oder Elemente sein. Darüber hinaus ist er immer auch die Instanz (Ausprägung) eines Dimensionsknotens.

Aus den zwei Kann-Bedingungen folgt, dass ein Hierarchieknoten ($hk_{i,j}$) innerhalb einer Hierarchie verschiedene Rollen einnehmen kann (dabei gibt der Index i die Hierarchieebene an; j ist ein Laufindex zur Unterscheidung der Hierarchieknoten auf einer Ebene):

- Er kann erstens ein atomistischer, basisgranularer Hierarchieknoten sein, d. h. er ist eine nicht weiter zerlegbare Entität (Element bzw. *Hierarchieelement*). In diesem Fall trifft die Kann-Bedingung (1.) nicht zu.

Der basisgranulare Hierarchieknoten wird bezeichnet als $hk_{0,j}$ (d. h. i = 0); die Menge aller Hierarchieknoten dieser Ebene wird beschrieben durch HK_0 = { $hk_{0,1}$, ... , $hk_{0,k}$ }.

- Er kann zweitens der Hierarchieknoten der obersten Ebene sein (*Top-Hierarchieknoten*). In diesem Fall ist er der Hierarchieknoten gröbster Granularität, der sämtliche Hierarchieelemente umfasst und deren (indirekte) Vereinigungsmenge darstellt. Beim Top-Hierarchieknoten trifft die Kann-Bedingung (2.) nicht zu.

Er soll bezeichnet werden als hk_m; da es nur einen einzigen maximalen Hierarchieknoten geben kann, gilt $|HK_m| = 1$.

- Er kann drittens ein Knoten auf einer Ebene zwischen der untersten und der obersten Ebene sein (hk_n mit $0 < n < m$). In diesem Fall treffen beide Kann-Bedingungen zu. Knoten dieser Art sind Teilmengen, die aufgrund von Mitgliedschaftsbedingungen gebildet werden.

Unabhängig davon, auf welcher Ebene sich ein Hierarchieknoten befindet d. h. welche der beschriebenen Rollen er einnimmt, ist er immer Instanz eines Dimensionsknotens. (*Für alle $hk_{i,j}$ gilt: sie sind Instanz von DK_i*). Die Menge aller Hierarchieknoten HK_i entstammt der Wertdomäne des Dimensionsknotens DK_i, sodass gilt: $HK_i = dom(DK_i)$ und jeder $hk_{i,j} \in dom(DK_i)$.

- Aus gleichgeordneten Hierarchieknoten resultiert eine *Hierarchieebene* (HE). Die Gleichordnung ergibt sich dadurch, dass die Hierarchieknoten entweder von den $hk_{0,j}$ und/oder vom hk_m gleich weit entfernt sind, d. h. gleichviele Abstraktionsschritte (und Mitgliedschaftsbedingungen) zu ihnen hinführen.

- Eine *Hierarchie* entsteht durch Abstraktionen nach Mitgliedschaftsbedingungen über eine Menge von Hierarchieelementen (HK_0) bzw. über aus diesen gebildeten Teilmengen (HK_n mit $0 < n < m$). Sie besteht aus Hierarchieknoten, zwischen denen Ordnungsbeziehungen existieren (Gleichordnungs- sowie Über- bzw. Unterordnungsbeziehungen). Im einfachsten Fall sind *alle* gleichgeordneten Hierarchieknoten Instanzen *eines* Dimensionsknotens und damit auch einer Dimensionsebene; Überordnungsbeziehungen (Subset-of-Beziehungen) ergeben sich durch eine vollständige (totale) Zerlegung von Teilmengen in disjunkte Teilmengen höherer Ebene nach Mitgliedschaftsbedingungen.[462]

Abbildung 28 stellt die Erweiterung des *Metamodells* hinsichtlich der Ausprägungsebene dar. Im Vergleich zu Abbildung 26 (unterer Teil) sind die verschiedenen Rollen von Hierarchieknoten als Is-a-Beziehungen aufgeführt (die Spezialisierung ist disjunkt und total). Darüber hinaus wird die Gleichordnungsbeziehung uminterpretiert zu einem Entitätstyp „Hierarchieebene", und es wird ein Entitätstyp „Hierarchiepfad" ergänzt, der einen Pfad durch eine Hierarchie repräsentiert und eine Uminterpretation der Über- bzw. Unterordnungsbeziehung darstellt. Die Mitgliedschaftsbedingungen wären als Attribute an der Element-of- bzw. den Subset-of-Beziehungen zu modellieren. Da das Metamodell jedoch im Folgenden deutlich erweitert wird, soll aus Gründen der Übersichtlichkeit auf die Darstellung von Attributen verzichtet werden. Ebenfalls werden aus Gründen der Übersichtlichkeit hier und im Folgenden keine Kardinalitäten an den Beziehungen vermerkt.

---

[462] Die Strukturanomalien, die die nichteinfachsten Fälle beschreiben, sind Gegenstand von Abschnitt 6.2.2).

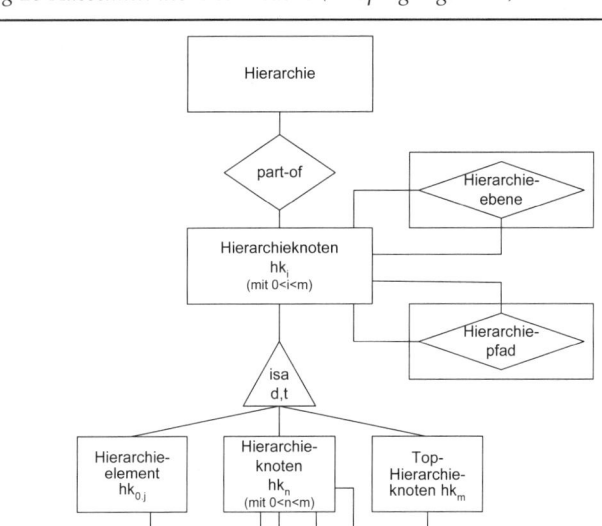

Abbildung 28 Ausschnitt des Metamodells (Ausprägungsebene)

```
                    ┌──────────┐
                    │ Hierarchie│
                    └──────────┘
                         │
              ◇part-of◇──┼──────┬──◇Hierarchie-◇
                         │      │     ebene
                    ┌──────────┐│
                    │Hierarchie-││
                    │  knoten  ││
                    │   hk_i   │├──────◇Hierarchie-◇
                    │(mit 0<i<m)│         pfad
                    └──────────┘│
                         │
                       ◇isa◇
                        d,t
              ┌──────────┼──────────┐
         ┌─────────┐┌──────────┐┌─────────┐
         │Hierarchie││Hierarchie-││  Top-   │
         │ element  ││  knoten   ││Hierarchie│
         │  hk_{0j} ││   hk_n    ││knoten hk_m│
         │          ││(mit 0<n<m)││          │
         └─────────┘└──────────┘└─────────┘
                         │           │
                         │         ◇sso◇
                    ◇eo◇───────◇sso◇
```

6.2.1.3 Generalisierende und spezialisierende Abstraktion

Zur näheren Charakterisierung und Definition der Konzepte multidimensionaler Modelle auf Typebene wird im Folgenden das Abstraktionskonzept *Generalisierung* bzw. *Spezialisierung* betrachtet.[463] Mit diesem lassen sich Beziehungen zwischen abstrakten Typen näher fassen, indem sie zu allgemeineren (spezielleren) Typen generalisiert (spezialisiert) werden.

Diese Abstraktion hängt zusammen mit den Mengenbeziehungen auf Ausprägungsebene und reflektiert diese auf abstrakter Ebene, indem die Mitgliedschaftsbedingungen klassifiziert werden. Betrachtet man Typen auf abstrakter Ebene, so lassen sich die Generalisierungsbeziehungen als ‚Subtype-of'-(‚sto'-)Beziehung kennzeichnen, die umgekehrte Spezialisierungsbeziehung als

---

[463] Schelp fasst im Gegensatz dazu die Definition von Knotentypen (hier ist die Rede von Dimensionsebenen) als Generalisierung auf. Vgl. Schelp: Modellierung, 2000, S. 242 f. sowie Schelp: Modellierung, 1998, S. 271.

164   Die abstrakte Syntax multidimensionaler Datenmodelle

Has-subtype-Beziehung.[464] Diese Beziehungen sind rekursiv anwendbar, sodass hierarchische n-Ebenen-Beziehungen entstehen.

Im einfachsten Fall werden – wie in der Vertriebsstruktur (Abbildung 29) – disjunkte Beziehungen zwischen Dimensionsknoten als Typen hergestellt. Dort ist „Mitarbeiter" Subtyp von Team, Team wiederum Subtyp von Filiale etc. In der korrespondierenden Hierarchie auf Ausprägungsebene ist nur jeweils eine Mitgliedschaftsbedingung maßgeblich, woraus sich ein einfacher Pfad zwischen den Dimensionsknoten ergibt (vgl. auch Tabelle 15 aus dem einführenden Beispiel, S. 148).[465]

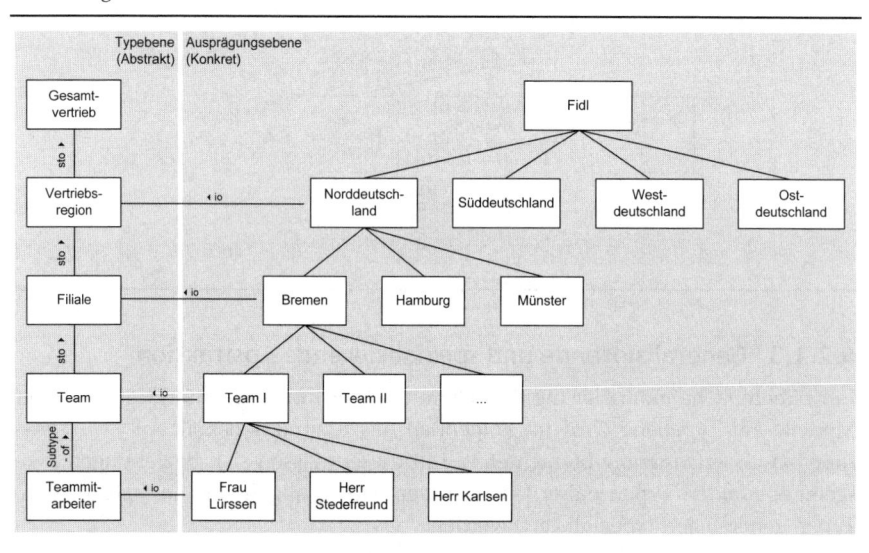

Abbildung 29 Generalisierende Abstraktion

In dem Beispiel aus Abschnitt 6.1 finden sich Spezialisierungsbeziehungen in Tabelle 13 (S. 145) zwischen den Typen Jahr und Quartal sowie zwischen Produktbereich und Produktgruppe (Tabelle 14, S. 146). (Zu beachten ist, dass dort

---

[464] Vgl. Mattos: Abstraction Concepts, 1989, S. 476; McLeod, Smith: Abstraction, 1981, S. 21; Smith, Smith: Database Abstraction, 1977, S. 115; Peckham, Maryanski: Data Models, 1988, S. 169; bei der objektorientierten System- und Softwareentwicklung findet sich bei der Generalisierung/Spezialisierung dagegen vornehmlich eine „Is-a-Beziehung".
[465] Die nichteinfachsten Fälle sind Gegenstand von 6.2.2.

Abstrakte Syntax qualifizierender Informationen in multidimensionalen Datenmodellen 165

zwischen Vertriebsregion und Produktbereich keine Spezialisierung vorliegt, obwohl sie in einer Zeile angeordnet sind. Vertriebsregion und Produktbereich sind vielmehr zwei Dimensionsknoten, die zu unterschiedlichen Dimensionen und Pfaden gehören).

In Data-Warehouse-Systemen stellen die Subtype-of- bzw. die Has-subtype-Beziehungen die Navigationswege dar, um in einem durch Dimensionen bzw. Dimensionsknoten aufgespannten Raum zu navigieren.[466] OLAP-Operationen bewegen sich entlang dieser Pfade.

Nach der Diskussion des letzten Abstraktionskonzepts können auch die abstrakten Konzepte der multidimensionalen Modellierung konkretisiert und definiert werden, wodurch sich das *Metamodell* für die qualifizierenden Informationen eines multidimensionalen Modells vervollständigen lässt (vgl. hierzu Abbildung 30 und dort den linken Bereich).

Eine *Dimension* (man spricht auch von *Dimensionsschema*[467]) besteht aus Dimensionsknoten, zwischen denen Ordnungsbeziehungen existieren (Gleichordnungs- sowie Über- bzw. Unterordnungsbeziehungen).

Dimensionsknoten entstehen durch Klassifizierung von Objekten der Ausprägungsebene (Hierarchieknoten) und stellen eine Verdichtungsstufe innerhalb einer Dimension dar. Sie stehen in einer Über- bzw. Unterordnungsbeziehung mit der Semantik has-subtype. Die Beziehungen zwischen Dimensionsknoten abstrahieren von den in der Hierarchie zugrunde gelegten Mitgliedschaftsbedingungen zwischen Elementen und Teilmengen. Insofern erfolgt beim Übergang von der Ausprägungs- zur Typebene auch eine Klassifizierung der Mitgliedschaftsbedingungen.[468]

Da Dimensionsknoten die hierarchischen Beziehungen der Ausprägungsebene reflektieren, können sie dieselben Rollen annehmen, die oben im Hinblick auf Hierarchieknoten diskutiert wurden:

- Basisgranulare Dimensionsknoten (DK_0) sind das Pendant zu Hierarchieelementen. Sie werden im Folgenden als *primäre Dimensionsknoten* bezeichnet.

---

[466] Ähnlich Sapia et al.: Extending, 1998.
[467] Vgl. Lehner: Data-Warehouse-Systeme, 2003, S. 65.
[468] Diese Beziehung zwischen eo-/sso-Beziehungen und den korrespondierenden sto-Beziehungen wird im Metamodell nicht dargestellt. Da zuvor eine Uminterpretation der genannten Beziehungen nötig wäre (weil im ERM eine Beziehung zwischen Beziehungen nicht erlaubt ist) würde die Darstellung des Metamodells enorm wachsen und an Übersichtlichkeit verlieren. In der objektorientierten Modellierung findet sich das Modellierungskonstrukt der „assoziativen Klasse", das in einer objektorientierten Darstellung des Metamodells für diesen Fall Anwendung finden könnte.

Der Wertebereich der dem primären Dimensionsknoten zugeordneten Menge an Hierarchieknoten ist definiert durch $HK_0 = dom(DK_0)$.

- Die Dimensionsknoten DK_n sind Klassifikationen der Hierarchieknoten $hk_{n,j}$ (beide mit $0 < n < m$). Sie abstrahieren die Hierarchie mit ihren Hierarchieebenen über den Hierarchieelementen, sind Subtyp (subtype-of) und haben selbst eine (oder mehrere[469]) Subtypen (d. h. stellen einen Supertyp dar).
- Der Top-Dimensionsknoten (DK_m) schließlich stellt ein generisches maximales Element dar.

Die Über- und Unterordnungsbeziehungen zwischen Dimensionsknoten lassen sich über die Integritätsbedingung der funktionalen Abhängigkeit weiter konkretisieren. Für gewöhnlich wird diese in Bezug auf Attribute definiert.[470]

Da hier die Beziehungen zwischen Objekten als Instanzen eines Typs von Relevanz sind, wird sie hierauf übertragen. Auf Typebene gilt dann, dass zwischen zwei Dimensionsknoten DK_i und DK_{i+x} (mit $x \geq 0$) funktionale Abhängigkeit existiert (man schreibt $DK_i \rightarrow DK_{i+x}$), wenn für jedes hk_i genau ein hk_{i+x} existiert (hk_i und hk_{i+x} sind hier nicht Elemente von DK_i bzw. DK_{i+x}, sondern Instanzen).

Die funktionale Abhängigkeit spiegelt damit die Mitgliedschaftsbedingungen und Assoziationbeziehungen (element-of und subset-of), die mit der Hierarchie zwischen Elementen und Mengenobjekten bzw. zwischen Mengenobjekten verschiedener Ebenen konstruiert wird, abstrakt wider. Mittels der funktionalen Abhängigkeiten zwischen Dimensionsknoten werden auf Typebene *Dimensionspfade* aufgebaut, die jeweils aus einer voll geordneten Teilmenge von Dimensionsknoten bestehen. In Abbildung 26 (S. 155) findet sich der Pfad:

Mitarbeiter → Team → Filiale → Vertriebsregion → Gesamtvertrieb

Der primäre Dimensionsknoten DK_0, der die feinste Granularität der Dimension darstellt, bestimmt alle Dimensionsknoten des Pfades funktional.[471] Der Top-Dimensionsknoten DK_m hingegen wird von allen anderen Dimensionsknoten funktional bestimmt.[472]

---

[469] Im Falle von Strukturbesonderheiten.
[470] Funktionale Abhängigkeit beschreibt semantische Integritätsbedingungen bezüglich der Attribute eines Relationenschemas, die jederzeit erfüllt sein müssen. Zwischen zwei Attributen A und B existiert funktionale Abhängigkeit ($A \rightarrow B$) genau dann, wenn für jedes $a \in A$ genau ein $b \in B$ existiert. Lehner: Data-Warehouse-Systeme, 2003, S. 58.
[471] Formal lässt sich dies allgemeiner ausdrücken: $\exists i\ (1 \leq i \leq n)\ \forall j\ (1 \leq j \leq n, i \neq j): DK_i \rightarrow DK_j$; vgl. Lehner: Data-Warehouse-Systeme, 2003, S. 65.
[472] Ebenfalls formaler: $\forall i\ (1 \leq i \leq n): DK_i \rightarrow DK_m$.

Abstrakte Syntax qualifizierender Informationen in multidimensionalen Datenmodellen 167

Gleichgeordnete Dimensionsknoten entstehen, wenn ein Dimensionsknoten mehrere Subtypen hat (d. h. Dimensionsknoten stehen in einer n:m-Beziehung). Sie liegen auf einer Dimensionsebene. In diesem Fall besteht die Dimension selbst aus mehreren Pfaden und stellt nur eine halbgeordnete Menge von Dimensionsknoten dar. Die Dimensionsebene ist – analog zur Hierarchieebene – eine Uminterpretation der Gleichordnungsbeziehung zwischen Dimensionsknoten; ein Dimensionspfad ist eine Uminterpretation der Über- bzw. Unterordnungsbeziehungen (ebenfalls analog zur Ausprägungsebene). Die aus der Gleichordnung von Dimensionsknoten resultierenden parallelen Hierarchien werden in Abschnitt 6.2.2.3 im Zusammenhang mit Strukturanomalien näher diskutiert.

Die geschilderten Zusammenhänge zwischen den Konstrukten und Konzepten der multidimensionalen Modellierung fasst Abbildung 30 zusammen. Sie veranschaulicht auch die Analogien zwischen abstrakter und konkreter Ebene.

Abbildung 30 Metamodell der (qualifizierenden) Konstrukte der multidimensionalen Modellierung

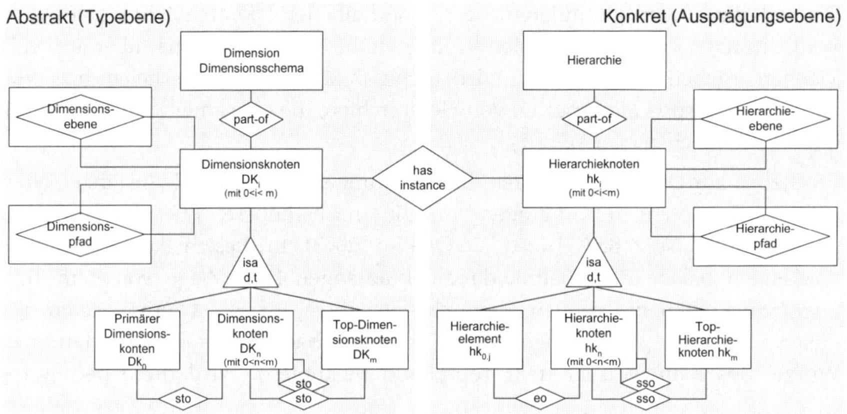

6.2.2 Strukturbesonderheiten in Dimensionen (Anomalien)

Ein multidimensionales Datenmodell muss in der Lage sein, unterschiedlich komplexe Strukturen innerhalb von Dimensionen abzubilden.[473] Bisher wurden

---

[473] Vgl. Hettler et al.: Vergleich, 2003, S. 98; Herden: Entwurfsmethodik, 2001, S. 24.

einfache Hierarchien und Dimensionen mit einfachen Strukturen diskutiert. Ihre Merkmale und die Bedingungen für das Vorliegen von einfachen Hierarchien werden im Folgenden genannt und für die Diskussion von Strukturanomalien aufgelöst.[474]

Jeder hk_j mit j < m (d. h. *alle* Knoten außer dem Top-Hierarchieknoten) verfügt über *genau einen Vorgänger* auf der übergeordneten Ebene (der Eingangsgrad des Knoten ist = 1); jeder Hierarchieknoten hk_i mit i > 0 (d. h. alle Hierarchieknoten außer den Hierarchieelementen) verfügt über *einen oder mehrere Nachfolger* auf der untergeordneten Ebene (der Ausgangsgrad des Knotens ist damit ≥ 1) [475]. Auf Typebene resultieren daraus jeweils 1:n-Beziehung zwischen Dimensionsknoten.[476]

Darüber hinaus wurde die Menge der Hierarchieknoten $HK_{i,j}$ einer Hierarchieebene in *disjunkte* Teilmengen als Mengenobjekte zerlegt. Besitzen Mengen keine gemeinsamen Elemente bzw. Mengen untergeordneter Ebenen, so bezeichnet man sie als disjunkt, d. h.: $\cap HK_{i,j}$ = ∅, bspw. (Quartal 1 ∩ Quartal 2 ∩ Quartal 3 ∩ Quartal 4 = ∅). Graphentheoretisch spricht man von (knoten)disjunkten Wegen oder Pfaden, wenn diese keine gemeinsamen Knoten haben.

Diese Bedingungen garantieren, dass innerhalb der Hierarchie nur eindeutige Verdichtungen vorliegen. Werden sie aufgehoben, so können sich überlappende Mengen ergeben. In diesem Fall wird auch von Strukturbesonderheiten bzw. von Anomalien gesprochen, speziell von Heterarchien, die eine anteilige Verrechnung notwendig machen (s. u. 6.2.2.1).

Zusätzlich zur Disjunktheit waren die Zerlegungen *total*, d. h. alle Instanzen eines Dimensionsknotens DK_i gingen in die nächsthöhere Ebene $HK_{i+1,j}$ ein: $\cup HK_{i,j}$ = $\cup HK_{i+1,j}$, z. B. (Q1-03 ∪ ... ∪ Q4-03 = 2003). In diesem Fall spricht man von einem balancierten Baum, da die Pfadlängen bzw. Wege von dem Top-Hierarchieknoten bis zu den Hierarchieelementen für alle Hierarchieelemente gleich lang sind (alle Elemente der Hierarchie haben denselben Abstand zur Wurzel des Baumes, hier dem Top-Hierarchieknoten). Wird diese Bedingung

---

[474] Vgl. Schelp: Modellierung, 2000, S. 142 ff. u. 243 ff.; Holthuis: Data Warehouse-System, 1999, S. 130 f.; Totok: OLAP, 2000, 93 f.

[475] Eine solche einfache Hierarchie, bei der Ausprägungen einer Dimensionsebene genau einer Ausprägung der darüber liegenden Ebene zugeordnet werden können, findet sich im obigen Beispiel in der Dimension Vertriebsstruktur (Abbildung 26): Jede Filiale ist genau einer Vertriebsregion zugeordnet und in jeder Filiale sind Teams und Mitarbeiter vorhanden, wobei jeder Mitarbeiter in nur einem Team ist und es keine filialübergreifenden Teams gibt.

[476] Vgl. Schelp: Modellierung, 2000, S. 242 ff.

aufgehoben, so ergeben sich nichtbalancierte Bäume mit unterschiedlichen Pfadlängen (s. u. 6.2.2.2).

Weiter wurden die Elemente und Mengenobjekte bei der Assoziation jeweils nur *gemäß einer Mitgliedschaftsbedingung* abstrahiert. Grundsätzlich ist es möglich und in der Praxis anzutreffen, dass über Elementen bzw. über Mengen mehrere Hierarchien mit unterschiedlichen Mitgliedschaftsbedingungen aufgebaut werden.[477] Hierarchieknoten einer Hierarchieebene sind dann Instanzen mehrerer Dimensionsknoten (die wiederum auf einer Dimensionsebene angesiedelt sind). Dies führt zu parallelen Hierarchien und mehreren Pfaden innerhalb einer Dimension (s. u. 6.2.2.2.3).

Im nichteinfachsten Fall, d. h. wenn die Hierarchieknoten einer Ebene Instanzen mehrerer Dimensionsknoten sind und keine totale und disjunkte Zerlegung der Teilmengen erfolgt, ergeben sich Strukturbesonderheiten, die auch als Anomalien bezeichnet werden. Diese werden im Folgenden näher diskutiert.

6.2.2.1 Heterarchien

Im Falle von Heterarchien besitzen ein oder mehrere Hierarchieknoten mehrere Vorgänger als übergeordnete Knoten. Zusätzlich zum Ausgangsgrad des Knotens ist demnach der Eingangsgrad ≥ 1. Zwischen den Ausprägungen der Knoten liegt damit eine n:m-Beziehungen vor.[478] Da es so gemeinsame Knoten innerhalb verschiedener Pfade der Heterarchie gibt, ist sie weder mengentheoretisch noch aus Sicht der Graphentheorie (knoten-)disjunkt. Dieser Fall macht eine anteilige Verrechnung bzw. Verdichtung notwendig, bei der ein untergeordneter Knoten insgesamt 100 % an mehrere übergeordnete Knoten weitergibt.[479]

In der Dimension Zeit kann eine solche anteilige Verrechnung bspw. sinnvoll sein, wenn man sowohl Betrachtungen auf Basis einer Kalenderwoche als auch auf Monatsbasis durchführen will (und nicht zwei parallele Zeitdimensionen modellieren möchte). Dann wären die Umsätze einer Kalenderwoche, die am Übergang zwischen zwei Monaten liegt, anteilig den jeweiligen Monaten zuzurechnen (vgl. Abbildung 31).[480]

---

[477] Vgl. Gabriel, Gluchowski: Modellierungstechniken, 1997, S. 24.
[478] Vgl. hierzu Trujillo et al.: Designing, 2001, S. 67 f.; sie bezeichnen Heterarchien als „nonstrict classification hierarchies"; Totok: OLAP, 2000, S. 93 f., er spricht von anteiliger Verdichtung.
[479] Vgl. Herden: Entwurfsmethodik, 2001, S. 21.
[480] Vgl. Schelp: Modellierung, 2000, S. 142 f.; Hahne: Star Schema-Modellierung, 2001, S. 16 f.; Holthuis: Data Warehouse-System, 1999, S. 130 f.

Bei der klassifizierenden Abstraktion, d. h. bei der Typisierung von Objekten und Beziehungen, muss dies gesondert gekennzeichnet werden, damit die semantische Information über die Mehrfachzuordnung erhalten bleibt. Daher empfiehlt es sich, an der Beziehung die Kardinalität von n : m zu notieren, um so die Mehrfachzuordnung kenntlich zu machen. Insofern ergeben sich hier im Vergleich zur einfachen Hierarchie Besonderheiten bei der Klassifikation der Beziehungen.[481]

Abbildung 31 Heterarchien

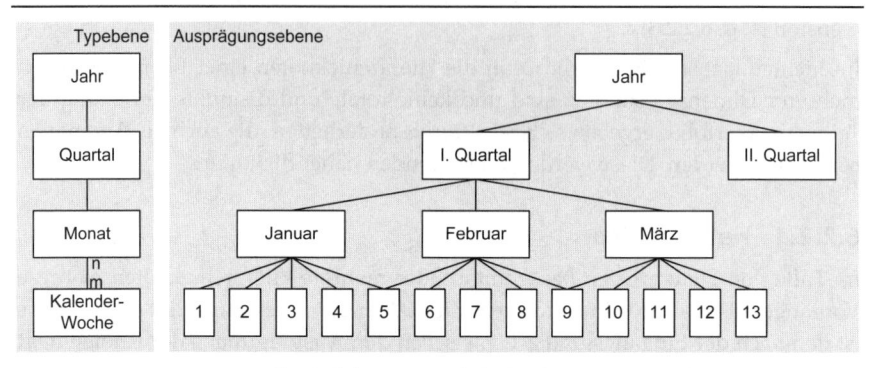

(In Anlehnung an Schelp, S. 244)

6.2.2.2 Unterschiedliche Pfadlängen

Eine *unausgeglichene Hierarchie* (nicht höherbalancierter Baum[482]) liegt vor, wenn die Pfadlängen innerhalb der Hierarchie unterschiedlich lang sind, d. h. wenn ausgehend vom Wurzelknoten (Top-Hierarchieknoten) die Hierarchieelemente in unterschiedlichen Pfaden nach einer unterschiedlichen Anzahl von Ebenen erreicht werden. In umgekehrter Richtung bedeutet dies, dass auf einer nächsthöheren Ebene nicht alle Hierarchieknoten gruppiert werden. Im Vergleich zu einfachen Hierarchien ergibt sich bzgl. des Ausgangs- und des Eingangsgrads kein

---

[481] Vgl. Schelp: Modellierung, 2000, S. 243 ff.
[482] Vgl. Hettler et al.: Vergleich, 2003, S. 98.

Unterschied; die Gruppierung der untergeordneten Hierarchieknoten ist ebenfalls disjunkt.[483]
Bei einer Produktdimension liegen häufig unterschiedliche Pfadlängen vor. So können Produktbereiche mehrere Produktgruppen haben, die wiederum Produktarten als weitere Dimensionsebene enthalten können, bis man zur Ebene der Einzelprodukte gelangt. Hat jedoch eine Produktgruppe bspw. nur wenige Einzelprodukte, so ist eine sinnvolle Besetzung einer Produktgruppenebene nicht möglich. Abbildung 32 zeigt eine Produkthierarchie, in der die Produktgruppe Sachversicherung nicht untergliedert wird.[484]

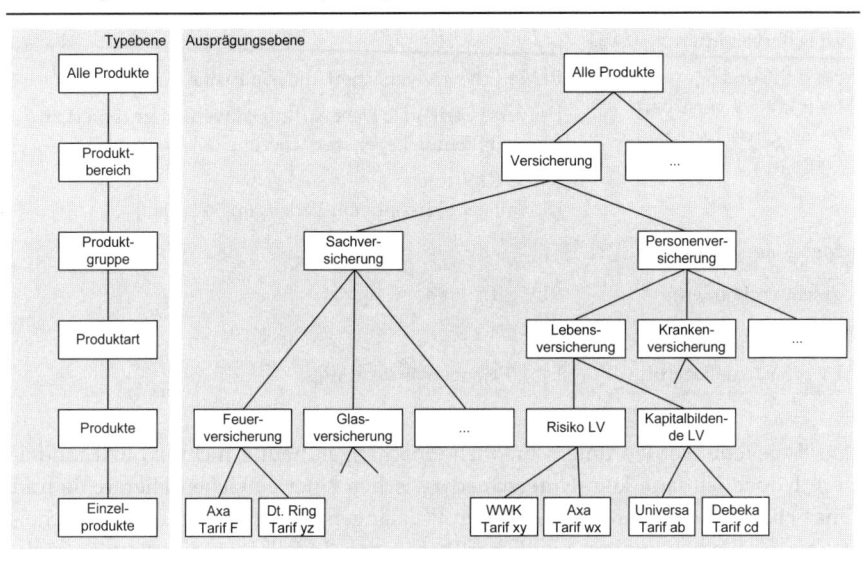

Abbildung 32 Unterschiedliche Pfadlängen

Typebene	Ausprägungsebene						
Alle Produkte			Alle Produkte				
Produktbereich		Versicherung		...			
Produktgruppe	Sachversicherung			Personenversicherung			
Produktart				Lebensversicherung	Krankenversicherung	...	
Produkte	Feuerversicherung	Glasversicherung	...	Risiko LV	Kapitalbildende LV		
Einzelprodukte	Axa Tarif F	Dt. Ring Tarif yz		WWK Tarif xy	Axa Tarif wx	Universa Tarif ab	Debeka Tarif cd

In diesem Beispiel gibt es bei Sachversicherungen keine betriebswirtschaftliche Rechtfertigung für eine Gruppierung von Produkten in Produktarten; diese lässt

---

[483] Vgl. hierzu Trujillo et al.: Designing, 2001, S. 67 f., sie bezeichnen dies als *„complete classification hierarchies"*; Totok: OLAP, 2000, S. 93 f.; er spricht anschaulich von *„ungleiche Tiefe der Blätter"*.
[484] Vgl. Schelp: Modellierung, 2000, S. 143 f.; Holthuis: Data Warehouse-System, 1999, S. 130 f.

sich nur für Personenversicherungen sachlogisch begründen (Man könnte Feuerversicherung etc. auch als Produktarten auffassen, dann würde jedoch die Ebene Produkte unbesetzt bleiben, was an dem grundsätzlichen Problem jedoch nichts ändert). Tabelle 17 veranschaulicht zu dem Beispiel aus Abbildung 32 die Element- und Mengenassoziation für diesen Fall anhand von ausformulierten Mitgliedschaftsbedingungen.

Tabelle 17 Mitgliedschaftsbedingungen und Elementassoziationen zum Beispiel oben

Elementassoziationen	
Axa Tarif F & Dt. Ring Tarif yz werden gruppiert zu Feuerversicherung (FV).	WWK Tarif xy & Axa Tarif wx werden gruppiert zu Risikolebensversicherung (RLV)
$fv_k \in FV$, und	$rlv_i \in RLV$, und
FV = { fv : fv versichert Vermögensschaden durch Feuer }	RLV = { rlv : rlv versichert Todesfallrisiko }
	Universa Tarif ab & Debeka Tarif cd werden gruppiert zu Kapitalbildende Lebensversicherung (KLV).
	$Klv_j \in KLV$, und
	KLV = { klv : klv sammelt Versorgungskapital }
Mengenassoziationen	
(nicht vorhanden)	$RLV \subseteq LV$ und
	$KLV \subseteq LV$
$FV \subseteq$ Sachversicherung	$LV \subseteq$ Personenversicherung

Auf Typebene werden unterschiedliche Pfadlängen häufig nicht explizit modelliert. Jedoch ist dann kein Unterschied zwischen einer einfachen Hierarchie und einer Hierarchie mit unterschiedlichen Pfadlängen erkennbar. Schelp unterscheidet zwei Fälle bzgl. unterschiedlicher Pfadlängen. In Fall I werden ein oder mehrere Hierarchieknoten um zusätzliche Hierarchieknoten erweitert (bspw. werden bzgl. eines Einzelprodukts verschiedene Varianten unterschieden). Ansonsten handelt es sich um eine einfache Hierarchie. Dieser Fall weist jedoch große Parallelen zu den unten diskutierten *dimensionalen Attributen* auf und wird daher in diesem Zusammenhang diskutiert.[485] In Fall II (Abbildung 32) werden die Hierarchieelemente (hk_0) in unterschiedlichen Pfaden nach einer unterschiedlichen

---

[485] Vgl. Schelp: Modellierung, 2000, S. 246 f.; dies ist der einzige Fall, den Totok vorsieht (Totok: OLAP, 2000, S. 93 f.).

Abstrakte Syntax qualifizierender Informationen in multidimensionalen Datenmodellen 173

Anzahl von Ebenen erreicht. Schelp verwendet eine Notation, die diese Strukturanomalie explizit auch auf abstrakter Typebene kenntlich macht.

Abbildung 33 Fallunterscheidung bei unterschiedlichen Pfadlängen

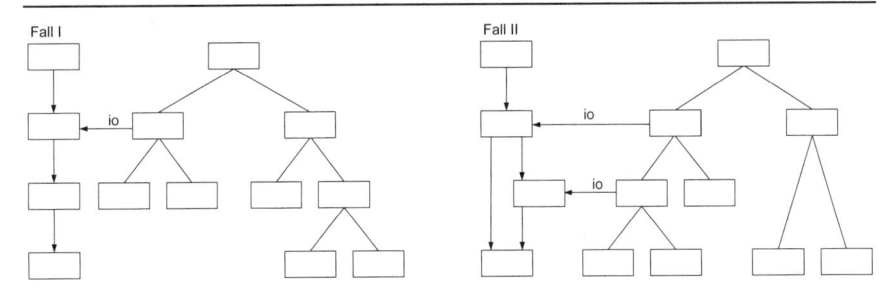

Fall I Fall II

(Pfeilrichtung zwischen Typen ist hier als „Subtype-of-Beziehung" zu verstehen)

Bauer/Günzel gehen davon aus, dass eine Hierarchie bzw. ein Baum balanciert sein muss, da sonst keine Vollständigkeit bei der Aggregation von quantifizierenden Informationen (Kennzahlen) erreicht werden kann.[486] Dies gilt nach Ansicht des Verfassers allenfalls für das logische Modell, nicht jedoch für das konzeptionelle, weil dort nicht formale Aspekte wie die Aggregationsvollständigkeit maßgeblich sind, sondern die anwendungs- und benutzergerechte Darstellung und Beschreibung von betriebswirtschaftlichen Sachverhalten.

In einigen Modellierungsansätzen und auch in kommerziellen Produkten besteht die Forderung nach balancierten Hierarchien nicht, bspw. können ungleiche Pfadlängen durch Platzhalter-Zwischenebenen ausgeglichen werden. Dies kann dann notwendig werden, wenn das Datenbanksystem den Datenimport nur auf unterster Ebene erlaubt.[487]

6.2.2.3 Parallele Hierarchie

Eine *parallele Hierarchie* ist dadurch gekennzeichnet, dass innerhalb einer Dimension eine Gabelung vorliegt und so zwei oder mehr Pfade existieren. Dies ist dann der Fall, wenn innerhalb der Hierarchie unterschiedliche und disjunkte

---

[486] Vgl. Bauer, Günzel: Data-Warehouse-Systeme, 2004, S. 179.
[487] Vgl. Totok: OLAP, 2000, S. 94.

Typen von Mitgliedschaftsbedingungen angewendet werden.[488] In diesem Fall wird ein Element oder ein Mengenobjekt zu jeweils 100 % auf zwei übergeordnete Knoten verdichtet. Der Spitzenwert der Wurzel darf dann nur aus einer der parallelen Hierarchien abgeleitet werden.

Bei der in Abbildung 34 dargestellten Hierarchie finden sich *zwei* Typen von Mitgliedschaftsbedingungen. Zum einen wird zwischen Versicherung und Wertpapieren differenziert, zum anderen wird danach unterschieden, ob es sich bei den Einzelprodukten um Eigen- oder Fremdprodukte handelt (die jeweiligen Zwischenebenen können an dieser Stelle vernachlässigt werden).

Abbildung 34 Parallele Hierarchie

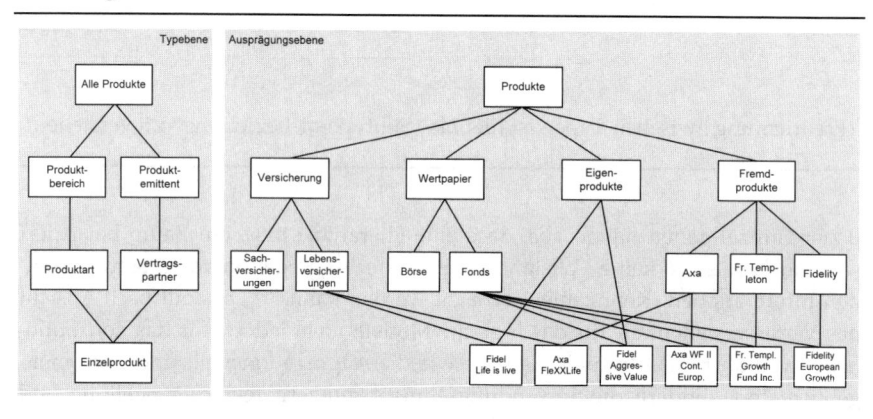

Auf abstrakter Ebene ergeben sich so hinsichtlich einer Dimensionsebene gleichgeordnete Dimensionsknoten (Produktbereich und Produktemittent). Versicherung und Wertpapier sind dann Instanzen des Produktbereichs, während Eigen- und Fremdprodukte Instanzen des Objekttyps „Produktemittent" darstellen. Daraus ergibt sich eine sog. parallele Hierarchie mit parallelen Pfaden als Anordnungen von Dimensionsknoten auf abstrakter Ebene.

---

[488] Vgl. Totok: OLAP, 2000, S. 93 f.; Schelp: Modellierung, 2000, S. 144 f.; ebenso Hahne: Datenmodellierung, 1998, S. 9 f.; vgl. hierzu Trujillo et al.: Designing, 2001, S. 67 f., sie bezeichnen dies als *„multiple und alternative path classification hierarchies"*; führt man, wie hier geschehen, einen Top-Hierarchieknoten ein bzw. eine Top-Dimensionsebene, so entfallen die „multiple hierarchies" und es existieren lediglich alternative Pfade in den Hierarchien.

Zu beachten ist, dass funktionale Abhängigkeit nur bezogen auf einen Pfad gilt. Dies zeigt sich in Abbildung 34 daran, dass dort die Hierarchieelemente Elemente von mehr als einem Mengenobjekt sind. Somit ergeben sich zwei Dimensionspfade als Über- bzw. Unterordnungsbeziehung mit funktionaler Abhängigkeit:
- Einzelprodukt → Vertragspartner → Produktemittent → Alle Produkte sowie
- Einzelprodukt → Produktgruppe → Produktbereich → Alle Produkte.

Mithilfe paralleler Hierarchien lässt sich das Problem der anteiligen Verrechnungen in Heterarchien lösen (vgl. Abbildung 31), indem ein zweiter Pfad mit 1:n-Beziehungen eingeführt wird. Wird die Kalenderwoche als parallele Hierarchie modelliert, so ergeben sich zwei Pfade: (1) Tag → Monat → Quartal → Jahr sowie (2) Tag → Kalenderwoche → Jahr.[489]

6.2.2.4 Weitere Strukturbesonderheiten

6.2.2.4.1 *Mehrere Wurzeln*

Eine Hierarchie verfügt über *mehrere Wurzeln*, wenn von untergeordneten Elementen nicht alle Ausprägungen in einem Hierarchiepfad verdichtet werden. Die Verdichtung ist daher partiell. Dies könnte der Fall sein, wenn bestimmte Wochen zu Aktionswochen abstrahiert werden. Somit ergibt sich ein Dimensionsknoten „Aktionswoche" innerhalb der Zeitdimension, die nur bestimmte Kalenderwochen umfasst, aber nicht zum Spitzenwert verdichtet werden kann.[490] Stellt man den Aktionswochen jedoch „Normalwochen" gegenüber, dann ergibt sich eine parallele Hierarchie (s. o. Abbildung 34).

6.2.2.4.2 *Dimensionale Attribute*

Dimensionale Attribute beschreiben „klassenabhängige Merkmale". Ihre Existenz ist abhängig von den Merkmalsausprägungen eines Hierarchieknotens. So lässt sich bspw. bei dem Produkt „Kapitalbildende Lebensversicherung" danach differenzieren, ob sie eine dynamische Anpassung der Beiträge vorsieht oder nicht.

---

[489] Bei „natürlichen Wochen" wäre im Gegensatz zu Kalenderwochen eine anteilige Verrechnung der Wochentage auf unterschiedliche Jahre nötig. Von dem Aspekt, dass zum Jahreswechsel ein Tag zwar in der letzten Kalenderwoche des alten Jahres liegt, obwohl er schon zu neuen Jahr gehört, sei an dieser Stelle abgesehen. Häufig wird in MDDM davon ausgegangen, dass Kalenderwochen eindeutig dem Jahr zugerechnet werden können. Lt. DIN 1355, 1.3.4 gilt: „Die erste Kalenderwoche ... ist diejenige, die den ersten Donnerstag des Kalenderjahres enthält und dem beginnenden Jahr deshalb mehr als zur Hälfte angehört."

[490] Vgl. Totok: OLAP, 2000, S. 93.

Eine analoge Unterscheidung ist bei Risikolebensversicherungen nicht möglich.[491] Es ist zu beachten, dass die Existenz dimensionaler Attribute von einzelnen Knoten einer global gültigen Dimension abhängt.[492]

6.2.2.5 Fazit zu Strukturbesonderheiten

In der Literatur werden noch weitere Strukturbesonderheiten diskutiert, die jedoch an dieser Stelle nicht weiter betrachtet werden sollen.[493] Häufig treten innerhalb einer Dimension bzw. ihrer Hierarchie die verschiedenen Anomalien kombiniert auf. Viele der konzeptionellen Besonderheiten lassen sich jedoch im logischen Modell nur in einfacher Form darstellen; bspw. indem bei parallelen Hierarchien zwei separate Dimensionstabellen angelegt werden (Jahr nach Kalenderwochen und Jahr nach Quartalen und Monaten). Ungleiche Tiefen lassen sich entweder ebenfalls durch mehrere Dimensionstabellen oder aber durch Platzhalter für die nicht besetzten Ebenen realisieren.[494]

6.3 Abstrakte Syntax quantifizierender Informationen in multidimensionalen Datenmodellen

Die qualifizierenden Informationen multidimensionaler Datenmodelle werden häufig als Fakten bzw. Kennzahlen bezeichnet. Während Dimensionen Auswertungsstrukturen definieren, stellen Fakten und Kennzahlen den Gegenstand der Auswertung dar.[495] Hinsichtlich dessen, was unter dem Begriff „Fakt" verstanden wird, existieren in der Literatur deutlich unterschiedliche Auffassungen.[496]

---

[491] Lehner et al. nennen ein weiteres, vielleicht anschaulicheres Beispiel: Sie unterscheiden die Produktgruppen Video und Haushaltsgeräte. Für die Produktgruppe Video wäre eine Ausweisung nach dem dimensionalen Attribut Videosystem denkbar und durchaus aus Sicht der Anwendung sinnvoll. Eine Ausweisung der Produktgruppe Haushaltsgeräte, welche ebenfalls Element der Produktdimension ist, nach Videosystem würde jedoch keinen Sinn ergeben. Vgl. Lehner, Albrecht: Aggregate, 1998.
[492] Vgl. Lehner: Data-Warehouse-Systeme, 2003, S. 66 f. und 94 ff.; Trujillo et al.: Designing, 2001, S. 67 f. , sie bezeichnen dimensionale Attribute als „Categorization of dimensions"
[493] Vgl. Tsois et al.: MAC, 2001.
[494] Vgl. Totok: OLAP, 2000, S. 93 f.; Lehner: Data-Warehouse-Systeme, 2003, S. 98 ff.
[495] Vgl. Hettler et al.: Vergleich, 2003, S. 97; Lehner: Data-Warehouse-Systeme, 2003, S. 54 f.
[496] Deutlich unterschiedliche Auffassungen finden sich bei Lehner: Data-Warehouse-Systeme, 2003, S. 67; Sapia et al.: Extending, 1998, S. 3; Golfarelli et al.: Dimensional Fact Model, 1998; Trujillo et al.: Designing, 2001; Gabriel, Gluchowski: Notationen, 1998, S. 498.

Zunächst soll jedoch der Begriff „Kennzahlen" in Anlehnung an die betriebswirtschaftliche Literatur definiert werden. Weber versteht unter *Kennzahlen*

„quantitative Daten, die als bewusste Verdichtung der komplexen Realität über zahlenmäßig erfassbare ... Sachverhalte informieren sollen."[497]

In der betriebswirtschaftlichen Praxis sind Kennzahlen und aus ihnen gebildete Kennzahlensysteme (s. u.) ein etabliertes Instrument der Unternehmensführung und -steuerung. In diesem Zusammenhang erfüllen sie eine Reihe von Funktionen.[498]

Kennzahlen können in *Basiskennzahlen* und *abgeleitete Kennzahlen* unterschieden werden. Letztere werden rechnerisch aus Basiskennzahlen konstruiert. In der Betriebswirtschaftslehre wird darüber hinaus eine Differenzierung in absolute und relative Kennzahlen vorgenommen. Rein *absolute Kennzahlen*, wie z. B. Gewinn, Umsatz, Kosten etc., werden häufig als begrenzt aussagekräftig angesehen. Daher rechnen viele Autoren ausschließlich relative Kennzahlen (Verhältniszahlen) zu den betriebswirtschaftlichen Kennzahlen, da eine absolute Größe ohne Relation keine Aussagekraft habe.[499] Wolf relativiert dies mit Blick auf die Praxis, da dort eine ganze Reihe absoluter Zahlen laufend als Kennzahlen verwendet werden, beispielsweise Umsatz, Gewinn oder Cash-Flow. Solche absoluten Kennzahlen sind dann aussagekräftig, wenn Zeitreihen gebildet werden oder sie als Sollgröße mit einer entsprechenden Istgröße verglichen werden. Wichtiger als mathematische Relationen ist daher, ob eine Zahl in der Lage ist, über betriebswirtschaftliche Tatbestände zu informieren.[500] Es kommt also bei absoluten Kennzahlen, aber nicht nur bei diesen, darauf an, dass geeignete qualifizierende Informationen die Kennzahlen charakterisieren.

---

[497] Weber: Controlling, 1999, S. 217; Vgl. Küpper, Weber: Grundbegriffe, 1995, S. 173.
[498] Wesentliche Funktionen sind: *Informationsfunktion* (bedarfsgerechte Informationsbereitstellung zur Analyse von Sachverhalten); *Operationalisierungsfunktion* (Bildung von Kennzahlen zur Operationalisierung von Zielen und Zielerreichung); *Anregungsfunktion* (laufende Erfassung von Kennzahlen, um Auffälligkeiten und Veränderungen zu erkennen); *Priorisierungs- und Vorgabefunktion* (Ermittlung kritischer Kennzahlenwerte als Zielgrössen für unternehmerische Teilbereiche); *Kommunikations- und Steuerungsfunktion* (Verwendung von Kennzahlen zur Vereinfachung von Kommunikations- und Steuerungsprozessen); *Kontrollfunktion* (laufende Erfassung von Kennzahlen, um Soll-Ist-Abweichungen zu erkennen). Vgl. Weber: Controlling, 1999, S. 205; Wolf: Kennzahlensysteme, 1977, S. 15 ff.; Küpper, Controlling, 1995, S. 320; Küpper, Weber: Grundbegriffe, 1995, S.172.
[499] Bspw.: Coenenberg: Jahresabschluss, 1997, S. 841.
[500] Vgl. Wolf: Kennzahlensysteme, 1977, S. 9 ff.; ähnlich: Weber: Controlling, 1999, S. 222 f.

Relative Kennzahlen („ratios") hingegen setzen absolute Kennzahlen zueinander ins Verhältnis. Sie lassen sich unterteilen in Gliederungszahlen (Aufgliederung einer Gesamtgröße in Teilgrößen), Beziehungszahlen (Verhältnis von zwei inhaltlich ungleichartigen Größen) und Indexzahlen (zeitliche Veränderungen).[501]

Da Kennzahlen eine Vielzahl von Funktionen erfüllen sollen, kann man sich bei betriebswirtschaftlichen Analysen in der Regel nicht auf einzelne Größen beschränken. Einzelne Kennzahlen und Indikatoren haben für sich genommen i. d. R. nur eine begrenzte Aussagekraft: „Nachdem eine Kennzahl immer nur einen Aspekt repräsentieren kann, muss man für komplexe Situationen [...] zwangsläufig mehrere Kennzahlen bilden, um eine gewisse Übereinstimmung des aus Kennzahlen bestehenden Modells mit den interessierenden Eigenschaften der Realität zu erreichen."[502]

Die Beziehung zwischen einer Vielzahl an Kennzahlen „kann zum einen wenig kohärent sein, wenn man für unterschiedliche Zwecke geeignete Kennzahlen kaum oder gar nicht miteinander verknüpft verwendet. Zum anderen lässt sich aber auch der Weg beschreiben, Kennzahlen unterschiedlicher Komplexität zu bilden, die sich gegenseitig ergänzen, erklären und insgesamt auf einen Sachverhalt ausgerichtet sind [...]."[503] Zu diesem Zweck organisiert man Kennzahlen in Kennzahlensystemen, da diese eine Menge an Kennzahlen in eine Ordnung bringen, die Beziehungen zwischen ihnen wiedergeben und so die Übersichtlichkeit erhöhen. Bei der *Entwicklung von Kennzahlensystemen* kann man verschiedene Formen unterscheiden.[504]

- Ihre *rechentechnische Entwicklung* basiert auf einer definitionslogischen oder mathematischen Zerlegung einer Spitzen- oder Primärkennzahl durch Detaillierung, Aufgliederung oder Erweiterung (vgl. bspw. das bekannte DuPont-System). Sie sind in der Regel hierarchisch und deduktiv aufgebaut und nutzen mathematische Beziehungen oder begriffliche Zusammenhänge.[505]

---

[501] Vgl. Coenenberg: Jahresabschluss, 1997, S. 577; Reinecke: Marketing-Kennzahlensysteme, 2000, S. 8.
[502] Oeller: Systemorientierte Unternehmensführung, 1979, S. 124.
[503] Weber: Controlling, 1999, S. 220.
[504] Vgl. Reinecke: Marketingkennzahlensysteme, 2001, S. 326 ff. Detaillierter zur Entwicklung von Kennzahlensystemen: Heinen: Entscheidungen, 1976.
[505] Die so entstehenden Kennzahlensysteme weisen einen hohen Grad an Geschlossenheit auf. Jedoch sagen diese tautologischen Umformungen nicht unbedingt etwas über eine Ursache-Wirkungsbeziehung aus und „begründen lediglich eine schwache Mittel-Zweck-Vermutung" (Heinen: Entscheidungen, 1976, S. 129). Die Kennzahlensysteme sind daher nur mit Einschränkungen auf konkrete Entscheidungsprobleme bezogen. Vgl. hierzu Küpper: Controlling, 1995, S. 329.

- *Sachlogische Kennzahlensysteme* stellen die Alternative zu den definitionslogisch hergeleiteten dar. Sie bilden keine mathematischen oder definitionslogischen Beziehungen ab, sondern sind häufig empirisch abgeleitet. Die Kennzahlen geben wichtige Einflussgrößen und Indikatoren an, deren Einfluss weder logisch noch über belegte Ursache-Wirkungszusammenhänge begründet ist. Sie werden aus empirischem Wissen entwickelt, bspw. per Expertenbefragungen, Informationsbedarfsanalysen oder Plausibilitätsüberlegungen.

Die *rechentechnische Verknüpfung* von Kennzahlen hat direkt Einfluss auf die multidimensionale Modellierung, da die definitionslogischen und mathematischen Operationen nach Ansicht einiger Autoren in die resultierenden Modelle Eingang finden sollen. Diesbezüglich unterscheiden sich verschiedene Modellierungsansätze z. T. erheblich. Einige Autoren gehen davon aus, dass Formeln in multidimensionalen Modelle explizit abgebildet werden müssen (bspw. im ADAPT, mUML). Andere hingegen kennzeichnen lediglich abgeleitete Kennzahlen gesondert, ohne Angabe der Formel (ADAPTed UML). Eine dritte Gruppe von Autoren wiederum unterscheidet im Rahmen ihres Modellierungsansatzes nicht zwischen Basiskennzahlen und aus ihnen konstruierten abgeleiteten Kennzahlen (bspw. DFM, ME/RM).[506] *Sachlogische Kennzahlensysteme* können zur Strukturierung eines Data-Warehouse-Systems herangezogen werden, bspw. für die Definition einer Data-Warehouse-Architektur mit unabhängigen Data Marts (s. u. Abschnitt 8.1.1). Abbildung 35 stellt die für das Metamodell relevanten Aspekte qualifizierender Informationen dar.

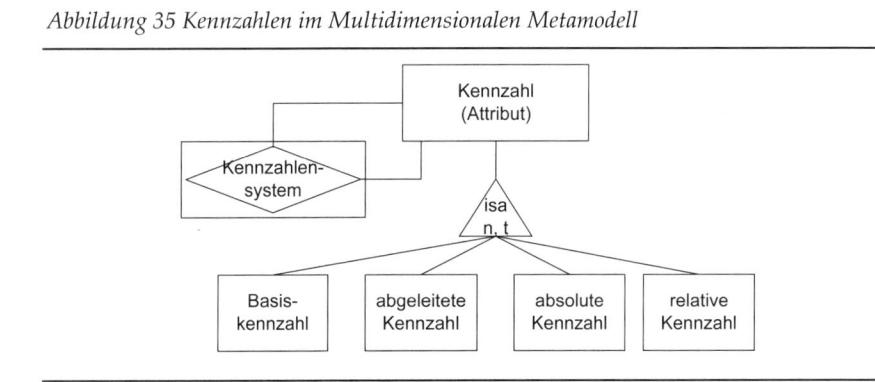

Abbildung 35 Kennzahlen im Multidimensionalen Metamodell

---

[506] Zu den erwähnten Modellen vgl. ausführlich Abschnitt 7.

6.4 Metamodell zur Beschreibung der abstrakten Syntax multidimensionaler Datenmodelle

Wie bereits mehrfach erwähnt, werden für Kennzahlen i. d. R. geeignete Bezugsgrößen und Vergleichsdimensionen festgelegt (Zeitvergleiche, Objektvergleiche oder Soll-Ist-Vergleiche),[507] da ein Kennzahlenwert ohne zugehörigen (semantischen) Bezug sich als nichts sagend erweist und erst in Verbindung mit qualifizierenden Informationen für einen Anwender nützlich wird.[508]

Häufig wird die Multidimensionalität, die sich durch die Charakterisierung von Kennzahlen mittels Dimensionen als Bezugsgrößen ergibt, durch die Würfelmetapher zum Ausdruck gebracht. Datenwürfel, OLAP-Würfel, Data Cube, InfoCube oder HyperCube sind gebräuchliche Begriffe in diesem Zusammenhang, um multidimensionale Datenstrukturen zu veranschaulichen. Allerdings sei darauf hingewiesen, dass diese Strukturen durchaus aus mehr als drei Dimensionen bestehen können.[509]

Weitestgehend synonym zu Würfel wird der Begriff *Fakt* verwendet. Ein Fakt kann gemäß der hier verwendeten Terminologie definiert werden als Aussage über einen betrieblichen Interessensbereich mittels einer oder mehrerer Kennzahlen, welche durch einen oder mehrere Dimensionsknoten charakterisiert werden. Ein Fakt beschreibt somit die Zuordnung von Kennzahlen zu Dimensionsknoten als Vergleichsobjekten.[510] Der Begriff „Fakt" korrespondiert somit eher mit dem betriebswirtschaftlichen Verständnis, während die Verwendung von

---

[507] Vgl. Coenenberg: Jahresabschluss, 1997, S. 577 ff.; Gabriel, Gluchowski: Modellierungstechniken, 1997, S. 20 ff.; Lehmann: Meta-Datenmanagement, 2001, S. 29 ff.; Holthuis: Data Warehouse-System, 1999, S. 41 ff.
[508] Vgl. Lehmann: Meta-Datenmanagement, 2001, S. 30; Gabriel, Gluchowski: Notationen, 1998, S. 496.
[509] Vgl. Gabriel, Gluchowski: Notationen, 1998, S. 494; Lehmann: Meta-Datenmanagement, 2001, S. 30.
[510] Vgl. Becker, Holten: Führungsinformationssysteme, 1999, S. 486; Bauer/Günzel bspw. verwenden den Begriff „Fakten" gar nicht, sondern beziehen Kennzahlen (sie sprechen von Kenngrößen) direkt auf Würfel bzw. Würfelzellen: „Kenngrößen sind die Inhalte von Würfeln. Diese sind im Rahmen der Analyse oft quantitativ, da häufig aggregiert wird." Und: „Das Schema eines Würfels wird durch Dimensionen und Kenngrößen bestimmt." Bauer, Günzel: Data-Warehouse-Systeme, 2004, S. 528 und S. 530.; vgl. für weitere Begriffsauffassungen Fußnote 496.

Metamodell zur Beschreibung der abstrakten Syntax multidimensionaler Datenmodelle 181

„Würfel" bereits die Multidimensionalität im Data-Warehouse-System, und dort speziell im Sinne des OLAP umschreibt.[511] Eine *Kennzahl* bzw. eine *Kennzahlenausprägung* kann im multidimensionalen Kontext als ein Attribut bzw. als ein Wert innerhalb einer Würfelzelle angesehen werden, mit dem quantitativ erfassbare Sachverhalte in konzentrierter Form erfasst werden. Auf konkreter Ebene ist eine Zelle durch Hierarchieknoten definiert (bspw. in Abbildung 25 (S. 147) durch die Hierarchieknoten Nord, Q4 und Sachversicherungen, denen der Kennzahlenwert 3,1 Mio. zugeordnet ist). Durch klassifizierende Abstraktion erhält man eine abstrakte Zelle, welche durch Dimensionsknoten als Kanten (Koordinaten) aufgespannt wird und eine Kennzahl enthält (die Kennzahl „Volumen" sowie die Dimensionsknoten Vertriebsregion, Quartal und Produktgruppe in derselben Abbildung). Die Instanzen stellen dabei diskrete Punkte auf der durch einen Dimensionsknoten gegebenen Koordinate dar. Man beachte, dass hier das Abstraktionskonzept „Klassifikation" auf mehrere Hierarchieknoten und zugehörige Kennzahlenausprägungen gleichzeitig angewendet wird; das Ergebnis der Abstraktion (Inside-out-Vorgehen) ist wiederum ein Würfel (vgl. Abbildung 36).

Abbildung 36 Abstrakter und konkreter Würfel

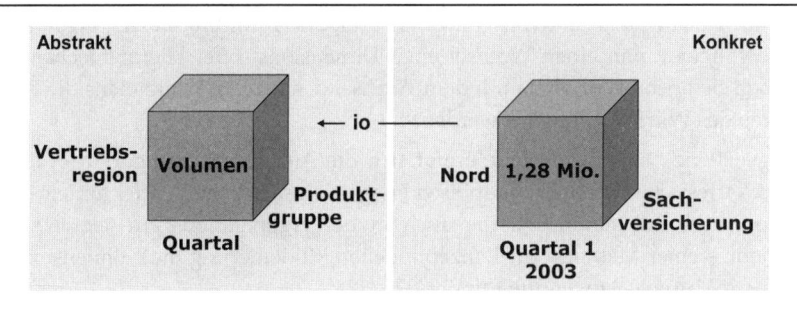

---

[511] In der Literatur wird häufig nicht explizit zwischen Fakt und Kennzahl unterschieden. So sind bspw. in englischsprachigen Beiträgen die Begriffe Variables, Facts, Measures oder Measured Facts weitestgehend synonym. Auch in Übersetzungen und deutschsprachigen Beiträgen finden sich entsprechende Unschärfen: So wird Measure bspw. sowohl mit Kennzahl als auch mit Maßeinheit oder Maßzahl übersetzt.

Eine Würfelzelle kann mehrere Kennzahlenwerte enthalten,[512] dementsprechend umfasst auch ein abstrakter Würfel mehrere Kennzahlen. Die Repräsentation mehrerer Kennzahlen innerhalb einer Zelle ist dann sinnvoll und möglich, wenn sie demselben betrieblichen Interessensbereich zugeordnet sind und wenn sie dieselbe Granularität aufweisen. Die Granularität wird auf konkreter Ebene durch Hierarchieknoten, auf abstrakter Ebene durch Dimensionsknoten definiert.[513]

Mit der Darstellung der Multidimensionalität als Würfel wird auch der besondere Charakter qualifizierender Informationen deutlich. Kennzahlenwerte und Hierarchieknoten sind zwar beide der Ausprägungsebene zugeordnet, Nutzdaten stellen jedoch lediglich die Kennzahlenwerte dar. Anders als im klassischen Datenbankdesign, bei dem die Typebene im Vordergrund steht, werden Hierarchieknoten als Objekte der Ausprägungsebene explizit modelliert. Denn sie haben, da sie Verdichtungspfade und Navigationsmöglichkeiten bestimmten, den Charakter von Schemainformationen.[514]

Die klassifizierende Abstraktion bzw. die Instanziierung bringt das Gleichordnungsverhältnis zwischen Hierarchieknoten als Instanzen von Dimensionsknoten eines Pfades zum Ausdruck. Die hierarchischen Über- und Unterordnungsbeziehungen zwischen Dimensions- und Hierarchieknoten lassen sich jedoch allein mit der Würfelmetapher nicht fassen. Aufgrund der Multidimensionalität lässt sich nun auch nicht mehr sinnvoll von Über- und Unterordnungsbeziehungen sprechen. Vollzieht man einen Wechsel einer Dimensions- oder Hierarchieebene, so ergeben sich neue Würfel, da mit dem Wechsel des Dimensionsknotens die Koordinaten des Würfels verändert werden.

Für gegebene Dimensionspfade ergibt sich die Anzahl abstrakter Würfel durch deren kartesisches Produkt. Graphisch lassen sich sämtliche Würfel mittels einer Lattice (Verband) darstellen, die auch in der Aggregation-Path-Array-(APA-) Methode – einer Methode zur konzeptionellen Modellierung multidimensionaler Datenstrukturen – Anwendung findet.[515]

---

[512] Gabriel, Gluchowski: Notationen, 1998, S. 495; Sapia et al.: Extending, 1998, S. 3.
[513] Bauer/Günzel definieren Granularität als „Stufe des Verdichtungsgrades der Daten im Würfel" (Bauer, Günzel: Data-Warehouse-Systeme, 2004, S. 528). In der hier verwendeten Terminologie wird demnach der Verdichtungsgrad durch Hierarchie- bzw. Dimensionsknoten beschrieben. Vgl. auch Gabriel, Gluchowski: Modellierungstechniken, 1997, S. 24.
[514] Vgl. dazu wiederum S. 150.
[515] Vgl. Prosser, Ossimitz: Modell, 2000, S. 150; Prosser, Ossimitz: Data Warehouse, 2001.

Aufbauend auf dem obigen Beispiel werden hier drei (verkürzte) Dimensionspfade vorgegeben (in Klammern finden sich Abkürzungen für die folgende Abbildung):
- Produkt (Prod) → Produktart (PArt) → Alle Produkte (Pges)
- Mitarbeiter (MA) → Filiale (Fil) → Gesamtvertrieb (Vges)
- Tag → Monat (Mon) → Jahr

Eine Lattice ermöglicht, sämtliche Kombinationen von Dimensionsknoten unterschiedlicher Pfade in Dimensionen zu systematisieren und in übersichtlicher Form zu visualisieren (vgl. Abbildung 37).[516]

Abbildung 37 Mögliche Dimensionsknotenkombinationen als Lattice

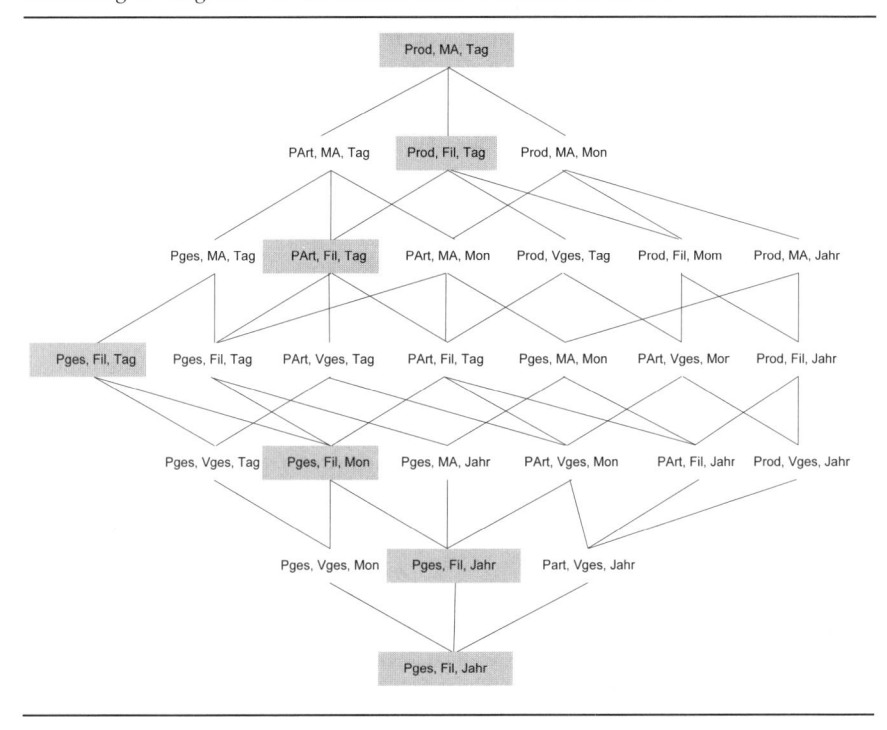

---

[516] Vgl. Prosser, Ossimitz: Modell, 2000, S. 150.

Den Ausgangspunkt bildet der Basisvektor (Prod, MA, Tag), wobei die einzelnen Elemente des Vektors einen bestimmten Dimensionsknoten (hier den niedrigsten DK_0) darstellen, der die Kanten eines Würfels definiert.[517] Auf dem Basisvektor aufbauend wird die nächste Zeile der Lattice erzeugt, indem jeweils ein Element einer Dimension um eine Aggregationsstufe erhöht wird. So gelangt man zu den folgenden Vektoren: (PArt, MA, Tag), (Prod, Fil, Tag), (Prod, MA, Mon). Dieser Schritt wird solange wiederholt, bis die höchsten Ebenen erreicht sind (Pges, Vges, Jahr). Beispielhaft ist in Abbildung 37 ein möglicher Pfad grau hinterlegt, der durch die Vektorenfolge (Prod, Fil, Tag), (PArt, Fil, Tag), (Pges, Fil, Tag), (Pges, Fil, Mon), (Pges, Fil, Jahr), (Pges, Vges. Jahr) gegeben ist.

Die Lattice veranschaulicht damit sämtliche Kombinationen von Dimensionsknoten, die ausgehend von einem Dimensionsknoten feinster Granularität (DK_0) gebildet werden können. Jede Dimensionsknotenkombination gibt für jeweils einen Würfel die Kanten (Koordinaten) vor. In dem Beispiel ergibt sich aus dem kartesischen Produkt der Knoten auf den Dimensionpfaden die Anzahl der Würfel durch $3 \times 3 \times 3 = 27$.

Somit erlaubt die Lattice eine Gesamtschau auf sämtliche Dimensionen und die aus ihren Dimensionsknoten konstruierbaren Würfel und Fakten (beim Vorliegen paralleler Hierarchien darf aus einer Dimension jeweils nur ein Pfad für die Konstruktion der Lattice herangezogen werden). Prinzipiell wäre es denkbar, eine Lattice auch für die konkrete Ebene aus Hierarchieknoten zu konstruieren. Diese würde jedoch bereits in dem vorliegenden Beispiel sehr viele Elemente beinhalten und damit recht unübersichtlich werden.Nachdem nun auch die relevanten Begrifflichkeiten der quantifizierenden Informationen in Bezug auf Dimensionen und Hierarchien definiert und beschrieben sind, lässt sich das Metamodell zur Beschreibung der abstrakten Syntax vervollständigen (vgl. dazu das Metamodell in Abbildung 38, das im Wesentlichen eine Erweiterung des Metamodells der qualifizierenden Informationen aus Abbildung 30 um Kennzahlen und Fakten bzw. Würfel darstellt).

Bei „Kennzahlen-Ausprägung" wird hervorgehoben, dass diese die eigentlichen Nutzdaten im multidimensionalen Modell darstellen. Kennzahlenattribute beschreiben diese abstrakt (klassifizierende Abstraktion). Die rekursive Beziehung am Entitätstyp Kennzahlen-Ausprägung weist darauf hin, dass diese in die Berechnung anderer Kennzahlen-Ausprägungen eingehen kann (im Falle von abgeleiteten und relativen Kennzahlen) und dass sie sachlogisch strukturiert werden können (bei sachlogisch strukturierten Kennzahlensystemen).

---

[517] Vgl. Prosser, Ossimitz: Modell, 2000, S. 149.

Kennzahlen-Ausprägungen werden auf konkreter Ebene durch Bezugsgrößen charakterisiert, die im Metamodell durch Hierarchieknoten repräsentiert sind. Durch Kombination von Kennzahlen-Ausprägungen und Hierarchieknoten entsteht ein Fakt bzw. ein (konkreter) Würfel. Fakten und Würfel sind an dieser Stelle eine Uminterpretation der Beziehung. Sie bringen so die Dualität zwischen Kennzahlen (bzw. Kennzahlen-Ausprägungen) und Dimensionsknoten (bzw. Hierarchieknoten) zum Ausdruck, die darin besteht, dass jede Kennzahl mit jedem Dimensionsknoten in Beziehung stehen kann.[518]

Die Metamodellobjekte der konkreten Ebene haben Entsprechungen auf abstrakter Ebene, sodass sich wiederum Analogien zwischen beiden Ebenen ergeben.

Nachdem nun die abstrakte Syntax multidimensionaler Datenmodelle verdeutlicht worden ist, werden – nach einer Zusammenfassung und Schlussfolgerungen – in Abschnitt 7 konkrete Notationen, die für multidimensionale Datenmodelle vorgeschlagen werden, betrachtet.

---

[518] Vgl. Becker, Holten: Führungsinformationssysteme, 1999, S. 486.

Abbildung 38 Metamodell der abstrakten Syntax multidimensionaler Datenmodelle

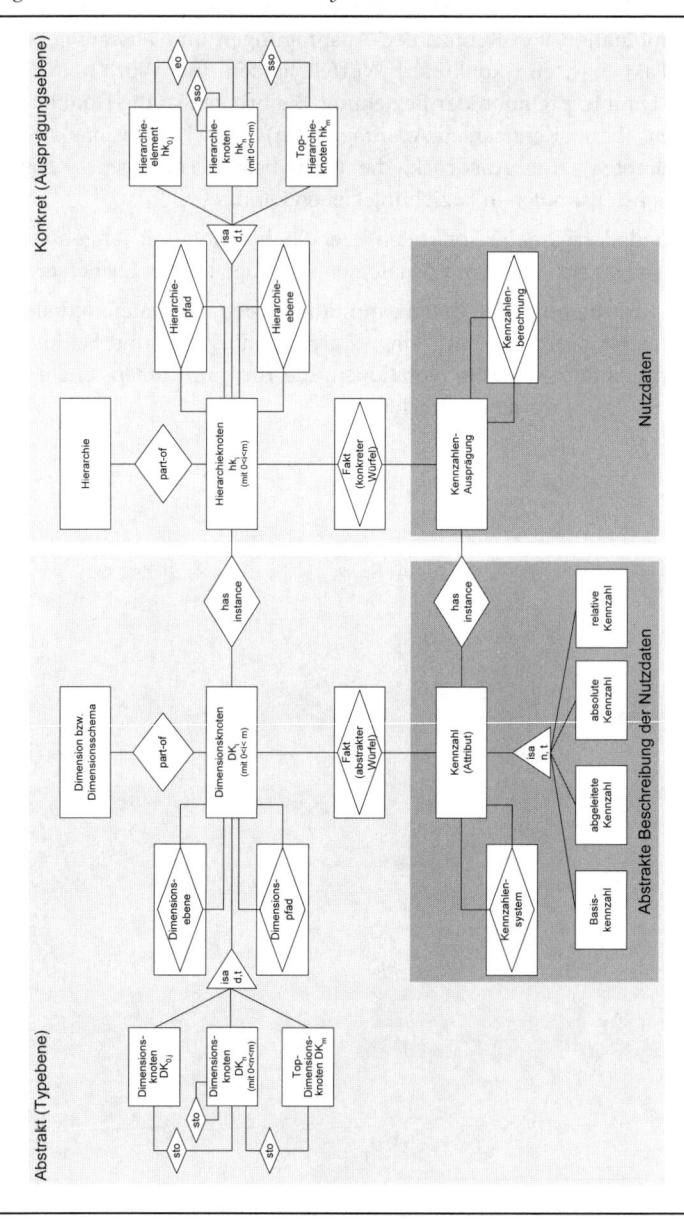

6.5 Zusammenfassung und Schlussfolgerungen

Unter Verwendung der in der Datenbankliteratur diskutierten Abstraktionskonzepte wurde in diesem Abschnitt ein Metamodell konstruiert, das die abstrakte Syntax der multidimensionalen Modellierung beschreibt. Das Metamodell spiegelt die *Gegenstandseinteilung*, die multidimensionale Datenmodelle verwenden, wider. Die in Abschnitt 7 beschriebenen konkreten Modellierungsansätze teilen den Gegenstandsbereich, die Diskurswelt, in Kennzahlen, Dimensionen, Dimensionspfade etc. ein und bieten konkrete Notationen, um sie in Modellen beschreiben und darstellen zu können.

Das Metamodell bzw. seine Gegenstandseinteilung unterscheidet zwischen qualifizierenden und quantifizierenden Informationen und setzt damit am betriebswirtschaftlichen Denken an, d. h. an dem Informationsbedarf der Stakeholder.

Wie bereits erwähnt, können konkrete Notationen anhand eines solchen Metamodells dargestellt und verglichen werden (dies erfolgt in Abschnitt 7). Zusätzlich lassen sich aus dem Metamodell Schlussfolgerungen für den Prozess der Konstruktion von Modellen („way of modelling") und damit auch indirekt für den „way of working" ableiten. Die in Teil IV vorgestellte Methode verwendet daher das Metamodell als zentralen Baustein und baut auf ihm auf.

Im Folgenden werden einige allgemeine Schlüsse aus dem Metamodell und seiner Rolle im Rahmen der Modellierung gezogen.

Da konzeptionelle Modelle ein sprachliches Beschreibungsmodell darstellen, entsteht im Zuge der Modellierung ein Begriffssystem, das die Begriffe (Konzepte) der interessierenden Sachverhalte des Gegenstandsbereichs definiert. Mit den diskutierten Abstraktionskonzepten lassen sich in Datenmodellen die multidimensionalen Beziehungen ausdrücken.

Durch *Assoziation bzw. Gruppierung* werden Hierarchien auf konkreter Ebene konstruiert. Die Gruppierung stellt eine Abstraktion dar, bei der durch das Herausarbeiten von Mitgliedschaftsbedingungen Mengenbeziehungen zwischen Hierarchieknoten konstruiert werden. Sowohl die zur Kennzeichnung von Hierarchieknoten verwendeten Begriffe als auch die Mitgliedschaftsbedingungen, die zur Gruppierung herangezogen werden, sind Bestandteil dieses Begriffssystems und sollen mittels einer Notation dargestellt und in einem Glossar definiert werden. Dieses enthält – neben der Definition der Begriffe – auch eine Beschreibung der Über- bzw. Unterordnungsbeziehungen.

In Anlehnung an die Prinzipien der Anwendungssystementwicklung[519] wird bei der Modellierung von Hierarchien zwischen Top-down- und Bottom-up-Vorgehen unterschieden. Beim Top-down-Vorgehen werden – ausgehend von dem Top-Hierarchieknoten – Has-subset-Beziehungen konstruiert, bis eine dem Benutzerbedarf angemessene Detailebene erreicht ist (diese stellen die Hierarchieelemente dar). Beim umgekehrten Bottom-up-Vorgehen werden Hierarchieelemente gemäß Mitgliedschaftsbedingungen über Instance-of- bzw. Subset-of-Beziehungen bis zur obersten Ebene (Top-Hierarchieebene) abstrahiert.

Es ist davon auszugehen, dass in Unternehmen vielfältige Interpretationen und Definitionen von Begriffen vorliegen und die Herstellung von Konsens auf terminologischer Ebene ein schwierig zu lösendes Problem darstellen kann (siehe dazu unten, Teil IV, 8.1.4). Darüber hinaus kann man annehmen, dass die zukünftigen Benutzer unterschiedliche Hierarchieobjekte als relevant und als elementar ansehen. So möchte bspw. ein Key-Account-Manager v. a. Informationen über den von ihm betreuten Kunden haben, während ein Produktmanager an Kennzahlen für sämtliche Kunden interessiert ist. Unterschiedlich elementare Hierarchieobjekte wünschen bspw. ein Marketingcontroller und ein Finanzvorstand. Ersterer benötigt detaillierte Analysen für die verschiedenen Produkte, während ein Finanzvorstand möglicherweise nur Deckungsbeiträge für Produktgruppen braucht.

Des Weiteren unterscheiden sich die Bedarfe verschiedener Benutzer bzgl. der auf den elementaren Objekten aufgebauten Hierarchien. So ist bspw. häufig anzutreffen, dass auf dem elementaren Objekt „Kunde" unterschiedlichste Hierarchien aufgebaut werden, d. h. dass Kunden nach demographischen Merkmalen (Alter, Einkommen, Geschlecht ...), nach regionalen Merkmalen, nach Kundenstatus (Premiumkunde ...) etc. gruppiert werden. Je nach Aufgabengebiet und subjektivem Informationsbedarf der Benutzer ergeben sich daher verschieden strukturierte Hierarchien.

Diese unterschiedlichen und abweichenden Definitionen, Interpretationen und Anforderungen sollten im Rahmen des Entwicklungsprozesses erfasst, Akteuren zugeordnet und systematisch zu einem konzeptionellen Modell, welches die Spezifikation des zu erstellenden Anwendungssystems darstellt, konsolidiert werden.

Wie aus der Definition von Hierarchieknoten hervorgeht (vgl. oben S. 161), sind diese nicht nur top-down bzw. bottom-up zu gruppieren, sondern müssen ebenfalls für die abstrakte Darstellung im Dimensionsschema typisiert werden. Hier-

---

[519] Vgl. Stahlknecht, Hasenkamp: Wirtschaftsinformatik, 2005, S. 212; Lehner et al.: Wirtschaftsinformatik, 1995, 300 ff.

zu werden mittels *Klassifikation* für Instanzen *Typen* als generische Konzepte gebildet, mit denen gemeinsame Eigenschaften repräsentiert werden können.

Auf diese Art und Weise lassen sich aus den auf konkreter Ebene definierten Hierarchien Dimensionspfade und -ebenen herleiten. Der Weg vom Konkreten zum Abstrakten soll im Folgenden als Inside-out-Vorgehen bezeichnet werden. Der umgekehrte Weg, die Instanziierung eines Dimensionsknotens, stellt ein Outside-in-Vorgehen dar.

Auch bei der Festlegung der Begriffe und Definition abstrakter Konzepte ist wiederum die Terminologie von der Perspektivität der Akteure und den Gegebenheiten im Unternehmen geprägt, sodass sich für den Entwicklungsprozess dieselben Aufgaben ergeben wie bei der Gruppierung.

Die Detaillierung einer Dimension, d. h. die *Spezialisierung* von Dimensionsknoten, wird – in Analogie zu dem Vorgehen bei Hierarchien – als Top-down-Vorgehen bezeichnet. Der umgekehrte Weg, die Generalisierung, stellt demnach ein Bottom-up-Vorgehen dar.

Die Diskussion der Abstraktionskonzepte und ihre Anwendung auf die multidimensionale Modellierung macht darüber hinaus deutlich, warum Modellierung hier als kreative Konstruktionsleistung angesehen wird. Möglicherweise ließe sich die Modellierung von Elementen noch als Abbildung bezeichnen, da Elemente als Objekte der Realität erkennbar sind und so Übereinstimmung zwischen den verschiedenen beteiligten Stakeholdern hergestellt werden kann. Die Abstraktionsleistung, die zur Erstellung von Hierarchien und Dimensionsschemata nötig ist, kann jedoch kaum als Abbildung der Realität oder Abbildung eines Originals aufgefasst werden. Modellierung ist hier vielmehr ein Strukturgebungsprozess, in dem Elemente und Objekte klassifiziert und gruppiert werden und zwar in einer Art und Weise, für die nicht unbedingt ein Original vorliegt. Insofern ist ein Modell Realitätskonstruktion und Modellierung ein kreativer Prozess, dem eine konstruktive Erkenntnisleistung vorangeht. Zusätzlich muss ein Modell der Perspektivität der unterschiedlichen Akteure Rechnung tragen, damit es eine angemessene und konsensfähige Lösung für ein fachliches Problem darstellt (vgl. hierzu auch das in Teil II begründete Modellverständnis dieser Arbeit).

7 Entwicklung von Data-Warehouse-Systemen und multidimensionale Modellierung

In diesem Abschnitt sollen Ansätze und Methoden der Data-Warehouse-Entwicklung aufgezeigt werden. Es ist dabei nicht beabsichtigt, einen umfassenden Vergleich der vorgestellten Ansätze vorzunehmen.[520] Stattdessen soll versucht werden, das Spektrum möglicher Herangehensweisen bei der Entwicklung aufzuzeigen. Bauer/Günzel unterscheiden bzgl. der konzeptionellen Modellierung zwischen „evolutionären" und „revolutionären Ansätzen".[521] Erstere erweitern bestehende Notationen um spezielle Konstrukte, die es möglich machen, die multidimensionale Semantik mithilfe von zwar leicht modifizierten, jedoch bekannten Sprachen auszudrücken. Zu diesen zählen Erweiterungen des ERMs (Abschnitte 7.1 und 7.2) sowie Erweiterungen des Relationenmodells (Abschnitt 7.4) und objektorientierter Notationen.[522] Revolutionäre Ansätze bauen nicht auf einer bestehenden und daher bekannten Notation auf, sondern schaffen eine eigene für die multidimensionale Modellierung. Zu diesen Ansätzen zählen neben dem in Abschnitt 7.3 vorgestellten DFM (Dimensional-Fact-Model) von Golfarelli et al. das ADAPT (Application Design for Analytical Processing Technologies) von Bulos[523] sowie das Kubenstrukturmodell von Schelp.[524]

Darüber hinaus wird mit der „Methode für die Informationsbedarfsanalyse im Data Warehousing" nach Strauch/Winter eine Methode betrachtet, die – anders als die genannten Ansätze – nicht den Schwerpunkt auf die verwendete Notation legt, sondern die Erhebung des Informationsbedarfs der Benutzer in dem Mittelpunkt stellt (Abschnitt 7.5).

---

[520] Vgl. hierzu die Literaturangaben in Fußnote 431.
[521] Ähnliche Klassifikationen finden sich bei Böhnlein, Ulbrich-vom Ende: Data Warehousing, 2000, S. 8; Totok: OLAP, 2000, S. 123; eine andere Klassifikation findet sich bei Lehner: Data-Warehouse-Systeme, 2003, S. 56 ff.
[522] Objektorientierte Notationen werden an dieser Stelle vernachlässigt. Zu den Gründen vgl. Abschnitt 7.6.
[523] Vgl. Bulos: Dimension, 1996; Bulos, Forsman: ADAPT, 2002.
[524] Vgl. Schelp: Modellierung, 2000, S. 237 ff.

192 Entwicklung von Data-Warehouse-Systemen und multidimensionale Modellierung

Besondere Beachtung soll darüber hinaus der Frage geschenkt werden, wie die Informationen und das Wissen erlangt werden, die nötig sind, um Modelle unter Verwendung der jeweiligen Notation zu erstellen. Aus diesem Grund werden - soweit vorhanden - die von den genannten Methoden vorgeschlagenen Aktivitäten und Techniken ebenfalls betrachtet und analysiert.

7.1 Modellierung multidimensionaler Strukturen mit dem ERM und dem EERM

Das Entity-Relationship-Modell (ERM) wurde 1976 von Peter Chen entwickelt. Es bietet die Möglichkeit, im Rahmen der Datenmodellierung die reale Welt semantisch präzise zu beschreiben und hat sich als Quasi-Standard der konzeptionellen Modellierung von relationalen und hierarchischen Datenbanken durchsetzen können. Mit den beiden Grundkonstrukten *Entitäten* und *Beziehungen* sowie die sie charakterisierenden *Attribute* lassen sich Realweltzusammenhänge klar darstellen und auf abstrakter Ebene modellieren.[525] Durch verschiedene Autoren ist das ERM erweitert worden, u. a. durch Chen selbst.[526] Überlegungen zur Modellierung multidimensionaler Datenstrukturen mit den Ausdrucksmitteln des ERMs finden sich u. a. bei Holthuis, Gabriel/Gluchowski sowie bei Totok.

7.1.1 Der Ansatz von Holthuis

Holthuis unterscheidet zwischen einer Makro- und einer Mikrosicht. Aus Makrosicht – in der „die Informationsobjekte mit ihren Charakteristika dargestellt [werden]"[527] – ist zunächst die Frage relevant, ob Dimensionen (bzw. Kennzahlen) als Entitätstypen oder als Attribute aufzufassen sind. Holthuis unterscheidet drei Varianten (vgl. Abbildung 39).

(a) Modelliert man Kennzahlen als Entitätstypen und Dimensionen als Attribute, so kann sich ergeben, dass einzelne Attribute mehrere Entitätstypen beschreiben, bspw. wenn neben dem Volumen auch der Umsatz in das Modell aufgenommen werden soll. Dies ist im ERM generell unüblich, da i. d. R. Kardinalitäten von 1:1

---

[525] Vgl. Pernul, Unland: Datenbanken, 2003, S. 69 ff.; Rauh, Stickel: Datenmodellierung, 1997, S. 37 ff.
[526] Vgl. bspw. das „Extended Entity Relationshipmodel" (EER). Dieses beinhaltet Aggregation sowie Generalisierung/Spezialisierung. Beispielhaft sei auch noch das strukturierte Entity-Relationship-Modell (SERM) von Sinz genannt. Vgl. Ferstl, Sinz: Wirtschaftsinformatik, 1998, S. 135 ff.; Pernul, Unland: Datenbanken, 2003, S. 81 ff.
[527] Holthuis: Data Warehouse-System, 1999, S. 156.

Modellierung multidimensionaler Strukturen mit dem ERM und dem EERM 193

oder von 1:n zwischen Entitätstypen und Attributen bestehen, nicht jedoch n:1-Beziehungen.[528] Diese Variante überzeugt auch deshalb nicht, weil im ERM davon ausgegangen wird, dass die Ausprägung eines Entitätstyps die Attribute bestimmt und nicht, dass die Ausprägungen der Attribute die Entität bestimmen.

(b) Fasst man umgekehrt Kennzahlen als Attribute auf, die durch Entitätstypen als Dimensionen charakterisiert werden, so entfällt die Besonderheit hinsichtlich der Kardinalitäten. Jedoch lässt sich so der unterschiedliche Charakter von Kennzahlen und Dimensionen nicht treffend ausdrücken, insbesondere ist unüblich, dass ein Attribut durch mehrere Entitätstypen bestimmt wird und gleichsam als „Verbindungselement" fungiert.

(c) Daher führt Holthuis einen speziellen Entitätstyp „Kenngrößen-Entity" ein, der jedoch bereits eine Erweiterung des ER-Metamodells um ein multidimensionales Konstrukt darstellt.

Abbildung 39 Modellierung multidimensionaler Strukturen mit dem ERM nach Holthuis

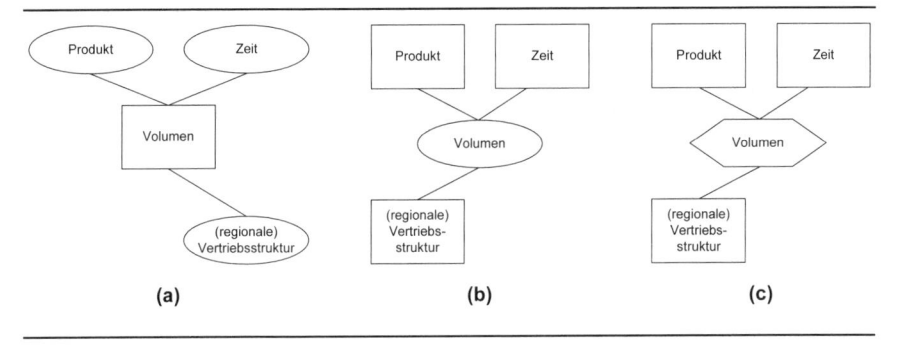

Hinsichtlich der Mikrosicht „stehen .. die einzelnen Dimensionen und deren interne Strukturen im Vordergrund."[529] Hierarchische Beziehungen innerhalb von Dimensionen modelliert Holthuis als n:1-Beziehungen zwischen Entitätstypen als Dimensionsknoten. Er nimmt an, dass zwischen dem feingranularen

---

[528] Dies lässt sich anhand eines Entitätstyps Mitarbeiter mit den Attributen Personalnummer und Name veranschaulichen: Jeder (konkrete) Mitarbeiter hat genau eine Personalnummer (1:1-Beziehung) und genau einen Namen. Es können jedoch mehrere Mitarbeiter denselben Namen haben (1:n-Beziehung). Eine Kennzahlenausprägung ist im multidimensionalen Modell genau einem Zeitpunkt zugeordnet. Dem Zeitpunkt können jedoch mehrere Kennzahlenausprägungen zugeordnet sein (n:1-Beziehung).
[529] Holthuis: Data Warehouse-System, 1999, S. 157.

Dimensionsknoten und seinem Nachfolger auf nächst höherer Ebene eine Beziehung vom Typ „isa" besteht. Im oben formulierten Metamodell wurden ähnlich Generalisierungs- bzw- Spezialisierungsbeziehungen zwischen sämtlichen Knoten eines Dimensionspfades modelliert, dort allerdings als Subtype-of-Beziehung bezeichnet.

Bei Holthuis spielen Beziehungen eine vergleichsweise untergeordnete Rolle. Sie verknüpfen in der Makrosicht die Kennzahl mit den Dimensionen; in der Mikrosicht dienen Beziehungen zum Aufbau von Über- und Unterordnungsbeziehungen. Somit haben sie eine unterschiedliche Semantik, die nicht explizit angegeben wird und sich daher lediglich aus der Verwendung ergibt. Ob und wie mehrere Kennzahlen, die durch dieselben Dimensionen charakterisiert werden können, dargestellt werden, lässt Holthuis offen.

Tabelle 18 stellt die Modellierungskonstrukte der Variante (c) und der Mikrosicht den Konstrukten des Metamodells gegenüber.

Tabelle 18 Vergleich der Konstrukte des Metamodells mit den Konstrukten des ER-Ansatzes von Holthuis

Modellierungskonstrukt des Metamodells	Korrespondierendes Modellierungskonstrukt im Ansatz von Holthuis
Dimension	Entitätstyp in der Makrosicht
Dimensionsknoten	Entitätstyp in der Mikrosicht
Dimensionspfad (Subtype-of-Beziehung)	Isa-Beziehung zwischen Entitätstypen der Mikrosicht
Dimensionsebene	Nicht vorhanden
Fakt	Kenngrößen-Entity
Kennzahl	Wird in Kenngrößen-Entity notiert und daher nicht unterschieden von Fakt. Wie abgeleitete Kennzahlen repräsentiert werden, bleibt offen, ebenso, ob mehr als eine Kennzahl im Kenngrößen-Entity notiert werden kann.
Ausprägungsebene	Wird nicht betrachtet
Modellierung von Strukturanomalien	Wird nicht betrachtet

7.1.2 Der Ansatz von Gabriel/Gluchowski

Gabriel/Gluchowski wählen eine andere Abbildung der multidimensionalen Syntax auf die Konstrukte des ERMs. Einen Würfel interpretieren sie als einen „Beziehungstyp [..], der die Relationsmenge unterschiedlicher Dimensionen repräsentiert." Dieser Beziehungstyp entspricht damit einem Fakt nach der Definition im oben formulierten Metamodell. Kennzahlen notieren die Autoren als Attribute des Beziehungstyps; Dimensionen fassen sie als Entitätstypen auf. [530]

Diesem Ansatz folgend lässt sich Frage 3 des oben herangezogenen Beispiels (Tabelle 14 S. 146) in zwei Teilfragen aufspalten, die die Beziehungen und damit den Beziehungstyp veranschaulichen. In der Frage sind die Relationen „Produkt wird verkauft in Region" und „Produkt wird verkauft zu einem Zeitpunkt" enthalten. Verbinden lassen sich die drei Dimensionen Produkt, Zeit und (regionale) Vertriebsstruktur mittels einer Beziehung, die den Würfel repräsentiert und sich aus der Beziehung „wird verkauft in / zu ..." ergibt (in Abbildung 40 mit „Vertrieb" bezeichnet). Die Dimensionen werden geclustert dargestellt (Datenstruktursicht). Eine detailliertere Darstellung der „Hierarchie" erfolgt wie bei Holthuis separat (vgl. den rechten Teil der Abbildung). Die Semantik der Relationen wird in diesem Ansatz nicht explizit benannt. Jedoch modellieren die Autoren Kardinalitäten, sodass die Verdichtungsrichtung deutlich wird.

Abbildung 40 Multidimensionale Modellierung mittels des ERMs nach Gabriel und Gluchowski

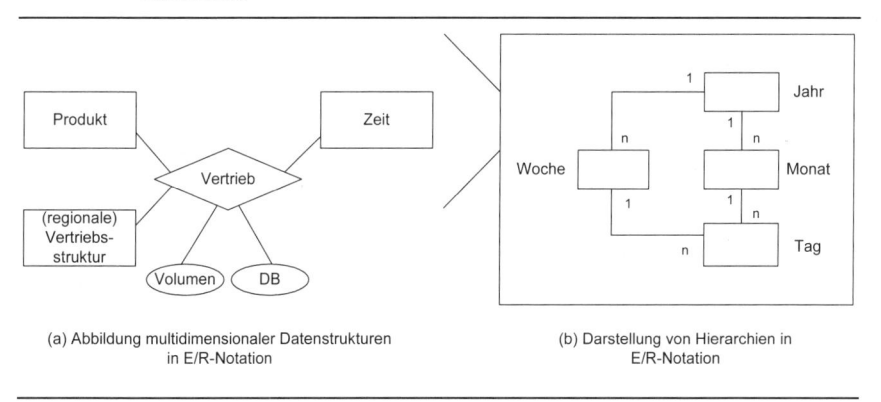

(a) Abbildung multidimensionaler Datenstrukturen in E/R-Notation

(b) Darstellung von Hierarchien in E/R-Notation

---

[530] Vgl. Gabriel, Gluchowski: Notationen, 1998, S. 497 f.

Tabelle 19 enthält wiederum eine Gegenüberstellung der Modellkonstrukte mit den Konstrukten des Metamodells.

Tabelle 19 Vergleich der Konstrukte des Metamodells mit den Konstrukten des ER-Ansatzes von Gabriel/Gluchowski

Modellierungskonstrukt des Metamodells	Korrespondierendes Modellierungskonstrukt im Ansatz von Gabriel/Gluchowski
Dimension	Entitätstyp in multidimensionaler Datenstruktursicht (geclustert)
Dimensionsknoten	Entitätstyp in der Hierarchiesicht
Dimensionspfad (Subtype-of-Beziehung)	Beziehungen zwischen Entitätstypen in der Hierarchiesicht (wird nicht näher gekennzeichnet)
Dimensionsebene	Nicht vorhanden
Fakt	(Spezieller) Beziehungstyp
Kennzahl	Wird als Attribut an dem speziellen Beziehungstyp notiert. Wie abgeleitete Kennzahlen repräsentiert werden, bleibt offen.
Ausprägungsebene	Wird nicht betrachtet
Modellierung von Strukturanomalien	Wird nicht betrachtet

Die sowohl bei Holthuis als auch bei Gabriel/Gluchowski anzutreffende Unterscheidung zwischen Mikro- und Makrosicht bzw. zwischen geclusterter Datenstruktur- und Hierarchiesicht scheint für Analysezwecke zweckmäßig, da so Modellbestandteile abgegrenzt werden können und dadurch jeweils deutlich zwischen Dimensionen und Dimensionspfaden unterschieden wird. Nach Ansicht des Verfassers sollten jedoch beide Sichten auch in eine Gesamtsicht überführt werden, die sowohl die Pfade als auch die geclusterte (Makro-)Sicht enthält. Dies findet sich in dem folgenden Ansatz von Totok. Mit der Ausprägungsebene, die nach Ansicht des Verfassers ebenfalls explizit modelliert werden sollte, entsteht dann eine dritte Sicht. Die Ausprägungsebene wird jedoch in keinem der Ansätze betrachtet.

7.1.3 Der Ansatz von Totok

Totok führt die Überlegungen zur multidimensionalen Modellierung mittels ERM weiter und entwickelt eine Notation, die gleichzeitig sowohl die Mikro- als auch die Makrosicht repräsentiert (bzw. die Datenstruktur- und die Hierarchiesicht). Wie Gabriel/Gluchowski verwendet er Beziehungen als zentrales Element der Modellierung und interpretiert „ein multidimensionales Modell als Verknüpfung eines zentralen Beziehungstyps mit einer Entity-Menge von Dimensionen" (Zu den Überlegungen von Totok vgl. Abbildung 41, die sich an seine Form der Darstellung anlehnt).

An der zentralen Beziehung werden Kennzahlen als Attribute vermerkt (Volumen, Deckungsbeitrag ...). Dass es sich bei dem Deckungsbeitrag um eine aus Umsatz und Kosten hergeleitete Größe handelt, ist jedoch nicht erkennbar.[531]

Aus den Entitätstypen, die die Dimensionen darstellen, werden mittels Disaggregation Entitäten und Beziehungen abgeleitet, die die „Dimensionsebenen" und ihre Ordnungsbeziehungen kennzeichnen (in der Terminologie des Metamodells sind dies Dimensionsknoten). Hierdurch wird erreicht, dass sich einerseits eine Dimension nach außen hin als ein Entitätstyp darstellt. Andererseits wird innerhalb einer Dimension durch die Verdichtet-zu-Beziehungen zwischen den Dimensionsebenen eine Verdichtungshierarchie hergestellt. I. d. R. handelt es sich hierbei um n:1-Beziehungen (bottom-up); im Falle einer Heterarchie finden sich n:m-Beziehungen zwischen Dimensionsebenen.

Hervorzuheben ist, dass Totok Spezialisierungen vorsieht für den Fall, dass Dimensionen über mehrere Verdichtungshierarchien verfügen, also auf Ausprägungsebene parallele Hierarchien existieren. Diese werden durch eine Is-a-Beziehung gekennzeichnet (nicht dargestellt in Abbildung 41). Somit wird deutlich, dass die unterschiedlichen Verdichtungshierarchien einer Dimension zugeordnet sind d. h. dass mehrere Pfade innerhalb einer Dimension existieren können. Für Hierarchien und Dimensionen mit unterschiedlichen Pfadlängen – die dritte Strukturanomalie (vgl. 6.2.2.2) – wird kein Konstrukt eingeführt.

Totok diskutiert darüber hinaus einige weitere Besonderheiten, die er mit der Notation des ERMs ausdrückt: Verschiedene Datenarten werden durch eine zusätzlich eingeführte Dimension „Szenario" ausgedrückt. Sie besitzt die Attribute Plan, Ist und Abweichung. Auch hier ist wiederum nicht erkennbar, dass „Abweichung" ein abgeleiteter Wert ist.

---

[531] Erweiterungen des ERMs sehen allerdings das Konstrukt „ableitbare Attribute" vor. Vgl. bspw. Rauh, Stickel: Datenmodellierung, 1997, S. 76 f.

198 Entwicklung von Data-Warehouse-Systemen und multidimensionale Modellierung

Abbildung 41 Multidimensionale Modellierung mit dem ERM bzw. dem EERM

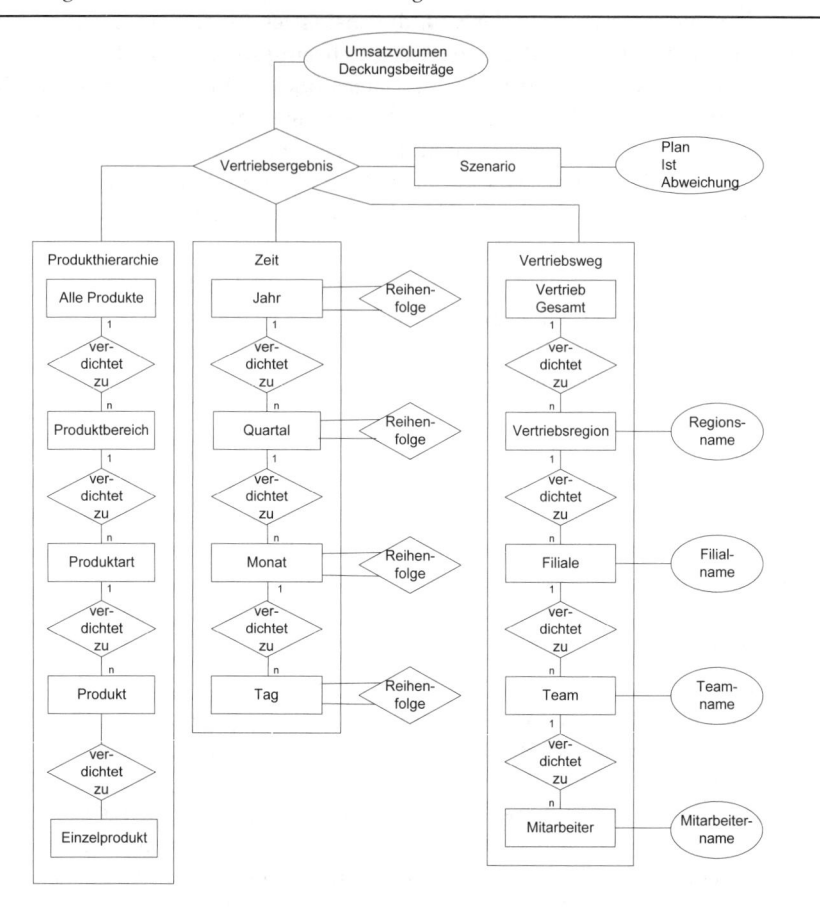

(nach Totok: OLAP, 2002. S. 125)

Um eine logische Reihenfolge zwischen Ausprägungen einer Dimensionsebene kenntlich zu machen, werden – wie hier in der Zeitdimension dargestellt – die Ebenen jeweils rekursiv mit sich selbst verknüpft (mit einem Beziehungstyp

„Reihenfolge"). Für die Zeitdimension bspw. soll damit erkennbar werden, dass Tage, Wochen etc. eine logische Ordnung haben.[532] Eine genauere Beschreibung der Dimensionsebenen als Entscheidungsobjekte erfolgt durch Attributierung der Dimensionsebenen. Dies ist aus Gründen der Übersichtlichkeit hier nur innerhalb der Dimension Vertriebsstruktur und Szenario dargestellt.

Tabelle 20 enthält die Gegenüberstellung der Modellkonstrukte mit den Konstrukten des Metamodells.

Tabelle 20 Vergleich der Konstrukte des Metamodells mit den Konstrukten des ER-Ansatzes von Totok

Modellierungskonstrukt des Metamodells	Korrespondierendes Modellierungskonstrukt im Ansatz von Totok
Dimension	Entitätstyp
Dimensionsknoten	Als Dimensionsebene bezeichnet. Entitätstyp, der durch Disaggregation der Dimension entsteht
Dimensionspfad (Subtype-of-Beziehung)	Verdichtungshierarchie: Verdichtet-zu-Beziehung zwischen Dimensionsbenen Parallele Dimensionspfade (Hierarchien) werden als Spezialisierung gekennzeichnet
Dimensionsebene	Nicht vorhanden
Fakt	Zentraler Beziehungstyp
Kennzahl	Als Attribut an dem zentralen Beziehungstyp notiert. Abgeleitete Kennzahlen werden nicht explizit repräsentiert.
Ausprägungsebene	Wird nicht betrachtet
Modellierung von Strukturanomalien	- Heterarchien sind darstellbar. - Parallele Hierarchien sind darstellbar. - Unterschiedliche Pfadlängen sind nicht darstellbar.

---

[532] Priebe/Pernul modellieren ebenfalls die Wochentage, dies jedoch als eigenständigen Dimensionspfad innerhalb der Zeitdimension („Day of Week") vgl. Priebe, Pernul: ADAPTed UML, 2001.

Totok versucht, ein multidimensionales Modell mit der Notation des einfachen ERMs darzustellen. Er zeigt einen Weg auf, sich innerhalb der klassischen Notation zu bewegen, trotzdem aber multidimensionale Strukturen darzustellen. Dies wird jedoch nur dadurch möglich, dass die abstrakte Syntax des ERMs sehr weiter ausgelegt, wenn nicht gar uminterpretiert wird, bspw. werden Anordnungsregeln geändert und die Bedeutung der Notationselemente sehr weit und unterschiedlich gefasst.

Zum einen finden sich unterschiedliche Arten von Beziehungen, die sich, obwohl syntaktisch gleich, von ihrem Typ und von ihrer Semantik her deutlich unterscheiden:

- Erstens die Beziehungen, die verschiedene Dimensionen verknüpfen (die sog. „zentrale Beziehung").
- Zweitens die Beziehungen, die Dimensionsebenen miteinander bzw. rekursiv verknüpfen. Bei diesen Beziehungen („verdichtet zu" bzw. „Reihenfolge") handelt es sich um eine „übliche" Dimension im Sinne des ERMs.

Auch wenn man die Uminterpretation der Beziehung zur „zentralen Beziehung" akzeptiert, bleibt zu kritisieren, dass Beziehungen zur Kennzeichnung sowohl von qualifizierenden als auch von quantifizierenden Informationen herangezogen werden, ohne dass diese unterschiedliche Semantik explizit deutlich gemacht wird; sie erschließt sich alleine aus dem Verwendungszusammenhang.

Andererseits finden sich zwei Arten von Aggregationen:

- Erstens die Aggregation mehrerer Dimensionsebenen zu einer Dimension. In diesem Fall liegt eine Aggregation i. S. d. erweiterten ERMs (EERM) vor, mit der Entitätstypen und Beziehungen zwischen ihnen zu globalen Entitätstypen zusammengefasst werden.[533]
- Zweitens eine Aggregation innerhalb der Hierarchie, denn gemäß Totok wird auch die Verdichtungshierarchie „mit Hilfe des Konstrukts der Aggregation modelliert."[534] Hierbei handelt es sich jedoch um eine Aggregation hinsichtlich der Kennzahl, die durch die Verdichtungshierarchie charakterisiert wird.

In dem oben formulierten Metamodell finden sich jeweils unterschiedliche Semantiken für die Beziehungen zwischen Dimensionen und Dimensionsknoten einerseits und für die Beziehungen zwischen Dimensionsknoten andererseits. Erstere werden mittels einer Part-of-Beziehung verbunden. Zwischen Dimensionsknoten bestehen Subtype-of-Beziehungen. Nach Ansicht

---

[533] Vgl. Stahlknecht, Hasenkamp: Wirtschaftsinformatik, 2005, S. 169 f.
[534] Totok: OLAP, 2000, S. 124.

des Verfassers lässt sich durch diese Unterscheidung besser semantische Eindeutigkeit erzielen.

Insgesamt wird die abstrakte Syntax des ERMs bzw. des EERMs implizit erweitert, da die üblichen Notationselemente mit unterschiedlichen Semantiken belegt werden. Dies wird jedoch dadurch verdeckt, dass die Symbole nicht verändert werden. Zweckmäßiger wäre daher eine explizite Erweiterung der Notation um spezielle multidimensionale Elemente, wie es bspw. im multidimensionalen ERM (ME/RM) vorgesehen ist (vgl. 7.2). Dadurch würde bspw. die wiederholte Verwendung der 1:n Beziehungen vom Typ „verdichtet zu" entbehrlich, die bei der Darstellung nach Totok recht umständlich erscheint. Als weiterer Kritikpunkt ist zu nennen, dass abgeleitete Größen als Kennzahlen in der Darstellung nicht sichtbar werden, da das ERM keine Beziehungen zwischen Attributen vorsieht.[535]

7.1.4 Beurteilung der ERM-basierten Ansätze

Es zeigt sich in jedem der Ansätze, dass die Abbildung multidimensionaler Strukturen mittels ERM seine Grenzen hat. Trotzdem können wichtige Funktionen konzeptioneller Modelle auch mit diesen Ansätzen erfüllt werden:

- Sie verwenden Konstrukte, die Benutzer und Anwender, denen das ERM bekannt ist, verstehen können. Somit können sie die Kommunikation unterstützen.
- Sie sind prinzipiell geeignet, multidimensionale Strukturen zu dokumentieren, auch wenn sie jeweils spezifische Schwächen aufweisen.

Jedoch fehlt in allen Ansätzen eine Beschreibung, wie die ERM im Entwicklungsprozess weiterverarbeitet werden können, d. h. wie logische Datenstrukturen aus ihnen abgeleitet werden. Die Regeln zur Transformation von ERM in relationale Strukturen sind an dieser Stelle nicht anwendbar.[536]

Einen eher allgemeinen Aspekt bringen Wu/Buchmann gegen die Verwendung des ERMs zur Modellierung multidimensionaler Datenstrukturen vor: „ER model is not good for modeling analytical processing because the model emphasizes

---

[535] Wird beispielsweise in einer Datenbank aufgrund der Postleitzahl der Name der Stadt ermittelt, so betrifft dies nicht die Struktur, sondern die Anwendungslogik.
[536] Zur Transformation des ERMs in relationale Strukturen vgl. Pernul, Unland: Datenbanken, 2003, S. 165 ff.; typischerweise werden bei dieser Transformation aus Entitätstypen Tabellen gebildet. Bei der Transformation der vorgestellten ERM wird nur aus dem zentralen Entitätstyp sowie aus den Entitätstypen der Makroebene/Datenstruktursicht eine eigene Relation. Die Entitätstypen, die Dimensionsknoten repräsentieren, werden hingegen zu Spalten.

first identifying entities and then defining their interrelationships which map to dimensions and facts in the multidimensional model, respectively. Reversely in analytical processing we usually define our objects for analysis first then their dimensions."[537]

Insgesamt haben sich die vorgestellten Notationen bei der Modellierung multidimensionaler Strukturen nicht durchsetzen können. Stattdessen ist eine Vielzahl von speziellen multidimensionalen Datenmodellen entwickelt worden, von denen im Folgenden einige näher vorgestellt werden sollen.

7.2 Multidimensionales ERM (ME/RM)

Das ME/R-Modell (ME/RM) wurde von der Forschungsgruppe Wissensbasen des bayerischen Forschungszentrums für wissensbasierte Systeme (FORWISS) im Rahmen des Projekts System 42 entwickelt. Die Motivation für diesen Ansatz war in erster Linie, dass das ERM als nicht ausreichend für die Modellierung multidimensionaler Strukturen erachtet wird.[538]

„We argue that the established conceptual design methods used for relational ... or object-oriented systems do not offer the necessary support to reflect the multidimensional data model in a natural and intuitive way. Moreover, some of the multidimensional semantics is lost when expressing a multidimensional schema with these techniques. This means that the semantics must be represented informally which makes them unusable for the purpose of automatic generation (e.g. automatic generation of database schemes or query tools)."[539]

Auf diese Probleme ist im vorangegangenen Abschnitt bereits z. T. hingewiesen worden. Sapia et al. erweitern daher das ERM, um die multidimensionale Semantik adäquat darstellen zu können. Durch ein konzeptionelles Modell soll die Flexibilität und Wiederverwendbarkeit sichergestellt werden. Dieses soll unabhängig von späteren Entwurfsentscheidungen bspw. hinsichtlich der Datenbanktechnologie sein (multidimensional vs. relational, vgl. zu den OLAP-Konzepten 2.3.4).[540]

Neben einer abstrakten und konkreten Syntax für diesen Zweck präsentieren sie auch ein Phasenmodell, welches in Abschnitt 7.2.2 dargestellt wird.

---

[537] Wu, Buchmann: Data Warehousing, 1997, S. 66.
[538] Vgl. Sapia et al.: Extending, 1998, S. 1.
[539] Sapia et al.: Extending, 1998, S. 2.
[540] Vgl. Blaschka, FIESTA, 2000, S. 2.

7.2.1 Notation

Die Erweiterung des Metamodells des ERMs zur Darstellung der multidimensionalen Semantik beruht auf folgenden Grundüberlegungen:[541]

- Alle Notationselemente sollen *Spezialisierungen* der Konstrukte des ERMs sein, um Flexibilität und Ausdrucksstärke des Modells beizubehalten.
- Eine nur *minimale Erweiterung* des ER-Modells soll die leichte Erlernbarkeit und Nutzung durch Designer mit ER-Kenntnis ermöglichen. Die Zahl der zusätzlichen Elemente soll daher so gering wie möglich gehalten werden, um das bestehende theoretische Wissen nutzen zu können.
- Der sicherlich wichtigste Aspekt ist aber die *Darstellung der multidimensionalen Semantik*. Das ME/RM soll die Trennung und die anschauliche Darstellung von quantifizierenden und qualifizierenden Informationen (bzw. Daten) sowie von hierarchischen Strukturen der qualifizierenden Daten ermöglichen.

Abbildung 42 ME/RM-Metamodell als Erweiterung eines einfachen ER-Metamodells

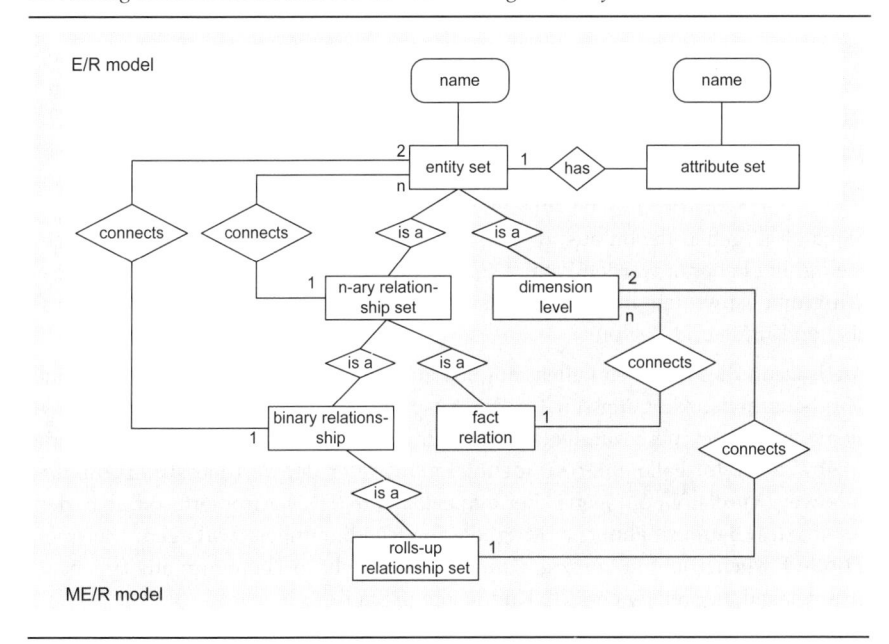

---

[541] Vgl. Sapia et al.: Extending, 1998, S. 5.

Sapia et al. fundieren ihr ME/RM durch ein Metamodell, welches eine Erweiterung eines einfachen ER-Metamodells darstellt (vgl. Abbildung 42). Es beinhaltet zusätzlich einen Entitytyp, die Dimensionsebene (*dimension level*) sowie zwei spezifische Beziehungstypen, die Faktrelation (*fact relationship*) und hierarchische Beziehungen (*rolls-up relationships*).

Die Faktenrelation repräsentiert einen Fakt, d. h. den Gegenstand der Analyse. Sie verbindet mehrere Dimensionsebenen und hierbei speziell die Dimensionsebenen feinster Granularität. Da die Dimensionsebenen in einem hierarchischen Verhältnis stehen, werden sie durch eine rolls-up relationship verbunden. Hierbei handelt es sich um einen spezialisierten binären Beziehungstyp, einen gerichteten azyklischen Graphen.[542]

Bei Sapia et al. findet sich eine Formalisierung dieser speziellen Beziehung:[543] Eine rolls-up relationship verbindet eine Dimensionsebene A mit einer Dimensionsebene B, indem es ein Konzept höherer Abstraktionsebene darstellt (bspw. „city *rolls-up* to country"). Definiert ist ein rolls-up Graph wie folgt:

$RG = (E, V)$, mit E als endliche Menge von Dimensionsebenen $e_1, ..., e_k$ und $V = \{(e_i, e_j) \mid i \neq j \wedge 1 \leq i,j \leq k \wedge e_i \text{ rolls-up to } e_j \}$. Aufgrund der Semantik der Beziehung dürfen keine Zyklen existieren, die unendliche Pfade bzw. Wege mit sich bringen würden. Dies wird in einer Integritätsregel formuliert ($\rightarrow^*$ ist dabei die abgeschlossene Hülle (transitive closure) der rolls-up Relationship):

$\forall\ e_i, e_j \in E : e_i \rightarrow^* e_j \Rightarrow i \neq j$

Daher handelt es sich bei RG um einen gerichteten azyklischen Graphen.

Sapia et al. gehen davon aus, dass eine so definierte rolls-up relationship allgemeingültig benannt werden kann. Die Benennung beschreibe das Klassifikationskriterium, bspw. „lebt in" für die rolls-up relationship zwischen den Dimensionsebenen Kunde und Region.

Auch wenn dies in vielen Fällen möglich zu sein scheint, ist im Metamodell eine Mitgliedschaftsbedingung nur für die Ausprägungsebene vorgesehen. Auf Typebene wird von den Mitgliedschaftsbedingungen abstrahiert (klassifizierende Abstraktion). Im Falle einer Kundenhierarchie oder der Vertriebsstrukturhierarchie werden relativ homogene Hierarchieelemente (HK_0) gruppiert, sodass in den Ästen des Baumes ähnliche Mitgliedschaftsbedingungen vorliegen (Beispiel: Kunde Ehrlicher lebt in Leipzig; Kunde Castorff lebt in Hamburg; auf Typebene ergibt sich daher relativ einfach: Kunde lebt in Stadt).

---

[542] Vgl. Sapia et al.: Extending, 1998, S. 7; ebenso Schelp: Modellierung, 2000, S. 163.
[543] Vgl. Sapia et al.: Extending, 1998, S. 6.

Multidimensionales ERM (ME/RM) 205

Für den Fall, dass in einer Hierarchie heterogene Elemente und Objekte vorliegen, wie dies bei einer Produktdimension typischerweise der Fall ist, lassen sich Mitgliedschaftsbedingungen nur für die Ausprägungsebene explizit und eindeutig festlegen. Dies veranschaulichen folgende Beispiele für die Elementassoziation:

- Das Einzelprodukt *Dt. Ring Tarif F* versichert Vermögensschaden an Sachen durch Feuer;
- Das Einzelprodukt *Universa Tarif ab* sammelt Versorgungskapital;
- Das Einzelprodukt *WWK Tarif L* versichert Todesfallrisiko

Es zeigt sich, dass die Einzelprodukte in den verschiedenen Ästen nach jeweils unterschiedlichen Mitgliedschaftsbedingungen gruppiert werden. Somit kann für die Typebene keine in allen Ästen gültige Mitgliedschaftsbedingung angegeben werden. Aus diesem Grund werden im Metamodell Subtype-of-Beziehungen (bzw. in umgekehrter Richtung Has-subtype-Beziehungen) für die Kennzeichnung der Über- und Unterordnungsbeziehungen zwischen Dimensionsknoten unterstellt, die nicht näher benannt werden können.

Die konkrete Syntax (Notation) für die Modellierung mit dem ME/RM findet sich in Abbildung 43.

Abbildung 43 Multidimensionales Datenmodell in ME/RM Notation

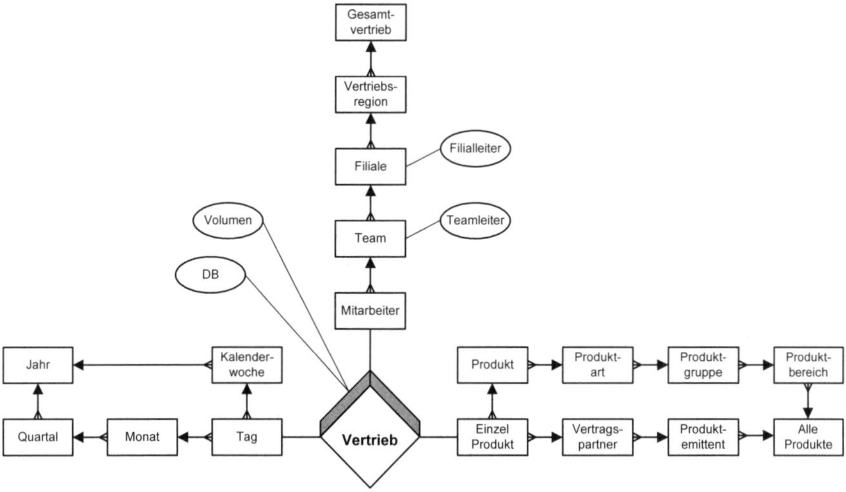

In dem ME/RM befindet sich die Faktenrelation im Mittelpunkt und wird als dreidimensionales Quadrat dargestellt. Kennzahlen, die den betriebswirtschaftlichen Interessensbereich konkretisieren, werden als Attribute an der zentralen Faktenrelation notiert. Die zentrale Faktenrelation verbindet die Dimensionsebenen feinster Granularität, die im Metamodell als primärer Dimensionsknoten (DK_0) bezeichnet werden. Durch diese Anbindung mehrerer Dimensionsebenen an die Faktenrelation wird eine multidimensionale Struktur erzeugt. Übergeordnete Dimensionsebenen, die DK_n mit $0 < n < m$, werden durch rolls-up relationships in Beziehung gesetzt, wodurch sich eine hierarchische Ordnung ergibt.

Sapia et al. sehen die Modellierung alternativer Pfade (paralleler Hierarchien) sowie multipler Hierarchien vor. Alternative Pfade finden sich in Abbildung 43 in der Zeit- und der Produktdimension. Multiple Hierarchien ergeben sich, wenn die Dimensionspfade nicht wieder in einem Knoten zusammenlaufen. Im Metamodell wurden multiple Hierarchien durch die Einführung des Top-Dimensionsknotens entbehrlich gemacht. Da in diesem immer sämtliche Pfade zusammenlaufen, besteht kein Unterschied zwischen alternativen (parallelen) und multiplen Hierarchien. In dem Beispiel in Abbildung 44 ist eine multiple Hierarchie in der (neu in das Beispiel aufgenommenen) Kundendimension dargestellt. Einzelne Kunden werden zum einen nach ihrem Alter in unterschiedlich feine Altersgruppen (I & II) eingeteilt, zum anderen werden sie regional gemäß ihrem Wohnsitz gruppiert. Da es keinen gemeinsamen Knoten „Alle Kunden" gibt, liegt eine multiple Hierarchie vor.

Die Nutzung gemeinsamer Dimensionsebenen in verschiedenen Pfaden ist nach Sapia et al. auch dann nicht ausgeschlossen, wenn die Dimensionsebenen zu verschiedenen Dimensionen gehören. Sie ist vielmehr explizit vorgesehen: „the model .. captures the semantical fact, that the same type of classification (...) is used in both dimensions." In Abbildung 44 wird daher der regionale Kundenpfad mit der Vertriebsstruktur zusammengeführt. Den Sinn der gemeinsamen Nutzung von Dimensionsebenen sehen die Autoren darin, dass Redundanz vermieden werden kann.[544] Jedoch konfligiert dieses Ziel nach Ansicht des Verfassers mit der Flexibilität und Robustheit der Dimensionsstrukturen bei Änderungen. Darüber hinaus dürfte die Zusammenführung von gänzlich unterschiedlichen betrieblichen Objekten dem Benutzer schwer vermittelbar sein.

Wie auch bei dem Vorschlag von Totok werden *Dimensionsattribute* durch Attributierung der Dimensionsebenen modelliert (hier Team- und Filialleiter). Sie sind ebenenabhängig und gehen nicht in die Abstraktion ein.

---

[544] Vgl. Sapia et al.: Extending, 1998, S. 9.

Abbildung 44 Erweiterung des ME/RMs

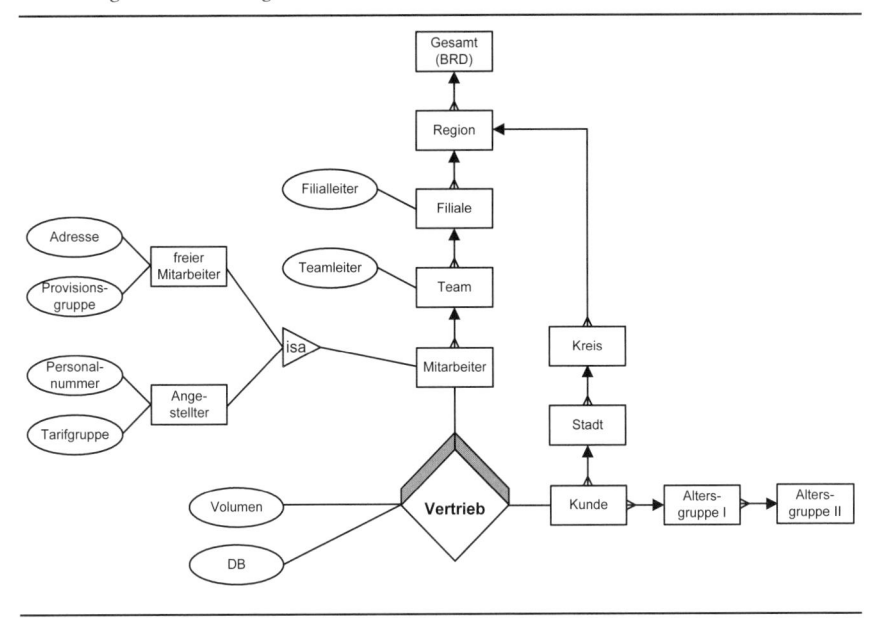

Als weiteres Notationselement verwenden Sapia et al. die Generalisierungsbeziehung des EERM (isa-Konstrukt). Sie wird genutzt, um Dimensionsebenen näher zu beschreiben. Hierdurch lassen sich zusätzliche Subklassen zu einer Dimensionsebene schaffen, denen wiederum Attribute zugeordnet werden. Da unterschiedlichen Subtypen unterschiedliche Attribute zugeordnet werden können, ist so auch die Modellierung *dimensionaler Attribute* (vgl. oben 6.2.2.4.2), Sapia et al. nennen sie „Features", auf Typebene möglich.

Darüber hinaus lassen sich mehrere Faktenrelationen bzw. Würfel innerhalb eines Schemas abbilden, wenn diese einen Pfad oder einen Teilpfad gemein haben. So können Kosten einzelnen Teams zugeordnet werden, wenn diese als Profit- und Costcenter geführt werden (vgl. Abbildung 45).

Abbildung 45 Multi-Cube Model (ME/RM)

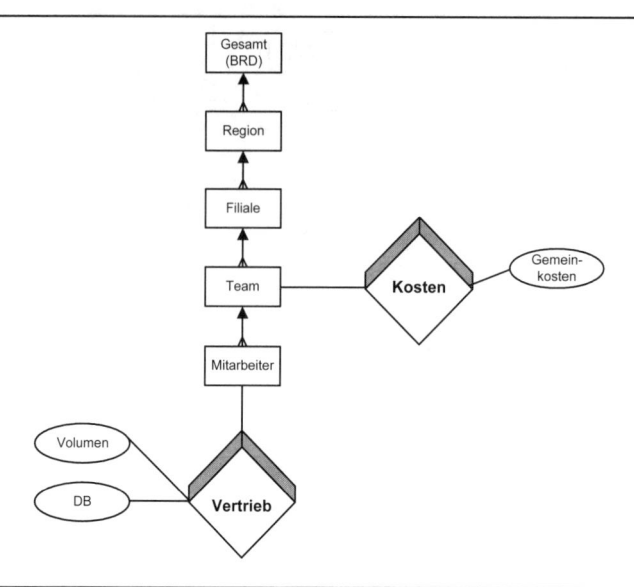

In späteren Arbeiten ist das ME/RM stärker formalisiert worden. An dieser Stelle soll auf die Darstellung der mathematischen Fundierung jedoch verzichtet werden.[545] Im Folgenden wird dagegen kurz auf das von Sapia et al. vorgestellte Phasenmodell zur Modellierung des ME/RM eingegangen.

7.2.2 Phasenmodell

Das Vorgehen zur Erstellung des konzeptionellen Datenmodells orientiert sich an den Phasen der traditionellen Datenbankentwicklung (vgl. Abbildung 46).[546] Das konzeptionelle Modell wird dabei im Wesentlichen von den Benutzeranforderungen sowie von der Verfügbarkeit und den Strukturen der operativen Systeme bestimmt.[547]

---

[545] Vgl. dazu u. a. Blaschka, FIESTA, 2000.
[546] Vgl. Pernul, Unland: Datenbanken, 2003, S. 3 ff.; Batini et al.: Schema Integration, 1986, S. 325 ff. Batini et al.: Database, 1992, S. 6 ff.
[547] Vgl. Sapia et al.: Extending, 1998, S. 1.

Abbildung 46 Phasenmodell nach Sapia et al

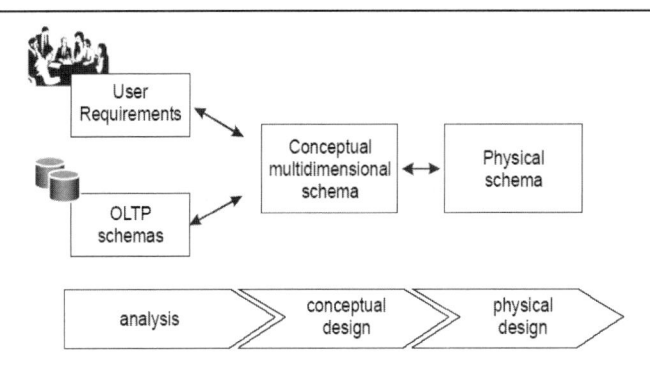

```
[User Requirements] ──┐
                      ├──> [Conceptual multidimensional schema] <──> [Physical schema]
[OLTP schemas] ───────┘

  analysis  >  conceptual design  >  physical design
```

Blaschka erweitert dieses Modell in einer späteren Arbeit.[548] Die dritte Phase beinhaltet bei ihm nun auch das „logische Design". Nach dieser Phase sieht er eine Implementierungsphase sowie eine Betriebsphase vor. Die so entstehenden fünf Phasen fasst er als Zyklus auf.

Im Rahmen der *„Requirements Analysis"* werden die Benutzeranforderungen hinsichtlich Datenumfang, Granularität, Struktur und Qualität erhoben. Das Ergebnis dieser Phase sind multidimensionale Sichten. In der nächsten Phase (*„Conceptual Design"*) wird auf dieser Grundlage das konzeptionelle Modell erstellt. Hierbei handelt es sich um den wichtigsten Schritt im Modellierungsprozess, da das konzeptionelle Modell die Basis der weiteren Entwurfsarbeit darstellt. Im folgenden *„Logical & Physical Design"* werden Implementierungsentscheidungen getroffen. Diese Phase bezieht sich auf die einzusetzenden Produkte und die Architektur sowie auf Optimierungsmaßnahmen. Bei der *Implementierung* werden die getroffenen Entscheidungen (die Spezifikation) umgesetzt. Die Phase beinhaltet darüber hinaus die erste Datenübernahme in das Data-Warehouse-System. In der Betriebsphase (*„Operation"*) werden periodisch neue Daten geladen, und die Benutzer arbeiten mit dem System. Überlicherweise treten in dieser Phase neue Anforderungen auf, die in einer weiteren Iteration des Prozesses umgesetzt werden.

Insgesamt werden das Phasenmodell sowie das Vorgehen nur in Grundzügen beschrieben. Dass die Autoren ihm nur eine geringe Bedeutung zuzumessen scheinen und sich schwerpunktmäßig anderen Fragestellungen zuwenden, wird

---

[548] Vgl. Blaschka: FIESTA, 2000, S. 2 ff.

bereits daran deutlich, dass das Vorgehen jeweils in der Einleitung und nur sehr knapp behandelt wird.

7.2.3 Beurteilung

Beim ME/RM handelt es sich um einen Ansatz mit ausdrucksstarken Modellierungskonstrukten. Anders als bei der multidimensionalen Modellierung mit dem ERM (vgl. oben 7.1) werden die Erweiterungen des Metamodells deutlich gemacht und formalisiert. Da die Notation auf dem bekannten ERM aufbaut, ist sie zum einen theoretisch fundiert, zum anderen relativ leicht und intuitiv verständlich für Benutzer, die bereits über Erfahrungen mit dem ERM verfügen.[549] Tabelle 21 stellt die Modellkonstrukte des ME/RM den Konstrukten des Metamodells gegenüber.

Tabelle 21 Vergleich der Konstrukte des Metamodells mit den Konstrukten des ME/RM

Modellierungskonstrukt des Metamodells	Korrespondierendes Modellierungskonstrukt im ME/RM
Dimension	Entitätstyp
Dimensionsknoten	Als Dimensionsebene bezeichnet. Entitätstyp, der durch Disaggregation der Dimension entsteht
Dimensionspfad (Subtype-of-Beziehung)	Verdichtungshierarchie: Verdichtet-zu-Beziehung zwischen Dimensionsbenen. Parallele Dimensionspfade (Hierarchien) werden als Spezialisierung gekennzeichnet
Dimensionsebene	Nicht vorhanden
Fakt	Zentaler Beziehungstyp
Kennzahl	Als Attribut an dem zentralen Beziehungstyp notiert. Abgeleitete Kennzahlen werden nicht explizit repräsentiert.
Ausprägungsebene	Wird nicht betrachtet
Modellierung von Strukturanomalien	- Heterarchien sind nicht darstellbar. - Parallele Hierarchien sind darstellbar. - Unterschiedliche Pfadlängen sind nicht darstellbar.

---

[549] Vgl. Sapia et al.: Extending, 1998, S. 11.

Multidimensionales ERM (ME/RM)

Blaschka stellt in seiner Dissertation eine metamodellbasierte Technik zur Transformation des ME/RMs in Relationen vor. Mithilfe dieser Technik lassen sich die logischen Strukturen der Datenhaltungsebene des Data-Warehouse-Systems generieren.[550]

Insofern sind drei wichtige Ziele konzeptioneller Modelle mit dem ME/RM erfüllt: Die Entwicklungsergebnisse können zum einen direkten Input für zukünftige Phasen darstellen; zum anderen scheinen sie (unter der genannten Voraussetzung) als Diskussionsgrundlage im Rahmen der Benutzer-Entwickler-Interaktion verwendbar. Hinsichtlich der Dokumentation ergeben sich leichte Einschränkungen.

Anzumerken ist, dass Dimensionen im ME/RM nicht explizit modelliert werden. Abelló geht zwar davon aus, dass im ME/RM Dimensionen implizit vorhanden sind.[551] Tatsächlich sprechen die Autoren bspw. von der „time dimension". Da jedoch vorgesehen ist, dass zwei oder auch mehr Pfade in einer Dimensionsebene zusammenlaufen, ist in diesem Fall die Zuordnung zu einer Dimension nicht mehr eindeutig.

Darüber hinaus sind abgeleitete Kennzahlen im Modell nicht als solche gekennzeichnet, da Kennzahlen immer als Attribute notiert werden. Strukturen, wie sie in einem Kennzahlensystem vorliegen, lassen sich demnach ebenfalls nicht mit den Notationselementen des ME/RMs ausdrücken.

Ebenfalls kann das Aggregationsverhalten von Kennzahlen in Dimensionspfaden nicht ausgedrückt werden. Sapia et al. scheinen zu unterstellen, dass Kennzahlen grundsätzlich summiert werden. Jedoch ist durchaus denkbar, dass bei einer Kennzahl bzgl. eines oder mehrerer Dimensionspfade nur eine Durchschnittsbildung zu korrekten Ergebnissen führt, bspw. wenn die operativen Systeme Bestandsdaten an das Data-Warehouse-System liefern.

Darüber hinaus wird im ME/RM ausschließlich auf Typebene modelliert. Dem Umstand, dass qualifizierende Informationen im multidimensionalen Datenmodell auch auf der Ausprägungsebene zu modellieren sind, wird daher nicht Rechnung getragen.

Mit Blick auf die in Abschnitt 6.2.2 diskutierten *Strukturanomalien* ergeben sich ebenfalls Einschränkungen.

- So sind *Heterarchien* im ME/RM nicht darstellbar. Anteilige Verrechnungen, die durch Heterarchien notwendig werden, lassen sich mit rolls-up relation-

---

[550] Vgl. Blaschka: FIESTA, 2000, S. 87 ff.
[551] Vgl. Abelló et al.: Classification, 2000.

ships nicht abbilden, da diese nicht über Kardinalitäten verfügen. Im Falle einer anteiligen Verrechnung wäre jedoch eine n:m-Beziehung zwischen Dimensionsebenen zu modellieren.

- *Unterschiedliche Pfadlängen* können dagegen ohne Probleme dargestellt werden, da ein Pfad nur eine Halbordnung darstellt. Ebenfalls bleibt der Graph azyklisch.[552]
- Ebenso lassen sich *parallele Hierarchien* aufgrund der Eigenschaften der rollsup relationsship ohne Weiteres abbilden.

Aufgrund des nur fragmentarisch skizzierten Phasenmodells und wegen des Fehlens konkreter Techniken zur Unterstützung der Aufgaben im Rahmen der Entwicklung kann der Ansatz nicht als Methode i. S. d. Methoden-Engineering-Verständnisses bezeichnet werden

7.3 Dimensional-Fact-Model (DFM)

Das von Golfarelli et al. 1998 vorgestellte Dimensional-Fact-Model (DFM) ist ein weiterer Ansatz zur konzeptionellen Modellierung multidimensionaler Datenstrukturen. Im Unterschied zu dem im vorherigen Abschnitt vorgestellten ME/RM stellen beim DFM jedoch nicht die Anforderungen und Bedarfe der Benutzer den Ausgangspunkt der Modellierung dar. Diesen bilden die Datenstrukturen der operativen Transaktionssysteme bzw. deren konzeptionelle Modelle. In den meisten Fällen dürften diese als ER-Modelle dokumentiert sein. Deren weit verbreitete Akzeptanz wird genutzt, indem aus den ERM der operativen Applikationen ein den Anforderungen analytischer Systeme genügendes semantisches Modell abgeleitet wird.[553] Die dabei einsetzbaren Techniken, die in ein umfassendes Phasenmodell eingebettet sind, werden in Abschnitt 7.3.2 vorgestellt.

Die Anforderungsspezifikation setzt also nicht unmittelbar an den Bedarfen der Endnutzer an, sondern beginnt mit einem ausführlichen Studium der Dokumentation der operativen Transaktionssysteme. Von besonderer Wichtigkeit sind bei dieser Bottom-up-Vorgehensweise neben den ER-Modellen auch detaillierte An-

---

[552] Vgl. Schelp: Modellierung, 2000, S. 219; Herden und Trujillo et al. dagegen gehen davon aus, dass unterschiedliche Pfadlängen mit den Notationselementen des ME/RMs nicht darstellbar sind, begründen dieses Urteil jedoch nicht näher. Herden: Entwurfsmethodik, 2001, S. 38; Trujillo et al.: Designing, 2001, S. 68.
[553] Vgl. Golfarelli et al.: Conceptual Design, 1998; Golfarelli et al.: Dimensional Fact Model, 1998; Golfarelli, Rizzi: Framework, 1998; Golfarelli, Rizzi: Designing, 1999; Prosser, Ossimitz: Data Warehouse, 2001.

Dimensional-Fact-Model (DFM)

gaben über die verfügbaren Datenquellen. Die Technik, die innerhalb der Methode zur Herleitung des DFMs Verwendung findet, ist demnach die Dokumentenanalyse.[554] Mit dieser Methode steht dem Entwickler ein Instrument zur Verfügung, mit dem relativ schnell und ohne Benutzerbeteiligung fachliche Modelle generiert werden können.[555]

7.3.1 Notation

Das konzeptionelle Modell eines Data-Warehouse-Systems besteht aus einer Menge von Faktschemata. Die Basiselemente des DFMs sind Fakten, Dimensionen und Hierarchien.[556] Diese und weitere wesentliche Eigenschaften beschreiben Golfarelli et al. in folgendem Zitat:

„The DF model is a collection of treestructured fact schemes whose basic elements are facts, attributes, dimensions and hierarchies; other features which may be represented on fact schemes are the additivity of fact attributes along dimensions, the optionality of dimension attributes and the existence of non-dimension attributes. Compatible fact schemes may be overlapped in order to relate and compare data."[557]

Ein Faktschema ist ein Baum, dessen Wurzel durch ein Fakt gegeben ist. Als *Fakt* bezeichnen Golfarelli et al. einen bestimmten betriebswirtschaftlich relevanten Bereich („focus of interest for the enterprise" [558]). Symbolisiert werden Fakten durch Rechtecke, die den Namen des Fakts sowie Kennzahlen bzw. Faktattribute („fact attributes") enthalten. Im Falle des Beispiels aus Abbildung 47 stellt der Vertriebsbereich einen Fakt dar, dessen Analyse durch die Faktattribute (Kennzahlen) *Volumen* und *Deckungsbeitrag* erfolgt.

---

[554] Probleme können allerdings bei einer unzureichenden Dokumentation der operativen Systeme entstehen. Da gerade bei älteren Anwendungen diese Aktivitäten in vielen Fällen vernachlässigt wurden, sind oftmals umfangreiche Redokumentationsmaßnahmen im Rahmen eines Software- bzw. Datenbank-Reengineering notwendig. Nur so erhält man umfassende und konsistente semantische ER-Modelle, die für die Herleitung der Strukturen eines Führungsinformationssystems dienen können.

[555] Vgl. Prosser, Ossimitz: Data Warehouse, 2001, S. 65.

[556] Vgl. Golfarelli et al.: Conceptual Design, 1998, S. 2; Gabriel, Gluchowski: Notationen, 1998, S. 498.

[557] Golfarelli et al.: Conceptual Design, 1998, S. 1.

[558] Golfarelli et al.: Conceptual Design, 1998, S. 2; Gabriel, Gluchowski: Notationen, 1998, S. 498.

Abbildung 47 DFM - Fakt-Schema.

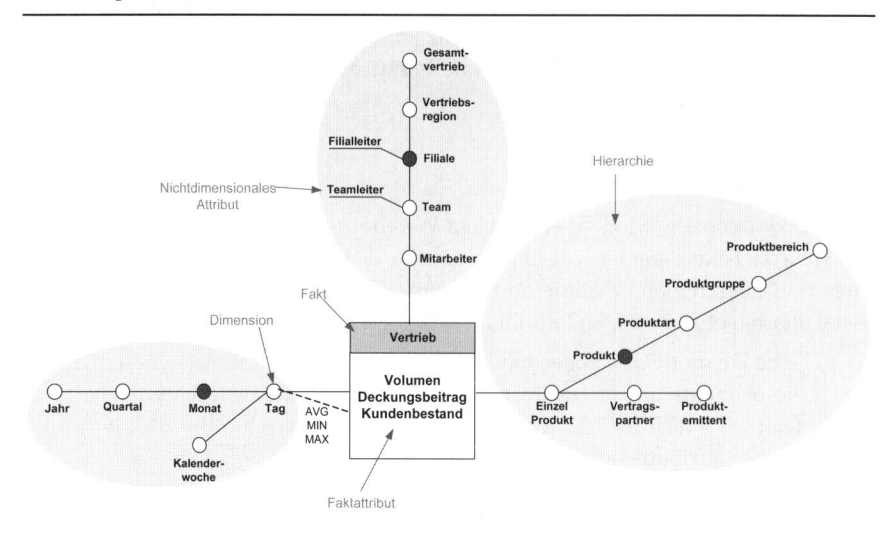

(Golfarelli et al.: Conceptual Design of Data Warehouses from E/R Schemes. S. 2)

In der Terminologie des Metamodells aus Abschnitt 6.2 ist eine *Dimension* eine Sammlung von Dimensionsknoten, die in Über- und Unterordnungsbeziehungen stehen. Im Rahmen des DFMs weicht der Begriff „Dimension" jedoch von dieser (sonst eher gebräuchlichen) Definition ab.[559] Golfarelli et al. bezeichnen als Dimension lediglich die Objekte feinster Granularität (*Mitarbeiter, Tag* und *(Einzel-)Produkt*): „a dimension determines the granularity adopted for representing facts". Dies sind die Dimensionsknoten, die direkt mit dem Fakt verbunden werden. „Dimension" ist hier demnach gleichbedeutend mit dem primären Dimensionsknoten (DK_0).

Die zugehörige *Hierarchie* bestimmt, wie die Kennzahlen (Fakten) im Analyseprozess aggregiert und selektiert werden.[560] Hierarchien als Teilbäume (Subtrees) haben ihren Ursprung in den Dimensionen und sind nach steigender Granularität geordnet. Als *Attribute der Hierarchie* werden die durch leere Kreise dargestellten Knoten bezeichnet, die Über- bzw. Unterordnungsbeziehungen repräsentieren.

---

[559] Vgl. Prosser, Ossimitz: Data Warehouse, 2001, S. 41.
[560] Vgl. Golfarelli et al.: Conceptual Design, 1998, S. 2.

Sie sind mit der Dimension und untereinander durch Kanten verbunden, die n:1-Beziehungen symbolisieren.

Nichtdimensionale Attribute („non-dimension attributes") beinhalten zusätzliche Informationen über Attribute der Hierarchie und sind mit diesen durch eine 1:1-Beziehung verbunden. Sie sind terminal, d. h. sie dienen nicht der Aggregation (dies ist z. B. bei nominalskalierten Attributen wie der Postleitzahl der Fall). Diese Attribute werden durch Striche dargestellt und entsprechen den Attributen, die Totok in seiner ERM-Notation zur näheren Kennzeichnung von Entscheidungsobjekten und Sapia et al. im ME/RM als Dimensionsattribute verwenden.[561]

Golfarelli et al. sehen ein graphisches Symbol für die Darstellung optionaler Beziehungen zwischen Attributen vor (einen Strich an dem Pfad). Bedeutung haben diese optionalen Beziehungen insbesondere für das logische Design; sie werden von den Autoren nicht näher diskutiert.

Ein Fakt drückt generell eine n:m-Beziehung zwischen Dimensionen (bzw. primären Dimensionsknoten) aus, ähnlich der Faktenrelation im ME/RM. Golfarelli et al. weisen explizit darauf hin, dass jede Kombination von Werten einer Dimension eine sog. Faktinstanz darstellt, welche durch genau einen Wert für jedes Faktattribut charakterisiert wird. Bezogen auf das in Abbildung 47 dargestellte Beispiel verkörpert eine elementare Faktinstanz die *Verkaufsmenge (Volumen)* und den *Deckungsbeitrag* eines *Einzelproduktes*, welches an einem *Tag* von einem *Mitarbeiter* verkauft wurde.[562] Sie weisen darüber hinaus darauf hin, dass diese elementaren Faktinstanzen die Daten feinster Granularität sind, die später - falls verfügbar - im Data Warehouse gehalten werden, d. h. auf logischer und physischer Ebene in das Relationenschema eingehen.

An dieser Stelle thematisieren sie demnach die Ausprägungsebene. Eine Faktinstanz entspricht einem konkreten Würfel mit Hierarchieknoten feinster Granularität (HK_0), wie er im Metamodell definiert wurde. Weitere die Ausprägungsebene betreffende Aspekte werden von den Autoren jedoch nicht diskutiert. Insbesondere nicht die von den primären Hierarchieknoten ausgehenden Mengenbeziehungen.

Hervorzuheben ist, dass Golfarelli et al. relativ ausführlich die Additivität von Kennzahlen diskutieren. Um die bei Roll-up-Analysen benötigten aggregierten

---

[561] Vgl. Golfarelli et al.: Conceptual Design, 1998, S. 2; Gabriel, Gluchowski: Notationen, 1998, S. 498; vgl. dazu auch Lehner, Data-Warehouse-Systeme, 2003, S. 65 ff.; Lehner unterscheidet zwischen Primärattributen, Klassifikationsattributen und dimensionalen Attributen.
[562] Vgl. Golfarelli et al.: Conceptual Design, 1998, S. 3.

Werte zu erhalten, beispielsweise den *Stückumsatz* einer *Produktgruppe* in einer *Filiale* innerhalb eines *Monats*, können die jeweiligen Tageswerte (pro Mitarbeiter und Einzelprodukt) aufsummiert werden. Da in vielen Fällen eine solche Additivität der Kennzahlen gegeben ist, unterstellen die Notationsregeln des DFMs diesen Sachverhalt als Normalfall.[563]

Auch wenn in vielen Fällen die Summenoperation uneingeschränkt Anwendung finden kann und zu richtigen Ergebnissen führt, sind dennoch Ausnahmen zu beachten. Deutlich wird dies anhand einer Erweiterung des Beispiels aus Abbildung 47. Soll als weitere Kennzahl der *Kundenbestand* in das DFM aufgenommen werden, so gilt der unterstellte Normalfall nicht mehr.[564] Der Kundenbestand der einzelnen Tage kann nicht zum Wochenbestand addiert werden, da dann viele Doppelzählungen enthalten wären. Hier gelangt eine einfache Summenoperation in der Zeitdimension zu inkonsistenten Ergebnissen. Der Einsatz anderer Operatoren, beispielsweise zur Durchschnittsberechnung (AVG) oder Minimum-/Maximumbetrachtungen, würde dagegen informative Ergebnisse liefern.[565] Entlang der Vertriebsstrukturdimension ist eine Summation dagegen problemlos möglich, da der Kundenbestand zu einem Zeitpunkt hier per Addition aggregiert werden kann. Die Kennzahl Kundenbestand ist daher ein sog. *semiadditives Faktattribut*. Semiadditive Attribute sind dadurch gekennzeichnet, dass sie entlang einer oder mehrerer Dimensionen nicht mittels Summenoperation aggregiert werden können.

Nichtadditive Attribute sind Kennzahlen oder Faktattribute, die in keiner der verfügbaren Dimensionen sinnvoll mittels Summenoperation aggregierbar sind. Im Rahmen des hier verwendeten Beispiels aus dem Vertriebsbereich lässt sich schwerlich ein eingängiger Fall für ein nichtadditives Faktattribut konstruieren. Als Beispiel soll daher ein Data-Warehouse-System für die Speicherung von Wetterdaten dienen. Hier wären regionale und zeitbezogene Temperaturmessungen hinsichtlich keiner der beiden Dimensionen sinnvoll summierbar; die Niederschlagsmenge pro Quadratmeter wäre jedoch bezogen auf die Zeitdimension addierbar, bzgl. der regionalen Dimension käme sinnvoll nur eine Durchschnittsbildung in Frage. Folglich wäre die Temperatur ein nichtadditives, die Niederschlagsmenge pro qm hingegen ein semiadditives Faktattribut.

Wie Abbildung 47 und Abbildung 48 verdeutlichen, erfolgt die Darstellung solch begrenzter Aggregationsmöglichkeiten durch eine gestrichelte Verbindung des

---

[563] Vgl. Golfarelli et al.: Conceptual Design, 1998, S 3; Prosser, Ossimitz: Data Warehouse, 2001, S. 43.
[564] Vgl. Prosser, Ossimitz: Data Warehouse, 2001, S. 43.
[565] Gabriel, Gluchowski: Notationen, 1998, S. 499.

Dimensional-Fact-Model (DFM)

Faktattributs mit der entsprechenden Dimension (dem primären Dimensionsknoten DK_0).[566] Dabei können die zur Addition verwendbaren Operatoren neben der Verbindungslinie notiert werden.

Abbildung 48 Semi- und Nichtadditivität im DFM

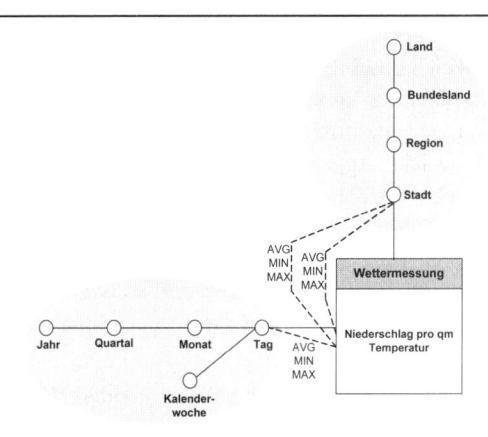

Der Ansatz von Golfarelli et al. bietet darüber hinaus die Möglichkeit zur Vereinigung überlappender Fakten und zur Darstellung häufig verwendeter Abfragemuster (query patterns).

In den bisher dargestellten Beispielen beschränken sich die Abfragen der Endnutzer auf einen Fakt. Bei komplexeren, beispielsweise vergleichenden Analysen, die in der OLAP-Terminologie als Drill-Across bezeichnet werden, dürften allerdings gelegentlich mehrere Fakt-Schemata von einer Abfrage betroffen sein. Für den Fall, dass diese Schemata sich in zumindest einer Dimension gleichen, besteht die Möglichkeit ihrer Zusammenführung zu einem überlappenden Schema (*Overlapping fact schemes*).[567]

Ein weiteres Element der Notationsregeln des DFMs ermöglicht die Darstellung von *Abfragemustern*.[568] Dabei werden in einem Fakt-Schema die Attribute einer

---

[566] Vgl. Golfarelli et al.: Conceptual Design, 1998, S. 3.
[567] Ein Beispiel für überlappende Schemata findet sich bei Golfarelli et al.: Conceptual Design, 1998, S. 3 f.
[568] Vgl. Golfarelli et al.: Conceptual Design, 1998, S. 4, die auch ein Beispiel für ein Abfragemuster liefern.

Hierarchie mit Marken gekennzeichnet, die ein in Abfragen häufig benötigtes Aggregationsniveau repräsentieren (vgl. Abbildung 47). Hieraus lassen sich Hinweise auf den zu erwartenden „Workload" gewinnen.[569] Sind bspw. häufig Abfragen auf hohem Aggregationsniveau gewünscht (die eine Summation über eine Vielzahl von Einzelwerten mit sich bringen würden), so können durch die Materialisierung von Sichten (sog. „Materialized Views") die Performance und die Antwortzeiten gesteigert werden.

Darüber hinaus lässt sich das Setzen von Marken in häufig gewünschten Dimensionsknoten nach Ansicht des Verfassers auch für das Anforderungsmanagement sinnvoll nutzen, und zwar dadurch, dass für einzelne Benutzer jeweils individuell festgelegt wird, welche Aggregationsniveaus für ihn in Standardberichten benötigt werden. In obigem Beispiel dürften sich die Informationsbedarfe eines Filialleiters und eines Gesamtvertriebsverantwortlichen hinsichtlich des Detailliertheitsgrades deutlich unterscheiden. Diese Unterschiede können durch das Setzen von Marken deutlich gemacht werden und so wichtige Informationen für den Ausgleich und die Konsolidierung der Anforderungen verschiedener Benutzer darstellen.

Neben der hier vorgestellten Notation mit entsprechenden Notationsregeln liegen verschiedene Aufsätze der Autoren vor, in denen die Modellierungskonstrukte stärker mathematisch formalisiert werden.[570]

7.3.2 Phasenmodell zur Herleitung des DFMs

Wie bereits erwähnt, stellen Golfarelli et al. nicht nur eine Notation bereit, sondern entwerfen darüber hinaus ein Phasenmodell. Dieses beinhaltet:

- Phasen und Teilaktivitäten, für die z. T. recht detaillierte Vorgaben in Form von Techniken gemacht werden;
- zu erstellende Entwicklungsresultate einer Phase, die in späteren Phasen schrittweise weiterverarbeitet werden sowie
- konkrete Hinweise auf Rollen im Entwicklungsprozess.

---

[569] Bei Golfarelli et al. ist der „workload" ein wichtiges Kriterium bei der Entwicklung von Data-Warehouse-Systemen. I. V. m. der Herleitung des DFM aus den konzeptionellen Datenmodellen der operativen Systeme ist der Ansatz daher der Tendenz nach ein sehr technischer und fokussiert in wesentlichen Teilen Performance- und Optimierungsaspekte.
[570] Vgl. Golfarelli, Rizzi: A Methodological Framework, 1998, S. 4 ff.; Golfarelli, Rizzi: Dimensional Fact Model, 1998.

Eine Übersicht über das Phasenmodell findet sich in Abbildung 49. Im Folgenden wird dieses näher erläutert.

Abbildung 49 Phasen der „DW design methodology" nach Golfarelli et al.

Step	Input	Output	Involves
Analysis of the information system	existing documentation	database scheme	designer; managers of the information system
Requirement specification	(database schema)	facts; preliminary workload	designer; final users
Conceptual design	database scheme; facts; preliminary workload	dimensional scheme	designer
Workload refinement, Dim. scheme validation	dimensional scheme; preliminary workload	workload	designers; final users
Logical design	dimensional scheme; target logical model; workload	logical DW scheme	designer
Physical design	logical DW scheme; target DBMS; workload	DW physical scheme	designer

(Golfarelli, Rizzi: Designing, 1999)

- **Phase 1: Analyse der Informationssysteme**

Die erste Phase befasst sich mit (potenziellen) Eingangsdaten des Data-Warehouse-Systems, welche in den operativen Vorsystemen verfügbar sind. Das Ziel besteht darin, die Dokumentation der OLTP-Systeme zu analysieren und gegebenenfalls zu überarbeiten (Database-Reengineering), falls sie nicht ausreicht oder bereits veraltet ist. In der Regel wird dies die Zusammenarbeit mit den Administratoren der operativen Systeme notwendig machen. Weitere Teilaktivitäten betreffen die Auswahl der operativen Datenquellen (Golfarelli et al. sehen hier als Auswahlkriterien Datenqualität und Stabilität vor), Entscheidungen darüber, welche Daten integriert werden können, und das Verständnis der Semantik der Daten.

- **Phase 2: Spezifikation der Anforderungen (Requirements Specification)**

In dieser Phase wird das Informationsangebot, welches das Data-Warehouse-System bieten soll, betrachtet. Es werden die Anforderungen und Bedarfe der zukünftigen Nutzer des Systems gesammelt und analysiert. Dies erfolgt unter Beachtung der in der vorherigen Phase analysierten Datenschemata der operativen Systeme.

Erhoben und festgelegt werden in dieser Phase zu einem die Fakten, zum anderen der sog. „Workload". Für die Definition der Fakten empfehlen Golfarelli et al., den Augenmerk auf dynamische Ereignisse und sich häufig ändernde Daten zu richten. Finden sich bspw. in einem ERM Entitäten oder Relationen, die solche Ereignisse oder Daten widerspiegeln, so sind dies potenzielle Fakten des zu erstellenden konzeptionellen Schemas.

Mit dem Workload werden für jedes Fakt Kennzahlen und Aggregationen festgelegt. In dieser Phase wird der Workload in einer „pseudo-natural language" ausgedrückt und dokumentiert. Durch den Vergleich der Datenverfügbarkeit mit dem Workload ist es möglich zu verstehen, welche Benutzeranforderungen befriedigt werden können. Im Rahmen dieser Phase 2 sind intensive Diskussionen zwischen Benutzern und Entwicklern nötig. Beispiele für die „pseudo-natural language" finden sich in den genannten Arbeiten nicht.

- **Phase 3: Konzeptioneller Entwurf (Conceptual Design)**

In dieser Phase wird das konzeptionelle Modell erstellt. Grundlage der Entwicklung sind die Resultate der vorangegangenen Phasen (Fakten, informelle Erfassung des Workload, Datenschemata der operativen Systeme). Golfarelli et al. beschreiben eine Technik, mit der aufbauend auf den genannten Resultaten die Erstellung des konzeptionellen Schemas semiautomatisiert und im Wesentlichen autonom durch die Entwickler vollzogen werden kann.[571]

Die Phase wird in fünf Teilphasen bzw. Aktivitäten gegliedert:

(1.) Konstruktion eines Attributbaumes

(2.) „Pruning and grafting" des Attributbaumes (zuschneiden/ verpflanzen)

(3.) Definition der Dimensionen

(4.) Definition der Kennzahlen

(5.) Definition der Hierarchien

Den Ausgangspunkt für die nachfolgenden Erläuterungen bildet das in Abbildung 50 dargestellte ER-Schema. Vorangestellt ist als Schritt (0.) die Defini-

---

[571] Vgl. Golfarelli, Rizzi: Designing, 1999; Golfarelli et al.: Conceptual Design, 1998.

Dimensional-Fact-Model (DFM) 221

tion der Fakten, die eigentlich der Anforderungsspezifikation zugeordnet ist. Da auch dieser Schritt auf einem existierenden ER-Schema aufbaut, wird er hier im Zusammenhang mit den weiteren Aktivitäten betrachtet.

Abbildung 50 ER-Schema als Ausgangspunkt zur Herleitung eines DFMs

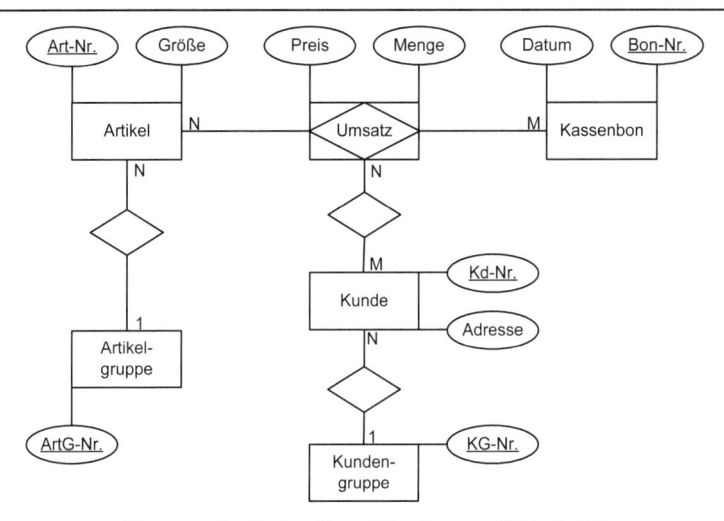

(Prosser, Ossimitz: Data Warehouse, 2001, S. 45)

(0.) Definition der Fakten. Hierbei stehen diejenigen Entitäts- oder Beziehungstypen im Mittelpunkt des Interesses, die dynamische Sachverhalte innerhalb des Unternehmens repräsentieren und somit zu häufigen Änderungen der Datenbestände führen.[572] Entitäts- oder Beziehungstypen mit eher statischen Eigenschaften kommen als Fakt-Kandidaten weniger in Betracht. Im Beispiel aus Abbildung 50 stellt der umdefinierte Beziehungstyp *Umsatz* einen solchen Fakt dar, der im Folgenden als „Wurzel" des Fakt-Schemas dient und somit den Bezugspunkt bei der künftigen Nutzung möglicher Abfragen bildet.

(1.) Konstruktion eines Attributbaumes. Der nächste Schritt besteht in der Konstruktion eines Attributbaumes für den zuvor ermittelten Fakt. Dieser wird aus den Attributen des ER-Schemas gebildet. Der grau unterlegte Basisknoten bildet das

---

[572] Vgl. Golfarelli et al.: Conceptual Design, 1998, S. 5.

Schlüsselattribut des interessierenden Entitäts- oder Beziehungstyps. Im Beispiel handelt es sich um das aus *Kassenbon-* und *Artikelnummer* zusammengesetzte Schlüsselattribut. Der Rest des Baumes wird entwickelt, indem die Schlüsselattribute jedes Entitätstyps als Knoten dargestellt werden. Gemäß den Beziehungen im Ausgangs-ER-Schema werden diese Knoten durch Kanten verbunden.[573] Anschließend werden alle Nicht-Schlüsselattribute an die korrespondierenden Knoten angefügt (vgl. Abbildung 51).

Abbildung 51 Attributbaum

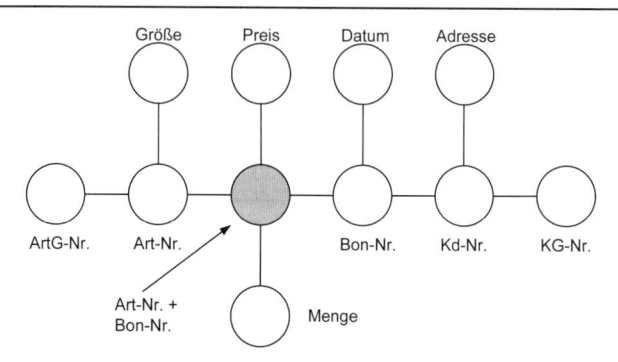

```
        Größe    Preis    Datum    Adresse
         O        O        O        O
         |        |        |        |
  O------O--------●--------O--------O--------O
ArtG-Nr. Art-Nr.           Bon-Nr.  Kd-Nr.   KG-Nr.
                  |
              Art-Nr. +    O
              Bon-Nr.    Menge
```

(Prosser, Ossimitz: Data Warehouse, 2001, S. 46)

(2.) *„Pruning and grafting" des Attributbaumes.* Dieser Schritt beinhaltet einige Ummodellierungen innerhalb des Attributbaumes. Attribute, die Informationen über unbrauchbare Details enthalten, werden entfernt. Dabei kennzeichnet die Aktion „Pruning" das vollständige Entfernen eines Attributs inklusive aller weiteren direkt daran anknüpfenden Attribute. Beim „Grafting" hingegen werden nur einzelne Attribute entfernt, wobei die in der Baumstruktur nachgeordneten Attribute an andere Knoten angefügt werden und somit nicht verloren gehen.[574] Bei dem Beispiel in Abbildung 51 sind Einzelheiten über die Kassenbonnummer für spätere Abfragen nicht relevant, wichtig ist nur das Datum der Transaktion. Dies führt zu einer entsprechenden Modifikation des Attributbaumes, deren Ergebnis Abbildung 52 darstellt.

---

[573] Vgl. Golfarelli et al.: Conceptual Design, 1998, S. 5.; Prosser, Ossimitz: Data Warehouse, 2001, S. 46.
[574] Vgl. Prosser, Ossimitz: Data Warehouse, 2001, S. 47.

Dimensional-Fact-Model (DFM)

Abbildung 52 Pruning and Grafting

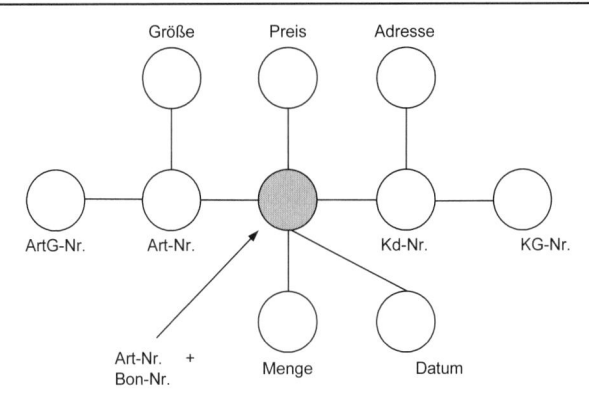

[Diagram: Central shaded node with connected nodes labeled Größe, Preis, Adresse (top); ArtG-Nr., Art-Nr., Kd-Nr., KG-Nr. (middle); Art-Nr. + Bon-Nr., Menge, Datum (bottom)]

(Prosser, Ossimitz: Data Warehouse, 2001, S. 47)

(3.) Definition der Dimensionen. Auf den Ergebnissen des vorherigen Arbeitsschrittes aufbauend kann nun die Identifikation der Dimensionen durchgeführt werden. Dieser Vorgang ist von essentieller Bedeutung für die späteren Auswertungsmöglichkeiten, da durch die Wahl der Dimensionen (DK_0) die Aggregations- und Auswertungsmöglichkeiten der elementaren Fakt-Instanzen determiniert werden.[575] Als potentielle Dimensionen kommen dabei alle „Kinder" des grau unterlegten Wurzelknotens in Betracht. Im hier dargestellten Beispiel werden *Datum*, *Artikel* und *Kunde* ausgewählt.[576]

(4.) Die *Definition der Fakt-Attribute* (Kennzahlen) erfolgt im vorletzten Schritt bei der Konstruktion eines DFMs. Im Beispiel aus Abbildung 52 wurde für den *Vertriebsbereich* als zentrale Kennzahl neben der *Verkaufsmenge* der *Erlös* gewählt. Während Angaben über die quantitative Absatzmenge in den operativen Transaktionssystemen gespeichert sind, müssen Umsatzzahlen berechnet werden. Wie solche Kalkulationen graphisch im DFM darzustellen sind, bleibt allerdings of-

---

[575] Vgl. Prosser, Ossimitz: Data Warehouse, 2001, S. 48.
[576] Vgl. Golfarelli et al.: Conceptual Design, 1998, S. 7.

fen.[577] Golfarelli et al. sehen jedoch für die Berechnungsvorschriften von abgeleiteten Kennzahlen ein gesondertes Glossar vor.[578]

(5.) Definition der Hierarchien. Im letzten Schritt werden die Hierarchien definiert, welche über den Dimensionen gebildet werden. Im Allgemeinen ist zu beachten, dass zwischen den unter- und übergeordneten Attributen n:1-Beziehungen bestehen. Hierbei kann u. a. auf den Attributbaum aus Schritt (1.) (vgl. Abbildung 51) zurückgegriffen werden. Zusätzlich können Hierarchien auch unabhängig von den Attributen des Baumes aufgebaut werden. Aus Attributen, die nicht für die Aggregation herangezogen werden können, werden in diesem Schritt nichtdimensionale Attribute gebildet.

Als Ergebnis der fünf Schritte des vorgestellten Ableitungsprozesses ergibt sich das in Abbildung 53 dargestellte DFM.

Abbildung 53 DFM Fakt-Schema als Ergebnis des Ableitungsprozesses

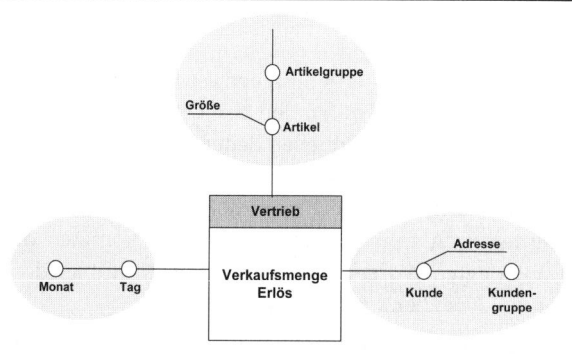

(Prosser, Ossimitz: Data Warehouse, 2001, S. 42)

- **Phase 4: Workload refinement, Validierung der Dimensionsschemata**

In dieser Phase werden zum einen die erstellten Schemata daraufhin überprüft, ob sie den Anforderungen der Benutzer entsprechen (Validierung); zum anderen wird der Workload bzgl. der Schemata konkretisiert. Dies geschieht durch das

---

[577] Vgl. Gabriel, Gluchowski: Notationen, 1998, S. 499.
[578] Einträge in dem Glossar haben nach ihrer Vorstellung die Form: *quantity sold* = SUM(SALE.qty); *total returns* = SUM(SALE.qty * SALE.unitPrice); *number of customers* = COUNT(SALE)

Setzen von Marken auf die Attribute der Hierarchien. Hierdurch werden Abfragemuster gekennzeichnet. Darüber hinaus sind die zu erwartenden Datenvolumina abzuschätzen, da diese gemeinsam mit den zu erwartenden Abfragen entscheidenden Einfluss auf den logischen und physischen Entwurf haben.[579] Konkrete Techniken für die Validierung werden von den Autoren nicht diskutiert.

- **Phase 5: Logischer Entwurf**[580]

Im Rahmen des logischen Entwurfs werden unter Berücksichtigung der Faktschemata, des Workloads sowie zusätzlicher Informationen (beispielsweise verfügbarer Speicherplatz, Upgrade-Frequenz etc.) die Tabellenstrukturen entworfen. Dem geht eine Entscheidung über das Zieldatenmodell (relationales vs. multidimensionales OLAP, vgl. 2.3.4) voraus.

Neben der Übersetzung des Faktschemas in Relationen erachten Golfarelli et al. die Materialisierung von Sichten sowie die horizontale und vertikale Partitionierung der Fakttabelle als relevant.[581] Jeder dieser drei Schritte, die im Folgenden erläutert werden, betrifft unterschiedliche Aspekte der logischen Struktur. (Die Autoren gehen davon aus, dass die Umsetzung in einem relationalen Datenbankmodell erfolgt und hierbei mittels eines Starschemas (dazu Abschnitt 7.4)):

- *Materialisierung von Sichten ("Materialized Views"):* Hierbei sind Entscheidungen darüber zu treffen, welche Sichten auf den Datenbestand als physische Aggregate vorgehalten werden sollen. Bei dieser Maßnahme zur Reduzierung von Antwortzeiten sind v. a. Informationen hinsichtlich des Workloads von Relevanz. Die Autoren stellen mit einem Formalismus eine Technik bereit, die diese Entscheidung unterstützt.

- *Partitionierung* bedeutet, dass aus einer umfangreichen Relation Teilrelationen gebildet werden. Ursprünglich stammt dieses Konzept aus dem Bereich der verteilten Datenbanken, bei denen sich eine bessere Lastverteilung durch Partitionierung und Allokation der Daten erzielen lässt. Jedoch auch im nichtverteilten Fall lassen sich Performancesteigerungen erzielen, wenn die Partitionierung auf Anfrage- und Aktualisierungscharakteristika abgestimmt wird. Gemäß der Art der Zerlegung der Ursprungsrelationen (man spricht auch von

---

[579] Golfarelli et al. entwerfen eine Anfragesprache zur Definition von Abfragemustern und stellen ein Verfahren zum Abschätzen der Datenvolumina vor. Vgl. dazu Golfarelli, Rizzi: Designing, 1999, S. 5 ff.
[580] Vgl. Golfarelli et al.: Designing, 1999, S. 7 ff.
[581] Diese Optimierungsverfahren wurden bereits oben kurz bei der Diskussion der Data-Warehouse-Architektur angesprochen. Da sie bei Golfarelli et al. Aktivitäten des Phasenmodells sind, werden sie hier nochmals aufgegriffen.

Mastertabelle) wird zwischen horizontaler und vertikaler Partitionierung unterschieden:

- *Vertikale Partitionierung der Fakttabelle.* Bei der vertikalen Partitionierung werden einzelne Attribute von der Fakttabelle getrennt. Die identifizierten Schlüsselattribute müssen dabei in den vertikalen Partitionen erhalten bleiben; der Primärschlüssel in den Partitionen ist damit derselbe wie in der Master-Fakttabelle. Aufgrund der Notwendigkeit „teurer Verbundabfragen" wird die vertikale Partitionierung im Data Warehousing weniger häufig eingesetzt. Eine Auslagerung bestimmter Attribute aus der Fakttabelle kann jedoch dann sinnvoll sein, wenn einige besonders selten angefragte Attribute vorhanden sind. (Häufiger wird dagegen die vertikale Partitionierung von Dimensionstabellen sein, wobei hier insbesondere die nichtdimensionalen Attribute in Frage kommen).[582]

- *Horizontale Partitionierung der Fakttabelle.* Im Zuge der horizontalen Partitionierung werden Tupelmengen der Fakttabelle auf mehrere disjunkte Teiltabellen aufgeteilt. Performancevorteile ergeben sich bspw. durch die Partitionierung der Fakttabelle in unterschiedliche Zeitabschnitte, wenn auf ältere Daten selten zugegriffen wird. In diesem Fall können ältere Detaildaten aus der Fakttabelle ausgelagert werden. Diese enthält dann für weiter zurückliegende Zeiträume nur noch aggregierte Daten. Eine horizontale Partitionierung nach anderen Kriterien als der Zeit kann sich vor dem Hintergrund der Auswertungs- und Anfragebedarfe ebenfalls als nützlich erweisen[583]

Für jede der drei Maßnahmen stellen Golfarelli et al. eine Kostenfunktion auf, die als Technik zur Entscheidungsfindung verwendet werden kann. Bzgl. des logischen Designs ist verwunderlich, dass die Autoren keine Technik zur Optimierung von Dimensionstabellen vorschlagen. Diesbezüglich sind die Empfehlungen sehr allgemein gehalten.[584]

---

[582] Vgl. Bauer, Günzel: Data-Warehouse-Systeme, 2004, S. 280.
[583] Eine Partitionierung nach Produktgruppen kann bspw. für eine Marketingabteilung sinnvoll sein, die für die Produktgruppe, für die sie zuständig ist, Detaildaten benötigt, für andere Produktgruppen jedoch lediglich aggregierte Werte verwendet. Ebenso kann eine regionale Zuständigkeit eine horizontale Partitionierung nach Regionen nach sich ziehen.
[584] Vgl. Golfarelli et al.: Designing, 1999, S. 7 u. 8; umfangreiche Erörterungen hierzu finden sich bspw. bei Kimball: Data Warehouse Toolkit, 1996, S. 97 ff.; Kimball, Ross: Toolkit, 2002, S. 153 f.; sowie bei Peralta: Data Warehouse Design, 2003; Peralta, Ruggia: Design Guidelines, 2003.

■ **Phase 6: Physischer Entwurf**
Im letzten Schritt wird das logische Schema an die Möglichkeiten des gewählten Datenbankmanagementsystems angepasst. Hierbei finden Indizes sowie weitere von diesem bereitgestellte Optimierungsmöglichkeiten Berücksichtigung.

7.3.3 Beurteilung

Der Ansatz von Golfarelli et al. ist einer der ersten, der eine umfassende Methode für die Entwicklung konzeptioneller und logischer Datenmodelle vorschlägt. Die Notation wird in Tabelle 22 dem Metamodell gegenübergestellt.

Tabelle 22 Vergleich der Konstrukte des Metamodells mit den Konstrukten des DFMs

Modellierungskonstrukt des Metamodells	Korrespondierendes Modellierungskonstrukt im DFM
Dimension	Als Hierarchie bezeichnet (Als „Dimension" wird der Dimensionsknoten feinster Granularität bezeichnet)
Dimensionsknoten	Der primäre Dimensionsknoten wird als „Dimension" bezeichnet; Andere Dimensionsknoten heißen „Hierarchieattribute"
Dimensionspfad (Subtype-of-Beziehung)	Liste von Dimensionsknoten
Dimensionsebene	Nicht vorhanden
Fakt	Fakt
Kennzahl	Faktattribute, abgeleitete Kennzahlen werden nicht gekennzeichnet; Nicht- und Semiadditivität von Kennzahlen wird hingegen repräsentiert.
Ausprägungsebene	Nicht vorhanden
Modellierung von Strukturanomalien	- Heterarchien sind nicht abbildbar - Unterschiedliche Pfadlängen nicht explizit darstellbar - Parallele Hierarchien werden durch Pfeilspitzen kenntlich gemacht (hier sind verschiedene Darstellungen des DFMs nicht ganz konsistent, s. u.)[585]

---

[585] Folglich sind sich auch verschiedene Autoren bei der Beurteilung des DFMs nicht immer einig: vgl. bspw. Trujillo et al.: Designing, 2001, S. 68; Herden: Entwurfsmethodik, 2001, S. 39; Hettler et al.: Vergleich, 2003, S. 104.

Neben einer Notation enthält die Methode auch ein Phasenmodell, welches Aktivitäten und Techniken zur Erarbeitung des konzeptionellen Modells sowie für den logischen und physischen Entwurf beinhaltet.

Bei der Beurteilung des DFMs in diesem Abschnitt wird zwischen der Notation des DFMs und dem Phasenmodell unterschieden.

Das DFM selbst zielt gemäß den Autoren auf folgende Aspekte:

„ • Efficiently supporting conceptual design

• Providing an expressive environment where the user can intuitively formulate queries

• Allowing the designer and the users to discuss constructively in order to refine the requirement specification

• Representing a solid platform for the logical design phase

• Providing a non ambiguous and expressive a posteriori documentation."

Vor dem Hintergrund der von Wand/Weber formulierten Ziele konzeptioneller Modelle – Dokumentation, Grundlage für die Diskussion mit Benutzern und Input für die weiteren Entwicklungsschritte (s. o. S. 83) – kann das Modell daher als recht umfassend bewertet werden. Mit dem DFM liegt ein Modell mit einer eher einfachen Syntax vor, da es nur eine begrenzte Anzahl von Modellierungskonstrukten aufweist. Insofern dürfte es sich als Diskussionsgrundlage eignen, wenn die Benutzer ein Verständnis für formale Notationen mit- und aufbringen.

Im Phasenmodell ist ein Transformationsprozess zur Ableitung relationaler multidimensionaler Strukturen aus dem DFM beschrieben, d. h. dass ein DFM sich nach festgelegten Regeln in ein logisches Modell überführen lässt.

Ob es auch als Dokumentationsmittel uneingeschränkt die Anforderungen eines konzeptionellen Modells erfüllt, soll im Folgenden allgemein und vor dem Hintergrund der Strukturanomalien erörtert werden:

■ Das Aggregationsverhalten wird durch die Unterscheidung zwischen Additivität, Semiadditivität und Nichtadditivität im Modell explizit berücksichtigt.

■ Abgeleitete Kennzahlen werden im Modell selbst nicht als solche gekennzeichnet, da sich keine Konstrukte finden, die Formeln für Berechnungen aufnehmen könnten. Wohl aber sehen Golfarelli et al. ein Glossar vor, das Berechnungsvorschriften und Kennzahlendefinitionen aufnehmen soll. Strukturen, wie sie durch ein Kennzahlensystem ausgedrückt werden können, lassen sich ebenfalls nicht im DFM darstellen.

Dimensional-Fact-Model (DFM)

- Im DFM wird allein auf Typebene modelliert. Dem Umstand, dass qualifizierende Informationen im multidimensionalen Datenmodell auch auf Ausprägungsebene zu modellieren sind, wird daher nicht Rechnung getragen. Hinsichtlich der Strukturanomalien lassen sich nicht sämtliche Fälle abbilden (zu den Strukturanomalien vgl. Abschnitt 6.2.2):
- Heterarchien lassen sich mit dem DFM nicht abbilden, da n:m-Beziehungen zwischen Dimensionen und Attributen der Hierarchie bzw. zwischen diesen Attributen untereinander nicht vorgesehen sind. Durch die anteilige Verrechnung wären auf Typebene jedoch n:m-Beziehungen zu modellieren.[586]
- Ebenfalls sind unterschiedliche Pfadlängen nicht explizit darstellbar. Da es sich bei Dimensionen und Attributen der Hierarchie um Modellierungskonstrukte der Typebene handelt, lässt sich nicht ausdrücken, dass von einem untergeordneten Attribut einige Elemente gleichsam einen Umweg über ein weiteres Attribut nehmen. Schelp schlägt daher vor, die Kanten mit Pfeilen zu versehen.[587]
- Parallele Hierarchien sind ebenfalls nicht ohne Modifikationen des Modells von Golfarelli et al. darstellbar. Herden sowie Sapia et al. sind sogar der Auffassung, dass sie aufgrund der Baumstruktur nicht erlaubt sind.[588] Schelp schlägt hier wiederum vor, die Kanten mit Pfeilen zu versehen. Im Ergebnis sind dann jedoch parallele Hierarchien und Hierarchien mit unterschiedlichen Pfadlängen auf Typebene nicht voneinander zu unterscheiden.

Zusätzlich zur Notation sollen auch weitere Bestandteile des Ansatzes von Golfarelli et al. beurteilt werden. Die Autoren betten die Notation in eine Methode ein, die neben einem Phasenmodell auch Rollen, Entwicklungsergebnisse und Transformationsschritte vorsieht. Die Methode kann demnach vor dem Hintergrund des Methoden-Engineerings (Abschnitt 3.2) als relativ umfassend beurteilt werden.

Das Phasenmodell beinhaltet konkrete Schritte zur Transformation eines konzeptionellen OLTP-Schemas in ein DFM und stellt Techniken und Entscheidungshilfen bereit, um dieses wiederum in ein logisches und anschließend in ein physisches Datenmodell zu überführen. Die sich anschließende Planung und Durch-

---

[586] Vgl. Trujillo et al.: Designing, 2001, S. 68; Herden: Entwurfsmethodik, 2001, S. 39; Hettler et al.: Vergleich, 2003, S. 104.
[587] Vgl. Schelp: Modellierung, 2000, S. 217; die Kennzeichnung mittels Pfeilspitzen findet sich jedoch bereits bei Golfarelli, Rizzi: Framework, 1998, S. 4. In dieser Hinsicht ist das DFM nicht ganz konsistent.
[588] Vgl. Herden: Entwurfsmethodik, 2001, S. 39; Sapia et al.: Extending, 1998, S. 10.

führung der Datenübernahme wird von den Autoren nicht in ihr Phasenmodell integriert. Zwar sehen die Autoren in Phase 2 die Spezifikation der Benutzeranforderungen vor, jedoch spielen diese ihrer Ansicht nach – so scheint es – eine eher untergeordnete Rolle. Wie die Anforderungen konkret erhoben werden, bleibt offen. Dokumentiert werden sie lediglich informal mittels einer „pseudo-natural language". Darüber hinaus wird nicht deutlich, wie die informal dokumentierten Anforderungen in den Entwicklungsprozess eingehen, d. h. in späteren Phasen analysiert und in ein DFM umgesetzt werden. Eine Verifikation der Anforderungen ist gar nicht vorgesehen; eine Validierung ist zwar Bestandteil von Phase 4, es wird jedoch nicht ausgeführt, wie sie vonstatten geht.[589]

Die aus Sicht des Verfassers sehr wichtigen Aktivitäten Anforderungsmanagement und Validierung sind demnach nur rudimentär beschrieben.

Insgesamt bleibt fraglich, ob ein so entwickeltes Data-Warehouse-System tatsächlich die Integrationsleistung erbringen kann, die es gemäß den betriebswirtschaftlich-fachlichen Anforderungen erzielen soll. Oben wurde Integration als eine der Kernleistungen eines Data-Warehouse-Systems beschrieben (vgl. Teil I dieser Arbeit). Die Leistung besteht darin, dass funktionsübergreifende Daten aus verschiedenen Quellen bzw. Quellsystemen konsolidiert und kombiniert werden. Die Herleitung des DFMs setzt jedoch an den konzeptionellen Datenschemata der operativen Systeme an. Ein solches Datenschema dürfte aber in den meisten Fällen die Strukturen von einer einzigen Datenquelle repräsentieren. Durch deren Transformation in ein DFM ist daher nicht gewährleistet, dass wirklich führungsrelevante und funktionsübergreifende Informationen im DFM modelliert werden. Auch die vorgesehene Zusammenführung verschiedener DFMs zu einem überlappenden Schema scheint im Hinblick auf die zu fordernde umfassende Integration ebenfalls nicht ausreichend.

Das Vorgehen von Golfarelli et al. zielt damit m. E. im Wesentlichen auf die Formulierung eines *Informationsangebots*. Dieses muss deutlicher als von den Autoren vorgesehen mit dem Informationsbedarf der Benutzer abgestimmt werden. Die Erhebung und Dokumentation des Informationsbedarfs kann jedoch nur erreicht werden, wenn die Benutzer stärker in die Entwicklung einbezogen werden. Daher muss der Prozess der Anforderungs- bzw. Informationsbedarfsanalyse insgesamt ein stärkeres Gewicht bekommen und konkretisiert werden. Letztlich kann die Integration führungsrelevanter Informationen sinnvoll nur vor dem Hintergrund der Benutzeranforderungen und -bedarfe sinnvoll vollzogen werden.

---

[589] Vgl. Golfarelli, Rizzi: Designing, 1999, S. 5.

Auch die in Abschnitt 4.1.2.3 diskutierte Notwendigkeit einer umfassenden Terminologiearbeit wird durch ein Vorgehen, wie es Golfarelli et al. beschreiben, nicht ausreichend adressiert. Dies nicht zuletzt deshalb, weil die Ausprägungsebene von ihnen völlig außer Acht gelassen wird.

Geeignet scheint das Vorgehen für eher technisch motivierte Fragestellungen zu sein. Darüber hinaus können die Techniken im Rahmen eines evolutionären *protoypenorientierten* Vorgehens Anwendung finden, um einen ersten mit den Möglichkeiten der operativen Systeme abgestimmten Vorschlag bzgl. des Informationsangebots zu machen. Dieser muss in einem iterativen, partizipativen Prozess mit dem Informationsbedarf der Stakeholder in Einklang gebracht werden, bspw. indem der Prototyp zur Unterstützung der Anforderungserhebung als Stimulus eingesetzt wird.

Hervorzuheben ist jedoch, dass Golfarelli et al. mit der Einbeziehung des Workloads und durch die Betrachtung weiterer Optimierungsgesichtspunkte auch Anforderungen betrachten, die über die rein inhaltlichen Anforderungen hinausgehen und damit den nichtfunktionalen Anforderungen entsprechen.

7.4 Relationale Modellierung multidimensionaler Datenstrukturen

Die in diesem Abschnitt diskutierten multidimensionalen Datenmodelle beruhen auf dem aus der Datenbankentwicklung bekannten Relationenmodell. Sämtliche Daten – sowohl qualifizierende als auch quantifizierende – sind in diesen Modellen als Tabellen dargestellt. Wie bei den anderen Modellen wird hier zwischen Dimensionen und Fakten unterschieden. Da beide als Tabellen dargestellt werden, handelt es sich um sog. Dimensions- bzw. Fakttabellen.[590]

Betrachtet wird im Folgenden schwerpunktmäßig das Starschema, welches auch als „Dimensional Model" bezeichnet wird. Varianten werden nur kurz erläutert.[591] Im Anschluss daran wird das Phasenmodell von Kimball für die Modellierung des „Dimensional Model" skizziert.

---

[590] Vgl. Kimball, Ross: Toolkit, 2002, S. 42 ff.
[591] Vgl. zum Starschema und seinen Varianten ausführlicher: Schelp: Modellierung, 2000, S. 167 ff.; Holthuis: Data Warehouse-System, 1999, S. 196 ff.; Totok: OLAP, 2000, S. 174 ff.; Herden: Entwurfsmethodik, 2001; Abelló et al.: Classification, 2000; Hahne: Star Schema-Modellierung, 2001.

7.4.1 Notation: Aufbau eines Starschemas

Herden definiert das Starschema als:

„Relationale Repräsentation multidimensionaler Daten, in der diese in Fakt- und Dimensionstabellen gespeichert werden, wobei die Dimensionstabellen denormalisiert sind."[592]

Im Zentrum des Starschemas befindet sich die Fakttabelle, die im Wesentlichen aus Kennzahlen und Schlüsseln besteht. Sie enthält die für Auswertungen relevanten quantitativen Daten (Kennzahlen).

Umgeben wird die Fakttabelle von mehreren Dimensionstabellen, die die Aufgliederungsrichtungen der Kennzahl angeben. Die Dimensionstabellen, zu denen mittels der Schlüssel Beziehungen hergestellt werden, enthalten qualifizierende Daten. Untereinander sind die Dimensionstabellen jedoch nicht verknüpft. I. d. R. werden sie sternförmig um die Faktentabelle angeordnet, was dem Starschema seinen Namen verliehen hat (vgl. Abbildung 54).[593]

Der Primärschlüssel der Fakttabelle setzt sich aus zwei oder mehreren Fremdschlüsseln zusammen, die die Beziehungen zu den Dimensionstabellen herstellen (im Beispiel Produkt_ID, Kunden_ID, Mitarbeiter_ID und Tag_ID). Dabei bestimmen die Fremdschlüssel der Fakttabelle die Primärschlüssel der Dimensionstabellen (bzw. vice versa). Die Granularität der Kennzahlen wird durch die Fremdschlüssel der Fakttabelle bestimmt.

Dimensionstabellen enthalten Stammdaten, welche die Bewegungsdaten der Fakttabelle beschreiben. Sie erfüllen drei Funktionen:[594]

- Beschreibung der Fakten, sodass sinnvolle Aussagen entstehen.
- Festlegung der Suchkriterien zur Auswertung der Kennzahlen.
- Definition von Hierarchien durch die Festlegung von Verdichtungsstufen für Auswertungen (dies entspricht den Subset-of- bzw. Subtype-of-Beziehungen im Metamodell).

Aus dem Starschema ist ersichtlich, dass die MMW GmbH für die „Glasversicherung Ventano wi", über die sie bei dem Vertriebsmitarbeiter Boerne einen Vertrag abgeschlossen und am 2003-01-02 eine Prämie in Höhe von 136 € gezahlt hat. D. h. die Zahlung wird durch die qualifizierenden Informationen Einzelkunde, Einzelprodukt, Vertriebsmitarbeiter sowie Datum gekennzeichnet. Diese entspre-

---

[592] Herden: Entwurfsmethodik, 2001, S. 348.
[593] Vgl. Schelp, Chamoni: Star Schemata, 2000, S. 1133 ff.; Hahne: Star Schema-Modellierung, 2001, S. 14 ff.
[594] Vgl. Hahne: Star Schema-Modellierung, 2001, S. 13.

Relationale Modellierung multidimensionaler Datenstrukturen

chen den Hierarchieknoten im Metamodell Gleichzeitig lässt sich die hierarchische Einordnung eines Hierarchieknotens darstellen: Z. B. ist der Vertriebsmitarbeiter Boerne im Team 1 der Filiale Münster, welche der Region Norddeutschland zugeordnet ist.

Abbildung 54 Starschema für den Finanzdienstleister Fidl

Dimensionstabelle: Produkt				
Produkt_ID	Einzelprodukt	Produkt	Produktart	Produktgruppe	Produktbereich
36555	WWK Tarif xy	RLV	Lebensv.	Personenv.	Versicherung
36556	Axa Tarif wx	RLV	Lebensv.	Personenv.	Versicherung
36557	Universa Tarif ab	KLV	Lebensv.	Personenv.	Versicherung
36558	Debeka Tarif cd	KLV	Lebensv.	Personenv.	Versicherung
38552	Axa Tarif F	FeV		Sachv.	Versicherung
38553	Dt. Ring Tarif yz	FeV		Sachv.	Versicherung
38554	Ventano Tarif wi	Glasv.		Sachv.	Versicherung
...					

Dimensionstabelle: Kunden			
Kunden_ID	Einzelkunde		Kundengruppe
17U1	MBV AG		Firmenkunde
17U4	Leitmeier		Privatkunde
17U5	Ehrlicher		Privatkunde
17U6	Palü		Privatkunde
17U7	Castorff		Privatkunde
17U8	MMW GmbH		Firmenkunde
17U9	Philipps-Universität Marburg		Öffentl. Hand

Fakttabelle: Vertrieb				
Produkt_ID	Kunden_ID	Mitarbeiter_ID	Tag_ID	Prämie
36555	17U4	040403	2003-02	132,00 €
36556	17U5	040404	2003-02	237,00 €
36557	17U6	040405	2003-02	178,00 €
38553	17U7	050403	2003-02	155,00 €
38552	17U5	050404	2003-02	214,00 €
38553	17U9	080405	2003-02	410,00 €
38554	17U8	050403	2003-02	136,00 €
38554	17U1	070402	2003-03	183,00 €
36557	17U6	090403	2003-04	360,00 €
...				

Dimensionstabelle: Mitarbeiter				
Mitarbeiter_ID	Name Vertriebsmitarbeiter	Vertriebsteam	Filiale	Vertriebsregion
040403	Frau Lürssen	Team 1, HB	Filiale Bremen	Norddeutschland
040404	Herr Stedefreund	Team 1, HB	Filiale Bremen	Norddeutschland
040405	Herr Karlsen	Team 1, HB	Filiale Bremen	Norddeutschland
050403	Herr Boerne	Team 1, MS	Filiale Münster	Norddeutschland
050404	Herr Thiel	Team 1, MS	Filiale Münster	Norddeutschland
050405	Frau Alberich	Team 1, MS	Filiale Münster	Norddeutschland
070401	Herr Ballauf	Team 2, K	Filiale Köln	Westdeutschland
070402	Herr Schenk	Team 2, K	Filiale Köln	Westdeutschland
090403	Herr Kain	Team 1, L	Filiale Leipzig	Ostdeutschland
...				

Dimensionstabelle: Zeit			
Tag_ID	Datum	Monat	Jahr
...			
2003-02	2003-01-02	Januar	2003
2003-03	2003-01-03	Januar	2003
2003-04	2003-01-04	Januar	2003
2003-05	2003-01-05	Januar	2003
2003-06	2003-01-06	Januar	2003
2003-07	2003-01-07	Januar	2003
2003-08	2003-01-08	Januar	
2003-09	2003-01-09	Januar	2003
2003-10	2003-01-10	Januar	2003
...			
2003-32	2003-02-01	Februar	2003
...			

Da die Darstellungsform aus Abbildung 54 recht schnell große Ausmaße annimmt, wird oft eine komprimierte Darstellung der Tabellen gewählt, bei der lediglich die Attribute der Tabelle aufgelistet sind (vgl. Abbildung 55).[595]

---

[595] Vgl. Kimball, Ross: Toolkit, 2002, S. 22; Schelp, Chamoni: Star Schemata, 2000, S. 1134.; Hahne: Star Schema-Modellierung, 2001, S. 14.

234 Entwicklung von Data-Warehouse-Systemen und multidimensionale Modellierung

Abbildung 55 Starschema (verkürzte Notation)

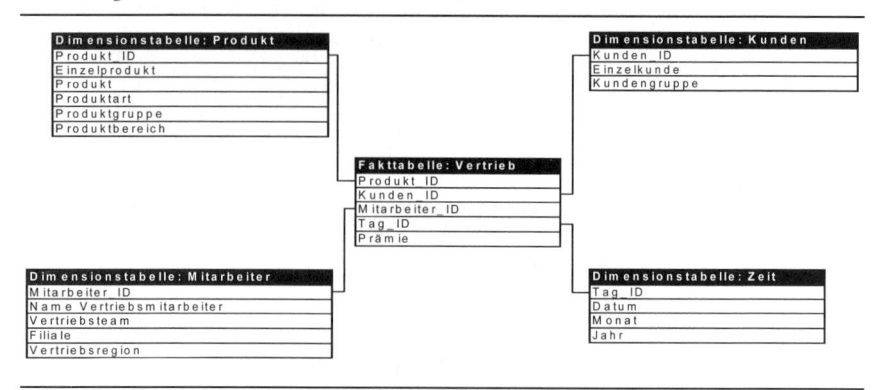

Dimensionstabelle: Produkt
Produkt_ID
Einzelprodukt
Produkt
Produktart
Produktgruppe
Produktbereich

Dimensionstabelle: Kunden
Kunden_ID
Einzelkunde
Kundengruppe

Fakttabelle: Vertrieb
Produkt_ID
Kunden_ID
Mitarbeiter_ID
Tag_ID
Prämie

Dimensionstabelle: Mitarbeiter
Mitarbeiter_ID
Name Vertriebsmitarbeiter
Vertriebsteam
Filiale
Vertriebsregion

Dimensionstabelle: Zeit
Tag_ID
Datum
Monat
Jahr

Aufgrund der in den Dimensionstabellen vorkommenden Redundanzen werden diese häufig in mehrere Tabellen aufgeteilt. Dies folgt den Prinzipien des klassischen Datenbankentwurfs, bei dem Tabellen, die Redundanzen haben, normalisiert bzw. partitioniert werden. Dabei wird für jeden Dimensionsknoten eine eigene Tabelle erstellt (Abbildung 56).

Abbildung 56 Normalisierte bzw. partitionierte Produktdimension

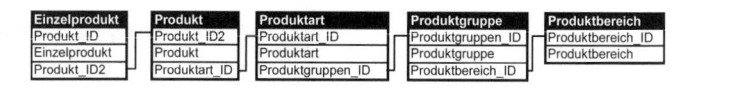

Einzelprodukt
Produkt_ID
Einzelprodukt
Produkt_ID2

Produkt
Produkt_ID2
Produkt
Produktart_ID

Produktart
Produktart_ID
Produktart
Produktgruppen_ID

Produktgruppe
Produktgruppen_ID
Produktgruppe
Produktbereich_ID

Produktbereich
Produktbereich_ID
Produktbereich

Im Falle von parallelen Hierarchien gehen dann von einer Dimensionstabelle mehrere Beziehungen aus, sodass sich eine Struktur ergibt, die an eine Schneeflocke erinnert (vgl. Abbildung 57). Folgende Definition für Snowflakeschemata findet sich bei Herden:

> „Relationale Repräsentation multidimensionaler Daten, wobei diese in Fakt- und Dimensionstabellen gespeichert werden und die Dimensionstabellen normalisiert sind."[596]

---

[596] Herden: Entwurfsmethodik, 2001, S. 348.

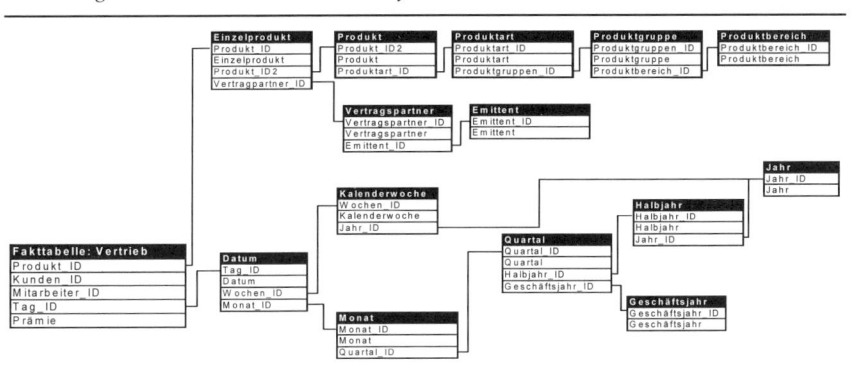

Abbildung 57 Ausschnitt aus einem Snowflakeschema

```
Einzelprodukt          Produkt           Produktart           Produktgruppe          Produktbereich
Produkt_ID             Produkt_ID2       Produktart_ID        Produktgruppen_ID      Produktbereich_ID
Einzelprodukt          Produkt           Produktart           Produktgruppe          Produktbereich
Produkt_ID2            Produktart_ID     Produktgruppen_ID    Produktbereich_ID
Vertragpartner_ID

                       Vertragspartner   Emittent
                       Vertragspartner_ID Emittent_ID
                       Vertragspartner   Emittent
                       Emittent_ID
                                                                                     Jahr
                                                                                     Jahr_ID
                       Kalenderwoche                                                 Jahr
                       Wochen_ID
                       Kalenderwoche                         Halbjahr
                       Jahr_ID                               Halbjahr_ID
Fakttabelle: Vertrieb                       Quartal          Halbjahr
Produkt_ID             Datum                Quartal_ID       Jahr_ID
Kunden_ID              Tag_ID               Quartal
Mitarbeiter_ID         Datum                Halbjahr_ID      Geschäftsjahr
Tag_ID                 Wochen_ID            Geschäftsjahr_ID Geschäftsjahr_ID
Prämie                 Monat_ID                              Geschäftsjahr
                       Monat
                       Monat_ID
                       Monat
                       Quartal_ID
```

Im Ergebnis liegen damit für jede Dimension statt einer großen Dimensionstabelle mehrere kleine Tabellen vor. Vorteile ergeben sich bei diesen v. a. hinsichtlich der Wartbarkeit und der Flexibilität bei Änderungen, da keine bzw. weniger Redundanzen vorliegen und somit die Gefahr von Änderungsanomalien reduziert ist.[597] Diesem Vorteil stehen unter Umständen Performancenachteile gegenüber, wenn eine Abfrage eine Vielzahl von Joinoperationen notwendig macht. Kimball formuliert daher ein Designprinzip, welches „Snowflaking" lediglich in besonderen Fällen zulässt.[598]

Ein gewisser Kompromiss zwischen den genannten Vor- und Nachteilen kann durch andere Varianten des Starschemas erzielt werden. Hierzu sei an dieser Stelle jedoch lediglich auf die einschlägige Literatur verwiesen (vgl. Fußnote 591).

Ein Aspekt, der v. a. durch die detaillierte und bereits sehr entwurfs- und implementierungsnahe Betrachtungsweise des Starschemas deutlich wird, ist die Notwendigkeit exakt gleicher Daten bei ihrer Übernahme in die Data-Warehouse-Datenbank und bei der Zusammenführung von bereits vorhandenen Data-Warehouse-Datenbanken. D. h. die Daten in den Dimensions- und Fakttabellen müssen dieselbe Struktur aufweisen, wenn sie integriert werden sollen. I. d. R. wird dies dadurch erreicht, dass Daten auf dem niedrigst möglichen Aggregationsniveau extrahiert werden, sodass für Daten aus verschiedenen Quellen ein-

---

[597] Vgl. Schelp, Chamoni: Star Schemata, 2000, S. 1135.
[598] Vgl. dazu ausführlich Kimball: Data Warehouse Toolkit, 1996, S. 97 ff.; Kimball, Ross: Toolkit, 2002, S. 153 f.

heitliche Hierarchien aufgebaut werden können. Kimball diskutiert dies unter dem Stichwort „conformed dimensions"[599]:

> „Dimensions are conformed when they are either exactly the same (including the keys) or one is a perfect subset of the other. Most important, the row headers produced in answer sets from two different conformed dimensions must be able to be matched perfectly."

Die „conformed dimensions" sind eine entscheidende Voraussetzung für die Integration von unabhängigen Data Marts und aus diesem Grund auch für ein inkrementelles Vorgehen bei der Data-Warehouse-Entwicklung von Bedeutung, da sie die Integrierbarkeit von zunächst unabhängig erstellten Teilsystemen erlauben.

7.4.2 Phasenmodell und Beurteilung

Neben einer ausführlichen Diskussion der Grundlagen der dimensionalen Modellierung und einer großen Sammlung von Beispielen findet sich bei Kimball die Beschreibung eines Phasenmodells zur Data-Warehouse-Entwicklung (Abbildung 58).[600]

Die verschiedenen Phasen werden z. T. sehr ausführlich beschrieben. Auch der Interviewprozess im Rahmen des „Business Requirements Definition" wird an einer Reihe von Beispielen illustriert.[601] Darüber hinaus findet sich eine weitere Untergliederung, in der im Wesentlichen die Phase „Dimensional Modeling" detaillierter beschrieben wird:[602]

- Analyse der Geschäftsprozesse und der vorhandenen Daten
- Festlegung der Granularität
- Auswahl von Dimensionen
- Identifikation der Fakten

Trotzdem bleibt letztlich offen, wie die Ergebnisse der Anforderungserhebung dokumentiert und systematisch im weiteren Entwicklungsprozess behandelt

---

[599] Kimball, Ross: Toolkit, 2002, S. 82 ff. u. 394; Kimball: Data Warehouse Toolkit, 1996, S. 226 ff.
[600] Vgl. Kimball, Ross: Toolkit, 2002, S. 331 ff.; Kimball: Data Warehouse Toolkit, 1996, S. 162 ff.
[601] Vgl. Kimball: Data Warehouse Toolkit, 1996, S. 166 ff.
[602] Vgl. Kimball, Ross: Toolkit, 2002, S. 32 ff.

werden, d. h. wie die Interviewergebnisse analysiert werden und wie aus diesen letztlich das Starschema abgeleitet wird.[603]

Abbildung 58 Phasenmodell zur Data-Warehouse-Entwicklung nach Kimball

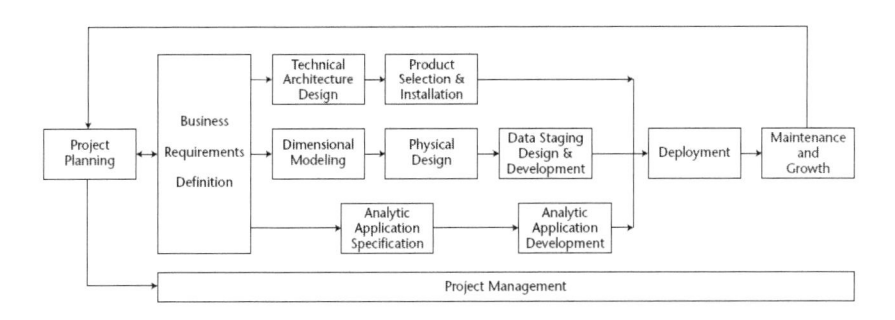

```
                    ┌─Technical──┐  ┌─Product────┐
                    │ Architecture│→│ Selection &│
                    │   Design   │  │Installation│
                    └────────────┘  └────────────┘
         ┌─Business──────┐  ┌────────────┐  ┌────────┐  ┌─Data Staging─┐  ┌──────────┐  ┌─Maintenance─┐
┌Project→│ Requirements  │→│ Dimensional│→│Physical│→│  Design &    │→│Deployment│→│    and      │
│Planning│   Definition  │  │  Modeling  │  │ Design │  │ Development  │  │          │  │   Growth    │
└────────┘└──────────────┘  └────────────┘  └────────┘  └──────────────┘  └──────────┘  └─────────────┘
                                    ┌─Analytic────┐  ┌─Analytic────┐
                                    │ Application │→│ Application │
                                    │Specification│  │ Development │
                                    └─────────────┘  └─────────────┘
                                    Project Management
```

(Kimball, Ross: Toolkit, 2002, S. 332)

Ein weiterer Kritikpunkt betrifft die intensive und nahezu ausschließliche Verwendung des Starschemas für die Modellierung. Eine konzeptionelle Modellierungssprache, die benutzernah die Anforderungen zum Ausdruck bringt, wird von Kimball gar nicht diskutiert.[604] Nach Ansicht des Verfassers ist das Starschema nicht geeignet für die Kommunikation mit den Stakeholdern und keine geeignete Unterstützung für den Prozess der Erhebung und Dokumentation von Anforderungen. Insbesondere kann mit dem Starschema und seinen Varianten die multidimensionale Semantik nicht so ausdrucksstark repräsentiert werden, wie dies bei den vorgestellten konzeptionellen Modellen der Fall ist.

Interessant scheint in diesem Zusammenhang, dass Kimball selbst als Kritik am Snowflakeschema anführt „snowflaking generally compromises user understandability ..."[605] Nach Ansicht des Verfassers gilt dies jedoch für Starschemata analog.

---

[603] Kritisch hierzu ebenfalls Strauch: Informationsbedarfsanalyse, 2002, S. 51 f.
[604] Wobei auch die etablierten konzeptionellen Modelle durchaus skeptisch vor dem Hintergrund der Benutzerverständlichkeit beurteilt werden können (vgl. dazu oben die Studie von Nordbotten: 5.2.2.4 und 5.2.2.5).
[605] Kimball, Ross: Toolkit, 2002, S. 413; Kimball: Data Warehouse Toolkit, 1996, S. 319.

238 Entwicklung von Data-Warehouse-Systemen und multidimensionale Modellierung

Im Folgenden werden daher sowohl das Starschema als auch seine Varianten als Entwurfssprachen der logischen Modellierung betrachtet.[606] Dies nicht zuletzt auch deshalb, weil die Entwurfsentscheidungen hinsichtlich der Relationen im Wesentlichen durch Implementierungsaspekte – wie z. B. Performance, Wartbarkeit, Flexibilität etc. – bestimmt sind. Im Gegensatz zu den konzeptionellen Modellen sind sie daher nicht unabhängig von Entwurfs- und Implementierungsüberlegungen, sondern unterstellen die relationale Implementierung.

Daher wird auch die Darstellung von Strukturanomalien mit Starschemata an dieser Stelle nicht diskutiert. Hierzu wird auf die Literatur verwiesen.[607]

7.5 Informationsbedarfsanalyse für Data-Warehouse-Systeme nach Strauch/Winter

Ein Ansatz, der auf dem Methodenverständnis nach dem oben beschriebenen St. Gallener Ansatz beruht (vgl. oben Abschnitt 3.2), ist die Informationsbedarfsanalyse nach Strauch.[608]

Strauch bzw. Strauch/Winter machen erhebliche Lücken bestehender Ansätze zur Data-Warehouse-Entwicklung hinsichtlich der Informationsbedarfsanalyse aus und schlagen eine Methode vor, die *„den gesamten Prozess der Identifikation von Informationsbedarfen, Synchronisation von Informationsbedarf und -angebot, Bewertung und Homogenisierung von Informationslücken, Priorisierung zusätzlicher Informationsbedarfe und Spezifikation zusätzlicher Informationsbedarfe als Grundlage weiterer Data-Warehouse-Systementwicklungsschritte umfasst."*[609]

7.5.1 Vorgehen

Die folgende Darstellung orientiert sich an dem Phasenmodell der Methode, wobei Techniken und Ergebnisdokumente während der einzelnen Aktivitäten erläutert werden. Das Phasenmodell findet sich in Abbildung 59.

---

[606] Ebenso: Gabriel, Gluchowski: Modellierungstechniken, 1997, S. 29; Totok: OLAP, 2000, S. 173; Abelló et al.: Classification, 2000; Schelp: Modellierung, 2000, S. 167 ff.; Schelp, Chamoni: Star Schemata, 2000, S. 1133 ff.; Sapia et al.: Extending, 1998.
[607] Vgl. Hahne: Star Schema-Modellierung, 2001, S. 21 ff.; Schelp: Modellierung, 2000, S. 211 ff.; Lehner: Data-Warehouse-Systeme, 2003.
[608] Vgl. Strauch: Informationsbedarfsanalyse, 2002; Strauch, Winter: Informationsbedarfsanalyse, 2002; Frie, Strauch: Informationsbedarfsanalyse, 2001.
[609] Strauch, Winter: Informationsbedarfsanalyse, 2002, S. 359.

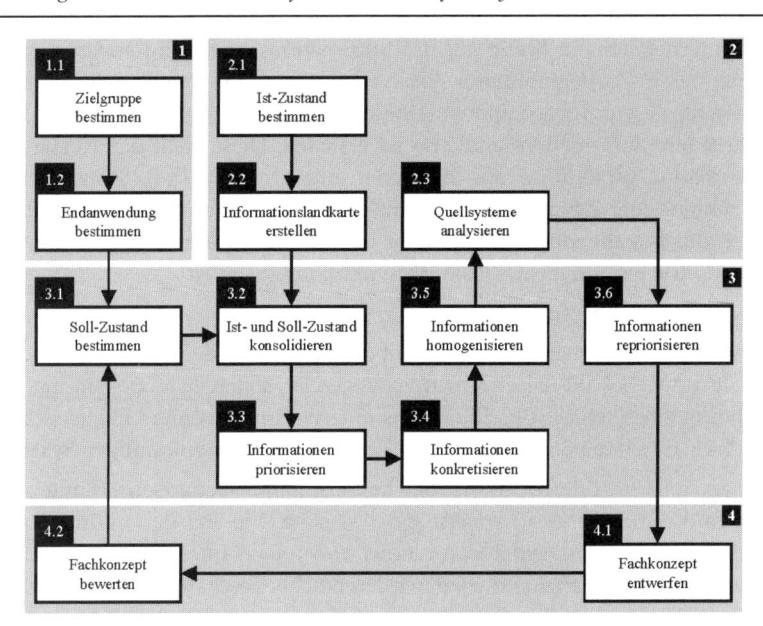

Abbildung 59 Phasenmodell der Informationsbedarfsanalyse nach Strauch

```
1.1  Zielgruppe bestimmen          2.1  Ist-Zustand bestimmen
1.2  Endanwendung bestimmen        2.2  Informationslandkarte erstellen    2.3  Quellsysteme analysieren
3.1  Soll-Zustand bestimmen        3.2  Ist- und Soll-Zustand konsolidieren    3.5  Informationen homogenisieren    3.6  Informationen repriorisieren
                                    3.3  Informationen priorisieren    3.4  Informationen konkretisieren
4.2  Fachkonzept bewerten                                                       4.1  Fachkonzept entwerfen
```

(Strauch: Informationsbedarfsanalyse, 2002, S. 172)

- **Phase 1 : Vorgaben / Initialisierung**[610]

Die erste Phase besteht aus zwei Aktivitäten, die Hintergrundinformationen für den übrigen Analyseprozess liefern. Dabei wird zu Beginn die Zielgruppe des zu erstellenden Systems identifiziert und als Grundgesamtheit für die folgenden Erhebungen festgelegt. In einem zweiten Teilschritt wird die Art des zu entwickelnden Systems hinreichend konkretisiert, um das Analyseverfahren ggf. an dessen Erfordernisse anzupassen.

---

[610] Vgl. Strauch, Winter: Informationsbedarfsanalyse, 2002, S. 370; Strauch: Informationsbedarfsanalyse, 2002, S. 173.

■ Phase 2 : Istanalyse[611]

Der zweite Abschnitt des Phasenmodells hat das Ziel, den Istzustand des betroffenen Unternehmens in Bezug auf das Informationsangebot zu erfassen und zu dokumentieren. Zu Beginn dieser Phase wird daher eine Inventur des bestehenden Berichtswesens vorgenommen (Dokumentenanalyse), um in einem zweiten Teilschritt eine Informationslandkarte zu erstellen. Diese stellt den Zustand der Ist-Informationsversorgung aus mehreren Blickwinkeln (z. B. Konsumenten-, Produzenten- oder Zeitperspektive) dar.[612] Den Abschluss der Phase bildet eine Analyse der bestehenden Quellsysteme, um deren Eignung für die zukünftige Informationsversorgung eines Data Warehouse festzustellen.

■ Phase 3 : Sollanalyse[613]

Die dritte Phase des Phasenmodells dient der Ermittlung des Informationsbedarfs der Zielgruppe. Sobald dieser Schritt vollzogen ist, sollen erste Transformationen in Richtung eines späteren Fachkonzepts unternommen werden. Eingeleitet wird diese Phase durch die Bestimmung des Sollzustands eines zukünftigen Systems.

In diesem Teilschritt findet die eigentliche Informationsbedarfsermittlung mittels der Technik *„Analyse der Geschäftsfragen"*[614] statt. Die Art der Informationsbedarfsermittlung unterscheidet sich hierbei von reinen Interviewtechniken. Statt den bestehenden Bedarf zu erheben, wird versucht, Geschäftsfragen zu ermitteln, die durch die bestehenden Systeme der Informationsversorgung nicht adäquat beantwortet werden können. Nach Feststellung der interessierenden Geschäftsfragen werden Möglichkeiten zur Beantwortung dieser Fragen erörtert, wobei dies bereits mittels einer multidimensionalen Sichtweise geschieht. Dabei wird versucht, in einem nächsten Schritt die relevanten Kennzahlen, Dimensionen und Hierarchien zu ermitteln. Das Ergebnis der Geschäftsfragenanalyse bildet eine tabellarische Übersicht der gewünschten Kennzahlen sowie über qualifizierende Informationen, unter denen die Kennzahlen betrachtet werden können (Abbildung 60).

---

[611] Vgl. Strauch: Informationsbedarfsanalyse, 2002, S. 173 f.
[612] Vgl. Strauch: Informationsbedarfsanalyse, 2002, S. 180 f.
[613] Vgl. Strauch: Informationsbedarfsanalyse, 2002, S. 175 ff.; Strauch, Winter: Informationsbedarfsanalyse, 2002
[614] Vgl. Strauch: Informationsbedarfsanalyse, 2002, S. 187 ff.

Abbildung 60 Ergebnisdokument : Konsolidierung der Geschäftsfragen

Dimensionen	Hierarchiestufen	Kennzahlen					
		Kosten	Materielle Bereitschaft	Durchhaltefähigkeit	Schadenssumme	Anzahl Kunden	...
Formation			X	X	X		
Bereitschaft		X					
Zeit	Tag					X	
	Woche					X	
	Monat					X	
	Jahr					X	
Vertriebsstruktur	Agentur					X	
	Generalagentur				X	X	
Produkt	Produkt					X	
	Produktgruppe					X	
etc.							

(Strauch: Informationsbedarfsanalyse, 2002, S. 190).

Im zweiten Teilschritt der dritten Phase findet ein Abgleich des festgestellten Sollzustands mit dem bereits vorher ermittelten Istzustand (Informationslandkarte) statt. Das Ergebnis des Soll-Ist-Vergleichs stellt den Entwicklungsbedarf hinsichtlich eines zu entwickelnden Systems dar. Da die notwendigen Änderungen meist nicht durch ein einziges Entwicklungsprojekt durchgeführt werden können, findet in einem nächsten Schritt die Priorisierung der Entwicklungsbereiche statt. Die zu bearbeitenden Bereiche werden im nächsten Teilschritt weiter konkretisiert hinsichtlich der gewünschten Datenbereitstellung z. B. in Form von Aggregations-, Aktualitäts- und Periodizitätsvorgaben. Weiter findet eine Homogenisierung der verwendeten Begrifflichkeiten statt, um bereits vor Beginn der Spezifikation eine konsistente Benennung der Daten zu erreichen. Abgeschlossen wird die dritte Phase des Modells durch einen Vergleich des Sollkonzepts mit dem bestehenden Informationsangebot, um ggf. Anpassungen hinsichtlich der Datenversorgung (z. B. durch zusätzliche Integration externer Datenquellen) vornehmen zu können.

- **Phase 4 : Fachkonzeptentwurf**[615]

In der letzten Phase des Phasenmodells besteht das Ziel darin, ein den Sollvorgaben entsprechendes Fachkonzept zu entwerfen und im Anschluss daran von der anvisierten Zielgruppe bewerten zu lassen. Das erstellte multidimensionale Modell dient dabei der Kommunikation mit den Benutzern. Nach der Bewertung des Fachkonzepts kann der Analyseprozess abgeschlossen oder erneut durchlaufen werden, um ggf. weitere Konkretisierungen hinsichtlich des Informationsbedarfs vorzunehmen.

Strauch trifft an dieser Stelle keine direkte Entscheidung hinsichtlich des zu verwendenden (konzeptionellen) Datenmodells. Die Methode scheint vielmehr offen zu sein für die Verwendung verschiedener Modelle. Beispielhaft veranschaulicht er dies anhand des Kubenstrukturmodells von Schelp.[616]

7.5.2 Beurteilung

Im Folgenden wird die Methode von Strauch/Winter zum einen vor dem Hintergrund der bisher im Rahmen dieser Arbeit herausgearbeiteten Problemstellungen bei der Anwendungssystem- und Data-Warehouse-Entwicklung bewertet. Zum anderen soll die Vorgehensweise bei der Methodenentwicklung selbst betrachtet werden.

Bei der Methode stellt der Informationsbedarf der zukünftigen Benutzer des Systems den zentralen Ausgangspunkt dar. Die Autoren bezeichnen den Ansatz als „nachfrageorientiert", um ihn von „angebotsorientierten" Ansätzen abzu-

---

[615] Vgl. Strauch: Informationsbedarfsanalyse, 2002, S. 177 f.
[616] Vgl. Strauch: Informationsbedarfsanalyse, 2002, S. 207 ff.

grenzen, die die fachlichen Strukturen aufbauend auf den vorhandenen Daten entwickeln.[617] Am Beginn der Entwicklung steht eine umfassende Analysephase, bei der die zukünftigen Benutzer des Systems ihre Anforderungen formulieren. Diese werden dokumentiert, analysiert und schrittweise in ein konzeptionelles Modell überführt. Somit werden wesentliche Schwächen der in den vorangegangenen Abschnitten vorgestellten Methoden ausgeglichen. Bei diesen hatte die Informationsbedarfs- bzw. die Anforderungsanalyse durchweg einen geringen Stellenwert. Da in der Methode detailliert Aktivitäten, Techniken, Rollen und zu erstellende Entwicklungsergebnisse beschrieben werden, kann sie vor dem Hintergrund des St. Gallener Methoden-Engineering-Verständnisses als umfassend angesehen werden.

Zusätzlich erfolgt eine Priorisierung der Anforderungen, die ein inkrementelles Vorgehen bei der Entwicklung möglich macht; darüber hinaus liegt ein besonderes Augenmerk auf dem Terminologiemanagement („Homogenisierung der Begriffe").[618]

Mit dem Fokus auf den Informationsbedarf adressieren Strauch/Winter zwar den wohl wichtigsten Erfolgsfaktor, jedoch zeigen Studien, dass weitere Faktoren für den Erfolg und die Akzeptanz von Data-Warehouse- und Führungsinformationssystemen von Bedeutung sind, bspw. eine hohe Datenqualität, Datenschutz- und -sicherheitsaspekte sowie die „Usability" und die Performance des Systems.[619] Diese Anforderungsarten wurden oben unter dem Stichwort „nichtfunktionale Anforderungen" diskutiert (5.2.1.3). Es erscheint zweckmäßig, auch diese Anforderungsarten in einer Methode für ein umfassendes Anforderungsmanagement im Data Warehousing zu berücksichtigen.

In der Methode von Strauch/Winter wird der Informationsbedarf der Benutzer mit der Technik „Analyse der Geschäftsfragen" erhoben. In der Betrachtung in Abschnitt 5.2.1.2 dieser Arbeit ist herausgearbeitet worden, dass sich Benutzer häufig ihrer Anforderungen selbst nicht wirklich bewusst sind oder aber sie nicht explizit formulieren können. Hierfür ist eine Vielzahl kognitiver, kommunikativer und motivationaler Ursachen verantwortlich. Die Gründe für Probleme bei der Anwendungssystementwicklung können damit häufig bereits in dem Unvermögen der Benutzer liegen, den Informationsbedarf und damit auch entsprechende Geschäftsfragen zu formulieren.

---

[617] Vgl. Strauch, Winter: Informationsbedarfsanalyse, 2002, S. 360.
[618] Vgl. Strauch, Winter: Informationsbedarfsanalyse, 2002, S. 366.
[619] Vgl. Giannoccaro et al.: Data Quality, 1999; Meyer: Visualisierung, 1999.

Daher kann es zweckmäßig sein, je nach Projektsituation, den Kreis der infrage kommenden Techniken zu erweitern. Geeignete Techniken werden in der Forschung zum Anforderungsmanagement diskutiert (vgl. dazu Abschnitt 5.2.3) und können nach Ansicht des Verfassers nutzbringend auch für die Entwicklung von Data-Warehouse-Systemen herangezogen werden.

Darüber hinaus scheint es sinnvoll, die individuell erhobenen Anforderungen nicht allzu früh in einer einheitlichen und „monolithischen" Spezifikation festzuschreiben. In dem in Abschnitt 4.2 entwickelten Modellverständnis wurde dafür plädiert, die Perspektivität der verschiedenen Stakeholder zum Ausgangspunkt der Modellierung zu machen. Daher könnte eine Methode zur Entwicklung von Data-Warehouse-Systemen davon profitieren, dass ausdrücklich zwischen einer Einpersonensicht, die die individuellen Anforderungen widerspiegelt, und einer daraus abgeleiteten Mehrpersonensicht, welche eine konsolidierte Gesamtsicht auf das zu erstellende System darstellt, unterschieden wird (ausführlich dazu siehe 8.3).

Bei der Methodenkonstruktion fällt die praxisgeleitete Vorgehensweise auf. Als Grundlage für die Konstruktion der Methode dienten vier Projekte, die die Entwicklung von Data-Warehouse-Systemen zum Gegenstand hatten. Die Aktivitäten und Techniken, die in diesen Projekten Anwendung gefunden hatten, sowie die erstellten Ergebnisdokumente wurden anhand eines zuvor aufgestellten Kriterienkataloges hinsichtlich ihrer Eignung für den Analyseprozess beurteilt. Auf Basis der geeignetsten Komponenten wurde dann jeweils eine neue Methodenkomponente konstruiert. In der Summe ergeben die Methodenkomponenten die vorgeschlagene Methode zur Informationsbedarfsanalyse.

Die von den Autoren gewählte Vorgehensweise, nur Komponenten mit guten Bewertungen aufzunehmen, führt zu einer Methode, deren Teilkomponenten im Praxiseinsatz erprobt sind. Es entsteht somit in gewisser Weise eine neue, innovative Methode durch eine „neue Kombination" praxiserprobter Methodenkomponenten. Gleichzeitig stellt die Wahl aus einer – notgedrungen begrenzten – Anzahl an Techniken und Aktivitäten auch eine Beschränkung der infrage kommenden Methodenkomponenten dar. Ein alternatives Vorgehen wäre, vor dem Hintergrund der bei der System- und Data-Warehouse-Entwicklung identifizierten Problemfelder nach Methodenkomponenten zu suchen, von denen zu erwarten ist, dass sie sich nutzbringend auf die Problemstellungen des Anforderungsmanagements im Data Warehousing übertragen lassen.

7.6 Zusammenfassende Beurteilung

Gegenstand dieses Abschnitts war ein Überblick über Ansätze und Methoden der Data-Warehouse-Entwicklung. Dabei wurde nicht versucht, einen umfassenden Vergleich verschiedener Vorgehensmodelle oder Notationen durchzuführen, da in der Literatur bereits eine Vielzahl solcher Vergleiche vorliegt.[620]

Die hier vorgenommene Betrachtung zeigt bereits, dass sich die vorgestellten Notationen zwar im Detail hinsichtlich ihrer Ausdrucksstärke unterscheiden und dass jede von ihnen spezifische Stärken und Schwächen aufweist. Letztlich bedienen sie sich jedoch vergleichbarer Modellierungskonstrukte und spiegeln, wie die Gegenüberstellung der Notationen mit dem Metamodell aus Abschnitt 6.4 gezeigt hat, die abstrakte Syntax multidimensionaler Modelle wider (vgl. die Tabellen in den Abschnitten 7.1 bis 7.3). Daher erfolgt in der in Teil IV dieser Arbeit entwickelten Methode keine Festlegung auf eine konkrete Notation, und es wird auch kein Vorschlag für eine weitere, neue Modellierungssprache erarbeitet. Die Methode soll vielmehr mit verschiedenen Notationen kompatibel sein. Da gemäß der Argumentation in Abschnitt 6.2 auch die Ausprägungsebene einbezogen werden muss, wird auf die dort verwendete Darstellung zurückgegriffen, die ebenfalls die Ausprägungsebene zeigt.

Anstatt eines umfassenden Vergleichs wurde das *Spektrum möglicher Herangehensweisen* bei der Data-Warehouse-Entwicklung aufgezeigt. Dieses ergibt sich bereits aus den in Abschnitt 2.2 diskutierten Perspektiven auf das Data Warehousing. Dabei wurde zwischen der betriebswirtschaftlich-fachlichen und der technisch-integrativen Perspektive unterschieden. Hiermit korrespondiert die Unterscheidung zwischen nachfrageorientierten und angebotsorientierten Ansätzen von Strauch/Winter (7.5).

Einige Ansätze weisen eine ausgeprägte Notationsorientierung auf, d. h. sie stellen im Wesentlichen eine Syntax bereit. Die Frage, wie und woher die Informationen erlangt werden, die zur konzeptionellen Modellierung nötig sind, betrachten diese Ansätze gar nicht oder nur am Rande.

Nach Ansicht des Verfassers ist jedoch gerade diese Frage für den Erfolg bei der Entwicklung von Data-Warehouse-Systemen von entscheidender Bedeutung.

---

[620] Vgl. dazu Abschnitt 7 dieser Arbeit sowie eine Reihe vergleichender Übersichten: Pedersen, Jensen: Data Modeling, 1999; Pedersen: Multidimensional Data, 2000, S. 37 ff.; Bauer, Günzel: Data-Warehouse-Systeme, 2004, S. 157 ff.; Abelló: YAM², 2002; 113 ff.; Schelp: Modellierung, 1998, S. 158 ff.; Tsois et al.: MAC, 2001; Herden: Entwurfsmethodik, 2001, S. 19 ff.; Sapia et al.: Multidimensional Data Models, 1999.

Auch in den Studien zu Erfolgsfaktoren im Data Warehousing findet sich kein Hinweis darauf, dass ein Projekt aufgrund einer falsch gewählten Modellierungssprache gescheitert ist, jedoch finden sich regelmäßig als entscheidende Erfolgsfaktoren die mangelnde Benutzerbeteiligung und ein fehlendes oder unzureichendes Anforderungsmanagement, d. h. eine mangelnde Nachfrageorientierung. Zwar kann die Modellierungssprache die Benutzerpartizipation behindern oder fördern. Um jedoch ein hohes Maß an Partizipation zu realisieren, sind darüber hinaus angemessene Techniken zu wählen und Aktivitäten zweckentsprechend zu planen.

Abbildung 61 Systematisierung von Entwicklungsansätzen im Data Warehousing

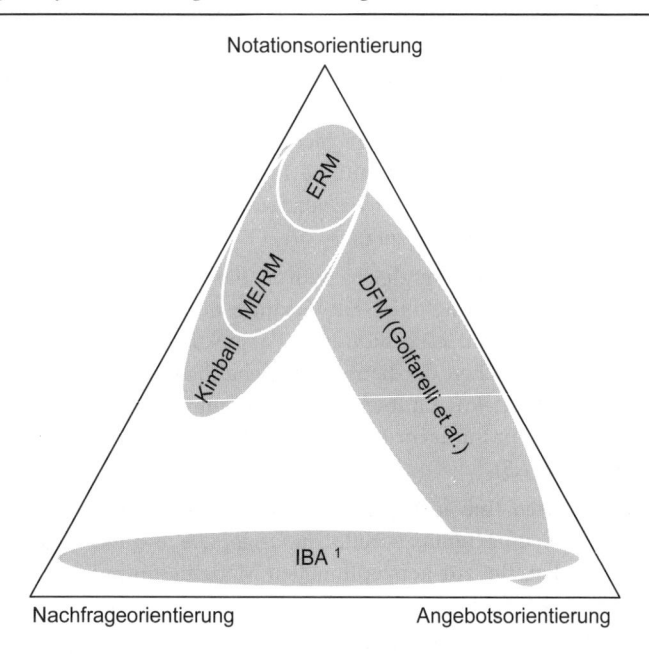

[1] Informationsbedarfsanalyse (Ansatz von Strauch/Winter)

Abbildung 61 stellt das Spektrum möglicher Herangehensweisen für die Data-Warehouse-Entwicklung graphisch dar. Das Dreieck wird aufgespannt durch die

Zusammenfassende Beurteilung 247

drei Eckpunkte *Notationsorientierung, Nachfrageorientierung* und *Angebotsorientierung*. In dieses Dreieck werden die dargestellten Ansätze eingeordnet, wobei durch die Ovale jeweils angegeben wird, welche Abdeckungsbreite ein Ansatz aufweist:

- Die ERM-basierten Ansätze stellen lediglich eine Notation bereit und zeigen nicht auf, wie die Informationen erlangt werden, die zur Modellierung nötig sind.

- Der Ansatz von Strauch/Winter dagegen stellt keine Notation bereit, sondern löst die Frage, wie die Informationen erhoben werden, die für die Modellierung notwendig sind (wie oben erwähnt, ist dieser Ansatz jedoch mit nahezu beliebigen Modellierungsansätzen kompatibel). Darüber hinaus werden die Quellsysteme analysiert und der Zustand der Ist-Informationsversorgung wird erhoben.

- Der Ansatz von Kimball und das ME/RM sind zwar stark notationsorientiert, geben jedoch – in unterschiedlichem Ausmaß – allgemeine Hilfestellungen, wie die Anforderungen und Bedarfe der zukünftigen Benutzer erhoben werden.

- Golfarelli et al. stellen mit ihrer Methode zum einen eine Notation bereit (das DFM), zum anderen beschreiben sie Techniken, wie aus den Datenmodellen der operativen Systeme ein DFM hergeleitet werden kann.

In diese Systematisierung ließen sich weitere Ansätze, die hier nicht diskutiert wurden, einordnen:

- Die dem Verfasser bekannten objektorientierten Modellierungsansätze sind stark notationsorientiert und beschreiben nicht oder nur am Rande, wie das modellierungsrelevante Wissen erhoben wird.[621]

- Ein dem DFM vergleichbarer Ansatz findet sich bei Cabibbo/Torlone.[622]

---

[621] Vgl. Totok: OLAP, 2000, S. 155 ff.; Trujillo et al.: Designing, 2001; Herden: Entwurfsmethodik, 2001, S. 69 ff.; Priebe, Pernul: ADAPTed UML, 2001. Die Stärke der objektorientierten Modelle ist im Wesentlichen darin zu sehen, dass sie ausdrucksstärkere Konstrukte bereitstellen hinsichtlich verschiedener Aspekte, wie z. B. Abbildung der Additivität, der Gültigkeitszuordnung für eine Kenngröße, der Definition von Kennzahlen etc. Im Vergleich zu den vorgestellten Ansätzen ermöglichen sie damit ggf. eine bessere Dokumentation. Durch die höhere Komplexität leidet dann jedoch auch die Verständlichkeit. Darüber hinaus weisen sie Vorteile bei der Werkzeugunterstützung auf, wenn sie auf der UML beruhen.
[622] Vgl. Cabibbo, Torlone: Multidimensional Databases, 1998.

- Das ADAPT wäre ähnlich wie das ME/RM einzuordnen, da Bulos im Wesentlichen eine Notation bereitstellt und nur allgemeine Vorschläge für die Anforderungserhebung macht.[623]

Bei den in Abbildung 61 dargestellten Entwicklungsmethoden lässt sich demnach ein – im wahrsten Sinne des Wortes – weißer Fleck identifizieren bzgl. der Frage, wie Anforderungen systematisch erhoben und in ein konzeptionelles Modell transformiert werden.[624]

Strauch kommt nach der Analyse von Vorgehensmodellen im Data Warehousing zu einem ähnlichen Schluss. Er führt aus, dass diese im Wesentlichen auf einem hohen Abstraktionsniveau sind und damit wenig konkrete Handlungsanleitungen geben. Darüber hinaus dominieren technische Fragestellungen und die Anforderungen der Fachbereiche werden selten systematisch erhoben.[625]

Hinzuzufügen wäre, dass im Allgemeinen für Entwicklungsvorhaben mit instabilen, unsicheren und unvollständigen Anforderungen inkrementelles, evolutionäres und prototypenorientiertes Vorgehen empfohlen wird. In der traditionellen Systementwicklung haben diese Ansätze eine lange Tradition und gewinnen zunehmend an Bedeutung.[626] Im Bereich der Data-Warehouse-Entwicklung sind dagegen inkrementelle und iterative Vorgehensmodelle weit weniger verbreitet, und auch eine explizite Unterstützung für ein prototypenbasiertes Vorgehen findet sich nur begrenzt. So sehen bspw. die Vorgehensmodelle von Inmon und Kimball kein Prototyping vor.[627] Bisweilen wird darauf hingewiesen, dass ein iteratives Vorgehen bei der Entwicklung von Data-Warehouse-Systemen sinnvoll ist,[628] methodische Unterstützung findet sich jedoch kaum. In Praxisberichten wird häufig geschildert, dass Prototypen und inkrementelle Methoden erfolgreich angewendet wurden.[629] Die Übertragbarkeit und Verallgemeinerung der Ergebnisse des Einzelfalls scheint jedoch nur begrenzt möglich.

Insbesondere in der Informatik dominieren angebotsorientierte Ansätze, die von den verfügbaren Datenquellen ausgehend die Datenmodelle des Data Warehouse

---

[623] Vgl. Bulos: Dimension, 1996; Bulos, Forsman: ADAPT, 2002.
[624] Ähnlich: Jung, Winter: Data Warehousing, 2000, S 14.
[625] Vgl. Strauch: Informationsbedarfsanalyse, 2002, S. 52 f.; ähnlich: Holten: Führungsinformationssysteme, 1999, S. 63 ff.
[626] Vgl. dazu die Ausführungen in Abschnitt 5.1.3.
[627] Vgl. Inmon: Data Warehouse, 2002; Kimball, Ross: Toolkit, 2002.
[628] Vgl. Moody, Kortink: Dimensional Models, 2000; Devlin: Data Warehouse, 1996.
[629] Vgl. Herrmann et al.: Vorgehensmodell, 2002; Heck-Weinhart et al.: Vorgehensmodell, 2003; Keppel: Vorgehensmodell, 2001; Bauer et al.: eGovernment, 2005, S. 410 ff.

Zusammenfassende Beurteilung

bestimmen.[630] Ein Vorgehen, welches sich im Wesentlichen an den Datenquellen orientiert, wird jedoch nach Ansicht des Verfassers den Erfordernissen nicht gerecht, da bei der Entwicklung von Data-Warehouse-Systemen Auswertungsstrukturen zu modellieren sind, was nur vor dem Hintergrund der individuellen Bedarfe der Benutzer geschehen kann:

> „Soll konsequent von den Bedürfnissen des Anwenders ausgegangen werden, so kann nicht mit einem „unternehmensweiten Modell" und noch weniger mit einer operativen Datenbank begonnen werden. Vielmehr muss die Struktur der Data Mart-Datenbank entsprechend den Analyse- und Report-Wünschen des Anwenders strukturiert und in seiner Begriffswelt greifbar werden."[631]

Hierauf sind die Aktivitäten, Techniken und Notationen abzustimmen, denn nur dies kann gewährleisten, dass im Entwicklungsprozess Ergebnisse erzeugt werden, die den Wünschen und Bedarfen der Stakeholder entsprechen.

---

[630] Bspw. der Ansatz von Golfarelli et al. (Abschnitt 7.3), aber auch der Ansatz des DWQ-Projekts (vgl. Abschnitt 2.4).
[631] Wieken: Meta-Daten, 1996, S. 285.

Teil IV: VODWE -

Viewpointorientierte

Data-Warehouse-Entwicklung

Gegenstand von Teil IV ist die Methode VODWE (Viewpoint-orientierte Data-Warehouse-Entwicklung), die versucht, die bisher skizzierten Anforderungen an die Entwicklung von Data-Warehouse-Systemen zu lösen. Der Name ergibt sich dadurch, dass in die Methode wesentliche Ideen des Viewpoint-Konzepts der Systementwicklung eingehen.

Abschnitt 8 beschreibt wesentliche Merkmale und Prinzipien von VODWE. Diese werden entwickelt, um die Nachteile und Defizite der vorgestellten Ansätze zu vermeiden.

In Abschnitt 9 wird die Methode im Detail vorgestellt, d. h. es werden die Aktivitäten, Techniken und die zu erstellenden Entwicklungsergebnisse beschrieben.

Der Entwurf (logische Modellierung) und die Implementierung werden in Abschnitt 9.3 nur kursorisch dargestellt.

Neben der Methode wird ein Prototyp vorgestellt, der als Anforderungsrepository die ersten Phasen des Anforderungsmanagements unterstützt und einen Hinweis auf die Möglichkeiten zur Werkzeugunterstützung der Methode gibt.

8 Merkmale von VODWE

Die in diesem Teil IV vorgestellte Methode zur Data-Warehouse-Entwicklung zielt darauf ab, die wesentlichen in den vorangegangenen Abschnitten aufgezeigten Probleme und Herausforderungen zu lösen. Die Methode kann als Instanziierung des in Abschnitt 3.2.3 entwickelten Methoden-Metamodells betrachtet werden, d. h. sie beschreibt für den Anwendungsfall Data Warehousing Prinzipien, Aktivitäten, Techniken und Notationen sowie zu entwickelnde Ergebnisse.

Die herausgearbeiteten Probleme und Herausforderungen können als *Anforderungen* an die Methode aufgefasst werden. Folgende Anforderungen werden in den kommenden Unterabschnitten i. V. m. ersten Lösungsvorschlägen näher diskutiert:

- Die Methode soll eine Technik zur Zerlegung des Data-Warehouse-Systems in Teilsysteme bereitstellen, sodass ein prototypenorientiertes, evolutionäres und inkrementelles Vorgehen Anwendung finden kann (*Systemzerlegung*).
- Die Methode soll ein hohes Maß an *Empfängerorientierung* und *Benutzerpartizipation* erlauben, sodass sichergestellt werden kann, dass sie die betriebswirtschaftlich-fachliche Perspektive ausreichend adressiert.
- Die Methode soll einen *erweiterten Anforderungsbegriff* zugrunde legen, sodass neben dem Informationsbedarf auch weitere Anforderungen systematisch mit in das Anforderungsmanagement einbezogen werden können.
- Die Methode soll das *Terminologiemanagement* unterstützen, da klar definierte und konsistente Begriffe eine zwingende Voraussetzung für die adäquate Darstellung und Beschreibung eines interessierenden Gegenstandsbereichs und damit auch für die Modellierung bei der Entwicklung von Anwendungssystemen sind.
- Die Methode soll die Verfolgbarkeit von Anforderungen („*Requirements Traceability*") unterstützen, da insbesondere bei inkrementellem und empfänger- bzw. benutzerorientiertem Vorgehen eine Kontrolle vorhanden sein muss, welche Bedarfe wann in dem zu erstellenden System umgesetzt werden.

Prinzipien sind nach dem hier zugrunde gelegten Methodenverständnis selbst nicht Methodenkomponente. Sie prägen die Methode als Ganzes und das Zusammenspiel ihrer Komponenten. Neben den klassischen und traditionellen Prinzipien der System- und Softwareentwicklung (Abstraktion, Strukturierung,

Hierarchisierung und Lokalität[632]), die im Rahmen der Methode Anwendung finden, werden das Prinzip der „Separation of Concerns" und das „Prinzip der geringsten Verwunderung" („Law of Least Astonishment") in Abschnitt 8.2 gesondert betrachtet. *Empfängerorientierung* und *Benutzerpartizipation* werden ebenfalls als Prinzipen der Methode angesehen. Erläuterungen hierzu finden sich in Abschnitt 8.1.1. Darüber hinaus werden weitere Prinzipien in Abschnitt 8.3 im Zusammenhang mit dem sog. Viewpoint-Konzept erläutert.

Das Viewpoint-Konzept der Systementwicklung stellt einen weiteren wichtigen Baustein der Methode dar. Daher werden die Grundideen und Grundannahmen dieses Ansatzes am Ende dieses Abschnitts skizziert und seine Anwendung im Rahmen von VODWE begründet.

8.1 Anforderungen an die Methode

8.1.1 Systemzerlegung

Wie in Abschnitt (5.1.3) diskutiert wurde, ist die Zerlegbarkeit des Gesamtsystems eine grundsätzliche Voraussetzung für die Anwendung inkrementeller und evolutionärer Phasenmodelle sowie für den Einsatz des Prototyping als unterstützende Technik. Nur dann, wenn eine begründete Zerlegung des zu erstellenden Data-Warehouse-Systems verfügbar ist, können Teillieferungen als Builds festgelegt werden.

Bei der hier vorgestellten Technik wird zwischen einer Makro-, einer Meso- und einer Mikroebene unterschieden. Auf der *Makroebene* wird ein zu entwickelndes unternehmensweites Data-Warehouse-System in Teilsysteme zerlegt, die als einzelne Builds inkrementell entwickelt werden. Die Zerlegung erfolgt anhand von Informations- und Entscheidungsobjekten auf der einen Seite und Architekturebenen auf der anderen Seite. Die Informations- und Entscheidungsobjekte stellen betriebswirtschaftlich relevante Betrachtungsgegenstände dar, die aus der Organisationsstruktur oder dem Zielsystem des Unternehmens, einem Controllingkonzept oder einem Kennzahlensystem abgeleitet werden können. Sie definieren die thematischen Schwerpunkte d. h. den *Gegenstandsbereich* des zu erstellenden Data-Warehouse-Systems auf abstrakter Ebene. Durch Kombination dieser fachlichen Sicht mit den Architekturebenen eines Data-Warehouse-Systems

---

[632] Vgl. Lehner et al.: Wirtschaftsinformatik, 1995, S. 292 ff.

ergeben sich Entwicklungsobjekte, die Module des Gesamtsystems darstellen (vgl. Abbildung 62).[633]

Abbildung 62 Entwicklungsobjekte eines Data-Warehouse-Systems (Makroperspektive)

Informations- und Entscheidungsobjekte						
Finanzen	Vertrieb	Beschaffung	...	Personal		
					Präsentationsebene	**Architekturebenen**
					Datenbereitstellungsebene	
					Datenhaltungsebene	
					Datenerfassungsebene	

(Goeken, Burmester: Data-Warehouse-Entwicklung, 2004, S. 56)

Im Rahmen der Prototypplanung sowie der Planung von Ausbaustufen bei der inkrementellen Entwicklung stellen diese Entwicklungsobjekte den Gegenstand von Entscheidungen dar. D. h. es wird festgelegt, welche Objekte in welcher Reihenfolge realisiert werden sollen. Abbildung 63 veranschaulicht einen beispielhaften Projektverlauf, in dem verschiedene Teilsysteme schrittweise erstellt werden. Dabei wird benutzerorientiert vorgegangen (top-down), und es werden in den ersten Builds jeweils Prototypen realisiert, die der Kommunikation mit den Benutzern des Systems dienen. Diese Prototypen unterstützen die Erhebung der Anforderungen der Benutzer sowie die Ermittlung und Konkretisierung des Informationsbedarfs. Daher werden jeweils zunächst Komponenten implementiert, die auf der Präsentationsebene und der OLAP-Schicht angesiedelt sind und die Benutzerfrontends sowie die Berichts- und Navigationsstrukturen betreffen. Andere Ebenen werden noch nicht implementiert, sondern – soweit nötig – simuliert. Soll der Prototyp hingegen die technische Machbarkeit des Data-Warehouse-Systems demonstrieren, so wird bottom-up vorgegangen und der Schwerpunkt auf die ETL-Prozesse gelegt.[634]

---

[633] Vgl. auch Goeken, Burmester: Data-Warehouse-Entwicklung, 2004, S. 55 ff.; Goeken, Burmester: Business Intelligence, 2004, S. 142.
[634] Vgl. Goeken, Burmester: Data-Warehouse-Entwicklung, 2004, S. 55.

Abbildung 63 Ausbaustufenplanung bei der inkrementellen Data-Warehouse-Entwicklung

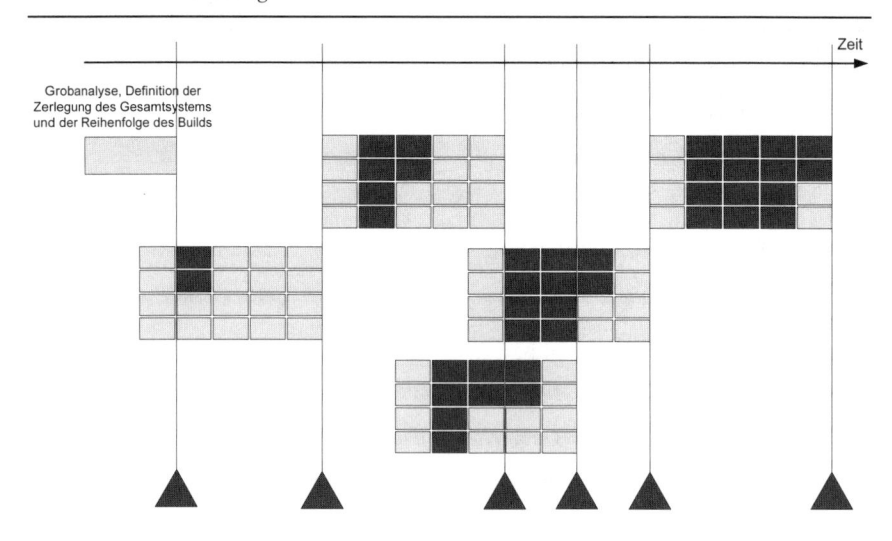

(Goeken, Burmester: Data-Warehouse-Entwicklung, 2004, S. 57)
realisierte Entwicklungsobjekte sind dunkelgrau gekennzeichnet

Dieses inkrementelle Vorgehen folgt einem „Think Globally, Act Locally"-Ansatz, wie er von Hackney für die Einführung einer umfassenden Data-Warehouse-Architektur empfohlen wird.[635] Der Zusammenhang zwischen den einzelnen Informations- und Entscheidungsobjekten wird – so wie es Kimball/Ross für die Integration von Data Marts vorschlagen – über eine „Data Warehouse Bus Architecture" und „Conformed Dimensions" hergestellt.[636]

Man kann davon ausgehen, dass die Entwicklung eines unternehmensweiten Data-Warehouse-Systems ein komplexes, langwieriges und kostspieliges Unterfangen mit einem hohen Realisationsaufwand darstellt. Daher wird mittels der hier vorgeschlagen Makroperspektive empfohlen, mit der Entwicklung funktionsbereichs- oder abteilungsbezogener Teilsysteme zu beginnen, die auch als

---

[635] Vgl. Hackney: Architectures, 1998.
[636] Vgl. Kimball, Ross: Toolkit, 2002, S. 26 u. 104 ff.

Anforderungen an die Methode 257

Data Marts aufgefasst werden können.[637] Es ist jedoch darauf zu achten, dass die Data Marts wiederum integrierbar gestaltet werden. Wie und ob aber bei der Data-Mart-Entwicklung selbst inkrementell vorgegangen werden kann, bleibt in der Literatur i. d. R. offen. Im Folgenden wird jedoch davon ausgegangen, dass auch die Data-Mart-Entwicklung selbst noch ein komplexes Unterfangen bleibt, die inkrementell gestaltet werden sollte.

Gegenstand der *Mesoebene der Systemzerlegung* ist die Entwicklung eines einzelnen Teilsystems. Sie dient der Abgrenzung von Modellierungsperspektiven und der Definition von Entwicklungsergebnissen auf einem abstrakten Niveau. Wie bereits in Abschnitt 2.4 ausgeführt wurde, lässt sich durch die Betrachtung der physischen Architekturebenen eines Data-Warehouse-Systems der schrittweise Datenfluss von den Quellsystemen hin zu analyseorientierten Anwendungen auf der Präsentationsebene beschreiben. Mit dieser physischen Perspektive wird jedoch nur ein Teil der Aufgaben des Data Warehousing abgedeckt. Insbesondere lassen sich die betriebswirtschaftlich-fachlichen Aufgaben eines Data-Warehouse-Systems in dieser nicht adäquat fassen.

Auf der Mesoebene werden daher Modelltypen als Ergebnisse der Data-Warehouse-Entwicklung abgegrenzt. Sie sieht eine konzeptionelle, eine logische und eine physische Perspektive vor, wobei für jede der Architekturebenen in jeder Perspektive bestimmte Modelltypen definiert werden.

Um die Datenbestände der operativen Systeme in fachlicher Hinsicht für die Informationsversorgung und Entscheidungsunterstützung nutzbar zu machen, werden die jeweiligen Architekturebenen in eigenen *konzeptionellen Modellen* explizit beschrieben. Dadurch wird auch die betriebswirtschaftlich-fachliche Sicht und damit die Nutzung von Informationen und Daten mit in die Betrachtung einbezogen (vgl. Abbildung 64). Die Modelle der konzeptionellen Perspektive dienen der benutzer- bzw. anwendernahen Dokumentation der Entwicklungsergebnisse. Die Dokumentation erfolgt darüber hinaus plattformunabhängig, d. h. unabhängig vom logischen Datenmodell. Des Weiteren können die konzeptionellen Modelle die Kommunikation mit den Benutzern und Anwendern unterstützen, bspw. bei der Anforderungserhebung und der Validierung der Anforderungsspezifikation.

Die *logische Perspektive* beschreibt die Datenstrukturen der verschiedenen Architekturebenen. Die Beschreibung erfolgt nun nicht mehr plattformunabhängig, sie

---

[637] Vgl. Wixom, Watson: Data Warehousing Success, 2001, S. 18; Watson et al.: Data warehouse governance, 2004, S. 435 f.; Eicker: Data-Warehouse-Konzept, 2001, S. 68; Gardner: Data Warehouse, 1998, S. 54; Firestone: Architectural Evolution, 1998; Hackney: Architectures, 1998.

ist jedoch – im Gegensatz zur physischen Perspektive – produktunabhängig. Die logischen Modelle werden aus den Modellen der konzeptionellen Perspektive abgeleitet und dienen der Definition produktabhängiger Datenstrukturen auf der *physischen Ebene*.

Abbildung 64 Erweiterte Data-Warehouse-Architektur[638] (Mesoebene)

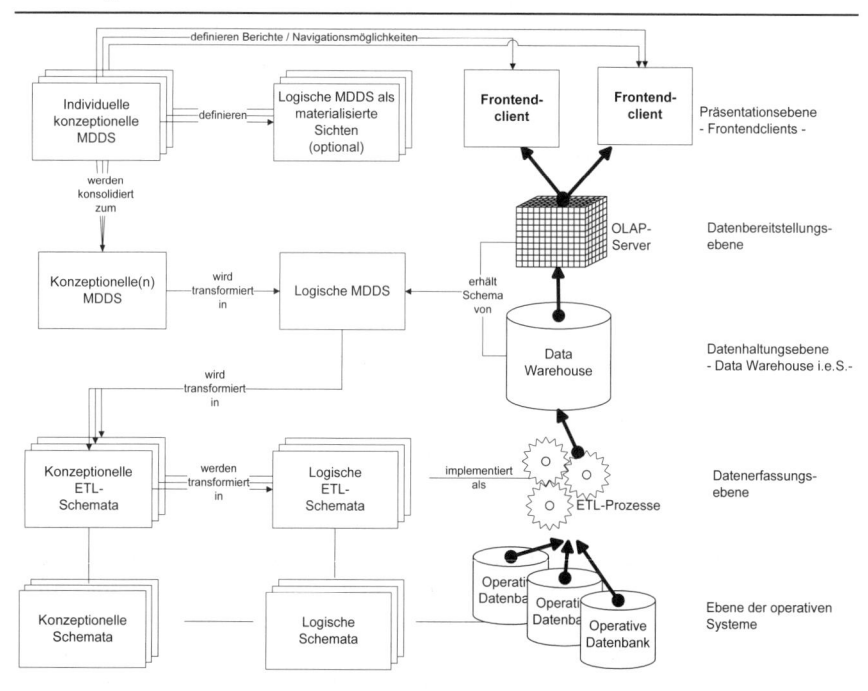

(Goeken: Anforderungsmanagement, 2005, S. 181; Burmester, Goeken: Data-Warehouse-Systeme, 2005)

---

[638] Zur Vereinfachung wird davon ausgegangen, dass sich die Modelle der Datenbereitstellungs- und der -haltungsebene entsprechen; d. h. dass das Data Warehouse bereits die für den OLAP-Server notwendigen Datenstrukturen enthält. Sollen dagegen auf der Datenhaltungsebene sowohl eine Basis- als auch eine Aggregationsschicht eingerichtet werden (vgl. 2.3.3), dann greifen die ETL-Prozesse auf die Basisschicht zu anstatt auf die operativen Systeme.

Der Prozess der Data-Warehouse-Entwicklung kann als Pfad durch die dargestellte erweiterte Data-Warehouse-Architektur beschrieben werden, bei dem Modelle erstellt und transformiert werden.

Den Ausgangspunkt bilden konzeptionelle multidimensionale Datenmodelle (MDDM, vgl. Abschnitt 7), die der Erhebung der informatorischen Anforderungen an das zu erstellende System dienen. Im Rahmen der hier vorgestellten Methode wird zwischen den Anforderungen eines Benutzers (bzw. einer Benutzergruppe) und den Anforderungen, die schließlich in die Spezifikation des Gesamtsystems eingehen, unterschieden. Diese Unterscheidung korrespondiert mit der für FIS geforderten Empfängerorientierung und erlaubt die Rückverfolgung (Traceability) von Anforderungen hin zu ihrer Quelle (vgl. unten 8.1.2). Durch die individuellen konzeptionellen MDDM werden zum einen adressatengerechte Berichte, Navigationsmöglichkeiten und Alternativen zur Analyse des Entscheidungsraumes definiert, die durch die Frontendclients bereitgestellt werden. Zum anderen werden sie konsolidiert und zum konzeptionellen MDDM vereint (bspw. ein ME/RM, ein DFM). Das konsolidierte MDDM wiederum wird in ein logisches MDDM transformiert (bspw. ein Starschema).

Darüber hinaus werden konzeptionelle Modelle auch für die Datenerfassungsebene entworfen. Diese Modelle der ETL-Prozesse, die aus dem logischen MDDM abgeleitet werden, dienen der Kommunikation mit den Administratoren der operativen Systeme. Sie stellen gleichsam Anforderungen des Data-Warehouse-Systems an diese als Datenlieferanten dar. Die konzeptionellen Modelle werden wiederum in logische Modelle transformiert und physisch als ETL-Prozesse implementiert.

Durch diese erweiterte Architektur und die auf den verschiedenen Ebenen erstellten Entwicklungsergebnisse (Modelle) ergibt sich ein durchgängig strukturierter Prozess der Data-Warehouse-Entwicklung. Zusätzlich erhält man eine ausführliche Dokumentation auf verschiedenen Ebenen und aus verschiedenen (semantischen) Perspektiven. Darüber hinaus stellt die Architektur einen Bezugsrahmen dar, der die Integration verschiedener, z. T. unabhängiger Modellierungsansätze im Gebiet des Data Warehousing ermöglicht.[639]

Von besonderer Bedeutung ist dabei, dass durch den beschriebenen Prozess der physische Datenfluss von den betriebswirtschaftlich-fachlichen Anforderungen gesteuert wird und dieser nicht v. a. als technik- und datenmodellgetriebener Integrationsprozess angesehen wird. Abbildung 65 veranschaulicht das dargestellte Zusammenspiel zwischen der Makro- und der Mesoebene.

---

[639] Vgl. Burmester, Goeken: Data-Warehouse-Systeme, 2005, S. 1424.

Abbildung 65 Zusammenspiel der Makro- und der Mesoebene

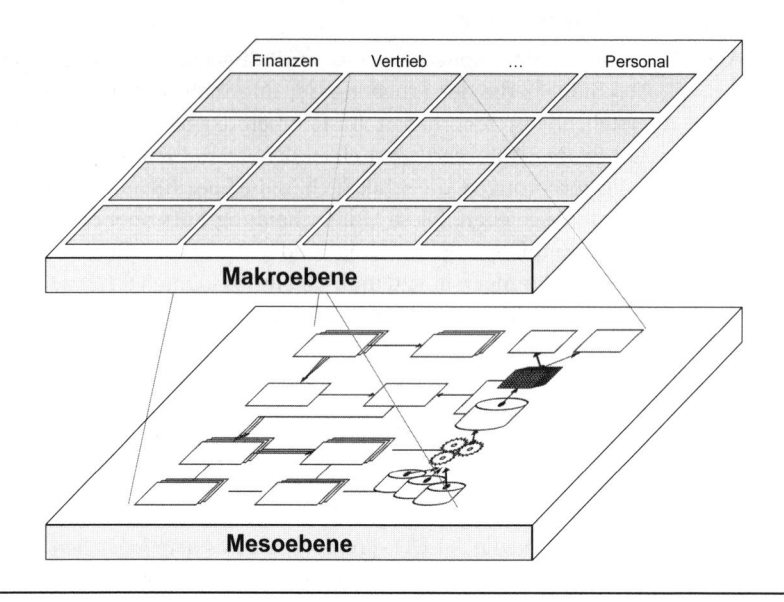

Die *Mikroperspektive* betrachtet die Erstellung und Transformation der verschiedenen Modelltypen detailliert. Sie ist Gegenstand der folgenden Abschnitte, in denen Techniken zur Erstellung und Transformation der verschiedenen Ergebnisse sowie Notationen zur Darstellung und Beschreibung der Modelle der verschiedenen Ebenen vorgeschlagen werden.

8.1.2 Empfängerorientierung und Benutzerpartizipation

Die Analyse der Modellierungs- und Entwicklungsansätze in Teil III dieser Arbeit lässt den Schluss zu, dass Bedarfe und Anforderungen der Benutzer und weiterer Stakeholder in den meisten Vorgehensmodellen und Methoden zur Entwicklung von Data-Warehouse-Systemen nur im sehr begrenzten Umfang Beachtung finden. Viele Methoden adressieren schwerpunktmäßig technische Aspekte, wäh-

Anforderungen an die Methode 261

rend Ansätze, die den Schwerpunkt auf die Modellierung legen, im Wesentlichen eine Notation bereitstellen.[640]

Dabei zeigen empirische Untersuchungen zu den Erfolgsfaktoren und Problemen der Data-Warehouse-Entwicklung, dass die Gründe für das Scheitern häufig gerade in einer unzureichenden Informationsbedarfs- und Anforderungsanalyse liegen, sie also auch oder sogar im Wesentlichen die betriebswirtschaftlich-fachliche Perspektive betreffen. Watson et al. stellen in einer Studie aus dem Jahre 2004, in der sie das Scheitern von Data-Warehouse-Projekten untersucht haben, fest:

„With few exceptions, the reasons for failure were organizational rather than technical. As with most IT projects, organizational issues are usually more daunting and critical to success than technical ones."[641]

Als einen der Gründe heben sie „inadequate user involvement" hervor. Auch in der Literatur wird die Erhebung und Analyse des Informationsbedarfs regelmäßig als ein Kernproblem der Data-Warehouse-Entwicklung und der Entwicklung von FIS bezeichnet. Jedoch finden sich nur wenige Arbeiten, die diese Fragen in Bezug auf Data-Warehouse-Systeme diskutieren, und nur wenig methodische Unterstützung für diese Aufgabe.[642]

Mertens fordert demnach für die Entwicklung von Führungsinformationssystemen, „dass man sich über die Empfängerorientierung noch viel mehr Gedanken machen muss"[643]. Auch andere Autoren weisen darauf hin, dass „die Qualität eines multidimensionalen Informationssystems für den Endanwender nicht zuletzt durch den Grad der Übereinstimmung mit seiner individuellen Geschäftssicht bestimmt wird."[644] Becker/Holten stellen fest, dass „in der Praxis ... eine empfängerorientierte Informationsversorgung häufig nicht gelingt, da die Berich-

---

[640] Vgl. Strauch: Informationsbedarfsanalyse, 2002, S. 53 u. S. 83 f.; Holten: Führungsinformationssysteme, 1999, S. 63.
[641] Vgl. Watson et al.: Data warehouse governance, 2004, S. 436; Nach einer empirischen Analyse von Tschandl/Hergolitsch kommen der Management- und der Mitarbeiterorientierung bei der Entwicklung von Data-Warehouse-Systemen eine herausragende Rolle zu. Diesen mittels einer Faktoranalyse ermittelten globalen Faktoren liegen „feingranularere" Erfolgsfaktoren wie Kommunikation, Einbeziehung der Mitarbeiter, Fachbereichsorientierung und Managementunterstützung zugrunde (Tschandl, Hergolitsch: Erfolgsfaktoren, 2002).
[642] Vgl. Holten: Führungsinformationssysteme, 1999; Strauch: Informationsbedarfsanalyse, 2002.
[643] Mertens: Integration, 1999, S. 414.
[644] Gabriel, Gluchowski: Notationen, 1998, S. 494.

te in der Regel absenderorientiert erstellt werden. Berichte spiegeln demnach oft die vom Berichtersteller (Entwickler, Controller) als relevant empfundenen Inhalte wider."[645]

Um ein hohes Maß an Empfängerorientierung zu realisieren sollte die Methode im Entwicklungsprozess die Benutzerpartizipation sicherstellen und fördern. Eine bedarfsgerechte Informationsversorgung kann i. d. R. nicht unabhängig von den einzelnen Benutzern realisiert werden, da deren Sicht auf die Realität bzw. die im System abzubildende Diskurswelt im hohen Maße subjektiv geprägt ist. Daher sollen in der zu entwickelnden Methode die individuell-subjektiven Sichten systematisch erhoben, analysiert und integriert werden.

In der hier vorgestellten Methode wird deshalb - als Ergänzung der in der Data-Warehouse-Literatur vorherrschenden Technik- bzw. Modellierungsorientierung - eine der Tendenz nach stärker systementwicklungsorientierte Perspektive eingenommen. D. h. es wird ausgehend von individuellen und subjektiven Bedarfen und Anforderungen in verschiedenen Aktivitäten schrittweise eine Ausdifferenzierung der Anforderungsspezifikation vorgenommen. Diese Ausdifferenzierung bezieht sich auf die drei folgenden Dimensionen:

- Zum Ersten kommen verschiedene Techniken zum Einsatz, die die in Abschnitt 5.2.2.2 diskutierten Artikulations- und Kommunikationsprobleme im Rahmen der Anforderungserhebung (Eliciation) überwinden helfen. In diesem Zusammenhang geht es darum, von implizit vorhandenen Wünschen und Bedarfen zu expliziten Anforderungen zu gelangen. Hierdurch gewinnt die Anforderungsspezifikation an Vollständigkeit. Diese Dimension wird als die *Explizierungsdimension* bezeichnet.

- Zweitens werden wegen der oben diskutierten Problematik formaler Spezifikationen (vgl. Abschnitt 5.2.2.4) die erhobenen Anforderungen schrittweise formalisiert. Natürlichsprachliche und damit informale Formulierungen sind auch für den nichttechnischen Stakeholder verständlich, da sie die Anforderungen in seiner Sprache ausdrücken. Sie können damit die Partizipation der Benutzer unterstützen oder sogar erst ermöglichen. Formale bzw. semiformale Sprachen, die Anforderungen bereits systemorientiert zum Ausdruck bringen, sind dagegen geeignet und notwendig für den technischen Entwurf (logische Modellierung) und die sich anschließende Implementierung. Sie eignen sich jedoch nur bedingt für die Kommunikation mit den Benutzern bzw. Stakeholdern. Daher sieht die Methode verschiedene Formalisierungsgrade für die Beschreibung und Darstellung von Anforderungen vor. Dabei werden

---

[645] Becker, Holten: Führungsinformationssysteme, 1999, S. 484.

benutzernahe, natürlichsprachliche Beschreibungen von Anforderungen mithilfe von geeigneten Techniken schrittweise in formalere Modelle (konzeptionelle Modelle bzw. Anforderungsmodelle) überführt. Da hierbei dieselben Anforderungen in unterschiedlichen Sprachen ausgedrückt werden, wird diese Dimension als *Sprachdimension* bezeichnet.

- Zum Dritten wird explizit zwischen einer Einpersonensicht und einer Mehrpersonensicht getrennt. Wegen der geforderten Empfängerorientierung stellen die individuell-subjektiven Wünsche, Bedarfe und Benutzeranforderungen den Ausgangspunkt der Entwicklung dar. Die individuellen und damit auch unvollständigen Sichten auf die Diskurswelt werden mittels geeigneter Techniken schrittweise zu einer Mehrpersonensicht konsolidiert. Konsolidierung meint in diesem Zusammenhang die Zusammenführung einer Vielzahl inkonsistenter Einzelsichten zu einer konsistenten Gesamtsicht, welche die Einzelsichten repräsentiert. Diese Dimension wird auch als *Konsolidierungsdimension* bezeichnet.[646]

Im Kern geht es demnach darum, mittels geeigneter Aktivitäten und Techniken implizite Anforderungen zu explizieren und von einer inkonsistenten Menge informaler Wünsche und Bedarfe zu einer konsistenten, konsolidierten sowie formalisierten und vollständigen Spezifikation zu gelangen. Abbildung 66 veranschaulicht die drei Dimensionen sowie einen möglichen Pfad für die schrittweise Ausdifferenzierung. Der Pfad ist geschlängelt dargestellt, da davon ausgegangen wird, dass die Entwicklung der Spezifikation evolutionär verläuft, d. h. dass die Ausdifferenzierung realistischerweise nicht in einer Sequenz - erst Explizieren, dann Formalisieren, dann Konsolidieren - erfolgt.

Als Fortführung der Ebenenbetrachtung kann die Erhebung, Ausdifferenzierung und Konsolidierung von Bedarfen und Anforderungen als eine Aktivität auf der

---

[646] Pohl bezeichnet diese Dimension als „agreement dimension" (Pohl: Requirements Engineering, 1993). Er betrachtet jedoch im Wesentlichen das Anforderungsmanagement für operative und interaktive Systeme, in denen bspw. Einigkeit hinsichtlich der Abläufe und Prozesse hergestellt werden muss. In Data-Warehouse-Systemen dagegen muss nicht vollständiger Konsens über die Anforderungen (z. B. Auswertungsmöglichkeiten und Navigationsstrukturen) hergestellt werden, d. h. Unterschiede zwischen Anforderungen können durchaus bestehen bleiben, soweit sie gleichzeitig technisch realisierbar sind; bspw. können für eine Kennzahl unterschiedliche Dimensionen und Hierarchien zur Auswertung angeboten werden. In diesem Fall kann die Vereinigungsmenge der Anforderungen implementiert werden – trotz möglicher Inkonsistenzen. Hierbei ist allerdings abzuwägen zwischen der Empfängerorientierung auf der einen Seite und der Vision eines Data-Warehouse-Systems als „Single-point-of-truth" auf der anderen Seite.

Mikroebene betrachtet werden. Bezogen auf die erweiterte Data-Warehouse-Architektur (die Mesoebene, vgl. Abbildung 64, S. 258) beschreibt sie den Weg von Bedarfen und Anforderungen über individuelle konzeptionelle MDDM zum konsolidierten MDDM.

Abbildung 66 Ausdifferenzierung und Konsolidierung von Bedarfen und Anforderungen

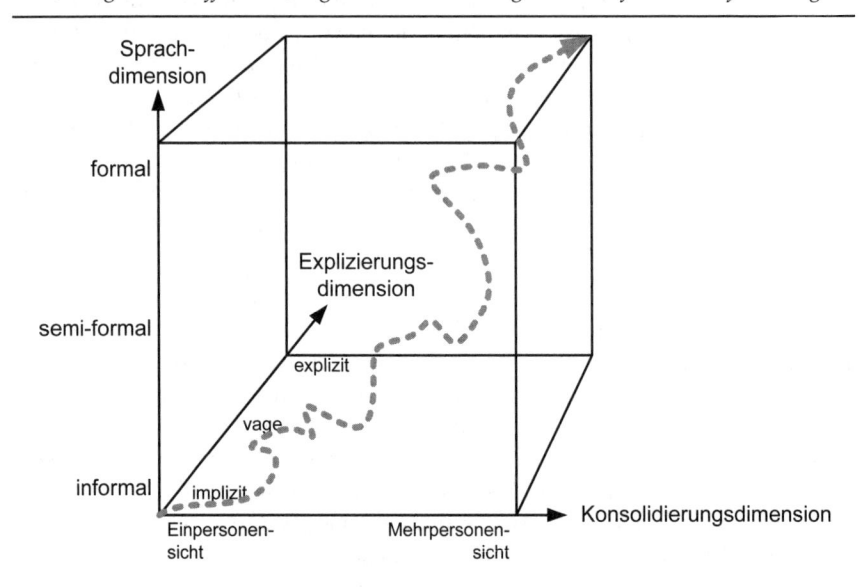

(In Anlehnung an Pohl: Requirements Engineering, 1993)

Zur methodischen Unterstützung der beschriebenen Ausdifferenzierung von Bedarfen und Anforderungen wird das sog. Viewpoint-Konzept des Anforderungsmanagements herangezogen. In diesem Konzept wird konsequent zwischen den verschiedenen Stakeholdern (hier nun als konkreten Personen) und ihren Perspektiven unterschieden, was sich nach Ansicht des Verfassers für das Anforderungsmanagement und für die Verwaltung von individuell-subjektiven Bedarfen als sehr zweckmäßig erweist. Die Grundgedanken des Viewpoint-Konzepts und Gründe für seine Anwendung im Rahmen der hier entworfenen Methoden werden unten in Abschnitt 8.3 diskutiert.

8.1.3 Erweiterter Anforderungs- und Empfängerbegriff

In Abschnitt 5.2.4 wurde darauf hingewiesen, dass der Anforderungsbegriff, den die meisten Methoden zur Entwicklung von Data-Warehouse-Systemen zugrunde legen, eine Vielzahl von Anforderungen außer Acht lässt und sie daher nicht in ein umfassendes Anforderungsmanagement einbezieht. Daher soll für die hier entwickelte Methode – in Anlehnung an die Unterscheidung zwischen funktionalen und nichtfunktionalen Anforderungen – ein weites Anforderungsverständnis zugrunde gelegt werden.

Da Data-Warehouse-Systeme nicht im Wesentlichen funktionale Anforderungen befriedigen, ist die genannte Einteilung auf diese Anwendungssysteme nicht unmittelbar anwendbar. Gemäß der obigen Definition (Abschnitt 5.2.1.3) betreffen funktionale Anforderungen das Verhalten eines zu erstellenden Systems wie geforderte Eingaben, Funktionen und Ausgaben. Bei Data-Warehouse-Systemen betreffen die Anforderungen vorwiegend die bedarfsgerechten Ausgaben. Gemäß der betriebswirtschaftlich-fachlichen Perspektive dienen sie dazu, Führungskräften Informationen und Entscheidungsvorschläge zu präsentieren. Im Vordergrund steht die Unterstützungsfunktion von Informationen, die durch deren bedarfsgerechte Bereitstellung realisiert wird (vgl. Abschnitt 2.2.2). Die dieser vornehmlichen Aufgabe von Data-Warehouse-Systemen zugrunde liegenden Anforderungen werden daher hier als *informatorische Anforderungen* bzw. als *Informationsbedarf* bezeichnet.[647]

Viele der in der Literatur zu findende Definitionen des Informationsbedarfs sind nach Ansicht des Verfassers nicht unmittelbar für Fragen der Systementwicklung und des Anforderungsmanagements zu verwenden, da sie wenig operational sind (für einige Beispiele vgl. Tabelle 23).

Die genannten Aspekte (Art, Menge, Beschaffenheit, Zeit, Kontext etc.) bieten keine konkreten Ansatzpunkte für die Systementwicklung. Daher wird folgende pragmatische Festlegung getroffen: Bedarfsgerecht sind Informationen dann, wenn die inhaltlich gewünschten Informationen in einer angemessenen Qualität und Visualisierungsform zur Verfügung gestellt werden. Es lassen sich also der Inhaltsaspekt, der Qualitätsaspekt und der Visualisierungsaspekt unterscheiden.[648]

---

[647] Vgl. Goeken: Anforderungsmanagement, 2005, S. 169; Goeken: Führungsinformationssysteme, 2004, S. 357.
[648] Die Qualität von Informationen bzw. Daten in Data-Warehouse-Systemen wird seit einiger Zeit breit diskutiert: Zu einer umfassenden Diskussion des Datenqualitätsmanagement im Data Warehousing (Helfert: Datenqualität, 2002); zu einer Herleitung von

Tabelle 23 Informationsbedarfsdefinitionen

Voß, Gutenschwager: Informationsmanagement, 2001, S. 131 u. 134.	„Art, Menge und Beschaffenheit von Informationen [...], die ein Individuum oder eine Gruppe zur Erfüllung einer Aufgabe benötigt". „Der Informationsbedarf ist dabei grundsätzlich hinsichtlich verschiedener Dimensionen festzulegen: Informationsinhalt (Kern der Information), Darstellungsform, Zeitaspekt, Kontext und Rezeptionsniveau des Entscheiders."
Wall: Kontrollsysteme, 1999, S. 33.	„Der Informationsbedarf wird definiert als die Summe derjenigen Informationen, die zur Erfüllung eines informationellen Interesses (z. B. aus betrieblicher Sicht zur Bewältigung einer bestimmten Aufgabe) erforderlich sind".
Koreimann: Informationsbedarfsanalyse, 1976, S. 65.	„Unter Informationsbedarf verstehen wir die Summe aller Informationen, die erforderlich sind, um einen Sachverhalt – z. B. einen Realprozeß oder eine Problemsituation – abzubilden; dies folgt aus der generellen Abbildungsfunktion von Information."
Szyperski: Informationsbedarf, 1980.	„Art, Menge und Qualität der Informationsgüter, die ein Informationssubjekt im gegebenen Informationskontext zur Erfüllung einer Aufgabe in einer bestimmten Zeit und innerhalb eines gegebenen Raumgebildes benötigt bzw. braucht."

Darüber hinaus spielen im Data Warehousing – in Analogie zu den nichtfunktionalen Anforderungen – auch *nichtinformatorische Anforderungen* eine bedeutsame Rolle. So sind für den Anwender bzw. Benutzer bspw. Performance- und Sicherheitsaspekte von besonderer Relevanz. Aus der Sicht eines Data-Warehouse-Administrators kann die Wartbarkeit eine wichtige Anforderung darstellen. Darüber hinaus können auch Datenschutzaspekte eine nicht zu vernachlässigende Anforderung darstellen. Daher sollen auch diese nichtinformatorischen Anforderungen im Anforderungsmanagement systematisch Berücksichtigung finden.

Datenqualitätsdimensionen vgl. Wand, Wang: Data Quality Dimensions, 1996 und Wang, Strong: Data Quality, 1996; zu ihrer Bedeutung für Data Warehouses (Shanks, Darke: Data Quality, 1998); zu einer empirischen Studie der Wahrnehmung der Datenqualität im Data Warehousing (Giannoccaro et al.: Data Quality, 1999).

Anforderungen an die Methode 267

Bei der Erhebung der informatorischen Anforderungen erfolgt im Rahmen der hier vorgestellten Methode eine Orientierung an den oben genannten Aspekten Inhalt, Qualität (i. e. S.) und Visualisierung. Darüber hinaus werden auch nichtinformatorische Anforderungen erfasst. Von Qualität i. e. S. ist die Rede, weil in vielen Datenqualitäts-Frameworks[649] der Qualitätsbegriff sehr weit gefasst wird und sich somit Inkonsistenzen zu obiger Unterscheidung zwischen informatorischen und nichtinformatorischen Anforderungen einerseits und zu den Aspekten informatorischer Anforderungen andererseits ergeben.

Wang/Strong unterscheiden in ihrem Framework vier Datenqualitätskategorien, denen sie jeweils konkretere Datenqualitätsdimensionen zuordnen (vgl. Abbildung 67). Hierbei subsumieren sie Visualisierungsaspekte als „Representational Data Quality" unter Datenqualität. Inhaltliche Aspekte, z. B. die Relevanz von Daten, fassen sie als eine Datenqualitätsdimension in der Kategorie „Contextual Data Quality" auf. Aspekte der Datensicherheit – die nach obiger Unterscheidung als nichtinformatorische Anforderungen zu klassifizieren sind – betrachten sie ebenfalls als einen Teilbereich der Datenqualität (Accessibility Data Quality).

Abbildung 67 Datenqualitätskategorien und -dimensionen nach Wang/Strong

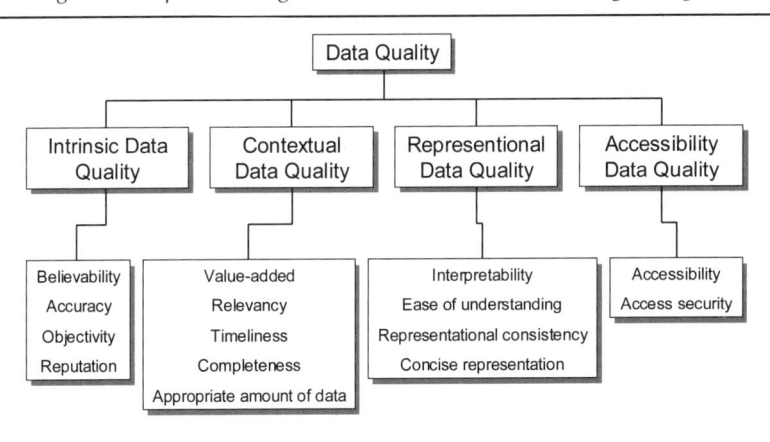

	Data Quality		
Intrinsic Data Quality	Contextual Data Quality	Representational Data Quality	Accessibility Data Quality
Believability Accuracy Objectivity Reputation	Value-added Relevancy Timeliness Completeness Appropriate amount of data	Interpretability Ease of understanding Representational consistency Concise representation	Accessibility Access security

(aus Wang, Strong: Data Quality, 1996, S. 20)

---

[649] Vgl. hierzu bspw. die Gegenüberstellung bei Helfert (Helfert: Datenqualität, 2002).

Das Framework von Wang/Strong soll im Folgenden für die Herleitung eines Anforderungsbegriffs für das Data Warehousing herangezogen werden. Grundsätzlich sind aber auch andere Datenqualitätsdimensionen und -kategorien denkbar. Zur Vermeidung der genannten Inkonsistenzen werden zwei Erweiterungen bzw. Änderungen vorgenommen (vgl. Abbildung 68). Zum einen werden drei der vier Datenqualitätskategorien als informatorische Anforderungen aufgefasst.

Abbildung 68 Anforderungen an Data-Warehouse-Systeme

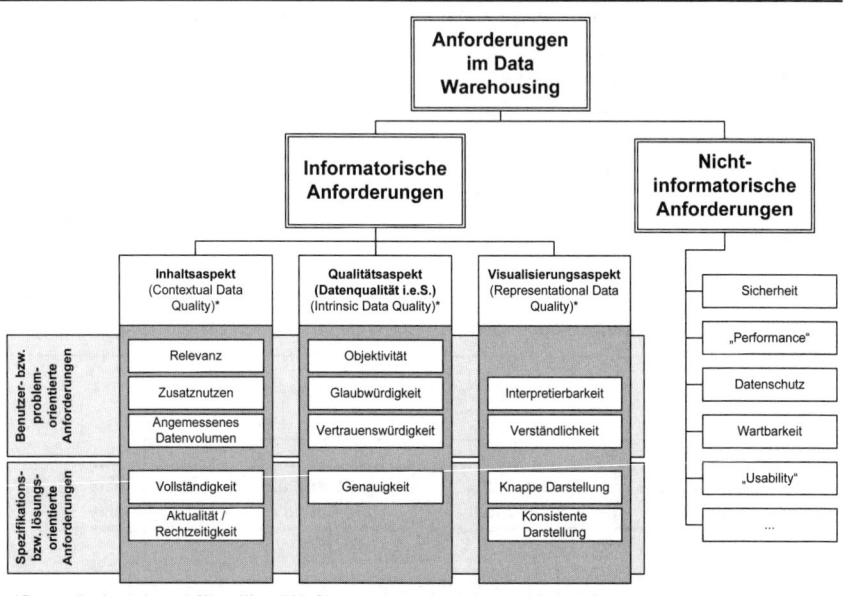

```
                    Anforderungen
                      im Data
                    Warehousing
                   /            \
        Informatorische      Nicht-
        Anforderungen        informatorische
                             Anforderungen
```

	Inhaltsaspekt (Contextual Data Quality)*	Qualitätsaspekt (Datenqualität i.e.S.) (Intrinsic Data Quality)*	Visualisierungsaspekt (Representational Data Quality)*	
Benutzer- bzw. problemorientierte Anforderungen	Relevanz	Objektivität		Sicherheit
	Zusatznutzen	Glaubwürdigkeit	Interpretierbarkeit	"Performance"
	Angemessenes Datenvolumen	Vertrauenswürdigkeit	Verständlichkeit	Datenschutz
Spezifikations- bzw. lösungsorientierte Anforderungen	Vollständigkeit	Genauigkeit	Knappe Darstellung	Wartbarkeit
	Aktualität / Rechtzeitigkeit		Konsistente Darstellung	"Usability"
				...

* Datenqualitätskategorien nach (Wang, Wang 1996). Die vierte Kategorie „Accessibility Data Quality" ist nicht explizit aufgeführt.

* Datenqualitätskategorien nach Wang, Strong (Data Quality, 1996). Die vierte Kategorie „Accessibility Data Quality" ist nicht explizit aufgeführt.

(Goeken: Anforderungsmanagement, 2005, S. 174)

Zum anderen wird – aufbauend auf einer Studie von Kahn et al. – innerhalb der drei Kategorien zwischen benutzer- bzw. problemorientierten sowie spezifikations- bzw. lösungsorientierten Anforderungen unterschieden[650] (dies entspricht

---

[650] Kahn et al.: Information Quality Benchmarks, 2002.

Anforderungen an die Methode

im Wesentlichen der oben getroffenen Unterscheidung zwischen Benutzeranforderungen („Needs") und Systemanforderungen („Features"), vgl. S. 5.2.1.2). Erstere bringen Bedarfe der direkt mit dem System arbeitenden Benutzer hinsichtlich Nutzbarkeit und Nützlichkeit der bereitgestellten Informationen zum Ausdruck. Sie drücken problemorientiert aus, was das zu erstellende System leisten soll. Beurteilungskriterium für die Anforderungsgerechtigkeit sind daher die Benutzererwartungen und -bedarfe. Spezifikations- bzw. lösungsorientierte Anforderungen dagegen beschreiben Anforderungen bereits in Form von Lösungen. Sie bringen nicht nur zum Ausdruck, „Was" das zu erstellende System leisten soll, sondern deuten bereits Eigenschaften des zu erstellenden Systems an. Im Vergleich zu problemorientierten Anforderungen operationalisieren und konkretisieren sie das „Wie". Diese Eigenschaften sind jedoch zu unterscheiden von der technischen Lösung im Rahmen der Implementierung. Es handelt sich vielmehr um eine lösungsorientierte Formulierung von Anforderungen. Folgende Aussagen verdeutlichen dies, wobei der erste Halbsatz das „Was" ausdrückt, der zweite dagegen das „Wie":

- Damit Informationen und Daten als inhaltlich wertvoll und relevant für die Aufgabenerfüllung angesehen werden, müssen sie aktuell, rechtzeitig vorhanden und vollständig sein.
- Damit Daten an sich als glaubwürdig, objektiv und vertrauenswürdig angesehen werden, müssen sie fehlerfrei sein (Genauigkeit).
- Damit Daten verständlich und interpretierbar sind, müssen sie knapp und konsistent dargestellt (visualisiert) sein.[651]

Bei der hier vorgenommenen Betrachtung werden die drei Aspekte als Einheiten angesehen, die für sich abgegrenzt Bedarfe, Anforderungen und Spezifikationen beinhalten. D. h. die Bedarfe der Kategorie „Darstellungsqualität" bzw. der Visualisierungsaspekt werden zu Anforderungen in den Dimensionen „konsistente Darstellung" und „knappe Darstellung". Mögliche Überschneidungen werden vernachlässigt (bspw. dass Interpretierbarkeit als Vollständigkeit spezifiziert wird).

Diese Strukturierung möglicher Anforderungen wird im Folgenden für das Anforderungsmanagement im Data Warehousing zugrunde gelegt. Sie bedient sich des Datenqualitäts-Frameworks von Wang/Strong da dies eine hohe Verbreitung

---

[651] Vgl. Goeken: Anforderungsmanagement, 2005, S. 175.

und Akzeptanz in der Literatur gefunden hat.[652] Prinzipiell scheint die Strukturierung jedoch offen zu sein für Erweiterungen und Anpassungen.

Zur Beschreibung und Darstellung der nichtfunktionalen sowie der visualisierungs- und qualitätsbezogenen Anforderungen sind die üblichen Ansätze zur multidimensionalen Modellierung nicht geeignet. Daher werden zur Dokumentation dieser Anforderungen sog. Merkmalmodelle herangezogen.

Zusätzlich zu einem erweiterten Anforderungsbegriff wird auch ein *erweiterter Empfängerbegriff* zugrunde gelegt. Diese Erweiterung soll es ermöglichen, Anforderungen von solchen Akteuren mit einzubeziehen, die zwar nicht unmittelbare Informationsadressaten sind, jedoch indirekt einen Einfluss auf das zu erstellende System und die Systementwicklung haben (vgl. dazu ausführlicher unten die Abschnitte 8.3 und 9.2.1). Im Folgenden wird daher von Stakeholdern und Stakeholderanforderungen gesprochen. Im Unterschied zu Abschnitt 1.3.2 sind Stakeholder nun konkrete Personen oder konkrete „externe Entitäten" (s. u.).

8.1.4 Terminologiemanagement

Die Bedeutung klar definierter und konsistenter Begriffe für die Modellierung wird in der Literatur vielfach betont und ist bereits oben in Abschnitt 4.1.2.3 diskutiert worden. McDavid weist daher dem Terminologiemanagement eine zentrale Rolle im gesamten Prozess der Systementwicklung zu:

> „The models of terminology produced by business language analysis have a central role in many key activities throughout the information systems development environment."[653]

Daher soll dem Terminologiemanagement in der Methode VODWE besondere Aufmerksamkeit geschenkt werden.

Im Rahmen der konzeptionellen Modellierung wird ein Begriffssystem geschaffen, das zum einen Bedarfe und Anforderungen beschreibt und dokumentiert, zum anderen die Grundlage und den Ausgangspunkt für den Entwurf und die logische Modellierung darstellt. Bei der Systementwicklung im Allgemeinen und der Anforderungsermittlung im Besonderen trägt terminologische Eindeutigkeit wesentlich zum Verständnis des Anwendungsgebietes bei und erweist sich als

---

[652] Bspw. baut auch das in Teil I (2.4) erwähnte DWQ-Projekt bei seinen Arbeiten auf dem Framework von Wang/Strong auf.
[653] McDavid: Business Language Analysis, 1996, S. 145 u. S. 128; Ebenfalls zur Bedeutung des Terminologiemanagements: Back-Hock et al.: Datenmodellierung, 1994, S. 415 f.; Strehlow et al.: Terminological Aspects, 1993; Cysneiros et al.: Conceptual Models, 2001, S. 99 f.; Leite, Franco: Conceptual Model, 1993, S. 243.

Anforderungen an die Methode 271

entscheidend für die Kommunikation der beteiligten Stakeholder, d. h. für die Überwindung der o. g. Among-Obstacles.

„The process of analyzing business language helps to mediate among many different communities: executive-to-line management, various functional organizations, supervisors-to-users, IS personnel-to-non-IS personnel ..."[654]

Trotz seiner offensichtlichen Relevanz wird dem Terminologiemanagement in Entwicklungsmethoden i. d. R. nur geringe Aufmerksamkeit geschenkt. Vielmehr wird davon ausgegangen, dass – je nach gewähltem Paradigma – die relevanten Objekte bzw. Entitäten offensichtlich sind und gleichsam „auf der Hand liegen".[655] Demnach findet sich wenig Unterstützung für die Aufgaben des Terminologiemanagements.[656] Im Bereich des Data Warehousing weisen viele Autoren ebenfalls auf die Notwendigkeit und Bedeutung einer einheitlichen Terminologie hin.[657] Konkrete Unterstützung durch Techniken für diese Aktivität wird jedoch selten diskutiert.[658]

Unter *Terminologiemanagement* soll im Folgenden die

„Planung, Steuerung und Organisation der in einer spezifischen Bedeutung kontrolliert verwendeten Wörter und Fachausdrücke eines Fachgebiets"[659]

verstanden werden. Hier wird insbesondere das Terminologiemanagement im Rahmen der Anwendungssystementwicklung betrachtet. Es ist der Modellierung vorgelagert und eine Teilaktivität des Anforderungsmanagements. Konzeptionelle Modelle bedienen sich der mittels Terminologiemanagement definierten und

---

[654] McDavid: Business Language Analysis, 1996, S. 146.
[655] Kritisch hierzu ebenfalls: Ortner, Schienmann: Normsprachlicher Entwurf, 1996, S. 116; Leite, Franco: Conceptual Model, 1993, S. 243; Cysneiros et al.: Conceptual Models, 2001.
[656] Vgl. Sankar: Data Elements, 1985, S. 889; McDavid: Business Language Analysis, 1996, S. 134; Hellmuth: Terminologiemanagement, 1997, S. 86.
[657] Tschandl/Hergolitsch identifizieren in einer empirischen Studie das fehlende einheitliche Begriffsverständnis als einen entscheidenden Problembereich; vgl. Tschandl, Hergolitsch: Erfolgsfaktoren, 2002, S. 88 f.; ebenso: Garzotto: MASY – Ein Praxisbericht, 1999, S. 18; Lehmann, Jaszewski: Metadaten, 1999; Schelp: Modellierung, 1998, S. 268 f.; Wegner, Auth: Terminologiemanagement, 2002, S. 193 ff.
[658] Zu Ausnahmen: Lehmann, Ortner: Data Warehouse-Repository, 2000; Lehmann: Meta-Datenmanagement, 2001.
[659] Hellmuth: Terminologiemanagement, 1997, S. 43.

standardisierten Begrifflichkeiten.[660] Jedoch ist keineswegs ausgeschlossen, dass in späteren Aktivitäten terminologische Defizite offenbar werden, sodass Rückschritte notwendig werden können.

In VODWE dient ein Glossar, das im Rahmen des Terminologiemanagements erstellt wird, als Basis für die Entwicklung weiterer Ergebnisse in späteren Aktivitäten.[661] Damit es seiner zentralen Rolle im Entwicklungsprozess gerecht werden kann, muss auf Terminologieebene Konsens hergestellt werden, das heißt, die Terminologie muss eindeutig festgelegt werden.

8.1.5 Traceability

Da insbesondere bei einem iterativen Vorgehen nicht immer und nicht sofort alle im Rahmen der Anforderungsermittlung geäußerten Bedarfe zu Systemanforderungen werden und damit in den Entwurf eingehen, bedarf es eines adäquaten und aktiven Managements der sog. „Traceability". Traceability kennzeichnet die Fähigkeit, den Lebenszyklus und die Auswirkungen einer Anforderung zu beschreiben und verfolgen zu können, sowohl vorwärts- als auch rückwärtsgerichtet (d. h. von ihrem Ursprung (dem geäußerten Bedarf und dem Bedarfsträger) über ihre Beschreibung, Analyse und Spezifikation hin zur Implementierung nach der schrittweisen Verfeinerung). Somit bleibt nachvollziehbar, welche Entwurfsentscheidungen durch welche Anforderungen begründet sind („forward traceability") und andersherum, auf welchen Anforderungen eine bestimmte Entwurfsentscheidung beruht („backwards traceability").[662]

Nachvollziehbarkeit dient dazu, die Umsetzung von Anforderungen im Rahmen der Data-Warehouse-Entwicklung zu überwachen (Vollständigkeitskontrolle und Statusverfolgung[663]) und die Konsistenz zu erhalten. Damit wird es möglich, die

---

[660] Vgl. Strehlow et al.: Terminological Aspects, 1993, S. 130; Hellmuth: Terminologiemanagement, 1997, S. 44 u. 86; McDavid: Business Language Analysis, 1996, S. 146; Back-Hock et al.: Datenmodellierung, 1994.

[661] Hier wird der Begriff Glossar verwendet, da er im Vergleich zum Begriff Lexikon umfassender ist. Zur Unterscheidung zwischen terminologischen und lexikalischen Wörterbüchern: Meyer: Knowledge Management, 1991; Wright: Dictionaries, 1999, S. 8 u. 17; McDavid: Business Language Analysis, 1996, S. 134 ff. Bei Meyer findet sich die eingängige Unterscheidung: „dictionaries are about words, encyclopedias are about things."

[662] Vgl. Gotel, Finkelstein: Traceability, 1994; Wiegers: Software Requirements, 1999, S. 19 u. 302 ff.; Macaulay: Requirements Engineering, 1996, S. 42; Schienmann: Anforderungsmanagement, 2002, S. 10 ff.

[663] Vgl. Schienmann: Anforderungsmanagement, 2002, S. 105 ff.

Auswirkungen von Anforderungsänderungen zu erkennen und deren Umsetzung im Zuge der Entwicklung oder des Systembetriebs zu gewährleisten. Bei einem stakeholderorientierten Ansatz ist die Möglichkeit, den Status einer Anforderung sowie die auf ihr beruhenden Entwurfsentscheidungen zurückverfolgen zu können, von besonderer Bedeutung. Wiegers betont die Bedeutung von Werkzeugen zur Kontrolle, Steuerung und Verwaltung von Informationen über die Traceability.[664]

In Abschnitt 9.2 wird daher die Nachvollziehbarkeit und Rückverfolgbarkeit von Anforderungen u. a. durch einen Prototyp veranschaulicht, der der Verwaltung der im Rahmen des Anforderungsmanagements erhobenen Informationen dient.

8.2 Prinzipien der Methode

Die identifizierten Anforderungen an eine Entwicklungsmethode im Data Warehousing werden in VODWE durch die Heranziehung angemessener Methodenkomponenten erfüllt. Darüber hinaus wird eine Methode im Ganzen durch gewisse Prinzipien geprägt, die im Folgenden vorgestellt werden.

8.2.1 Separation of Concerns

Das Prinzip der *„Separation of Concerns"* ist eines der wichtigsten Prinzipien der Software- und der Systementwicklung.[665] Es kann allgemeingültig beschrieben werden als die Möglichkeit, nur solche Teilsysteme oder Anforderungen zu betrachten, die für einen jeweils verfolgten Zweck von Interesse sind,[666] konkreter: „the ability to identify, encapsulate and manipulate only those parts of software that are relevant to a particular concept, goal, or purpose."[667]

Im Gegensatz zur Modularisierung, bei der Teilsysteme mit hoher Kohäsion und geringer Kopplung hierarchisch strukturiert werden, erfolgt gemäß diesem Prinzip häufig eine aspektorientierte Dekomposition. Hierbei werden Systeme gemäß verschiedenen Dimensionen strukturiert, wobei jede Dimension bestimmte Aspekte betrifft. Bei dieser Art der Strukturierung (Dekomposition) erbringt die

---

[664] Vgl. Wiegers: Software Requirements, 1999, S. 305 f.
[665] Vgl. Habra: Separation of Concerns, 2001; Tarr et al.: Multidimensional Separation of Concerns, 2000, S. 809; Sousa, Castro: Separation of Concerns, 2004.
[666] Vgl. Sousa, Castro: Separation of Concerns, 2004.
[667] Ossher, Tarr: Separation of Concerns, 2001, S. 43.

Betrachtung aus unterschiedlichen Dimensionen jeweils ein anderes Modell bzw. eine andere Art der Strukturierung der Ergebnisse.

Von besonderer Bedeutung ist jedoch, dass im Verlaufe eines Entwicklungsprozesses in den unterschiedlichen Phasen Separierungen nach verschiedenen Dimensionen notwendig, sinnvoll und wünschenswert sind.[668] Interessieren in den frühen Phasen des Anforderungsmanagements bspw. Quellen und Kanäle (Viewpoints) von Anforderungen, so sind im weiteren Verlauf Separierungen nach Anforderungsarten und -ebenen von Relevanz und später nach Modellierungsperspektiven und Architekturebenen. Eine der jeweiligen Entwicklungsaktivität entsprechende und angepasste Separierung verspricht viele Vorteile:

„"Clean" separation of concerns has been hypothesized to reduce software complexity and improve comprehensibility; promote traceability within and across artifacts and throughout the lifecycle; limit the impact of change, facilitating evolution and non-invasive adaptation and customization; facilitate reuse; and simplify component integration."[669]

Generell stellt der Wechsel der Dimension, nach der separiert wird, ein großes Problem dar. Tarr et al. sprechen von der „tyranny of the dominant decomposition"[670], da nach der Wahl einer Dekomposition jeweils nur eine Separierung nach der gewählten Dimension problemlos möglich ist. Ossher/Tarr schlagen als Lösung die gleichzeitige Separierung nach verschiedenen Dimensionen vor, die sie „multidimensional Separation of Concerns (MDSOC)" nennen.

„... multidimensional separation of concerns ... permits effective encapsulation of arbitrary kinds of concerns simultaneously—even when the concerns were not anticipated originally—and the integration of separate concerns."[671]

Da das Konzept der MDSOC bislang nur in der Programmierung erfolgreich angewendet wurde[672] und keine ausgearbeiteten Ansätze für die multdimensionale Separierung von Anforderungen vorliegen, wird in VODWE eine schrittweise Separierung vorgenommen. D. h. im Folgenden werden die verschiedenen „Concerns" nicht allgemein und von Anfang an multidimensional separiert, son-

---

[668] Vgl. Ossher, Tarr: Separation of Concerns, 2001, S. 44.
[669] Tarr et al.: Multidimensional Separation of Concerns, 2000, S. 809; ebenso: Sousa, Castro: Separation of Concerns, 2004.
[670] Ossher, Tarr: Separation of Concerns, 2001, S. 44.; Tarr et al.: Multidimensional Separation of Concerns, 2000, S. 809.
[671] Ossher, Tarr: Separation of Concerns, 2001, S. 44.
[672] Vgl. Czarnecki: Generative Programming, 1998.

Prinzipien der Methode 275

dern es werden für die verschiedenen Entwicklungsphasen jeweils Separierungen vorgesehen, die den Aufgaben eben dieser Phasen angemessen sind. Abbildung 69 veranschaulicht dies gemäß der oben dargestellten Dekompositionskriterien „Viewpoints" und „Anforderungsaspekte".

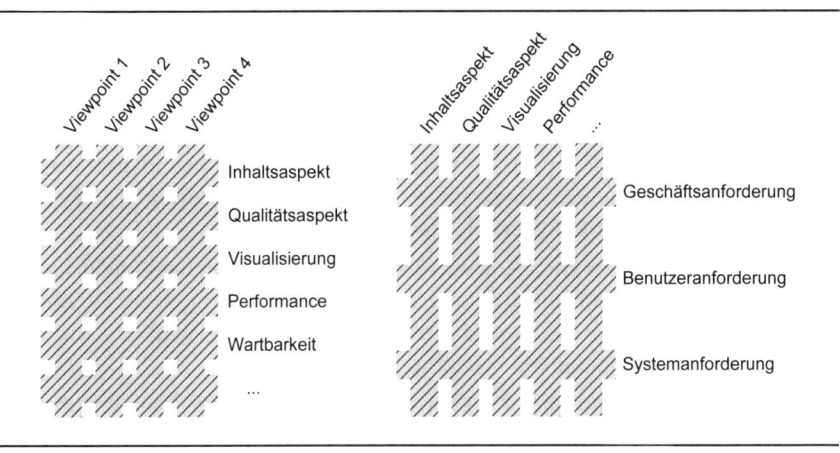

Abbildung 69 Separation of Concerns in VODWE

[Diagramm mit Viewpoint 1-4 und Aspekten: Inhaltsaspekt, Qualitätsaspekt, Visualisierung, Performance, Wartbarkeit; sowie Inhaltsaspekt, Qualitätsaspekt, Visualisierung, Performance zugeordnet zu Geschäftsanforderung, Benutzeranforderung, Systemanforderung]

Solange eine quasi-hierarchische Strukturierung möglich ist, ergeben sich bei der Separierung nach verschiedenen Dimensionen nur geringe Probleme hinsichtlich der Komplexität. Diese steigt jedoch, wenn sog. „crosscutting concerns" vorliegen, die auch als „aspects" bezeichnet werden. Sogenannte „early aspects", die im Requirements Engineering diskutiert werden[673], sind Anforderungen, deren Konkretisierung in Systemanforderungen nicht eindeutig möglich ist. Dies resultiert daher, dass sie nicht eindeutig bestimmten Konstrukten der nachfolgenden Entwurfsebene zuzuordnen sind, sondern mehrere Bereiche des Modells dieser Ebene betreffen: „Thus, the quality of being an aspect is a relative one: a model is an aspect of another model if it crosscuts its structure."[674] Die „crosscutting concerns" erschweren die Dokumentation und Verfolgbarkeit von Anforderungen und erfordern Design- und Implementierungsentscheidungen in weiteren Entwicklungsaktivitäten.

---

[673] Vgl. Rashid et al.: Early Aspects, 2002; Rashid et al.: Aspectual Requirements, 2003; „Early" bezieht sich an dieser Stelle darauf, dass sie in den frühen Phasen der Systementwicklung, d. h. im Anforderungsmanagement, auftreten bzw. identifiziert werden.
[674] Czarnecki: Generative Programming, 1998, S. 113.

Ein Beispiel hierfür können Performanceanforderungen im Data Warehousing darstellen. Zieht man die oben vorgestellte erweiterte Data-Warehouse-Architektur als Bezugsrahmen heran, so beeinflusst eine Performanceanforderung verschiedene Ebenen und Perspektiven. Bspw. kann sie auf der logischen Datenhaltungsebene durch Partitionierung oder Fragmentierung in den Entwurf eingehen; sie kann jedoch alternativ die physische Ebene betreffen (Indizes) oder durch logisch entworfene und physisch implementierte materialisierte Sichten realisiert werden. Dies zeigt, dass die Anforderung der Struktur des Modells der nachfolgenden Ebene nicht eindeutig zugeordnet bzw. in dieser abgebildet werden kann.

Anwendung findet das Separation-of-Concerns-Prinzip auf verschiedene Weise:

- Das Viewpoint-Konzept nimmt eine Separierung nach verschiedenen Stakeholdern und ihren Perspektiven vor, was sich für die frühen Phasen des Anforderungsmanagements und die Verfolgbarkeit von Anforderungen als zweckmäßige Separierung erweist (s. u. 8.3).

- Gemäß dem vorgestellten Anforderungsbegriff werden unterschiedliche Anforderungsarten und -ebenen unterschieden. Diese Separierung ist für die Vorbereitung des Entwurfs und der Implementierung gemäß den Anforderungen der Stakeholder von Bedeutung (vgl. 8.1.3).

- Des Weiteren erfolgt eine Zerlegung des zu erstellenden Data-Warehouse-Systems nach Architekturebenen, Informations- und Entscheidungsobjekten sowie Modellierungs- bzw. Implementierungsperspektiven (vgl. 8.1.1).

Somit ergibt sich im Entwicklungsprozess ein Wechselspiel zwischen Separierung, Integration und erneuter Separierung nach anderen Dimensionen. Jackson bringt dies plastisch zum Ausdruck: „So the concerns we have separated must be recombined: having divided to conquer, we must then reunite to rule."[675]

8.2.2 Das Prinzip der geringsten Verwunderung

Ein weiteres Prinzip, welches in der vorgestellten Methode von Bedeutung ist, ist das „Prinzip der geringsten Verwunderung" („Law of Least Astonishment"). Nagl und Lehner beziehen dieses Prinzip, welches in der Literatur i. d. R. mit Benutzerfreundlichkeit (Usability) von Anwendungssystemen in Zusammenhang gebracht wird, auf die Modellierung.[676] Dort beschreibt es, dass die im Rahmen des Entwicklungsprozesses erstellten Modelle und Ergebnisdokumente „augen-

---

[675] Jackson: System Development, 1990.
[676] Vgl. Nagl: Softwaretechnik, 1990, S. 24, 28 u. 232; Lehner et al.: Wirtschaftsinformatik, 1995, S. 292.

fällig und eingängig sein sollen".[677] Dies wird dadurch erreicht, dass die verwendeten Konstrukte für Benutzer und Anwender verständlich und nachvollziehbar sind. Dieser Aspekt wurde bereits unter der Überschrift „pragmatische Funktion von Sprache" diskutiert.

Für die Empfängerorientierung und Benutzerpartizipation im Entwicklungsprozess erweist sich dieses Prinzip als besonders wichtig, denn nur wenn die erstellten Modelle diesem genügen, ist eine angemessene Partizipation zu realisieren. In den Worten von Jarke/Mayr:

> „Benutzerzentrierung als Fokus von Methoden für das Requirements Engineering bezieht sich vor allem auf die Modellierung der gewünschten Systemeigenschaften in einer für den Anwender verständlichen und beherrschbaren Form. Somit stehen die Fachkonzepte des Anwendungsbereiches im Vordergrund, deren Erhebung und Validierung nicht durch anwendungsfremde Formalismen und Konzepte behindert werden darf. Die Dokumentation muss also in einer Weise erfolgen, die sich dem Bedarfssteller auf möglichst natürliche Weise erschließt und ihm eine vollständige Analyse und Validierung ermöglicht."[678]

8.3 Grundidee viewpointorientierter Ansätze

Bereits bei der Diskussion und Herleitung des Modellverständnisses dieser Arbeit ist diskutiert worden, dass nicht „die Realität" an sich, sondern die Perspektivität der beteiligten Stakeholder den Ausgangspunkt der Modellierung bilden soll. Ebenfalls ist bei den Anforderungen an die Methode darauf hingewiesen worden, dass der Individualität und Subjektivität der verschiedenen Empfänger und ihrer Perspektiven durch ein hohes Maß an Benutzerpartizipation Rechnung getragen werden soll.

Als Perspektiven sind dabei individuelle Sichten von Stakeholdern über den Gegenstandsbereich bzw. die Diskurswelt bezeichnet worden (vgl. 4.2.2 f.). Sie spiegeln diejenigen Sachverhalte wider, die von einem Stakeholder oder einer Stakeholdergruppe als relevant erachtet werden und daher in die Spezifikation eingehen sollen.[679]

---

[677] Lehner et al.: Wirtschaftsinformatik, 1995, S. 292.
[678] Jarke, Mayr: Mediengestütztes Anforderungsmanagement, 2002, S. 454.
[679] Ähnlich dem hier zugrunde gelegten Verständnis definiert Easterbrook eine Perspektive als „... a description of an area of knowledge which has internal consistency and an i-

I. d. R. ist bei der Entwicklung von Anwendungssystemen eine Vielzahl von Personen eingebunden, deren unterschiedliche Perspektiven und die aus ihnen resultierenden Bedarfe und Anforderungen Beachtung finden müssen. Die Unterschiedlichkeit ergibt sich daraus, dass die Stakeholder verschiedene Verantwortlichkeiten und Rollen[680] haben, die unterschiedliche Meinungen und Ziele mit sich bringen. Darüber hinaus verwenden sie häufig unterschiedliche Begrifflichkeiten (Terminologie) und Repräsentationen, um das für ihren Arbeitsbereich relevante Wissen auszudrücken. Folglich erwarten sie unterschiedliche, möglicherweise widersprüchliche Leistungen von dem zu erstellenden Anwendungssystem.[681]

Aus diesem „multiple perspective problem"[682] ergeben sich folgende Fragen und Herausforderungen:

- Wie lassen sich unterschiedliche Perspektiven strukturieren, organisieren und verwalten?

- Wie lässt sich die verteilte, nebenläufige und kollaborative Entwicklung der Perspektiven verschiedener Akteure (Stakeholder) gestalten und koordinieren?

- Wie sind die Beziehungen zwischen verschiedenen Perspektiven, und wie können diese verwendet werden, um Konsistenz herzustellen?

Unterschiedliche Methoden der Systementwicklung und des Anforderungsmanagements gehen verschieden mit diesem Problem und den mit ihm verbundenen Herausforderungen um. Liegt der Schwerpunkt auf der Modellierung, so wird i. d. R. weitestgehend ignoriert, dass in ein zu erstellendes Modell die Perspektiven verschiedenster Stakeholder einfließen. Stattdessen wird ein Modell als

---

dentifiable focus of attention" (Easterbrook: Elicitation, 1991, S. 54). Zu einem anderen Verständnis von „Perspektive" vgl. Leite: Viewpoint Analysis, 1989, S. 112; Leite, Freeman: Viewpoint Resolution, 1991, S. 1255; dort stellen Perspektiven Modellierungsaspekte dar, bspw. Daten, Akteure und Prozesse.

[680] Hierbei handelt es sich um organisatorische Rollen eine Stakeholders, nicht um Rollen im Entwicklungsprozess gemäß dem Methoden-Engineering.

[681] Vgl. Leite: Viewpoint Analysis, 1989, S. 111; Leite: Viewpoints on Viewpoints, 1996, S. 285; Darke, Shanks: Requirements Definition, 1996, S. 88 f. (dort auch zu wissenschaftstheoretischen Grundlagen viewpointorientierter Methoden); Nuseibeh et al.: Method Engineering, 1996; Nuseibeh: Crosscutting Requirements, 2004, S. 3.

[682] Nuseibeh et al.: Method Engineering, 1996; Finkelstein et al.: Inconsistency Handling, 1994, S. 569; Nuseibeh et al.: Multiple Views, 1994, S. 1.

Grundidee viewpointorientierter Ansätze

eine monolithische Spezifikation erstellt.[683] Die verschiedenen Quellen und Kanäle der in das Modell eingehenden Informationen werden dabei außer Acht gelassen, sodass möglicherweise wichtiges entwicklungsrelevantes Wissen ungenutzt bleibt.[684]

In der Systementwicklung und im Anforderungsmanagement ist ebenfalls die Einbeziehung unterschiedlicher Perspektiven keineswegs „State-of-the-Art", wobei sich hier Methoden und Verfahren finden, die diesen Aspekt berücksichtigen. Am deutlichsten wird er von den sog. *viewpointorientierten Methoden* adressiert. Diese gehen davon aus, dass man zu qualitativ hochwertigeren Modellen und Spezifikationen gelangt, wenn unterschiedliche Perspektiven systematisch Berücksichtigung finden.[685] Viewpoints stellen einen Mechanismus dar, der unterschiedliche Perspektiven verschiedener Stakeholder explizit macht und versucht, Antworten bzw. Lösungen für die drei oben genannten Fragen bzw. Herausforderungen bereitzustellen.

„The ViewPoints framework was devised to provide an organisational framework in which these different perspectives, and their relationships, could be explicitly represented and analysed."[686]

Seit Ende der 80er Jahre ist eine Vielzahl viewpointorientierter Methoden und Techniken entwickelt worden.[687] Die verbindende Klammer der unterschiedlichen Methoden bringen Darke und Shanks folgendermaßen zum Ausdruck:

„The feature which distinguishes viewpoint development from other requirements acquisition and modelling activities is that multiple viewpoints are developed as separate, independent artefacts, i.e. in no way are the viewpoints just distinct views of a common underlying representation."[688]

---

[683] Vgl. Greer, Ruhe: Release Planning, 2004, S. 244; Pohl: Requirements Engineering, 1993; Pohl: Requirements Engineering, 1997; Nissen: Separierung, 1997, S. 1; Easterbrook: Elicitation, 1991, S. 10.
[684] Vgl. Nissen: Separierung, 1997, S. 1 f.; für eine Ausnahme bei der Entwicklung von Datenbanken vgl. Batini et al.: Database, 1992, S. 85-137; dort wird ein Verfahren vorgestellt, um ein ERM aus den „Views" verschiedener Stakeholder herzuleiten.
[685] Vgl. hierzu die Fallstudie von Breitmann et al., in der das Scheitern eines neuen Notfall- und Rettungssystems für die Stadt London nach der Viewpoint-Methode analysiert wird (Breitmann et al.: Real-Life Case Study, 1999).
[686] Nuseibeh et al.: ViewPoints, 2003, S. 676.
[687] Für Übersichten und Vergleiche siehe bspw. Darke, Shanks: Requirements Definition, 1996; Stanger: Framework, 2000; Kotonya, Sommerville: Requirements Engineering, 1998; Kotonya, Sommerville: Viewpoints, 1995.
[688] Darke Shanks: Requirements Definition, 1996.

Da die Methoden verschiedene Schwerpunkte setzen, finden sich in der Literatur zahlreiche Definitionen des Begriffs „Viewpoint". Tabelle 24 stellt unterschiedliche Definitionen dar und gibt einen Eindruck von den verschiedenen Auffassungen. Auffällig ist, dass einige Autoren in unterschiedlichen Arbeiten den Begriff verschieden definieren.

Tabelle 24 Alternative Definitionen des Begriffs „Viewpoint"

Kotonya, Sommerville: Requirements Engineering, 1998, S. 172.	„ ... a collection of information about a system or a related problem, environment or domain which is collected from a particular perspective. These perspectives can include end-users ..., other systems, engineers ..., any system stakeholder etc."
Finkelstein, Sommerville: Viewpoints FAQ, 1996.	„The combination of the agent and the view that the agent holds" [Anmerkung des Verfassers: Die Autoren verwenden „view" und „perspective" synonym].
Kotonya: Viewpoint-Oriented Requirements Specification, 1999, S. 117.	„A .. viewpoint is an entity outside the system that generates a requirement (i.e. a requirement source). It can be a system user, a sub-system interfaced to the intended system or an organisational concern."
Leite: Viewpoint Analysis, 1996, S. 113.	„A viewpoint is a standing or mental position used by an individual when examining or observing a universe of discourse. A viewpoint is identified by an individual (...) and his role in the universe of discourse".
Finkelstein, Kramer: TARA, 1991, S.2.	„... the domain of discourse is partitioned into disjoint viewpoints. These entities are organisational, human, software or hardware components of the system and its environment."
Easterbrook: Elicitation, 1991, S. 54.	„... the formatted representation of a perspective. A viewpoint consists of a set of statements which constitute a description."
Ainsworth et al.: Viewpoint Specification, 1994, S. 1.	„Viewpoints are partial formal descriptions of systems. Each viewpoint is a partial specification in that it only describes certain aspects of the system. Each viewpoint is also self-contained as far as possible, in that it requires minimal knowledge of any other viewpoint for it to be understood".
Stanger: Framework, 2000.	„... a formalisation of the perceptions of a stakeholder group with respect to some real-world phenomenon that is being modelled."

Grundidee viewpointorientierter Ansätze

Nuseibeh et al.: ViewPoints, 2003, S. 676.	„... an object encapsulating cross-cutting and partial knowledge about notation, process, and domain of discourse, from the perspective of a particular stakeholder, or group of stakeholders, in the development process."
Easterbrook: Domain Modelling, 1993.	„... a self-consistent description of an area of knowledge with an identifiable originator."
Nuseibeh et al.: A Framework, 1994, S. 2 und S. 3.	„ViewPoints in this framework draw together the notion of an "actor", "knowledge source", "role" or "agent" with the notion of a "view" or "perspective" held by the former. We define ViewPoints to be loosely coupled, locally managed, distributable objects encapsulating partial representation knowledge, development process knowledge and specification knowledge, about a system and its domain."
Sommerville, Sawyer: Requirements Engineering, 1997, S. 364.	„ ... an encapsulation of partial information about a system's requirements from a particular perspectice".

Z. T. wird ein Viewpoint mit einem Stakeholder gleichgesetzt, z. T. repräsentiert ein Viewpoint eine von mehreren Perspektiven eines Stakeholders. In anderen Definitionen kennzeichnet der Begriff Entwicklungsergebnisse, die als partielle Beschreibungen einer Perspektive angesehen werden. Eine weitere Gruppe von Definitionen betrachtet Viewpoints als Objekte (i. S. d. objektorientierten Programmierung bzw. Systementwicklung), die sich selbst verwalten und Methodenwissen kapseln, d. h. Informationen über Aktivitäten, Notationen und Techniken enthalten.

Aus den dargestellten Definitionen soll im Folgenden das *Viewpoint-Verständnis* dieser Arbeit abgeleitet werden. Hierbei wird sowohl auf die oben erarbeitete Modelldefinition als auch auf die Definition des Anforderungsbegriffs zurückgegriffen.

Eine *Perspektive* kann einem Stakeholder (einem menschlichen Akteur) bzw. einer „externen Entität" zugeordnet werden, d. h. einer beliebigen Quelle von Anforderungen.[689] Da ein Stakeholder ggf. verschiedene Rollen einnimmt, kann er mehrere Perspektiven haben. Ein Viewpoint kann einer Perspektive direkt zugeordnet

---

[689] Eine „externe Entität" kann ein Anwendungssystem sein. Darüber hinaus stellen auch Gesetze, Richtlinien, Verordnungen etc. mögliche relevante Perspektiven und damit Viewpoints dar.

werden (1:1-Beziehung). Somit kann ein Viewpoint auch einem Stakeholder direkt zugeordnet werden.

Viewpoints repräsentieren *Anforderungen* an ein zu erstellendes System. Sie beschreiben somit Benutzerbedarfe, erwartete Leistungen und Merkmale sowie Ziele des zu erstellenden Systems und stellen Benutzer-, System- und/oder Geschäftsanforderungen dar. Die Beschreibung und Darstellung der Anforderungen bedient sich einer Sprache und kann formalisiert sein. Damit bleibt offen, welchen Formalisierungsgrad ein Viewpoint aufweist. Er kann eine strukturierte Sammlung natürlichsprachlicher Aussagen sein, jedoch auch in einer Diagramm- oder einer formalen Sprache dokumentiert sein. Der Formalisierungsgrad ergibt sich durch den mit der Darstellung verfolgten Zweck sowie das Prinzip der geringsten Verwunderung.[690]

Ein Viewpoint stellt i. d. R. eine *partielle und unvollständige Beschreibung und Darstellung* der Diskurswelt bzw. des zu erstellenden Systems dar, da die Anforderungen aus einer einzigen und damit notwendigerweise aus einer beschränkten Perspektive formuliert sind. Eine Spezifikation ergibt sich durch die Konsolidierung der Anforderungen mehrerer oder aller Viewpoints. Da diese denselben Sachverhalt und dasselbe zu erstellende System beschreiben, treten zwischen Viewpoints Inkonsistenzen und Konflikte auf, die mittels geeigneter Techniken und Aktivitäten zu beseitigen sind.[691]

Da Viewpoints Anforderungen aus verschiedenen Perspektiven beschreiben, sind sie häufig in *unterschiedlichen Notationen* verfasst. Viewpointorientierte Methoden erlauben die Verwendung unterschiedlicher Sprachen und sehen Mechanismen zum Herstellen von Beziehungen zwischen ihnen vor.[692] Diese Möglichkeit ist aus mehreren Gründen sinnvoll und wichtig: Zum einen sollte es möglich sein, für unterschiedliche Aspekte, die aus der Perspektivität resultieren, jeweils geeignete Notationen und Sprachen zu verwenden. Zum anderen folgt aus der pragmatischen Funktion von Sprache (vgl. 4.1.2.4), dass eine dem jeweiligen Zweck angemessene Sprache zu wählen ist.

Abbildung 70 fasst das so beschriebene Viewpoint-Verständnis zusammen. Mit dem Entitätstyp „Entwicklungsergebnis" wird die Verbindung zu Methoden und

---

[690] Vgl. dazu die Diskussion zur pragmatischen Funktion von Sprache in Abschnitt 4.1.2.4 sowie die Ausführungen in Abschnitt 5.2.4 (Schlussfolgerungen Teil II).
[691] Vgl. Finkelstein, Sommerville: Viewpoints FAQ, 1996, S. 2; Kotonya, Sommerville: Requirements Engineering, 1998, S. 172; Sommerville, Sawyer: Requirements Engineering, 1997, S. 364.
[692] Vgl. Nuseibeh et al.: ViewPoints, 2003, S. 677; Stanger: Framework, 2000.

Grundidee viewpointorientierter Ansätze 283

der dort beschriebenen Zuordnung zwischen Aktivitäten, Techniken, Notationen und Sprachen hergestellt (ATRS-Zuordnung, s. o. S. 3.2.3.3).

Abbildung 70 Graphische Darstellung des Viewpoint-Verständnisses dieser Arbeit

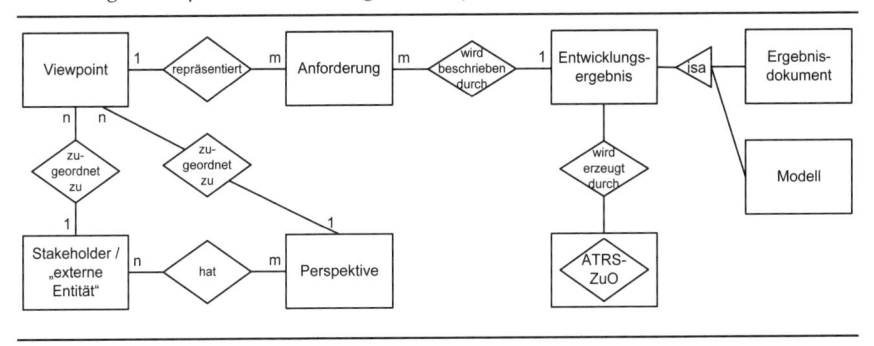

Tabelle 25 veranschaulicht das Viewpoint-Verständnis anhand von Beispielen. Hierbei soll insbesondere deutlich werden, dass Anforderungen eines Stakeholders dann als unterschiedliche Viewpoints aufgefasst werden, wenn sie aus unterschiedlichen Perspektiven resultieren. In Abbildung 70 wird dies durch die Kardinalitäten repräsentiert.

Tabelle 25 Beispiele für Viewpoints

Stakeholder	Perspektive	Viewpoint
Teamleiter, Team 1, Filiale Münster	Benutzer (Informationsadressat)	Viewpoint Nr. 1
Teamleiter, Team 1, Filiale Münster	Datenschutzbeauftrager	Viewpoint Nr. 2
Filialleiter, Filiale Münster	Benutzer (Informationsadressat)	Viewpoint Nr. 3
Data-Warehouse-Administrator	Administrator	Viewpoint Nr. 4

Leite beschreibt drei Aspekte viewpointorientierter Methoden, von denen die Praxis der Systementwicklung profitieren kann. Er nennt diese „*Viewpoints on Viewpoints*"[693]:

Der erste Bereich „*Viewpoints as Opinion*" zwingt die Entwickler, systematisch die Anforderungen verschiedener Stakeholder und externen Entitäten zu analysieren. Hiermit wird der Tatsache Rechnung getragen, dass ein zu entwickelndes System aus verschiedenen Perspektiven betrachtet werden kann (und sollte). Eine viewpointorientierte Anforderungsermittlung führt zu einem tieferen Verständnis des zu erstellenden Systems. Es wird erwartet, dass man so zu einer umfassenderen und vollständigeren Beschreibungen der Anforderungen gelangt.[694]

Der zweite Viewpoint „*Viewpoints as Services*" verweist darauf, dass unterschiedliche Stakeholder unterschiedliche Dienste des zu erstellenden Systems erwarten, da sie auf verschiedene Art und Weise mit dem System interagieren werden. Das zu erstellende System wird als Lieferant von Diensten gesehen.[695] Viewpoints werden als Nachfrager dieser Dienste betrachtet, denen das System Problemlösungen anbietet. Der Fokus liegt in dieser Perspektive auf der aufgabenadäquaten Unterstützung der verschiedenen Stakeholder; bspw. dient diese Sichtweise dazu, die Möglichkeiten der Informationsversorgung durch das System benutzeradäquat anzupassen.

Einen stärkeren Entwicklungsbezug weist der dritte Bereich „*Viewpoints as Specifications*" auf. Viewpoints sind dabei einerseits ein Verfahren, um die Bedarfe in Anforderungen umzusetzen. Sie lassen sich nutzen, um verschiedene Arten von Anforderungen nach Perspektiven zu kategorisieren. Andererseits dienen Viewpoints dazu, Konsistenz- und Vollständigkeitsprobleme bzgl. der erhobenen Bedarfe und Anforderungen zu lösen, d. h. sie unterstützen die Ableitung einer konsistenten und vollständigen Spezifikation.

Nuseibeh et al. formulieren eine Reihe von *Prinzipien viewpointorientierter Methoden*.[696]

- Grundlegend ist bei der Viewpointorientierung das bereits erwähnte Prinzip der „*Separation of Concerns*".[697] Ein Viewpoint drückt Anforderungen gemäß

---

[693] Leite: Viewpoints on Viewpoints, 1996; Breitmann et al.: Real-Life Case Study, 1999 S. 18 ff.; ähnlich: Sommerville, Sawyer: Viewpoints, 1997, S. 102.
[694] Vgl. Darke, Shanks: Viewpoint Modelling, 1997, S. 214.
[695] Vgl. Kotonya beschreibt dies in Analogie zu Client-Server-Systemen: Kotonya: Requirements Specification, 1999, S. 117.
[696] Vgl. Nuseibeh et al.: ViewPoints, 2003, S. 676 f.
[697] Nuseibeh et al.: Multiple Views, 1994, S. 1.

Grundidee viewpointorientierter Ansätze 285

der Perspektive eines spezifischen Stakeholders aus, was sich für die Erstellung einer Anforderungsspezifikation als zweckmäßige Separierung erweist.

- Sie erfüllen das Prinzip der *Dezentralisierung*, da Viewpoints als Teilspezifikationen lokal verwaltet werden. Durch die Dezentralisierung erfolgt eine Partitionierung der Spezifikation, sodass sie sich von einer monolithischen Spezifikation, wie sie in anderen Methoden üblich ist, unterscheidet. Eine monolithische Spezifikation kann nur global verwaltet werden, was mit einer im Vergleich deutlich höheren Komplexität einhergeht. Bei viewpointorientierten Methoden können dagegen die relevanten Schritte des Anforderungsmanagements (Erhebung (Elicitation), Analyse sowie Verifikation und Validierung) zumindest teilweise in Bezug auf einen Viewpoint vorgenommen werden, wodurch sich die Komplexität reduzieren und besser beherrschen lässt.[698]

- Ein sehr „viewpointtypisches" Prinzip ist die *Akzeptanz von* bzw. das *Leben mit Inkonsistenzen* („Living with inconsistency"[699]). Aufgrund der Perspektivität sind Inkonsistenzen zwischen erhobenen Anforderungen v. a. in den frühen Phasen des Entwicklungsprozesses unvermeidlich. Es geht nicht primär darum, diese direkt zu beseitigen. Vielmehr sind Techniken und Tools derart zu gestalten, dass verschiedene Perspektiven verwaltet, Inkonsistenzen sowie Konflikte transparent gemacht und Entwurfs- bzw. Implementierungsentscheidungen nachvollziehbar getroffen werden können.[700]

- Das letzte Prinzip, die *Integration*, resultiert direkt aus den drei vorhergehenden Prinzipien. „Separation of Concerns" nach Viewpoints und Dezentralisierung ist nur dann sinnvoll, wenn sich die Viewpoints auch wieder integrieren lassen.[701] Zur Ableitung einer vollständigen und konsistenten Spezifikation bspw. müssen die Anforderungen verschiedener Viewpoints integriert, konsolidiert und priorisiert werden, da Spezifikationen, die den Entwurf und die Implementierung vorbereiten sollen, i. d. R. nicht nach Perspektiven struktu-

---

[698] Vgl. Sommerville, Sawyer: Viewpoints 1997, S. 102; Darke, Shanks: Viewpoint Modelling, 1997, S. 216.
[699] Balzer: Tolerating Inconsistency, 1991; Easterbrook: Elicitation, 1991, S. 18 ff.; Darke, Shanks: Requirements Definition, 1996, S. 92.
[700] Vgl. Nuseibeh et al.: Multiple Views, 1994, S. 7: „Tolerating inconsistency [..] is fundamental to the ViewPoints approach, with consistency checking and conflict resolution not (necessarily) performed as a matter of course. Consistency checking may only be appropriate at specific stages of the development life-cycle and detection of inconsistency may not require immediate resolution, but left for later action, or even not resolved at all."
[701] Vgl. Tarr et al.: Multidimensional Separation of Concerns, 2000, S. 810.

riert werden.[702] Der Herstellung von Konsistenz in der Spezifikation dient die sog. „Viewpoint Resolution".[703]

Aufgrund der diskutierten Eigenschaften scheint das Viewpoint-Konzept für das Anforderungsmanagement im Data Warehousing sehr gut geeignet. Insbesondere erlaubt es, ein hohes Maß an Empfängerorientierung zu realisieren, da Viewpoints die erste und entscheidende Separierungsdimension darstellen. Darüber hinaus lassen sich durch das weite Viewpoint-Verständnis verschiedene Stakeholder und sonstige „externe Entitäten" einbeziehen, sodass auch die Forderung nach einem weiteren Empfängerbegriff erfüllt werden kann. Zum Dritten erleichtert die Viewpoint-Orientierung die „Traceability" von Anforderungen hin zu ihrer Quelle, den eigentlichen Stakeholdern.

---

[702] Vgl. Sommerville, Sawyer: Requirements Engineering, 1997, S. 386; Kotonya: Requirements Specification, 1999, S. 130; Pohl: Requirements Engineering, 1997; Melchisedech: Spezifikationen, 2000, S. 24 ff.; anders: Finkelstein et al.: Inconsistency Handling, 1994, S. 570.

[703] Leite, Freeman: Viewpoint Resolution, 1991; Leite: Viewpoint Analysis, 1989, S. 112.

9 Aktivitäten, Techniken und Entwicklungsergebnisse in VODWE

9.1 Übersicht

Im Folgenden wird die Methode VODWE vorgestellt. Sie basiert auf den dargestellten Prinzipien und zielt darauf, die diskutierten Anforderungen zu erfüllen. Gemäß dem Methodenverständnis der Arbeit besteht eine Methode aus Ergebnissen sowie sie erzeugende Aktivitäten/Phasen, Techniken, Notationen und Rollen. Wie bereits erwähnt, sind Rollen im Entwicklungsprozess i. d. R. sehr projektspezifisch, sodass unterschiedliche Rollen nicht im Detail betrachtet werden. Insofern wird hier kein detailliertes Rollenkonzept entwickelt in dem Sinne, dass Aufgaben diesen zugeordnet werden. Es wird jedoch davon ausgegangen, dass bei Anwendung der Methode eine personelle Zuordnung von Aufgaben zu Personen erfolgt, die sich an deren Kompetenzen und Erfahrungen orientiert. Typischerweise werden die Aufgaben der frühen Phasen von einem „Requirements Engineer" oder Analysten wahrgenommen. Diese bereiten die Umsetzung der Anforderungen in Modelle vor. Ggf. kommen dabei auch Modellierungsexperten zum Einsatz, die Ihre Kompetenz aufseiten der Notationen haben. Der Entwurf und die Implementierung wiederum sind von Aufgaben geprägt, die ein tiefes technisches Verständnis erfordern; somit kommen Experten in den Bereichen Datenbankentwurf und -implementierung zum Einsatz.

Das Phasenmodell zur Erstellung eines Data-Warehouse-Systems orientiert sich an den klassischen Aktivitäten der Systementwicklung, sieht jedoch eine iterativ-evolutionäre Ablauffolge vor. Abbildung 71 veranschaulicht die Aktivitäten des Phasenmodells sowie Entwicklungsergebnisse. Die zu erzeugenden Entwicklungsergebnisse sind durch die oben vorgestellte erweiterte Data-Warehouse-Architektur (Mesoebene) gegeben. Den Schwerpunkt der folgenden Betrachtungen bilden die Entwicklungsdokumente der Präsentations-, der Datenbereitstellungs- und der Datenhaltungsebene. Ihre Erstellung ist Gegenstand des Anforderungsmanagements. Die Aktivitäten Entwurf und Realisierung, die die Erstellung multidimensionaler relationaler Strukturen sowie die Modellierung konzeptioneller und logischer ETL-Modelle beinhalten, werden weniger ausführlich in Teil 9.3 dargestellt. Es ist vorgesehen, dass der Zyklus mehrfach durchlaufen wird, bis die bei der Ausbaustufenplanung definierten Teilsysteme realisiert sind. Dabei wird zu Beginn eines Zyklus die Ausbaustufenplanung geprüft und angepasst oder auch nur bestätigt (zur Ausbaustufenplanung vgl. 8.1.1).

Abbildung 71 VODWE-Phasenmodell (Gesamtübersicht)

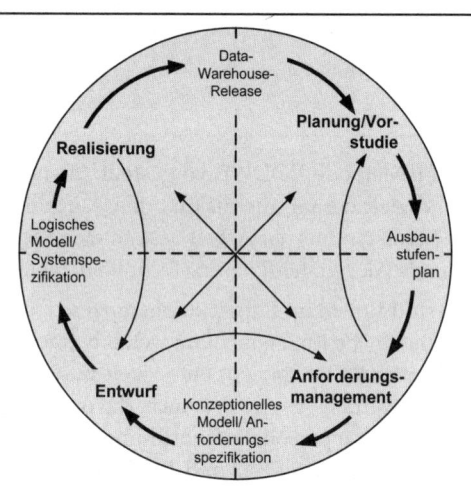

Prototypen werden hier nicht als Entwicklungsergebnisse betrachtet, sondern als Techniken, die in Abhängigkeit von Kontingenzfaktoren zum Einsatz kommen (vgl. die Kontingenzmodelle zur Technikwahl in Abschnitt 5.2.3). In dem Phasenmodell nicht explizit aufgeführt sind darüber hinaus die individuellkonzeptionellen Modelle und die Aktivität Terminologiemanagement. Die individuellen Modelle sind Entwicklungsergebnisse innerhalb der Phase Anforderungsmanagement. Das Terminologiemanagement wird als eine Aktivität des Anforderungsmanagements betrachtet. Darüber hinaus sind einige Aktivitäten, die sonst häufig im Phasenmodell vorgesehen sind, weder in dieser Gesamtübersicht noch in dessen Detaillierung enthalten, bspw. die Systemauswahl, Wirtschaftlichkeitsanalysen und Systemtests.[704] Im Folgenden werden die einzelnen Aktivitäten und zugehörige Subaktivitäten näher erläutert. Hierbei kann mit dem Anforderungsmanagement begonnen werden, da die Ausbaustufenplanung bereits im Zusammenhang mit der Technik zur Systemzerlegung in Abschnitt 8.1.1 betrachtet wurde.

---

[704] Vgl. hierzu Alpar et al.: Wirtschaftsinformatik, 2002, S. 314 ff.; Stahlknecht, Hasenkamp: Wirtschaftsinformatik, 2005, S. 299 ff. Zu Wirtschaftlichkeitsaspekten Frie: Data Warehousing, 1999; Frie, Wellmann: Business Case, 2000.

9.2 Anforderungsmanagement und konzeptionelle Modellierung

Abbildung 72 detailliert das Phasenmodell für das Anforderungsmanagement und gibt einen Überblick über diese Aktivität und den evolutionär-iterativen Charakter. Sie soll darüber hinaus zum Ausdruck bringen, dass die einzelnen Aktivitäten nicht v. a. als zeitlich abgegrenzte Phasen aufzufassen sind, sondern dass die Gesamtaktivität in logische/sachliche Aktivitäten zerlegt wird.

Abbildung 72 Anforderungsmanagement in VODWE

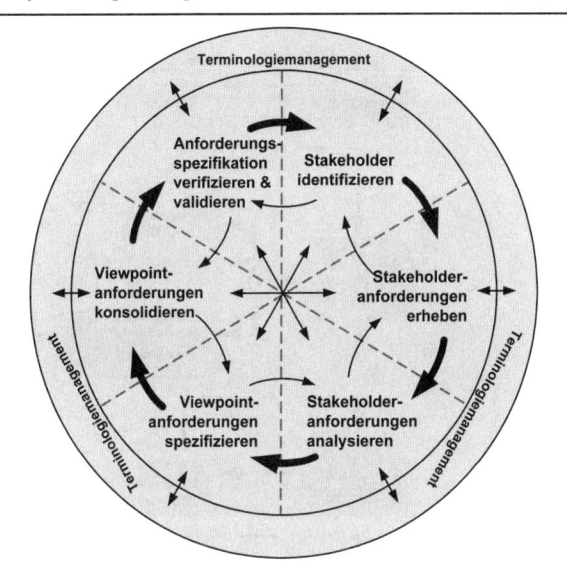

Anders als bei der obigen Darstellung werden keine Entwicklungsergebnisse aufgeführt. Deren Beschreibung i. V. m. Aktivitäten findet sich in der nachstehenden Darstellung des Phasenmodells. Zur Darstellung der Aktivitäten und Entwicklungsergebnisse wird ereignisgesteuerte Prozessketten (EPKs) zurückgegriffen (vgl. Abbildung 73).[705]

---

[705] Zu EPKs vgl. Scheer: Wirtschaftsinformatik, 1995, S. 49 ff.; Stahlknecht, Hasenkamp: Wirtschaftsinformatik, 2005, S. 236 ff.

290 Aktivitäten, Techniken und Entwicklungsergebnisse in VODWE

Abbildung 73 Anforderungsmanagement in VODWE als EPK

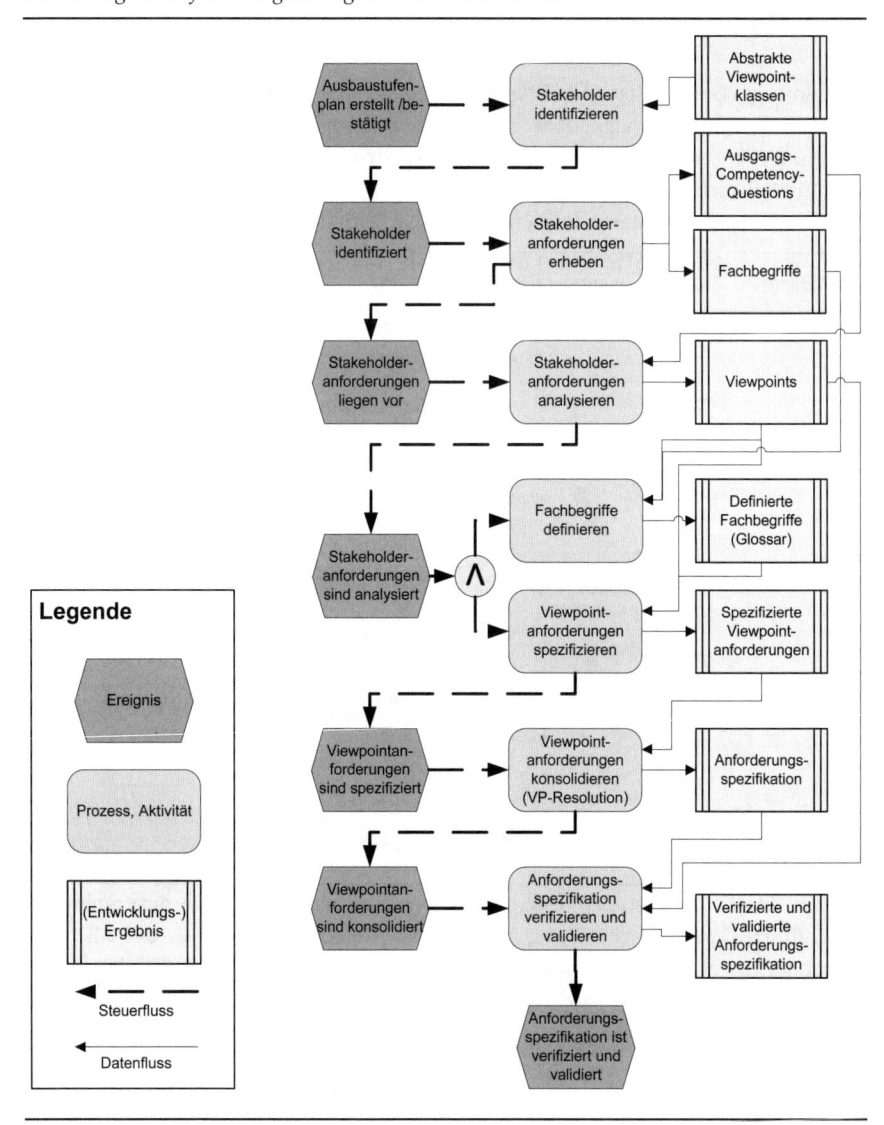

Um die Darstellung übersichtlich zu halten, sind die in Abbildung 72 enthaltenen Zyklen und Iterationen nicht repräsentiert. Generell gilt, dass ein Rückschritt erfolgt, wenn ein Ereignis (d. h. Entwicklungsergebnis) in nicht befriedigendem Maße erreicht ist.

Die Aktivitäten des Phasenmodells werden im Folgenden beschrieben und bilden die Überschriften der nächsten Abschnitte. Dort wird darüber hinaus die vorgestellte EPK schrittweise detailliert.

9.2.1 Identifikation von Stakeholdern

Da hier Anforderungen gemäß den Perspektiven verschiedener konkreter Stakeholder dargestellt werden, beginnt das Anforderungsmanagement mit der Identifikation relevanter Stakeholder des Anwendungsbereichs und ihrer Strukturierung. Kotonya/Sommerville schlagen eine Sammlung abstrakter Viewpointklassen vor, die an das Anwendungsgebiet angepasst werden kann und als Ausgangspunkt für die Zuordnung von Stakeholdern dient (vgl. Abbildung 74, vgl. ebenfalls Abschnitt 1.3.2).

Abbildung 74 Abstrakte Viewpoint-Klassen

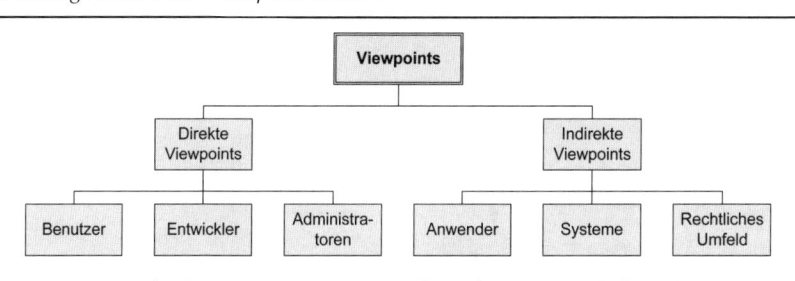

(nach Kotonya: Requirements Specification, 1999, S. 119)

Hierbei wird zwischen direkten und indirekten Viewpoint-Klassen unterschieden. Erstere beziehen sich auf Viewpoints, die unmittelbar Dienste des zu erstellenden Systems empfangen und mit diesem interagieren, bspw. Benutzer, die Anfragen an das System stellen, oder Entwickler, die Konfigurationen vornehmen. Indirekte Viewpoints haben ein „irgendwie geartetes Interesse" an den Diensten des Systems, obwohl sie nicht direkt mit diesem interagieren. Sie haben häufig einen besonderen Einfluss innerhalb einer Organisation, ihre Nichtbeachtung führt daher häufig zum Scheitern von Systemen.[706] Aus dem Anwendungsbereich des Data Warehousing können Datenschutzbestimmungen und -gesetze sowie Datenschutzbeauftragte als indirekte Viewpoints aufgefasst werden. Ebenfalls lassen sich die operativen Vorsysteme und deren Administratoren als solche begreifen.[707] Typischerweise haben diese keine informatorischen sondern nichtfunktionale bzw. nichtinformatorische Anforderungen. Aufgrund des erweiterten Empfänger- und Anforderungsbegriffs sollen diese einbezogen werden.

Diese Aktivität dient der Sicherung der Vollständigkeit der erhobenen Anforderungen insoweit, als die für das System relevanten Quellen von Anforderungen festgelegt werden (vgl. Abbildung 75).

Abbildung 75 Identifikation von Stakeholdern

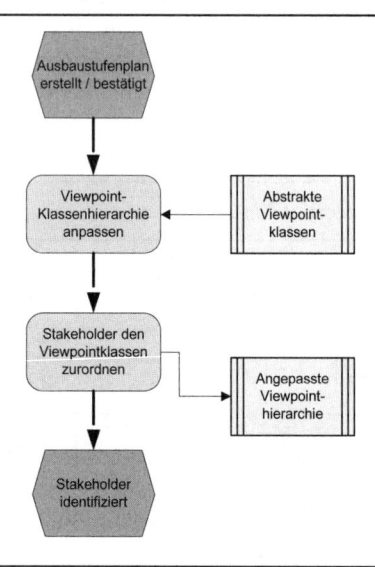

Hier und im Folgenden wird aus Gründen der Übersichtlichkeit auf die Darstellung der Ereignisse in den EPKs verzichtet. Enthalten sind nur das auslösende

---

[706] Vgl. Kotonya, Sommerville: Requirements Engineering, 1998, S. 219, Kotonya: Requirements Specification, 1999, S. 119; Kotonya, Sommerville: Viewpoints, 1995, S. 9; Kotonya: Practical Experiences, 1997; zu einer anderen Klassifikation und einem Verfahren zur Identifikation von Stakeholdern vgl Sharp et al.: Stakeholder Identification, 1999.

[707] Vgl. Goeken: Führungsinformationssysteme, 2004, S. 356 f.; Goeken: Anforderungsmanagement, 2005, S. 169.

Ereignis und das Ereignis zum Ende, sodass sich eine Verbindung zum Gesamtvorgehensmodell ergibt (Abbildung 73).

9.2.2 Erhebung von Stakeholderanforderungen (Elicitation)

In der zweiten Aktivität des Anforderungsmanagements werden von den identifizierten Stakeholdern und „externen Entitäten" Anforderungen erhoben. Dies geschieht über die Sammlung von Aussagen und relevanten Fachbegriffen aus verschiedenen Quellen. McDavid empfiehlt v. a. vorhandene Geschäftsdokumente als Quelle; Hellmuth sieht dagegen eine intensive Zusammenarbeit mit „terminologieschaffenden" Bereichen vor.[708] Besonders in terminologieorientierten Ansätzen dient die Erhebung von Fachbegriffen der Erstellung eines Glossars bzw. Lexikons, das die Fachbegriffe des Anwendungsgebietes definiert und normiert.[709]

Bei der Informationsbedarfsanalyse nach Strauch bzw. Strauch/Winter (s. o.) werden sog. „Geschäftsfragen" erhoben und analysiert. Hierbei handelt es sich um „typische Fragestellungen, die in der Tätigkeit der zu unterstützenden Benutzer/innengruppen eine Rolle spielen und die von den bisherigen Anwendungssystemen nicht oder nicht ausreichend beantwortet werden können."[710] Bei Strauch zielt die „Analyse von Geschäftsfragen", die er als Technik ansieht, bereits auf die Ermittlung des Informationsbedarfs. Die Geschäftsfragen werden analysiert und nach den Bestandteilen multidimensionaler Modelle (quantifizierende und qualifizierende Informationen) systematisiert. Eine Rekonstruktion der Terminologie findet erst in einem späteren Schritt statt. Gabriel/Gluchowski schlagen ebenfalls vor, sich an möglichen Fragen zu orientieren und empfehlen dafür eine Orientierung an kritischen Erfolgsfaktoren.[711]

Fox/Gruninger verfolgen einen ähnlichen Ansatz für die Beschreibung und Entwicklung von Ontologien im Rahmen der Unternehmensmodellierung, der sich nutzbringend auf die Entwicklung von Data-Warehouse-Systemen übertragen lässt. Sie verwenden *„competency questions"* für die Beschreibung und Entwicklung von Ontologien und ziehen diese als Benchmark heran.[712] Als die Kompe-

---

[708] Vgl. McDavid: Business Language Analysis, 1996, S. 134; Hellmuth: Terminologiemanagement, 1997, S. 53.
[709] Vgl. Ortner: Konstruktionssprache, 1995; Ortner, Schienmann: Normsprachlicher Entwurf, 1996; Lehmann: Normsprache, 1998.
[710] Strauch, Winter: Informationsbedarfsanalyse, 2002; Strauch: Informationsbedarfsanalyse, 2002.
[711] Vgl. Gabriel, Gluchowski: Modellierungstechniken, 1997, S. 22.
[712] Vgl. Fox, Gruninger: Ontologies, 1997; Gruninger, Fox: Competency Questions, 1994.

tenz einer Ontologie bezeichnen sie die Menge an Fragen, die diese beantworten kann. Die Competency Questions werden auf verschiedenen Detaillierungsstufen formuliert, d. h. die Beantwortung von Fragen auf einer Ebene erfordert die Beantwortung von Fragen auf einer detaillierteren Ebene.[713]

„These requirements, which we call competency questions, are the basis for a rigorous characterization of the problems that the enterprise model is able to solve, providing a new approach to benchmarking as applied to enterprise modelling and business process engineering. Competency questions are the benchmarks in the sense that the enterprise model is necessary and sufficient to represent the tasks specified by the competency questions and their solution. They are also those tasks for which the enterprise model finds all and only the correct solutions."[714]

Diesem Benchmarkinggedanken folgend werden Competency Questions daher im Folgenden nicht nur als Formulierung von Anforderungen, sondern auch als Testfälle angesehen. Sie sind damit nicht nur eine Technik zur Erhebung und natürlichsprachlichen Formulierung von Anforderungen, sondern Entwicklungsergebnisse dieser Aktivität. Die Competency Questions werden zum einen schrittweise transformiert und verfeinert, zum anderen werden sie zur Verifikation sowohl der Anforderungsmodelle als auch des Gesamtsystems nach der Implementierung herangezogen.

Competency Questions beziehen sich jedoch nicht nur auf den Informationsbedarf. Um eine Vollständigkeit der erhobenen Anforderungen i. S. v. Abschnitt 8.1.3 zu erzielen, gilt es, auch nichtinformatorische Anforderungen sowie Aussagen zu dem Qualitäts- und dem Visualisierungsaspekt zu erheben.

Bei der Anforderungsermittlung kommen Interviewtechniken, Techniken der Dokumentenanalyse sowie Techniken zur Unterstützung von Gruppendiskussionen zum Einsatz. In Abhängigkeit davon, welche Wissensbereiche relevant sind und welche „Obstacles" vorliegen, sind Techniken gemäß den in Abschnitt 5.2.3 vorgestellten Modellen auszuwählen bzw. zu kombinieren. In Interview- und Gruppensituationen ist in dieser Phase typisch, dass Within-Obstacles vorliegen, d. h. dass die Benutzer und Anwender sich ihrer Anforderungen selbst nicht bewusst sind bzw. diese nicht benennen können.[715] In solchen Situationen kön-

---

[713] Vgl. Gruninger, Fox: Competency Questions, 1994.
[714] Fox, Gruninger: Ontologies, 1997.
[715] Vgl. Valusek, Fryback: Information requirements, 1985, S. 103; Strauch: Informationsbedarfsanalyse, 2002, S. 46; Flynn, Davarpanah: User Requirements, 1998, S. 53; Browne, Rogich: Requirements Elicitation, 2001; Maiden, Rugg: ACRE, 1996.

Anforderungsmanagement und konzeptionelle Modellierung 295

nen Szenario- und Brainstormingtechniken unterstützend wirken. Liegt dagegen eher die Situation vor, dass die Benutzer sich untereinander nicht einig sind (Among-Obstacles), kommen gemäß Abschnitt 5.2.3.2 andere Techniken zum Einsatz. Nichtinformatorische Anforderungen lassen sich erheben durch eher offene Fragestellungen („Was versprechen Sie sich allgemein von dem geplanten System?"; „Wie sollte das geplante System Sie in Ihrer Arbeit unterstützen?"; „Welche Probleme/Gefahren sehen sie bei dem geplanten System?").

Das Ergebnis der beschriebenen zweiten Aktivität ist eine Sammlung von Competency Questions und Fachbegriffen. Diese sind noch in der „rhetorischen (Fach-)Sprache"[716] der Benutzer, d. h. sowohl personen- als auch themenbezogen, formuliert. Darüber hinaus können sie vage, mehrdeutig und widersprüchlich sein und unterschiedliche Arten und Aspekte von Anforderungen enthalten, die im Folgenden separiert werden müssen. Sie sind Ausgangspunkt für weitere Entwicklungsschritte und werden daher als *Ausgangs-Competency-Questions* bezeichnet. Abbildung 76 enthält eine Reihe solcher Competency Questions verschiedener Stakeholder, die zur Veranschaulichung der folgenden Aktivitäten herangezogen werden.

Die Compentecy Questions dienen hier der Veranschaulichung und werden zur beispielhaften Erläuterung der in den folgenden Abschnitten dargestellten Aktivitäten herangezogen (vgl. 9.2.5.1). Die gemeinsame Darstellung der beiden Aktivitäten bietet sich deshalb an, weil sie, wie erwähnt, nur logisch als getrennte Aktivitäten anzusehen sind, weniger in zeitlicher Hinsicht.

Abbildung 76 Ausgangs-Competency-Questions verschiedener Stakeholder

Stakeholder	Ausgangs-Competency-Questions
Filialleiter, Filiale Münster	Ich möchte eine Übersicht haben, welchen aktuellen monatlichen Prämienumsatz die drei Teams meiner Niederlassung jeweils erzielt haben.
	Die Anwendung muss sicher sein, damit ein Team nicht die Kundendaten und Umsätze eines anderen Teams sieht. Und es soll leicht bedienbar sein, denn ich will mit ein paar Mausklicks zu den aktuellen Übersichten kommen, die ich mehrmals pro Woche brauche … und auch meine Mitarbeiter sollen nicht lange Schulungen machen müssen. Gut wäre es, wenn man nicht immer umständlich eine neue Anwendung öffnen muss, um etwas nachzuschauen …

---

[716] Ortner: Konstruktionssprache, 1995, S. 149.

Teamleiter, Team 1, Filiale Münster (In Personalunion: Datenschutzbeauftrager)	Aufstellung über die Verträge, die die Mitarbeiter in meinem Team jeweils in der Vorwoche abgeschlossen haben, aufgeschlüsselt nach verschiedenen Produkten. Am meisten würde es uns bringen, wenn die neuen Verträge möglichst am nächsten Tag auch angezeigt werden, weil wir dann unsere Verkaufsmaßnahmen entsprechend planen können. (...) . Wir müssen aber auch die einschlägigen Datenschutzbestimmungen beachten und die Datenschutzrichtlinien, die in unserem Hause gelten ... . Ich möchte die Daten nach Excel exportieren können, damit ich die Übersichten so machen kann, wie wir sie brauchen.
Produktmanager Lebensversicherungen	Ich will auf jeden Fall nicht mehr lange Papierlisten haben, aus denen ich mir alles selbst raussuchen muss, oder riesige Exceltabellen, in denen zwar alles irgendwo steht, die ich aber erst umständlich weiterverarbeiten muss. (...) Brauche genaue Zahlen, welche Lebensversicherungen abgeschlossen wurden bspw. in der Region Süddeutschland in den verschiedenen Filialen und was für eine Kundenstruktur wir dort haben. Die aktuellen Zahlen will ich immer am fünften Tag des neuen Quartals für das vorangegangene Quartal haben. Im Moment kommen sie immer erst am Monatsende.
Produktmanager Sachversicherungen	Aufstellung darüber, wie viele Verträge im Bereich Sachversicherungen effektiv pro Monat mit welchen Kundengruppen abgeschlossenen wurden. Im Moment passen unsere Daten oft nicht zu den Aufstellungen, die in der Filiale gemacht werden, und dann weiß man nicht, auf welche man sich verlassen kann.

9.2.3 Analyse der Stakeholderanforderungen

9.2.3.1 Überblick

In der dritten Aktivität werden die Competency Questions der Stakeholder hinsichtlich verschiedener *Anforderungsarten und -aspekte separiert*. Anforderungsarten und -aspekte sind durch die oben erarbeitete Klassifikation von Anforderungen im Data Warehousing gegeben (vgl. Abbildung 68). Die Unterscheidung nach diesen Kriterien erscheint zweckmäßig, da verschiedene Anforderungsarten und -aspekte nur mit unterschiedlichen Notationen und Techniken dokumentiert, verwaltet und weiter analysiert werden können.

Des Weiteren wird in dieser Phase eine erste *Vereinheitlichung und sprachliche Bereinigung der Competency Questions* vorgenommen. Hierbei gilt es, Unterschiede und Gemeinsamkeiten in den von unterschiedlichen Stakeholdern formulierten Competency Questions zu analysieren und transparent zu machen. Unterschiede und Gemeinsamkeiten in der verwendeten Terminologie werden auch als lexikalische Beziehungen bezeichnet, Abweichungen in der Begriffsverwendung als „sprachliche Defekte".[717] Dabei kann zwischen den im Folgenden dargestellten fünf Arten von Defekten unterschieden werden. Gleichzeitig werden kurz Möglichkeiten für die Behandlung der jeweiligen Defekte im Rahmen des Terminologiemanagements aufgezeigt.[718]

- Die erste Art stellen *Synonyme* dar (umfangs- und inhaltsgleiche Begriffe). Es handelt sich hierbei um unterschiedliche Begriffe, die dasselbe aussagen; sie sind transparent zu machen und zu kontrollieren.
- *Homonyme* sind identische Begriffe für unterschiedliche Gegenstände oder Sachverhalte (umfangs- und inhaltsverschiedene Begriffe); sie sind aufzulösen.
- *Äquipollenzen* (umfangsgleiche, aber inhaltsverschiedene Begriffe) zeichnen sich dadurch aus, dass für dasselbe Betrachtungsobjekt für unterschiedliche Sichtweisen ein anderer Begriff verwendet wird; sie sind aufzudecken und zu konkretisieren.
- Als *Vagheiten* werden alle Begriffe bezeichnet, für die nicht deutlich definiert ist, welche Objekte sie einschließen (Umfang und Inhalt sind daher nicht eindeutig); sind zu präzisieren.
- Den fünften Begriffsdefekt stellen *falsche Bezeichner* dar. Hiermit sind alle Begriffe gemeint, deren Bedeutung nicht (mehr) mit der Realität übereinstimmt; sind zu ersetzen, d. h. zu aktualisieren.[719]

Darüber hinaus werden in dieser Phase die Competency Questions eines Stakeholders bestimmten *Perspektiven zugeordnet.* Da – wie oben dargelegt (vgl.

---

[717] Vgl. Meyer: Knowledge Management, 1991; McDavid: Business Language Analysis, 1996, S. 135; Lehmann, Jaszewski: Metadaten, 1999, S. 4; Wright: Dictionaries, 1999.
[718] Der vorgeschlagene Umgang mit den Begriffsdefekten orientiert sich an Lehmann: Meta-Datenmanagement, 2001, S. 73.
[719] Ausführlich zu den Begriffsdefekten Hellmuth: Terminologiemanagement, 1997, S. 56 ff.; Wright: Dictionaries, 1999, S. 6 f.; Schelp: Modellierung, 1998, S. 268 f.

S. 283) – ein Stakeholder über mehrere Perspektiven verfügen kann, ein Viewpoint aber nur Anforderungen eines Stakeholders aus einer bestimmten Perspektive repräsentieren soll, lassen sich durch diese Zuordnung im Folgenden Viewpoints instanziieren, die lediglich eine Stakeholderperspektive widerspiegeln.

Ziel dieser Phase ist es, die Ausgangs-Compentency-Questions zu reformulieren, d. h. sie sprachlich zu vereinheitlichen, sodass sie analysiert, verglichen und für die spätere Validierung als Benchmark herangezogen werden können. Darüber hinaus werden relevante Fachbegriffe identifiziert, die in der nächsten Aktivität definiert werden und somit in ihrer Bedeutung normiert sind. Die Begriffsdefinition in einem Glossar dient dem Aufbau einer personeninvarianten, aber themenbezogenen, einer sog. „topischen (Fach-)Sprache".[720]

9.2.3.2 Vorgehen

Abbildung 77 veranschaulicht die genannten Aktivitäten der Analysephase als EPK. Dabei finden sich die drei genannten Hauptaufgaben „Separierung nach Anforderungsarten und -aspekten", „Sprachliche Bereinigung und Vereinheitlichung" sowie „Zuordnung von Competency Questions zu Perspektiven".

Separierung von Anforderungsarten und -aspekten

Die Trennung zwischen verschiedenen Anforderungsarten und -aspekten erfolgt gemäß der oben vorgestellten Klassifikation für Anforderungen im Data Warehousing. Es sollte versucht werden, die erhobenen Anforderungen bestmöglichst den dort genannten Kategorien zuzuordnen, wobei die Zuordnung nicht immer eindeutig erfolgen kann. So ist bspw. bei der Competency Question des Produktmanagers Lebensversicherung[721] aus obiger Darstellung nicht klar, ob es um ein „angemessenes Datenvolumen" (und somit um eine inhaltlich-informatorische Anforderung) oder um die Interpretierbarkeit/Verständlichkeit der Informationen geht (d. h. den Visualisierungsaspekt).

---

[720] Vgl. Ortner: Konstruktionssprache, 1995, S. 149. Mit „topisch" meint Ortner in diesem Zusammenhang, dass die Begriffe für einen begrenzten (lokalen) Geltungsbereich definiert werden (vgl. auch Fußnote 730).

[721] „Ich will auf jeden Fall nicht mehr lange Papierlisten haben, aus denen ich mir alles selbst raussuchen muss oder riesige Exceltabellen, in denen zwar alles irgendwo steht, die ich aber erst umständlich weiterverarbeiten muss. (…)"

Anforderungsmanagement und konzeptionelle Modellierung 299

Abbildung 77 Analyse der Stakeholderanforderungen

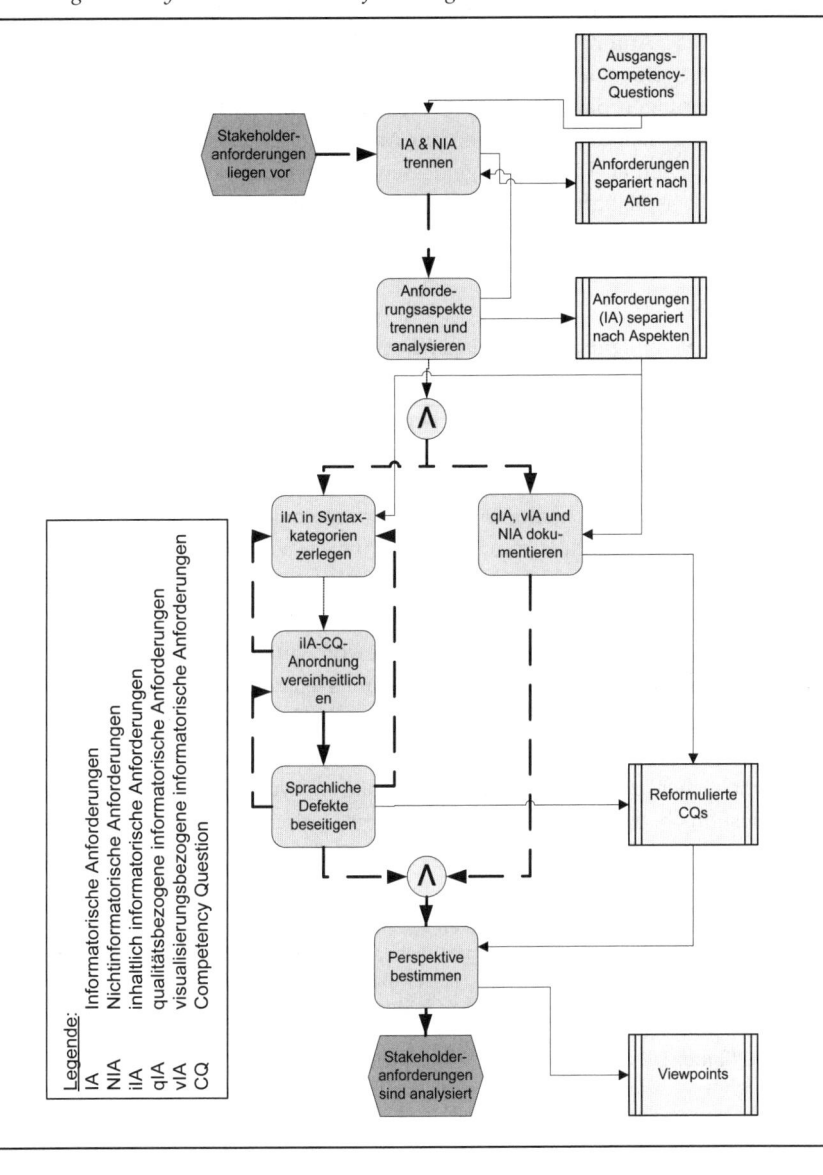

Insbesondere nichtinformatorische Anforderungen, aber auch qualitätsbezogene informatorische Anforderungen sind häufig vage und unbestimmt. Charakteristisch für diese Anforderungsart ist, dass allumfassende Eigenschaften des zu erstellenden Systems beschrieben werden. Daher sollte bereits bei der Erhebung der Anforderungen darauf geachtet werden, dass sie so weit konkretisiert sind, dass sie sich gemäß den Kategorien der Anforderungsklassifikation dokumentieren lassen. Hierbei können angemessene Fragetechniken, bspw. Laddering-Fragen und beispielhafte Erläuterungen, helfen, die Intention des Stakeholders zu verstehen und sie zu konkretisieren („Nennen sie Beispiele", „Wofür ist die genannte Eigenschaft aus Ihrer Sicht wichtig?" ...).[722]

Sprachliche Bereinigung und Vereinheitlichung

Zur Analyse und Reformulierung von inhaltlich-informatorischen Aussagen lassen sich verschiedene Techniken heranziehen. Die Arbeiten von Ortner und auf ihnen aufbauende Ansätze orientieren sich im Wesentlichen an einer Gegenstandseinteilung nach Wortarten.[723] In der Literatur zur Datenelementstandardisierung – in der auf Analogien zum Terminologiemanagement hingewiesen wird[724] – werden ebenfalls sprachbasierte Ansätze vorgeschlagen, die eine Kategorisierung vornehmen, wobei hier nicht in allen Ansätzen nach Wortarten separiert wird.[725]

Im Folgenden wird auf der Syntaxmethode von Sankar[726] aufbauend eine Technik i. V. m. Aktivitäten zur Analyse und normierten Formulierung der Competency Questions entwickelt (vgl. Abbildung 78 zu den beschriebenen Schritten).

- In einem ersten Schritt werden die syntaktischen Bestandteile der natürlichsprachlichen Aussagen separiert. Zunächst werden nur die Comptency Questions betrachtet, die inhaltlich-informatorische Anforderungen beschreiben. Diese werden gemäß vorgegebenen Kategorien („Syntax Headings") in

---

[722] Zu den verschiedenen Fragetechniken vgl. Abbildung 22 bis Abbildung 24.
[723] Vgl. Ortner, Schienmann: Normsprachlicher Entwurf, 1996, S. 116; Ortner: Konstruktionssprache, 1995, S. 149; Lehmann, Jaszewski: Metadaten, 1999, S. 4.
[724] Vgl. Wright: Dictionaries, 1999, S. 6 u. 8; Strehlow et al.: Terminological Aspects, 1993, S. 130.
[725] Vgl. Spitta: Unternehmensdaten, 1996; McDavid: Business Language Analysis, 1996; Strehlow et al.: Terminological Aspects, 1993; Back-Hock et al.: Datenmodellierung, 1994; Wright: Dictionaries, 1999.
[726] Vgl. Sankar: Data Elements, 1985. Die Methode von Sankar ist ebenfalls den Ansätzen zur Standardisierung von Datenelementen zuzurechnen (vgl. Fußnote 725). Nach Ansicht des Verfassers lässt sie sich jedoch nutzbringend auf das Terminologiemanagement im Anforderungsmanagement übertragen.

ihre syntaktischen Bestandteile zerlegt. In Anlehnung an Sankar werden folgende syntaktische Bestandteile unterschieden:

- „Key Noun": Das Subjekt des Satzes, der die inhaltlich-informatorische Anforderung beschreibt. I. d. R. handelt es sich hierbei um eine Kennzahl.
- „Pre- und Post-Modifier": Eine oder mehrere adverbiale Bestimmungen (Angaben), die vor oder hinter dem „Key Noun" stehen.
- „Time Span": Der Zeitraum, für den die Kennzahl angegeben werden soll.
- „Point of Time": Der Zeitpunkt, auf den sich die Angabe bezieht; bei Bestandsgrößen der Zeitpunkt, zu dem die Messung erfolgt.
- „Units": Eine Maßeinheit für die Kennzahl.[727]

Ggf. ist es ratsam, Regeln einzuführen, welche „Modifier" als Post- bzw. als Pre-Modifier Verwendung finden sollen. Bspw. kann es zweckmäßig sein, die Daten- bzw. Informationsart (Soll, Ist, Prognose …) jeweils als Pre-Modifier zu verzeichnen.

Abbildung 78 Technik zur Reformulierung der Competency Questions

Reformulierte CQ (definierte Reihenfolge)	Ausgangs-CQ (Filialleiter)	Syntax Heading	Ausgangs-CQ (Produktmanager Sachversicherungen)	Reformulierte CQ (definierte Reihenfolge)
Ist	aktueller	pre modifier	effektiv	Ist
Prämienumsatz	monatlicher	key noun	Abgeschlossene Verträge	Anzahl Vertragsabschlüsse
Vertriebsteams der Filiale Münster	Prämienumsatz der 3 Teams meiner Niederlassung	post modifier	Bereich Sachversicherungen	Kundengruppe; Sachversicherungen
pro Monat		time span	pro Monat	Monat
Monat		point of time	mit welcher Kundengruppe	
€		units		Stück

(In Anlehnung an Sankar: Data Elements, 1985, S. 892)

---

[727] Bei Sankar finden sich zwei weitere syntaktische Bestandteile: „Math Involved" (Eine Berechungsvorschrift, für den Fall, das es sich beim „Noun" um eine abgeleitete Kennzahl handelt). „Subrelations" (Ggf. vorkommende Begriffe, die ihrerseits einer Analyse unterzogen werden müssen). Berechnungsvorschriften und Begriffsbeziehungen werden hier jedoch erst in einem späteren Schritt behandelt.

- In einem nächsten Schritt wird die Anordnung der Bestandteile der Competency Questions vereinheitlicht, d.h. sie werden nach einer definierten Reihenfolge gegliedert.

- Besteht bereits eine Standardterminologie im Unternehmen, so werden entsprechende Begriffe aus den Competency Questions gemäß dieser ersetzt (in dem Beispiel in Abbildung 78 ist „Niederlassung" durch „Filiale" ersetzt worden). Ebenfalls werden Vagheiten und falsche Bezeichner beseitigt. Durch Analyse und Vergleich der unter einer Syntaxkategorie vorkommenden Begriffe lassen sich zudem Synonyme und Homonyme identifizieren. So kann z. B. „wie viele Verträge wurden abgeschlossen" durch „Anzahl Vertragsabschlüsse" und „Abteilung" durch „Vertriebsteam" ersetzt werden.

Der VODWE-Prototyp zeigt Möglichkeiten zur Unterstützung der beschriebenen Aktivitäten. Er unterstützt die Erfassung und Dokumentation der Ausgangs-Competency-Questions, deren Separierung nach Anforderungsarten und -aspekten, ihre Reformulierung gemäß der Syntaxmethode sowie die Beseitigung von sprachlichen Defekten. Zur Erfassung, Separierung, Dokumentation und Reformulierung werden entsprechende Formulare bereitgestellt (Abbildung 79).

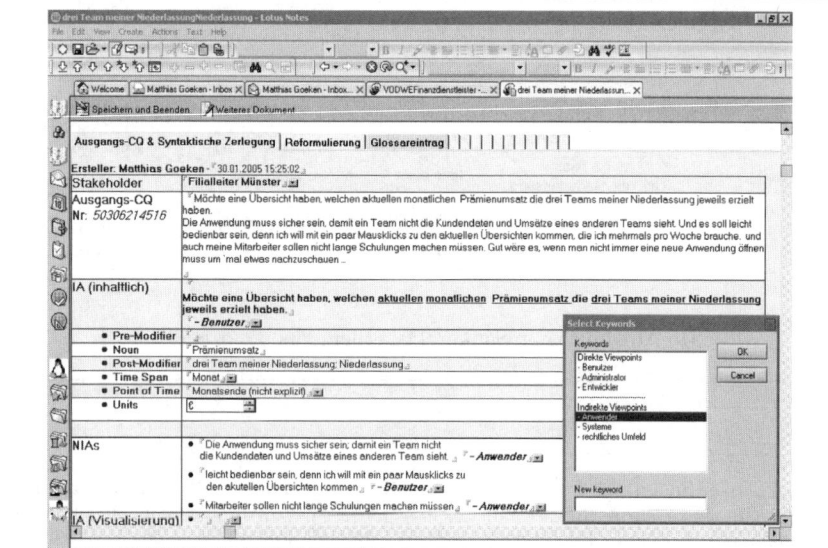

Abbildung 79 Formularstruktur zur Erfassung und Reformulierung einer CQ

Zusätzlich können in jeder Teilaktivität über tabellarische Ansichten mit flexiblen Klassifikations- und Sortiermöglichkeiten Vergleiche der ursprünglichen und reformulierten Competency Questions mehrerer oder aller Stakeholder vorgenommen werden. Die Ansichten unterstützen damit auch die Identifikation von Unterschieden und Gemeinsamkeiten sowie die Feststellung sprachlicher Defekte (Abbildung 80, oben).

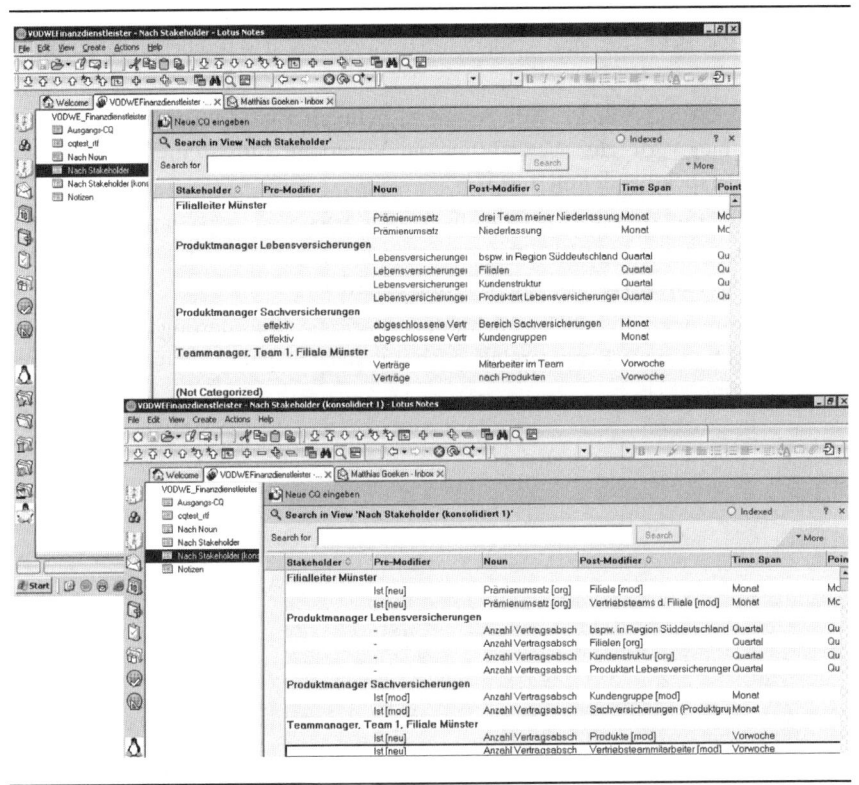

Abbildung 80 Tabellarische Ansichten zum Vergleich von Competency Questions

Darüber hinaus werden in den tabellarischen Ansichten Modifikationen und Ergänzungen der Ausgangsformulierung angezeigt, sodass zurückverfolgbar ist, welche Competency Questions wie von wem verändert wurden (Abbildung 80, unten).

Es kommt demnach hier eine zwar werkzeugunterstützte, im Kern jedoch manuelle Technik zur Anwendung. Sie beruht auf einem kategorialen Ansatz, der durch die syntaktische Einteilung der Competency Questions die Analyse und den Vergleich der Satzbestandteile unterstützt (zu einem alternativen, formaleren Verfahren vgl. Sankar[728]).

Bestimmung der Perspektiven der Competency Questions

Die letzte Aktivität bei der Analyse der Stakeholderanforderung besteht darin, die Perspektive zu bestimmen, aus der die Competency Question formuliert ist. Mögliche Perspektiven sind dabei durch die oben beschriebenen abstrakten Viewpoint-Klassen gegeben.

Diese Aktivität dient dazu, Viewpoints zu definieren bzw. zu instanziieren, da nach dem hier verfolgten Verständnis ein Viewpoint durch einen Stakeholder und seine Perspektive definiert ist.[729]

Wie auch bei der Trennung nach Anforderungsarten und -aspekten kann es hier zu Überschneidungen und Unklarheiten kommen, da nicht immer eindeutig ist, aus welcher Perspektive eine Anforderung resultiert.

Bspw. formuliert der Filialleiter nichtinformatorische Anforderungen sowohl aus der Perspektive eines Benutzers als auch aus der Perspektive eines Anwenders (vgl. Abbildung 81).

---

[728] Sankar schlägt in der Syntaxmethode ein Verfahren vor, das in mehreren Iterationen Datenelement-Duplikate beseitigt. Vgl. dazu und zu dem von ihm vorgeschlagenen Algorithmus: Sankar: Data Elements, 1985, S. 892 ff. Die Identifikation und Eliminierung von Duplikaten beruht im Wesentlichen auf den Bezeichnern der Datenelemente. Andere Autoren sind hingegen der Auffassung, dass Bezeichner sich generell nicht für die Synonymerkennung eignen. So bspw. Spitta: Unternehmensdaten, 1996, S. 82 sowie die dort angegebene Literatur.

[729] Vgl. Nuseibeh et al.: Multiple Views, 1994, S. 3.

Abbildung 81 Instanziierung von Viewpoints

	Stakeholder: Filialleiter Münster	
ilA	Möchte eine Übersicht haben, welchen aktuellen monatlichen Prämienumsatz die drei Teams meiner Niederlassung jeweils erzielt haben.	
NIA	Die Anwendung muss sicher sein, damit ein Team nicht die Kundendaten und Umsätze eines anderen Teams sieht.	
NIA	Und es soll leicht bedienbar sein, denn ich will mit ein paar Mausklicks zu den aktuellen Übersichten kommen, die ich mehrmals pro Woche brauche ... und auch damit meine Mitarbeiter sollen nicht lange Schulungen machen müssen.	
NIA	Gut wäre es, wenn man nicht immer umständlich eine neue Anwendung öffnen muss, um 'mal etwas nachzuschauen ...	

	Viewpoint: Filialleiter Münster.Benutzer	
ilA	Pre-Modifier: Noun: Post-Modifier: ...	Ist Prämienumsatz Vertriebsteams
NIA	[Die Anwendung] soll leicht bedienbar sein, denn ich will mit ein paar Mausklicks zu den aktuellen Übersichten kommen, die ich mehrmals pro Woche brauche	
NIA	Gut wäre es, wenn man nicht immer umständlich eine neue Anwendung öffnen muss, um 'mal etwas nachzuschauen ...	

	Viewpoint: Filialleiter Münster.Anwender	
NIA	Die Anwendung muss sicher sein, damit ein Team nicht die Kundendaten und Umsätze eines anderen Teams sieht.	
NIA	[Die Anwendung] soll leicht bedienbar sein, ... damit meine Mitarbeiter nicht lange Schulungen machen müssen.	

Legende:	
IA	Informatorische Anforderungen
NIA	Nichtinformatorische Anforderungen
ilA	inhaltlich informatorische Anforderungen

Der VODWE-Prototyp unterstützt die Zuordnung der erhobenen und reformulierten Competency Questions zu den abstrakten Viewpoint-Klassen bzw. Perspektiven über die Bereitstellung von entsprechenden Auswahllisten (vgl. wiederum Abbildung 79).

Als Ergebnis der Analyse der Stakeholderanforderungen liegen Viewpoints gemäß den Perspektiven der Stakeholder vor. Diese enthalten reformulierte, d. h. von sprachlichen Defekten beseitigte und syntaktisch vereinheitlichte Competency Questions. Die Fachbegriffe, die in den Competency Questions vorkommen, werden in der nächsten Aktivität zu Glossareinträgen. Eine nähere Erläuterung und Demonstration der diskutierten Aktivitäten dieser Phase findet sich unten in Abschnitt 9.2.5.

9.2.4 Definition von Fachbegriffen und Spezifikation von Viewpoint-Anforderungen

9.2.4.1 Überblick

In dieser Aktivität werden einerseits die in der vorangegangenen Aktivität erhobenen Begriffe definiert und normiert.[730] Diese Normierung kann als terminologische Konsolidierung („Viewpoint Resolution") angesehen werden. Ergebnis ist ein Glossar, welches für das zu erstellende System die relevanten Begriffe eindeutig und verbindlich definiert (zur Unterscheidung zwischen Lexikon und Glossar vgl. Fußnote 661).

Andererseits werden auf den definierten Fachbegriffen und den Competency Questions aufbauend die Viewpoint-Anforderungen spezifiziert. Hierbei wird getrennt zwischen dem Inhaltsaspekt auf der einen Seite und nichtinformatorischen Anforderungen sowie dem Qualitäts- und dem Visualisierungsaspekt auf der anderen Seite. Bei der Konkretisierung und Spezifikation der inhaltlich-informatorischen Anforderungen werden Begriffsbeziehungen aufgebaut und so die Erstellung konzeptioneller Modelle vorbereitet (9.2.4.3). Zur Spezifikation der anderen Aspekte und der nichtinformatorischen Anforderungen werden sog. Merkmalmodelle herangezogen (9.2.4.4).

Cysneiros et al. verwenden zur Erfassung und Definition von Begriffen der Diskurswelt ein „sprachlich erweitertes Lexikon" (Language Extended Lexikon, LEL).[731] Ein Eintrag im LEL setzt sich aus drei Bestandteilen zusammen (vgl. Abbildung 82 für ein Beispiel):[732]

---

[730] Unter Normierung wird häufig die Normungsarbeit von neutralen Gremien verstanden (bspw. Stahlknecht, Hasenkamp: Wirtschaftsinformatik, 2005, S. 10).
Hier handelt es sich um eine Normierung bezogen auf ein Unternehmen oder einen bestimmten Gegenstandsbereich, für das bzw. den ein Data Warehouse erstellt werden soll. Man könnte insofern auch von einer „lokalen Normung" sprechen. Ähnlich: Lehmann: Normsprache, 1998, S. 366.
[731] Vgl. Grundlegend zum LEL und seiner Rolle bei der konzeptionellen Modellierung: Leite, Franco: Conceptual Model, 1993; zu weiteren und ausführlicheren Beispielen zur Anwendung des LEL: Cysneiros et al.: Conceptual Models, 2001, S. 99 f.; Leite et al.: Scenario Construction, 2000, S. 42; Cysneiros, Leite: Non-Functional Requirements, 2001; Cysneiros: Requirements Engineering, 2002.
[732] Vgl. Cysneiros et al.: Conceptual Models, 2001, S. 99 f.; Leite et al.: Scenario Construction, 2000, S. 42.
Zu anderen Einteilungen von Glossareinträgen vgl.: Wright: Dictionaries, 1999; Strehlow et al.: Terminological Aspects, 1993; Spitta: Unternehmensdaten, 1996; Rupp: Requirements-Engineering, 2002, S. 217.

- Einem *Namen*, d. h. dem zu definierenden Begriff,
- *Erläuterungen* („*notions*"), die den Begriff durch Bezugnahme auf realweltliche Objekte bzw. relevante Sachverhalte und Phänomene beschreiben, und
- einer Beschreibung der *Verhaltensweise* („*behavioural response*") des realweltlichen Objekts bzw. des Begriffs; im Unterschied zu den Erläuterungen zielt diese auf die Darstellung und Veranschaulichung des Bedeutungsgehalts ab. Die Autoren gehen anscheinend implizit davon aus, dass das Verhalten allgemeingültig für verschiedene Stakeholder beschrieben werden kann.

Abbildung 82 Beispiel für einen Eintrag im LEL („Language Extended Lexicon")

Name	Team
Erläuterungen	• Eine Organisationseinheit des Unternehmens • Setzt sich zusammen aus einem Teamleiter und weiteren Mitarbeitern
Verhaltensweise	• Berät Kunden hinsichtlich der angebotenen Produkte des Unternehmens • Verkauft die Produkte des Unternehmens

(vgl. Cysneiros et al.: Conceptual Models, 2001, S. 99 f.;
Leite et al.: Scenario Construction, 2000)

Für die Anwendung der so vorgegebenen Struktur, d. h. für die Eintragung und Definition von Begriffen, empfehlen die Autoren die Beachtung zweier Prinzipien:

Das Zirkularitätsprinzip („circularity principle") besagt, dass für die Erläuterungen und bei der Beschreibung des Verhaltens andere Glossareinträge verwendet werden müssen. Cysneiros et al. unterstellen, dass die zirkuläre Definition der Begrifflichkeiten das Verständnis der Diskurswelt verbessert (in dem Beispiel in Abbildung 82 sind die ebenfalls im Glossar enthaltenen Einträge unterstrichen).

Das „minimum vocabulary principle" besagt, dass die Begriffe, die zur Definition herangezogen werden und selbst nicht im Lexikon definiert sind, begrenzt und kontrolliert werden müssen.[733]

---

[733] Sie empfehlen hierzu die sog. „Cobuild Wordlist" des Collins Dictionary. Hierbei handelt es sich um eine Anzahl allgemeingültiger Worte, die im Glossar die Rolle von

Der Aufbau des Glossars in VODWE orientiert sich prinzipiell an den Überlegungen von Cysneiros et al. Es werden jedoch einige Modifikationen im Hinblick auf die Entwicklung multidimensionaler Datenmodelle und vor dem Hintergrund des Viewpoint-Konzepts vorgenommen. Ein Eintrag im VODWE-Glossar besteht aus folgenden Bestandteilen:

- Einem *Namen* und einem eindeutigen *Bezeichner*.
- Der *Definition* des Begriffs mittels einer *expliziten Definition*.
- Beschreibungen der *Beziehungen* des Begriffs zu anderen Begriffen des Gegenstandsbereichs.

Hinsichtlich des dritten Teils unterscheidet sich das VODWE-Glossar demnach vom LEL. In Data-Warehouse-Systemen spielt der Verhaltensaspekt generell nur eine untergeordnete Rolle.[734] Stattdessen werden „komplexe Begriffswelten" modelliert. Im Glossar werden diese quasi-natürlichsprachlich beschrieben.

Im Unterschied zu Cysneiros et al. wird – den Grundideen des Viewpoint-Ansatzes folgend – davon ausgegangen, dass die Beschreibung im dritten Teil des Glossars nicht allgemeingültig erfolgen kann, sondern dass dieser Bereich die subjektiven Sichten der Stakeholder auf den Gegenstandsbereich repräsentiert. Gerade in den Beziehungen zu anderen Begriffen des Gegenstandsbereichs äußert sich die Individualität der Anforderungen unterschiedlicher Stakeholder.

Daher wird ausdrücklich zwischen der allgemeingültigen Definition im Glossar und der individuell-subjektiven Perspektive eines Viewpoints unterschieden. Im Glossar spiegelt sich dies darin wider, dass neben dem Denotat (der Definition) die Konnotation des Begriffs gemäß verschiedener Stakeholderperspektiven erfasst wird (vgl. Abbildung 83, links).

Auf diese Art und Weise werden die Eigenschaften des definierten Begriffs aus Sicht der Viewpoints näher gekennzeichnet und es wird dem Umstand Rechnung getragen, dass die Konnotation zwischen Stakeholdern variieren kann. Abbildung 83 veranschaulicht die aus den genannten Aspekten resultierende Struktur des Glossars.

Stoppwörtern haben, d. h. keinen Beitrag zum inhaltlichen Verständnis leisten (Worte wie „ein", „des" etc.) sowie solche Wörter, die als Grundtermini angesehen werden können und daher nicht definiert werden müssen (Zschocke: Modellbildung, 1995, S. 125).

[734] Das LEL zielt im Wesentlichen auf die Entwicklung von geschäftsprozessorientierten und interaktiven Systemen ab, bei denen daher das Verhalten explizit modelliert wird, bspw. mittels Use Cases (Anwendungsfällen) und Szenarien.

Mit dieser Struktur korrespondiert der Aufbau eines Viewpoints, der die Begriffsdefinition aus dem Glossar übernimmt (erbt) und die Konnotation des speziellen Viewpoints angibt (Abbildung 83, rechts).

Abbildung 83 Struktur des Glossars und Struktur eines Viewpoints

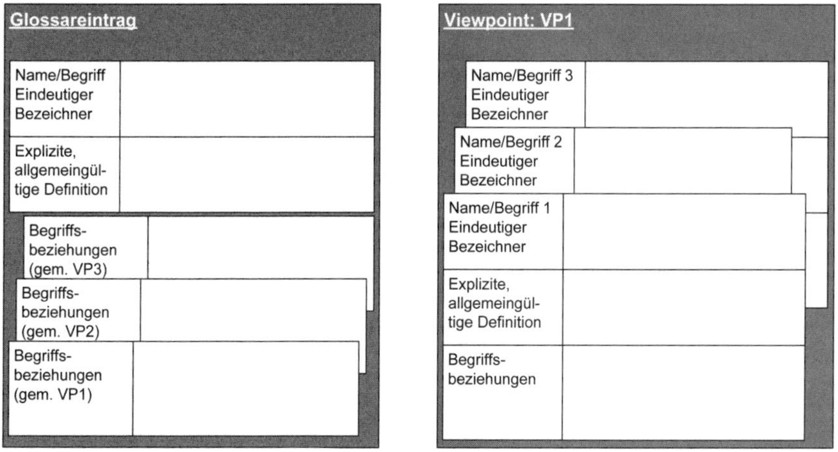

Glossareintrag		Viewpoint: VP1	
Name/Begriff Eindeutiger Bezeichner		Name/Begriff 3 Eindeutiger Bezeichner	
Explizite, allgemeingültige Definition		Name/Begriff 2 Eindeutiger Bezeichner	
Begriffsbeziehungen (gem. VP3)		Name/Begriff 1 Eindeutiger Bezeichner	
Begriffsbeziehungen (gem. VP2)		Explizite, allgemeingültige Definition	
Begriffsbeziehungen (gem. VP1)		Begriffsbeziehungen	

(VP: Viewpoint)

Die Unterscheidung zwischen der allgemeingültigen Definition auf der einen Seite und der Erfassung der individuell-subjektiven Perspektiven auf der anderen drückt sich auch in den Aktivitäten dieser Phasen aus. Zum einen werden die in den Competency Questions enthaltenen Begriffe definiert, zum anderen werden, aufbauend auf den definierten Fachbegriffen und den Competency Questions, die Anforderungen in Form von Begriffsbeziehungen beschrieben (vgl. zu der beschriebenen Struktur Abbildung 84).

Abbildung 84 Begriffsdefinition und Spezifikation der Viewpoint-Anforderungen

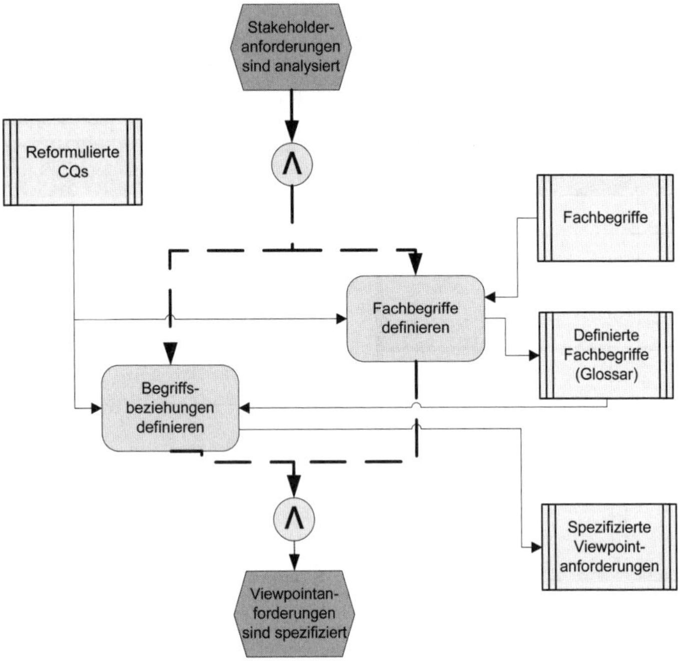

9.2.4.2 Definition von Fachbegriffen

Mittels einer *expliziten Definition* werden die gesammelten und die in den reformulierten Competency Questions enthaltenen Fachbegriffe allgemeingültig, verbindlich und personeninvariant definiert. Eine „gute" Definition gibt lt. Wright Eigenschaften eines Fachbegriffes an, die er mit anderen Begriffen des Anwendungsgebiets gemeinsam hat und auch solche, die ihn unterscheiden.[735] Daher erfolgt hier eine Orientierung an „klassischen Definitionsverfahren"[736]. Explizite Definition besagt, dass der zu definierende Begriff (das Definiendum) durch andere Begriffe (Definiens) erläutert wird. Im Wesentlichen werden Realdefinitionen verwendet. Dabei wird das Definiens unterteilt in einen Oberbegriff des Definiendum und die Angabe derjenigen Merkmale, die hinreichend und not-

---

[735] Vgl. Wright: Dictionaries, 1999, S. 8.
[736] Vgl. Zschocke: Modellbildung, 1995, S. 123 f.

wendig sind, um es von diesem zu unterscheiden. Die Definition soll also durch Angabe eines Gattungsmerkmals (genus proximum) und wesentlicher unterscheidender Merkmale (differentia specifica) erfolgen.

In dem Fallbeispiel (s. u. 9.2.5) wird ein Team bzw. ein Vertriebsteam definiert als „Organisationseinheit des Unternehmens in einer Filiale, die Kunden betreut und Verkäufe abwickelt und als Profit- und Costcenter im Controlling geführt wird." Hierbei entspricht „Organisationseinheit des Unternehmens" dem Genus, welches durch unterscheidende Merkmale abgegrenzt wird (vgl. Abbildung 85).

Abbildung 85 Begriffsdefinition im Glossar

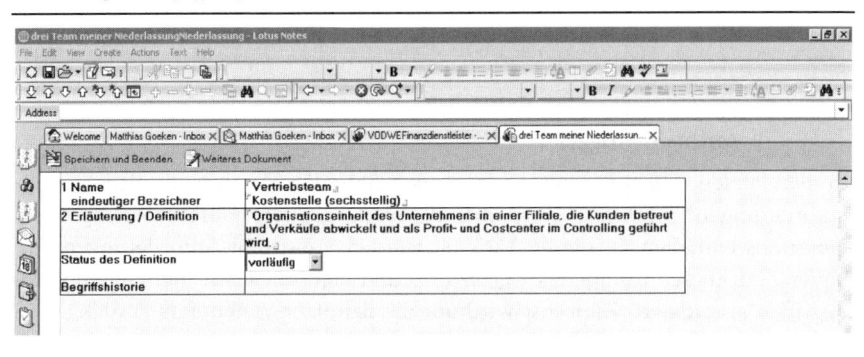

Zur Sicherstellung der Aktualität der Begriffe und um zu gewährleisten, dass sich nicht mit der Zeit Begriffsdefekte einschleichen, werden verschiedene organisatorische Maßnahmen vorgeschlagen, bspw. die Bestimmung eines Begriffspaten sowie die Einsetzung eines Freigabegremiums für die Prüfung von neu definierten Begriffen oder die Änderung vorhandener Begriffe.[737] Einige Autoren gehen davon aus, dass sich so eine allgemeingültige Unternehmensfachsprache aufbauen lässt.[738] Andere hingegen sehen es bereits als zufrieden stellend an, wenn sich auf diese Art und Weise Normierungen für den Geltungsbereich des Projekts schaffen lassen.[739]

---

[737] Vgl. Lehmann, Jaszewski: Metadaten, 1999, S. 6.
[738] Vgl. Lehmann, Ortner: Data Warehouse-Repository, 2000; Ortner, Schienmann: Normsprachlicher Entwurf, 1996, S. 116; Lehmann, Jaszewski: Metadaten, 1999.
[739] Vgl. Gabriel, Gluchowski: Modellierungstechniken, 1997, S. 22.

Der VODWE-Prototyp enthält entsprechende Formulare zur Dokumentation der Fachbegriffe nach der vorgegebenen Struktur. Der eigentliche Definitionsprozess hingegen lässt sich kaum sinnvoll durch ein Werkzeug unterstützen. Jedoch können der Status eines Begriffs dokumentiert (vorläufige Definition/ freigegebene Definition) und verschiedene Versionen verwaltet werden, sodass sich eine nachvollziehbare Historie ergibt (Traceability). Darüber hinaus könnte der Prozess der Abstimmung und der Freigabe durch einen Workflow unterstützt werden. Abbildung 85 zeigt die Bildschirmmaske für die Begriffsdefinition und -normierung im Prototyp.

Am Ende dieser Aktivität liegen Glossareinträge vor, die beim Aufbau von konzeptionellen Modellen bzw. Modellfragmenten Verwendung finden können.

9.2.4.3 Spezifikation inhaltlich informatorischer Viewpoint-Anforderungen

In dem letzten Schritt der vorangegangenen Aktivität „Analyse der Stakeholderanforderungen" wurden Viewpoints definiert, die reformulierte Competency Questions enthalten. In dieser Aktivität werden Viewpoint-Anforderungen aufbauend auf diesen Competency Questions und den im Glossar definierten Fachbegriffen spezifiziert. Zunächst wird auf die Benutzer-Viewpoints zurückgegriffen, da diese im Wesentlichen inhaltlich informatorische Anforderungen beinhalten. Andere Anforderungsarten und -aspekte sind Gegenstand des folgenden Abschnitts.

Ziel der Spezifikation ist es, die Anforderungen zu konkretisieren und so weit zu formalisieren, dass sie in den folgenden Phasen des Entwicklungsprozesses Verwendung finden können. Im Ergebnis liegen individuelle konzeptionelle Modelle bzw. Modellfragmente vor, die die Perspektive eines Viewpoints wiedergeben und als partielle Darstellungen und Beschreibungen des Gegenstandsbereichs bzw. der interessierenden Sachverhalte angesehen werden können.[740]

Es gilt also, schrittweise multidimensionale Begriffswelten gemäß den in Teil III beschriebenen Modellen zu erstellen. Bislang liegen jedoch lediglich Competency Questions und einzelne Fachbegriffe des interessierenden Gegenstandsbereichs vor. Im Folgenden sollen die genannten Begriffe durch Beziehungen zu benachbarten Begriffen beschrieben und konkretisiert werden. Die relevanten Beziehun-

---

[740] Die individuellen konzeptionellen Modelle finden sich in der oben vorgestellten erweiterten Data-Warehouse-Architektur auf der Mesoebene.

gen sind dabei durch das Metamodell, das oben in Abschnitt 6.2 entwickelt wurde, und dessen Gegenstandseinteilung gegeben.

Es sei darauf hingewiesen, dass die Stakeholder an dieser Stelle nicht mit einer konkreten Modellierungssprache oder dem Metamodell konfrontiert werden, sondern nur mit der durch das Metamodell gegebenen Gegenstandseinteilung. Die Begriffsbeziehungen werden an dieser Stelle quasi-natürlichsprachlich dargestellt.

In den im Folgenden vorgestellten Formularen zur Beschreibung von Benutzeranforderungen werden zwar die Begrifflichkeiten des Metamodells verwendet, bei Interviews sollten jedoch Techniken Anwendung finden, die geeignet sind, die Erhebung und Erfragung der Benutzersicht zu unterstützten. Dabei ergibt sich das, was „geeignete Fragetechniken" sind, aus der multidimensionalen Gegenstandseinteilung des Metamodells.

Im Metamodell werden zwei grundsätzliche Unterscheidungen getroffen, die die Gegenstandseinteilung betreffen: Zum einen danach, ob es sich um *qualifizierende* oder *quantifizierende Information* handelt; zum anderen danach, ob ein Objekt der *Typ-* oder der *Ausprägungsebene* zuzurechnen ist. Diese beiden Aspekte bestimmen den Aufbau des dritten Abschnitts des Glossars bzw. den Aufbau des Viewpoint-Formulars (vgl. oben Abbildung 83). Gemäß der Gegenstandseinteilung des Metamodells muss demnach festgelegt werden,

(1.) ob der Begriff als quantifizierende oder qualifizierende Information in das Data-Warehouse-System eingehen soll, und

(2.) ob ein Begriff der Ausprägungs- oder Typebene vorliegt, d. h. ob er als Objekt oder Objekttyp anzusehen ist.

Hinsichtlich des ersten Punktes geben die erhobenen und reformulierten Competency Questions eine wichtige Orientierung. In den Beispielen oben tauchen bei verschiedenen Stakeholdern Filialen und Teams als „Post-Modifier" auf, was darauf hindeutet, dass es sich um qualifizierende Informationen handelt. Die als „Noun" in einer Competency Question enthaltenen Begriffe sind in aller Regel Kennzahlen und damit qualifizierende Informationen.

Für Kennzahlen wird in Anlehnung an Gabriel/Gluchowski die Struktur eines Glossareintrags wie in Abbildung 86 dargestellt definiert.[741]

---

[741] Vgl. Gabriel, Gluchowski: Modellierungstechniken, 1997, S. 22.

Abbildung 86 Eintrag im Glossar für quantifizierende Informationen (Kennzahlen)

1 Name		Name
		eindeutiger Bezeichner
2 Erläuterung / Definition		Realdefinition des Begriffs: Definiendum + Definiens (=genus proximum + differentia specifica)
3 Struktur- informationen	*3.1 Maßeinheit*	
	3.2 Formel	arithmetische Operationen zwischen Kennzahlen oder sachlogische An- bzw. Zuordnung.
	3.3 Vorkommen	Findet Verwendung in ... bzw. bei ...

(in Anlehung an Gabriel, Gluchowski: Modellierungstechniken, 1997, S. 23)

Bei *qualifizierenden Informationen* ist danach zu unterscheiden, ob der zu beschreibende Begriff ein konkretes Objekt oder einen Objekttyp darstellt. Für einen Eintrag ist für diese beiden Fälle jeweils eine andere Struktur des dritten Teils vorgesehen. Eine Übersicht über die Struktur gibt Abbildung 87. Im oberen Teil sind für ein Objekt die gemäß dem Metamodell direkt benachbarten Begriffe angegeben, im unteren Abschnitt benachbarte Begriffe für einen Objekttyp.

Abbildung 87 Darstellung der Beziehungen im Glossar (qualifizierende Informationen)

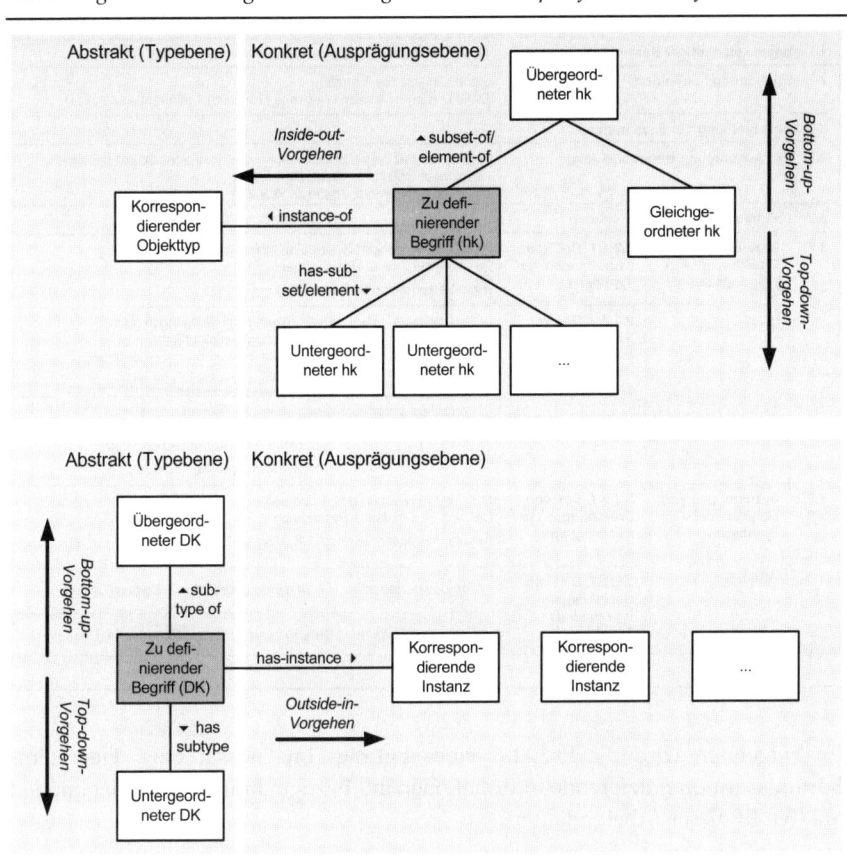

(Der Ausgangsbegriff ist jeweils grau hinterlegt)

Der Aufbau eines Eintrags im Glossar bzw. in einem Viewpoint-Formular, der sich aus der dargestellten Struktur ergibt, ist in Abbildung 88 dargestellt. Die Teile 1 und 2 enthalten den Namen bzw. eine explizite Definition. In Teil 3 werden Begriffsbeziehungen erfasst. Objekte der Ausprägungsebene werden gemäß der in 3.2.1 dargestellten Struktur beschrieben; Objekte der Typebene gemäß der Struktur in 3.2.2.

Abbildung 88 Eintrag im Glossar/Viewpoint-Formular für qualifizierende Informationen

1	Name / eindeutiger Bezeichner		Name / eindeutiger Bezeichner
2	Erläuterung / Definition		Realdefinition des Begriffs: Definiendum + Definiens (= genus proximum + differentia specifica)
3	Beschreibung der Beziehungen		
3.1	Typ/Ausprägung-Unterscheidung		Angabe, ob der Begriff ein konkretes oder abstraktes Objekt beschreibt: - Konkretes Objekt: (gehe zu → 3.2.1) - Abstrakter Objekttyp: (gehe zu → 3.2.2)
3.2	Definition von Begriffsstrukturen		
3.2.1	Beziehungen von Objekten der Ausprägungsebene	3.2.1.1 *Def. von Beziehungen zur Typebene*	*Inside-out-Vorgehen (Typen- bzw. Klassenbildung):* Def. von Instance-of-Beziehungen: (Angabe korrespondierender DK_X)
	(hk_X)	3.2.1.2 *Def. Beziehungen innerhalb der Ausprägungsebene*	*a Top-down-Vorgehen:* Def. / Bildung von Teilmengen nach Mitgliedschaftsbedingungen; Has-subset-/Has-element-Beziehungen (Angabe korrespondierender hk_{X-1})
			b Bottom-up-Vorgehen: Gruppierung zu Teilmengen nach Mitgliedschaftsbedingungen; (Subset-of-/Element-of-Beziehungen) (Angabe korrespondierender hk_{X+1})
3.2.2	Beziehungen von Objekten der Typebene	3.2.2.1 *Def. von Beziehungen zur Ausprägungsebene*	*Outside-in-Vorgehen (Instanziierung):* Def. von Has-instance-Beziehungen: Angabe korrespondierender HK_X bzw. einzelner $hk_{X,j}$
	(DK_X)	3.2.2.2 *Def. von Beziehungen innerhalb der Typebene*	*a Top-down-Vorgehen:* Bildung untergeordneter Subtypen (DK_{X-1})
			b Bottom-up-Vorgehen: Bildung übergeordneter Supertypen (DK_{X+1})

Im Folgenden wird die Struktur eines Eintrags im Glossar bzw. Viewpoint-Formular für qualifizierende Informationen mit Bezugnahme auf das Metamodell aus Teil III dieser Arbeit erläutert.

Für *Objekte* der Ausprägungsebene wurde im Metamodell festgelegt, dass sie jeweils Instanzen eines Objekttyps sind und gleichfalls in Über- und Unterordnungsbeziehungen stehen, die durch Mitgliedschaftsbedingungen beschrieben werden. Das Vorgehen zur Definition von Objekttypen einer oder mehrerer Instanzen (klassifizierende Abstraktion) wurde oben als Inside-out-Vorgehen bezeichnet, die Definition hierarchischer Über- und Unterordnungsbeziehungen als Bottom-up- bzw. Top-down-Vorgehen.

Konkret bedeutet dies für das Glossar bzw. die Viewpoint-Formulare, dass zu den in einer Competency Question benannten Hierarchieknoten (hk) jeweils korrespondierende Dimensionsknoten (DK) sowie über- und untergeordnete Hierarchieknoten angegeben werden:

- Die Angabe von korrespondierenden Dimensionsknoten entspricht der Definition generischer Begriffe (Oberbegriffe), die auf abstrakter Ebene gemeinsame Eigenschaften gleichgeordneter Hierarchieknoten repräsentieren (vgl. 3.2.1.1 in Abbildung 88 sowie die Instance-of-Beziehung in Abbildung 87 (oben)).
- Mittels der Definition übergeordneter Hierarchieknoten wird das zu definierende Objekt bzw. Element einer übergeordneten Objektmenge zugeordnet. Diese Mengen beschreiben Eigenschaften der gebildeten Gruppe als Ganzes (vgl. 3.2.1.2 b in Abbildung 88 sowie die Subset-/Element-of-Beziehung in Abbildung 87 (oben)).
- Untergeordnete Hierarchieknoten stellen wiederum Objektmengen oder elementare Objekte dar (vgl. 3.2.1.2 a in Abbildung 88 sowie die Has-subset/Has-element-Beziehung in Abbildung 87 (oben)). Angemerkt sei, dass zu elementaren Hierarchieknoten (hk_0) keine untergeordneten Hierarchieknoten angegeben werden können.

Für *Objekttypen* wurde im Metamodell festgelegt, dass sie Instanzen haben und selbst in Unter- bzw. Überordnungsbeziehung zu anderen Objekttypen stehen. Die Definition von Unter- und Überordnungsbeziehungen wird ebenfalls als Top-down- bzw. Bottom-up-Vorgehen bezeichnet, das Vorgehen bei der Definition von Instanzen eines Objekttyps als Outside-in-Vorgehen.

Im Glossar bzw. in den Viewpoint-Formularen werden daher zu den zu definierenden Dimensionsknoten Hierarchieknoten als Instanzen angegeben und Über- sowie Unterordnungsbeziehungen zu anderen Dimensionsknoten definiert:

- Die Definition von korrespondierenden Hierarchieknoten bedeutet die Festlegung von konkreten Objekten bzw. Elementen (hk) als Instanzen des Dimensionsknotens (vgl. 3.2.2.1 in Abbildung 88 sowie die Has-instance-Beziehung in Abbildung 87 (unten)). Durch die Instanziierung werden konkrete Werte für die generischen Objekttypen angegeben. Dies ist notwendig, weil, wie oben ausgeführt (S. 150 f.), die Objekte und Elemente der Ausprägungsebene in multidimensionalen Datenmodellen explizit modelliert werden müssen.
- Mittels der Definition übergeordneter Dimensionsknoten werden Supertypen des Dimensionsknotens angegeben. Die an dieser Stelle definierten Beziehungen haben die Semantik „subtype-of". Hierdurch werden Beziehungen zwischen Dimensionsknoten aufgebaut, die funktionale Abhängigkeiten zwischen ihren Instanzen widerspiegeln (vgl. 3.2.2.2 in Abbildung 88 sowie Abbildung 87 (unten)).

- Untergeordnete Dimensionsknoten stellen Subtypen dar. Die Semantik dieser Beziehung ist „has-subtype". Wie auch bei elementaren Hierarchieknoten können zu basisgranularen Dimensionsknoten keine Subklassen angegeben werden.

Mittels der dargestellten Struktur lassen sich die in den Competency Questions genannten Fachbegriffe sowie Beziehungen zu benachbarten Begriffen quasi-natürlichsprachlich beschreiben und erfassen. Wie auch bei der Anforderungsermittlung kommen hierbei unterstützende Techniken zum Einsatz. Bei der Bildung von Begriffsbeziehungen geht es jedoch nicht darum, neue Informationen zu erfragen. Im Vordergrund steht bei dieser Aktivität die Strukturierung vorhandener Informationen. Tabelle 26 ordnet mögliche Fragetypen und beispielhafte Fragen den sechs relevanten Begriffsbeziehungen zu.

Tabelle 26 Techniken zur Strukturierung von Fachbegriffen gemäß der Gegenstandseinteilung des Metamodells

3.2.1.1 Def. von Beziehungen zur Typebene	Weitere Objekte der Ausprägungsebene (Hierarchieknoten) benennen und gemeinsamen Oberbegriff festlegen. Gemeinsame Eigenschaften der Objekte
3.2.1.2 Def. von Beziehungen innerhalb der Ausprägungsebene	*a Top-down-Vorgehen:* Bestandteile nennen / festlegen „Woraus besteht x?"; „Was gehört zu x?"; „Woraus setzt sich x zusammen?"
	b Bottom-up-Vorgehen: Übergeordnete Gruppe definieren „Wozu gehört x?", „in welche Gruppe lässt sich x einordnen?"
3.2.2.1 Def. von Beziehungen zur Ausprägungsebene	*Outside-in-Vorgehen (Instanziierung):* Exemplarische Einführung: „Nennen Sie Beispiele!"; „Welche konkreten x gibt es?"
3.2.2.2 Def. von Beziehungen innerhalb der Typebene	Ähnlich 3.2.1.2; Festlegung von Beziehungen zwischen Typen scheint generell schwerer, da die Über- und Unterordnungsbeziehungen die Gruppierung auf abstrakter Ebene widerspiegeln.

Neben Fragetechniken können auch sog. „Card Games" zum Einsatz kommen. Hierbei ordnet ein Stakeholder Karten, auf denen relevante Begriffe des Gegenstandsbereichs stehen, an und nennt die Kriterien seiner Anordnung. Dies können bspw. die Instanz-Typ-Beziehungen oder die Über- und Unterordnungsbeziehungen sein. Letztere sind im Metamodell auch als Mitgliedschaftsbedingungen bezeichnet worden.

In der Literatur zur objektorientierten Analyse und Entwicklung wird implizit oder explizit angenommen, dass das „Denken in Objekten" und den Beziehungen Spezialisierung/Generalisierung, Klassenbildung/Instanziierung sowie die Bildung von Mengenbeziehungen den natürlichen Denkmustern des Menschen entspricht.[742] Insofern kann man davon ausgehen, dass mittels geeigneter Techniken eine Erfragung und Strukturierung des relevanten Wissens aufseiten des Stakeholders gelingen kann.

Mit dem VODWE-Prototyp lassen sich aus den Stakeholder-Perspektive-Zuordnungen Viewpointformulare erstellen. Abbildung 89 zeigt das Formular für den Viewpoint „Produktmanager Sachversicherungen.Benutzer". Oben findet sich die aus dem Glossar übernommene Begriffsdefinition. Darunter werden die Beziehungen des Begriffs nach der erläuterten Struktur definiert. Aus dieser Definition können mittels einer Visualisierungs-Software Graphen erstellt werden.[743]

Die so entstehenden Modellfragmente spiegeln die *informatorischen Anforderungen* der Stakeholder aus einer Einpersonensicht wider. Diese werden später (9.2.6.2) zu einem konzeptionellen Modell konsolidiert, das die Mehrpersonensicht widerspiegelt. Nach der Darstellung der Techniken und Aktivitäten zur Verwaltung weiterer Anforderungsarten und -aspekte im folgenden Abschnitt werden in Abschnitt 9.2.5.1 die Aktivitäten dieser und der vorhergegangenen Phasen anhand von Beispielen erläutert.

---

[742] „The basic point of object orientation is that, because we think about objects in the real world, we design systems in terms of objects." http://www.symbian.com/, Symbian developers library; ähnlich bereits Teorey et al.: ER Model, 1989, dort direkt bzgl. der in Teil III dieser Arbeit diskutierten Abstraktionskonzepte.

[743] Erstellt werden diese Modellfragmente mit Graphviz, einer Open Source Graphen-Visualisierungs-Software von AT&T. Aus den Einträgen des Glossars bzw. der Viewpoints lassen sich mittels eines Skripts Graphenbeschreibungsdateien erzeugen, die von Graphviz als Bilddatei ausgegeben werden.
Vgl. zu Graphviz: Ganser, North: Software Engineering, 2000; sowie die Seiten des Projekts im Internet http://www.research.att.com/sw/tools/graphviz/ bzw. http://www.graphviz.org.

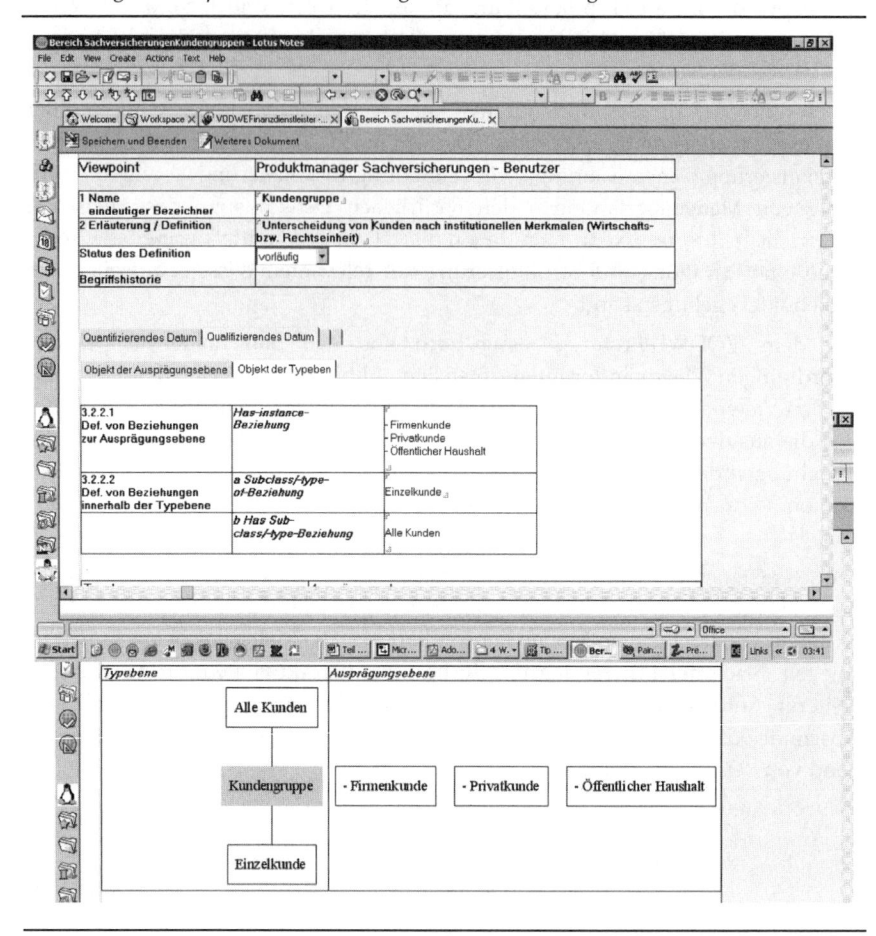

Abbildung 89 Viewpoint „Produktmanager Sachversicherungen.Benutzer"

Nach der Darstellung der Techniken und Aktivitäten zur Verwaltung und Dokumentation weiterer Anforderungsarten und -aspekte im folgenden Abschnitt werden in 9.2.5.1 die Aktivitäten „Analyse der Stakeholderanforderungen" und „Spezifikation von Viewpoint-Anforderungen" anhand von Beispielen illustriert.

9.2.4.4 Spezifikation weiterer Anforderungen

Neben den inhaltlich informatorischen Anforderungen wurden in den Competency Questions auch solche Anforderungen identifiziert, die allgemeingültige Eigenschaften des zu erstellenden Systems sowie die Qualität und die Visualisierung der bereitgestellten Informationen betreffen. Diese liegen – als Ergebnis der Phase 3 (Analyse der Stakeholderanforderungen) – nach Anforderungsarten und -aspekten separiert vor. Sie sind noch in der Sprache der Benutzer formuliert, d. h. z. T. vage und auch widersprüchlich (vgl. Abbildung 76, S. 295). Im Folgenden müssen auch diese Anforderungen dokumentiert, analysiert und spezifiziert werden, um sie für die Anforderungsdokumentation aufzubereiten.

In der Literatur werden verschiedene Techniken und Notationen diskutiert, die die Dokumentation, Analyse und Spezifikation nichtfunktionaler Anforderungen unterstützen.[744] Im Folgenden werden Merkmalmodelle („Featuremodels") verwendet, da diese in verschiedenen Bereichen der Informatik eine gewisse Verbreitung gefunden haben und sich aus unten genannten Gründen für die Modellierung nichtfunktionaler bzw. nichtinformatorischer Anforderungen im Data Warehousing eignen.[745]

Merkmale kennzeichnen Eigenschaften eines zu erstellenden Systems aus der Sicht der Stakeholder und setzen damit deren Anforderungen um.[746] Vergleiche dazu auch Abschnitt 5.2.1.2, wo die Unterscheidung zwischen „Needs" (Benutzeranforderungen) und „Features" (Systemanforderungen) im RUP diskutiert wurde. Dort ist ebenfalls darauf hingewiesen worden, dass sich die Ebenen oft nicht trennscharf abgrenzen lassen.

Durch die Strukturierung in Merkmalmodellen lassen sich Eigenschaften und die zwischen ihnen bestehenden Beziehungen anschaulich darstellen: „Die Merkmalmodellierung dient der Beschreibung gemeinsamer und variabler Merkmale eines Begriffs, einer Domäne oder einer Systemfamilie sowie möglicher Wechselwirkungen zwischen den variablen Merkmalen."[747] Merkmalmodelle stellen

---

[744] Vgl. Chung, Nixon: Non-Functional Requirements, 1995; Mylopoulos: Information Modeling, 1998; Mylopoulos et al.: Requirements Analysis, 1999; Cysneiros, Leite: Non-Functional Requirements, 2001.
[745] Ihren Ursprung scheinen Merkmalmodelle (Featuremodels) im sog. „Domain Engineering" zu haben. Besondere Verbreitung haben sie in den letzten Jahren im Bereich der Softwareproduktlinien gefunden. Vgl. bspw. Kang et al.: FODA, 1990; Kang et al.: FORM, 1998; Czarnecki: Generative Programming, 1998, S. 89 ff.; Eisenecker, Schilling: Merkmalmodellierung, 2004; als der erste Ansatz im Bereich der Featuremodellierung wird gemeinhin FODA angesehen.
[746] Vgl. Riebisch: Feature Models, 2003, S. 69; Riebisch: Merkmalmodelle, 2004.
[747] Eisenecker, Schilling: Merkmalmodellierung, 2004, S. 157.

damit eine Zwischenebene zwischen Benutzer- bzw. Stakeholderanforderungen und dem Entwurf dar und entsprechen in weiten Teilen den Systemanforderungen.

Verknüpft werden Benutzeranforderungen, Merkmale und Entwurfs- bzw. Implementierungsentscheidungen durch sog. „Traceability Links", die die Semantik „implemented-by" haben. Da eine Benutzeranforderung durch mehrere Merkmale und ein Merkmal wiederum durch mehrere Entwurfs- und Implementierungsentscheidungen umgesetzt werden kann, lassen sich mittels Merkmalmodellen für die verschiedenen Ebenen Alternativen aufzeigen und somit die Auswirkungen einer Entscheidung auf die Erfüllung der Anforderungen aufzeigen.

Abbildung 90 Traceability Links

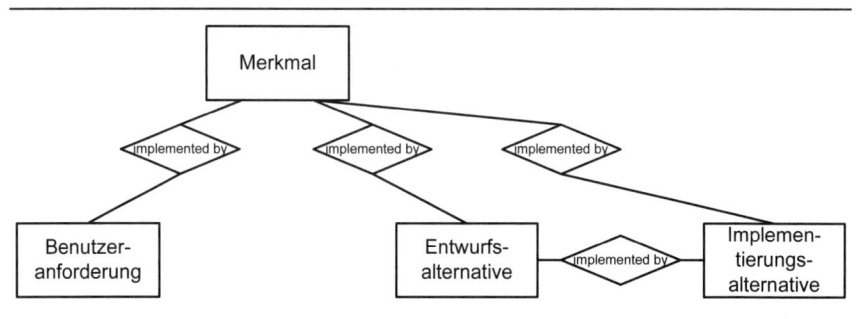

![Diagram showing a Merkmal node at the top connected via "implemented by" links to three nodes below: Benutzeranforderung, Entwurfsalternative, and Implementierungsalternative. Entwurfsalternative is also connected via "implemented by" to Implementierungsalternative.]

(In Anlehnung an Riebisch: Feature-Models, 2003, S. 69)

Aufgrund der genannten Eigenschaften sind Merkmalmodelle nach Ansicht des Verfassers für die Dokumentation des Qualitäts- und des Visualisierungsaspekts sowie der nichtinformatorischen Anforderungen im Data Warehousing geeignet:[748]

- Sie verknüpfen Anforderungen verschiedener Ebenen (Benutzer- und Systemanforderungen) sowie Anforderungen mit Entwurfsmodellen[749] und beschreiben die Beziehungen explizit.
- Sie machen dadurch Anforderungen und Entwurfsentscheidungen nachvollziehbar (Traceability).

---

[748] Vgl. hierzu Riebisch: Merkmalmodelle, 2004.
[749] Kang et al.: FORM, 1998, S. 152.

- Sie unterstützen die schrittweise Verfeinerung der Benutzeranforderungen und deren Konkretisierung durch Systemanforderungen und Implementierungsalternativen.

- Sie unterstützen das Prinzip der Separation of Concerns, da Anforderungen und Merkmale bestimmten Architekturbestandteilen des zu erstellenden Systems direkt zugeordnet werden können.

- Darüber hinaus scheinen Merkmalmodelle intuitiv verständlich zu sein, sodass sie sich gut für die Kommunikation mit Stakeholdern eignen.

Die Eigenschaften zeigen, dass Merkmalmodelle ein Bindeglied zwischen Bedarfen und Anforderungen auf der einen Seite und Entwurfs- sowie Implementierungsentscheidungen auf der anderen Seite darstellen können. Sie erfüllen wesentliche Eigenschaften konzeptioneller Modelle (Dokumentation, Grundlage für die Diskussion mit Benutzern und Input für die weiteren Entwicklungsschritte).

Angemerkt sei, dass mit den so aufgebauten Merkmalmodellen das eigentliche Anforderungsmanagement bereits verlassen wird, da Entwurfs- und Implementierungsalternativen ebenfalls modelliert werden. Die Entwurfs- und Implementierungsalternativen stellen jedoch allgemeingültiges Entwurfs- und Implementierungswissen dar. Dieses bereits hier einzubeziehen ist nötig, um Konflikte auf höheren Ebenen zu identifizieren. Erst in einer späteren Phase des Entwicklungsprozesses werden konkrete Entscheidungen zwischen den Alternativen getroffen.

Abbildung 91 zeigt die Merkmalmodelle, die aus den Sicherheits- und „Usability-"Anforderungen des Filialleiters resultieren (Dieser Stakeholder hat zwei Viewpoints, da ihm mehrere Perspektiven zugeordnet sind). In der Darstellung wird eine vereinfachte Notation verwendet, die sich an in der Literatur diskutierte Modelle anlehnt.[750]

Im unteren Bereich findet sich die Darstellung der oben formulierten und analysierten Anforderungen als Merkmalmodell. Dabei zeigen einfache Linien die Verfeinerung der Anforderungen bzw. deren Konkretisierung durch Systemanforderungen[751]. Darüber hinaus verweisen „Implemented-by-Links" auf Entwurfs- und Implementierungsalternativen. Konflikte zwischen Anforderungen, Merkmalen und Entwurfsalternativen in verschiedenen Ästen werden durch gestrichelte Linien dargestellt. Besteht ein Konflikt auf einer Ebene (hier bspw.

---

[750] Zu einer Analyse verschiedener Ansätze vgl. Riebisch: Feature Models, 2003.
[751] In vielen Notationen wird zwischen optionalen und vorgeschriebenen Merkmalen unterschieden (bspw. bei Kang et al.: FORM, 1998, S. 152; Kang et al.: FODA, 1990, S. 35). Riebisch schlägt vor, die Beziehungen mit Kardinalitäten zu kennzeichnen (Riebisch: Feature Models, 2003).

der dritten), so ergibt sich damit auch auf der darüber liegenden Ebene ein potenzieller Konflikt (Abbildung 90, rechts zwischen Sicherheit und „Usability").

Abbildung 91 Merkmalmodelle für die Viewpoints des Filialleiters

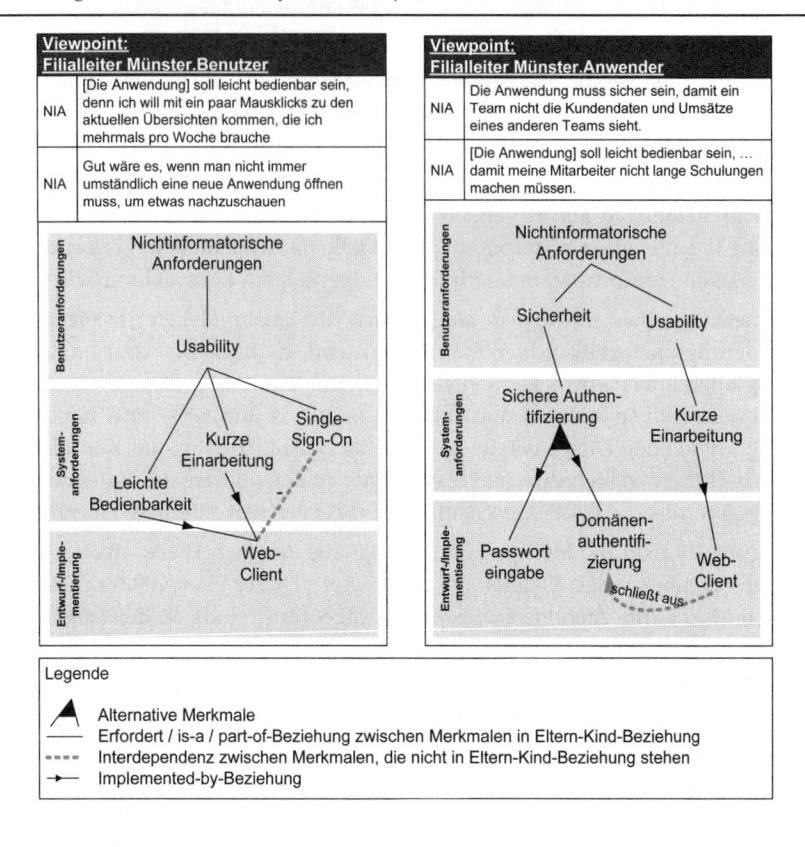

Viewpoint: Filialleiter Münster.Benutzer		Viewpoint: Filialleiter Münster.Anwender	
NIA	[Die Anwendung] soll leicht bedienbar sein, denn ich will mit ein paar Mausklicks zu den aktuellen Übersichten kommen, die ich mehrmals pro Woche brauche	NIA	Die Anwendung muss sicher sein, damit ein Team nicht die Kundendaten und Umsätze eines anderen Teams sieht.
NIA	Gut wäre es, wenn man nicht immer umständlich eine neue Anwendung öffnen muss, um etwas nachzuschauen	NIA	[Die Anwendung] soll leicht bedienbar sein, ... damit meine Mitarbeiter nicht lange Schulungen machen müssen.

Benutzeranforderungen:
- Nichtinformatorische Anforderungen
  - Usability

Systemanforderungen:
- Leichte Bedienbarkeit
- Kurze Einarbeitung
- Single-Sign-On

Entwurf-/Implementierung:
- Web-Client

Benutzeranforderungen:
- Nichtinformatorische Anforderungen
  - Sicherheit
  - Usability

Systemanforderungen:
- Sichere Authentifizierung
- Kurze Einarbeitung

Entwurf-/Implementierung:
- Passwort eingabe
- Domänenauthentifizierung
- Web-Client
- schließt aus

Legende
- ▲ Alternative Merkmale
- ── Erfordert / is-a / part-of-Beziehung zwischen Merkmalen in Eltern-Kind-Beziehung
- ---- Interdependenz zwischen Merkmalen, die nicht in Eltern-Kind-Beziehung stehen
- →— Implemented-by-Beziehung

NIA: Nichtinformatorische Anforderung

Abbildung 92 zeigt ein weiteres Beispiel für die Spezifikation von nichtinformatorischen Anforderungen und Anforderungen, die zwar den Inhaltsaspekt betreffen (Relevanz), sich jedoch nicht als multidimensionales Modell darstellen lassen. Der Viewpoint, der hier dargestellt ist, ist der des Teamleiters, Teams 1, Filiale Münster.

Anforderungsmanagement und konzeptionelle Modellierung 325

Abbildung 92 Merkmalmodell für den Viewpoint Teamleiter.Benutzer

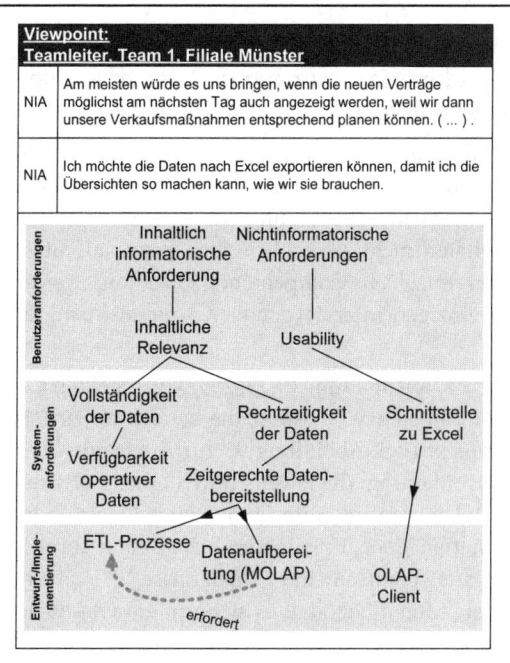

Viewpoint: Teamleiter, Team 1, Filiale Münster	
NIA	Am meisten würde es uns bringen, wenn die neuen Verträge möglichst am nächsten Tag auch angezeigt werden, weil wir dann unsere Verkaufsmaßnahmen entsprechend planen können. (...) .
NIA	Ich möchte die Daten nach Excel exportieren können, damit ich die Übersichten so machen kann, wie wir sie brauchen.

Benutzeranforderungen
- Inhaltlich informatorische Anforderung
- Nichtinformatorische Anforderungen
- Inhaltliche Relevanz
- Usability

Systemanforderungen
- Vollständigkeit der Daten
- Verfügbarkeit operativer Daten
- Rechtzeitigkeit der Daten
- Zeitgerechte Datenbereitstellung
- Schnittstelle zu Excel

Entwurf-/Implementierung
- ETL-Prozesse
- Datenaufbereitung (MOLAP)
- OLAP-Client

erfordert

NIA: Nichtinformatorische Anforderung

In dieser Aktivität sind wiederum geeignete Techniken einzusetzen, die die Analyse und Spezifikation der Anforderungen unterstützen. Im Wesentlichen sind dies Interviewtechniken, da die Erhebung neuer und die Detaillierung bereits genannter Anforderungen am besten in Einzelinterviews stattfindet. Konkrete Techniken richten sich nach der jeweils aktuellen Situation. Gruppensitzungen und Workshops kommen zum Einsatz, wenn es darum geht, die Anforderungen zu konsolidieren (vgl. dazu Abschnitt 9.2.6.3).

Als Ergebnis dieser Aktivität liegen viewpointbezogene Merkmalmodelle vor, die eine Konkretisierung der Benutzeranforderungen enthalten und so Konflikte zwischen den Anforderungen eines Viewpoints deutlich machen. In der Konsolidierungsphase (Aktivität 6 im Phasenmodell) werden die für die verschiedenen Viewpoints vorliegenden Merkmalmodelle integriert, wodurch sich die Spezifikation der betrachteten Anforderungsarten und -aspekte ergibt.

9.2.5 Beispiel und Zwischenfazit

9.2.5.1 Beispielhafte Darstellung der Aktivitäten Analyse der Stakeholderanforderungen und Spezifikation von Viewpoint-Anforderungen

Im Folgenden werden die beiden Phasen „Analyse der Stakeholderanforderungen" und „Spezifikation von Viewpoint-Anforderungen" anhand von Beispielen erläutert. Eine gemeinsame Darstellung bietet sich an, weil – wie bereits erwähnt – die Aktivitäten nicht als zeitlich abgegrenzt aufzufassen sind, sondern nur als logisch getrennt. D. h. Competency Questions werden möglicherweise im Rahmen einer einzigen Interview- oder Gruppensitzung erhoben, analysiert und spezifiziert.

Das Beispiel greift die in Abbildung 76 (S. 295) vorgestellten Competency Questions auf. Die erste Competency Question, die betrachtet wird, ist die des Filialleiters der Filiale Münster (vgl. Abbildung 93 zur Ausgangs-Competency-Question und zu ihrer Reformulierung, die jeweils durch einen horizontalen Strich kenntlich gemacht wird). Die reformulierte Competency Question beinhaltet als quantifizierende Information den „Prämienumsatz" (Noun) und als qualifizierende Information „die drei Teams meiner Niederlassung", „meine Niederlassung" sowie „Monat". Bei „Monat" handelt es sich um ein Objekt der Typebene, während „Niederlassung" ein konkretes Objekt der Ausprägungsebene ist; die „drei Teams" werden hier als Objekttyp aufgefasst.

Abbildung 93 Competency Questions des Viewpoints Filialleiter Münster.Benutzer

Benutzer	Filialleiter Münster	
Ausgangs-Competency-Question	Möchte eine Übersicht haben, welchen aktuellen monatlichen Prämienumsatz die drei Teams meiner Niederlassung jeweils erzielt haben.	
Reformulierte Competency Question	Pre-Modifier	Ist
	Noun	Prämienumsatz
	Post-Modifier	die drei Teams meiner Niederlassung | Team
		meine Niederlassung | Filiale Münster
	Time-Span	Monat
	Point of Time	Monatsende

Es zeigt sich, dass in einer Competency Question durchaus sowohl Objekttypen als auch Objekte der Ausprägungsebene nebeneinander genannt werden können. Deren explizite Unterscheidung ist jedoch für die erfolgreiche Kommunikation

Anforderungsmanagement und konzeptionelle Modellierung 327

zwischen Analysten und Stakeholdern sowie für die konzeptionelle Modellierung dringend erforderlich. Daher werden die einzelnen Begriffe der Competency Questions getrennt voneinander in separaten Einträgen im Glossar bzw. in den Viewpoint-Formularen definiert. Abbildung 94 zeigt die aus der dargestellten Competency Question resultierenden Einträge gemäß dem erläuterten Schema.

Abbildung 94 Einträge des Viewpoints Filialleiter Münster.Benutzer

1 Name, eindeutiger Bez.	Vertriebsteam, Kostenstellennummer		
2 Erläuterung / Definition	Organisationseinheit des Unternehmens in einer Filiale, die Kunden betreut und Verkäufe abwickelt und als Profitcenter und Costcenter im Controlling geführt wird.		
3.1	• Qualifizierende Information • Objekttyp		
3.2.2.1 *Def. von Beziehungen zur Ausprägungsebene*	*has-instance*	- Vertriebsteam 1, 462003; - Vertriebsteam 2, 462004; - Vertriebsteam 3, 462005;	
3.2.2.2 *Def. von Beziehungen innerhalb der Typebene*	*a subtype-of*	Filiale	
	b has-subtype	Vertriebsteam-mitarbeiter	

1 Name	Monat, Monatsname-Jahreszahl | MM-JJJJ	
2 Erläuterung / Definition	...	
3.1	• Qualifizierende Information • Objekttyp	
3.2.2.1 *Def. von Beziehungen zur Ausprägungsebene*	*has-instance*	- ... - Januar, 01-2005; - Februar, 02-2005; - ...
3.2.2.2 *Def. von Beziehungen innerhalb der Typebene*	*a subtype-of*	Quartal Jahr
	B has-subtype	Tag

1 Name, eindeutiger Bezeichner	Filiale Münster, Kostenstelle 4620	
2 Erläuterung / Definition	Organisationseinheit des Unternehmens, die im Großraum Münster ...	
3.1	• Qualifizierende Information • Objekt (Ausprägungsebene)	
3.2.1.1 *Def. von Beziehungen zur Typebene*	*instance-of*	Filiale
3.2.1.2 *Def. von Beziehungen innerhalb der Ausprägungsebene*	*a subset-of*	Norddeutschland
	b has-subset	- Vertriebsteam 1, 462003; - Vertriebsteam 2, 462004; - Vertriebsteam 3, 462005;

1 Name	Prämienumsatz	
2 Erläuterung / Definition	Summe Bruttoprämien aus abgeschlossenen Versicherungsgeschäften	
3.1	Quantifizierende Information	
3.2 Strukturinformation	Maßeinheit	EURO
	Formel	Summe der ...

Auf Grundlage der so definierten und beschriebenen Begriffe lassen sich, wie oben gezeigt, für einen Viewpoint Modellfragmente ableiten. Die definierten Begriffe gehen als Modellelemente in diese Fragmente ein. Im Sinne des Viewpoint-Ansatzes handelt es sich bei den Fragmenten um partielle, unvollständige Sichten bzw. Beschreibungen des interessierenden Gegenstandsbereichs (vgl. Abbildung 95).

Abbildung 95 Aus den Begriffen des Viewpoints resultierende Modellfragmente

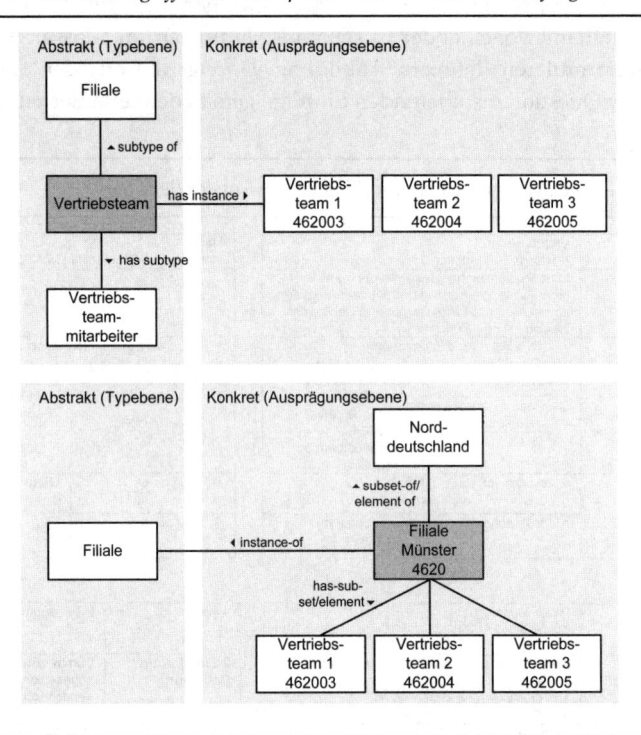

Analog werden die in den Competency Questions weiterer Stakeholder genannten Fachbegriffe ebenfalls in Einträge für das Glossar bzw. für die Viewpoint-Formulare überführt. Abbildung 97 enthält die Glossareinträge für den Teamleiter, die sich aus der in Abbildung 96 dargestellten Competency Question bzw. deren Reformulierung ergeben.

Anforderungsmanagement und konzeptionelle Modellierung

Abbildung 96 Competency Questions des Viewpoints Teamleiter, Team 1, Filiale Münster.Benutzer

Benutzer	Teamleiter, Team 1, Filiale Münster	
Ausgangs-Competency-Question	„… Aufstellung über die Verträge, die die Mitarbeiter in meinem Team jeweils in der Vorwoche abgeschlossen haben, aufgeschlüsselt nach verschiedenen Produkten"	
Reformulierte Competency Question	Pre-Modifier	Ist
	Noun	Anzahl Vertragsabschlüsse
	Post-Modifier	Teammitarbeiter meines Teams | Vertriebsteammitarbeiter
		Mein Team | Vertriebsteam 1, Filiale Münster
		Produkte
	Time-Span	Woche
	Point of Time	Ende der Woche

Abbildung 97 Einträge des Viewpoints Teamleiter Team 1 Filiale Münster.Benutzer

1 Name, eindeutiger Bez.	Vertriebsteammitarbeiter, Personalnummer		1 Name,	Produkte Produktkürzel	
2 Erläuterung / Definition	Angestellter des Unternehmens, der in einem Team …		2 Erläuterung / Definition	…	
3.1	▪ Qualifizierende Information ▪ Objekttyp		3.1	▪ Qualifizierende Information ▪ Objekttyp	
3.2.2.1 Def. von Beziehungen zur Ausprägungsebene	has-instance	- Herr Boerne, 050403; - Herr Thiel, 050404; - Frau Alberich, 050405	has-instance	- Glasversicherung, GlV; - Feuerversicherung, FeV; - Risikolebensversicherung, RLV; - Kapitallebensversicherung, KLV;	
3.2.2.2 Def. von Beziehungen innerhalb der Typebene	a subtype-of	Vertriebsteam	a subtype-of	Produktart	
	b has-subtype	- nicht vorhanden, (elementares Objekt)	b has-subtype	Einzelprodukte	

1 Name, eindeutiger Bez.	Vertriebsteam 1, Filiale Münster 462003		1 Name,	Anzahl Vertragsabschlüsse (Versicherungsgeschäfte)	
2 Erläuterung / Definition	▪ …		2 Erläuterung Definition	Summe der abgeschlossenen Versicherungsgeschäfte	
3.1	▪ Qualifizierende Information ▪ Objekt (Ausprägungsebene)		3.1	Quantifizierende Information	
3.2.1.1 Def. von Beziehungen zur Typebene	instance-of	Vertriebsteam	3.2 Struktur-information	Maßeinheit	Stück
3.2.1.2 Def. von Beziehungen innerhalb der Ausprägungsebene	a subset-of-/ element-of:	Filiale Münster		Formel	-
	b has-subset	- Herr Boerne, 050403; - Herr Thiel, 050404; - Frau Alberich, 050405			

In Abbildung 98 sind die resultierenden Modellfragmente abgebildet, wobei auf die Darstellung der Wochen verzichtet wird.

Abbildung 98 Modellfragmente des Viewpoints Teamleiter.Benutzer

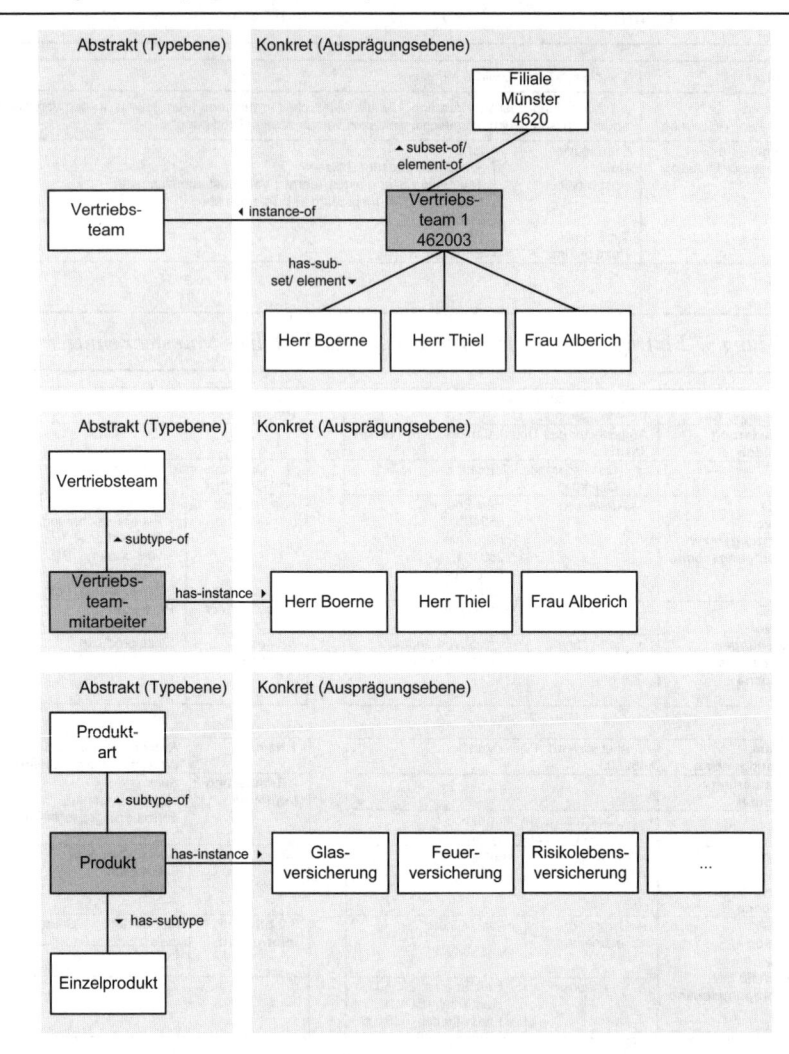

Abstrakt (Typebene)	Konkret (Ausprägungsebene)
Vertriebsteam ◀ instance-of	Filiale Münster 4620 ▲ subset-of/ element-of Vertriebsteam 1 462003 has-subset/ element ▼ Herr Boerne / Herr Thiel / Frau Alberich

Abstrakt (Typebene)	Konkret (Ausprägungsebene)
Vertriebsteam ▲ subtype-of Vertriebsteammitarbeiter has-instance ▶	Herr Boerne / Herr Thiel / Frau Alberich

Abstrakt (Typebene)	Konkret (Ausprägungsebene)
Produktart ▲ subtype-of Produkt has-instance ▶ ▼ has-subtype Einzelprodukt	Glasversicherung / Feuerversicherung / Risikolebensversicherung / …

Zusätzlich sollen die Competency Questions der beiden Produktmanager (Lebensversicherungen und Sachversicherungen) gemäß der definierten Struktur erfasst werden. In der ursprünglichen Competency Question des Produktmanagers finden sich vage Formulierungen, die im Zuge der Analyse und Reformulierung konkretisiert werden (vgl. Abbildung 99). So wird bzgl. des Merkmals „Kundenstruktur" zum einen eine Aufteilung danach vorgenommen, ob es sich um Neu- oder Bestandskunden handelt, zum anderen werden die Kunden nach Alter bzw. Altersgruppen differenziert. Die Formulierung „welche Versicherung" kann dahingehend konkretisiert werden, dass es dem Produktmanager darum geht, von welchem Versicherer (Vertragspartner) die Lebensversicherung stammt, die verkauft wurde.

Abbildung 99 CQs des Viewpoints Produktmanager Lebensversicherungen.Benutzer

Ausgangs-Competency-Question		„Brauche genaue Zahlen, welche Lebensversicherungen abgeschlossen wurden bspw. in der Region Süddeutschland in den verschiedenen Filialen und was für eine Kundenstruktur wir dort haben"	
Reformulierte Competency Question	Pre-Modifier	Ist	
	Noun	Anzahl Versicherungsabschlüsse Lebensversicherungen	| Anzahl Vertragsabschlüsse
	Post-Modifier	bspw. Region Süddeutschland	| Vertriebsregion
		Filiale	
		Kundenstruktur	| - Kundenstatus (Bestands- vs. Neukunden)
			| - Kundengruppe (Altersgruppen)
		welche Lebensversicherung	| Vertragspartner / Versicherer
	Time-Span	Quartal	
	Point of Time	Quartalsende	

Die „Region Süddeutschland" wird nur beispielhaft eingeführt, woraus geschlossen wird, dass ein Objekttyp Region existiert. Für die Kundenstruktur werden die Oberbegriffe „Kundenstatus" und „Kundengruppe" eingeführt. Insofern erfolgt hier bereits bei der Analyse und Reformulierung eine Typisierung. Der Produktmanager interessiert sich nur für Lebensversicherungen. Diese stellen ein Objekt der Ausprägungsebene dar. Sämtliche andere Begriffe werden im Glossar als Objekttypen erfasst. Die aus der Competency Question resultierenden Glossareinträge finden sich in Abbildung 100.

Abbildung 100 Einträge des Viewpoints Produktmanager Lebensversicherung.Benutzer

1 Name	Anzahl Vertragsabschlüsse
2 Erläuterung / Definition	Summe der abgeschlossenen Versicherungsgeschäfte
3.1	Quantifizierende Information
3.2 Strukturinformation	Maßeinheit — Stück Formel — Summe der...

1 Name, eindeutiger Bez.	Vertragspartner / Versicherer Unternehmensname
2 Erläuterung / Definition	Ein Vertragspartner ist ein Versicherungsunternehmen, dessen Produkte von den Vertriebseinheiten des Unternehmens angeboten werden
3.1	• Qualifizierende Information • Objekttyp
3.2.2.1 Def. von Beziehungen zur Ausprägungsebene	has-instance — - Axa, - Dt. Ring - WWK - Universa - ...
3.2.2.2 Def. von Beziehungen innerhalb der Typebene	a subtype-of — Einzelprodukt b has-subtype — Produktemittent

1 Name, eindeutiger Bez.	Lebensversicherung		
2 Erläuterung / Definition	...		
3.1	• Qualifizierende Information • Objekt (Ausprägungsebene)		
3.2.1.1 Def. von Beziehungen zur Typebene	instance-of	Produktart	
3.2.1.2 Def. von Beziehungen innerhalb der Ausprägungsebene	a subset-of	Personenversicherung	
	b has-element / has-subset	- Risikolebensversicherung; - Kapitallebensversicherung; - Rentenversicherung	

	Vertriebsregion
	Einteilung des Bundesgebiets in Regionen, für die ein Regionalmanager die Gesamtverantwortung innehat.
	• Qualifizierende Information • Objekttyp
	has-instance — - Nord; - Süd; - Ost; - West;
	a subtype-of — Vertriebsgebiet Gesamt (Bundesgebiet)
	b has-subtype — Filiale

1 Name, eindeutiger Bezeichner	Kundenstatus
2 Erläuterung / Definition	• Unterscheidet danach, ob Kunden einen ersten Vertrag abschließen oder ob es sich um einen neuen Vertrag / Verlängerungsvertrag mit einem bestehenden Kunden handelt
3.1	• Qualifizierende Information • Objekttyp
3.2.1.1 Def. von Beziehungen zur Typebene	has-instance: — - Neukunde - Bestandskunde
3.2.1.2 Def. von Beziehungen innerhalb der Ausprägungsebene	a subtype-of: — Alle Kunden b has-subtype: — Einzelkunde

	Kundengruppe Alter I
	Differenziert Kunden nach ihrem Alter
	• Qualifizierende Information • Objekttyp
	has-instance: — - Altersgruppe 1 (15 bis 20 Jahre); - Altersgruppe 2 (21 bis 25 Jahre); - ...
	a subtype-of: — Kundengruppe Alter II
	b has-subtype: — Einzelkunden

Die aus diesen Glossareinträgen resultierenden Modellfragmente werden – wie auch die Modellfragmente des folgenden Viewpoints – erst im nächsten Abschnitt dargestellt, wenn die Modellfragmente zu einem MDDM konsolidiert werden (vgl. 9.2.6)

Der letzte hier dargestellte Stakeholder, der Produktmanager Sachversicherungen, ist ebenfalls v. a. interessiert an Vertragsabschlüssen bzgl. der von ihm verantworteten Produktgruppe. Wie auch beim Produktmanager Lebensversicherungen wird die spezielle Kennzahl (Noun) verallgemeinert zu „Anzahl Vertragsabschlüsse". „Sachversicherung" wird dadurch zu einem Post-Modifier und im Glossar zu einem Objekt der Ausprägungsebene. Analog zum Produktmanager Lebensversicherung findet sich die Vertriebsregion. Der Begriff „Kundengruppe" ist jedoch anders besetzt, da hier nicht nach dem Alter der Kunden, sondern nach institutionellen Merkmalen unterschieden wird (eine Unterscheidung, die bei Lebensversicherungen keinen Sinn macht). Zur Reformulierung der Ausgangs-Competency-Question vgl. Abbildung 101, zu den resultierenden Glossareinträge für den Produktmanager Sachversicherungen Abbildung 102.

Abbildung 101 Competency Questions (Produktmanager Sachversicherungen.Benutzer)

Ausgangs-Competency-Question	Aufstellung darüber, wie viele Verträge im Bereich Sachversicherungen effektiv pro Monat wo mit welchen Kundengruppen abgeschlossen wurden	
Reformulierte Competency Question	Pre-Modifier	Ist
	Noun	Anzahl Versicherungsabschlüsse Sachversicherungen | Anzahl Vertragsabschlüsse
	Post-Modifier	Sachversicherungen Vertriebsregion Kundenstatus (Bestands- vs. Neukunden) Kundengruppe (institutionelle Merkmale)
	Time-Span	Quartal

Abbildung 102 Glossareinträge des Produktmanagers Sachversicherungen.Benutzer

1 Name, eindeutiger Bez.	Sachversicherungen		1 Name, eindeutiger Bez.	Kundengruppe	
2 Erläuterung / Definition	Versichern ...		2 Erläuterung / Definition	Beschreibung eines Kunden nach institutionellen Merkmalen (Wirtschafts- bzw. Rechtseinheit)	
3.1	• Qualifizierende Information • Objekt (Ausprägungsebene)		3.1	• Qualifizierende Information • Objekttyp	
3.2.2.1 *Def. von Beziehungen zur Ausprägungsebene*	instance-of:	Produktgruppe	3.2.2.1 *Def. von Beziehungen zur Ausprägungsebene*	has-instance:	- Firmenkunde - Privatkunde - Öffentlicher Haushalt
3.2.2.2 *Def. von Beziehungen innerhalb der Typebene*	a subset-of:	Versicherungen	3.2.2.2 *Def. von Beziehungen innerhalb der Typebene*	a subtype-of:	Einzelkunde
	b has-element / has-subset:	- Glasversicherung, GIV; - Feuerversicherung, FeV;		b has-subtype:	Alle Kunden

9.2.5.2 Zusammenfassung und Zwischenfazit

Zum Abschluss der dargestellten Aktivitäten *Analyse der Stakeholderanforderungen* und *Spezifikation von Viewpoint-Anforderungen* liegen Modellfragmente vor, die die informatorischen Anforderungen der Stakeholder widerspiegeln. Im Zentrum dieser Aktivitäten stehen das Terminologiemanagement und der Aufbau von Begriffsbeziehungen und -strukturen.

Es ist davon auszugehen, dass das *Terminologiemanagement* nicht auf eine einzige Phase beschränkt werden kann, sondern dass auch bei der Bestimmung der Begriffsbeziehungen sprachliche Defekte offenbar werden. Dies macht eine erneute Reformulierung der Competency Questions und somit einen Rücksprung in frühere Aktivitäten erforderlich. Ebenso können auch noch in späteren Phasen terminologische Probleme offensichtlich werden, sodass auch dann wiederum Definitionen angepasst werden müssen. Deshalb ist in dem Phasenmodell das Terminologiemanagement als eine das gesamte Anforderungsmanagement umspannende Aktivität dargestellt (Abbildung 72, S. 289).

Beim *Aufbau von Begriffsbeziehungen und -strukturen* wird zwischen Einpersonensicht und Mehrpersonensicht unterschieden. Im VODWE-Glossar wird deshalb getrennt zwischen der allgemeingültigen Definition eines Begriffs auf der einen Seite und der Beschreibung von Beziehungen eines Begriffs zu benachbarten Begriffen aus der Perspektive eines Stakeholders auf der anderen Seite. Dies korrespondiert mit der oben getroffenen Unterscheidung zwischen Denotat und Konnotat.

Dadurch, dass so die Fachbegriffe des Anwendungsgebiets definiert, normiert und Begriffsverantwortlichen zugeordnet sind, lässt sich eine gewisse terminologische Stabilität erzielen. D. h. das Denotat eines Begriffs wird gleichsam festgeschrieben. Dies erlaubt – aufbauend auf den reformulierten Competency Questions – die weitere Konkretisierung der erhobenen Anforderungen. Bei deren Beschreibung mittels Modellfragmenten werden die Begriffe zu Modellelementen.

Da im dritten Teil des Glossars bzw. im Viewpoint-Formular die Perspektivität der Stakeholder erfasst wird, können unterschiedliche Konnotationen der Begriffe im Anforderungsmanagement verwaltet werden. Die Konnotation zwischen Stakeholdern variiert bspw., wenn auf einem definierten Begriff aufsetzend unterschiedliche Begriffsstrukturen aufgebaut werden.

Deutlich wird dies bspw. an der Produktdimension: Während ein Stakeholder sich für den Hersteller eines Einzelprodukts interessiert, sind für einen anderen Produktart und Produktgruppe von Relevanz. Ein dritter Stakeholder wiederum könnte eine Gruppierung nach Risikoklassen benötigen. So werden – ausgehend von identischen Elementen (Einzelprodukten) – unterschiedliche Hierarchien und Dimensionsstrukturen aufgebaut.

Den Aktivitäten sind konkrete Techniken zur Erfragung, Analyse, Konkretisierung und Formalisierung von Begriffen und Begriffsstrukturen zugeordnet worden, die sich aus dem in Teil II vorgestellten Kontingenzmodell und der abstrakten Syntax multidimensionaler Modelle ergeben. Durch diese Techniken wird das Vorgehen bei der Erstellung der Entwicklungsergebnisse angeleitet, sie beschreiben damit konkreter den „way of working".

In gewisser Weise wird durch die Techniken und die Definition zu erstellender Entwicklungsergebnisse das Erhebungs- und Analyseproblem bei der Anforderungserhebung und -spezifikation verlagert. Es wird nicht unbedingt erwartet, dass der Benutzer seinen Informationsbedarf eindeutig und klar formulieren kann (bereits oben wurden Watson und Wetherbe in diesem Sinne zitiert: „Simply asking „what information do you want" usually is inappropriate ..."[752]). Stattdessen lassen sich aus dem Kontingenzmodell und durch die Vorgabe konkreter Entwicklungsergebnisse Hilfestellungen für das Stellen der „richtigen Fragen" ableiten. Insofern wird der dialogische und diskursive Prozess bei der Modellierung strukturiert (vgl. Abschnitt 4.2.3).

Terminologische Unklarheiten könnten schon in dem hier vorgestellten Fallbeispiel des Finanzdienstleisters Fidl auftreten. Es ist denkbar, dass nicht konsistent der Begriff „Filiale" verwendet wird, sondern dass manche Stakeholder stattdessen von „Niederlassung", „Zweigstelle", „Dependance" etc. sprechen. In diesem

---

[752] Watson, Frolick: Information Requirements, 1993, S. 266; ebenso: Wetherbe: Information Requirements, 1991, S. 52 u. 57 f.

Fall wird erst durch eine explizite Definition oder durch exemplarische Erläuterungen („Was verstehen Sie unter Dependance?", „Nennen sie Beispiele!") terminologische Eindeutigkeit hergestellt. Diese Vagheiten und Synonyme dürften jedoch noch relativ leicht aufzuklären und zu identifizieren sein.

Etwas kompliziertere Dimensionen stellen bei Fidl bereits die Kunden- und die Produktdimension dar. Bei der Produktdimension ist die Einteilung der Ebenen, d. h. welche Produkte logisch auf einer Dimensionsebene liegen und unter welchem Oberbegriff sie klassifiziert werden (Produkte, Produktgruppe, Produktbereich, Produktart etc.), sicherlich nicht bei jedem Stakeholder identisch. Wie oben bereits erwähnt, lassen sich auf den Einzelprodukten als Elementen unterschiedliche Hierarchien aufbauen.

Deutliche Unterschiede hinsichtlich der Terminologie und damit auch der Dimensionsstrukturen finden sich in dem kleinen Beispiel bei der Gruppierung der Kunden. Hier haben die beiden Produktmanager – resultierend aus ihrer Aufgabe – jeweils ein völlig unterschiedliches Verständnis des Begriffs „Kundengruppe" (Alter, institutionelle Merkmale sowie Bestands- vs. Neukunden). Im Marketing und auch im Customer-Relationship-Management sind vielfältige Kundengruppierungen nach deutlich mehr Kriterien als in dem vorgestellten Beispiel üblich.[753] Dies macht für ein zu erstellendes Data-Warehouse-System eine eindeutige Festlegung der Terminologie zwingend erforderlich.

Im folgenden Abschnitt wird eine Technik vorgestellt, die die Integration verschiedener Perspektiven und Sichten unterstützt. Hierbei werden die in dieser Phase erstellten Modellfragmente konsolidiert, was den Aufbau konzeptioneller Datenstrukturen für ein Data-Warehouse-System erlaubt.

9.2.6 Konsolidierung der Viewpoint-Anforderungen

9.2.6.1 Überblick

In dieser Phase des Anforderungsmanagements erfolgt der Übergang zur Mehrpersonensicht. Hierbei werden die nach Viewpoints separiert vorliegenden Modellfragmente sowie die dokumentierten nichtinformatorischen Anforderungen integriert und konsolidiert, um zu einer eindeutigen, konsistenten und vollständigen Anforderungsspezifikation zu gelangen (zur Übersicht vgl. das Vorgehensmodell S. 290). Der Herstellung der Konsistenz dient die *Viewpoint Resolution*,

---

[753] Vgl. bspw. Hippner et al.: Customer Relationship Management, 2002, S. 13 f.

ein Prozess, der Beziehungen innerhalb von und zwischen Viewpoints identifiziert, diese klassifiziert, analysiert und in ein gemeinsames Modell überführt.[754] Die Beziehungen können Gemeinsamkeiten sowie Konflikte und/oder Inkonsistenzen sein. Easterbrook bspw. differenziert ausdrücklich zwischen Konflikten und Inkonsistenzen:

> „Conflict can be characterised as disagreement among the originators of the requirements and this disagreement may lead to inconsistencies in the specification. However, disagreements do not always lead to inconsistency, and inconsistencies do not always indicate the presence of conflict."[755]

Konflikte entstehen, weil die Anforderungen eines Stakeholders die Anforderungen eines anderen Stakeholders beeinträchtigen. Inkonsistenzen ergeben sich dagegen in der Spezifikation. Der Unterschied kommt deutlich in den folgenden Zitaten zum Ausdruck. Ein Konflikt ist

> „... any situation in which the actions of one party interfere with those of another. Conflicts do not necessarily need to be resolved, but where they are, the possible resolution methods range from the co-operative to the non-cooperative". [756]

Inkonsistenzen beschreiben die Autoren hingegen als

> „... any situation in which two parts of a specification do not obey some relationship that should hold between them."[757]

Sowohl Konflikte als auch Inkonsistenzen sind im Entwicklungsprozess und insbesondere in dessen frühen Phasen unvermeidlich. Viele Autoren argumentieren, dass sie sogar produktiv sind insoweit, als sie Lernprozesse induzieren und das Verständnis des Gegenstandsbereichs fördern. Ihre frühe Beseitigung hingegen kann bewirken, dass relevantes Wissen von Stakeholdern ungenutzt bleibt.[758] Problematisch seien auch nicht die Inkonsistenzen per se, sondern vielmehr, dass sie unentdeckt blieben.[759] Um zu einer Spezifikation zu gelangen, müssen Inkon-

---

[754] Vgl. Leite, Freeman: Viewpoint Resolution, 1991; Leite: Viewpoint Analysis, 1989.
[755] Easterbrook: Elicitation, 1991, S. 10.
[756] Easterbrook: Elicitation, 1991, S. 10; Easterbrook, Nuseibeh: Inconsistency Management, 1996.
[757] Easterbrook, Nuseibeh: Inconsistency Management, 1996; Nuseibeh et al.: Inconsistency, 2001, S. 172.
[758] Vgl. Nissen: Separierung, 1997, S. 1 f.; Sommerville, Sawyer: Viewpoints, 1997, S. 109; Nuseibeh et al: Inconsistency, 2001; Easterbrook, Nuseibeh: Inconsistency Management, 1996.
[759] Vgl. Nuseibeh et al: Inconsistency, 2001, S. 172 f.

sistenzen und Konflikte beseitigt oder zumindest transparent gemacht werden. Das oben beschriebene Terminologiemanagement kann als eine Form der Beseitigung von Inkonsistenzen unter Beibehaltung und Offenlegung von vorhandenen Unterschieden angesehen werden.

Zum Management von Inkonsistenzen und Konflikten im Entwicklungsprozess werden folgende Aktivitäten vorgeschlagen:[760]

- Die *Aufdeckung von Konflikten und Inkonsistenzen*, d. h. die Identifizierung von Widersprüchen und Konflikten zwischen Anforderungen. Häufig sind diese nicht bereits bei der Spezifikation der Anforderungen erkennbar, sondern es stellt sich in späteren Phasen (Entwurf und Realisierung) heraus, dass Anforderungen nicht miteinander in Einklang zu bringen sind. In diesem Fall sind Rückschritte in die Aktivität Anforderungsmanagement und die Anpassung der Spezifikation nötig.

- Die *Klassifikation und Analyse identifizierter Beziehungen* zwischen Anforderungen, v. a. der Konflikte und Inkonsistenzen. In Abbildung 103 findet sich eine Klassifikation möglicher Beziehungen zwischen Viewpoints. Sie unterscheidet zwischen unabhängigen und abhängigen Viewpoints. Unabhängige Viewpoints stellten im Rahmen des Anforderungsmanagements keine Probleme hinsichtlich Konsistenz und Konfliktfreiheit dar. Bei Viewpoints dagegen, die in irgendeiner Form in Abhängigkeit stehen, kann man unterscheiden, ob sie überlappend oder nicht überlappend sind, d. h. ob sie gemeinsame Konzepte und/oder Modellierungskonstrukte zur Anforderungsbeschreibung verwenden.[761]

- Nachdem Konflikte und Inkonsistenzen identifiziert, analysiert und bewertet sind, muss über ihre *Behandlung* entschieden werden: Als mögliche „Strategien" schlagen Nuseibeh, Easterbrook et al. vor[762]:

    - Sie zu ignorieren, was dann möglich erscheint, wenn die Anforderungen in ihrer Bedeutung gering sind und gleichzeitig potenzielle Risiken abschätzbar sind.

    - Ihre Behandlung zurückzustellen, bspw. bis weitere Anforderungen erhoben sind, durch die sie ggf. aufgelöst werden können.

---

[760] Vgl. Finkelstein et al.: Inconsistency Handling, 1994, S. 572 ff.; Easterbrook, Nuseibeh: Inconsistency Management, 1996, S. 4; Nuseibeh et al: Inconsistency, 2001, S. 174 f.
[761] Vgl. Richards: Requirements Elicitation, 2000, S. 6; Nuseibeh et al.: Multiple Views, 1994, S. 5.
[762] Vgl. Easterbrook, Nuseibeh: Inconsistency Management, 1996, S. 4 f.; Nuseibeh et al: Inconsistency, 2001, S. 174 f.

Anforderungsmanagement und konzeptionelle Modellierung

- Sie abzumildern, indem für den Entwurf und/oder die Implementierung Entscheidungen getroffen werden, die die Auswirkungen begrenzen.
- Sie durch geeignete Techniken aufzulösen.

Abbildung 103 Klassifikation von Beziehungen zwischen Viewpoints

		Unabhängigkeit zwischen Viewpoints	Abhängigkeiten zwischen Viewpoints
Keine Überlappung in Modellen		Zwei oder mehr Viewpoints beschreiben Anforderungen an das System, die nicht miteinander in Beziehung stehen. Es bestehen keine Beziehungen zwischen Viewpoints.	Zwei oder mehr Viewpoints beschreiben Anforderungen an das System, die miteinander in Beziehung stehen. Anforderungsmodelle der Viewpoints stehen in Beziehung zueinander, weisen jedoch keine Überlappung auf.
Überlappung in Modellen	**Partielle Überlappung**	-	Zwei oder mehr Viewpoints beschreiben Anforderungen an das System, die miteinander in Beziehung stehen. Teilweise Überlappung der Anforderungsmodelle der Viewpoints: - Schnittmenge - Teilmenge (Einschluss) Mögliche Beziehungen: Redundanz (Gleichheit), Konflikte und/oder Inkonsistenzen.
	Totale Überlappung	-	Zwei oder mehr Viewpoints beschreiben Anforderungen an das System, die miteinander in Beziehung stehen. Totale, vollständige Überlappung der Anforderungsmodelle der Viewpoints. Mögliche Beziehungen: Redundanz (Gleichheit), Konflikte und/oder Inkonsistenzen.

Konflikte und Inkonsistenzen können jedoch nicht nur zwischen Viewpoints (*Inter-Viewpoint-Beziehungen*), sondern auch innerhalb von Viewpoints (*Intra-Viewpoint-Beziehungen*) auftreten.[763] Unterschieden werden soll im Folgenden zwischen:

- *Intra-Viewpoint-Resolution*: Verwalten von lokalen Beziehungen innerhalb eines Viewpoints.

- *Inter-Viewpoint-Resolution*: Verwalten der Beziehungen zwischen den Viewpoints verschiedener Stakeholder.

Eine besondere Behandlung erfordern ggf. Konflikte und Inkonsistenzen zwischen zwei oder mehr Viewpoints, die einem Stakeholder zugeordnet sind, der mehrere Perspektiven hat (intraperspektivische Konflikte). Diese Arten von Konflikten treten v. a. hinsichtlich nichtinformatorischer Anforderungen auf (vgl. unten 9.2.6.3).

Vor dem Hintergrund der verschiedenen Beziehungen zwischen Anforderungen und den Aktivitäten und Techniken zu ihrer Behandlung im Entwicklungsprozess kommt der Möglichkeit, diese zu ihrer Quelle zurückverfolgen zu können, eine besondere Bedeutung zu. Darüber hinaus erweist sich in diesem Zusammenhang die „Separation of Concerns" nach verschiedenen Dimensionen als zweckmäßig, um eine Betrachtung sowohl nach Viewpoints als auch nach verschiedenen Anforderungsarten und -aspekten vornehmen zu können.

Im Folgenden werden überwiegend Techniken diskutiert, die eine Auflösung der Konflikte und Inkonsistenzen in den Anforderungen bezwecken sollen. An einigen Stellen wird jedoch auch auf die anderen genannten Techniken eingegangen. Im Allgemeinen wird angenommen, dass die Beseitigung von Inkonsistenzen und Konflikten v. a. eine manuelle Tätigkeit ist[764], wenngleich einige Autoren eine weitgehende Formalisierung der Anforderungen vorsehen, die die Anwendung von Konsistenzregeln auf die Anforderungsbeschreibungen erlaubt.[765]

---

[763] Vgl. Sommerville, Sawyer: Viewpoints, 1997, S. 109 u. 122.
[764] Vgl. Kotonya: Requirements Specification, 1999, S. 128 f.; Sommerville, Sawyer: Viewpoints, 1997, S. 113 f. u. 125; für die unten thematisierten Schemaintegration ebenso Batini et al.: Schema Integration, 1986, S. 337.
[765] Vgl. Finkelstein et al.: Inconsistency Handling, 1994; Easterbrook, Nuseibeh: Inconsistency Management, 1996. Die hierbei vorgesehene Formalisierung der Viewpoint-Anforderungen bspw. mittels Prädikatenlogik sowie die notwendige Formulierung von Konsistenzregeln stellen nach Ansicht des Verfassers einen nicht zu rechtfertigenden Aufwand dar. Darüber hinaus erfolgt dadurch eine Formulierung der Anforderungen in einer für die Stakeholder kaum verständlichen Sprache, sodass das erstellte konzep-

Das Ergebnis der Aktivität *Konsolidierung der Viewpoint-Anforderungen* stellt zum einen das konzeptionelle MDDM der Datenhaltungsebene dar (siehe dazu oben die Mesoebene der Systemzerlegung S. 258). Da die Kennzahlen des Fakts in der Regel bekannten betrieblichen Kennzahlensystemen entstammen, ist ihre Konsolidierung ohne größeren Aufwand zu realisieren. Ggf. sind neue Kennzahlen in das Kennzahlensystem aufzunehmen. Entsprechend müssen die definitionslogischen bzw. mathematischen Beziehungen sowie die Beschreibungen im Glossar angepasst werden. Dagegen stellt die Zusammenführung der Dimensionen eine zentrale Herausforderung dar. Hierbei ist erforderlich, unterschiedliche Sichten auf Dimensionen zu erkennen und zu einer konsistenten Dimension zusammenzuführen.[766] Die Viewpoint Resolution bzgl. der Modellfragmente, die zum konzeptionellen MDDM führt, ist Gegenstand von Abschnitt 9.2.6.2.

Zum anderen erfolgt die Zusammenführung der nichtinformatorischen Anforderungen sowie der qualitäts- und visualisierungsbezogenen informatorischen Anforderungen. Ergebnis dieses Schrittes ist ein konsolidiertes Merkmalmodell, welches die Spezifikation dieser Anforderungsarten und -aspekte beinhaltet. Es zeigt Konflikte und Inkonsistenzen zwischen diesen auf und bereitet somit den Entwurf- und die Implementierung vor (vgl. hierzu Abschnitt 9.2.6.3).

Das detaillierte Aktivitätsmodell für die Konsolidierung der Viewpoint-Anforderungen (Viewpoint Resolution) findet sich in Abbildung 104. In den genannten Aktivitäten werden die Ergebnisdokumente der vorangegangenen Phase schrittweise verfeinert. Durch die Ereignisse lässt sich das dargestellte Subprozessmodell in das VODWE-Vorgehensmodell für das Anforderungsmanagement (vgl. Abbildung 73, S. 290) einordnen.

---

tionelle Modell die Anforderungen, die aus der pragmatischen Funktion der Sprache folgen, nicht erfüllen kann.
[766] Vgl. Goeken: Anforderungsmanagement, 2005, S. 178 ff.

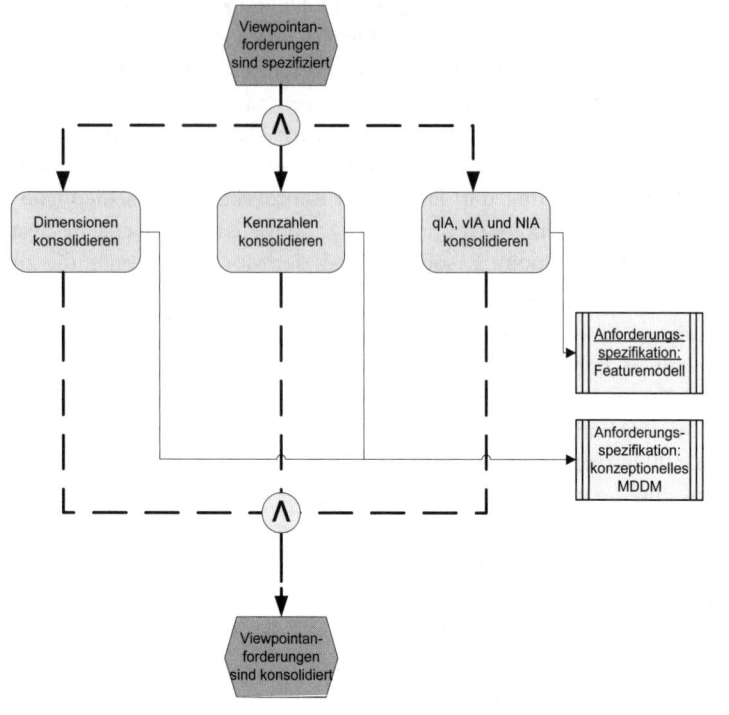

Abbildung 104 Konsolidierung der Viewpoint-Anforderungen

9.2.6.2 Konsolidierung der inhaltlich informatorischen Anforderungen

9.2.6.2.1 *Übersicht und Vorgehen*

Zur Viewpoint Resolution bzgl. der inhaltlich informatorischen Anforderungen wird im Folgenden auf Verfahren der Schemaintegration aus dem Bereich der Datenbankforschung zurückgegriffen.[767] Das Ziel der Schemaintegration ist es, mehrere konzeptionelle Schemata bzw. Views in einem globalen, d. h. integrierten konzeptionellen Schema zusammenzuführen, welches *gleichzeitig* die verschiedenen Sichten widerspiegelt. Batini et al. definieren Schemaintegration als

---

[767] Häufig finden sich auch die Bezeichnungen Schemakonsolidierung bzw. „föderative Datenbanken" und „heterogene Datenbanken".

„ ... the process of merging several conceptual schemas into a *global conceptual schema* that represents all the requirements of the application."[768]

Hierfür sind diejenigen Teile verschiedener Input-Schemata zu identifizieren, die sich auf dieselben Sachverhalte der Realität beziehen:

„In order to perform integration, it is crucial to single out not only the set of common concepts but also the set of different concepts in different schemas that are mutually related by some semantic properties."[769]

Allein das Auffinden gleicher Konstrukte und Konzepte ist demnach nicht ausreichend. Vielmehr müssen Ähnlichkeiten sowie Unterschiede zwischen den Input-Schemata festgestellt werden, um Entscheidungen treffen zu können, wie sie in das globale, integrierte Schema eingehen sollen.

Nach Ansicht des Verfassers können die Verfahren und Techniken der Schemaintegration zweckmäßig für die Integration bzw. Konsolidierung der erstellten Modellfragmente angewendet werden, da mit der Schemaintegration im Wesentlichen dieselbe Zielsetzung verfolgt wird wie mit der in dieser Aktivität anstehenden Konsolidierung der Modellfragmente. Daher kann auf vorhandenen Arbeiten zur Schemaintegration aufgebaut werden.[770]

Damit das integrierte konzeptionelle Modell die Anforderungen aller Viewpoints wiedergibt, muss es bestimmte Qualitätskriterien erfüllen:[771]

- Vollständigkeit: Es muss sämtliche Sachverhalte, die in den Input-Schemata, d. h. den Modellfragmenten repräsentiert sind, enthalten.

- Korrektheit: Es muss die Semantik der Konzepte (Begriffe) in den verschiedenen Input-Schemata hinsichtlich Denotat und Konnotat korrekt widerspiegeln. Zum anderen muss es frei von Widersprüchen sein.

- Minimalität: Das integrierte Schema muss frei von Redundanzen sein, d. h. identische Sachverhalte aus den Modellfragmenten dürfen nur einmal in dem integrierten Schema vorkommen.

---

[768] Batini et al.: Database, 1992, S. 119; vgl. auch Pernul, Unland: Datenbanken, 2003, S. 120 f.; Lehner: Data-Warehouse-Systeme, 2003, S.124 ff.
[769] Batini et al.: Schema Integration, 1986, S. 334; Rauh, Stickel: Datenmodellierung, 1997, S. 325.
[770] Zu Übersichten über Verfahren der Schemaintegration vgl. Conrad: Schemaintegration, 2002, S. 105 ff.; Batini et al.: Schema Integration, 1986.
[771] Vgl. Parent, Spaccapietra: Database Integration, 1998, S. 171; Lehner: Data-Warehouse-Systeme, 2003, S.126 f.; Batini et al.: Schema Integration, 1986, S. 337.

- Verständlichkeit: Regelmäßig wird gefordert, dass das integrierte Schema sowohl für Analysten und Entwickler als auch für Endbenutzer leicht verständlich sein soll.[772]

Für das Zusammenführen der Modellfragmente sind vier Aktivitäten vorgesehen (vgl. Abbildung 105).[773]

Abbildung 105 Aktivitäten für die Konsolidierung der Modellfragmente

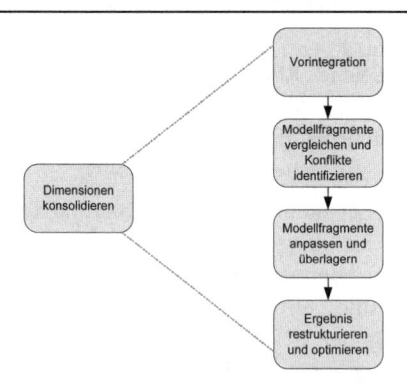

```
                              ┌──────────────┐
                              │ Vorintegration │
                              └──────┬───────┘
                                     ▼
                           ┌────────────────────┐
                           │ Modellfragmente    │
                           │ vergleichen und    │
                           │ Konflikte          │
                           │ identifizieren     │
┌──────────────┐           └────────┬───────────┘
│ Dimensionen  │                    ▼
│ konsolidieren│           ┌────────────────────┐
└──────────────┘           │ Modellfragmente    │
                           │ anpassen und       │
                           │ überlagern         │
                           └────────┬───────────┘
                                    ▼
                           ┌────────────────────┐
                           │ Ergebnis           │
                           │ restrukturieren    │
                           │ und optimieren     │
                           └────────────────────┘
```

(nach Parent, Spaccapietra: Database Integration, 1998, S. 166; Pernul, Unland: Datenbanken, 2003, S. 120 ff.)

- **Vorintegration**

Im Rahmen der Vorintegration wird festgelegt, welche Modellfragmente in welcher Reihenfolge und wie viele Modellfragmente zu einem Zeitpunkt konsolidiert werden sollen. Bzgl. der Anzahl der zu konsolidierenden Modellfragmente unterscheidet man zwischen der binären und der n-ären Integration. Hinsichtlich der Reihenfolge beim binären Vorgehen können Modellfragmente immer paar- bzw. schichtweise integriert werden (balanced) oder aber sukzessive in das teilintegrierte Modell eingehen. Werden mehrere Modellfragmente integriert, so kann

---

[772] Hier gelten nach Ansicht des Verfassers dieselben Einwände, die oben (Abschnitt 5.2.2.5) bereits angeführt wurden.
[773] Vgl. Rauh, Stickel: Datenmodellierung, 1997, S. 324; Pernul, Unland: Datenbanken, 2003; Batini et al.: Schema Integration, 1986, S. 334.

zwischen der relativ freien Variante und einem One-shot-Vorgehen unterschieden werden.[774]

Abbildung 106 Integrationsstrategien

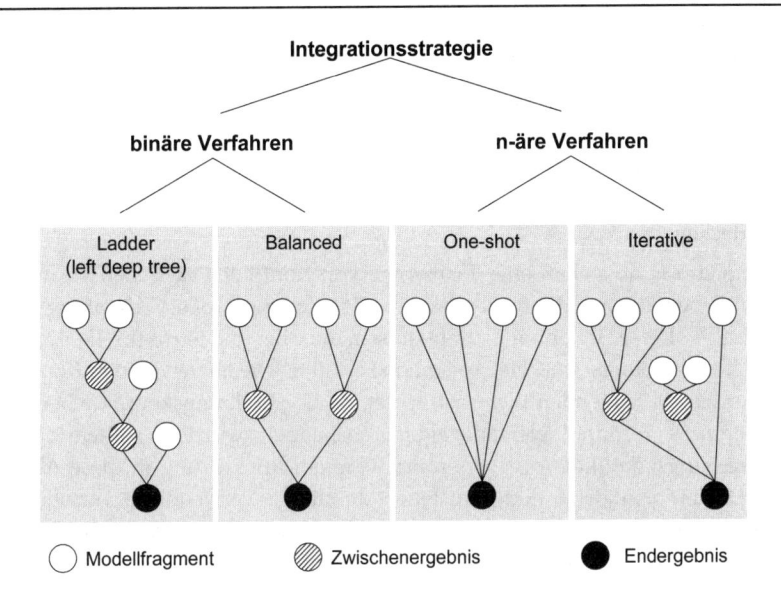

```
                         Integrationsstrategie
                        /                    \
              binäre Verfahren            n-äre Verfahren
              /            \              /            \
         Ladder         Balanced      One-shot      Iterative
      (left deep tree)
```

○ Modellfragment   ◐ Zwischenergebnis   ● Endergebnis

Im Folgenden werden schwerpunktmäßig die binären Strategien betrachtet, da n-äre Verfahren eine deutlich höhere Komplexität aufweisen. Man kann davon ausgehen, dass mit der Wahl eines bestimmten Vorgehens (Ladder vs. Balanced) und der Festlegung der Reihenfolge der zu integrierenden Modellfragmente auch eine Entscheidung darüber getroffen wird, mit welchem Gewicht die verschiedenen Fragmente in dem globalen MDDM vertreten sein werden. Trotz des Versuchs, die oben genannten Qualitätskriterien einzuhalten, dürften – insbesondere bei der Ladderstrategie – die ersten Modellfragmente deutlich stärkere Auswirkungen auf das Ergebnis haben als die zuletzt integrierten.

---

774 Vgl. Pernul, Unland: Datenbanken, 2003, S. 121; Lehner: Data-Warehouse-Systeme, 2003, S. 127 f.; Rauh, Stickel: Datenmodellierung, 1997, S. 323; Batini et al.: Schema Integration, 1986, S. 343.

Andererseits scheint die Ladderstrategie geeignet, weil immer ein Referenzpunkt vorliegt. Soll bspw. ein Prototyp im Entwicklungsprozess erstellt werden, so kann dieser sich an dem vorliegenden Teilmodell orientieren. Bei der balancierten Strategie liegen hingegen zu einem Zeitpunkt mehrere Zwischenergebnisse vor.

Mit der Vorintegration wird das Vorgehen für die weiteren Aktivitäten grob definiert. Die nachfolgenden drei Aktivitäten werden mehrfach für jeweils zu integrierende Modellfragmente durchlaufen (vgl. den Zyklus in Abbildung 105).

■ **Vergleich und Konfliktidentifikation**

In der nächsten Phase erfolgt der Schemavergleich, bei dem Beziehungen zwischen den Elementen der Modellfragmente identifiziert, analysiert und dokumentiert werden. Insbesondere geht es darum, Konflikte und Inkonsistenzen aufzudecken.

Spaccapietra et al. stellen eine Taxonomie von Konflikten zwischen zu integrierenden Schemata auf, die in der Datenbankforschung große Verbreitung gefunden hat.[775] Diese Taxonomie umfasst semantische und strukturelle Konflikte sowie Beschreibungs- und Heterogenitätskonflikte. Die letzten beiden Konfliktarten werden im Folgenden nicht betrachtet, da Beschreibungskonflikte bereits im Rahmen des Terminologiemanagements behandelt wurden; sollten dennoch Beschreibungskonflikte vorliegen, dann wäre ein Rücksprung in diese Aktivität nötig. Heterogenitätskonflikte entstehen durch die Verwendung verschiedener Metamodelle bei der Modellierung, wenn diese unterschiedlich reiche Syntaxen besitzen. Da hier mit den Modellfragmenten homogene Beschreibungen der Anforderungen vorliegen, sind Heterogenitätskonflikte ausgeschlossen.[776]

Von besonderer Bedeutung ist im Rahmen der Viewpoint Resolution die Beseitigung semantischer Konflikte zwischen den Modellen der verschiedenen Viewpoints. Conrad bezeichnet diese treffend als „extensionale Konflikte"[777]. Sie entstehen, wenn bei einander entsprechenden Objekttypen die zugehörigen Instanzen nicht übereinstimmen, da jeder Viewpoint nur seine Sicht auf den Gegenstandsbereich beschreibt. Man unterscheidet in diesem Zusammenhang vier semantische bzw. extensionale Konflikte:

---

[775] Spaccapietra et al.: Independent Assertions, 1992; Spaccapietra, Parent: View Integration, 1994; Parent, Spaccapietra: Database Integration, 1998, S. 170; vgl. ebenfalls Batini et al.: Schema Integration, 1986, S. 329 ff.; Conrad: Schemaintegration, 2002.
[776] Bei strukturellen Konflikten handelt es sich um Konflikte, die entstehen, weil ein und derselbe Sachverhalt bspw. im ERM einmal als Relation, einmal als Entität modelliert wird. Diese Konfliktart ist für die hier betrachtete multidimensionale Modellierung ebenfalls nicht von Relevanz.
[777] Conrad: Schemaintegration, 2002, S. 103.

- **Extensionale Äquivalenz (≡):** Zwei Objekttypen X_1 und X_2 zweier Schemata/Modellfragmente haben in jedem Zustand dieselben Instanzen auf Ausprägungsebene.
- **Einschluss/Teilmenge (⊇):** Die Instanzen von X_2 sind in jedem Zustand auch Instanzen von X_1. Das heisst, X_1 schließt X_2 ein.
- **Überlappung (∩):** Die Instanzen von X_1 und X_2 bilden eine nichtleere Schnittmenge.
- **Disjunktheit (≠):** Die Instanzen von X_1 und X_2 bilden eine leere Menge, trotzdem stehen X_1 und X_2 in einer für die Konsolidierung relevanten Beziehung.

Diese Beziehungen lassen sich nicht nur auf Objekttypen anwenden, sondern können ebenfalls auf Pfade bzw. Pfadabschnitte und auf Kennzahlen angewendet werden (s. u. 9.2.6.2.2).

- **Anpassung und Überlagerung**

Sind die Beziehungen auf diese Art und Weise geklärt und die Konflikte transparent, können sie aufgelöst werden (alternative Strategien wurden auf S. 338 präsentiert). Im Allgemeinen wird davon ausgegangen, dass eine automatische Auflösung nicht möglich, sondern dass die Auflösung im Wesentlichen eine manuelle Tätigkeit ist. In der Regel geschieht dieses unter Heranziehung von betroffenen Stakeholdern,[778] sodass die oben diskutierten Techniken zum Einsatz kommen.

Zum Ende dieser Aktivität werden die Modellfragmente durch Mischen bzw. Überlagern in ein gemeinsames konzeptionelles Modell überführt. Hierbei kommen Integrationsregeln zum Einsatz, die festlegen, wie Modellelemente, zwischen denen eine Beziehung besteht, in dem integrierten Modell abgebildet werden.[779] Derartige Regeln existieren zurzeit für multidimensionale Datenmodelle nicht. Daher wird im Folgenden versucht, Heuristiken zu identifizieren und zu begründen, die die Integration der multidimensionalen Modellfragmente unterstützen können.

- **Restrukturierungs- und Optimierungsphase**

Schließlich können an dem Endergebnis oder an verschiedenen Zwischenergebnissen Restrukturierungen und/oder Optimierungen vorgenommen werden. Sind

---

[778] Vgl. Spaccapietra et al.: Independent Assertions, 1992, S. 84 f. u. 86 ff.; Lehner: Data-Warehouse-Systeme, 2003, S. 126; Rauh, Stickel: Datenmodellierung, 1997, S. 325.

[779] Die vorhandenen Regeln beziehen sich auf die Integration von Relationenmodellen und/oder Entity-Relationship-Modellen: vgl. Spaccapietra et al.: Independent Assertions, 1992; Spaccapietra, Parent: View Integration, 1994; Parent, Spaccapietra: Database Integration, 1998; Conrad: Schemaintegration, 2002, S. 106 f.; Lehner: Data-Warehouse-Systeme, 2003, S. 128.

weitere Modellfragmente zu integrieren, wird mit der Aktivität *Vergleich und Konfliktidentifikation* fortgefahren.

9.2.6.2.2 Viewpoint Resolution durch zusicherungsbasierte Integration

Besondere Verbreitung hat im Bereich der Schemaintegration der Ansatz von Spaccapietra et al. gefunden. Dabei werden Beziehungen zwischen den Input-Schemata als „inter-schema correspondence assertions"[780] bezeichnet. Im Deutschen wird von *Zusicherungen* bzw. *zusicherungsbasierter Integration* gesprochen.[781] Eine Zusicherung drückt aus, dass Bestandteile (hier Dimensionsknoten und Dimensionspfade) der zu integrierenden Schemata einander entsprechen oder in irgendeiner für die Integration relevanten Beziehung stehen.[782]

Im Rahmen von VODWE wird dieser Ansatz angewendet, um Konflikte und Gemeinsamkeiten zwischen den Elementen der Modellfragmente zu identifizieren, Korrespondenzen zwischen diesen zu formulieren (zuzusichern) und sie dann mittels Integrationsregeln in ein integriertes globales Schema, das konzeptionelle MDDM, zu überführen. Die festgestellten Korrespondenzen können als Integritätsbedingungen interpretiert werden, die das integrierte Schema erfüllen muss.

Folgende Zusicherungen hinsichtlich der Korrespondenzen zwischen Modellfragmenten sind möglich:

- Dimensionsknoten-Korrespondenzen (Korrespondenzen zwischen den Objekttypen einer Dimensionsstruktur),
- Dimensionspfad-Korrespondenzen (Korrespondenzen zwischen den durch Objekttypen gebildeten Dimensionspfaden) sowie
- Kennzahlen-Korrespondenzen (Korrespondenzen zwischen den quantifizierenden Informationen von MDDM oder Modellfragmenten).

Kennzahlen-Korrespondenzen sind vergleichsweise trivial zu handhaben, da sie – wie oben erwähnt – durch definitionslogische und mathematische Beziehungen zwischen Kennzahlen, die aus dem Kennzahlensystem resultieren, gegeben sind. Sie werden daher im Folgenden vernachlässigt.[783] Dimensionsknoten-Korrespon-

---

[780] Spaccapietra et al.: Independent Assertions, 1992, S. 95.
[781] Vgl. Conrad: Schemaintegration, 2002, S. 105.
[782] Vgl. Spaccapietra et al.: Independent Assertions, 1992, S. 95.
[783] Ebenfalls vernachlässigt werden Attribut-Korrespondenzen, da Attribute in der multidimensionalen Modellierung eine nur untergeordnete Rolle spielen. Zu dieser Art von Korrespondenzen vgl. Spaccapietra et al.: Independent Assertions, 1992, S. 101 f.; Conrad: Schemaintegration, 2002, S. 105 f.

denzen und Pfad-Korrespondenzen werden hingegen einer genaueren Betrachtung unterzogen. Die zwischen zwei Dimensionsknoten möglichen Korrespondenzen und Zusicherungen werden – in Anlehnung an Arbeiten zur zusicherungsbasierten Schemaintegration[784] – wie in Tabelle 27 angegeben definiert. Sie entsprechen den oben genannten extensionalen Konflikten.

Tabelle 27 Korrespondenzen und Zusicherungen zwischen Dimensionsknoten

Extensionale Äquivalenz ($\equiv$) / Äquivalenz-Zusicherung	DK_i^{VP1} und DK_i^{VP2} repräsentieren immer (in jedem Zustand) dieselbe Menge an Instanzen hk_i (HK_i) der realen Welt, d. h. sie sind semantisch äquivalent.
Einschluss ($\supseteq$) Inklusions-Zusicherung	Zu jedem Zeitpunkt enthält die Menge von Hierarchieknoten hk_i, die durch DK_i^{VP1} repräsentiert wird, die Menge hk_i (HK_i), die durch DK_i^{VP2} repräsentiert wird. D. h. DK_i^{VP2} stellt semantisch immer eine Teilmenge von DK_i^{VP1} dar.
Überlappung ($\cap$) Überlappungs-Zusicherung	Zwischen den Mengen von Hierarchieknoten, die durch DK_i^{VP1} und DK_i^{VP2} repräsentiert werden, kann es eine Überlappung geben, d. h. es gibt eine nichtleere Schnittmenge. Diese Überlappung muss jedoch nicht zu jedem Zeitpunkt bestehen.
Disjunktheit ($\neq$) Exklusions-Zusicherung	Die von DK_i^{VP1} und DK_i^{VP2} repräsentierten Objektmengen sind immer disjunkt, d. h. es gibt zu keinem Zeitpunkt einen Hierarchieknoten, der gleichzeitig zu DK_i^{VP1} und DK_i^{VP2} gehört. Eine solche Zusicherung ist allerdings nur dann notwendig, wenn zwischen den beiden repräsentierten Mengen eine Beziehung besteht, die es erforderlich macht, DK_i^{VP1} und DK_i^{VP2} in dem integrierten Schema als Teile eines allgemeineren Elementes zu modellieren.

(Ein hochgestellter Index gibt den Viewpoint an, aus dessen Modellfragment der bzw. die Dimensionsknoten entnommen wurden)

---

[784] Vgl. Spaccapietra et al.: Independent Assertions, 1992; Conrad: Schemaintegration, 2002.

Um in Korrespondenzen Zusicherungen zwischen Dimensionspfaden definieren zu können, seien zwei Dimensionspfade angegeben, auf die bei den Definitionen in Tabelle 28 zurückgegriffen wird:

- Dimensionspfad 1: $DK_0^{VP1} \rightarrow DK_1^{VP1} \rightarrow ... \rightarrow DK_m^{VP1}$
- Dimensionspfad 2: $DK_0^{VP2} \rightarrow DK_1^{VP2} \rightarrow ... \rightarrow DK_m^{VP2}$

Tabelle 28 Korrespondenzen und Zusicherungen zwischen Dimensionspfaden

Extensionale Äquivalenz (≡) Pfadäquivalenz-Zusicherung	Durch den Dimensionspfad 1 stehen *genau dieselben* Hierarchieknoten zueinander in Beziehung wie durch den Dimensionspfad 2. Die Hierarchien entsprechen sich bzgl. der Hierarchieknoten und den zwischen ihnen auftretenden paarweisen Beziehungen.
Pfadeinschluss (⊇) Pfadinklusions-Zusicherung	Die Menge der Paare von Hierarchieknoten, die durch Dimensionspfad 1 gegeben ist, *umfasst* die Menge der Paare von Hierarchieknoten, die durch Dimensionspfad 2 gegeben sind.
Überlappung (∩) Pfadüberlappungs-Zusicherung	Die Paare von Hierarchieknoten, die durch Dimensionspfad 1 gegeben sind, können sich *überlappen* mit den Paaren von Hierarchieknoten, die durch Dimensionspfad 2 gegeben sind. D. h. die Hierarchieknotenpaare, die durch die beiden Pfade gegeben sind, können eine nichtleere Schnittmenge haben.
Disjunktheit (≠) Pfadexklusions-Zusicherung	Die Menge der Paare von Hierarchieknoten, die durch Dimensionspfad 1 gegeben sind, und die Menge der Paare von Hierarchieknoten, die durch Dimensionspfad 2 gegeben sind, sind *immer disjunkt*, stehen aber in Beziehung zueinander.

Angemerkt sei an dieser Stelle, dass in dem Metamodell zur Definition der abstrakten Syntax multidimensionaler Datenmodelle bei der Definition von Dimensionspfaden auf das Konzept der funktionalen Abhängigkeit zurückgegriffen wurde. Demnach existiert (paarweise) funktionale Abhängigkeit zwischen Dimensionsknoten dann, wenn auf Ausprägungsebene für jeden Hierarchieknoten genau ein Hierarchieknoten existiert.

Im Folgenden werden die in den beiden Tabellen genannten Zusicherungen anhand verschiedener Sichten auf die Zeitdimension illustriert (zu den nachstehenden Ausführungen vgl. Abbildung 107), und es wird versucht, Heuristiken für die Integration abzuleiten. Danach findet sich dann die Anwendung auf die Modellfragmente aus dem Beispielfall Fidl, die das Ergebnis des Abschnitts 9.2.5.1 darstellen.

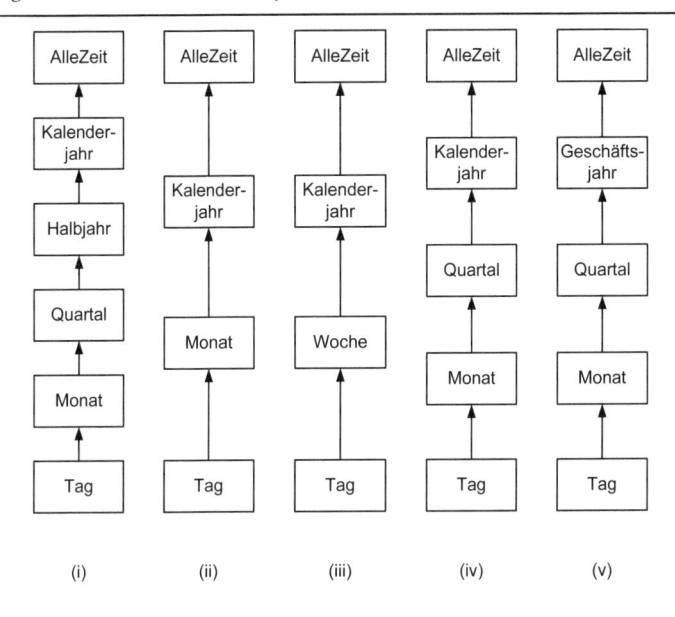

Abbildung 107 Alternative Sichten auf die Zeitdimension

```
        (i)           (ii)          (iii)         (iv)          (v)
     AlleZeit       AlleZeit      AlleZeit      AlleZeit      AlleZeit
        ↑              ↑             ↑             ↑             ↑
   Kalender-                                   Kalender-    Geschäfts-
     jahr                                        jahr          jahr
        ↑         Kalender-     Kalender-         ↑             ↑
   Halbjahr         jahr          jahr          Quartal       Quartal
        ↑             ↑             ↑             ↑             ↑
    Quartal         Monat         Woche         Monat         Monat
        ↑             ↑             ↑             ↑             ↑
     Monat           Tag           Tag           Tag           Tag
        ↑
      Tag
```

Betrachtet man die **Zeitdimensionen (i) und (ii)**, so lassen sich gemäß den Definitionen aus Tabelle 27 folgende *Korrespondenzen zwischen Dimensionsknoten* feststellen:

$DK_{Tag}^{(i)} \equiv DK_{Tag}^{(ii)}$; $DK_{Monat}^{(i)} \equiv DK_{Monat}^{(ii)}$; $DK_{Jahr}^{(i)} \equiv DK_{Jahr}^{(ii)}$ (extensionale Äquivalenzen).

Quartal und Halbjahr kommen in dem Pfad (ii) nicht vor, sie sind demnach disjunkt ($\neq$) zu den Dimensionsknoten aus Pfad (i).

Darüber hinaus lassen sich *Pfadkorrespondenzen* ausmachen (Dimensionspfad(i) $\supseteq$ Dimensionspfad(ii)), da die Menge der Hierarchieknotenpaare, die durch $DK_{Tag}^{(ii)} \rightarrow DK_{Monat}^{(ii)}$ gegeben ist, ebenfalls im Dimensionspfad(i) enthalten ist.

Für die *Überlagerung* der alternativen Zeitdimensionen lässt sich festhalten, dass Tag, Monat und Kalenderjahr in die integrierte Dimension übernommen werden sollen. In einem ersten Schritt könnten die beiden Dimensionsknoten Quartal und Halbjahr mit ihren Beziehungen unverändert in das integrierte Schema übernommen werden, damit der Dimensionspfad(ii) erhalten bleibt (Abbildung 108 links). Da Quartal und Halbjahr jedoch lediglich Zwischenebenen (Dimensionsebenen) bzgl. der Monat-Jahr-Beziehung aus (ii) sind, können sie ebenfalls in die integrierte Dimension eingehen, die die beiden Sichten auf die Zeitdimension zusammenführt (Abbildung 108 rechts).

Ein vollgeordneter Teilpfad kann demnach einen anderen vollgeordneten Teilpfad ersetzen, wenn zwischen Ausgangs- und Endknoten extensionale Äquivalenz vorliegt.[785]

Abbildung 108 Integrierte Zeitdimension nach (i) und (ii)

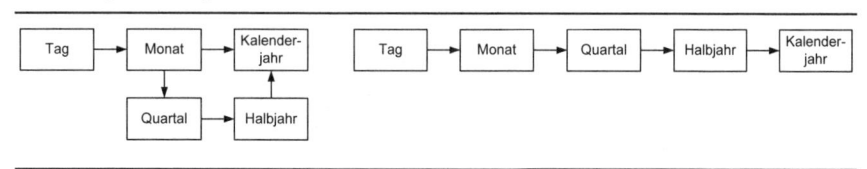

Bzgl. der **Dimensionspfade (ii) und (iii)** besteht extensionale Äquivalenz hinsichtlich der Dimensionsknoten Tag und Kalenderjahr. Woche und Monat hingegen sind disjunkt. Da sie jedoch ohne Zweifel beide zur Zeitdimension gehören, sollen sie in einem integrierten Schema enthalten sein. *Pfadkorrespondenzen* sind nicht vorhanden, da es keine gemeinsamen Hierarchieknotenpaare auf Ausprägungsebene gibt.

Für die Modellierung der integrierten Dimension bestehen zwei Alternativen, da hier Woche und Monat Dimensionsebenen zwischen Tag und Kalenderjahr darstellen (vgl. Abbildung 109, oben grundsätzlich zu den Strukturanomalien). Wird eine Heterarchie gebildet, so liegt kein vollgeordneter Pfad vor, da Monate von Wochen nicht funktional abhängig im beschriebenen Sinne sind (vgl. Teil III 6.2.1.3).[786]

---

[785] Dies entspricht im Wesentlichen der „Paths Integration Rule" nach Spaccapietra, Parent: View Integration, 1994, S. 267 f.
[786] Die Bildung eines parallelen Pfades entspricht sowohl der *„Elements Integration Rule"* als auch der *„Paths Integration Rule"* bei Spaccapietra/Parent (vgl. Spaccapietra, Parent:

Abbildung 109 Alternativen zur Integration der Zeitdimension nach (ii) und (iii)

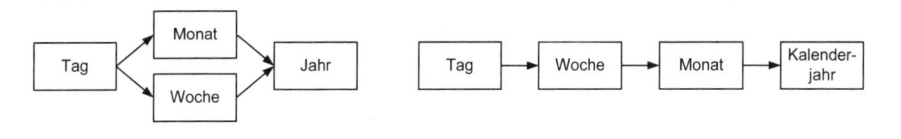

(links: *parallele Dimensionspfade*; rechts: *Heterarchie*)

Bei den durch **(iv) und (v)** gegebenen Zeitdimensionen sind Geschäftsjahr[787] und Kalenderjahr disjunkt, da sie keine gemeinsamen Instanzen auf Ausprägungsebene haben. Bzgl. der übrigen Dimensionsknoten (Tag → Monat → Quartal) besteht eine Überlappung der Pfade (Pfadüberlappungs-Zusicherung). Bei der Überlagerung kann der überlappende Bereich unverändert in das konsolidierte Schema übernommen werden; die disjunkten Dimensionsknoten gehen dagegen beide in die konsolidierte Dimension ein.

Abbildung 110 Integration der Zeitdimensionen (iv) und (v)

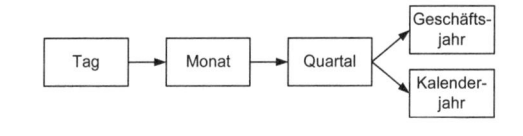

Führt man nun gemäß der festgestellten Korrespondenzen und Zusicherungen die jeweiligen Zwischenergebnisse zusammen, so gelangt man zu einer Zeitdimension, die die fünf Input-Modelle repräsentiert und damit integriert (Abbildung 111).

View Integration, 1994, S. 266 f. u. 267 f. sowie die dort angegebene Literatur). Eine anteilige Verrechnung, wie sie bei einer Heterarchie vorzunehmen ist, behandeln die Autoren nicht, da diese in operativen Datenbanken und im ERM nicht vorgesehen ist.

[787] Hier sei angenommen, dass das Geschäftsjahr von Oktober bis September geht.

Abbildung 111 Integrierte Zeitdimension als Ergebnis der Konsolidierung

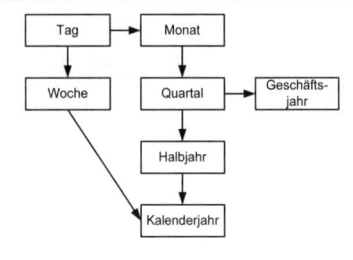

```
           Tag ──▶ Monat
                    
   Woche     Quartal    Geschäfts-
                        jahr
       \       
        Halbjahr
           
        Kalenderjahr
```

9.2.6.2.3 Beispielhafte Anwendung

In diesem Abschnitt werden – aufsetzend auf den Ergebnissen des Beispiels in 9.2.5.1 – die inhaltlich informatorischen Anforderungen, die als Modellfragmente vorliegen, konsolidiert. Zur Anwendung kommt dabei die beschriebene Technik, die sich an Verfahren der Schemaintegration anlehnt. In den kommenden Unterabschnitten werden jeweils die Modellfragmente für die Vertriebsstruktur, die Produktstruktur und die Kundenstruktur konsolidiert und schließlich zu einem integrierten Schema vereint.

9.2.6.2.3.1 Konsolidierung der Modellfragmente der Vertriebsdimension

Zunächst werden die Modellfragmente konsolidiert, die Informationen über die Vertriebsstruktur enthalten. Hierbei wird von den Anforderungen des Filialleiters und des Teamleiters ausgegangen. Da für diese nach der Spezifikation der Viewpoint-Anforderungen jeweils zwei Modellfragmente vorliegen, ist zunächst eine *Intra-Viewpoint-Resolution* notwendig. Diese Aktivität könnte grundsätzlich auch der vorangegangenen Phase zugeordnet werden. Da jedoch dieselben Techniken zum Einsatz kommen wie bei der nachfolgenden Inter-Viewpoint-Resolution, wird sie an dieser Stelle betrachtet.

Abbildung 112 gibt einen Überblick über die vier Schritte zur Konsolidierung der Modellfragmente. Die Festlegung der Reihenfolge ist Gegenstand der Aktivität *Vorintegration*.

Anforderungsmanagement und konzeptionelle Modellierung 355

Abbildung 112 Vorgehen zur Konsolidierung der Modellfragmente (Vertriebsstruktur)

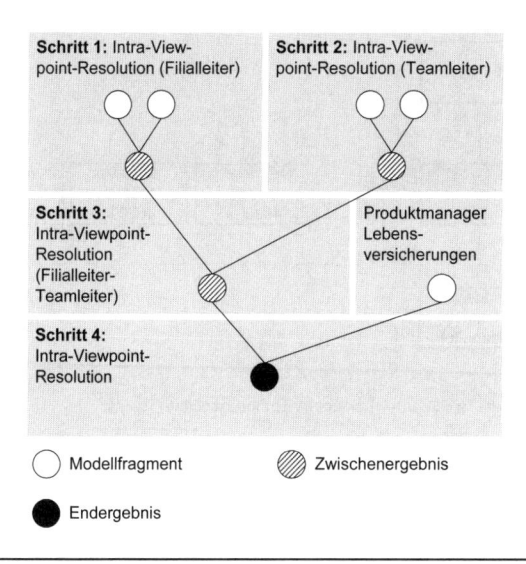

Schritt 1:
Intra-Viewpoint-Resolution für den Viewpoint „Filialleiter, Filiale Münster"

In einem ersten Schritt werden die Modellfragmente des Filialleiters, die die Vertriebsstruktur betreffen, analysiert und integriert. Abbildung 113 zeigt die spezifizierten Anforderungen als Modellfragmente, die den Input für die Integration darstellen.

Ein Blick auf die Modellfragmente zeigt, dass sie bereits graphisch leicht zusammengeführt werden könnten. Hier soll jedoch nach dem beschriebenen Verfahren der zusicherungsbasierten Integration und dem daraus abgeleiteten Phasenmodell vorgegangen werden.

356   Aktivitäten, Techniken und Entwicklungsergebnisse in VODWE

Abbildung 113 Modellfragmente des Viewpoints Filialleiter.Benutzer (Vertriebsstruktur)

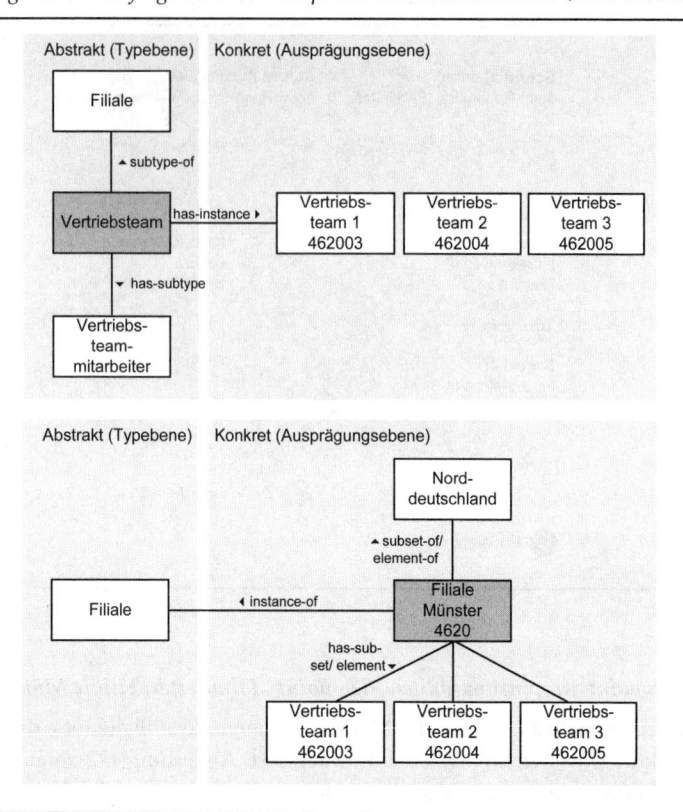

- **Vergleich und Konfliktidentifikation**
- *Korrespondenzen zwischen Objekttypen:* Die genauere Betrachtung und Analyse der beiden Modellfragmente zeigt, dass eine Korrespondenz zwischen den beiden Dimensionsknoten Filiale vorliegt. Gemäß der obigen Definition handelt es sich hierbei um eine extensionale Äquivalenz ($\equiv$), da beide – aus Sicht des Filialleiters – dieselbe Instanz repräsentieren, nämlich Filiale Münster.
- Eine *Pfadkorrespondenz* besteht insoweit, als die Subtype-of-Beziehung zwischen Vertriebsteam und Filiale die Has-subset-Beziehungen der Ausprägungsebene wiedergibt. Im Metamodell wurde hierfür das Konzept der funktionalen Abhängigkeiten herangezogen. Dieses bringt zum Ausdruck, dass funkti-

onale Abhängigkeit zwischen Dimensionsknoten vorliegt, wenn auf der Ausprägungsebene zu jedem Hierarchieknoten ein übergeordneter Hierarchieknoten existiert. Da im rechten Modellfragment jedes Vertriebsteam genau einer Filiale (Filiale Münster) zugeordnet ist, soll funktionale Abhängigkeit zwischen den Dimensionsknoten Vertriebsteam und Filiale unterstellt und damit Pfadinklusion zugesichert werden. Ebenfalls könnte im rechten Modellfragment der Objekttyp Vertriebsteam ergänzt und eine extensionale Äquivalenz zwischen diesem und dem Objekttyp Vertriebsteam im linken Fragment zugesichert werden.

- **Anpassung und Überlagerung**

Aus den festgestellten Korrespondenzen ergibt sich, dass sowohl die Dimensions- als auch die Hierarchieknoten sowie die Beziehungen zwischen ihnen ohne Anpassung in das integrierte Modell aufgenommen werden können.

Der Dimensionsknoten Vertriebsteammitarbeiter ist bislang nicht betrachtet worden. Da bzgl. Vertriebsteammitarbeiter keine Instanzen vorliegen, lassen sich zunächst keine Aussagen über Korrespondenzen treffen. Um eine Korrespondenz zusichern zu können, müssten entweder Informationen aus anderen Modellfragmenten herangezogen oder weitere Informationen erhoben werden.

Trotzdem muss dieser Dimensionsknoten in das integrierte Modell aufgenommen werden, wobei die Aufnahme als vorläufig betrachtet wird (angedeutet durch die unterbrochenen Linien). Dies entspricht der erwähnten Strategie „zurückstellen" bei der Integration und der Beseitigung von Konflikten bzw. Inkonsistenzen (vgl. S. 338).

Das Zwischenergebnis der Intra-Viewpoint-Resolution für den Filialleiter Münster ist in Abbildung 114 dargestellt.

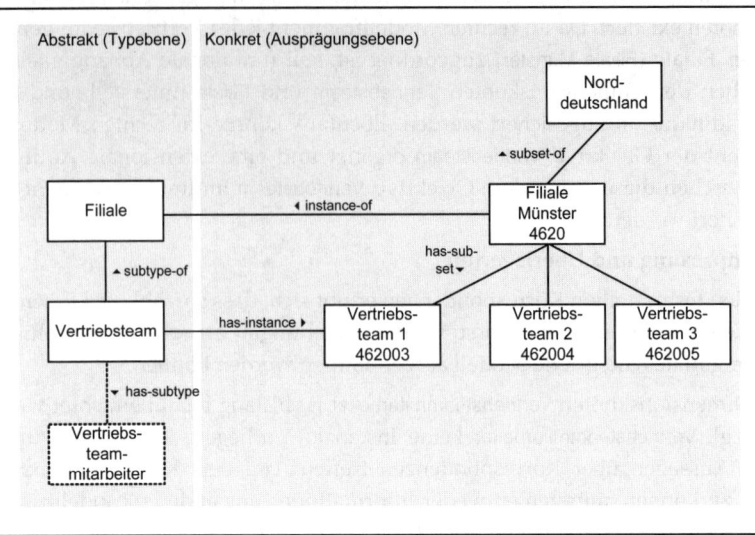

Abbildung 114 Zwischenergebnis nach Schritt 1 (Vertriebsstruktur)

Schritt 2: Intra-Viewpoint-Resolution für „Teamleiter, Team 1, Filiale Münster"

In einem zweiten Schritt werden die Modellfragmente des Teamleiters – analog zum Filialleiter – zunächst einer Intra-Viewpoint-Resolution unterzogen. Bzgl. dieses Viewpoints liegen ebenfalls zwei Modellfragmente vor, die die Vertriebsstruktur betreffen (vgl. Abbildung 115).

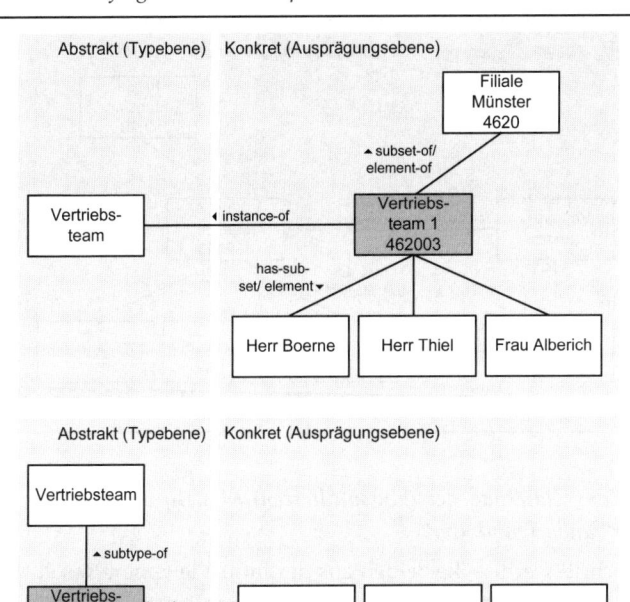

Anforderungsmanagement und konzeptionelle Modellierung 359

Abbildung 115 Modellfragmente des Viewpoints Teamleiter.Benutzer (Vertriebsstruktur)

- **Vergleich und Konfliktidentifikation**
- Eine *Korrespondenz* liegt zwischen den beiden Dimensionsknoten Vertriebsteam vor. Wiederum handelt es sich um eine extensionale Äquivalenz ($\equiv$), jetzt aus der Sicht des Teamleiters.
- Eine *Pfadkorrespondenz* ist zwischen den Objekten der Ausprägungsebene, die zum Mengenobjekt Vertriebsteam 1 gruppiert werden, bzw. zwischen den zugehörigen Dimensionsknoten auf abstrakter Ebene festzustellen. Dadurch ergibt sich eine funktionale Abhängigkeit zwischen Vertriebsteammitarbeiter und Vertriebsteam.
- **Anpassung und Überlagerung**

Aufgrund der festgestellten Korrespondenzen sollen die Dimensionsknoten Vertriebsteammitarbeiter und Vertriebsteam sowie die Beziehung zwischen ihnen in das integrierte Modell übernommen werden. Das Zwischenergebnis dieses Schritts ist in Abbildung 116 dargestellt.

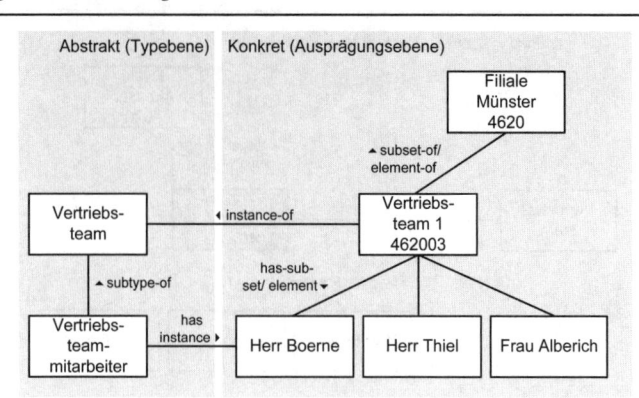

Abbildung 116 Zwischenergebnis nach Schritt 2 (Vertriebsstruktur)

```
Abstrakt (Typebene)    Konkret (Ausprägungsebene)
                                              ┌──────────┐
                                              │ Filiale  │
                                              │ Münster  │
                                              │   4620   │
                                              └──────────┘
                                    ▲ subset-of/
                                      element-of
   ┌──────────┐                           ┌──────────┐
   │ Vertriebs-│ ◄ instance-of            │ Vertriebs-│
   │   team   │─────────────────────────  │  team 1  │
   └──────────┘                           │  462003  │
        │                                 └──────────┘
        ▲ subtype-of    has-sub-
                        set/ element ▼
   ┌──────────┐     has
   │ Vertriebs-│  instance ▶ ┌───────────┐ ┌───────────┐ ┌──────────────┐
   │  team-   │              │Herr Boerne│ │Herr Thiel │ │ Frau Alberich│
   │mitarbeiter│             └───────────┘ └───────────┘ └──────────────┘
   └──────────┘
```

Schritt 3: Konsolidierung der (konsolidierten) Modellfragmente der Viewpoints „Filialleiter" und „Teamleiter"

In diesem Schritt werden die beiden aus der Intra-Viewpoint-Resolution resultierenden Modellfragmente verglichen und integriert. Um sie und ihre Dimensions- bzw. Hierarchieknoten unterscheiden zu können, werden sie jeweils durch entsprechende Indizes gekennzeichnet. Dabei gibt ein hochgestellter Index den Viewpoint (TL: Teamleiter; FL: Filialleiter) und ein tiefgestellter den Dimensionsknoten (VTMA: Vertriebsteammitarbeiter; VT: Vertriebsteam; F: Filiale) an.

Betrachtet man die konsolidierten Modellfragmente (Abbildung 114 und Abbildung 116), so lässt sich Folgendes feststellen:

- Es liegt eine *Korrespondenz* bzgl. der *Dimensionsknoten* Vertriebsteam vor. Vertriebsteam gemäß Filialleiter schließt immer (in jedem Zustand) Vertriebsteam gemäß Teamleiter mit ein, da der Teamleiter nur sein Team betrachtet: DK_{VT}^{TL} stellt daher semantisch immer eine Teilmenge von DK_{VT}^{FL} dar, d. h. $DK_{VT}^{TL} \subseteq DK_{VT}^{FL}$.

- Der Dimensionsknoten Vertriebsteammitarbeiter, der im Modellfragment des Filialleiters noch als vorläufig gekennzeichnet ist, hat ggf. eine Korrespondenz zum Dimensionsknoten Vertriebsteammitarbeiter des Teamleiters. Eine Zusicherung der Korrespondenz ist an dieser Stelle mit den vorliegenden Informationen nicht möglich, da die Extension von Vertriebsteammitarbeiter aus der Perspektive des Filialleiters noch nicht geklärt ist. Um diese definieren zu können, sind beim Filialleiter zusätzliche Informationen zu erheben. Hier sei angenommen, dass die Zuordnung von Mitarbeitern zu Teams gemäß den beiden Viewpoints übereinstimmt, sodass auch bzgl. dieser Dimensionsknoten ein Einschluss zugesichert werden kann ($DK_{VTMA}^{FL} \supseteq DK_{VTMA}^{TL}$).

- Darüber hinaus ergeben sich *Pfadkorrespondenzen*. Hierbei handelt es sich ebenfalls um einen Einschluss, da der Pfad des Teamleiters (DK_{VTMA}^{TL} → DK_{VT}^{TL}) immer im Pfad des Filialleiters (DK_{VTMA}^{FL} → DK_{VT}^{FL} → DK_{F}^{FL}) enthalten ist. Dies ergibt sich durch Betrachtung der Instanzen der Dimensionsknoten: Die Menge von Paaren auf der Ausprägungsebene, die durch die Dimensionsknoten im Pfad des Filialleiters gegeben ist, umfasst die Menge von Paaren auf der Ausprägungsebene, die durch die Dimensionsknoten im Pfad des Teamleiters gegeben ist.

Aufgrund der beim Teamleiter vorhandenen Assoziation Vertriebsteam 1 → Filiale Münster lässt sich eine weitere Pfadkorrespondenz konstruieren. Zwar hat die Assoziation kein Gegenstück auf Typebene. Aus dem entsprechenden Pfad beim Filialleiter ist jedoch ersichtlich, dass eine funktionale Abhängigkeit zwischen Vertriebsteam und Filiale vorliegt. Somit soll auch hier eine Korrespondenz (Einschluss, $\subseteq$) zugesichert werden.

- **Anpassung und Überlagerung**

Aufgrund der festgestellten Korrespondenzen lassen sich nun die Input-Modelle anpassen und überlagern. Die Dimensionsknoten Vertriebsteammitarbeiter, Vertriebsteam und Filiale gehen in das konsolidierte Modell ein, wobei sie, da die Perspektive des Filialleiters jeweils die des Teamleiters umschließt, gemäß der Extension des Filialleiters definiert werden (die Extension ergibt sich jeweils aus dem entsprechenden Glossareintrag).

Die Beziehungen zwischen den Dimensionsknoten ergeben sich durch die festgestellten Pfadkorrespondenzen. Auch hier geht der Pfad des Filialleiters nach dem Vergleich und der Feststellung der Korrespondenzen als Zwischenergebnis hervor, da dieser ebenfalls die Perspektive des Teamleiters umfasst und damit integriert. Das Ergebnis dieses Schrittes ist in Abbildung 117 dargestellt.

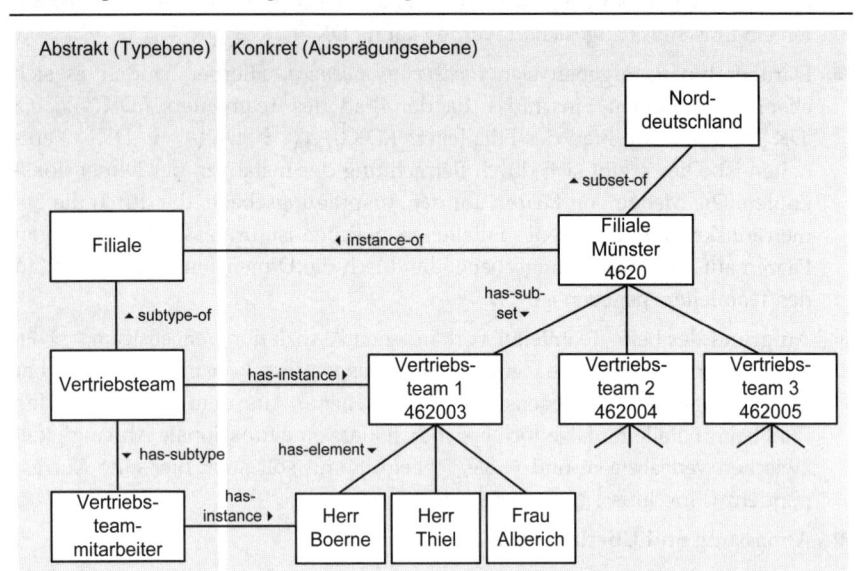

Abbildung 117 Zwischenergebnis der Integration nach Schritt 3 (Vertriebsstruktur)

Schritt 4: Integration der Modellfragmente des Viewpoints „Produktmanager Lebensversicherungen"

Im Folgenden soll das Modellfragment des Produktmanagers Lebensversicherungen (PMLV) in das vorliegende Zwischenergebnis integriert werden (Ladder-Strategie). In dem Viewpoint wurden die aus seiner Perspektive relevanten Vertriebsregionen explizit aufgeführt. Zur Darstellung des aus der Competency Question resultierenden Modellfragments vgl. Abbildung 118.

Abbildung 118 Modellfragment des Viewpoints Produktmanager Sachversicherungen.Benutzer

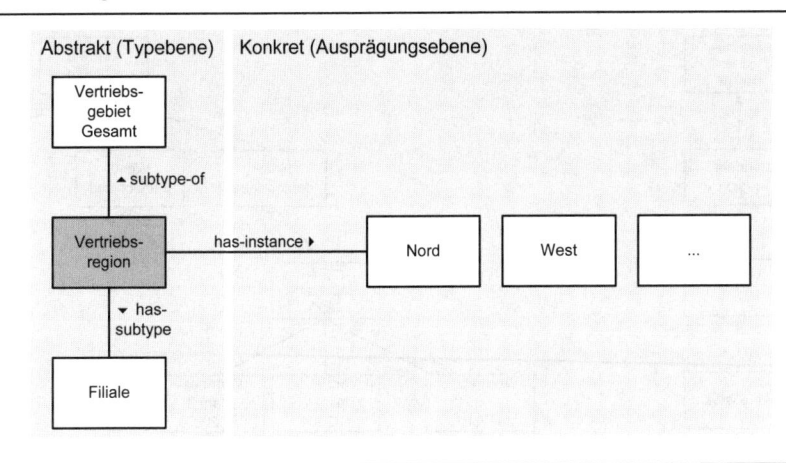

Da sein Informationsbedarf mehrere Regionen umfasst, ist davon auszugehen, dass seine Auffassung von Filiale weiter ist als die in dem in Schritt 3 erstellten Zwischenergebnis. Daher liegt hier wieder ein Einschluss vor, d. h. $DK_F^{PMLV} \supseteq DK_F^{KS3}$ (KS3 = Konsolidierungsschritt 3).

Eine Pfadkorrespondenz ist aufgrund der vorliegenden Informationen nicht direkt festzustellen. Aus dem Zwischenergebnis des vorangegangenen Schritts lässt sich jedoch ersehen, dass aller Wahrscheinlichkeit nach eine funktionale Abhängigkeit zwischen Filiale und Vertriebsregion besteht, da dort die Filiale Münster in die Vertriebsregion Norddeutschland gruppiert wird. Damit lassen sich auch die beiden Modelle überlagern, sodass sich als Ergebnis das integrierte Modell aus Abbildung 119 ergibt.

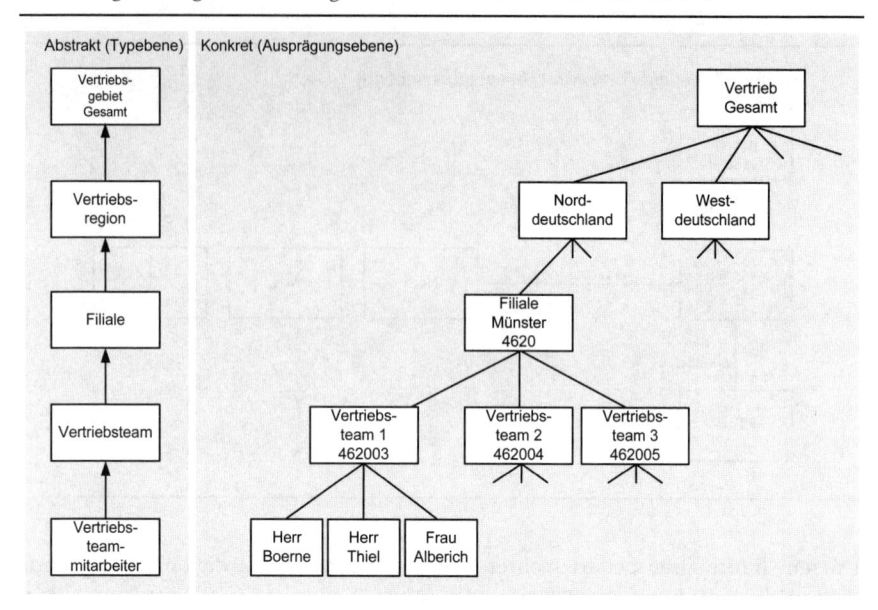

Abbildung 119 Ergebnis der Integration nach Schritt 4 (Vertriebsstruktur)

Bei der Betrachtung des Ergebnisses zeigt sich wiederum, dass sich aufgrund der vorliegenden Informationen insbesondere die Ausprägungsebene nicht vollständig modellieren lässt. Um eine vollständige Hierarchie aufzubauen und diese durch die Perspektiven zusätzlicher Stakeholder abzusichern, wären die informatorischen Anforderungen weiterer Stakeholder zu erheben und entsprechende Viewpoints zu bilden (bspw. weitere Teamleiter, Filialleiter, aber auch Regionalverantwortliche).

9.2.6.2.3.2 Konsolidierung der Modellfragmente der Produktdimension

In diesem Abschnitt sollen die Modellfragmente, die die Produktdimension beschreiben, analysiert und integriert werden. Modellfragmente zur Produktdimension finden sich in den Viewpoints „Produktmanager Lebensversicherungen", „Produktmanager Sachversicherungen" sowie beim „Teamleiter".

Abbildung 120 stellt die Modellfragmente, auf die im Weiteren zurückgegriffen wird, im Überblick dar.

Anforderungsmanagement und konzeptionelle Modellierung

Abbildung 120 Modellfragmente der Produktdimension

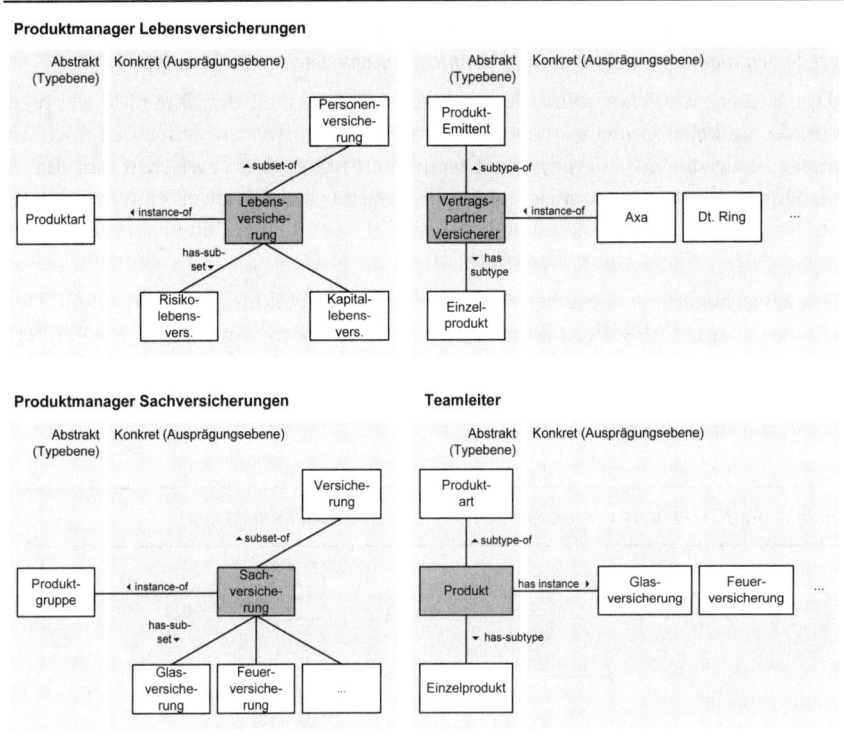

Produktmanager Lebensversicherungen

Abstrakt (Typebene) — Konkret (Ausprägungsebene)

- Personenversicherung
- Produkt-Emittent
- subset-of / subtype-of
- Produktart — instance-of — Lebensversicherung
- Vertragspartner Versicherer — instance-of — Axa, Dt. Ring, ...
- has-subset / has subtype
- Risikolebensvers.
- Kapitallebensvers.
- Einzelprodukt

Produktmanager Sachversicherungen

Abstrakt (Typebene) — Konkret (Ausprägungsebene)

- Versicherung
- subset-of
- Produktgruppe — instance-of — Sachversicherung
- has-subset
- Glasversicherung
- Feuerversicherung

Teamleiter

Abstrakt (Typebene) — Konkret (Ausprägungsebene)

- Produktart
- subtype-of
- Produkt — has instance — Glasversicherung, Feuerversicherung, ...
- has-subtype
- Einzelprodukt

Schritt 1: Intra-Viewpoint-Resolution des Viewpoints „Produktmanager Lebensversicherungen"

Analysiert man die beiden Modellfragmente dieses Viewpoints, so zeigt sich, dass die Dimensionsknoten keine gemeinsamen Instanzen haben. Vertragspartner sind Versicherungsunternehmen, und es ist nur die Produktart Lebensversicherung genannt. Es besteht jedoch insofern eine Korrespondenz, als die genannten Dimensionsknoten zu derselben Dimension, nämlich der Produktdimension, gehören. Die genannten Dimensionsknoten sind daher gemäß der oben genannten Definition als disjunkt anzusehen. Die Exklusions-Zusicherung (Disjunktheit) gilt ebenfalls für die anderen Dimensionsknoten (Einzelprodukt und Produkt-Emittent).

Die Bildung von Pfadkorrespondenzen ist daher an dieser Stelle nicht möglich und eine Integration durch Überlagerung ebenfalls nicht. Daher bleibt zunächst nur festzuhalten, dass die genannten Dimensionsknoten in das integrierte Modell eingehen sollen.

Schritt 2: Inter-Viewpoint-Resolution zwischen den Viewpoints „Produktmanager Lebensversicherungen" und „Produktmanager Sachversicherungen"

Bzgl. dieser zwei Viewpoints liegt ebenfalls Disjunktheit der Dimensionsknoten vor, da sie keine gemeinsamen Hierarchieknoten aufweisen. Jedoch ist auch an dieser Stelle die Zusicherung der Disjunktheit nötig, denn zwischen den durch die Dimensionsknoten repräsentierten Instanzen besteht insoweit eine Beziehung, als sie derselben Dimension angehören und daher in einer Dimension des integrierten MDDM modelliert werden sollen.

Das Zwischenergebnis der Schritte 1 und 2 ist in Abbildung 121 dargestellt. Der Dimensionspfad des Produktmanagers Lebensversicherungen ist unverändert übernommen, die beiden Dimensionsknoten Produktgruppe und Produktart stehen aufgrund der Exklusions-Zusicherung und, da keine Pfadkorrespondenzen vorhanden sind, isoliert.

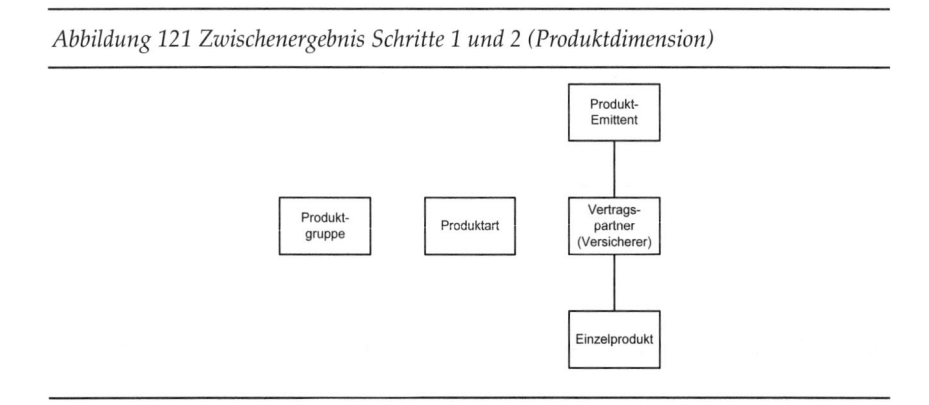

Abbildung 121 Zwischenergebnis Schritte 1 und 2 (Produktdimension)

Schritt 3: Inter-Viewpoint-Resolution zwischen den Viewpoints Produktmanager Lebensversicherungen und Teamleiter

Als nächstes soll das Modellfragment des Viewpoints „Teamleiter" integriert werden. Hierbei lassen sich folgende *Korrespondenzen* bzgl. der *Dimensionsknoten* feststellen (PA: Produktart; P: Produkt; EP: Einzelprodukt):

- Eine Inklusion lässt sich gemäß $DK_{PA}^{PMLV} \subseteq DK_{PA}^{TL}$ zusichern, da der Produktmanager Lebensversicherungen sich ausschließlich für die von ihm betreute Produktart interessiert. Ins integrierte Modell ist demnach Produktart gemäß der weiteren Extension des Teamleiters aufzunehmen, da diese die Sicht des Produktmanagers Lebensversicherungen einschließt (integriert). Demnach umfasst Produktart nun nicht mehr nur Lebensversicherung.

- Aus diesem weiteren Verständnis lässt sich auch für die untergeordneten Dimensionsknoten Produkt und Einzelprodukt schließen: $DK_P^{PMLV} \subseteq DK_P^{TL}$ sowie $DK_{EP}^{PMLV} \subseteq DK_{EP}^{TL}$, sodass auch diese Dimensionsknoten der Definition des Teamleiters entsprechend in das integrierte Modell eingehen sollen.

Produkt umfasst damit neben Kapitallebens- und Risikolebensversicherung auch bspw. Glas- und Feuerversicherung.

Für *Pfadkorrespondenzen* ergibt sich:

- Produkt steht nach dem Modellfragment des Teamleiters in funktionaler Abhängigkeit von Einzelprodukt und bestimmt selbst funktional die Produktart. Beim Produktmanager Lebensversicherungen findet sich eine Bestätigung dieses Dimensionspfades, da dort auf Ausprägungsebene ein Teil der Produkte, die sich auch beim Teamleiter finden, Hierarchieknotenpaare bilden. Diese entsprechen der funktionalen Abhängigkeit. Somit kann hier eine Pfadinklusion zugesichert werden.
- Eine weitere Pfadkorrespondenz ging bereits aus dem Zwischenergebnis des Schritts 1 hervor. Dort wurde festgestellt, dass Einzelprodukt auch Vertragspartner funktional bestimmt.

Abbildung 122 veranschaulicht das Zwischenergebnis des Schritts 3, welches aus den diskutierten Korrespondenzen resultiert.

Abbildung 122 Zwischenergebnis Schritt 3 (Produktdimension) ohne Ausprägungsebene

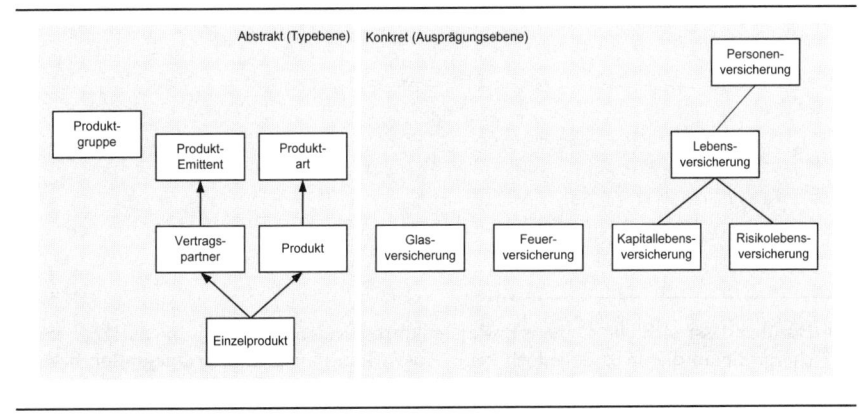

Auch nach diesem Schritt ist Produktgruppe nicht in das Modell integriert, sondern sie steht nach wie vor isoliert. Geht man zurück zu dem Modellfragment des Produktmanagers Sachversicherungen, so ist erkennbar, dass dort die Hierarchieknoten Glasversicherung und Feuerversicherung zu Sachversicherung gruppiert werden.[788] Jedoch ist in diesem Modellfragment Sachversicherung die Instanz von Produktgruppe und nicht von Produktart.

Im Zusammenhang mit der Ausprägungsebene zeigt sich, dass nach dem Verständnis des Produktmanagers Sachversicherungen Produktgruppe funktional von Produkt bestimmt wird. Dies steht anscheinend im Widerspruch zu dem Zwischenergebnis aus Abbildung 122. Dort ist die Produktart funktional von dem Produkt abhängig.

Es stellt sich daher die Frage, ob ein Benennungskonflikt vorliegt und Sachversicherung ebenfalls eine Produktart darstellt. Dies würde einen Rückschritt ins Terminologiemanagement nötig machen und ggf. eine Neudefinition des Begriffs „Produktgruppe". Ein Benennungskonflikt soll jedoch an dieser Stelle ausgeschlossen werden. Die Behandlung von Sachversicherung als Produktart würde darüber hinaus die Gleichordnung von Sach- und Lebensversicherung auf einer Hierarchieebene bedeuten, was intuitiv nicht sinnvoll erscheint.

Plausibler scheint dagegen die Gleichordnung von Sach- und Personenversicherung auf einer Hierarchieebene. Diese wären dann Instanzen des Dimensionsknotens Produktgruppe. Jedoch kann eine solche Modellierungsentscheidung nicht ohne weitere Informationen bzw. ohne eine entsprechende Bestätigung durch Benutzer getroffen werden.

Abbildung 123 stellt das Ergebnis der Integration des Dimensionsknotens Produktgruppe in das integrierte Modell aus Abbildung 122 dar.

---

[788] Darüber lässt sich die Dimensionsknotenkorrespondenz $DK^{TL}_{Produkt} \supseteq DK^{PMSV}_{Produkt}$ zusichern, die an dieser Stelle jedoch keine Auswirkung mehr auf die Integration hat, da ohnehin Produkt gemäß der Extension des Produktleiters in das integrierte Modell aufgenommen wurde.

Abbildung 123 Integration des Produktmanagers Lebensversicherung (Produkte)

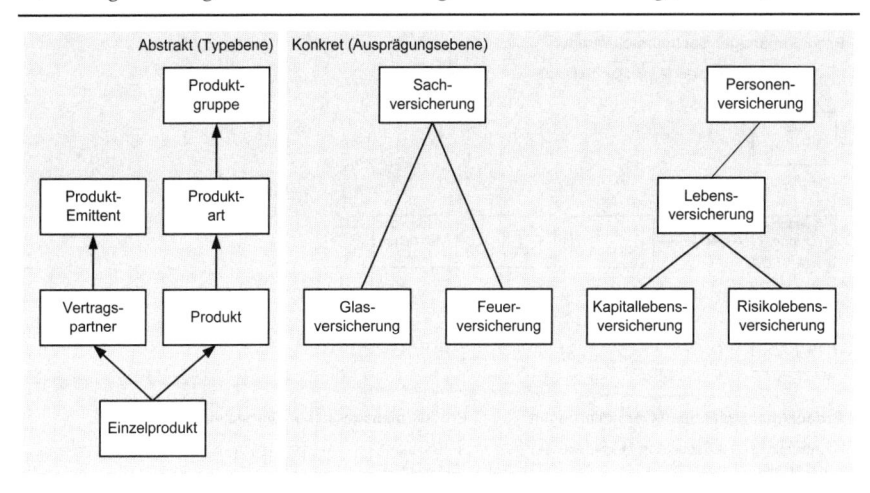

(Die Ausprägungsebene für Vertragspartner und Produkt-Emittent ist nicht dargestellt)

9.2.6.2.3.3 Konsolidierung der Modellfragmente der Kundendimension

Die letzte Konsolidierung, die an dieser Stelle vorgenommen werden soll, betrifft die Kundendimension. Diese wird in den Modellfragmenten der beiden Produktmanager angesprochen, die in Abbildung 124 dargestellt sind.

Abbildung 124 Modellfragmente der Kundendimension

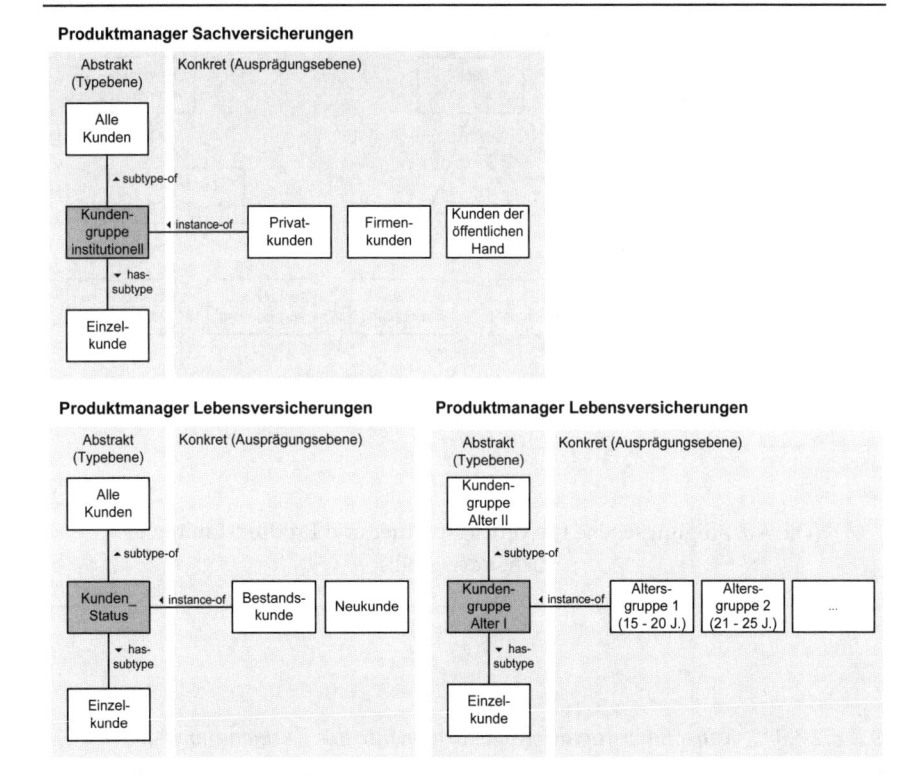

Produktmanager Sachversicherungen

Abstrakt (Typebene)	Konkret (Ausprägungsebene)
Alle Kunden	
▲ subtype-of	
Kundengruppe institutionell ◀ instance-of	Privatkunden — Firmenkunden — Kunden der öffentlichen Hand
▼ has-subtype	
Einzelkunde	

Produktmanager Lebensversicherungen

Abstrakt (Typebene)	Konkret (Ausprägungsebene)
Alle Kunden	
▲ subtype-of	
Kunden_Status ◀ instance-of	Bestandskunde — Neukunde
▼ has-subtype	
Einzelkunde	

Produktmanager Lebensversicherungen

Abstrakt (Typebene)	Konkret (Ausprägungsebene)
Kundengruppe Alter II	
▲ subtype-of	
Kundengruppe Alter I ◀ instance-of	Altersgruppe 1 (15 - 20 J.) — Altersgruppe 2 (21 - 25 J.) — ...
▼ has-subtype	
Einzelkunde	

Bei Betrachtung der Modellfragmente lässt sich bzgl. der Dimensionsknoten-Korrespondenzen folgendes feststellen:

- Da Einzelkunden Verträge über Lebensversicherungen, Sachversicherungen oder beides abgeschlossen haben können, liegt eine Überlappung bzgl. der Dimensionsknoten **Einzelkunde** vor: $DK_{EK}^{PMLV} \cap DK_{SV}^{PMSV}$. Gemäß den Regeln zur Schemaintegration soll die Vereinigungsmenge der beiden Dimensionsknoten in das konsolidierte Modell aufgenommen werden.[789]

---

[789] Vgl. Parent, Spaccapietra: Database Integration, 1998, S. 171.

Anforderungsmanagement und konzeptionelle Modellierung 371

- Die anderen Dimensionsknoten (Kundenstatus, Kundengruppe) sind, da sie unterschiedliche Instanzen haben, disjunkt. Somit werden sie nur insoweit integriert, als jeder in das konsolidierte Modell aufgenommen wird.

Pfadkorrespondenzen lassen sich wegen der Disjunktheit nicht zusichern. Stattdessen geht jeweils der Dimensionsknoten Einzelkunde mit dem Dimensionsknoten, den er funktional bestimmt, in das konsolidierte Modell ein. Das Ergebnis ist in Abbildung 125 dargestellt.

Abbildung 125 Ergebnis der Konsolidierung der Kundendimension

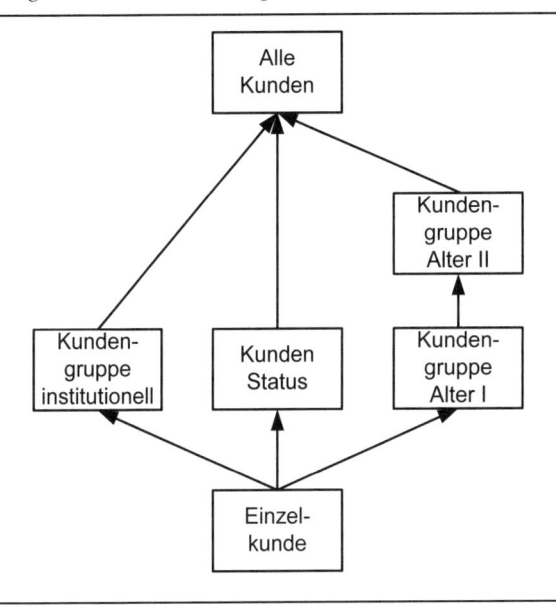

9.2.6.2.3.4 Konstruktion eines konzeptionellen multidimensionalen Datenmodells

Die in den vorangegangenen Schritten erhobenen, spezifizierten und konsolidierten Anforderungen können nun in der Sprache eines konkreten multidimensionalen Datenmodells dargestellt werden. Oben wurden verschiedene multidimensionale Modellierungssprachen vorgestellt und ihre Vor- und Nachteile ausführlich diskutiert. Dabei blieb offen, welche Sprache im Rahmen von VODWE Anwendung finden soll. Da bei der Herleitung der Modellfragmente und auch bei deren Konsolidierung mit der abstrakten Syntax des Metamodells gearbeitet wurde, ist nun die Darstellung des integrierten Modells prinzipiell in jeder konzeptionellen Modellierungssprache möglich. An dieser Stelle wird (Abbildung 126) das konzeptionelle Modell des Finanzdienstleisters mit der Notation des ME/RMs von Sapia et al. dargestellt (vgl. zum ME/RM vgl. 7.2).

Das dargestellte Ergebnis unterscheidet sich nicht wesentlich von den in Teil III dieser Arbeit präsentierten multidimensionalen Modellen. Wichtig war vielmehr die Herleitung aus den erhobenen individuellen Anforderungen bis hin zu deren Integration zu einer Mehrpersonensicht.

Abbildung 126 Konzeptionelles multidimensionales Datenmodell von Fidl

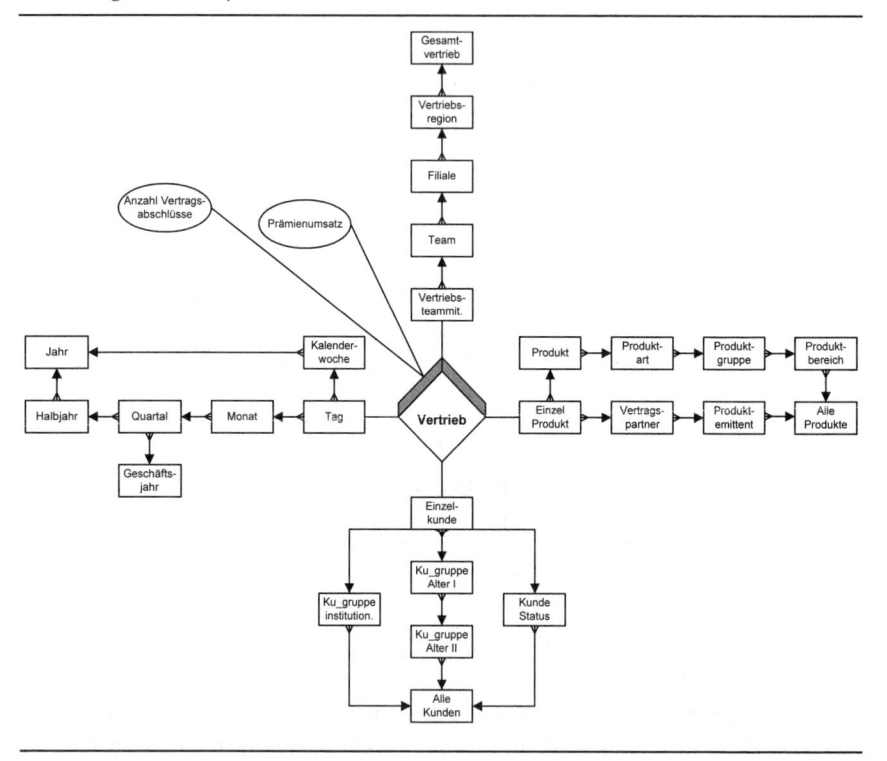

9.2.6.3 Konsolidierung weiterer Anforderungen

In dieser Aktivität geht es darum, die in der Phase 4 erstellten Merkmalmodelle zu konsolidieren, damit auch die nichtinformatorischen Anforderungen sowie solche, die Visualisierung und Datenqualität betreffen, in die Spezifikation eingehen können.

Dies geschieht über die Identifikation von Gemeinsamkeiten, Konflikten und Inkonsistenzen in und zwischen den viewpointbezogenen Merkmalmodellen. Nach ihrer Identifikation muss über die Behandlung der Beziehungen entschieden werden, wobei die oben erwähnten Möglichkeiten ignorieren, zurückstellen, abmildern und auflösen bestehen (vgl. S. 338).

Ein formales Vorgehen wie bei der Konsolidierung der Modellfragmente ist an dieser Stelle nicht möglich, da Merkmalmodelle die Anforderungen zwar strukturieren, sie jedoch eher informal ausdrücken. Dem Verfasser sind keine Ansätze bekannt, die die Integration von Merkmalmodellen unterstützen.[790]

Im Folgenden wird davon ausgegangen, dass jeweils eine binäre Integration erfolgt. Hierbei werden zunächst die Viewpoints konsolidiert, die einem Stakeholder zuzuordnen sind. In diesem Fall betreffen potenzielle Konflikte nur die Anforderungen einer Person (intraperspektivische Auflösung von Konflikten). Bei der Integration von weiteren Merkmalmodellen könnte zwischen einer balancierten Strategie und einer Ladderstrategie gewählt werden (vgl. Abbildung 106, S. 345).

Die Konsolidierung erfolgt durch Überlagerung der Modelle an solchen Stellen, an denen dieselben Anforderungen, Merkmale oder Entwurfs-/Implementierungsalternativen angesprochen sind. An dieser Stelle wird dann jeweils eine Anforderung bzw. ein Merkmal in das konsolidierte Modell aufgenommen. Anforderungen und Merkmale, die einander entsprechen, werden unverändert in das konsolidierte Modell übernommen.

Bei der Aufnahme eines neuen Merkmals in ein (ggf. teilkonsolidiertes) Merkmalmodell müssen die Beziehungen zu bereits vorhanden Anforderungen, Merkmalen und Entwurfsalternativen analysiert und dokumentiert werden. Bspw. können neue Interdependenzen zwischen Merkmalen festgestellt werden; oder bei Merkmalen (Entwurfsalternativen), die auf dieselben Anforderungen (Merkmale) zurückgehen, ist zu vermerken, dass sie als alternativ anzusehen sind.

Im Folgenden werden zunächst die Viewpoints des Filialleiters konsolidiert. Abbildung 127 verdeutlicht das Ergebnis der Überlagerung der viewpointbezogenen Merkmalmodelle des Filialleiters (vgl. Abbildung 91).

---

[790] Möglicherweise ließen sich die in Abschnitt 9.2.6.2 diskutierten Verfahren der zusicherungsbasierten Integration auf Merkmalmodelle übertragen.

Abbildung 127 Konsolidierung der Merkmalmodelle des Filialleiters

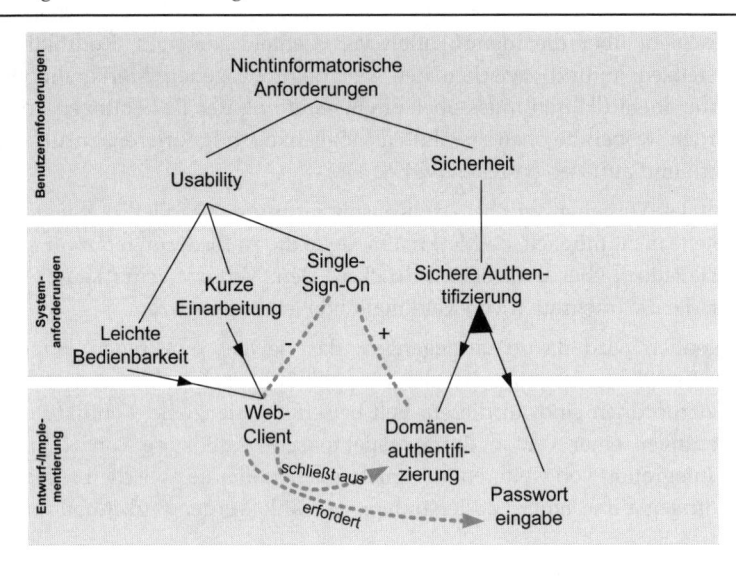

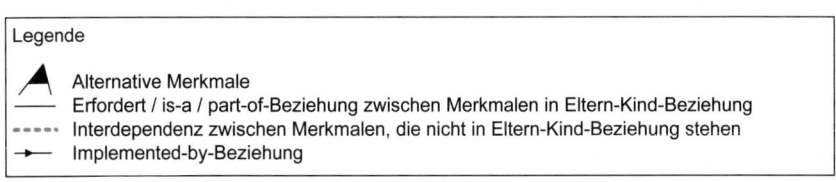

Legende

▲ Alternative Merkmale
— Erfordert / is-a / part-of-Beziehung zwischen Merkmalen in Eltern-Kind-Beziehung
----- Interdependenz zwischen Merkmalen, die nicht in Eltern-Kind-Beziehung stehen
—▶ Implemented-by-Beziehung

Hier werden bereits sich ausschließende Anforderungen durch die Wahl eines Webbrowsers als Client offensichtlich. In dem Beispiel ist unterstellt, dass aufgrund fehlender Verzeichnisse und Protokolle ein sog. „single-sign-on" nicht möglich ist und dass die vorhandene Benutzerauthentifizierung innerhalb der Domäne des Unternehmens nicht genutzt werden kann.[791] Hier wäre dann zu klären, welches Feature aus Sicht des Benutzers schwerer wiegt, d. h. ob der Vorteil eines Browsers mit leichterer Bedienbarkeit und kürzerer Einarbeitungszeit überwiegt.

---

[791] Kerberos und LDAP sind Beispiele für Protokolle, die ein „single-sign-on" unterstützen.

In einem nächsten Schritt wird das teilintegrierte Modell mit dem Merkmalmodell des Teamleiters zusammengeführt (vgl. Abbildung 92). Hier sei angenommen, dass ein OLAP-Client die Domänenauthentifizierung erlaubt, sodass eine gesonderte Benutzerauthentifizierung nicht nötig ist. Unverändert übernommen werden die Anforderungen bzgl. der Relevanz, aus denen sich Merkmale hinsichtlich Vollständigkeit und Rechtzeitigkeit der Datenbereitstellung ergeben, die das zu erstellende System erfüllen sollte.

Abbildung 128 Konsolidiertes Merkmalmodell (Teamleiter und Filialleiter)

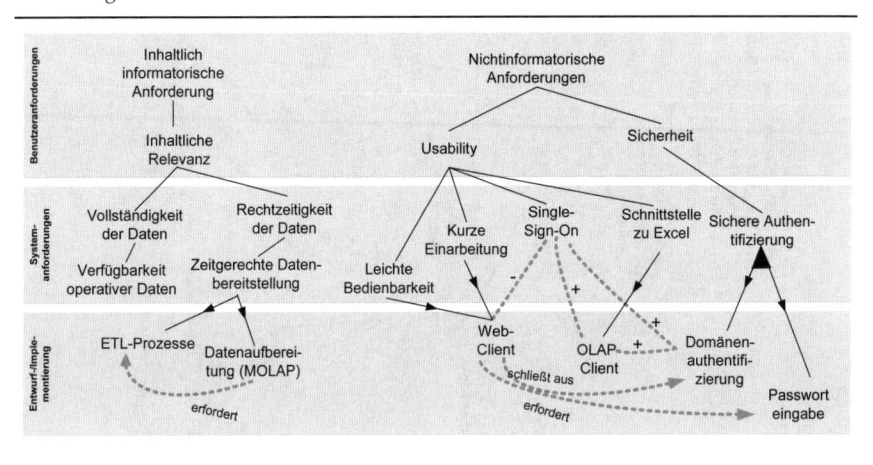

In der folgenden Abbildung 129 ist ein mögliches Endergebnis der Integration verschiedener Merkmalmodelle von einer größeren Anzahl Stakeholder aufgeführt. Hier sind weitere Anforderungen hinsichtlich der Visualisierung der Daten aufgenommen (Interpretierbarkeit), wie sie vom Produktmanager im vorliegenden Fallbeispiel genannt werden. Darüber hinaus finden sich Anforderungen an die Wartbarkeit, den Speicherplatz und die Performance des Data-Warehouse-Systems, wie sie ein Data-Warehouse-Administrator vorbringen könnte.

Abbildung 129 Konsolidiertes Merkmalmodell

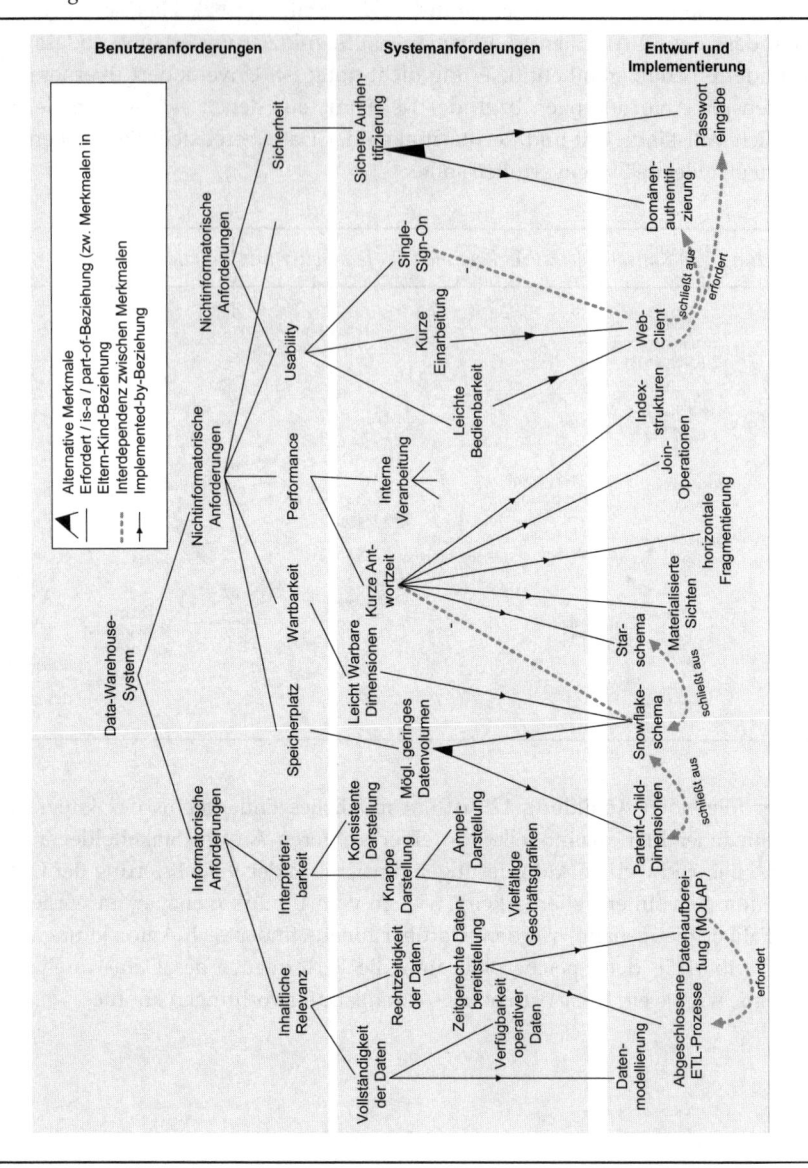

Nach Ansicht des Verfassers lassen sich mit einem solchen Merkmalmodell die Beziehungen zwischen Anforderungen, Merkmalen und Implementierungsmöglichkeiten zweckmäßig veranschaulichen. Zunächst dient es dazu, die verschiedenen und vielfältigen Anforderungen, die in den Viewpoints enthalten sind, transparent zu machen. Durch die Zuordnung von Merkmalen und Entwurfs- bzw. Implementierungsalternativen ergeben sich Hinweise auf die Umsetzung der Anforderungen im zu erstellenden Data-Warehouse-System.

Mit einem solchen Merkmalmodell werden die Entwurfs- und Implementierungsalternativen ebenso wie die Auswirkungen deutlich, die sich durch die Wahl einer bestimmten Alternative ergeben. Die Abwahl einer Implementierungsalternative führt ggf. zu einer Nichterfüllung der Merkmale und Anforderungen auf den höheren Ebenen.

Darauf aufbauend können Entscheidungen darüber getroffen werden, welche Anforderungen realisiert, welche für eine spätere Implementierung zurückgestellt und welche aufgrund von nicht auflösbaren Konflikten nicht implementiert werden sollen.

Damit unterstützen Merkmalmodelle auch die Rückverfolgbarkeit von Entwurfsentscheidungen (auf welchen Anforderungen beruht eine getroffene Entwurfsentscheidung („backwards traceability") sowie die vorwärts gerichtete Nachvollziehbarkeit („forward traceability"), d. h. es wird erkennbar, welche Anforderung wie implementiert wurde.

Da Merkmalmodelle in weiten Teilen allgemeines Entwurfs- und Implementierungswissen enthalten, bietet sich die Verwendung von Entwicklungswerkzeugen für ihre Erstellung und Verwaltung an.

Die Entscheidungsfindung aufgrund von Merkmalmodellen dagegen dürfte kaum zu automatisieren sein. Die Priorisierung von und das Verhandeln über Anforderungen („Requirements Negotiation" [792]) ist ohne eine angemessene Benutzerbeteiligung nicht zu leisten. Nach welchen Kriterien die Entwurfsentscheidungen letztlich getroffen werden, muss vor dem unternehmensspezifischen Hintergrund entschieden werden.

9.2.6.4 Zusammenfassung und Zwischenfazit

Zum Ende dieser Phase liegt ein *konzeptionelles Datenmodell* vor, das durch die Konsolidierung der zuvor erstellten Modellfragmente entstanden ist. Das konzeptionelle Datenmodell repräsentiert die Einzelsichten der verschiedenen Stake-

---

[792] Vgl. Kotonya: Requirements Specification, 1999, S. 128.

holder, indem es die Modellfragmente integriert. Die dabei vorgeschlagene Technik orientiert sich am Verfahren der zusicherungsbasierten Schemaintegration und überträgt sie auf die Integration multidimensionaler Modellfragmente.

Die Orientierung an einem formalen Verfahren erweist sich auch deshalb als vorteilhaft, da sich auf diese Weise relativ eindeutig fehlende Informationen identifizieren lassen, d. h. es kann festgestellt werden, an welchen Stellen zusätzliche Informationen erforderlich sind, um vorliegende Modellfragmente zusammenführen zu können. Werden Lücken in den erhobenen Anforderungen identifiziert, ist ein Rückschritt in die Phase Anforderungserhebung nötig. Aus diesem Grunde wurde der Gesamtprozess des Anforderungsmanagements als evolutionärer Prozess dargestellt.

Auf der Grundlage von Zwischenergebnissen des Integrationsprozesses, d. h. auf der Grundlage von teilintegrierten Modellen, lassen sich bereits relativ früh Prototypen erstellen, die die Erhebung weiterer Anforderungen unterstützen können. In 9.3 wird daher aufgezeigt, wie aus konzeptionellen Datenmodellen die Datenstrukturen der logischen Ebene abgeleitet werden können. Die dort vorgestellte Technik ist prinzipiell auch auf teilintegrierte Modelle und Modellfragmente anwendbar

Im Rahmen dieser Arbeit wird lediglich das Verfahren der zusicherungsbasierten Integration als Grundlage der Konsolidierung von Modellfragmenten herangezogen. Andere Integrationsverfahren aus der Datenbankforschung werden nicht betrachtet. Ggf. wäre zu prüfen, ob sich Schwächen des vorgestellten Vorgehens durch diese ausgleichen lassen. Möglicherweise könnten in der Konsolidierungsphase auch ergänzende oder alternative Techniken herangezogen werden (bspw. Graphersetzungsregeln).

Ein zweites Ergebnis dieser Aktivität stellen *Merkmalmodelle* dar, die weitere Anforderungen an das zu erstellende Data-Warehouse-System beschreiben. Diese wurden ebenfalls auf Grundlage der individuell erhobenen und spezifizierten Bedarfe erstellt und zu einer konsolidierten Gesamtsicht integriert.

Eine integrierte Beschreibung und Darstellung der verschiedenen Anforderungsarten und -aspekte mittels einer Sprache und in einem Modell wäre prinzipiell wünschenswert. Zwar existieren in der Literatur Ansätze zur integrierten Dokumentation von funktionalen und nichtfunktionalen Anforderungen.[793] Diese sind jedoch nach dem bisherigen Stand der Forschung nicht auf multidimensionale Datenmodelle und die hier vorliegende Problemstellung übertragbar.

---

[793] Vgl. Cysneiros et al.: Conceptual Models, 2001; Cysneiros, Leite: Non-Functional Requirements, 2001.

Beide Entwicklungsergebnisse – die multidimensionalen Datenmodelle und die Merkmalmodelle – werden in der nächsten Aktivität verifiziert und validiert; sie stellen danach die Spezifikation des zu erstellenden Data-Warehouse-Systems dar.

9.2.7 Verifikation und Validierung

Nachdem in den vorangegangenen Phasen die Benutzeranforderungen zu einem konzeptionellen multidimensionalen Datenmodell konsolidiert wurden, soll dieses in der letzten Aktivität des Anforderungsmanagements und vor dem Übergang in die Entwurfsphase verifiziert und validiert werden.[794] Einen Überblick über diese Aktivität gibt Abbildung 130.

Abbildung 130 Verifikation und Validierung in VODWE

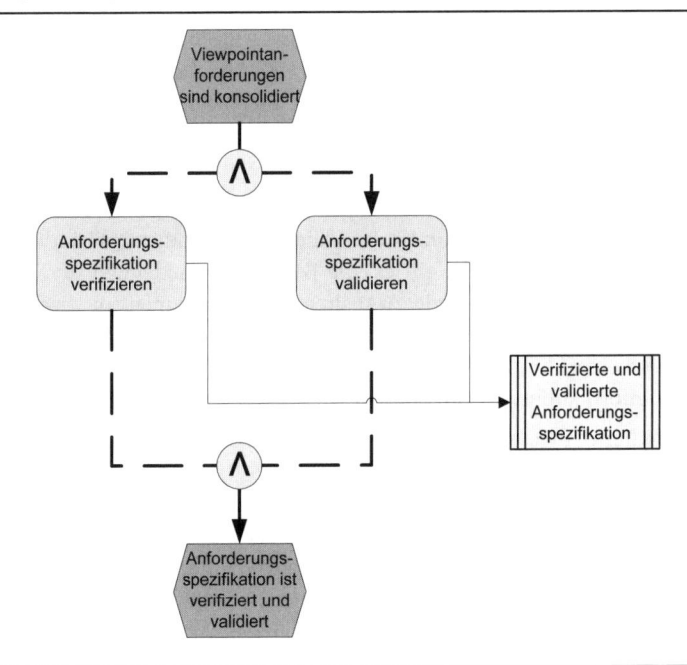

---

[794] Vgl. zum Unterschied von Validierung und Verifikation Abschnitt 5.2.2.5.

Bei der *Verifikation* wird die erstellte Spezifikation durch „harte Kriterien" geprüft.[795] Gegenstand der Prüfung ist, ob die erhobenen Anforderungen korrekt und vollständig in die Spezifikation eingegangen sind. Zur Unterstützung kann im Rahmen von VODWE auf die Ausgangs- bzw. auf die reformulierten Comptency Questions zurückgegriffen werden, da diese als Benchmark dienen sollen. Darüber hinaus sollte die Spezifikation anhand formaler Kriterien sowie Checklisten, Fehlererkennungsprozeduren, Inspektionen etc. untersucht werden.[796] Prinzipiell können für die Verifikation der Anforderungen im Data Warehousing dieselben Techniken wie für andere Systeme herangezogen werden, sodass diese ohne größere Anpassungen auch in VODWE zum Einsatz kommen sollen.

Bei der *Validierung* hingegen werden die generierten multidimensionalen Strukturen durch die zukünftigen Stakeholder evaluiert und geprüft. Hier geht es darum, ob das konzeptionelle MDDM deren Bedarfe adäquat wiedergibt. Gerade in einem dynamischen Geschäftsumfeld ist damit zu rechnen, dass Anforderungen sich rasch, bspw. während der Projektlaufzeit, ändern. In Abschnitt 5.1.2 ist darüber hinaus darauf hingewiesen worden, dass Anforderungsänderungen möglichst frühzeitig provoziert werden sollten. Daher erscheint es zweckmäßig, mit der Validierung rechtzeitig zu beginnen und nicht erst am Ende des Anforderungsmanagements in einer gesonderten Aktivität. Zu diesem Zweck können bspw. bereits teilkonsolidierte Modellfragmente mit den Benutzern validiert werden.

Eine formale Analyse ist im Rahmen der Validierung – anders als bei der Verifikation – nicht möglich. Vielmehr gilt es, die Benutzerzufriedenheit und die Angemessenheit der erstellten Modelle zu prüfen. Daher kommen für diese Aktivität tendenziell „weiche Techniken" zum Einsatz, die den zukünftigen Benutzern und Stakeholdern einen Eindruck von der Leistungsfähigkeit und den vom System gelieferten Informationen geben können.

Für die Validierung werden in VODWE zwei *Techniken* vorgeschlagen: Zum einen die Erstellung von Prototypen, zum anderen das Paraphrasieren von Modellen. Beide sollen helfen, die bereits mehrfach erwähnte Sprachlücke zwischen Stakeholdern und Analysten/Entwicklern zu überbrücken, da der Kommunikation und Interaktion zwischen beiden Personengruppen bei der Validierung besondere Bedeutung zukommt. Insbesondere muss die zu validierende Spezifikation in einer für die Benutzer und Anwender verständlichen Sprache verfasst sein.

---

[795] Vgl. Schienmann: Anforderungsmanagement, 2002, S. 45.
[796] Vgl. Melchisedech: Spezifikationen, 2000, S. 35 ff.; Schienmann: Anforderungsmanagement, 2002, S. 259 ff.; Wiegers: Software Requirements, 1999, S. 233 ff. u. 249 ff.

Für den Fall, dass die Anforderungen bereits formal spezifiziert sind, schlagen Sommerville/Sawyer die *Paraphrasierung* der Spezifikation vor. Unter Paraphrasieren verstehen sie, dass ein semi-formales bzw. formales Modell systematisch in natürlichsprachliche Formulierungen transformiert wird.[797] Hierzu eignen sich sog. „Interrogatives" bzw. „W-Fragen" (was, wann, wer, wo, womit ...), da sie natürlichsprachlich die Konstrukte der multidimensionalen Modellierung beschreiben.[798] Interrogative Fragen lassen sich als eine einfache Grammatik (Satzbauplan) interpretieren, wie sie von Ortner für den methodenneutralen Fachentwurf von Anwendungssystemen vorgeschlagen wird.[799] Eine Paraphrasierung des oben dargestellten ME/RMs (Abbildung 126) könnte bspw. lauten: „Welchen Prämienumsatz hat wer (welches Team) mit wem (Kunde) wann (Monat) womit (welches Produkt) erzielt?"

Darüber hinaus sollen *Prototypen* als Medien der Verständigung dienen. Sie eignen sich sowohl für die Überprüfung, ob sich Anforderungen geändert haben, als auch für die Provokation von Anforderungsänderungen in dieser oder in einer vorangegangenen Aktivität. Ein Prototyp repräsentiert ein erstes lauffähiges System, welches bereits wesentliche Merkmale des zu realisierenden Endsystems enthält. Die Stakeholder und v. a. die Benutzer können anhand des fertig gestellten Prototyps validieren, ob ihre inhaltlich informatorischen Anforderungen bezüglich Kennzahlen und Dimensionen angemessen umgesetzt sind. Darüber hinaus kann auch die Umsetzung weiterer Anforderungsarten und -aspekte wie bspw. Usability und Visualisierungsform mittels eines Prototyps validiert werden.

Erstellt wird der Prototyp durch Transformation des konzeptionellen Modells in ein logisches Datenmodell der Datenhaltungsebene (z. B. Starschema, Snowflakeschema). Mit der Erstellung des Prototyps werden daher bereits erste Entwurfs- und Implementierungsaktivitäten ausgeführt. Fragen, die auf der Ebene der logischen Modellierung sonst eine wichtige Rolle spielen (bspw. Normalisierung und Partitionierung von Relationen sowie die Materialisierung von Sichten oder Cubes), können jedoch zunächst vernachlässigt werden, da sie für die Validierung i. d. R. nicht entscheidend sind. Darüber hinaus werden zunächst keine ETL-Prozesse modelliert und implementiert, da diese bei der Entwicklung nach Schät-

---

[797] Vgl. Sommerville, Sawyer: Requirements Engineering, 1997, S. 285 und 212.
[798] Vgl. Browne, Rogich: Requirements Elicitation, 2001; Stahlknecht, Hasenkamp: Wirtschaftsinformatik, 2005, S. 228 f.; Quigley, Debons: Interrogative Theory, 1999.
[799] Vgl. Ortner: Konstruktionssprache, 1995; Ortner, Schienmann: Normsprachlicher Entwurf, 1996.

zungen und eigenen Erfahrungen rund 80 % des Aufwands in Anspruch nehmen.[800]

Sollte der zu validierende Prototyp keine oder nur teilweise Zustimmung erfahren, so sind in Abhängigkeit von den geäußerten Ablehnungsgründen Rückschritte bzw. Rückkopplungen in frühere Phasen vorgesehen. Um die im Rahmen einer Rückkopplung anzusteuernde Aktivität des Anforderungsmanagements zu bestimmen, sind Verifikationen der Artefakte bereits durchschrittener Phasen notwendig. Abbildung 131 verdeutlicht das Vorgehen im Rahmen der Validierung. Die Aktivitäten werden iterativ so lange ausgeführt, bis das Ereignis „Prototyp ist akzeptiert" eingetreten ist.

Es zeigt sich, dass die Rückverfolgbarkeit von Anforderungen hin zu ihrer Quelle, d. h. zu dem oder den Stakeholdern, die sie ursprünglich formuliert haben, von besonderer Bedeutung ist. Denn die Validierung macht eine erneute Erhebung von Anforderungen bzw. deren Korrektur nötig, wenn die ursprünglich erhobenen Anforderungen zwar korrekt in dem Prototyp umgesetzt wurden, er aber trotzdem nicht akzeptiert wird.

Wird der Prototyp akzeptiert, dann können die Anforderungen, die in ihm realisiert sind, als validiert angesehen werden. Die positive Validierung des Prototyps ist Auslöser für den Übergang zum Entwurf und zur Implementierung des Data-Warehouse-Systems.

---

[800] Vgl. Trujillo, Luján-Mora: ETL, 2003; Vassiliadis et al.: ETL Processes, 2002.

Anforderungsmanagement und konzeptionelle Modellierung 383

Abbildung 131 Validierung und Verifikation von Anforderungen mittels eines Prototyps

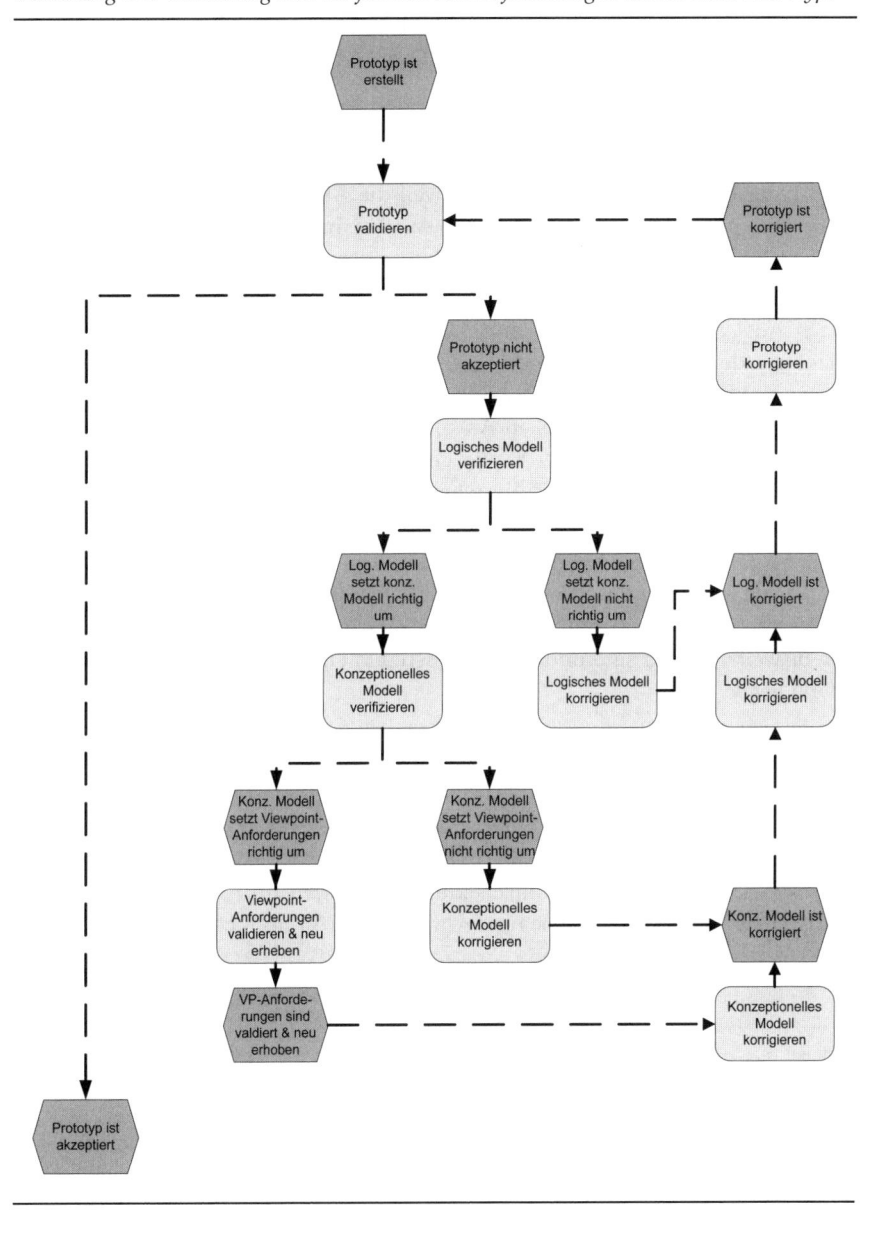

9.2.8 Fazit und Bewertung

Abschließend soll die vorgestellte Methode für das Anforderungsmanagement und die konzeptionelle Modellierung im Data Warehousing beurteilt werden.

Das Vorgehen weist eine gewisse Kompliziertheit auf, da es auf den abstrakten Strukturen des Metamodells aufbaut und sich für die Konsolidierung von Viewpoint-Anforderungen des Konzepts der Schemaintegration aus der Datenbankforschung bedient. Deshalb und auch weil die Aktivitäten zur Erstellung eines Ergebnisses recht detailliert vorgegeben werden, handelt es sich bei VODWE um eine recht „schwergewichtige Methode", was dem aktuellen Trend hin zu agilen und „leichtgewichtigen Methoden" widerspricht.[801]

Nach Ansicht des Verfassers kann VODWE jedoch das Anforderungsmanagement gerade in solchen Anwendungsgebieten unterstützen, die durch terminologische Unklarheit gekennzeichnet sind und die bislang nicht die primäre Domäne des Data Warehousing sind, – in Anwendungsgebieten also, in denen aufseiten der Analysten und Entwickler relativ geringes Wissen vorhanden ist und in denen die Stakeholder sich über die relevanten Begriffsbeziehungen (und die aus ihnen resultierenden Dimensionsstrukturen) nicht im Klaren sind.

In der Literatur wird zunehmend berichtet, dass Data-Warehouse-Systeme auch in Gebieten eingesetzt werden, die über die klassischen Anwendungsfälle, bspw. im Vertrieb, hinausgehen und dadurch gekennzeichnet sind, dass Begrifflichkeiten bisweilen unklar sind und Dimensionen und Hierarchien keineswegs „auf der Hand liegen".[802]

Bauer et al. bspw. berichten von einem Data-Warehouse-Projekt beim Bundesamt für Migration und Flüchtlinge und heben u. a. das Terminologiemanagement als einen wichtigen Aspekt hervor. Darüber hinaus ergeben sich in diesem Anwendungsfall Dimensionen und Hierarchien durch die relevanten Gesetze und Verordnungen sowie durch Entscheidungstatbestände der Behördenleitung. Bspw. existiert eine Dimension, die Entscheidungskategorien zur Annahme oder Ablehnung eines Asylgesuchs in eine hierarchische Struktur bringt.[803]

---

[801] Zu den Prinzipien „leichtgewichtiger Methoden" (lightweight methods) vgl. z. B. Hasenkamp et al.: Extreme Programming, 2001, S. 5 ff.
[802] Vgl. Zeh: Data Warehousing, 2003; Bauer, Günzel: Data-Warehouse-Systeme, 2004, S. 484 ff.; Bauer et al.: eGovernment, 2005; Ionas et al.: Communication Center, 2004; Goeken, Burmester: Business Intelligence, 2004; Strauch: Informationsbedarfsanalyse, 2002, S. 102 ff.
[803] Vgl. Bauer et al.: eGovernment, 2005.

Dem Verfasser ist ein Data-Warehouse-System eines großen IT-Dienstleisters zur Verwaltung von Projekten und Projektdaten bekannt, bei dem u. a. laufende und abgeschlossene Projekte in eine hierarchische Struktur gebracht werden. Hier steht man vor der Herausforderung, zwischen Projektarten, -typen und -klassen unterscheiden zu müssen. In diesem Fall handelt es sich nicht um eine gegebene und natürliche hierarchische Struktur, wie sie bei einer regionalen Vertriebsorganisation oder einer Kundengruppierung nach demographischen und regionalen Merkmalen vorliegt. Vergleichbare Beispiele und weitere innovative Anwendungsgebiete finden sich bei Zeh, Ionas et al. und Bauer/Günzel[804].

In den genannten Fällen gilt es, die Datenstrukturen im Konsens der beteiligten Stakeholder zu konstruieren, da nur dann, wenn die Dimensions- und Auswertungsstrukturen den Aufgabenstellungen und Perspektiven der Stakeholder angemessen sind, die Akzeptanz des Data-Warehouse-Systems erreicht werden kann. Hierfür kann das viewpointorientierte Vorgehen, das die Perspektivität der verschiedenen Stakeholder explizit berücksichtigt, eine Unterstützung bieten. Durch die systematische Integration wird erreicht, dass die individuellen Perspektiven in die konzeptionellen Modelle eingehen.

Darüber hinaus wurde in der Methode ein erweiterter Anforderungsbegriff zugrunde gelegt, der auch solche Anforderungen umfasst, die über den Informationsbedarf i. e. S. hinausgehen, da Anforderungen wie Datenqualität, Usability und Performance u. U. entscheidend für die Akzeptanz des entwickelten Systems sind. Daher wird in VODWE vorgeschlagen, auch diese systematisch im Anforderungsmanagement zu behandeln.

Im vorliegenden Abschnitt wurde die Methode als Ganzes beschrieben. Sie könnte ggf. abgekürzt werden, wenn bestimmte Aktivitäten und Entwicklungsergeb-

---

[804] Vgl. für weitere Beispiele, die nicht die klassischen Bereiche betreffen: Zum einen ein Data-Warehouse-System für die Pharmaforschung, in dem Untersuchungsergebnisse u. a. nach Untersuchungsbedingungen klassifiziert werden. Zum anderen ein Data Warehouse, welches in einem internationalen Konzern lokal unterschiedliche *Stücklisten* verwaltet. Auch in diesen Fällen dürften das Terminologiemanagement und das Aufbauen von qualifizierenden Begriffsstrukturen durchaus problematisch sein, da bei verschiedenen Stakeholdern verschiedene Strukturen vorliegen (Zeh: Data Warehousing, 2003, S. 36).
Ionas et al. berichten von dem Aufbau eines Data-Warehouse-Systems für ein *medizinisches Callcenter* und beschreiben die Dimensionsstrukturen, die neben Patientendaten bspw. Dienstleistungen, Notfallsituationen und Beschwerden gruppieren (Ionas et al.: Communication Center, 2004).
Weitere Beispiele aus dem nichttraditionellen Einsatzgebiet von Data-Warehouse-Systemen finden sich bei Bauer, Günzel: Data-Warehouse-Systeme, 2004, S. 484 ff.

nisse nicht für relevant erachtet und in einer spezifischen Projektsituation nicht benötigt werden. Jedoch sollte eine solche Anpassung an spezifische Projektsituationen i. S. e. Tailoring nicht ad hoc stattfinden, sondern methodisch unterstützt werden. Hierfür könnten die oben erwähnten Ansätze zum „Situational Method Engineering" herangezogen werden (vgl. zu diesen Ansätzen Abschnitt 3.2.2).

Mit dem VODWE-Prototyp konnte aufgezeigt werden, dass sich der vorgestellte Entwicklungsprozess grundsätzlich auch durch Entwicklungswerkzeuge unterstützen lässt. Jedoch deckt er bislang nur die ersten Aktivitäten der Methode bis zur Erstellung der Modellfragmente ab. Eine weitere Verbesserung der Methode ließe sich ggf. durch eine durchgängige Werkzeugunterstützung erzielen.

9.3 Entwurf und Implementierung

Zum Ende der vorangegangenen Phase (Anforderungsmanagement) liegen konzeptionelle multidimensionale Datenmodelle (MDDM) sowie Merkmalmodelle als Anforderungsspezifikation vor. In dieser Phase erfolgt der *Entwurf des logischen MDDM* durch *Transformation* des konzeptionellen Modells. Gemäß der erweiterten Architektur eines Data-Warehouse-Systems (Mesoebene), die u. a. die Ergebnisse des Entwicklungsprozesses darstellt, ist dieses der Datenhaltungsebene zugeordnet (vgl. S. 258, Abbildung 64).

Das logische MDDM beschreibt die Datenstrukturen in einer für ein Datenbankmanagementsystem verarbeitbaren Form. Im Gegensatz zu konzeptionellen sind die logischen Modelle an der eingesetzten Datenbanktechnologie ausgerichtet. Aufgrund des hohen Verbreitungsgrads relationaler Datenbanktechnologie sind auf Ebene der logischen Modellierung regelmäßig Varianten des Starschemas anzutreffen, weshalb diese im Folgenden im Mittelpunkt stehen.[805]

Transformation bedeutet in diesem Zusammenhang, dass die Sprache gewechselt wird. Hierbei besteht die Gefahr von Mappingfehlern, da die konzeptionellen Modelle über eine reichere Semantik als das Relationenmodell verfügen. Während erstere die multidimensionalen Strukturen mittels Knoten und Kanten modellieren, die jeweils eine unterschiedliche Semantik repräsentieren können, erfolgt im Starschema die Darstellung und Beschreibung multidimensionaler Strukturen allein durch Tabellen.[806] Es gilt demnach, die im konzeptionellen Modell

---

[805] Vgl. zum Starschema Abschnitt 7.4.
[806] Im DFM bspw. wird unterschieden zwischen Hierarchien, Dimensionen, Hierarchieattributen, Listen von Dimensionen und Hierarchieattributen, Fakten und Kennzahlen. Im Starschema existieren lediglich Tabellen mit Spalten (vgl. Abschnitt 7.3).

Entwurf und Implementierung 387

dargestellten Sachverhalte ohne semantischen Verlust in das logische Modell zu transformieren.

Das Mapping der konzeptionellen multidimensionalen Semantik auf logische Modelle soll im Folgenden durch Betrachtung ihrer Metamodelle erläutert werden. Hierfür wird wiederum auf das Metamodell aus Abschnitt 6 zurückgegriffen, welches die abstrakte Syntax multidimensionaler Modelle beschreibt und somit auch für die Modelltransformation herangezogen werden kann. Dem Metamodell wird das Metamodell des Relationenmodells gegenübergestellt.[807]

Abbildung 132 zeigt grob das Mapping der Konstrukte des Metamodells auf die Konstrukte des Relationenmodells. Ein Fakt eines konzeptionellen MDDM wird dabei in eine Fakttabelle transformiert; eine Dimension des konzeptionellen Modells in eine oder mehrere Dimensionstabellen.

Abbildung 132 Zuordnung der Konstrukte des Metamodells auf das Relationenmetamodell (1)

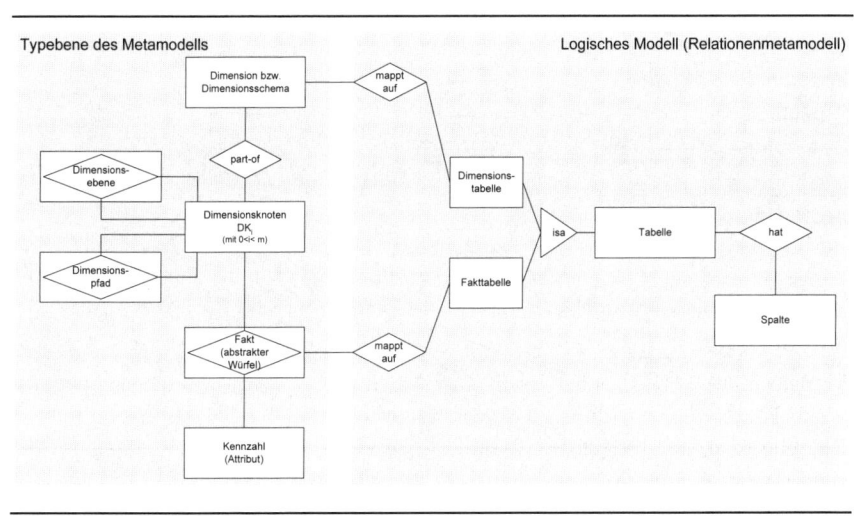

---

[807] Das Metamodell des Relationenmodells besteht in seiner einfachsten Form aus zwei Entitätstypen (Tabelle und Spalte) sowie einem Beziehungstyp zwischen diesen (hat). Vgl. Blaschka: FIESTA, 1999, S. 90 f.; dort ebenfalls zu einem Metamodell, anhand dessen die Transformation zwischen konzeptionellen und logischen multidimensionalen Modellen erfolgen kann.

Bei einer detaillierteren Betrachtung lassen sich Kennzahlen und verschiedene Arten von Dimensionsknoten den Spalten im relationalen Starschema zuordnen. Die Spalten einer Fakttabelle ergeben sich zum einen durch die im konzeptionellen MDDM enthaltenen Kennzahlen; zum anderen durch die primären Dimensionsknoten DK_0, aus denen im Starschema die Fremdschlüsselspalten der Fakttabelle gebildet werden. Die Spalten einer Dimensionstabelle resultieren ebenfalls aus den primären Dimensionsknoten DK_0, die den Primärschlüssel darstellen, sowie aus den diesen jeweils übergeordneten Dimensionsknoten DK_1 bis DK_m. Die Überordnungsbeziehungen sind durch die Subtype-of-Beziehungen gegeben. Abbildung 133 veranschaulicht das detailliertere Mapping auf Spaltenebene.

Abbildung 133 Zuordnung der Konstrukte des Metamodells auf das Relationenmetamodell (2)

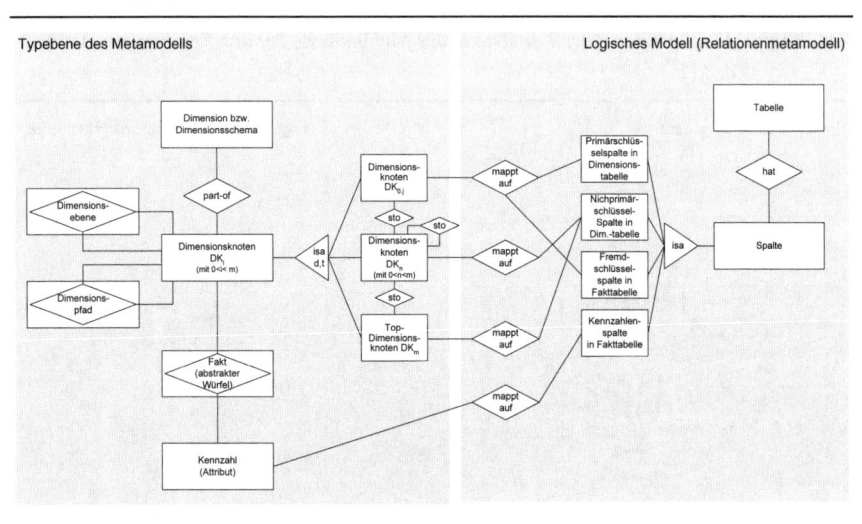

Abbildung 134 stellt die Transformation eines konzeptionellen Modells in ein logisches Modell der Datenhaltungsebene beispielhaft dar. Die Dimensions- und Fakttabellen werden gemäß den dargestellten Mappingbeziehungen (Abbildung 132 und Abbildung 133) gebildet. Die Verknüpfungen zwischen den Fakt- und Dimensionstabellen erfolgt über die vergebenen Fremdschlüssel, wobei die Menge der Fremdschlüssel den Primärschlüssel der Fakttabelle ergibt.

Entwurf und Implementierung

Das konzeptionelle Modell aus Abbildung 134 entspricht dem Ergebnis aus Abschnitt 9.2.6.2.3.4 (dem Ergebnis des Anforderungsmanagements). Aus Gründen der Übersichtlichkeit ist in der Abbildung nur ein Ausschnitt wiedergegeben. Für den Fall, dass Strukturanomalien vorliegen, ergeben sich für eine Dimension mehrere Dimensionstabellen. In der Regel wird man bspw. bei parallelen Hierarchien für jeden Dimensionspfad eine eigene Dimensionstabelle erstellen. Auf eine detaillierte Diskussion der Umsetzung von Strukturanomalien im logischen Modell wird an dieser Stelle verzichtet.[808]

Abbildung 134 Darstellung der Transformation eines konzeptionellen in ein logisches MDDM

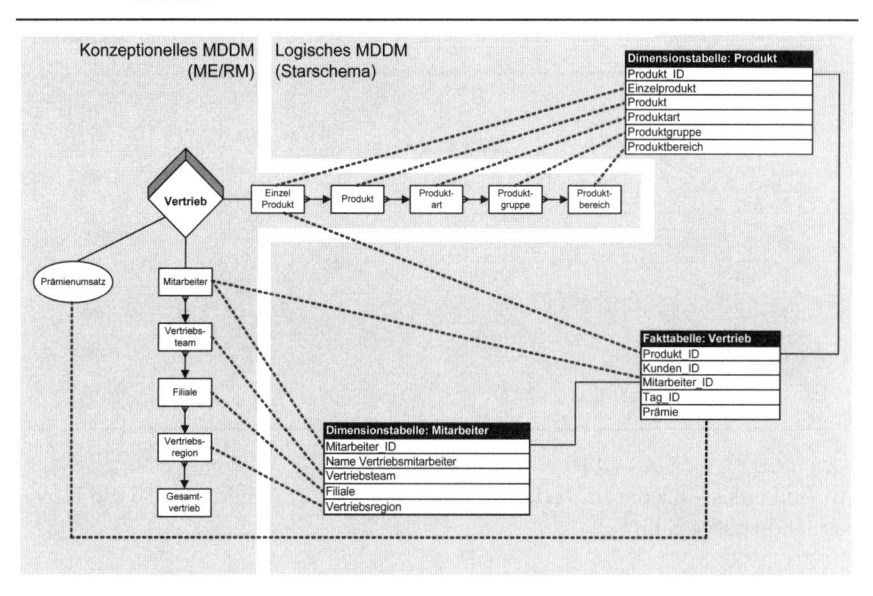

(Die gebrochenen Linien zeigen Mappingbeziehungen zwischen dem konzeptionellen und dem logischen Modell)

---

[808] Vgl. hierzu bspw. Lehner: Data-Warehouse-Systeme, 2003, S. 98 ff.; Totok: OLAP, 2000, S. 93 f.

Mehrfach wurde darauf hingewiesen, dass die Objekte der Ausprägungsebene ebenfalls modelliert werden müssen. Deshalb ist im Anforderungsmanagement die Ausprägungsebene explizit erfasst worden, und die Objekte der Ausprägungsebene (Hierarchieknoten) wurden in den Modellfragmenten aufgeführt. Bei der Transformation in ein logisches Relationenmodell ergeben sich die in Abbildung 135 dargestellten Mapping-Beziehungen zwischen Hierarchieknoten und Zellen der Dimensionstabellen.

Abbildung 135 Mapping von Hierarchieknoten auf die Zellen der Dimensionstabellen

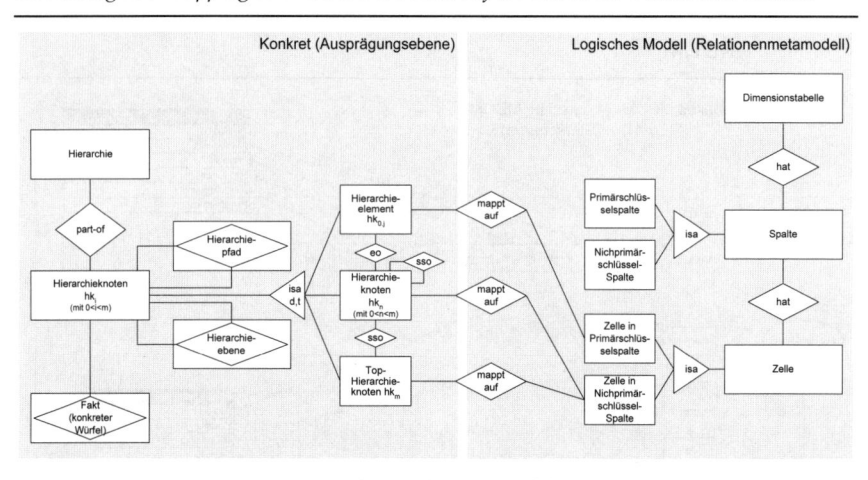

Anhand eines – wiederum verkürzten – Beispiels ist in Abbildung 136 die Transformation dargestellt.

Entwurf und Implementierung 391

Abbildung 136 Transformation einer Hierarchie in eine Dimensionstabelle eines logischen MDDM

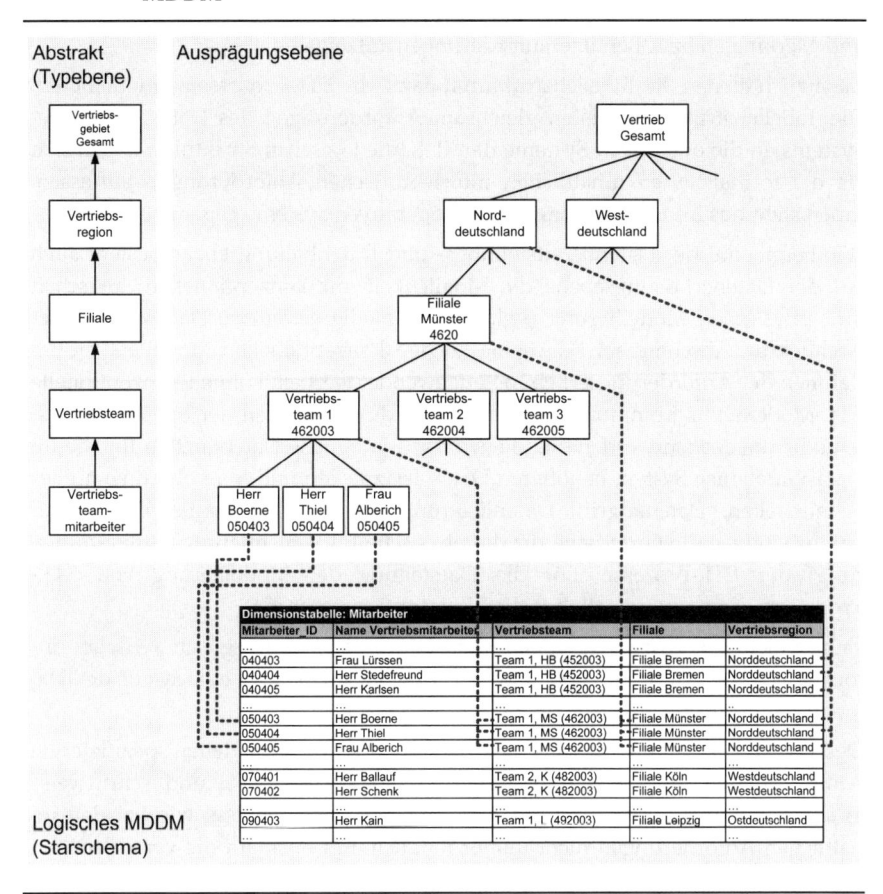

Die vorgestellte Transformation ist zum einen nötig, um einen Prototyp zu erzeugen, der das Anforderungsmanagement unterstützt. In diesem Fall bietet sich an, die auf der Grundlage des nun vorliegenden logischen MDDM erzeugten physischen Tabellen mit simulierten Daten zu befüllen. Für die Unterstützung des Anforderungsmanagements scheint dies ausreichend.

Zum anderen werden die Tabellenstrukturen zur Realisierung der Datenhaltungsebene des Zielsystems verwendet. Dabei sind weitere Optimierungen hinsichtlich Performance, Wartbarkeit etc. vorzunehmen. Diese Optimierungen orientieren sich an den erstellten Merkmalmodellen, da sie Implementierungsalternativen darstellen und Interdependenzen zwischen ihnen sowie zwischen ihnen und Merkmalen bzw. Benutzeranforderungen aufzeigen.

Zusätzlich dienen die Tabellenstrukturen dazu, die ETL-Prozesse zu modellieren. Die Tabellenstrukturen stellen gleichsam Anforderungen des Data-Warehouse-Systems an die operativen Systeme dar, d. h. die logischen Strukturen lassen sich als die formalisierten inhaltlichen informatorischen Anforderungen auffassen. Ihnen steht das Informationsangebot der operativen Systeme gegenüber.

Wie bereits auf der Datenbereitstellungs- und Datenhaltungsebene besteht auch auf der Datenerfassungsebene die Möglichkeit zur konzeptionellen, logischen und physischen Modellierung (vgl. wiederum die erweiterte Data-Warehouse-Architektur, Abschnitt 8.1.1). Analog zu den konzeptionellen Modellen, die im Rahmen der Anforderungserhebung angewendet werden, können konzeptionelle ETL-Modelle zur Kommunikation mit den Administratoren der operativen Systeme herangezogen werden. Sie dienen dazu, mögliche Datenquellen für die im Data-Warehouse-System benötigten Daten festzulegen und Vereinbarungen über Schnittstellen, Datenzugriff, Datenlieferung etc. zu dokumentieren. Darüber hinaus sind sie die Grundlage für die physische Implementierung (Programmierung) der ETL-Prozesse. Für die Darstellung der Modellierung von ETL-Prozessen sei an dieser Stelle auf die Literatur verwiesen.[809]

Gemäß dem hier vorgeschlagenen Vorgehen findet der Ausgleich zwischen informatorischen Anforderungen und Informationsangebot demnach auf der Datenerfassungsebene in Form von ETL-Prozessen statt.

Des Weiteren werden in dieser Phase die in den Merkmalmodellen spezifizierten Anforderungen umgesetzt. Bei diesen ist eine strukturierte und schrittweise Transformation in Entwurfs- und Implementierungsergebnisse wie bei den inhaltlichen Anforderungen nicht immer möglich. Ein Blick auf die verschiedenen Anforderungen und Implementierungsalternativen des Merkmalmodells zeigt, dass diese auf z. T. unterschiedlichen Data-Warehouse-Ebenen und Entwurfsebenen implementiert werden müssen und häufig nicht im konzeptionellen Modell dokumentiert werden können (vgl. Abbildung 129, S. 376). Bspw. können Anforderungen an die Rechtzeitigkeit der Informationsbereitstellung Designentschei-

---

[809] Vgl. zu einer kurzen Darstellung: Burmester, Goeken: Data-Warehouse-Systeme, 2005, S. 1433 ff.; diese lehnt sich im Wesentlichen an Vassiliadis et al. an (Vassiliadis et al.: ETL Processes, 2002; Vassiliadis et al.: Logical Modeling, 2002; Vassiliadis et al.: Modeling ETL, 2002); zu einer alternativen, UML-basierten Modellierung vgl. Trujillo et al.: ETL, 2003.

dungen erfordern, die die Performance des Data-Warehouse-Systems betreffen. Diese Designentscheidungen beziehen sich auf die logische oder die physische Ebene, bspw. die Partitionierung von Tabellen, deren Indizierung oder die Materialisierung von Sichten. Ebenfalls können die Aktualisierungszyklen der ETL-Prozesse betroffen sein, welche auf der Datenerfassungsebene angesiedelt sind.

Tabelle 29 zeigt exemplarisch Möglichkeiten der Implementierung einiger Anforderungen auf unterschiedlichen Entwurfs- und Architekturebenen eines Data-Warehouse-Systems. Mithilfe der vorgestellten Merkmalmodelle lassen sich potenzielle Tradeoffs zwischen den Anforderungen identifizieren und verfolgen (Traceability).

Tabelle 29 Implementierung von nichtinformatorischen Anforderungen

Anforderung	Umsetzung	Entwurfsebene	Data-Warehouse-Ebene
Datenschutz	Verschlüsselung im Ladeprozess	Physische Ebene	Datenerfassungsebene
Performance	Denormalisierung (Starschema statt Snowflakeschema)	Logische Ebene	Datenbereitstellungsebene Datenhaltungsebene
	Indizierung von Tabellen	Physische Ebene	Datenhaltungsebene
Rechtzeitigkeit	Aktualität der Daten	Physische Ebene	Datenerfassungsebene
Wartbarkeit	Normalisierung (Snowflakeschema statt Starschema)	Logische Ebene	Datenbereitstellungsebene Datenhaltungsebene
Usability	Webbrowser als Client	Physische Ebene	Präsentationsebene

10 Fazit und Ausblick

Zusätzlich zu den Bewertungen in vorangegangenen Abschnitten, die sich auf Teilaktivitäten bezogen, sollen an dieser Stelle die wesentlichen Ergebnisse sowie mögliche Schwachpunkte und potenzielle Weiterentwicklungen zusammenfassend dargestellt werden.

Als die wichtigsten *Ergebnisse* dieser Arbeit sind aus Sicht des Verfassers zu nennen:

- Ein *Metamodell* zur Beschreibung der abstrakten Syntax multidimensionaler Datenmodelle.
- Eine *Entwicklungsmethode*, die auf diesem aufbauend Aktivitäten, Techniken und Notationen sowie konkrete Entwicklungsergebnisse beschreibt.

Den zentralen Ausgangspunkt der Methode stellen die Benutzeranforderungen und die Anforderungen weiterer Stakeholder dar. Das Ziel der Methode ist es, ein hohes Maß an Empfängerorientierung zu realisieren und die Stakeholder in den Entwicklungsprozess einzubeziehen. Im Mittelpunkt steht dabei die Frage, wie die für die Modellierung relevanten Informationen erhoben und im Entwicklungsprozess weiterverarbeitet werden können, um sie in konzeptionellen Modellen zu beschreiben und darzustellen. Die Methode macht einen Vorschlag, wie Artikulationsprobleme bei der Erhebung von Anforderungen überwunden, wie vage formulierte Bedarfe schrittweise formalisiert und wie die individuellen Bedarfe verschiedener Stakeholder zu einer konsistenten Anforderungsspezifikation zusammengeführt werden können. Das Viewpoint-Konzept des Anforderungsmanagements dient dabei als grundlegendes Strukturierungsinstrument.

Dieses Konzept kann auch herangezogen werden, um Erweiterungen der Methode vorzunehmen und vorhandene *Schwachpunkte* zu überwinden. Bedingt durch den gewählten Ausgangspunkt werden insbesondere zwei Aspekte in noch nicht befriedigendem Maße adressiert:

Zum einen wird die Ist-Informationsversorgung nicht systematisch analysiert und daher auch nicht den erhobenen Anforderungen gegenübergestellt. Hier sind folgende Erweiterungen der Methode – je nach Zweck des zu entwickelnden Data-Warehouse-Systems – möglich:

- Für den Fall, dass das Data-Warehouse-System die bisherige Informationsversorgung ergänzen soll, wäre es zweckmäßig, sich bei der Anforderungserhebung auf solche Bereiche zu konzentrieren, die bislang nicht im ausreichenden Maße abgedeckt werden.

- Soll hingegen die bestehende Ist-Informationsversorgung ersetzt werden, kann mittels Dokumentenstudium das vorhandene Berichtswesen analysiert werden. Dabei kämen die hier beschriebenen Aktivitäten in ähnlicher Form zum Einsatz wie bei der Erhebung der Benutzeranforderungen: Die Fachbegriffe aus Auswertungen und Berichten werden definiert und normiert und die Berichtsinhalte stellen Anforderungen dar, die das Data-Warehouse-System erfüllen muss. Die vorhandenen Berichte und Auswertungen ließen sich hierbei als Viewpoints auffassen, die – wie die Benutzeranforderungen – in die Viewpoint Resolution und somit in die konzeptionellen Modelle eingehen.

Zum anderen werden die Datenquellen erst bei der Modellierung der ETL-Prozesse einbezogen, d. h. der Abgleich von Datenangebot und Informationsbedarf erfolgt erst relativ spät im Entwicklungsprozess. Um das Datenangebot ggf. früher zu berücksichtigen, könnten die vorhandenen Datenquellen parallel zur Anforderungserhebung analysiert werden. Die Analyse könnte nach dem vorgestellten Verfahren von Golfarelli et al. erfolgen. Die resultierenden konzeptionellen Modelle wären dann als Viewpoints aufzufassen, die die operativen Systeme repräsentieren und würden ebenfalls in die Viewpoint Resolution einbezogen, sodass der Abgleich zwischen vorhandenen Daten und dem Informationsbedarf der Benutzer bereits in dieser Phase stattfindet.

Folgende *Weiterentwicklungen* der Methode sind aus Sicht des Verfassers möglich und zweckmäßig:

Zum einen sollte die Methode erweitert werden, sodass auch im laufenden Betrieb eines Data-Warehouse-Systems ein kontinuierliches Management der Anforderungen erfolgen kann und somit sich verändernde Anforderungen systematisch erfasst und in das System integriert werden können.

Zum anderen sollte die Methode flexibilisiert und modularisiert werden, d. h. es sollte möglich sein, bestimmte Aktivitäten und Techniken auch isoliert zu verwenden. Bereits oben wurde darauf hingewiesen, dass ein solches „Tailoring" ebenfalls methodisch unterstützt werden muss.

Literatur

Abelló et al.: Classification, 2000
  Abelló, A., Samos, J., Saltor, F.: A Data Warehouse Multidimensional Data Models Classification. Technical Report LSI-2000-6. Dept. Llenguages y Sistemas Informáticos (Universidad de Granada), December 2000. Verfügbar unter http://citeseer.ist.psu.edu/490251.html,
  Abruf am 2003-11-17.
Abelló: YAM², 2002
  Abelló, A.: YAM²: A Multidimensional Conceptual Model. PhD Thesis, Barcelona, April 2002. Verfügbar unter http://www.tdx.cesca.es/TESIS_UPC/AVAILABLE/TDX-1004102-091640/THESIS.pdf,
  Abruf am 2003-11-17.
Ainsworth et al.: Viewpoint Specification, 1994
  Ainsworth, M., Cruickshank, A. H., Groves, L., Wallis, P. J. L.: Viewpoint Specification and Z. Technical Report, CS-TR-94-7, Victoria University of Wellington, 1994. Verfügbar unter http://www.mcs.vuw.ac.nz/comp/Publications/CS-TR-94-7.abs.html,
  Abruf am 2004-03-10.
Alexander, Stevens: Requirements, 2002
  Alexander, I., Stevens, R.: Writing better requirements. London 2002.
Alpar et. al.: Wirtschaftsinformatik, 2002
  Alpar, P., Grob, H. L., Weimann, P., Winter, R.: Anwendungsorientierte Wirtschaftsinformatik. Strategische Planung, Entwicklung und Nutzung von Informations- und Kommunikationssystemen. Wiesbaden 2002.
Alpar, Niedereichholz: Data Mining, 2000
  Alpar, P., Niedereichholz, J. : Data Mining im praktischen Einsatz. Wiesbaden 2000.
Andelfinger: Anforderungsanalyse, 1997
  Andelfinger, U.: Diskursive Anforderungsanalyse. Ein Beitrag zum Reduktionsproblem bei Systementwicklungen in der Informatik. Frankfurt a. M. 1997.
Back-Hock et al.: Datenmodellierung, 1994
  Back-Hock, A., Borkowski, V., Büttner, W., Kreitmair, B., Scheuer, K.-J., Sperber, R., Wohlmuth, W.: Vorarbeiten für die Datenmodellierung am Beispiel

zweier Industrieunternehmen: Automatisierte Dateninventur und elektronischer Begriffskatalog. In: Wirtschaftsinformatik 36 (1994) 5, S. 409-421.

Balzer: Tolerating Inconsistency, 1991
Balzer, R.: Tolerating Inconsistency. In: Proceedings of 13th International Conference on Software Engineering (ICSE-13), Austin, Texas, United States 1991, S. 158-165. Verfügbar unter http://portal.acm.org/citation.cfm?id=256748, Abruf am 2003-01-04.

Balzert: Software-Technik, 1996
Balzert, H.: Lehrbuch der Software-Technik. Software Entwicklung. Heidelberg et al. 1996.

Barbusinski, et al.: Data Marts, 2002
Barbusinski, L., Hackney, D., Jennings, M. F.: What is the relationship between the data warehouse and data marts? Ask The Experts. Published in DMReview.com, 2002-06-25. Verfügbar unter http://www.dmreview.com/article_sub.cfm?articleId=5462, Abruf am 2005-01-30

Barki et al.: Contingency Model, 2001
Barki, H., Rivard, S., Talbot, J.: An Integrative Contingency Model of Software Project Risk Management. In: Journal of Management Information Systems 17 (2001) 4, S. 37-70.

Barrow: Seven Steps, 1990
Barrow, C.: Implementing an executive information systems: Seven steps. In: Information Systems Management 7 (1990) 2, S. 41-45.

Bartel et al.: ETL-Prozess, 2000
Bartel et al.: Der ETL-Prozess des Data Warehousing. In: Jung, R., Winter, R. (Hrsg.): Data Warehousing Strategie. Berlin et al. 2000, S. 43-60.

Batini et al.: Database, 1992
Batini C., Ceri, S., Navathe, S. B.: Conceptual Database Degin. An Entity-Relationship Approach. Redwood City 1992.

Batini et al.: Schema Integration, 1986
Batini, C., Lenzerini, M., Navathe, S. B.: A comparative analysis of methodologies for database schema integration. In: ACM Computing Surveys 18 (1986) 4, S. 323-364.

Bauer et al.: eGovernment, 2005
Bauer, A., Böhnlein, M., Eckert, T., Lederer, H., Munsi, K.: Einsatz eines Data Warehouse im eGovernment-Bereich zur Asylsteuerung und Migrationsanalyse. In: Schelp, J., Winter, R. (Hrsg.): Auf dem Weg zur Integration Factory. Proceedings der DW2004 - Data Warehousing und EAI, Berlin et al. 2004, S. 401-418.

Bauer, Günzel: Data-Warehouse-Systeme, 2004
Bauer, A., Günzel, H. (Hrsg.): Data-Warehouse-Systeme. Architektur, Entwicklung, Anwendung. Heidelberg 2004.

Bauer, Winterkamp: OLAP, 1996
Bauer, S., Winterkamp, T.: Relationales OLAP versus Mehrdimensionale Datenbanken. In: Hanning, U. (Hrsg.): Data Warehouse und Management Informationssysteme. Stuttgart 1996, S. 45-53.

Becker et al.: Konstruktion von Methodiken, 2001
Becker, J., Knackstedt, R., Holten, R., Hansmann, H., Neumann, S.: Konstruktion von Methodiken: Vorschläge für eine begriffliche Grundlegung und domänenspezifische Anwendungsbeispiele. In: Becker, J., Grob, H. L., Müller-Funk, U., Klein, S., Kuchen, H., Vossen, G.: Arbeitsberichte des Instituts für Wirtschaftsinformatik Nr. 77, Münster 2001.

Becker, Holten: Führungsinformationssysteme, 1998
Becker, J., Holten, R.: Fachkonzeptuelle Spezifikation von Führungsinformationssystemen. In: Wirtschaftsinformatik 40 (1998) 6, S. 483-492.

Becker: Prozesse, 1998
Becker, M.: Umsetzung betrieblicher Prozesse. Methode, Fallbeispiele, Workflow-Technologie. Dissertation Hochschule St. Gallen. Bamberg 1998. Ebenfalls verfügbar unter http://verdi.unisg.ch/org/iwi/iwi_web.nsf/ www Pubhomepage/webhomepageger, Abruf am 2003-08-08.

Behme, Schimmelpfeng: Führungsinformationssysteme, 1993
Behme, W., Schimmelpfeng, K.: Führungsinformationssysteme: Geschichtliche Entwicklung, Aufbau und Leistungsmerkmale. In: Behme, W., Schimmelpfeng, K. (Hrsg.): Führungsinformationssysteme. Neue Entwicklungstendenzen im EDV-gestützten Berichtswesen. Wiesbaden 1993.

Beiersdorf: Informationsbedarf, 1995
Beiersdorf, H.: Informationsbedarf und Informationsbedarfsermittlung im Problemlösungsprozess „Strategische Unternehmungsplanung". München et al. 1995.

Benington: Production, 1956
Benington, H. D.: Production of large computer programs. In: Proceedings, ONR Symposium, 1956. Wiederabdruck in: Annals of the History of Computing 5 (1983) 4, S. 350-361. Verfügbar unter http://portal.acm.org/ citation.cfm?id=41799, Abruf am 2004-11-17.

Blaschka et al.: Multidimensional Data Models, 1998
Blaschka, M., Sapia, C., Honing, G., Dinter, B.: Finding Your Way through Multidimensional Data Models. In: Wagner, R. (Hrsg.): Ninth International Workshop on Database and Expert Systems Applications. Vienna, Austria,

August 1998, Proceedings. IEEE Computer Society 1998. Verfügbar unter http://citeseer.ist.psu.edu/blaschka98finding.html, Abruf am 2003-11-17.

Blaschka: FIESTA, 2000

Blaschka, M.: FIESTA: A Framework for Schema Evolution in Multidimensional Databases. Dissertation Technische Universität München, 2000. Verfügbar unter http://tumb1.biblio.tu-muenchen.de/publ/diss/in/2000/blaschka.html Abuf am 2003-11-12.

Boehm: Spiral Model, 1988

Boehm, B.: A Spiral Model of Software Development and Enhancement. In: IEEE Computer 21 (1988) 5, S. 61-72.

Böhnlein, Ulbrich-vom Ende: Data Warehousing, 2000

Böhnlein, M., Ulbrich-vom Ende, A.: Grundlagen des Data Warehousing: Modellierung und Architektur. Bamberger Beiträge zur Wirtschaftsinformatik Nr. 55, Bamberg, Februar 2000.

Böhnlein: Data-Warehouse-Schemata, 2001

Böhnlein, M.: Konstruktion semantischer Data-Warehouse-Schemata. Wiesbaden 2001.

Bold et al.: Datenmodellierung, 1997

Bold, M., Hoffmann, M., Scheer, A.-W.: Datenmodellierung für das Data Warehouse. In: Veröffentlichungen des Instituts für Wirtschaftsinformatik, Nr. 139, Saarbrücken 1997. Verfügbar unter http://www.iwi.uni-sb.de/Download/iwihefte/heft139.pdf, Abruf am 2004-03-12

Bontempo, Zagelow: Data Warehouse Architecture, 1998

Bontempo, C., Zagelow, G.: The IBM Data Warehouse Architecture. In: CACM 41 (1998) 9, S. 38-48.

Bouzeghoub, et al.: Modeling the Data Warehouse, 1999

Bouzeghoub, M., Fabret, F., Matulovic-Broque, M.: Modeling the Data Warehouse Process as a Workflow Application. In: Proceedings of the International Workshop on Design and Management of Data Warehouses (DMDW 1999). Verfügbar unter http://sunsite.informatik.rwth-aachen.de/dblp/db/conf/dmdw/dmdw1999.html, Abruf am 2003-11-13.

Breitmann et al.: Real-Life Case Study, 1999

Breitman, K. K., Leite, J. C. S. P., Finkelstein, A.: The World's a Stage: A Survey on Requirements Engineering using a Real-Life Case Study. In: Journal of the Brazilian Computer Society 6 (1999) 1, S. 13-37. Verfügbar unter http://www.scielo.br/.

Bretzke: Problembezug, 1980

Bretzke, W.-R.: Der Problembezug von Entscheidungsmodellen. Tübingen 1980.

Brinkkemper et al.: Meta-modelling, 1999
  Brinkkemper, S., Saeki, M., Harmsen, F.: Meta-modelling based assembly techniques for situational method engineering. In: Information Systems 24 (1999) 3, S. 209-228.
Brinkkemper: Method Engineering, 1996
  Brinkkemper, S.: Method engineering: engineering of information systems development methods and tools. In: Information and Software Technology 38 (1996), S. 275-280.
Brooks: Silver Bullet, 1987
  Brooks, F. P.: No Silver Bullet. Essence and Accidents of Software Engineering. In: Computer Magazine, April 1987. Ebenfalls verfügbar unter http://www-inst.eecs.berkeley.edu/~maratb/readings/NoSilverBullet.html.
Browne, Rogich: Requirements Elicitation, 2001
  Browne, G., Rogich, M.: An Empirical Investigation of User Requirements Elicitation: Comparing the Effectiveness of Prompting Techniques. In: Journal of Management Information Systems 17 (2001) 1, S. 223-249.
Bühne et al.: Variabilitätsmodellierung, 2004
  Bühne, S., Halmans, G., Pohl, K.: Anforderungsorientierte Variabilitätsmodellierung für Software-Produktfamilien. In: Rumpe, B., Hesse, W. (Hrsg.): Proceedings Modellierung 2004. Praktischer Einsatz von Modellen. März 2004, Marburg, Germany. LNI, Gesellschaft für Informatik, 2004, S. 43-57.
Bullinger, Koll: CIS, 1992
  Bullinger, H.-J., Koll, P.: Chefinformationssysteme (CIS). In: H. Krallmann (Hrsg.): Rechnergestützte Werkzeuge für das Management: Grundlagen, Methoden, Anwendungen. Berlin 1992, S. 49-72.
Bulos, Forsman: ADAPT, 2002
  Bulos, D., Forsman, S.: Getting Started with ADAPT. White Paper, Symmetry Corporation, San Rafael 2002. Verfügbar unter: www.symcorp.com, Abruf am 2004-11-07.
Bulos: Dimension, 1996
  Bulos, D.: A New Dimension. In: Database Programming and Design 9 (1996) 6, S. 33-37. Wiederabdruck in Chamoni, P., Gluchowski, P. (Hrsg.): Analytische Informationssysteme – Data Warehouse, OLAP, Data Mining. Berlin et al.: Springer 1998, S. 251–261.
Burmester, Goeken: Data-Warehouse-Systeme, 2005
  Burmester, L., Goeken, M.: Benutzerorientierter Entwurf von unternehmensweiten Data-Warehouse-Systemen. In: Ferstl, O. K., Sinz, E. J., Eckert, S., Isselhorst, T. (Hrsg.): Wirtschaftsinformatik 2005. eEconomy, eGovernment, eSociety. Heidelberg 2005, S. 1421-1440.

Byrd et al.: Requirements Analysis, 1992
　Byrd, T. A., Cossick, K. L., Zmud, R. W.: A synthesis of research on requirements analysis and knowledge acquisition techniques, in: MIS Quarterly 16 (1992) 1, S. 117-138.

Cabibbo, Torlone: Multidimensional Databases, 1998
　Cabibbo, L., Torlone, R.: A Logical Approach to Multidimensional Databases. In: Schek, H.-J., Saltor, F., Ramos, I. Alonso, G. (Hrsg): Proceedings of the 6th International Conference on Extending Database Technology: Advances in Database Technology. LNCS 1377. Heidelberg 1998, S. 183-197. Verfügbar unter http://citeseer.csail.mit.edu/cabibbo98logical.html, Abruf am 2004-03-20.

Chamoni et al.: Business Intelligence, 2004
　Chamoni, P., Gluchowski, P., Philippi, J., Schulze, K.-D.: Emprirische Bestandsaufnahme zum Einsatz von Business Intelligence – Business Intelligence Maturity Model (biMM). In: Chamoni, P. et al. (Hrsg.): Multikonferenz Wirtschaftsinformatik (MKWI) 2004. Band 2. Berlin 2004, S. 111-124.

Chamoni, Gluchowski: Integrationstrends, 2004
　Chamoni, P., Gluchowski, P.: Integrationstrends bei Business-Intelligence-Systemen - Empirische Untersuchung auf Basis des Business Intelligence Maturity Model. In: Wirtschaftsinformatik 46 (2004) 2, S. 119–128.

Chamoni, Sinz: Data Warehousing, 2003
　Chamoni, P., Sinz, E. J.: Data-Warehousing und Data-Mining - Anwendungen, Technologien, Einsatzerfahrungen. CfP der Zeitschrift Wirtschaftsinformatik. In: Wirtschaftsinformatik 45 (2003) 2, S. 254.

Chaudhuri, Dayal: Data Warehousing, 1997
　Chaudhuri, S., Dayal, U.: An overview of data warehousing and OLAP technology. In: ACM SIGMOD 26 (1997) 1, S. 65-74.

Christel, Kang: Requirements Elicitation, 1992
　Christel, M., Kang, K.: Issues in Requirements Elicitation. Technical Report CMU/SEI-92-TR-012, 1992.

Chung, Nixon: Non-Functional Requirements, 1995
　Chung, L., Nixon, B. A.: Dealing with Non-Functional Requirements: Three Experimental Studies of a Process-Oriented Approach. In: o. Hrsg.: Proceedings of the 17th international conference on Software engineering, 1995, S. 25-37. Verfügbar unter http://portal.acm.org/citation.cfm?id=225014.225017, Abruf am 2004-09-17.

Codd et al.: OLAP, 1993
　Codd, E. F., Codd, S. B., Salley, C. T.: Providing OLAP to User-Analysts: An IT Mandate. 1993.

Verfügbar unter http://dev.hyperion.com/download_files/resource_library/white_papers/providing_olap_to_user_analysts.pdf, Abruf am 2003-11-13.

Codd, E. F.: Relational Database, 1982
Codd, E. F.: Relational database: a practical foundation for productivity. In: CACM 25 (1982) 2, S. 109-117.

Coenenberg: Jahresabschluss, 1997
Coenenberg, A.: Jahresabschluß und Jahresabschlußanalyse. Landsberg am Lech 1997.

Conrad: Schemaintegration, 2002
Conrad, S.: Schemaintegration. Integrationskonflikte, Lösungsansätze, aktuelle Herausforderungen. In: Informatik – Forschung und Entwicklung 17 (2002), S. 101-111.

Crockett: EIS, 1992
Crockett F.: Revitalizing executive information systems. In: Sloan Management Review 33 (1992) 4, S. 39-47.

CWM-Forum
CWM-Forum: Common Meta Model, http://www.cwmforum.org/.

Cysneiros et al.: Conceptual Models, 2001
Cysneiros, L. M., Leite, J. C. S. P., Melo Sabat Neto, J. de: A Framework for Integrating Non-Functional Requirements into Conceptual Models. In: Requirements Engineering 6 (2001) 2, S. 97-115.

Cysneiros, Leite: Non-Functional Requirements, 2001
Cysneiros, L. M., Leite, J. C. S. P.: Using UML to Reflect Non-Functional Requirements. In: Stewart, D. A., Howard Johnson, J. (Hrsg.): Proceedings of the 2001 conference of the Centre for Advanced Studies on Collaborative research. Toronto 2001. Verfügbar unter http://portal.acm.org/citation.cfm?id=782098.

Cysneiros: Requirements Engineering, 2002
Cysneiros, L. M.: Requirements Engineering in the Health Care Domain. In: IEEE Joint International Conference on Requirements Engineering 2002, Essen, Germany, S. 350-356.

Czarnecki: Generative Programming, 1998
Czarnecki, K.: Generative Programming: Principles and Techniques of Software Engineering Based on Automated Configuration and Fragment-Based Component Models. Promotion, Technische Universität Ilmenau, 1998.

Dahme, Hesse: Softwareentwicklung, 1997
    Dahme, C., Hesse, W.: Editorial. Evolutionäre und kooperative Softwareentwicklung. In: Informatik-Spektrum 20 (1997) 1, S. 3-4.
Darke, Shanks: Requirements Definition, 1996
    Darke, P., Shanks, G.: Stakeholder Viewpoints in Requirements Definition: A Framework for Understanding Viewpoint Development Approaches. In: Requirements Engineering 1 (1996) 2, S. 88-105.
Darke, Shanks: Viewpoint Modelling, 1997
    Darke, P., Shanks, G.: User viewpoint modelling: understanding and representing user viewpoints during requirements definition. In: Information Systems Journal 7 (1997) 3, S. 213-239.
Davis: Information Requirements, 1982
    Davis, G.: Strategies for Information Requirements Determination. In: IBM Systems Journal 21 (1982) 1, S. 4-30.
Dean et al.: Involvement, 1997-1998,
    Dean et al.: Enabling the Effective Involvement of Multiple Users: Methods and Tools for Collaborative Software Engineering. In: Journal of Management Information Systems 14 (1997-1998) 3, S. 179-222.
Deifel: Requirements Engineering, 1998
    Deifel, B.: Theoretische und praktische Ansätze im Requirements Engineering für Standardsoftware und Anlagenbau. In: TUM-Report I-9832, 04/1998. Verfügbar unter http://www4.informatik.tu-muenchen.de/publ/reports/Dei98.html, Abruf am 2003-09-24.
Deifel: Requirements Engineering, 2001
    Deifel, B.: Requirements Engineering komplexer Standardsoftware. Dissertation, Technische Universität München, 2001. Verfügbar unter http://tumb1.biblio.tu-muenchen.de/publ/diss/in/2001/deifel.html, Abruf am 2003-09-24.
Devlin, Murphy: Architecture, 1988
    Devlin, B. A., Murphy, P. T.: An architecture for a business and information system. In: IBM Systems Journal 27 (1988) 1, S. 60-80.
Devlin: Data Warehouse, 1996
    Devlin, B. A.: Data Warehouse : From Architecture to Implementation. Addison-Wesley, New York 1996.
Devlin: Information Integration, 2003
    Devlin, B. A.: Information integration - Extending the data warehouse. IBM Whitepaper, März 2003.
Dittmar: Erfolgsfaktoren, 1999
    Dittmar, C.: Erfolgsfaktoren für Data Warehouse-Projekte – eine Studie aus Sicht der Anwendungsunternehmen. Arbeitsbericht Nr. 78 des Instituts für

Unternehmungsführung und Unternehmensforschung. Ruhr-Universität Bochum 1999.

Dreckmann: Hilfe, 2003,
Dreckmann: Hilfe, mein Kunde versteht mich nicht. In: Computerwoche (2003) 28, S. 40-41.

Dresbach: Construction, 1995
Dresbach, S.: Modeling by Construction: A New Methodology for Constructing Models for Decision Support. In: Proceedings of the 29th Hawaii Int. Conf. Sys. Science, Vol II, Washington et al. 1996, S.178-187. Ebenfalls Working Paper 5/95, June 1995. Verfügbar unter http://www.winfors.uni-koeln.de/pub/wp_mbc.ps, Abruf am 2003-05-30.

Dresbach: Epistemologische Überlegungen, 1999
Dresbach, S.: Epistemologische Überlegungen zu Modellen in der Wirtschaftsinformatik. In: Becker, J., Schütte, R., Wendt, O., Zelewski, S. (Hrsg.): Wirtschaftsinformatik und Wissenschaftstheorie. Bestandsaufnahmen und Perspektiven. Wiesbaden 1999, S. 71-94.

Dutta et al.: Management Support, 1997
Dutta, S., Wierenga, B., Dalebout, A.: Designing Management Support Systems using an Integrative Perspective. In: CACM 40 (1997) 6, S. 71-79.

Easterbrook, Nuseibeh: Inconsistency Management, 1996
Easterbrook, S., Nuseibeh, B.: Using ViewPoints for Inconsistency Management. In: Software Engineering Journal 11 (1996) 1, S. 31-43.

Easterbrook: Domain Modelling, 1993
Easterbrook, S.: Domain modelling with hierarchies of alternative viewpoints. In: Proceedings of the IEEE international symposium on requirements engineering. San Diego, January 1993-

Easterbrook: Elicitation, 1991, S. 54
Easterbrook, S.: Elicitation of Requirements from Multiple Perspectives. PhD Thesis, Imperial College of Science Technology and Medicine, University of London, June 1991. Verfügbar unter http://www.cs.toronto.edu/~sme/papers/, Abruf am 2005-03-22.

Ehrenberg et al.: Datenlogistik, 1998
Ehrenberg, D., Petersohn, H., Heine, P.: Prozeßorientierte Datenlogistik für Managementinformationssysteme. In: Hummeltenberg, W. (Hrsg.): Information Management for Business and Competitive Intelligence and Excellence - Proceedings der Frühjahrstagung Wirtschaftsinformatik '98. Wiesbaden 1998, S. 163-177.

Eicker: Data-Warehouse-Konzept, 2001
  Eicker, S.: Ein Überblick über die Umsetzung des Data-Warehouse-Konzepts aus technischer Sicht. In: Schütte, R., Rotthowe, T., Holten, R.: Das Data Warehouse Managementhandbuch. Berlin 2001, S. 65-79.
Eisenecker, Schilling: Merkmalmodellierung, 2004
  Eisenecker, U. W., Schilling, R.: Merkmalmodellierung – Konzepte, Notationen und Einsatzmöglichkeiten. In: Rombach et al. (Hrsg.): Multikonferenz Wirtschaftsinformatik (MKWI) 2004, Band 1, Berlin 2004, S. 157-168.
El Louadi et al.: Contingency Model, 1998
  El Louadi, M., Galletta, D. F., Sampler, J. L.: An Empirical Validation of a Contingency Model for Information Requirements Determination. In: DATA BASE 29 (1998) 3, S. 31-51.
Elmasri, Navathe: Database Systems, 1994
  Elmasri R., Navathe, S. B.: Fundamentals of Database Systems, 2nd Edition. Benjamin/Cummings 1994.
Ferstel, Sinz: Wirtschaftsinformatik, 1998
  Ferstl, O. K., Sinz, E. J.: Grundlagen der Wirtschaftsinformatik. München et al. 1998.
Finkelstein et al.: Inconsistency Handling, 1994
  Finkelstein, A., Gabbay, D. M., Hunter, A., Kramer, J., Nuseibeh, B.: Inconsistency Handling in Multiperspective Specifications. In: IEEE Transactions on Software Engineering 20 (1994) 8, S. 569-578.
Finkelstein et al.: Multiple Perspective, 1992
  Finkelstein, A., Kramer, J., Nuseibeh, B., Finkelstein, L., Goedicke, J.: Viewpoints: A Framework for Integrating Multiple Perspectives in System Development. In: International Journal of Software Engineering and Knowledge Engineering 2 (1992), S. 31-58. Ebenfalls verfügbar unter http://www.cs.ucl.ac.uk/staff/A.Finkelstein/papers/ijseke92.pdf, Abruf am 2003-11-01.
Finkelstein, Kramer: TARA, 1991
  Finkelstein, A., Kramer, J.: TARA: tool-assisted requirements analysis. In: Loucopoulos P., Zicari, R. (Hrsg.): Conceptual modelling, databases, & CASE: an integrated view of information systems development. MA 1991, S 413-432.
Finkelstein, Sommerville: Viewpoints FAQ, 1996
  Finkelstein, A., Sommerville, I.: The Viewpoints FAQ. In: Software Engineering Journal: Special Issue on Viewpoints for Software Engineering (1996) 11, S. 2-4. Ebenfalls verfügbar unter http://www.cs.ucl.ac.uk/staff/A.Finkelstein/papers/viewfaq.pdf, Abruf am 2003-11-01.

Firestone: Architectural Evolution, 1998
   Firestone, J. M.: Architectural Evolution in DataWarehousing and Distributed Knowledge Management Architecture. White Paper No. Eleven 1998. Verfügbar unter http://www.hpcwire.com/dsstar/00/1128/102427.html, Abruf am 2004-04-22.
Floyd et al.: Evolution, 1997
   Floyd, C., Krabbel, A., Ratuski, S., Wetzel, I.: Zur Evolution der evolutionären Systementwicklung: Erfahrungen aus einem Krankenhausprojekt. In: Informatik-Spektrum 20 (1997) 1, S. 13-20.
Floyd, Klischewski: Modellierung, 1998
   Floyd, C., Klischewski, R.: Modellierung – ein Handgriff zur Wirklichkeit. Zur sozialen Konstruktion und Wirksamkeit von Informatik-Modellen. In: Pohl, K., Schürr, A., Vossen, G. (Hrsg.): Modellierung '98. Proceedings des GI-Workshops in Münster, 1998. Verfügbar unter http://sunsite.informatik.rwth-aachen.de/Publications/CEUR-WS/Vol-9/, Abruf am 2003-06-04.
Flynn, Davarpanah: User Requirements, 1998
   Flynn, D. J., Davarpanah Jazi, M.: Constructing user requirements: a social process for a social
   context. In: Information Systems Journal 8 (1998) 1, 1998, S. 53-83.
Fox, Gruninger: Ontologies, 1997
   Fox, M.S., Gruninger, M.: On Ontologies and Enterprise Modelling. In: International Conference on Enterprise Integration Modelling Technology 1997. Heidelberg 1997. Verfügbar unter http://www.eil.utoronto.ca/enterprise-modelling/papers/fox-eimt97.pdf, Abruf am 2003-11-07.
Frank, Prasse: Modellierungssprachen, 1997
   Frank, U., Prasse, M.: Ein Bezugsrahmen zur Beurteilung objektorientierter Modellierungssprachen - veranschaulicht am Beispiel vom OML und UML. Arbeitsberichte des Instituts für Wirtschaftsinformatik Nr. 6. Koblenz 1997. Verfügbar unter http://www.uni-koblenz.de/~iwi/arbeitsberichte.html, Abruf am 2004-09-12.
Frank, Schauer: Wissensmanagement, 2001
   Frank, U., Schauer, H.: Software für das Wissensmanagement. In: Das Wirtschaftsstudium 30 (2001) 5, S. 718-726.
Frank, van Laak: Anforderungen an Sprachen, 2003
   Frank, U., van Laak, B.: Anforderungen an Sprachen zur Modellierung von Geschäftsprozessen. Arbeitsberichte des Instituts für Wirtschaftsinformatik, Nr. 34, Koblenz 2003. Verfügbar unter http://www.uni-koblenz.de/~iwi/ arbeitsberichte.html, Abruf am 2004-09-12.

Frank: Modelle als Evaluationsobjekt, 2000
   Frank, U.: Modelle als Evaluationsobjekt: Einführung und Grundlegung. In: Häntschel, I., Heinrich, L. J. (Hrsg.): Evaluation und Evaluationsforschung in der Wirtschaftsinformatik. München, Wien 2000, S. 339-352. Ebenfalls verfügbar unter http://www.wi-inf.uni-essen.de/FGFrank/pages/forschung/themMEntw.html, Abruf am 2005-03-29.
Frie, Strauch: Informationsbedarfsanalyse, 2001
   Frie, T., Strauch, B.: Die Informationsbedarfsanalyse im Data Warehousing - ein methodischer
   Ansatz am Beispiel der Balanced Scorecard. In: Britzelmaier, B., Geberl, S., Weinmann, S. (Hrsg.): Informationsmanagement - Herausforderungen und Perspektiven. Stuttgart et al. 2001, S. 239-252.
Frie, Wellmann: Business Case, 2000
   Frie, T., Wellmann, R., Der Business Case im Kontext des Data Warehousing. In: Jung, R., Winter, R. (Hrsg.): Data Warehousing Strategie - Erfahrungen, Methoden, Visionen. Berlin et al. 2000.
Frie: Data Warehousing, 1999
   Frie, T.: Data Warehousing - Business Case, BE HSG/CC DWS/01. St. Gallen 1999.
Gabriel, Gluchowski: Modellierungstechniken, 1997
   Gabriel, R., Gluchowski, P.: Semantische Modellierungstechniken für multidimensionale Datenstrukturen. In: HMD – Praxis der Wirtschaftsinformatik (1997) 195, S. 18-37.
Gabriel, Gluchowski: Notationen, 1998
   Gabriel, R, Gluchowski, P.: Grafische Notationen für die semantische Modellierung multidimensionaler Datenstrukturen in Management Support Systemen. In: Wirtschaftsinformatik 40 (1998) 6, S. 493–502.
Ganser, North: Software Engineering, 2000
   Gansner, E., North, A. C.: An open graph visualization system and its applications to software engineering. In: Software - Practice and Experience 30 (2000) 11, S. 1203-1233. Verfügbar unter http://www.research.att.com/sw/ tools/ graphviz/GN99.pdf, Abruf am 2005-03-07.
Gardner: Data Warehouse, 1998
   Gardner, S. R.: Building the Data Warehouse. In: CACM 41 (1998) 9, S. 52-60.
Garzotto, A.: MASY – Ein Praxisbericht, 1999
   Garzotto, A.: MASY – Ein Praxisbericht. In: Informatik – Informatique (1999) 1, S. 16-19.

Giannoccaro et al.: Data Quality, 1999
Giannoccaro, A., Shanks, G., Darke, P.: Stakeholder Perception of Data Quality in Data Warehouse Environment. In: Proceedings of the 10th Australasian Conference on Information Systems, 1999, S. 344-355. Verfügbar unter http://www.vuw.ac.nz/acis99/, Abruf am 2003-08-04.

Gilb: Principles, 1988
Gilb, T.: Principles of Software Engineering Management. Addison-Wesley, Reading et al. 1988.

Gluchowski et al.: MSS, 1997
Gluchowski, P., Gabriel, R., Chamoni, P.: Management Support Systeme: Computergestützte Informationssysteme für Führungskräfte und Entscheidungsträger. Heidelberg 1997.

Gluchowski: Informationssysteme, 2002
Gluchowski, Peter: Logisch-physikalische Struktur- und Prozessmodellierung multidimensionaler Informationssysteme. Arbeitsbericht des Lehrstuhls für Wirtschaftsinformatik, Ruhr-Universität Bochum, 02-43. Bochum 2002.

Goeken, Burmester: Business Intelligence, 2004
Goeken, M., Burmester, L.: Entwurf und Umsetzung einer Business-Intelligence-Lösung für ein Fakultätscontrolling. In: Chamoni, P. et al. (Hrsg.): Multikonferenz Wirtschaftsinformatik (MKWI) 2004, Band 2. Berlin 2004, S. 137-152.

Goeken, Burmester: Data-Warehouse-Entwicklung, 2004
Goeken, M., Burmester, L.: Vorgehensmodell zur evolutionären und benutzerorientierten Data-Warehouse-Entwicklung. In: Bauer, A. et al. (Hrsg.): Internationales Symposium: Data-Warehouse-Systeme und Knowledge-Discovery, Darmstadt 2004. Aachen 2004, S. 53–64.

Goeken: Anforderungsmanagement, 2005
Anforderungsmanagement bei der Entwicklung von Data Warehouse-Systemen - Ein sichtenspezifischer Ansatz In: Schelp, J., Winter, R. (Hrsg.): Auf dem Weg zur Integration Factory. Proceedings der DW 2004 - Data Warehousing und EAI. Heidelberg et al. 2005, S. 167-187.

Goeken: Führungsinformationssysteme, 2004
Goeken, M.: Referenzmodellbasierte Einführung von Führungsinformationssystemen. Grundlagen, Anforderungen, Methode. In: Wirtschaftsinformatik 46 (2004) 5, S. 353-365.

Goeken: Referenzmodellierung, 2003
Goeken, M.: Grundlagen und Ansätze einer Referenzmodellierung für Führungsinformationssysteme. Fachbericht des Instituts für Wirtschaftsinformatik, Philipps-Universität Marburg Nr. 02/03, Marburg 2003.

Golfarelli et al.: Dimensional Fact Model, 1998
Golfarelli, M., Maio, D., Rizzi, S.: The Dimensional Fact Model: A Conceptual Model for Data Warehouses. In: International Journal of Cooperative Information Systems 7 (1998) 2-3, S. 215-247. Verfügbar unter http://bias.csr.unibo.it/golfarelli/papers.htm, Abruf am 2001-02-06.

Golfarelli, M. et al.: Conceptual Design, 1998
Golfarelli, M., Maio, D., Rizzi, S.: Conceptual Design of Data Warehouses from E/R Schemes. In: El-Rewini, H. (Hrsg.): Proceedings of the Thirty-First Annual Hawaii International Conference on System Sciences. Volume 7, January 6-9, 1998, Kona, Hawaii, S. 334-343. Verfügbar unter http://citeseer.ist.psu.edu/golfarelli98conceptual.html, Abruf am 2001-02-06.

Golfarelli, Rizzi: Designing, 1999
Golfarelli, M., Rizzi, S.: Designing the data warehouse: key steps and crucial issues. In: Journal of Computer Science and Information Management 2 (1999) 3. Verfügbar unter http://bias.csr.unibo.it/golfarelli/papers.htm, Abruf am 2001-02-06.

Golfarelli, Rizzi: Framework, 1998
Golfarelli, M., Rizzi, S.: Methodological Framework for Data Warehouse Design. In: Proceedings of the 1st ACM International Workshop on Data Warehousing and OLAP (DOLAP 1998), S. 3-9. Verfügbar unter http://bias.csr.unibo.it/golfarelli/papers.htm, Abruf am 2001-02-06.

Goorhuis: Modellbildung, 1994
Gooorhuis, H.: Konstruktivistische Modellbildung in der Informatik. Zürich 1994.

Gotel, Finkelstein: Traceability, 1994
Gotel, O., Finkelstein, A.: An Analysis of the Requirements Traceability Problem. In: Proceedings of the First International Conference on Requirements Engineering 1994, S. 94-101. Verfügbar unter www.cs.ucl.ac.uk/staff/A.Finkelstein/papers/rtprob.pdf, Abruf am 2003-06-04.

Greer, Ruhe: Release Planning, 2004
Greer, D., Ruhe, G.: Software Release Planning: An Evolutionary and Iterative Approach. In: Journal of Information and Software Technology 46 (2004) 4, S. 243-253.

Gruninger, Fox: Competency Questions, 1994
Gruninger, M., Fox, M. S.: The Role of Competency Questions in Enterprise Engineering. In: Proceedings of the IFIP WG5.7 Workshop on Benchmarking - Theory and Practice, Trondheim, Norway. June 1994. Verfügbar unter

http://www.eil.utoronto.ca/enterprise-modelling/papers/benchIFIP94.pdf, Abruf am 2003-11-07.

Guimaraes, Saraph: Prototyping, 1991
Guimaraes, T., Saraph, J. V.: The role of prototyping in executive decision systems. In: Information & Management 21 (1991) 5, S. 257-267.

Gutzwiller: Referenzmodell, 1994
Gutzwiller, T.: Das CC-RIM-Referenzmodell für den Entwurf von betrieblichen, transaktionsorientierten Informationssystemen. Heidelberg 1994.

Habra: Separation of Concerns, 2001
Habra, N.: Separation of Concerns in Software Engineering Education. In: Proceedings for Advanced Separation of Concerns Workshop, 23rd International Conference on Software Engineering, ICSE2001, Toronto, 2001. Verfügbar unter http://www.research.ibm.com/hyperspace/workshops/icse2001/Papers/habra.pdf.

Hackney: Architectures, 1998.
Hackney, D.: Architectures and Approaches for Successful Data Warehouses. 1998. Verfügbar unter: http://datawarehouse.ittoolbox.com/documents/ document.asp?i=815, Abruf am 2004-04-22.

Hagedorn et al.: Data Mining, 1997
Hagedorn, J., Bissantz, N., Mertens, P.: Data Mining (Datenmustererkennung): Stand der Forschung und Entwicklung. In: Wirtschaftsinformatik 39 (1997) 6, S. 601-612.

Hahne: Datenmodellierung, 1998
Hahne, M.: Logische Datenmodellierung für das Data Warehouse – Bestandteile und Varianten des Star Schemas. In: Chamoni, P., Gluchowski, P. (Hrsg.): Analytische Informationssysteme – Data Warehouse, OLAP, Data Mining. Heidelberg 1998, S. 103–122.

Hahne: Star Schema-Modellierung, 2001
Hahne, M.: Star Schema Modellierung - Logisches Data Warehouse-Datenmodell auf Basis des Star Schemas und seiner Varianten. Arbeitsberichte des Lehrstuhls für Wirtschaftsinformatik, Ruhr-Universität, Arbeitsbericht 01-38, Bochum 2001.

Hahne: Transformation mehrdimensionaler Modelle, 2002
Hahne, M.: Transformation mehrdimensionaler Modelle In: von Maur, E., Winter, J. (Hrsg.): Vom Data Warehouse zum Corporate Knowledge Center. Heidelberg 2002, S. 399-420.

Hardgrave et al.: Contingency Model, 1999
Hardgrave, B. C., Wilson, R. L., Eastman, K.: Toward a Contingency Model for Selecting an Information System Prototyping Strategy. In: Journal of Management Information Systems 16 (1999) 2, S. 113-136.

Hasenkamp et al.: Extreme Programming, 2001
Hasenkamp, U., Goeken, M., Schwartz, A.: Extreme Programming als Vorgehensmodell für die Entwicklung von Groupware auf der Plattform Lotus Notes und Pavone Espresso. Fachbericht des Instituts für Wirtschaftsinformatik, Philipps-Universität Marburg Nr. 01/01,Marburg 2001.

Heck-Weinhart et al.: Vorgehensmodell, 2003
Heck-Weinhart, G., Mutterer, G., Herrmann, C., Rupprecht, J.: Entwicklung eines Vorgehensmodells für DWH-Projekte bei der W&W AG. In: von Maur, E., Winter, R. (Hrsg.): Data Warehouse Management. Das St. Galler Konzept zur ganzheitlichen Gestaltung der Informationslogistik. Berlin et al. 2003, S. 197–220.

Heinen: Entscheidungen, 1976
Heinen, E.: Grundlagen betriebswirtschaftlicher Entscheidungen. Das Zielsystem der Unternehmung. Wiesbaden 1976.

Heinrich, Roithmayr: Wirtschaftsinformatik-Lexikon, 1998
Heinrich, Roithmayr: Wirtschaftsinformatik-Lexikon. München/Wien 1998.

Helfert: Datenqualität, 2002
Helfert, M.: Proaktives Datenqualitätsmanagement in Data-Warehouse-Systemen - Qualitätsplanung und Qualitätslenkung. Berlin 2002.

Hellmuth: Terminologiemanagement, 1997
Hellmuth, T. W.: Terminologiemanagement in der Informationsverarbeitung. Aspekte einer effizienten Kommunikation in der computerunterstützten Informationsverarbeitung. Verfügbar unter http://www.ub.uni-konstanz.de/v13/volltexte/1999/56//pdf/56_1.pdf, Abruf am 2003-05-29.

Herden: Entwurfsmethodik, 2001
Herden, O.: Eine Entwurfsmethodik für Data Warehouses. Dissertation Universität Oldenburg 2001. Verfügbar unter http://docserver.bis.uni-oldenburg.de/.

Herrmann et al.: Vorgehensmodell, 2002
Herrmann, C., Rupprecht, J., von Maur, E.: Vorgehensmodell zur Data Warehouse Entwicklung am Beispiel eines Allfinanzkonzerns nach einer Fusion. In: Kneuper, R., Petrasch, R., Wiemers, M. (Hrsg.): Angepasste Vorgehensmodelle. 9. Workshop der Fachgruppe 5.11 der Gesellschaft für Informatik e.V. Aachen 2002, S. 35-46.

Herzwurm: Softwareproduktentwicklung, 2000
   Herzwurm, G.: Kundenorientierte Softwareproduktentwicklung. Stuttgart 2000.
Hesse: Analysemethoden, 1997
   Hesse, W.: Wie evolutionär sind die objektorientierten Analysemethoden? Ein kritischer Vergleich. In: Informatik-Spektrum 20 (1997) 1, S. 21-28.
Hettler et al.: Vergleich, 2003
   Hettler, D., Preuss, P., Niedereichholz, J.: Vergleich ausgewählter Ansätze zur semantischen Modellierung von Data-Warehouse-Systemen. In: HMD – Praxis der Wirtschaftsinformatik (2003) 231, S. 97-107.
Hevner et al.: Design Science, 2004
   Hevner, A. R., March, S. T., Park, J., Ram, S.: Design Science in IS Research. In: MIS-Quarterly 28 (2004) 1, S. 75-105.
Heym: Methoden-Engineering, 1993
   Heym, M.: Methoden-Engineering - Spezifikation und Integration von Entwicklungsmethoden für Informationssysteme. Dissertation, Institut für Wirtschaftsinformatik, Universität St. Gallen, St. Gallen. Hallstadt 1993.
Hickey, Davis: Requirements Elicitation, 2003
   Hickey, A. M., Davis, A. M.: Requirements Elicitation and Elicitation Technique Selection: A Model for Two Knowledge-Intensive Software Development Processes. In: Proceedings of the 36th Hawaii International Conference on System Sciences, 2003 (HICSS'03). Verfügbar unter http://csdl.computer.org/comp/proceedings/hicss/2003/1874/03/187430096a.pdf.
Hickey, Davis: Requirements Elicitation, 2004
   Hickey, A. M., Davis, A. M.: A Unified Model of Requirements Elicitation. In: Journal of Management Information Systems 20 (2004) 4, S. 65-84.
Hildebrand: Informationsmanagement, 1995
   Hildebrand, K.: Informationsmanagement. Wiesbaden 1995.
Hinrichs: Datenqualitätsmanagement, 2002
   Hinrichs, H.: Datenqualitätsmanagement in Data Warehouse-Systemen. Oldenburg, Univ., Diss., 2002. Verfügbar unter http://docserver.bis.uni-oldenburg.de/publikationen/dissertation/2002/hindat02/hindat02.html, Abruf am 2004-06-04.
Hippner et al.: Customer Relationship Management, 2002
   Hippner, H., Martin, S., Wilde, K. D.: Customer Relationship Management – Strategie und Realisierung. In: CRM 2002 - Der Kunde im Fokus! Studie des Lehrstuhls für ABWL und Wirtschaftsinformatik, Katholische Universität Eichstätt, Ingolstadt.

Hofstede, Verhoef: Situational Method Engineering, 1997
  Hofstede, A. H. M. T., Verhoef, T. F.: On the feasibility of situational method engineering. In: Information Systems 22 (1997) 6-7, S. 401-422.
Holten: Development Processes, 1999
  Holten, R.: A Framework for Information Warehouse Development Processes. In: Becker, J., Grob, H. L.. Müller-Funk, U., Klein, S., Kuchen, H., Vossen, G.: Arbeitsberichte des Instituts für Wirtschaftsinformatik Nr. 67, Münster 1999.
Holten: Führungsinformationssysteme, 1999
  Holten, R.: Entwicklung von Führungsinformationssystemen. Ein methodenorientierter Ansatz. Wiesbaden 1999.
Holten: Modellierungstechnik, 2000
  Holten, R.: Entwicklung einer Modellierungstechnik für Data Warehouse-Fachkonzepte. In: Schmidt, H. (Hrsg.): Modellierung betrieblicher Informationssysteme. Proceedings der MobIS-Fachtagung 2000, S. 3-21.
  Verfügbar unter http://www.uni-koblenz.de/~gi-mobis/mobis/pages/rundbrief/pdf/Holt00.pdf, Abruf am 2001-07-17.
Holthuis: Data Warehouse-System, 1999
  Holthuis, J.: Der Aufbau von Data Warehouse-Systemen. Konzeption – Datenmodellierung –
  Vorgehen. Wiesbaden 1999.
Holtzblatt, Beyer: Requirements Gathering, 1995
  Holtzblatt, K., Beyer, H. R.: Requirements gathering: the human factor. In: CACM 38 (1995) 5, S. 31-34.
Houdeshel, Watson: MIDS, 1987
  Houdeshel, G., Watson, H.: The Management Information and Decision Support (MIDS) System at Lockheed-Georgia. In: MIS Quarterly 11 (1987) 1, S. 127-140.
Hughes: Datenbanken, 1992
  Hughes, J.: Objektorientierte Datenbanken. München et al. 1992.
Hull, King: Database Modelling, 1987
  Hull, R., King, R.: Semantic database modeling: survey, applications, and research issues. In: ACM Computing Surveys 19 (1987) 3, S. 201-266.
IEEE-Glossar, 1990.
  IEEE Computer Society (1990): IEEE Standard Glossary of Software Engineering. Terminology. IEEE Computer Society (New York). Auch verfügbar als: A Compilation of Software Engineering Terms from Existing Sources. http://www.computer.org/certification/csdpprep/Glossary.htm.

Inmon: Data Warehouse, 2000
  Inmon, W. H.: What is a Data Warehouse? Verfügbar unter www.billinmon.com, Abruf am 2004-04-07.
Inmon: Data Warehouse, 2002
  Inmon, W. H.: Building the Data Warehouse. New York 2002.
Ionas et al.: Communication Center, 2004.
  Ionas, A., Meier, A., Meer, A.: Aufbau & Nutzung eines Data Warehouse für medizinische Communication Center. In: Bauer, A. et al. (Hrsg.): Internationales Symposium: Data-Warehouse-Systeme und Knowledge-Discovery. Darmstadt 2004. Aachen 2004, S. 1-10.
Jablonski et al.: Workflow-Management, 1997
  Jablonski, S., Böhm, M., Schulze, W.: Workflow-Management. Entwicklung von Anwendungen und Methoden. Heidelberg 1997.
Jackson: System Development, 1990
  Jackson, M. A.: Some Complexities in Computer-Based Systems and Their Implications for System Development. In: Proceedings of CompEuro90, IEEE Computer Society Press, 1990. Verfügbar unter http://mcs.open.ac.uk/mj665/papers.html, Abruf am 2004-10-05.
Jahnke: Entscheidungsunterstützung, 1993
  Jahnke, Bernd: Entscheidungsunterstützung der oberen Führungsebene durch Führungsinformationssysteme. Arbeitsberichte zur Wirtschaftsinformatik, Universität Tübingen, Bd. 8, 1993. Verfügbar unter http://www.uni-tuebingen.de/wi/forschung/mainarbeitsberichte.html, Abruf am 2002-11-23.
Jarke et al.: Data Warehouses, 1999
  Jarke M., Jeusfeld, M. A., Quix, C., Vassiliadis, P.: Architecture and quality in data warehouses: an extended repository approach. In: Information Systems 24 (1999) 3, S. 229-253.
Jarke, Mayr: Mediengestütztes Anforderungsmanagement, 2002
  Jarke, M., Mayr, H.C.: Mediengestütztes Anforderungsmanagement. In: Informatik-Spektrum 25 (2002) 6, S. 452-464.
Jarke, Vassiliou: DWQ Project, 1997
  Jarke, M., Vassiliou, Y.: Data Warehouse Quality: A Review of the DWQ Project. Invited Paper, Proceedings of the 2nd International Conference on Information Quality (IQ-97), Cambridge, Mass., 1997. Verfügbar unter http://www.cs.brown.edu/courses/cs227/Papers/Projects/iq97_dwq.pdf, Abruf am 2005-02-21.
Jeckle: Metamodellierung, 1998
  Jeckle, M.: Konzepte der Metamodellierung – Zum Begriff Metamodell. In: Erweiterungen und Konzepte der Metamodellierung. Bericht vom 7-ten

Workshop des GI-Arbeitskreises GROOM der GI-Fachgruppe 2.1.9. April 2000, Universität Koblenz-Landau. Verfügbar unter http://pi.informatik.uni-siegen.de/stt/20_2/20_2_fg219_Beitraege/01_Jeckle.pdf, Abruf am 2003-11-09.

Jeusfeld et al.: Qualitätsanalyse, 1999
Jeusfeld, M. A., Jarke, M., Quix, C.: Qualitätsanalyse im Data Warehousing. In: Informatik – Informatique (1999) 3, S. 9-13.

Jirachiefpattana et al.: EIS, 1996
Jirachiefpattana, W., Arnott, D. R., O'Donnell, P. A.: EIS Development Guidelines. Technical Report 2/1996, Department of Information Systems, Monash University, Australia.

Jung, Winter: Data Warehousing, 2000
Jung, R., Winter, R.: Data Warehousing. Nutzenaspekte, Referenzarchitektur und Vorgehensmodell. In: Jung, R., Winter, R. (Hrsg.): Data Warehouse Strategie. Berlin et al. 2000, S. 3-19.

Kahn et al.: Information Quality Benchmarks, 2002
Kahn, B. K., Strong, D. M., Wang, R. Y.: Information Quality Benchmarks: Product and Service Performance. In: CACM 45 (2002) 4, S. 184-192.

Kaier: Intranet, 2000
Kaiser, T. M.: Methode zur Konzeption von Intranets. Dissertation Hochschule St. Gallen. Bamberg 2000. Verfügbar unter http://verdi.unisg.ch/org/iwi/iwi_web.nsf/wwwPubhomepage/webhomepageger, Abruf am 2002-03-17.

Kang et al.: FODA, 1990
Kang, K. C., Cohen, S. G., Hess, J. A., Novak, W. E., Peterson, A. S.: Feature-Oriented Domain Analysis (FODA). Feasibility Study. Technical Report CMU/SEI-90-TR-21, Software Engineering Institute, Carnegie Mellon University, Pittsburgh, PA, November 1990.

Kang et al.: FORM, 1998
Kang, K. C., Kim, S., Lee, J., Kim, K., Shin, E., Huh, M.: FORM: A Feature-Oriented Reuse Method with Domain-Specific Reference Architectures. In: Annals of Software Engineering 5 (1998), S. 143-168.

Karlsson: Meta-Method, 2002
Karlsson, F.: Meta-Method for Method Configuration - A Rational Unified Process Case. Promotion, Linköping University, Faculty of Arts and Sciences, Thesis 61, 2002. Verfügbar unter http://www.ep.liu.se/lic/arts_science/2002/61/, Abruf am 2004-11-23

Kennel: Dimensionen, 1999
Kennel, A.: Wieviele Dimensionen hat ein Würfel? Datamarts als Analysenhilfen in einem Data Warehouse. In: Informatik – Informatique (1999) 1, S. 3-7.

Kensing, Munk-Madsen: PD, 1995
  Kensing, F., Munk-Madsen, A.: PD: Structure in the Toolbox. In: CACM 36 (1995) 4, S. 78-85.
Keppel: Vorgehensmodell, 2001
  Keppel, B., Müllenbach, S., Wölklhammer, M.: Vorgehensmodelle im Bereich Data Warehouse: Das Evolutionary Data Warehouse Engineering (EDE). In: Schütte, R., Rotthowe, T., Holten, R. (Hrsg.): Data Warehouse Management Handbuch, Berlin 2001, S. 81-105.
Kimball, Ross: Toolkit, 2002
  Kimball, R., Ross, M.: The Data Warehouse Toolkit: The Complete Guide to Dimensional Modeling. New York 2002.
Kimball: Data Warehouse Toolkit, 1996
  Kimball, R.: Data Warehouse Toolkit. Practical Techniques for Building Dimensional Data Warehouses. New York 1996.
Kimball: Dimensional Modeling, 1997
  Kimball, R.: Dimensional Modeling Manifesto. 1997. Verfügbar unter http://www.dbmsmag.com/9708d15.html, Abruf am 2002-06-06.
Klein, Zell: Design, 1999
  Klein, M., Zell, M.: Design von Management- Informationssystemen. In: Information Management & Consulting 14 (1999) 4, S. 18-22.
Klein: Realisierung, 2001
  Klein, S.: Realisierung eines integrativen Management Reportings im SAP Business Information Warehouse. In: Schütte, R., Rotthowe T., Holten, R. (Hrsg.): Data Warehouse Managementhandbuch. Berlin et al. 2001, S. 255–268.
Klimek: Führungsleitstand, 1998
  Klimek, S.: Entwicklung eines Führungsleitstands als Unterstützungssystem für das Management unter besonderer Berücksichtigung des FuE-Bereichs. Göttingen 1998. In Auszügen verfügbar unter http://www.initgmbh.de/13.html, Abruf am 2005-02-26.
Koreimann: Informationsbedarfsanalyse, 1976
  Koreimann, D. S.: Methoden der Informationsbedarfsanalyse. Berlin/New York 1976.
Kotonya, Sommerville: Requirements Engineering, 1998
  Kotonya, G., Sommerville, I.: Requirements Engineering. Processes and Techniques. New York 1998.
Kotonya, Sommerville: Viewpoints, 1995
  Kotonya, G., Sommerville, I.: Requirements Engineering With Viewpoints. Technical Report. CSEG, Computing Department, Lancaster University, 1995.

http://www.comp.lancs.ac.uk/computing/research/cseg/95_rep.html, Abruf am 2003-11-01.

Kotonya: Practical Experience, 1997
Kotonya, G.: Practical Experience with Viewpoint-Oriented Requirements Specification. Technical Report. CSEG, Computing Department, Lancaster University, 1997.Verfügbar unter http://www.comp.lancs.ac.uk/computing/research/cseg/97_rep.html, Abruf am 2003-10-06.

Kotonya: Requirements Specification, 1999
Kotonya, G.: Practical Experience with Viewpoint-Oriented Requirements Specification. In: Requirements Engineering Journal 4 (1999) 3, S. 115-133.

Küpper, Weber: Grundbegriffe, 1995
Küpper, H.-U., Weber, J.: Grundbegriffe des Controllings. Stuttgart 1995.

Küpper: Controlling, 1995
Küpper, H.-U.: Controlling: Konzeption, Aufgaben und Instrumente. Stuttgart 1995.

Larman, Basili: Development, 2003
Larman, C., Basili, V. R.: Iterative and Incremental Development: A Brief History. In: IEEE Computer 36 (2003) 6, S. 47-56.

Lehman, Ramil: Software Evolution, 2002
Lehman, M. M., Ramil, J. F.: Software Evolution and Software Evolution Processes. In: Annals of Software Engineering 14 (2002), S. 275–309.

Lehmann, Jaszewski: Metadaten, 1999
Lehmann, P., Jaszewski, J.: Metadaten und Unternehmensfachbegriffe – Aspekte einer Data Warehouse-Implementierung. In: Informatik – Informatique (1999) 3, S. 3-8.

Lehmann, Ortner: Data Warehouse-Repository, 2000
Lehmann, P., Ortner, E.: Entwurf einer Beschreibungskomponente für fachliche (Meta-)Daten aus einem Data Warehouse-Repository. In: Jung, R., Winter, R. (Hrsg): Data Warehousing 2000. Methoden, Anwendungen, Strategien. Heidelberg 2000, S. 368-393.

Lehmann: Meta-Datenmanagement, 2001
Lehmann, P.: Meta-Datenmanagement in Data-Warehouse-Systemen - Rekonstruierte Fachbegriffe als Grundlage einer konstruktiven, konzeptionellen Modellierung. Aachen 2001.

Lehmann: Normsprache, 1998
Lehmann, F. R.: Normsprache. In: Informatik-Spektrum 21 (1998) 6, S. 366-367

Lehner et al.: Wirtschaftsinformatik, 1995
Lehner, F., Hildebrand, K., Maier, R.: Wirtschaftsinformatik. Theoretische Grundlagen. München, Wien 1995.

Lehner, Albrecht: Aggregate, 1998
   Lehner, W., Albrecht, J.: Modellierung, Verwaltung und Verwendung multidimensionaler Aggregate. In: Kruse, R., Saake, G.: Data Mining und Data Warehousing. Workshop im Rahmen der GI-Jahrestagung Informatik'98, Magdeburg, September 1998, S. 37-48.
Lehner: Data-Warehouse-Systeme, 2003
   Lehner, W.: Datenbanktechnologie für Data-Warehouse-Systeme. Heidelberg 2003.
Leite et al.: Scenario Construction, 2000
   Leite J. C. S. P., Hadad, G., Doorn, J., Kaplan, G.: A Scenario Construction Process. In: Requirements Engineering Journal 5 (2000) 1, S. 38-61.
Leite, Franco: Conceptual Model, 1993
   Leite J. C. S. P., Franco A. P. M.: A strategy for conceptual model acquisition. In: IEEE international symposium on requirements engineering. IEEE Computer Society Press, Los Alamitos, CA, 1993, S. 243-246. Verfügbar unter http://www-di.inf.puc-rio.br/~julio/selected_publications.htm, Abruf am 2003-12-12.
Leite, Freeman: Viewpoint Resolution, 1991
   Leite, J. C. S. P., Freeman, P. A.: Requirements Validation Through Viewpoint Resolution. In: IEEE Transactions on Software Engineering 17 (1991) 12, S. 1253-1269.
Leite: Viewpoint Analysis, 1989
   Leite, J. C. S. P.: Viewpoint Analysis: A Case Study In: ACM Software Engineering Notes. 14 (1989) 3, S. 111-119. Verfügbar unter http://portal.acm.org/citation.cfm?id=75217&jmp=references&dl=GUIDE&dl=ACM, Abruf am 2003-11-05.
Leite: Viewpoints on Viewpoints, 1996
   Leite, J. C. S. P.: Viewpoints on Viewpoints. In: ACM Joint Proceedings of the SIGSOFT'96 Workshops. ACM Press 1996, S 285-288. Verfügbar unter: http://www-di.inf.puc-rio.br/~julio/selected_publications.htm, Abruf am 2003-11-09.
López: Linguistik, o. J.
   López, J. F.: Lexikon der Linguistik und Nachbardisziplinen, http://culturitalia.uibk.ac.at/hispanoteca/, Abruf am 2004-09-13.
Loucopoulos, Karakostas: Requirements Engneering, 1995
   Loucopoulos, P., Karakostas, V.: System Requirements Engineering. McGraw-Hill, Berkshire, UK, 1995.

Luján-Mora, Trujillo: Method, 2003
Luján-Mora, S., Trujillo, J.: A Comprehensive Method for Data Warehouse Design. In: Lenz, H.-J., Vassiliadis, P., Jeusfeld, M. A., Staudt, M. (Hrsg.): Design and Management of Data Warehouses 2003. Proceedings of the 5th Int. Workshop DMDW 2003, Berlin, Germany, 2003-09-08. Verfügbar unter http://sunsite.informatik.rwth-aachen.de/dblp/db/conf/dmdw/dmdw2003. html, Abruf am 2004-04-16.

Macaulay: Requirements Engineering, 1996
Macaulay, L. A.: Requirements Engineering. London 1996.

MacCormack: Product-Development, 2001
MacCormack, A.: Product-Development Practices That Work: How Internet Companies Build Software. In: Sloan Management Review 42 (2001) 2, S. 75-84.

Maiden, Rugg: ACRE, 1996
Maiden, N. A. M., Rugg, A.: ACRE: a framework for acquisition of requirements. In: Software Engineering Journal 11 (1996) 3, S. 183-192.

Malotaux: Methods, 2001
Malotaux, N.: Evolutionary Development Methods. In: Proceedings of PROGRESS 2001. Verfügbar unter http://www.stw.nl/progress2001/proc2001/malotaux.pdf, Abruf am 2004-11-07.

Mattos, Michels: KRISYS, 1989
Mattos, N. M., Michels, M.: Modeling with KRISYS: the Design Process of DB Applications Reviewed. In: Proc. 8th Int. Conf. on Entity Relationship Approach, Toronto, Canada, 1989, S. 159-173. Verfügbar unter http://wwwdvs.informatik.uni-kl.de/pubs/papers/MM89.ER.html, Abruf am 2004-09-01.

Mattos: Abstraction Concepts, 1989
Mattos, N. M.: Abstraction Concepts: The Basis for Data and Knowledge Modeling. In: Batini, C. (Hrsg.): Proceedings of the Seventh International Conference on Entity-Relationship Approach: A Bridge to the User. North-Holland 1989, S. 473-492.

Mayr: Entwicklungsmethodologie, 1998
Mayr, H. C.: Entwicklungsmethodologie für Informationssysteme: Wunsch und Wirklichkeit. Eingeladener Vortrag. In: Pohl, K., Schürr, A., Vossen, G. (Hrsg.): Modellierung '98. Proceedings des GI-Workshops in Münster, 1998. Verfügbar unter http://sunsite.informatik.rwth-aachen.de/Publications/CEUR-WS/Vol-9/, Abruf am 2004-12-12.

McDavid: Business Language Analysis, 1996
McDavid, D. W.: Business language analysis for object-oriented information systems. In: IBM Systems Journal 36 (1996) 2, S. 128-150.

McLeod, Smith: Abstraction, 1981
McLeod, D., Smith, J. M.: Abstraction in Databases. In: Proceedings of the 1980 workshop on Data abstraction, databases and conceptual modelling. International Conference on Management of Data, 1981, S. 19-25.

Melchisedech: Einführung, o. J.
Melchisedech, R.: Einführung, o. J., http://www.requirements-analysis.info/Einfuhrung/einfuhrung.html.

Melchisedech: Spezifikationen, 2000
Melchisedech, R.: Verwaltung und Prüfung natürlichsprachlicher Spezifikationen. Aachen 2000. Verfügbar unter http://www.requirements-analysis.info, Abruf am 2003-11-07.

Mertens, Griese: Planungs- und Kontrollsysteme, 2000
Mertens, P., Griese, J.: Integrierte Informationsverarbeitung II. Planungs- und Kontrollsysteme in der Industrie. Wiesbaden 2000.

Mertens: Integration, 1999
Mertens, P.: Integration interner, externer, qualitativer und quantitativer Daten auf dem Weg zum Aktiven MIS. In: Wirtschaftsinformatik 41 (1999) 5, S. 405-415.

Meyer: Knowledge Management, 1991
Meyer, I.: Knowledge Management for Terminology-Intensive Applications: Needs and Tools. In: Pustejovsky, J., Bergler, S. (Hrsg): Lexical Semantics and Knowledge Representation. Proceedings of a Workshop, 1991-06-17, University of California, Berkeley, California, USA. Berlin 1991, S. 21-37. Verfügbar unter http://acl.ldc.upenn.edu/W/W91/, Abruf am 2004-10-06.

Meyer: Visualisierung, 1999
Meyer, J.-A.: Visualisierung von Informationen: Verhaltenswissenschaftliche Grundregeln für das Management. Wiesbaden 1999.

Moody, Kortink: Dimensional Models, 2000
Moody, D. L., Kortink, M.: From Enterprise Models to Dimensional Models: A Methodology for Data Warehouse and Data Mart Design. In: Jeusfeld, M., Shu, H., Staudt, M., Vossen, G. (Hrsg.): Proceedings of the International Workshop on Design and Management of Data Warehouses (DMDW 2000). CEUR Workshop Proceedings, Technical University of Aachen (RWTH) Vol. 28, S. 5.1-5.12. Verfügbar unter http://sunsite.informatik.rwth-aachen.de/dblp/db/conf/dmdw/dmdw2000.html, Abruf am 2003-01-20.

Mucksch et al.: Data Warehouse-Konzept, 1996
   Mucksch, H., Holthuis, J., Reiser, M.: Das Data Warehouse-Konzept - ein Überblick. In: Wirtschaftsinformatik 38 (1996) 4, S. 421-433.
Mukherjee, D'Souza: Implementation, 2003
   Mukherjee, D., D'Souza, D.: Think phased Implementation for successful Data Warehousing. In: Information Systems Management 20 (2003) 2, S. 82-90.
Mullery: CORE, 1979
   Mullery, G.: CORE: A method for Controlled Requirements Specification. In: Proceedings of the 4th International Conference on Software Engineering (ICSE'79), München 1979. Verfügbar unter http://portal.acm.org/citation.cfm?id=802932, Abruf am 2003-12-17.
Mylopoulos et al.: Requirements Analysis, 1999
   Mylopoulos, Chung, L., Yu, E.: From Object-Oriented to Goal-Oriented Requirements Analysis. In: CACM 42 (1999) 1, S. 31-37.
Mylopoulos: Information Modelling, 1998
   Mylopoulos, J.: Information Modeling in the Time of the Revolution. In: Information Systems 23 (1998) 3-4, S. 127-155.
Nagl: Softwaretechnik, 1990
   Nagl, M.: Softwaretechnik: Methodisches Programmieren im Großen. Berlin et al. 1990.
Nissen: Separierung, 1997
   Nissen, H.-W.: Separierung und Resolution multipler Perspektiven in der konzeptuellen Modellierung. Berlin 1997.
Nordbotten, Crosby: Data Model Interpretation, 1999
   Nordbotten, J. C., Crosby, M. E.: The effect of graphic style on data model interpretation. In: Information Systems Journal 9 (1999) 2, S. 139-155.
Nuseibeh et al.: Method Engineering, 1996
   Nuseibeh, B., Finkelstein, A., Kramer, J.: Method Engineering for Multi-Perspective Software Development. In: Information and Software Technology Journal 38 (1996) 4, S. 267-274.
Nuseibeh et al.: Multiple Views, 1994
   Nuseibeh, B., Kramer, J., Finkelstein, A.: A Framework for Expressing the Relationships between Multiple Views in Requirements Specifications. In: IEEE Transactions on Software Engineering 20 (1994) 10, S. 760-773.
Nuseibeh et al.: ViewPoints, 2003
   Nuseibeh, B., Kramer, J., Finkelstein, A.: ViewPoints: meaningful relationships are difficult! In: International Conference on Software Engineering. Proceedings of the 25th International Conference on Software Engineering, S. 676-681.

Verfügbar unter http://portal.acm.org/citation.cfm?id=776914, Abruf am 2004-11-17.

Nuseibeh et al: Inconsistency, 2001
Nuseibeh, B., Easterbrook, S., Russo, A.: Making inconsistency respectable in software development. In: The Journal of Systems and Software 58 (2001), S. 171-180.

Nuseibeh: Crosscutting Requirements, 2004
Nuseibeh, B.: Crosscutting Requirements. In: Murphy, G. C., Lieberherr, K. J. (Hrsg.): Proceedings of the 3rd International Conference on Aspect-Oriented Software Development, AOSD 2004, Lancaster, UK, 2004-03-22 – 2004-03-24, S. 3-4.

o. V.: Organon-Modell, o. J.
o. V.: Organon-Modell von Karl Bühler, http://culturitalia.uibk.ac.at /hispanoteca / Lexikon%20der%20Linguistik/o/ organon.htm, Abruf am 2004-01-21.

Oberle: Informatik, o. J.
Oberle, D.: Mythologie der Informatik. Version 1.03, Stand 2001-11-16. Fakultät für Informatik, Universität Karlsruhe (TH). Verfügbar unter http://www.aifb.uni-karlsruhe.de/WBS/dob/docs/informatik.pdf, Abruf am 2004-08-08.

Oeller: Systemorientierte Unternehmensführung, 1979
Oeller, K.-H.: Systemorientierte Unternehmensführung mit Hilfe kybernetischer Kennzahlensysteme. In: Malik, F. (Hrsg.): Praxis des systemorientierten Managements. Bern, Stuttgart 1979, S. 111-153.

OMG: CWM, o. J.
OMG: CWM. Data Warehousing, CWM and MOF Resource Page, http://www.omg.org/cwm/

Ong: The Evolution Of A Data Warehouse Architecture, 1999
Ong, H.: The Evolution Of A Data Warehouse Architecture - One Size Fits All? In: WA Oracle User Group Conference 1999, Perth. Verfügbar unter http://www.aurora-consult.com.au/white.html, Abruf am 2004-04-22.

Oppelt: Computerunterstützung, 1995
Oppelt, Ulrich G.: Computerunterstützung für das Management. München, Wien 1995.

Ortner, Schienmann: Normsprachlicher Entwurf, 1996
Ortner, E., Schienmann, B.: Normsprachlicher Entwurf von Informationssystemen. Vorstellung einer Methode. In: Ortner, E., Schienmann, B., Thoma, H.(Hrsg.): Natürlichsprachlicher Entwurf von Informationssystemen. Grundlagen, Methoden, Werkzeuge, Anwendungen, GI-Workshop, Tutzing, 28.-30.

Mai 1996, Proceedings. Universitätsverlag Konstanz, Konstanz 1996, S.109-129.

Ortner: Konstruktionssprache, 1995
Ortner, E.: Elemente einer methodenneutralen Konstruktionssprache für Informationssysteme. In: Informatik – Forschung und Entwicklung 10 (1995) 3, S. 148–160.

Ortner: Normsprachliche Entwicklung von Informationssystemen, 1998
Ortner, E.: Normsprachliche Entwicklung von Informationssystemen. In: Pohl, K., Schürr, A., Vossen, G. (Hrsg.): Modellierung '98. Proceedings des GI-Workshops in Münster, 1998. Verfügbar unter http://sunsite.informatik.rwth-aachen.de/Publications/CEUR-WS/Vol-9/, Abruf am 2004-06-04.

Ossher, Tarr: Separation of Concerns, 2001
Ossher, H., Tarr, P.: Using multidimensional separation of concerns to (re)shape evolving software. In: CACM 44 (2001) 10, S. 43-50.

Osterloh, Grand: Praxis der Theorie, 1999
Osterloh, M., Grand, S.: Praxis der Theorie – Theorie der Praxis: Zum Verhältnis von Alltagstheorien des Managements und Praktiken der theoretischen Forschung. In: Schreyögg, G. (Hrsg.): Organisation und Postmoderne. Grundfragen – Analysen – Perspektiven. Verhandlungen der Wissenschaftlichen Kommission „Organisation" im Verband der Hochschullehrer für Betriebswirtschaft e.V. Wiesbaden 1999, S. 349-361. Verfügbar unter http://www.iou.unizh.ch/orga/downloads/publikationen/C72PraxisTheorie.pdf, Abruf am 2003-05-09.

Parent, Spaccapietra: Database Integration, 1998
Parent, C., Spaccapietra, S: Issues and approaches of database integration. In: CACM, 41 (1998) 5es, S. 166-178.

Parnas, Clements: Design Process, 1986
Parnas, D. L. Clements, P. C.: A rational design process: How and why to fake it. In: IEEE Transactions on Software Engineering, 12 (1986) 2, S. 251-257. Verfügbar unter http://objectz.com/columnists/parnas&clements/09152003.asp, Abruf am 2004-12-18

Peckham, Maryanski: Data Models, 1988
Peckham, J., Maryanski, F.: Semantic Data Models. In: ACM Computing Surveys 20 (1988) 3, S. 153–189

Pedersen, Jensen: Data Modeling, 1999
Pedersen, T. B. Jensen, C. S.: Multidimensional Data Modeling for Complex Data. In: Proceedings of 15th Int. Conference on Data Engineering (ICDE), Sydney, Australia. IEEE Computer Society, 1999, S. 336-345. Verfügbar unter http://citeseer.ist.psu.edu/704848.html, Abruf am 2003-11-17.

Pedersen: Multidimensional Data, 2000, S. 37ff.
  Pedersen, T. B.: Aspects of Data Modeling and Query Processing for Complex Multidimensional Data. PhD thesis, Faculty of Engineering and Science, Aalborg University (Denmark), 2000. Verfügbar unter http://www.cs.auc.dk/~tbp/articles/thesis.pdf, Abruf am 2003-11-17.
Pendse, Creeth: What is OLAP?, o. J.
  Pendse, N., Creeth, R.: What is OLAP? An analysis of what the increasingly misused OLAP term is supposed to mean. Verfügbar unter http://www.olapreport.com/fasmi.htm, Abruf am 2003-12-20.
Peralta et al.: Data Warehouse Design, 2003
  Peralta, V., Marotta, A., Ruggia, R.: Towards the Automation of Data Warehouse Design. In: Eder, J., Missikoff, M. (Hrsg.): 15th Conference on Advanced Information Systems Engineering, short paper proceedings (CAiSE'03). Klagenfurt/Velden 2003.
Peralta, Ruggia: Design Guidelines, 2003
  Peralta, V., Ruggia, R.: Using Design Guidlines to improve Data Warehouse logical Design. Proceedings of the International Workshop on Design and Management of Data Warehouses colocated with VLDB'03, Berlin. Verfügbar unter
  http://www.fing.edu.uy/inco/grupos/csi/esp/Cursos/cursos_act/2003/DAP_SistDW/Material/DesGuidelines-VPRR.pdf, Abruf am 2004-10-12.
Peralta: Data Warehouse Design, 2003
  Peralta, V.: Data Warehouse Logical Design from Multidimensional Conceptual Schemas. XXIX Conferencia Latinoamericana de Informática (CLEI' 2003), La Paz, Bolivia, September 2003. Verfügbar unter http://www.fing.edu.uy/inco/grupos/csi/esp/Publicaciones/2003/clei2003-vp.pdf, Abruf am 2004-10-12.
Pernul, Unland: Datenbanken, 2003
  Pernul, G., Unland, R.: Datenbanken im Unternehmen. Analyse, Modellbildung und Einsatz. München et al. 2003.
Petöfi: Sprache, 1980
  Petöfi, J. S.: Sprache. In: Speck, J. (Hrsg.): Handbuch wissenschaftstheoretischer Begriffe, Bd. 3. Göttingen 1980, S. 599-600.
Petre: Graphical Programming, 1995
  Petre, M.: Why Looking Isn't Always Seeing: Readership Skills and Graphical Programming. In: CACM 38 (1995) 6, S. 33-44
Pfläging: Controlling-Systeme, 2002
  Pfläging, N.: Web- und OLAP-basierte Controlling-Systeme In: Controller Magazin (2002) 1.

Picot et al.: Unternehmung, 1996
   Picot, A., Reichwald, R., Wigand, R. T.: Die grenzenlose Unternehmung. Information, Organisation und Management. Wiesbaden 1996.
Pitts, Browne: Stopping Behavior, 2004
   Pitts, M. G., Browne, G. J.: Stopping Behavior of Systems Analysts During Information Requirements Elicitation. In: Journal of Management Information Systems 21 (2004) 1, S. 203-226.
Pohl: Requirements Engineering, 1993
   Pohl, K.: The Three Dimensions of Requirements Engineering. In: Conference on Advanced Information Systems Engineering. Verfügbar unter http://citeseer.ist.psu.edu/pohl93three.html, Abruf am 2003-01-04.
Pohl: Requirements Engineering, 1997
   Pohl, K.: Requirements Engineering: An Overview. In: Kent, A., Williams, J. (Hrsg.): Encyclopedia of Computer Science and Technology 36 (1997) Supplement 21, New York, 1997. Ebenfalls verfügbar unter ftp://sunsite.informatik.rwth-aachen.de/pub/CREWS/CREWS-96-02.pdf.
Poon, Wagner: Critical success factors, 2001
   Poon, P., Wagner, C.: Critical success factors revisited: success and failure cases of information systems for senior executives. In: Decision Support Systems 30 (2001) 3, S. 393-418.
Priebe, Pernul: ADAPTed UML, 2001
   Priebe, T., Pernul, G.: Metadaten-gestützer Data-Warehouse-Entwurf mit ADAPTed UML. In: Buhl, H. U., Huther, A., Reitwiesner, B. (Hrsg.): Information Age Economy - 5. Internationale Tagung Wirtschaftsinformatik 2001. Heidelberg 2001, S. 73-87. Verfügbar unter http://www.priebe-it.de/de/publications.html, Abruf am 2005-03-02.
Priebe, Pernul: Sicherheit, 2004
   Priebe, T., Pernul, G.: Sicherheit in Data-Warehouse- und OLAP-Systemen. Rundbrief der Fachgruppe "Modellierung betrieblicher Informationssysteme" (MobIS) der Gesellschaft für Informatik e.V. (GI). Bamberg 2004, Verfügbar unter http://www.priebe-it.de/publications/, Abruf am 2005-02-22.
Prosser, Ossimitz: Data Warehouse, 2001
   Prosser, A., Osimitz, M.-L.: Data Warehouse Management. Using SAP BW. Wien 2001.
Prosser, Ossimitz: Modell, 2000
   Prosser, A., Osimitz., M.-L.: Ein Modell zur Planung multidimensionaler Datenstrukturen im Data Warehouse aus betriebswirtschaftlicher Sicht. In: Journal für Betriebswirtschaft 50 (2000) 4/5, S. 148-161.

Quigley, Debons: Interrogative Theory, 1999
 Quigley, E. J., Debons, A.: Interrogative Theory of Information and Knowledge. In: Prasad, J. (Hrsg.): Proceedings of the 1999 ACM SIGCPR conference on Computer personnel research, S. 4-10. Verfügbar unter http://portal.acm.org/citation.cfm?id=299602, Abruf am 2003-03-04.
Quix: Metadatenverwaltung, 2003
 Quix, C. J.: Metadatenverwaltung zur qualitätsorientierten Informationslogistik in Data-Warehouse-Systemen. Dissertation, Technische Hochschule Aachen 2003. Verfügbar unter http://www-i5.informatik.rwth-aachen.de/lehrstuhl/staff/quix/quix-diss.pdf, Abruf am 2005-01-29.
Rashid et al.: Aspectual Requirements, 2003
 Rashid, A., Moreira A., Araújo, J.: Modularisation and Composition of Aspectual Requirements. In: 2nd International Conference on Aspect-Oriented Software Development 2003, S. 11-20.
Rashid et al.: Early Aspects, 2002
 Rashid, A., Sawyer, P., Moreira, A., and Araujo, J.: Early Aspects: A Model for Aspect-Oriented Requirements Engineering. In: IEEE Joint International Conference on Requirements Engineering. IEEE Computer Society Press (2002), S. 199-202.
Rashid et al.: Early Aspects, 2002
 Rashid, A., Sawyer, P., Moreira, A., Araujo, J.: Early Aspects: A Model for Aspect-Oriented Requirements Engineering. In: IEEE Joint International Conference on Requirements Engineering. IEEE Computer Society Press, 2002, S. 199-202.
Rauh, Stickel: Datenmodellierung, 1997
 Rauh, O., Stickel, E.: Konzeptuelle Datenmodellierung. Stuttgart 1997.
Rautenstrauch, Schulze: Informatik, 2003
 Rautenstrauch, C., Schulze, T.: Informatik für Wirtschaftswissenschaftler und Wirtschaftsinformatiker. Heidelberg 2003.
Reinecke: Marketing-Kennzahlensysteme, 2000
 Reinecke, S.: Konzeptionelle Anforderungen an Marketing-Kennzahlensysteme. In: Arbeitspapier des Forschungsinstitut für Absatz und Handel an der Universität St. Gallen. St. Gallen März 2000.
Reinecke: Marketingkennzahlensysteme, 2001
 Reinecke, S.: Marketingkennzahlensysteme: Notwendigkeit, Gütekriterien und Konstruktionsprinzipien. In: Reinecke, S., Tomczak, T., Geis, G. (Hrsg.): Handbuch Marketingcontrolling: Marketing als Treiber von Wachstum und Erfolg. Frankfurt, Wien 2001, S. 690–719.

Richards: Requirements Elicitation, 2000
Richards, D.: A Process Model for Requirements Elicitation. In: Proceeding of the 11th Australasian Conference on Information Systems, Brisbane 2000. Verfügbar unter http://www.comp.mq.edu.au/~richards/, Abruf am 2004-12-13.

Riebisch: Feature Models, 2003
Riebisch, M.: Towards a More Precise Definition of Feature Models. Position Paper. In: Riebisch, M., Coplien, J. O., Streitferdt, D. (Hrsg.): Modelling Variability for Object-Oriented Product Lines. BookOnDemand Publ. Co., Norderstedt 2003, S. 64-76. Verfügbar unter http://www.theoinf.tu-ilmenau.de/~riebisch/publ/.

Riebisch: Merkmalmodelle, 2004
Riebisch: Unterstützung evolutionärer Softwareentwicklung durch Merkmalmodelle und Traceability-Links. In: Rumpe, B., Hesse, W. (Hrsg.): Proceedings Modellierung 2004. Praktischer Einsatz von Modellen. März 2004, Marburg, Germany. LNI, Gesellschaft für Informatik, 2004, S. 215-216.

Rolland et al.: Goal Modeling, 1998
Rolland, C., Souveyet, C., Ben Achour, C.: Guiding Goal Modeling Using Scenarios. IEEE Transactions on Software Engineering 24 (1998) 12, S. 1055-1071.

Rolland, Prakash: Conceptual Modelling, 2000
Rolland, C., Prakash, N.: From conceptual modelling to requirements engineering. In: Annals of Software Engineering 10 (2000), S. 151–176.

Royce: Development, 1970
Royce, W. W.: Managing the Development of Large Software Systems: Concepts and Techniques. In: Proceedings of IEEE WESCON, 1970. Verfügbar unter http://portal.acm.org/citation.cfm?id=41801, Abruf am 2004-11-12.

Rupp: Requirements-Engineering, 2002
Rupp, C.: Requirements-Engineering und -Management. München 2002.

Saeki: Method Engineering, 1994
Saeki, M.: Software Specification & Design Methods and Method Engineering. In: International Journal of Software Engineering and Knowledge Engineering, 1994. Verfügbar unter http://citeseer.ist.psu.edu/saeki94software.html, Abruf am 2004-12-12.

Sankar: Data Elements, 1985
Sankar, C. S.: Analysis of Names and Relationships among Data Elements. In: Management Science 31 (1985) 7, S. 888-899.

Sapia et al.: Extending, 1998.
Sapia, C., Blaschka, M., Höfling, G., Dinter, B.: Extending the E/R Model for the Multidimensional Paradigm. In: Kambayashi, Y. et al. (Hrsg.): Proceedings

of the Workshops on Data Warehousing and Data Mining: Advances in Database Technologies. Lecture Notes in Computer Science. London 1998, S. 105-116. Verfügbar unter http://citeseer.ist.psu.edu/434096.html, Abruf am 2002-02-17.

Sapia et al.: Multidimensional Data Models, 1999
Sapia, C., Blaschka, M., Höfling, G.: An Overview of Multidimensional Data Models for OLAP. In: FORWISS Technical Report 1999-01, Februar 1999. Verfügbar unter http://citeseer.ist.psu.edu/sapia99overview.html, Abruf am 2003-11-17.

Savolainen et al.: Requirements Structuring, 2002
Savolainen, J., Vehkomäki, T., Mannion, M.: An Integrated Model for Requirements Structuring and Architecture Design. In: Cybulski, J. L. et al. (Hrsg.): Proceedings of the Seventh Australian Workshop on Requirements Engineering. Melbourne 2002.

Scheer: Data Warehouse, 1996
Scheer, A.-W.: Data Warehouse und Data Mining: Konzepte der Entscheidungsunterstützung. In Information Management (1996) 1, S. 74-75.

Scheer: Wirtschaftsinformatik, 1995
Scheer, A.-W.: Wirtschaftsinformatik. Referenzmodelle für industrielle Geschäftsprozesse. Berlin et al. 1995.

Schelp, Chamoni: Star Schemata, 2000
Schelp, J., Chamoni, P.: Modellierung mehrdimensionaler Datenstrukturen mit Star Schemata. In: Das Wirtschaftsstudium 29 (2000) 8-9, S. 1132-1138.

Schelp: Modellierung, 1998
Schelp, J.: Konzeptionelle Modellierung mehrdimensionaler Datenstrukturen. In: Chamoni, P., Gluchowski, P. (Hrsg.): Analytische Informationssysteme – Data Warehouse, OLAP, Data Mining. Berlin et al. 1998, S. 263–275.

Schelp: Modellierung, 2000
Schelp, J.: Modellierung multidimensionaler Datenstrukturen analyseorientierter Informationssysteme. Wiesbaden 2000.

Schienmann: Anforderungsmanagement, 2002
Schienmann, B.: Kontinuierliches Anforderungsmanagement. Prozesse - Techniken – Werkzeuge. Addison-Wesley, New York 2002.

Schinzer et al.: Vergleich, 1999
Schinzer, H. D., Bange, C., Mertens, P.: Data Warehouse und Data Mining – Marktführende Produkte im Vergleich. München 1999.

Schinzer: Transformationswerkzeuge, 1999
 Schinzer, H. D.: Extraktions- und Transformationswerkzeuge. Unterstützung beim Aufbau eines Data Warehouse. 1999. Verfügbar unter http://www.olap-competence-center.de, Abruf am 2004-12-12.
Schirp: Anforderungsanalyse, 2001
 Schirp, G.: Anforderungsanalyse im Data-Warehouse-Projekt: Ein Erfahrungsbericht aus der Praxis. In: HMD – Praxis der Wirtschaftsinformatik (2001) 222, S. 81-87.
Schulz: Software, o. J.
 Schultz, H.: Arbeitslosengeld II. Software als Hemmschuh. In: Fokus Online, http://focus.msn.de/hps/fol/article/article.htm?id=8882.
Schütte: Basispositionen, 1999
 Schütte, R.: Basispositionen in der Wirtschaftsinformatik – ein gemäßigt-konstruktivistisches Programm. In: Becker, J. et al. (Hrsg.): Wirtschaftsinformatik und Wissenschaftstheorie. Bestandsaufnahmen und Perspektiven. Wiesbaden 1999, S. 211-242.
Schütte: Referenzmodellierung, 1998
 Schütte, R.: Grundsätze ordnungsmäßiger Referenzmodellierung. Konstruktion konfigurations- und anpassungsorientierter Modelle. Wiesbaden 1998.
Seibt: Informationssystem-Architekturen, 1991
 Seibt, D.: Informationssystem-Architekturen – Überlegungen zur Gestaltung von technik-gestützten Informationssystemen für Unternehmungen. In: Müller-Böling, D., Seibt, D., Winand, U. (Hrsg): Innovations- und Technologiemanagement. Stuttgart 1991, S. 251-284.
Sethi, Teng: Requirements Analysis, 1988
 Sethi, V., Teng, J. T. C.: Choice of an Information Requirements Analysis Method: An Integrated Approach. In: INFOR 26 (1988) 1, S. 1-16.
Shanks, Darke: Corporate Data Models, 1999
 Shanks, G., Darke, P.: Improving Understanding of Corporate Data Models. In: Information and Management 35 (1999), S. 19-30.
Shanks, Darke: Data Quality, 1998
 Shanks, G., Darke, P.: Understanding Data Quality in a Data Warehouse. In: Australian Computer Journal 30 (1998) 4, S. 122-128.
Sharp et al.: Stakeholder Identification, 1999
 Sharp, H., Finkelstein, A., Galal, G.: Stakeholder Identification in the Requirements Engineering Process. In: Cammelli, A. (Hrsg.): 10th International Workshop on Database & Expert Systems Applications (DEXA), Proceedings. IEEE Computer Society, 1999, S. 387-391. Verfügbar unter

http://www.cs.ucl.ac.uk/staff/A.Finkelstein/papers/stake.pdf, Abruf am 2004-07-11.

Sinz et al.: Architekturkonzept, 2001
Sinz, E. J., Böhnlein, M., Plaha, M., Ulbrich vom Ende, A.: Architekturkonzept eines verteilten Data-Warehouse-Systems für das Hochschulwesen. In: Buhl, H. U., Huther, A., Reitwiesner, B. (Hrsg.): Information Age Economy - 5. Internationale Tagung Wirtschaftsinformatik 2001. Heidelberg 2001, S. 57-72.

Sinz et al.: Konzeption, 1999
Sinz E.J., Böhnlein M., Ulbrich-vom Ende A.: Konzeption eines Data Warehouse-Systems für Hochschulen. Bamberger Beiträge zur Wirtschaftsinformatik Nr. 52, Juli 1999.

Slooten, Shoonhoven: Development, 1996
Slooten van K., Shoonhoven B.: Contingent information systems development. In: Journal of Systems and Software 33 (1996) 2, S. 153-161.

Smith, Smith: Aggregation, 1977
Smith, J. M., Smith, D. C. P.: Database Abstractions: Aggregation. In: CACM 20 (1977) 6, S. 405-413.

Smith, Smith: Database Abstraction, 1977
Smith, J.M., Smith, D.C.P.: Database Abstractions: Aggregation and Generalization. In: ACM Transactions on Database Systems 2 (1977) 2, S. 105-133.

Sommerville, Sawyer: Requirements Engineering, 1997
Sommerville, I., Sawyer, P.: Requirements Engineering. A good practice guide. New York 1997.

Sommerville, Sawyer: Viewpoints, 1997
Sommerville, I., Sawyer, P.: Viewpoints: principles, problems and a practical approach to requirements engineering. In: Annals of Software Engineering 3 (1997), S. 101–130.

Sousa, Castro: Separation of Concerns, 2004
Sousa, G., Castro, J. B. F.: Supporting separation of concerns in requirements artifacts. In: WASP'04 - First Brazilian Workshop on Aspect-Oriented Software Development, 2004 Brasília, Brasil. Verfügbar unter www.cin.ufpe.br/~ler/publicacoes/pub_2004.html, Abruf am 2005-01-04.

Spaccapietra et al.: Independent Assertions, 1992
Spaccapietra, S., Parent, C., Dupont, Y.: Model Independent Assertions for Integration of Heterogeneous Schemas. VLDB Journal 1 (1992) 1, S. 81–126.

Spaccapietra, Parent: View Integration, 1994
Spaccapietra, S., Parent, C.: View Integration: A Step Forward in Solving Structural Conflicts. In: IEEE Transactions on Knowledge and Data Engineering 2 (1994) 6, S. 258-274.

Spitta: Unternehmensdaten, 1996
  Spitta, T.: Wiederverwendbare Attribute als Ordnungsfaktor der Unternehmensdaten - Konzept und empirische Analyse. In: Ortner, E., Schienmann, B., Thoma, H. (Hrsg.): Natürlichsprachlicher Entwurf von Informationssystemen. Grundlagen, Methoden, Werkzeuge, Anwendungen. GI-Workshop, Tutzing, Mai 1996, Proceedings. Konstanz 1996, S. 79-93.
Stahlknecht, Hasenkamp: Wirtschaftsinformatik, 2002
  Stahlknecht, P., Hasenkamp, U.: Einführung in die Wirtschaftsinformatik. Berlin et al. 2002.
Stahlknecht, Hasenkamp: Wirtschaftsinformatik, 2005
  Stahlknecht, P., Hasenkamp, U.: Einführung in die Wirtschaftsinformatik. Berlin et al. 2005.
Standish Group: Chaos, 1995
  Standish Group: The Standish Group Report. Chaos, 1995. Verfügbar unter http://www.kbs.uni-hannover.de/Lehre/SWTG/TheStandishGroupReport.pdf.
Standish Group: Chaos, 1999
  Standish Group: Chaos - A Recipe for Success, 1999. Verfügbar unter http://www.standishgroup.com/sample_research/PDFpages/chaos1999.pdf.
Stanger: Framework, 2000
  Stanger, N.: A Viewpoint-Based Framework for Discussing the Use of Multiple Modelling Representations. ER 2000: 154-167.
Steinmann, Scherer: Wissenschaftstheorie, 2000
  Steinmann, H., Scherer G.: Wissenschaftstheorie. In: Corsten, H. (Hrsg.): Lexikon der Betriebswirtschaftslehre. München 2000, S. 1056-1063.
Steinmüller: Informationstechnologie, 1993
  Steinmüller, W.: Informationstechnologie und Gesellschaft. Darmstadt 1993.
Stopka et al.: ETL Tools, 2001
  Stopka, R., Alig, M., Hohner, L.: Data Warehousing mit ETL Tools. Positionierung, Funktionsbereiche, Architekturkonzepte. Systor AG, 2001. Verfügbar unter http://www.competence-site.de/bisysteme.nsf/, Abruf am 2003-11-30.
Strahringer: Metamodellbegriff, 1998
  Strahringer, S.: Ein sprachbasierter Metamodellbegriff und seine Verallgemeinerung durch das Konzept des Metaisierungsprinzips. In: Pohl, K., Schürr, A., Vossen, G. (Hrsg.): Modellierung '98. Proceedings des GI-Workshops in Münster, 1998. Verfügbar unter http://sunsite.informatik.rwth-aachen.de/Publications/CEUR-WS/Vol-9/, Abruf am 2003-03-14.

Strauch, Winter: Informationsbedarfsanalyse, 2002
: Strauch, B., Winter, R.: Vorgehensmodell für die Informationsbedarfsanalyse im Data Warehousing. In: von Maur, E., Winter, R. (Hrsg.): Vom Data Warehouse zum Corporate Knowledge Center. Heidelberg 2002, S. 359-378.

Strauch: Informationsbedarfsanalyse, 2002
: Strauch, B.: Entwicklung einer Methode für die Informationsbedarfsanalyse im Data Warehousing. Dissertation Universität St. Gallen, Bamberg 2002.

Strehlow et al.: Terminological Aspects, 1993
: Strehlow, R. A., Kenworthey, W. H., Schuldt, R. E.: Terminological Aspects of Data Elements in Databases. In: Wright, S. E., Strehlow, R. A. (Hrsg.): Standardizing Terminology for Better Communication: Practice, Applied Theory and Results, ASTM STP 1166. Philadelphia 1993, S. 129-139.

Struckmeier: Führungsinformationssysteme, 1996
: Struckmeier, H.: Gestaltung von Führungsinformationssystemen - Betriebswirtschaftliche Konzeption und Softwareanforderungen. Wiesbaden 1996.

Susallek: Management Informationssysteme, 1998
: Susallek, W.: Management Informationssysteme in der ARD als Instrumente rationaler Willensbildung. In: Arbeitspapiere des Instituts für Rundfunkökonomie an der Universität zu Köln, Heft 104. Köln 1998.

Swartout, Balzer: Specification, 1982
: Swartout, W., Balzer, R.: On the Inevitable Intertwining of Specification and Implementation. In: CACM 25 (1982) 7, S. 438-440.

Swiontek, Realität und Versprechungen, 1996
: Swiontek, J.: Realität und Versprechungen von Führungsunterstützungssystemen. Frankfurt 1996.

Szidzek: Datenmodellierung, 1992
: Szidzek, A.: Datenmodellierung: Vorgehensmodel zur Konstruktion und Einführung einer unternehmensweiten, konzeptionellen Datenstruktur. In: Thome, R. (Hrsg.): Forschung und Praxis der Wirtschaftsinformatik, Band 2, 1993.

Szyperski: Betriebswirtschaftslehre, 1971
: Szyperski, N.: Zur wissenschaftsprogrammatischen und forschungsstrategischen Orientierung der Betriebswirtschaftslehre. In: Zeitschrift für betriebswirtschaftliche Forschung 23 (1971), S. 261-282.

Szyperski: Informationsbedarf, 1980
: Szyperski, N.: Informationsbedarf. In: Grochla, E. (Hrsg.): Handwörterbuch der Organisation. Sp. 904-913.

Tarr et al.: Multidimensional Separation of Concerns, 2000
    Tarr, P., Harrison, W., Ossher, H., Finkelstein, A., Nuseibeh, B., Perry, D.: Workshop on multi-dimensional separation of concerns in software engineering (workshop session). In: Proceedings of the 22nd international conference on Software engineering (ICSE 2000). 2000 S. 809-810. Verfügbar unter http://portal.acm.org/citation.cfm?id=337827, Abruf am 2005-01-25.

Teorey et al.: ER Model, 1989
    Teorey, T. J., Wei, G., Bolton, D. L., Koenig, J. A.: ER Model Clustering as an Aid for User Communication and Documentation in Database Design. In: CACM 32 (1989) 8, S. 975-987.

Tolvanen: Method Engineering, 1998
    Tolvanen, J.-P.: Incremental Method Engineering with Modeling Tools. Theoretical Principles and Empirical Evidence. Jyväskylä Studies in Compuer Science, Economics and Statistics 47. University of Jyväskylä. Jyväskylä 1998. Verfügbar unter http://www.cs.jyu.fi/~jpt/doc/, Abruf am 2004-05-11.

Totok: OLAP, 2000
    Totok, A.: Modellierung von OLAP- und Data-Warehouse-Systemen. Wiesbaden 2000.

Trujillo et al.: Designing, 2001
    Trujillo, J., Palomar, M., Gomez, J. , Song, I. : Designing Data Warehouses with OO Conceptual Models. In: IEEE Computer 34 (2001) 12, S. 66-75.

Trujillo, Luján-Mora: ETL, 2003
    Trujillo, J., Lujan-Mora, S.: A UML Based Approach for Modeling ETL Processes in Data Warehouses. In: Song, I.-Y. et al. (Hrsg.): Conceptual Modeling - ER 2003. Lecture Notes in Computer Science 2813. Berlin, Heidelberg 2003, S. 307-320.

Tschandl, Hergolitsch: Erfolgsfaktoren, 2002
    Tschandl, M., Hergolitsch, W.: Erfolgsfaktoren von Data Warehouse-Projekten. In: Information Management & Consulting 17 (2002) 3, S. 83–89.

Tsois et al.: MAC, 2001
    Tsois, A., Karayannidis, N., Sellis, T. K.: MAC: Conceptual Data Modeling for OLAP. In: Proceedings of the International Workshop on Design and Management of Data Warehouses (DMDW 2001). Verfügbar unter http://sunsite.informatik.rwth-aachen.de/dblp/db/conf/dmdw/dmdw2001.html, Abruf am 2003-07-06.

Valusek, Fryback: Information requirements, 1985
    Valusek, J. R., Fryback, D. G.: Information requirements determination obstacles within, among and between participants. In: Special Interest Group on Computer Personnel Research Annual Conference: Proceedings of the twenty-

first annual conference on computer personnel research. Minneapolis 1985, S. 103–111. Ebenfalls verfügbar unter http://portal.acm.org/ citation.cfm?id=16700, Abruf am 2003-11-08.

van Lamsweerde: Requirements Engineering, 2000
van Lamsweerde, A.: Requirements Engineering in the Year 00: A Research Perspective. In: 22nd International Conference on Software Engineering (ICSE 2000), Proceedings, S. 5-19. Verfügbar unter http://portal.acm.org/citation.cfm?id=337184, Abruf am 2005-03-24.

Vassiliadis et al.: ETL Processes, 2002
Vassiliadis, P., Simitsis, A., Skiadopoulos S.: Conceptual Modeling for ETL Processes. In: Song, I.-Y. et al. (Hrsg.): Proceedings of the 5th ACM international workshop on Data Warehousing and OLAP. 2002, S. 14-21. Verfügbar unter http://citeseer.nj.nec.com/592093.html, Abruf am 2003-06-04.

Vassiliadis et al.: Logical Modeling , 2002
Vassiliadis, P., Simitsis, A., Skiadopoulos, S.: On the logical Modeling of ETL Processes. In: Proceedings of the 14th conference on advanced information Systems Engineering (CAiSE'02), Toronto 2002. S. 782–786.
Ebenfalls verfügbar unter http://citeseer.ist.psu.edu/vassiliadis02logical.html, Abruf am 2003-05-04.

Vassiliadis et al.: Modeling ETL, 2002
Vassiliadis, P., Simitsis, A., Skiadopoulos, S.: Modeling ETL Activities as Graphs. In: Proceedings of the 4th international Workshop on Design and Management of Data Warehouses (DMDW 2002). S. 52–61. Verfügbar unter http://sunsite.informatik.rwth-aachen.de/dblp/db/conf/dmdw/dmdw2002.html, Abruf am 2003-07-06.

Vassiliadis, Sellis: Survery, 1999
Vassiliadis, P., Sellis, T.: A Survey of Logical Models for OLAP. In: Databases. In: SIGMOD Record 28 (1999) 4, S. 64-69. Verfügbar unter www.dbnet.ece.ntua.gr/~dwq/p31.pdf, Abruf am 2003-11-17.

Vassiliou et al.: Data Warehouse Research, 2000
Vassiliou, Y. et al.: Data Warehouse Research: Issues and Projects. In: Jarke, M. et al. (Hrsg.): Fundamentals of Data Warehouses. Berlin, Heidelberg 2000, S. 15-26.

Verhoef et al.: Modelling, 1991
Verhoef, T. F., Hofstede, A. H. M. T, Wijers, G. M.: Structuring Modelling Knowledge for CASE Shells. In: Andersen, R. et al. (Hrsg.): Proceedings of the Third International Conference CAiSE'91 on Advanced Information Systems Engineering, 1991, S. 502–524.

vom Brocke: Referenzmodellierung, 2003
vom Brocke, J.: Referenzmodellierung. Gestaltung und Verteilung von Konstruktionsprozessen. Berlin 2003.

Voß, Gutenschwager: Informationsmanagement, 2001
Voß, S., Gutenschwager, K.: Informationsmanagement. Berlin et al. 2001.

Wall: Kontrollsysteme, 1999
Wall, F.: Planungs- und Kontrollsysteme. Informationstechnische Perspektiven für das Controlling. Grundlagen, Instrumente, Konzepte. Wiesbaden 1999.

Wand, Wang: Data Quality Dimensions, 1996
Wand, Y., Wang, R.: Anchoring Data Quality Dimensions in Ontological Foundations. In: CACM 39 (1996) 11, S. 86-95.

Wand, Weber: Conceptual Modeling, 2002
Wand, Y., Weber, R.: Research Commentary: Information Systems and Conceptual Modeling - A Research Agenda. In: Information Systems Research 13 (2002) 4, S. 363–376.

Wang, Strong: Data Quality, 1996
Wang R. Y., Strong D. M.: Beyond Accuracy: What Data Quality Means to Data Consumers. In: Journal of Management Information Systems 12 (1996) 4, S. 5-33.

Watson et al.: Data warehouse governance, 2004.
Watson, H. J., Fuller, C., Ariyachandra, T.: Data warehouse governance: best practices at Blue Cross and Blue Shield of North Carolina. In: Decision Support Systems 38 (2004) 3, S. 435-450.

Watson et al.: Data Warehousing, 2001
Watson, H. J., Annino, D. A., Wixom, B. H., Avery K. L., Rutherford, A.: Current Practices in Data Warehousing. In: Journal of Information Systems Management 18 (2001) Winter, S. 47-55.

Watson et al.: Executive Information Systems, 1991
Watson, H. J., Rainer, R. K., Koh, C. E.: Executive Information Systems: A framework for Development and a Survey of Current Practices. In: MIS Quarterly 15 (1991) 1, S. 13-13.

Watson, Frolick: Information Requirements, 1993
Watson, H. J., Frolick, M. N. Determining Information Requirements for an EIS. In: MIS Quarterly 17 (1993) 3, S. 255-269.

Weber. Controlling, 1999
Weber, J.: Einführung in das Controlling, Stuttgart 1999.

Weber: Simulationen, 2003
   Weber, K.: Der wissenschaftstheoretische Status von Simulationen. In: Frank, U. (Hrsg.): Wissenschaftstheorie in Ökonomie und Wirtschaftsinformatik. Proceedings der Tagung. Koblenz Juni 2003.
Wegner, Auth: Terminologiemanagement, 2002
   Wegener, H., Auth, G.: Die Swiss Re Data Language – Erfahrungen mit dem Terminologiemanagement im Rahmen des Data Warehousing. In: von Maur, E., Winter, R. (Hrsg.): Vom Data Warehouse zum Corporate Knowledge Center. Proceedings der Data Warehousing 2002. Heidelberg 2002, S. 193-213.
Weill, Olson: Contingency Theory, 1989
   Weill, P., Olson M.H.: An Assessment of the Contingency Theory of Management Information Systems. In: Journal of Management Information Systems 6 (1989) 1, S. 61-85.
Weir et al.: Best practice, 2003
   Weir, R., Peng, T., Kerridge, J.: Best practice for implementing a data warehouse: a review for strategic alignment. In: Lenz, H.-J., Vassiliadis, P., Jeusfeld, M. A., Staudt, M. (Hrsg.): Design and Management of Data Warehouses 2003. Proceedings of the 5th Int. Workshop DMDW 2003. Verfügbar unter http://sunsite.informatik.rwth-aachen.de/dblp/db/conf/dmdw/dmdw2003.html, Abruf am 2004-11-13.
Wetherbe: Information Requirements, 1991
   Wetherbe, J. C.: Executive Information Requirements: Getting It Right. In: MIS Quarterly 15 (1991) 1, S. 51-65.
Wiegers: Software Requirements, 1999
   Wieger, K.: Software Requirements, Redmond, 1999.
Wieken: Data Warehouse, 1999
   Wieken, J.-H.: Der Weg zum Data Warehouse – Wettbewerbsvorteile durch strukturierte Unternehmensinformationen, München 1999.
Wieken: Meta-Daten, 1996
   Wieken, J.-H.: Meta-Daten für Data Marts und Data Warehouses. In: Mucksch, H., Behme, W. (Hrsg.): Das Data Warehouse-Konzept, Architektur – Datenmodelle – Anwendungen. 1. Auflage, Wiesbaden 1996, S. 266-304.
Winter, Strauch: Requirements Engineering, 2004
   Winter, R., Strauch, R.: Information Requirements Engineering for Data Warehouse Systems. In: Proceedings of the 2004 ACM symposium on Applied computing. S. 1359-1365. Verfügbar unter http://portal.acm.org/citation.cfm?id=967900.968174, Abruf am 2004-12-20.

Winter: Abstraktionshierarchien, 1991
   Winter, R.: Mehrstufige Produktionsplanung in Abstraktionshierarchien auf der Basis relationaler Informationsstrukturen. Berlin et al. 1991.
Winter: Large Scale, 2002
   Winter, R.: Field Experience with Large Scale Data Warehousing on Oracle, Whitepaper, März 2002. Verfügbar unter http://www.oracle.com/technology/products/bi/pdf/vldw_cases_winter.pdf, Abruf am 2005-03-24.
Wittmann: Wissen, 1979
   Wittmann, W.: Wissen in der Produktion. In: Kern, W. (Hrsg.): Handwörterbuch der Produktionswirtschaft. Stuttgart 1979, Sp. 2261-2272.
Wixom, Watson: Data Warehousing Success, 2001
   Wixom, B. H., Watson, H. J.: An Empirical Investigation of the Factors Affecting Data Warehousing Success. In: MIS Quarterly 25 (2001) 1, S. 17-41.
Wolf: Grundlagen, 2001
   Wolf, S.: Wissenschaftstheoretische und fachmethodische Grundlagen der Konstruktion von generischen Referenzmodellen betrieblicher Systeme. Aachen 2001.
Wolf: Kennzahlensysteme, 1977
   Wolf, J.: Kennzahlensysteme als betriebliche Führungsinstrumente, München 1977.
Wright: Dictionaries, 1999
   Wright, S. E.: The Link between Terminology and Data Element Dictionaries. In: Kaetzel, L. J. (Hrsg): Computer Integrated Knowledge Systems (CIKS) Network. Report of the 2nd Workshop, 1999. http://fire.nist.gov/bfrlpubs/build99/PDF/b99128.pdf. Abruf am 2005-06-04
Wu, Buchmann: Data Warehousing, 1997
   Wu, M. C., Buchmann, A. P.: Research issues in data warehousing. In: Dittrich, K. R., Geppert, A.: Datenbanksysteme in Büro, Technik und Wissenschaft (BTW'97). GI-Fachtagung. Heidelberg 1997, S. 61-82. Verfügbar unter http://www.dvs1.informatik.tu-darmstadt.de/staff/wu/btwllncs.ps.gz, Abruf am 2004-04-17.
Wyssusek et al.: Modellierung, 2002
   Wyssusek, B., Schwartz, M., Kremberg, B., Mahr, B.: Erkenntnistheoretische Aspekte bei der Modellierung von Geschäftsprozessen. In: Das Wirtschaftsstudium 31 (2002) 2, S. 238–246.
Xia, Lee: Complexity, 2004
   Xia, W., Lee, G.: Grasping the complexity of IS development projects. In: CACM 47 (2004) 5, S. 68-74.

Yourdon: Programmer, 1992
   Yourdon, E.: The Decline and Fall of the American Programmer. Prentice Hall, 1992.
Zave, P.: Requirements Engineering, 1997
   Zave, P.: Classification of Research Efforts in Requirements Engineering. In: ACM Computing Surveys 29 (1997) 4, S. 315-321.
Zeh: Data Warehousing, 2003
   Zeh, T.: Data Warehousing als Organisationskonzept des Datenmanagements. Eine kritische Betrachtung der Data-Warehouse-Definition von Inmon. In: Informatik – Forschung und Entwicklung 18 (2003) 1, S. 32-38.
Zmud et al.: 1993
   Zmud, R., Anthony, W., Stair, R.: The use of mental imagery to facilitate information identification in requirements analysis. In: Journal of Management Information Systems, 9 (1993) 4, S. 175–191.
Zschocke: Modellbildung, 1995
   Zschocke, D.: Modellbildung in der Ökonomie. München 1995.